中国低碳交通发展报告

China low-carbon Transportation Development Report

国家发展和改革委员会综合运输研究所　编

人民交通出版社

内 容 提 要

《中国低碳交通发展报告》基于可持续发展的科学发展观，以多元化的视角分析和总结了我国低碳交通发展的案例和研究成果，包括城市可持续交通、绿色低碳交通以及各种交通运输方式低碳发展和节能减排、提高能效等诸多研究成果，也包括港口、机场等交通枢纽低碳发展的生动案例。

本书可供交通运输业界的政府官员、专家学者、企业管理者及所有关注低碳交通发展的有识之士参考。

图书在版编目（CIP）数据

中国低碳交通发展报告／国家发展和改革委员会综合运输研究所编．—北京：人民交通出版社，2013.9

ISBN 978-7-114-10894-5

Ⅰ.①中…　Ⅱ.①国…　Ⅲ.①交通运输业－节能－研究报告－中国　Ⅳ.①F512.3

中国版本图书馆 CIP 数据核字（2013）第 220835 号

京朝工商广字第 8042 号（1-1）

书　　名：中国低碳交通发展报告
著 作 者：国家发展和改革委员会综合运输研究所
责任编辑：张征宇　赵瑞琴
出版发行：人民交通出版社
地　　址：（100011）北京市朝阳区安定门外外馆斜街 3 号
网　　址：http://www.ccpress.com.cn
销售电话：（010）59757973
总 经 销：人民交通出版社发行部
经　　销：各地新华书店
印　　刷：北京盛通印刷股份有限公司
开　　本：880×1230　1/16
印　　张：29.25
版　　次：2013 年 9 月　第 1 版
印　　次：2013 年 9 月　第 1 次印刷
书　　号：ISBN 978-7-114-10894-5
定　　价：498.00 元

中国低碳交通发展报告

主　　编：沈培钧

策　　划：张芳芳

编　　辑：甄小燕　罗彦花

编辑助理：张鸿燕　李志高

赵文龙　李海波

刘海中　王浩刚

安　红　梁忠峰

王丽强　刘贵斌

美术编辑：石　雕

序言 Foreword

刚刚过去的2013年夏天，中国南方遭遇了大范围持续高温天气，许多城市的气温都创下了百年不遇的新高，局部地区气温甚至超过42摄氏度！不仅在中国，亚洲和欧洲的许多地方都遭遇了罕见的酷暑高温，无情的热浪夺走了千百人的生命。

全球变暖和气候变化是21世纪人类面临的主要挑战之一，而人类活动造成温室气体在大气环境中不断累积和浓度大幅上升与全球变暖趋势有密切的关系。其中，交通运输产生的温室气体排放是全球气候变化一个主要因素。在各种交通运输方式中，道路交通的排放最重，其在交通运输燃料排放中约占76%，汽车尾气已经成为我国大中城市空气污染的主要因素。为了保护人类赖以生存的环境、遏制全球变暖的趋势，交通运输业必须转变发展方式，走低碳交通的发展道路。

什么是低碳交通？从宏观上讲，低碳交通是可持续的能源发展与可持续的交通发展的有机融合，是一种以高能效、低能耗、低污染、低排放为特征的交通运输发展方式，其核心在于提高交通运输的能源效率，改善交通运输的用能结构，减少交通运输的温室气体排放。目的在于使交通基础设施和交通运输系统最终减少以传统化石能源为代表的高碳能源的高消耗。

作为世界上人口最多并且碳排放也最多的国家，我国政府十分重视生态文明和可持续发展问题，本世纪以来相继提出了以人为本的可持续发展观，提出了建设资源节约型、环境友好型社会的发展目标，提出了转变发展方式、节能减排等政策措施。尤其是提出了到2020年单位GDP的二氧化碳排放强度比2005年下降40%～45%的明确目标，这是我国应对全球气候变化所作的战略规划。从现在起到2020年是实现温室气体减排战略的关键时期，交通运输业面临着严峻的低碳发展任务，低碳交通将成为未来交通发展的大趋势。

国家发展和改革委员会综合运输研究所，作为中国较有影响力的综合交通运输研究机构，积极响应低碳交通的发展趋势，在国内率先编辑出版了大型参考书《中国低碳交通发展报告》。此书集思广益，汇集了交通运输领域众多专家学者的智慧，从交通战略规划层面、运输管理层面和低碳技术路径、经济效益分析、运输方式发展等不同方面，阐述了低碳交通概念，建立了发展低碳交通的应用理论和方法，在借鉴国外发展低碳交通经验的基础上，分析和总结了国内低碳交通发展的案例和研究成果，包括城市可持续交通、城市绿色交通、城市低碳交通以及各种交通运输方式低碳发展和节能减排、提高能效等诸多研究成果，也包括港口、机场、车站等交通枢纽低碳发展的生动案例。

当今社会，绿色低碳代表着健康、自然的生活方式，倡导低碳交通、走低碳发展之路，已经成为越来越多人们的共识。《中国低碳交通发展报告》的出版发行，对中国交通运输业走低碳发展道路，对中国的可持续发展以及实现人类与自然的和谐，具有深远的意义。中国低碳交通的发展将为人类解决“能源危机”、“环境污染”和“可持续发展”等三大世界难题做出历史性的伟大贡献。

王庆云

2013年9月9日

前言 Preface

资源短缺和环境污染问题是21世纪全球共同面临的重大挑战，世界各国都在加快转变传统的发展方式和消费模式，走低碳发展的道路，积极应对气候变化，最终实现人与自然的可持续发展。

中国政府高度重视应对气候变化问题，制定并公布了到2020年我国单位国内生产总值二氧化碳排放比2005年下降40%到45%的战略目标，在“十二五”期间，进一步提出了单位能耗降低16%，碳排放降低17%的节能减排目标。交通行业作为高能耗、高排放、高污染的行业之一，被国务院确定为节能减排的重点行业之一、国务院明确要求加快建设以低碳排放为特征的交通体系。

为贯彻和落实国务院关于加强节能减排工作的战略部署，促进我国综合交通运输体系的可持续发展，国家发展和改革委员会综合运输研究所特组织编辑了《中国低碳交通发展报告》。该书总结了近年来我国交通运输体系在节能减排方面取得的成就和经验，探讨和分析我国交通运输低碳发展的政策与策略、基础设施投融资、低碳技术体系、绿色物流组织方式等重大问题，并以若干个实际案例倡导节能减排新技术、新材料、新装备在交通基础设施建设、运营以及交通工具制造中的广泛应用，以提高能源利用效率，减少污染物排放，逐渐形成低能耗、低污染、低排放的交通运输的发展模式。

全书分为专家论坛、政策法规和技术案例等三大篇章，旨在回顾总结我国新世纪以来低碳交通发展的经验和成果，评价我国低碳交通的发展进程和技术路径，为我国低碳交通的发展提供具有指导意义的参考书。

气候变化是人类社会面临的前所未有的挑战，实现综合交通低碳发展需要政府、企业及全社会的共同努力。在《中国低碳交通发展报告》一书的编辑过程中，我们得到了各级主管部门和行业内相关单位、企业的热切关注和大力支持。在此，特向所有对本书的编撰工作给予过支持和帮助的单位及个人表示衷心感谢！

我们也希望能得到各界读者的批评和建议，读者意见请发邮件：zhysbjb@263.net。

编　者

2013年9月

西安重装渭南光电科技有限公司

国家开发银行

绿色交通

自国家开发银行成立以来，
一直将绿色交通作为主要支持领域，
并取得了良好成效。

业务概况

作为我国最大的开发性金融机构，国家开发银行（以下简称“国开行”）以加快转变经济发展方式为主线，主动发挥开发性金融与中长期融资优势，以市场化方式服务国家发展战略，大力支持实体经济，基础设施、民生金融和国际合作三大业务均迈上了新台阶。截至2013年6月底，国开行资产总额突破7.8万亿元，不良贷款率连续33个季度低于1%，实现了支持发展、防范风险与优良业绩的有机统一。

绿色交通及绿色现代服务业

公路

长期以来国家开发银行充分利用行业专家优势，通过实地调研、广泛研究，不断创新公路项目融资模式。先后支持了国家高速公路网、国省干线新建及改造、农村公路建设等多个领域。其中高速公路项目占比超过70%，国开行累计贷款支持建设高速公路超过9万公里，其中建成通车高速公路6.2万公里，占全国高速公路通车总里程的65%。

水运基础设施

国家开发银行不断加强与发改委、交通部及各主要港务局的联系与合作，研究对接重点建设项目，及时开展项目评审工作，提出合理的资金配置计划，确保了资金及时足额到位，保证了水运重点项目的顺利建设，使我国水运设施建设得到了快速发展，为我国经济发展特别是对外贸易的发展做出了重要贡献。为支持中国远洋航运事业的发展，国开行与国内水运企业密切合作，积极推进中国企业到境外投资建设水运基础设施或承包建设项目。

铁路

国家开发银行成立以来，一直把铁路作为重点支持的行业，为铁路项目建设提供了卓有成效的资金支持和金融服务。重点支持了京九、京沪电气化、南疆、南昆、内昆、大秦、西康、太中银以及京沪高铁、哈大、京石、沪昆、山西中南部运煤通道、甬台温、福厦、珠三角城际客运专线等一大批重大建设项目，支持线路里程约6万公里，占全国铁路营业里程的半数以上。

城市轨道交通

国开行是最先支持国内城市轨道交通建设的银行，已累计支持 26 个城市超过 3100 公里的轨道交通项目。在城市轨道交通项目建设中，国开行以服务国家战略为宗旨，以开发性金融理论为指导，积极实施一城一策、融资融智。重点支持了北京、上海、广州、深圳等城市轨道交通网络化系统建设，同时对新批建设地铁的厦门、常州、太原、兰州、石家庄、乌鲁木齐、东莞等城市做好财务顾问工作，帮助新建地铁城市建立完善的轨道交通投融资长效机制。

——绿色现代服务业

在积极支持传统基础设施、基础产业、支柱产业的同时，
国家开发银行主动服务国家战略，
加强对绿色现代服务业的支持力度。

物流流通

国开行不断加强与行业部门和协会的沟通和合作，积极寻求各方支持，先后与国家发改委、商务部、中国物流与采购联合会、中商联等建立了长期战略合作关系，签署了开发性金融合作协议及合作备忘录，极大地促进了我国物流流通业务的快速发展。国开行先后培育和支持了徽商集团、武汉中百、深圳农产品、象屿集团、顺丰速运等龙头企业，在大型商业网点建设、农产品及农资流通体系建设、物流节点城市战略布局、冷链物流建设、物资储备、企业兼并重组、大型企业“走出去”等重点领域支持了一批重大项目。目前，国开行已成为我国物流流通中长期融资领域的主力银行。

旅游行业是国开行50个重点支持的行业之一，支持范围主要包括自然及人文景区基础设施及配套服务设施建设、历史文化名城名镇名村建设、文化旅游演艺及非物质文化遗产保护、旅游景区环境综合治理、旅游资源整合及旅游企业的兼并重组等。国开行深入贯彻落实十八大精神，坚持开发性金融理念统领旅游产业业务开展，服务国家战略，推动“美丽中国”建设，为全国31个省（自治区、直辖市）的600多个旅游项目提供了中长期投融资支持。

旅游

不趋同 自趋势
路虎－揽胜极光 融英伦灵感 唤瞩目风潮
RANGE ROVER
你，是否愿与路虎－揽胜极光一路同往，释放自成一格的瞩目光芒?

捷豹路虎

公司简介

捷豹路虎是一家拥有两个顶级品牌的英国汽车制造商。捷豹路虎汽车于 2002 年正式进入中国销售，并在 2003 年成立中国办事处。2010 年 7 月，捷豹路虎国家销售公司——捷豹路虎汽车贸易（上海）有限公司在华成立。

2011 年 4 月，公司在北京设立了区域办公室，主要负责政府事务、公关和认证及法规等职能。近期还积极筹备在广州新建区域办公室，进一步加强南区和西区经销网络的覆盖面。目前，捷豹路虎已经在中国拥有超过 250 名员工，其中 85% 以上为本土员工。

捷豹路虎在上海和北京已设立了两家国际水准的培训中心，极大地提高了服务效率。位于北京、广州和浙江湖州的 3 个首屈一指的路虎体验中心，为中国消费者全面、深入地感受捷豹路虎的品牌内涵和产品性能提供了绝佳机会。2013 年捷豹路虎中国还将在西部新增一家路虎体验中心。未来，捷豹路虎计划在中国共建立 7 家路虎体验中心，将优质的服务及品牌体验延伸到全国。

公司未来几年在华战略

捷豹路虎一贯十分重视中国市场，中国不仅是捷豹路虎全球最大的市场，也是增长最快的市场。公司正在考虑在华扩大投资，计划在优化公司架构的基础上，将业务发展延伸到汽车相关产业链的其他方面，包括设立大中华区的地区总部、成立汽车金融公司、汽车零配件销售公司等。

此外，捷豹路虎与奇瑞汽车的合资项目已正式完成了国家的相关审批手续，并于 2012 年 11 月 18 日在江苏省常熟经济技术开发区举行合资项目奠基仪式。合资公司总投资额为 109 亿元人民币，合资双方股比为 50:50。除了整车生产基地外，合资公司还将建设联合研发中心、发动机生产基地，同时还将销售自产的捷豹、路虎产品以及推出全新的、为中国市场量身定制的合资自主品牌。项目预计于 2014 年建成投产，该合资公司计划初期产能将达到 130,000 辆。

公司企业文化及经营理念

捷豹路虎是英国汽车产业"绿色技术"及创新技术的最大投资者，并致力于在整车设计、产品创新、采购及供应链、生产制造到销售等各个环节中，减少对环境的危害。路虎的首款插电式柴油—电力混合动力试制车 Range_e，也于 2011 年广州车展在亚洲首次亮相，并有望从 2014 年开始在中国引入混合动力和插电式混合动力车型。自 2009 年 10 月起，捷豹路虎在中国展开二氧化碳减排补偿计划，公司对于在中国卖出的路虎新车的首个 72,000 公里所排放的二氧化碳，通过节能减排环保项目进行排放补偿。到目前为止，在全球范围内的 60 个节能减排环保项目，有 23 个落地中国。这 23 个项目共计投入 8000 万人民币，为地球成功地减少了成千上万吨的二氧化碳排放。

捷豹路虎倡导以人道主义关怀回报社会。2010 年，路虎与 IFRC（红十字会与红新月会国际联合会）合作推出了以"帮助全球弱势群体"为主题的 3 年全球行动计划。

在积极践行自身企业社会责任的同时，捷豹路虎也鼓励和支持其经销商伙伴投身公益领域。2011 年，捷豹路虎中国经销商力天集团资助 150 万人民币为 150 名中国唇腭裂儿童提供免费医疗。2012 年，路虎在其"发现之旅"中为路虎全球人道主义项目合作伙伴——IFRC 筹集 100 万英镑，用于资助乌干达水源净化工程，而筹款的 25% 就来自于捷豹路虎中国经销商伙伴的大力支持。

目录 Contents

一、专家论坛篇

中外交通运输业碳排放对比研究

国家发改委基础产业司课题组

从世界范围看，交通运输业是能源消费和碳排放的重点行业，而且一般经济发展水平越高，交通占能源消费的比例也越大，因此控制二氧化碳排放，发展低碳交通势在必行。

低碳交通是指在满足运输需求、适应经济和社会发展需要的前提下，采用优化的运输结构、先进的科学技术、高效环保的运输工具、科学的组织管理等方法，降低交通运输业碳基能源的消耗，减少二氧化碳的排放，使之在生态环境可承受范围内，实现交通运输业的可持续发展。

一、中外能源消耗情况对比

2008 年中国一次能源消费总量为 30.24 亿吨，占世界总消费量的 17.3%，位列第二。一次能源消费量最大的国家为美国，2008 年能源消费总量为 32.63 亿吨，占世界总消费量的 18.6%。从增长情况看，世界一次能源消费总量自 1990 年的 125.2 亿吨增加到 2008 年的 175.3 亿吨，增长了 40%，其中中国增长尤为迅速，由 1990 年的 12.33 亿吨增长到 2008 年的 30.24 亿吨，增长了 145%，贡献了全球增长的 35.7%；美国 1990 年至 2000 年略有增长，2000 年以后能源消耗量基本保持稳定；欧盟及其他几个欧洲国家 2000 年以来能源消耗也基本保持稳定或缓慢增长（表 1）。

从能源消费强度看，中国人均能源消耗量为 2.28 吨标煤，低于世界平均水平的 2.61 吨标煤；美国是世界平均水平的 4 倍；本次研究的欧洲各国也都高于世界平均水平。从单位生产总值能耗看，中国单位生产总值能耗为每万美元 6.67 吨标煤，高于世界平均水平的 2.86 吨标煤；美国及欧洲国家均低于世界平均水平。

从能源消耗品种看，中国以煤炭为主的特征十分突出，其比例远高于世界平均水平。2008 年，世界煤炭消费占能源总消费量的 28.9%，远低于中国 70% 的比例，而天然气占 23.8%，远高于中国 3.6% 的比例。由于单位热值煤炭的碳排放量高于石油和天然气，因此中国碳排放占世界比例将高于能耗比例。美国、德国能源消费结构与世界平均水平相当，而英国、法国和瑞典能源消费中煤炭所占比例更低，其中瑞典煤炭消费只占 4%，水电、核电和可再生能源则占到了全部能源消费的 65.4%，能源消费结构的低碳特征十分明显。

二、中外二氧化碳排放情况对比

自 2007 年起，中国二氧化碳排放量超过美国成为世界第一，2008 年中国排放量达到 65.51 亿吨，占世界总排放量的 22.3%，第二位的美国排放量 55.96 亿吨，占世界的 19.05%。从排放量的发展趋势看，近年来中国碳排放量持续增加；美国自 2000 年以来排放量基本保持不变；欧盟及几个欧洲国家二氧化碳排放量则在缓慢降低（表 2）。

从排放强度看，2008 年中国单位生产总值二氧化碳排放

世界及部分国家一次能源消费量（亿吨标准煤） **表 1**

年份		1990	2000	2005	2006	2007	2008
世界		125.2	143.2	163.2	167.6	171.8	175.3
中国	总量	12.33	15.6	24.14	26.36	27.94	30.24
	比例	9.8%	10.9%	14.8%	15.7%	16.3%	17.3%
美国	总量	27.33	32.62	33.46	32.9	33.43	32.63
	比例	21.8%	22.8%	20.5%	19.6%	19.5%	18.6%
德国	总量	5.02	4.82	4.87	4.73	4.73	4.79
	比例	4.0%	3.4%	3.0%	2.8%	2.8%	2.7%
法国	总量	3.21	3.62	3.95	3.82	3.77	3.81
	比例	2.56%	2.53%	2.42%	2.28%	2.19%	2.17%
英国	总量	2.96	3.20	3.35	3.13	3.02	2.98
	比例	2.36%	2.23%	2.05%	1.87%	1.76%	1.70%
瑞典	总量	—	0.54	0.54	0.51	0.52	0.52
	比例	—	0.38%	0.33%	0.30%	0.30%	0.30%

IEA 估算的世界及部分国家二氧化碳排放量（亿吨）　　表 2

		1990	2000	2005	2006	2007	2008
世界	总量	209.65	234.97	271.29	280.24	289.45	293.81
中国	总量	30.22	30.78	51.08	56.49	60.76	65.51
	比例	14.41%	13.10%	18.83%	20.16%	20.99%	22.30%
美国	总量	51.39	56.98	57.72	56.85	57.63	55.96
	比例	24.51%	24.25%	21.28%	20.29%	19.91%	19.05%
德国	总量	8.69	8.27	8.11	8.24	8.01	8.04
	比例	4.15%	3.52%	2.99%	2.94%	2.77%	2.74%
法国	总量	3.52	3.77	3.88	3.80	3.73	3.68
	比例	1.68%	1.60%	1.43%	1.36%	1.29%	1.25%
英国	总量	5.49	5.24	5.32	5.33	5.21	5.11
	比例	2.62%	2.23%	1.96%	1.90%	1.80%	1.74%
英国	总量	0.53	0.53	0.50	0.48	0.46	0.46
	比例	0.25%	0.22%	0.19%	0.17%	0.16%	0.16%

是世界平均水平的 3 倍多，而美国及欧盟国家均低于世界平均水平；从人均排放看，2008 年中国人均排放二氧化碳 4.92 吨，略高于世界平均水平的 4.39 吨，而美国人均碳排放达到 18.38 吨，远高于世界平均水平，欧洲国家人均排放也高于世界平均水平；由于中国煤炭消费比例较高，使得中国单位一次能源二氧化碳排放高于其他国家。

从世界范围看，二氧化碳排放量最大的行业是电力和热力供应业，2008 年排放 109.63 亿吨，占总排放的 37.3%，其次则是交通运输业，排放达到 66.05 亿吨，占总排放的 22.5%。

三、中外交通运输情况对比

中国交通基础设施经过近年来的大规模建设成效显著，已经具有相当的规模。但从基础设施密度和人均情况看，中国都远低于其他国家。中国每万平方公里国土有铁路 95 公里，为美国的 49%，为欧盟的 19%；中国每万平方公里国土有公路 4175 公里，为美国的 62%，为欧盟的 38%；中国每万平方公里国土仅有机场 0.2 个，为欧盟的 22%，更远远低于美国 21 个的水平。中国的人均交通基础设施与其他国家的差距更大（表 3）。

近 20 年来，中国客、货运输量均快速增长。在此期间，美国和欧盟的旅客运输也在增长，但货物运输增长缓慢。从旅客运输的方式构成看，中国铁路旅客运输完成量明显高于美国和欧盟，2008 年中国铁路完成周转量占总量的 34%，同年美国铁路仅占其总量的 0.64%，欧盟为 8%。与此对应的是中国公路旅客运输占总量的 54%，低于美国的 88% 和欧盟的 83%。中国、美国和欧盟的民航运输所占份额相差不大。从货物运输的方式构成看，中国公路运输占 44%，铁路仅次于公路占 33%。而美国的货物运输中铁路占 39%，大于公路的 29%，与旅客运输构成相反，反映了美国铁路以货运为主的特征。欧盟货物运输以公路为主，占 72%，其次是铁路占 17%。

四、中外交通运输业二氧化碳排放情况对比

2008 年世界交通运输业二氧化碳排放总量为 66.05 亿吨，其中美国交通运输业碳排放量 16.92 亿吨，占世界交通运输业碳排放总量的 1/4 以上；欧盟为 12.54 亿吨，占近 1/5；中国为 6.5 亿吨，仅占 1/10 左右。尽管中国交通运输业二氧化碳排放在世界的构成中比例较低，但近年来增速很快。1990 年至 2008 年，中国交通运输业二氧化碳排放量增幅高达 227.4%，远高于世界 44.1% 的增长幅度，而同期美国增长幅度为 19.1%，欧盟为 33.2%。

从行业构成看，交通运输业碳排放量占世界全部排放的 22.5%，为第二大排放行业。从各个国家看，美国交通运输业碳排放占本国总排放的 30.2%，欧盟为 28.4%，均为第二大排放行业；而法国交通运输业碳排放占本国总排放的 33.9%，瑞典则高达 50.45%，均为第一大排放行业。同期，中国交通运输业碳排放仅占本国总排放的 10.4%，低于世界平均水平。因此，从发展趋势看，中国交通运输业碳排放未来仍将有较大增长（表 4）。

从各种运输方式二氧化碳排放构成看，2008 年全世界道路运输碳排放量为 48.48 亿吨，占交通运输排放总量的 73.4%（表 5）。本次研究的几个国家道路运输均占绝对比重，其中美国高达 85.7%，中国为 73.3%，欧盟为 70.9%。由于中国铁路完成运输量较大，铁路运输碳排放占总排放的 9.1%，高于美国的 2.4% 和欧盟的 0.6%。

从单位运输产品碳排放看，中国交通运输业平均碳排放为 0.69 吨/换算吨公里，低于美国和欧盟的水平，其主要原因是中国铁路运输所占比重较大，而铁路运输碳排放量相对较小。从分方式碳排放量看，各国间相差不大。

典型国家基础设施情况对比 **表3**

运输方式	公路	铁路	内河航道	机场	管道
单位	万公里	万公里	万公里	个	万公里
中国	400.82	9.12	12.42	175	7.85
美国	650.60	18.50	4.10	19 930	274.0
欧盟	471.10	21.30	4.30	400	3.40
德国	23.12	3.38	0.73	40	0.24
法国	102.72	2.99	0.54	60	0.57
瑞典	42.54	1.10	0.04	31	—
英国	42.00	1.62	0.11	46	0.44

注：中国为2010年数据；其他国家为2008年数据，但近年来变化不大。

2008年中外交通运输业二氧化碳排放量对比（百万吨） **表4**

	二氧化碳排放总量		交通运输业二氧化碳排放量			1990—2008年交通碳排放增幅
	排放量	占世界碳排放总量比例	排放量	占世界交通碳排放量比例	占其国家碳排放量比例	
世界	29381	100%	6605	100%	22.5%	44.1%
中国	6550	22.3	690	10.4%	10.4%	227.4%
美国	5596	19.0%	1692	25.6%	30.2%	19.1%
欧盟	4417	15.0%	1254	19.0%	28.4%	33.2%
德国	804	2.7%	148	2.2%	18.5%	3.1%
法国	368	1.3%	125	1.9%	33.9%	19.2%
英国	511	1.7%	125	1.9%	24.5%	22%
瑞典	46	0.2%	23	0.4%	50.7%	38.3%

2008年交通运输业分方式二氧化碳排放对比（百万吨） **表5**

	其中				
	公路	铁路	水运	民航	管道
中国	73.3%	9.1%	9.7%	6.3%	1.6%
美国	85.7%	2.4%	1.7%	8.2%	2.0%
欧盟	70.9%	0.6%	15.3%	12.5%	0.7%
德国	77.0%	0.7%	5.6%	14.8%	1.9%
法国	66.9%	0.3%	6.5%	11.4%	0.3%
瑞典	64.0%	0.3%	26.1%	9.2%	0.1%
英国	70.2%	1.3%	6.9%	21.4%	0.2%

五、典型发达国家发展低碳交通的做法

为降低二氧化碳排放，发达国家大都采取积极措施促进低碳交通发展，主要做法有：

●制定二氧化碳减排标准和政策，并提出一系列具有法律约束力的计划和路线图，为低碳交通的发展提供制度保障。

●重视降低交通工具的碳排放，通过采取多重措施积极发展低碳交通工具。

●采用科学、灵活的交通管理措施，并积极推进智能交通发展，提高运输系统效率，减少碳排放。

●重视交通规划与城市规划协调，合理布局交通运输系统，减少不合理运输，降低城市交通碳排放。

●采取多种手段，引导运输方式的合理选择，促进低碳运输方式的发展，形成高效便捷的综合交通运输体系，提高交通运输系统整体效率。

●大力发展物流业，提高专业化运输程度，实现货物的有序高效运输。

●设定交通运输的减排目标，有计划地实施减排策略。

六、中国发展低碳交通可借鉴的措施

从发达国家交通运输业发展情况看，未来中国交通运输业的碳排放仍将有较大增长，大力发展低碳交通势在必行。借鉴典型发达国家发展低碳交通的经验，中国可采取的措施包括：

●结合新能源开发和节能技术进步，加强低碳交通研究，做好低碳交通发展规划，引导和促进低碳交通系统的建设和发展。

●建立健全促进低碳交通发展的法律、法规体系，制定运输工具的碳排放标准，规范低碳交通发展。

●加快低碳交通技术创新，降低运输工具排放，抢占低碳技术高点。促进低碳运输工具的推广使用，加快老旧运输工具的更新改造。

●采取有效措施，积极调动各方积极性，尤其是激励企业发挥主体作用，促进企业积极参与低碳交通发展。

●构建综合交通运输体系，进一步优化运输结构，提高低碳运输方式比例，促进各种运输方式的衔接协调。

●推进物流专业化进程，促进现代物流业发展，提高运输系统效率。

●加强交通信息化建设，大力发展智能交通。

●采取多重手段，引导城市交通低碳发展。

●研究建立交通运输业碳排放交易的市场机制。

绿色交通：我国城市交通可持续发展的方向*

陆化普

一、城市的发展方向

城市在人类社会发展中扮演了极其重要的角色，美好的城市生活是无数人的梦想。城市与人类社会发展的关系主要表现为以下两个方面：一方面，城市的发展推动了社会的发展。因为城市不但聚集了人类的物质财富，也聚集了人类的精神财富。随着城市化的发展，城市的各项社会设施和基础设施日趋完善，环境质量和人们的生活质量不断提高，特别是科技文化、教育事业的发展，将使人们的思想、意识、观念、价值取向、人际关系发生积极的变化。另一方面，快速的工业化、城镇化也带来了污染、贫困、犯罪、拥挤等城市病，人们为消除这些文明的“附属物”付出了巨大的代价。

当前，生态危机和地球温暖化唤起了人类的觉醒，人类做出了回归城市生态化的抉择，开始反思人类和自然的关系，注重和谐发展和可持续发展，低碳生态城市是城市发展的理想形态和趋势。

生态城市（Eco-city），这一概念是在1970年联合国教科文组织发起的“人与生物圈（MAB）”计划研究过程中提出的，并很快得到全球的广泛关注。生态城市不是单纯追求自然环境的优美、简单要求绿化覆盖率高、环境污染轻、环境清洁优美，也不是完全依照自然的生命系统运行规律来运转的城市（极端生态主义），更重要的是社会经济自然复合系统的全面持续发展。

二、我国城市交通的理想模式

可持续发展的绿色交通应是我国城市的理想交通模式。可持续的城市交通应该满足如下要求：

1. 协调性

与生态环境相协调，与社会经济发展和市民对交通质量的要求相一致。为此，要实现交通与土地利用、不同交通方式、交通网络与枢纽、交通规划与管理、交通建设与使用的高度协调和整合。

2. 高效性

提供畅通、安全、舒适、可靠、多方式、多层次的交通服务，实现多模式间的快速转换，实现人和物的高效移动。为此，要建立无缝衔接、零距离换乘的综合交通系统。

3. 可达性

强调交通的本质是人与物的空间位移，用可达性指标评价交通系统的优劣。

4. 生态性

减少能源消耗，降低环境污染，既保证城市交通系统自身发展的可持续性，又能够强有力的支撑城市社会的持续快速发展。

5. 以人为本

从人的需求出发，关注人的发展，注重社会公平，建立高效舒适、环境友好、以人为本的交通模式。

城市可持续交通的发展目标可以概括为满足交通需求、优化资源利用、改善环境质量、促进社会和谐、提高安全水平，从而实现社会、经济、交通和环境的良性循环。

具体目标如下：

满足社会经济发展对交通系统的需求；

提高交通效率，缓解交通拥挤；

促进交通与土地利用的协调发展；

优化资源利用，提高资源利用效率；

减少环境污染，促进生态系统良性循环；

促进社会公平，增加交通出行的可选择性；

提高交通安全水平；

整合城市综合交通系统，实现交通方式间的快捷转换；

建立城市交通系统可持续发展的保障体系。

三、中国城市绿色交通的实现途径

1. 解决城市交通问题的总体思路

借鉴国内外大城市解决交通问题的经验，分析大都市圈交通问题与症结。作者认为应从“三个层次、两个方面”入手，采取系统的交通对策来综合解决城市交通问题，走向绿色城市交通。

第一个层次是调整城市结构和土地利用形态，进行土地利用与交通系统的一体化规划。合理的城市结构和土地利用规划将有效地减少居民出行需求总量，形成有利于公共交通发展的交通需求特性，从而避免产生交通系统无法满足的交通需求。当前的重点就是要避免大规模的卧城开发，实现以公交为导向的开发模式，强调土地混合使用和居住与就业岗位的均衡。

第二个层次是交通结构问题。我国土地资源紧缺，必须走高密度开发、建设紧凑型城市的发展道路。支撑这样的土地利用形态和发展特点的交通系统，必须是以公共交通为主导的城市综合交通系统。以公共交通为主体的综合交通系统，就是环境友好、资源节约、服务大众、可持续发展的交通系统。

第三个层次是道路交通基础设施的优化建设和充分利用问题。必要的道路基础设施建设及其充分利用，是满足日益增长的交通需求的基本前提。通过科学的规划，不断完善道

* 本文转载自《综合运输》2011年第2期。

路网，提高道路网层次结构、功能结构和连通结构的合理性；通过科学化、现代化的交通管理，全面提升交通工程水平、交通执法水平和交通出行者的现代交通意识，实现交通管理的现代化，从而达到充分利用现有交通基础设施的目的。

当前的重点是路权问题。无论是道路断面设计还是交通管理，都应以建设绿色交通系统为出发点，从设计上优先公共交通、步行和自行车，从使用上确保公交优先、行人优先和自行车的行车空间，严格避免机动车占用非机动车道行车、停车的错误倾向。

解决交通供求问题的两个方面：交通供求矛盾是长期存在、不断发展的。我们必须在不断提高交通服务水平的同时实施交通需求管理，实现交通供求关系的动态平衡。为实现交通供需关系的动态平衡，在不同城市及同一城市的不同发展阶段，有针对性地采取交通需求管理对策是十分重要的。它是实现交通供求平衡的必不可少的环节。也就是说，解决交通问题要同时考虑交通供给和交通需求两个方面。

总之，土地利用与交通的协调，综合交通系统的构建，不同交通系统之间的无缝衔接、零距离换乘，保持交通供需关系的动态平衡以及应用高新技术提高交通系统的使用效率和安全性等均是实现城市可持续交通的关键。

2. 实现城市绿色交通的若干关键

（1）建立保证科学决策、规划实施和具有综合协调能力的组织管理体制和机制

为保证决策的科学性和规划的实施，也为有效协调规划、建设、管理、运营与维护的各个环节，以及城建、交通、管理等有关各职能部门，应成立由市长或主管副市长领导、政府各有关部门参加的城市交通综合协调机构，统筹解决城市交通问题。该机构应该具有足够的协调能力、决策力、实施力、长效机制并保证决策的科学性。

（2）做好交通与土地利用的协调规划

交通与土地利用相互联系、相互影响，交通发展与土地利用相互促进。不同的土地利用形态，决定了交通发生量和交通吸引量，决定了交通分布特性，在一定程度上决定了交通结构。交通和土地利用的上述关系决定了交通与土地利用协调规划的极端重要性。

发达国家的实践表明，必须注意分散城市功能，形成交通负荷小的城市结构，这对我国尤其重要。我国土地资源的紧缺性和人口众多的特点，决定了我们只能选择紧凑型、高强度的城市发展模式，高效率地利用土地资源。

城市交通系统有两大主要任务。一是支撑城市空间发展战略、支撑城市功能的实现和土地使用方案的落实；二是引导城市结构和土地使用，形成合理的城市格局和交通系统。为实现上述目的，应在城市规划与城市交通规划中引进互动反馈机制，进行整合规划和量化分析，改变交通规划只是城市规划的一个专项规划的状况。没有交通规划的强有力支持，城市功能不可能实现。因此，城市总体规划应在充分的定性和定量分析的基础上，确定城市发展模式、产业布局、土地功能区分以及功能区设计等，而城市综合交通规划则应从确定城市发展战略时就开始参与规划互动，同时做好城市总体规划与城市综合交通规划、详细规划与交通工程设计的协调配合。

（3）制定好城市交通发展战略规划

制定好城市交通发展战略规划是解决城市交通问题的关键环节和实现资源最佳配置的重要保证措施。应把市郊铁路、地铁、轻轨、新交通系统、常规公共交通系统及道路网等统筹考虑，从定性分析和定量计算两个方面研究确定各交通方式的合理分担率及规划实施的优先顺序。把远期规划和近期项目相结合，近期的所有举措都应与城市交通发展战略规划相一致，是实现战略规划的一个环节。

（4）在进行城市开发时引入交通影响分析

借鉴美国等发达国家经验，为防止土地超强度开发，保证新的开发不导致交通服务水平的大幅度下降，应引入交通影响分析制度，作为开发项目审批的先决条件。此制度和政策的引入，不仅有重要的现实意义，而且对城市发展有深远影响。

土地利用和交通规划存在紧密的内在联系和能动作用。交通设施的建设和改良将促进该地区的土地开发利用，土地开发利用产生新的交通需求。在进行交通系统规划时，必须考虑这种相互影响关系，分析系统应具有反馈功能。进行交通影响分析是将城市规划、土地利用和交通规划相联系，作为一个系统来考虑的重要环节。

当前有些交通影响分析没有达到预期效果，主要原因就是委托机制不合适，可以通过委托机制完善和对承担单位进行跟踪考评来解决。

（5）切实落实优先发展公共交通的政策与措施

优先发展公共交通是世界各国解决城市交通问题的共识，是我国政府已经明确的交通发展战略，应在体制、政策、建设、运营、管理等各个方面全面实施公共交通优先发展的政策。在发展公共交通过程中，应探讨解决下述问题。

①城市间铁路与城市轨道交通的配合与协调问题

城市间铁路在城区部分，应为城市本身的交通需求服务。郊区铁路、地铁和其他轨道交通方式以及常规公共交通整合运营，是世界上大城市的主要交通模式和成功经验，应对其进行深入分析研究，从体制、规划、运营管理等方面全面规划，切实保证各种交通方式之间的协调与配合。

②加快城市轨道交通建设问题

交通拥挤造成巨大经济损失。从全社会的经济效益出发，应加快城市轨道交通的建设速度；在城市轨道交通建设中，应精细研究、科学处理好综合网络规划、综合枢纽建设、综合运营管理、常规公交线网调整、动静交通结合的整合方案的制定等。

③积极发展新交通系统和公共汽车专用道系统

目前，各种新交通系统迅速发展，它们有各自的特点和适用范围，和传统的交通方式互为补充，共同构成城市综合交通系统。城市应根据自身的规模、需求特点，确定适合城市的交通系统的构成。公共汽车专用道系统在国外已经有了成功实践，效果很好。在建设公共汽车专用道时，应注意建立公共汽车专用道路网，而不是一两条专用线，所以应首先做好规划和经济效益分析，然后再确定分步实施计划。

④实现公交管理的现代化问题

目前，将高科技应用于交通管理的智能交通系统研究应用正在世界范围内广泛开展。利用这些研究成果，公交企业可以对内建立高效的调度指挥系统，对外（交通参与者）建立信息服务系统；在交通管理和路面政策方面给公共交通优先权，以提高公共交通的服务水平，提高公共交通的吸引力和竞争力。

⑤应加快实现城乡公交一体化

城乡公交一体化对于加快城市带动乡村发展、构建和谐社会，对于改善农村居民的出行条件、提高交通安全水平，具有重要意义。

（6）建设高水平的综合交通枢纽

交通枢纽的规划建设是提高我国交通运输系统效率、实现一体化交通的最关键环节。应明确多种交通方式无缝衔接、零距离换乘的目标，全面推进不同交通方式的一体化。

要想提高交通效率，必须进行整合的交通规划。比如：轨道交通应该成为大城市综合交通系统中的骨干交通，但轨道交通的覆盖面有限，轨道交通作用的发挥有赖于常规公共交通的支持和配合。在轨道交通能够覆盖的范围内，轨道交通也需要常规公交作为喂给交通的客流集散能力的支撑；而在轨道交通不能覆盖的范围，常规公共交通则为骨干交通。实现上述思路的关键就是要对轨道交通和常规公共交通进行整合的规划。不考虑常规公共交通的轨道交通规划和不考虑轨道交通规划的常规公共交通规划，是难以实现公共交通的规划目的的。

一般来说，人们的交通出行时间主要由两部分构成，即在交通工具内时间（在途时间）和等车换乘时间，其中等车换乘时间占相当大的比重，因此，建设好综合交通枢纽是提高交通效率的关键。

综合交通枢纽规划过程中最重要的一点是交通需求特性分析，要根据利用交通枢纽的交通参与者的总量、流量流向特性和出行特性，进行交通设施规模、交通组织管理的规划和建设。交通枢纽建设在物理上应进行一体化设计，使换乘乘客的换乘距离尽可能的短；在运营管理上要一体化经营，确保交通参与者最方便的利用。

（7）建设具有合理层次序列的道路网、合理分配道路的空间资源

城市道路网的规模、层次结构以及功能设计对交通系统的效率、交通组织与管理方案的制定、经济发展以及交通利用者的方便程度等，均有很大影响。

从层次结构上看，城市的次干道应多于主干道，支路应多于次干道；从连通关系来看，支路应与次干道相连，次干道应与主干道相连；同时，道路的规划设计、交通组织管理方案的制定，应与道路的功能定位相一致。

总体上看，我国城市注重修建大路、宽路，而往往忽视道路间距指标，使得主次干道密度过小。道路修建过宽，不但导致行车交织过多，而且也不利于行人安全过街。

（8）加速推进道路交通管理的科学化和现代化进程

提高现有交通基础设施的利用效率，是解决城市交通问题的重要环节，也是落实科学发展观、实现节能减排的重要举措。加速推进道路交通管理的科学化和现代化进程，是提高现有设施利用率的根本措施。所谓科学化，就是按照交通工程原理，扎扎实实地落实交通工程、交通教育和严格执法的系统对策，强化路段路口渠化、信号控制、交通标志标线、人行过街设施、停车设施、交通教育、交通法规的完善等工作；所谓现代化，就是新观念、新技术、新方法、新手段、新机制的引进与应用，运用各种技术手段促进交通设施的有效利用，促进交通安全水平的提高，促进全社会遵守交通法规意识的普遍增强，促进管理效率的提高与以人为本的交通系统的建设。

（9）实施交通需求管理

所谓交通需求管理，从广义上说是指通过交通政策与对策的导向作用，促进交通参与者的交通选择行为的变更，以减少机动车出行量，减轻或消除交通拥挤；从狭义上说是指为削减高峰期间一人乘车的小汽车交通量而采取的综合性交通政策与对策。交通需求管理的内容主要包括以下几方面：通过实施时差出勤、弹性工作制等对策，在时间上分散交通需求；通过向驾驶员提供道路交通情报（如拥挤、事故状况信息等），促使交通需求在空间上分散化；通过提高公共交通的服务水平吸引更多的人选择公共交通而不是私家车；实施各种综合对策，促进小轿车的合理利用以及通过城市规划、交通规划等对交通发生源进行调整。

我国城市应根据城市的发展阶段、汽车化的状况与水平，以及供求关系不平衡的状况与特点，制定切合实际、合理有效的交通需求管理规划与对策。

（10）积极开展智能交通系统的研究与应用

智能交通系统是美国、日本和欧洲等发达国家为解决交通拥挤、交通事故、能源和环境问题，建立高效、安全的运输系统而正在研究开发的新一代交通运输系统。其实质是运用高新技术综合解决交通运输问题。对于解决我国城市交通问题，这是一个不可忽视的重要途径。为此提出如下建议：

①紧密结合我国实际，积极开展智能交通系统研究；

②智能交通系统的研究应用要分清层次，有所侧重；

③优先开发交通拥挤预测、交通信息服务系统；

④优先开发适合我国城市交通特点的信号控制系统和相应的现代化指挥系统、事故快速处理系统；

⑤研究并实现保证公交优先的智能公交系统；

⑥加强与智能交通系统相关的基础性研究工作。

（11）加强停车规划与管理

停车问题是调控城市机动车出行总量的重要杠杆。城市停车场过多会促进小汽车的使用；城市停车场过少会导致小汽车利用者非法停车的增加，侵蚀城市有限的道路空间。因此，应加强相关研究，探讨城市停车泊位的最佳容量，停车场相关法规、政策对交通需求的调控效果，停车规划与管理对公共交通发展和交通需求管理对策的促进作用和整合规划等；完善和落实配建停车场法规，规划、整理和挖掘停车潜力，努力解决停车问题。

停车换乘问题既是提高公共交通利用率的关键举措，也

是提高交通运输系统效率的关键环节。应在物理设施规划和综合信息引导两个方面加强此项工作。德国等欧洲国家实时提供道路交通拥挤状况并提供交通方式转换信息与方案，不但提高了交通系统的效率，而且为交通方式的转换提供了极其方便的条件。

根据城市特点，应在城市周边建设若干大型停车换乘用停车设施，形成市中心以公共交通为主要交通方式的交通格局。

（12）深入持久地开展交通法规、交通道德教育

人是交通行为的主体。交通参与者的守法意识和交通道德意识，直接影响整个交通系统的运行效率和演化方向，是交通这个复杂巨系统中的最活跃与主导因素。改变人的行为特征，是建立良好交通秩序、提高交通系统效率和服务水平的长期而艰巨的重要任务。应结合国家开展的文明交通行动计划和公安部的五进活动，深入持久地开展交通安全宣传，建立全社会的交通安全防控体系，提高全体国民的交通文明程度和水平。

总之，城市交通系统是开发的复杂巨系统，解决交通问题必须以系统工程的思想为指导。系统整合和公交优先是实现可持续发展的城市交通系统的两大关键。为此，我们必须协调好城市土地利用与交通系统之间、不同交通方式之间、交通运输网络与枢纽之间、规划建设与管理之间，私人交通发展与公共交通发展之间，主要交通基础设施与配套设施之间的关系，牢固确立公共交通的主导地位，兼顾交通运输系统的效率与公平，无论从规划还是从管理方面，为利用不同交通方式的出行群体提供出行机会和出行空间，从而实现资源节约、环境友好、以人为本的绿色交通系统。

（作者单位：清华大学）

运输业发展中的资源环境约束与绿色发展对策*

盛来芳　荣朝和

综合交通运输是由工业化、城市化和运输化三个进程共同作用，同时受到全球化推动与信息化支持，并在社会目标及资源环境约束条件下，运输业所形成的一种阶段性发展形态，是经济社会的生产方式、生活方式及运输网络形态的转变过程。资源环境是指人类社会以外的自然界，通常指非人类创造的物质和能量所构成的环境，它是人类赖以生存和发展的物质基础。资源环境问题通常分为两类：一是不合理的开发利用自然资源，超出环境承受能力，使生态环境恶化或自然资源趋向枯竭；二是人口增长、城市化和工农业高速发展引起的环境污染和环境破坏。在运输业发展中资源环境的条件约束越来越严格，运输发展政策必须包括解决资源环境问题的根本性对策。

一、现有交通运输系统的资源利用与环境影响

1. 交通运输建设的土地占用

（1）我国交通建设用地情况

我国正处于交通建设大发展时期，土地资源的约束是影响我国目前以至将来交通运输发展的重要因素。交通基础设施建设对土地资源的依赖性十分强，人类交通曾经长期没有石油、煤炭、电力等能源资源而持续发展，但从古至今，交通唯一离不开的自然资源只有土地。在2009年的批准用地类型统计中，交通运输用地占27.4%，是我国建设用地中最大的土地占用部门（见图1）。

根据测算，截至2006年全国公路用地总规模为833.56万公顷，铁路用地总规模为42.45万公顷，两项合计为876.01万公顷，约占国土面积的0.91%。鉴于全国交通运输用地面积的99%被公路和铁路占用，因此分析公路建设和铁路建设的相关土地占用问题，有利于抓住主要矛盾，反思土地资源约束下的交通运输发展模式。

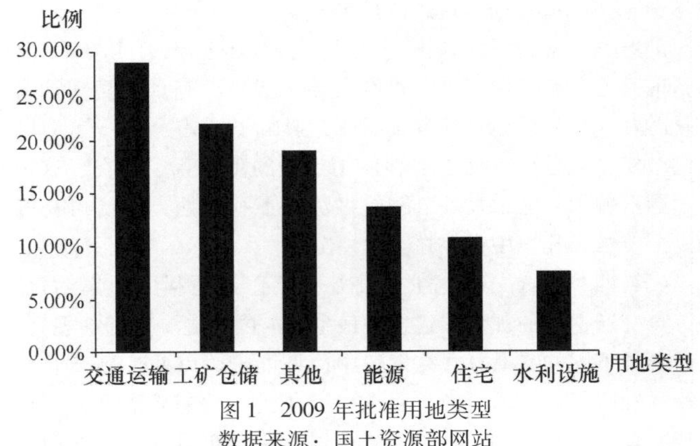

图1　2009年批准用地类型

数据来源：国土资源部网站

在公路建设用地方面，从图2可以发现，公路基础设施用地规模呈快速发展趋势。1990～2005年的15年中，公路用地增加了264.84万公顷，年均增加17.66万公顷。其中1990～1995年，即“八五”时期，公路基础设施用地增加了39.03万公顷，年均增加7.81万公顷；1996～2000年，即“九五”时期，公路基础设施用地增加了77.89万公顷，年均增加15.58万公顷，是“八五”期间的1.99倍；2001～2005年，即“十五”时期，公路基础设施用地增加了147.92万公顷，年均增加29.58万公顷，是“九五”期间的1.9倍，是“八五”期间的3.79倍。

（2）目前交通建设用地中存在的问题

第一，现有交通规划体系未能反应土地资源的有效利用。无论是高速公路还是铁路，在规划过程中都存在着因管理体

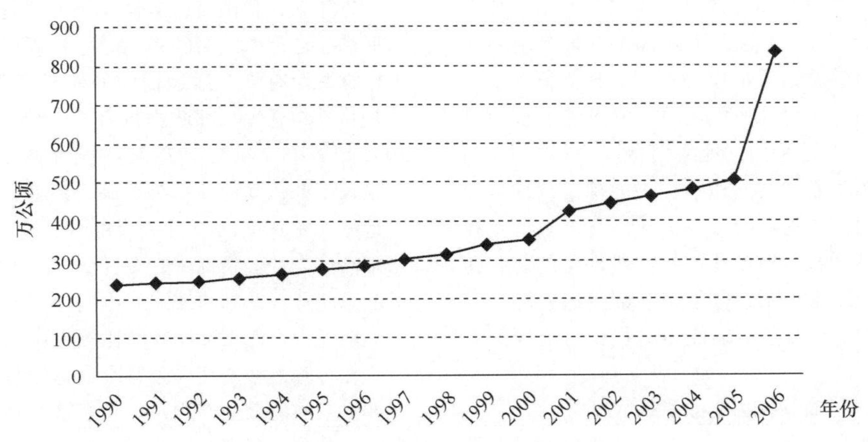

图2　我国公路建设历年占地面积情况

* 本文转载自《综合运输》2013年第5期。

制、部门利益和地方利益驱动，造成规划方案不合理和一定的重复建设和过度超前建设，最终导致土地资源大量浪费的现象。

第二，土地资源违规征用和闲置现象严重。土地资源的违规征用以及征用后的闲置现象，已经成为交通运输业用地中的一个严重问题。据调查，浙江省等17个省（市）667个收费公路项目中，共征用土地272万亩，其中违规审批、未经批准占用、以绿化及服务区建设等名义多征占和闲置土地达96.2万亩，占征用总量的35%。

第三，交通建设“占一补一”补偿原则没有很好落实。目前高速公路建设仍采取政府主导方式，没有真正实现社会化融资，导致征地拆迁资金紧张，影响了“占一补一”原则的落实，且越权审批立项和征用土地的现象普遍存在，这种超越资源承受能力发展公路的做法，不利于地方经济可持续发展。铁路建设中也存在类似情况。

第四，综合交通枢纽建设滞后导致土地利用不集约化。综合交通枢纽的规划和建设中最主要的内容之一是场站规划，让各种不同的交通方式在枢纽中协调匹配，以此达到高效率换乘和联运的目的。由于目前铁路正处于快速发展期，导致场站规划严重滞后于城市总体规划。综合交通枢纽不能做到与城市有机衔接，使得各种交通方式在综合枢纽中难以共享资源，造成土地的浪费。

第五，项目用地控制指标还有待进一步完善。在高速公路的修建中，由于国家对高速公路线路进行统一管理，纳入国家规范的项目用地指标，各省市为减轻建设用地指标的压力，盲目争取连接线、服务区的规模，使得连接线和服务区的数量远远高于实际需求的数量，而连接线和服务区在投入运营过程中并没有得到合理的利用，造成了土地资源的浪费。这种项目用地控制指标上的问题在铁路上主要表现为铁路客运专线的项目控制。因此，需要对相关交通建设项目土地控制指标进行修订和完善。

2. 交通运输系统的能源消耗

交通运输企业在提供客货位移的运输生产服务时，伴随着大量的能源消耗。尽管可利用能源种类很多，但由于技术成熟性和经济成本的低廉性，石油及其制品是交通运输中使用最为广泛的能源，除铁路运输的电力牵引方式外，其他几种运输方式几乎完全依靠石油来作为能源。IEA能源统计显示，在1971～2001年，交通部门的能源消费以每年9.3%的速度增长。从世界范围来看，交通运输作为能源消耗性行业尤其是石油能源消耗大户备受社会各界关注。我国经济正在经历高速增长期，经济增长、城市化加快和机动化趋势，使得交通运输需求和服务急剧扩张，也使交通部门的能源消耗尤其是石油消耗迅速增加，交通运输能力的扩张与能源约束的矛盾已经十分突出。

（1）发达国家交通运输系统的能源消耗情况

美国是以道路交通为主导的国家，同时也拥有世界上最发达的民用航空网络，主要承担中远距离旅客运输。相对而言，铁路主要承担一部分货物运输和城市旅客运输。基于上述交通运输结构特征，公路和民航运输是美国主要的能源消费领域。在美国国家能源总消费中，交通运输系统占29%，是最大的能源消耗部门。美国是以小汽车为主导运输方式的国家，随着国际能源价格的逐渐高企，美国的交通运输体系开始逐渐重视小汽车的过度使用问题，并在新的交通运输政策和能源法案方面做出了相应的限制。

在日本，20世纪70年代以后，私人汽车大量普及，铁路一直是旅客运输和城市交通的主要方式之一，民航在中长距离旅客运输中占有一定比重，海运则承担很少的客运份额。在货物运输方面，公路和海运是主要运输方式，而铁路的作用很弱，民航货运近十年来增长迅速。这种运输特征决定了各种道路交通工具是日本交通能耗的主体，海运和民航运输依次列第二、三位，铁路在四种运输方式中能耗水平最低。日本自第一次石油危机后，就把节能降耗放在首位，并且制定了一系列法律法规，大力推进节能降耗工作。日本政府1979年颁布实施了《能源合理利用法》，并进行了多次修改，以促使企业、机动车辆、耗能设备遵守更为严格的能效标准。1993年制定了《合理用能及再生资源利用法》，1998年又发布了《2010年能源供应和需求的长期展望》，强调通过采用稳定的节能措施来控制能源需求。

欧洲是工业革命发源地，许多国家工业都比较发达，对能源的需求也较大。随着石油在能源消耗中的比重迅速增长，以及欧洲煤炭大国对煤炭开采的限制，能源供应不足的问题逐渐突出。到1973年石油危机发生，欧洲开始真正重视解决能源的对外依赖问题。2003年，欧盟出版了《欧洲能源与运输——2030年的发展趋势》，分析并预测了欧盟过去和将来能源进口依赖程度，预计到2020年，欧盟对进口石油的依赖程度将从2000年的75.1%上升到85%。因此，确保能源供应的安全性，对欧盟而言是个生死攸关的问题。运输一直是能源消耗的大户，根据欧盟的统计，公路运输消耗了欧盟石油消费总量的大约67%，小汽车消耗了运输石油消费量的50%。因此，欧盟的运输政策和运输规划必须有助于节约能源，降低能源的对外依赖度。

（2）我国交通运输能源消耗情况

近年来，我国交通运输业能源消费增长很快，已成为继工业和生活消费之后的第三大能耗领域。目前国家统计部门的数据并没有将交通运输中的能源消费指标进行专项统计，而是将其与仓储、邮政进行合并统计。从增长率来看，除了2003年、2004年两年交通运输业能耗增长率稍低于全社会能耗增长率外，其他年份都要高于后者，而且两者的差值呈扩大趋势。尤其是2007年两者的差距比较大，交通运输业能耗增幅高出全社会指标3.3个百分点。根据测算，2007年交通运输总能耗在全部终端能耗中的比例为12.7%，而交通运输石油能耗占全部石油能耗的比例为60.1%。

在公路能耗方面，公路交通运输行业是各种运输方式中汽油、柴油的最主要用户。在经济快速发展及出行机动化背景下，我国公路交通燃油消耗总量一直呈增长趋势，2007年在全社会石油终端消费中的比例达到44.3%。综合来看，我国公路能耗水平与发达国家相比还有较大差距，节能空间和潜能较大，需要公路主管部门采取有效措施，在迅速发展公路的同时有效降低能耗。“十五”以来，交通部门通过大力提高高速公路及有铺装路面公路的比重，有效改善路面状况，使行车速度大大加快，营运汽车百公里油耗量逐年下降，液化石油气、乙醇等替代燃料开始得到推广和应用，节能运输装备研发与应用初见成效。同时，交通部门还大力加强运输组织管理，有效降低空驶率、提高实载率，促进了交通运输的节能降耗。

在铁路能耗方面，最近几年，铁路系统在运输工作量大幅增长的情况下，实现了单位能耗的下降。如2008年国家铁路单位运输工作量综合能耗5.6吨标煤/百万换算吨公里，比2007年减少0.18吨标煤，降低3.1%。但进入“十一五”以后，铁路能耗结构发生了根本性变化，2006年电耗首次超过油耗成为铁路第一大能耗。由于高速铁路的大规模建设和运营，铁路系统对电能消费需求迅速增长。有报道指出，在现有技术条件下，高速铁路时速增加到300公里以上后，造成极大的系统损耗和能源消耗。随着我国高速铁路运营里程大幅增长，由高铁运营带来的电能消耗将成为铁路系统能耗的重要组成部分，需要给予特别关注。

水路运输表现为通过各种交通类运输船舶承担货物或旅客运输活动，主要分为内河运输、沿海运输和远洋运输。目前水路运输特别是近远洋货物运输量占较大比重，2007年水运货运量和货运周转量占全社会总量的12.4%和63.4%。水运行业的主要燃料类型为燃料油。“十五”期间，水路运输（含港口）能耗年均增长率为3.3%，其能耗在交通运输业中的比重约占15%。水运船舶能源单耗在“十一五”期间起伏波动，但近年来有缓慢降低的趋势，2007年与2002年相比，下降幅度达14.3%。

各种民用航空器的主要燃料为航空煤油。据统计，由于机队结构优化和航线运营组织结构优化使运输效率得到提高，2002～2007年民航每吨公里油耗下降趋势十分明显，从2002年的每吨公里油耗0.364kg降至2007年的0.309kg，单位能耗水平下降了15.1%。但随着航空运输规模的迅速扩大，航空能源消耗总量不断上升。

3. 交通运输系统的环境污染

（1）我国交通运输系统对环境的主要影响

交通运输的发展既加快了我国的工业化进程，同时也带来了环境上的负面效应，导致了一系列严重的环境问题和生态问题。交通运输在建设、运营过程中会对区域的水土、植被、动物生存环境及人们的居住、生活环境与人文景观带来影响。交通运输带来的环境污染主要表现在下三个方面：

①空气污染。交通运输业的空气污染是指各种交通方式在运营过程中的碳氧化物、氮氧化物、碳氢化合物以及微粒物等有害物质的排放。其中公路机动化交通是造成地区和全球环境影响的尾气排放的主要源头，占总污染量的75%以上。根据能源消费增长推算，2007年中国交通运输业CO_2放量约为6.3亿吨，占当年全国CO_2排放量比重的10%左右。同时，汽车尾气已成为城市空气污染的主要污染源，90%～95%铅和碳氢化合物、60%～70%的氮氢化合物来源于城市道路交通，13%的粒子排放和3%的SO_2的排放也是运输造成的。2011年以来，北京、上海、南京等各大城市的灰霾现象逐渐增加，引起了交通安全、居民健康等一系列问题，使得城市空气质量问题受到前所未有的关注。

②噪声污染。交通噪声伴随城市交通向高等级、高速度、高架立体等现代化方向发展的过程，机动车数量急剧增加使城市道路交通噪声污染日益严重。噪声污染对人们的生活和健康造成重大影响，引起一系列的医疗卫生问题与社会矛盾，还容易引发交通事故。

③水质和土壤污染。一方面，运输基础设施建设改变地表水和地下水的水流和水质，有时会导致洪水、水土流失、淤泥的增加或地下水的枯竭，从而影响排水系统的形式和地下水的分布；另一方面，运输产生的排放物会污染水源，也会通过排水系统，导致土壤的酸化以及其他形式的土壤污染。此外，交通运输还会导致土壤侵蚀，影响生态平衡。道路挖掘的废弃材料可能会毁坏自然生长的植被，并加重侵袭和破坏边坡的稳定性。

（2）发达国家交通运输系统环境影响及措施

美国对环境问题的关注始于1950年，1955年美国国会通过的《空气质量控制法》中开始专门规范了人们出行行为对空气污染的影响。1969年《国家环境政策法》首次明确提出“人与环境协调发展”是一项重要的国策，要求联邦机构利用系统方法消除和缓解各种行为对环境造成的危害。1970年《环境质量改善法》强调联邦政府作为最终决策者，必须确保社会经济和空气质量环境的均衡发展。1977年和1990年联邦政府再度颁布修订的空气净化法，要求运输规划和空气质量规划保持一致，提出16种控制手段，减少机动车废气排放量，满足空气质量标准；并对联邦资金的使用进行了严格限制，在环境规划中被评定为环境非达标的区域内不能出现任何新的违背环境规划的运输项目，任何运输项目都不允许进一步恶化现有环境，也不能延误区域在规定时间内达到环境规划中的空气质量标准。

20世纪六七十年代，日本进入小汽车社会，私人汽车的大量流行使得日本社会和交通运输的可持续发展受到严重挑战。随着小汽车的能源消耗量超过传统的铁路运输，随之而来的大气污染、噪声污染、交通堵塞和交通事故等负面效果开始困扰日本国民。为了解决由社会经济发展带来的环境问题，日本政府通过一系列的立法来进行环境控制。1967年通过了《环境污染控制基本法》，强调“环境保护与经济协调发展”。1970年对《公害基本法》进行了修改，加强污染惩罚措施，加大污染治理投入力度，提高污染物排放标准和环境质量标准。1980年，日本政府以开发新能源为中心的“新阳光计划”、以节能为目的的“月光计划”和“地球环境技术开发计划”开始实施。进入1990年，环境管理更发生了观念上的变革，从经济优先转为经济与环境兼顾，颁布了《环境基本法》、《节能法》、《再循环法》，旨在推动社会、经济和环境向可持续方向发展。1994年，日本出台了《21世纪议程行动计划》，致力于在21世纪建立循环型社会系统。

运输业在欧盟的温室气体排放中也占了很大比重。欧洲

运输业的 CO_2 排放量 1990 年就达到 7.39 亿吨，1998 年运输业排放的 CO_2 占欧盟总排放量的 28%，是欧洲空气质量恶化和导致癌症、呼吸和心血管系统疾病死亡率上升的主要元凶。公路运输部门碳排放量占整个交通运输体系的 84%。欧盟环境总署 2008 年的报告表明，很多欧洲人仍然处在严重的空气及噪声的环境污染中，尤其是在很多空气质量较差的地区，可吸入颗粒物的集中度已接近极限值，而交通业正是该污染的第二大来源。来自于交通的氮氧化物和硫氧化合物排放污染也需要得到控制。欧盟在减少汽车尾气污染方面进行了不懈努力，建立逐步提升的限排措施。在欧盟，汽车产业研发的重点是开发更加清洁、安全、节能的汽车。在优化交通运输方式组合、研制清洁运输工具和运输信息化应用等领域，欧盟委员会也已经投入巨资以促进相关研究和技术的发展。

二、传统交通运输发展模式不可持续

1. 传统发展模式的不可持续性

交通运输系统的外部成本，是指由交通运输负外部性造成的非货币性资源耗费。其主要表现为大量的能源消耗、土地占用、空气污染、运输振动噪声、交通拥挤和交通事故，也包括因运输设施供给造成的水土流失、自然景观破坏和各种动植物的生态平衡被干扰等。概括起来有以下部分构成：环境成本，包括对动植物群的影响、对景观的破坏、噪声以及空气污染等等；安全成本，运输方式都具有一定的事故风险，交通事故不仅给社会造成巨大的经济损失，而且给家庭带来无法挽回的精神痛苦。

从国外发展经验来看，经济越发达，交通运输业能耗在全国总能耗中所占的比重越大，2007 年，中国交通运输业在终端能耗中的比例为 12.7%，而美国为 28.6%，英国为 28.6%，日本为 25.9%。这说明按照现在的经济发展模式，交通能耗增长速度将远远大于社会总能耗增长速度。在这种高增长、高消耗、高污染的发展模式下，交通运输业对资源环境的消耗将是我国的资源环境现状所无法承受的。

从 1993 年开始我国成为石油净进口国，进口量逐年增长，2011 年 8 月，国家工信部披露我国原油对外依存度达 55.2%，超过美国。同时，我国现在每百万美元 GDP 所消耗的能源数量是美国的 3 倍、德国的 5 倍、日本的近 6 倍，单位产出的能源和资源消耗水平明显偏高。土地资源方面，水土资源流失和土地荒漠化形势严峻，18 亿亩耕地红线岌岌可危。环境污染造成了高昂的经济成本和环境成本，并对公众健康产生明显的损害。

面临未来巨大的增长需求和有限的资源环境容量，我国交通运输业的发展正处于两难境地，这种进退两难的发展困境事实上已经证明传统的高消耗、高排放、高污染的交通运输发展模式，在逐渐加强的资源环境条件约束下已经无法持续。我国交通运输必须顺应时代潮流，及时转变发展理念和发展模式，适应资源节约型、环境友好型社会的发展要求，探索出一条交通运输、经济、环境与资源和谐共存、协调发展的新道路。

2. 资源环境约束下的发展模式转型

从传统交通运输发展模式向可持续的、协调发展的综合交通发展模式的转型主要体现在资源利用和环境保护两个方面：

第一，从资源粗放投入向集约型增长转型。我国近年来交通运输规模的快速增长是以高投入为代价的，各种运输方式的基础设施建设在资金和土地等资源上投入巨大，粗放型发展特征十分明显。近年来各省市交通用地指标与交通基础设施用地需求之间的缺口逐年扩大，特别是公路建设。土地资源的稀缺性要求交通运输的发展需要更加注重土地的集约化利用，在规定交通用地指标时优先安排集约用地，规划时提倡重要通道与区位的共用及组合，枢纽的立体化建设与集成，并在建设上优先发展铁路与城市公共交通等土地节约型交通方式。

第二，由高资源环境代价向绿色低碳转型。以往的交通运输发展模式过多地强调了对于机动性要求的满足，在这种模式下，交通运输体系面临着资源环境代价难以维系的局面。交通运输的能耗结构与我国的能源状况不相适应，交通基础设施占用大量稀缺的土地与岸线资源，交通运输装备的生产和使用所造成的废气废物排放、噪声和由于交通基础设施建设而造成的生态破坏日益严重，大城市交通拥挤现象严重，造成运输时间延长、运输费用增加和巨大社会财富的隐形浪费，而且会加重环境污染和无谓的资源消耗，也会使交通事故的发生频率增加。因此，随着资源紧缺、环境污染、节能减排等约束的日益强化，未来的综合交通运输体系应该以低能耗、低排放、低污染为绿色低碳型交通发展导向，积极开发有利于环境保护的新技术和智能交通系统，减少排放和污染，在抑制运输对环境造成危害的同时，使运输资源得到最充分的利用，形成一个环境可持续的交通运输系统。

三、建设可持续的综合交通运输体系

1. 未来交通运输发展的三种情景模式

交通运输系统发展模式的转型与我国社会经济发展的转型存在着较强的一致性。走过去高消耗高增长经济发展老路，在人口和经济规模增长的同时，资源环境负荷同时也成倍增长，进而导致社会经济发展难以维系。相对于这种传统的发展 A 模式，美国学者布朗提出了他的 B 模式，即在人口规模与经济增长的同时，在未来 20 年使物质消耗降低一半，保持环境负荷不变甚至还有明显改善。这种 B 模式对技术和制度有很高的要求，基于我国当前的技术能力和管理水平，几乎完全没有实行的可能。我国学者诸大建在研究基础上提出了中国循环经济发展的 C 模式，认为只有保证我国 GDP 的持续快速增长，才能解决我国社会经济发展中的一系列矛盾，所以通过给予我国经济发展一个 20 年左右的缓冲阶段，调整经济增长方式，最终达到环境零负荷甚至改善环境条件的发展状态（见图 3）。

我国交通运输体系的发展目前也处于增长方式的转变过程中，在未来一段时期内，扩大交通运输规模，提高运能运力，支撑经济增长仍然是交通运输发展的主线。交通运输体系的发展必然会带来资源环境的消耗，这一点在目前技术和管理条件下无法避免，如果为了保护资源环境而采取较激烈的管制措施，无疑会影响我国整体经济的长远发展。因此，在建设绿色低碳的可持续交通运输体系时，必须合理把握运输效率和资源环境保护之间的平衡点。交通运输与资源环境的协调并非一蹴而就，应该争取20年左右的缓冲期，通过规划、技术和管理在发展中解决资源环境的约束问题，逐步建立一个资源环境低代价的交通运输体系，并尽力向资源环境零代价方向靠拢。

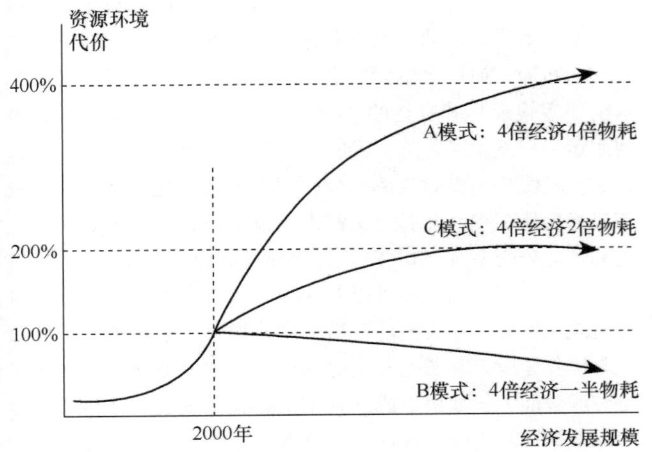

图3　经济发展与资源环境代价的三种情景模式

2. 可持续的交通运输体系的发展方向

可持续发展观强调的是经济、社会和自然环境的协调发展，其核心思想是经济发展应当建立在社会公正和环境、生态可持续的前提下，既满足当代人的需要，又不对后代人满足其需要的能力构成危害。交通运输是国民经济的重要组成部分，交通可持续发展是我国可持续发展的重要环节。如何使交通运输为社会提供服务的同时减少对资源的消耗以及对生态环境的破坏，实现发展理念转变、资源环境保护和运输效率提升，是交通运输可持续发展的重要内涵。

可持续的综合交通体系应该具有以下几个特征：综合运输体系具有相当的运输能力及运能储备，能够满足持续发展的经济体当前和未来进一步发展的运输需求；综合运输体系本身是高效率的，能够充分发挥各种运输方式的优点和潜力，减少不必要的损耗，通道处理能力与枢纽处理能力相匹配，交通拥堵和事故可控；综合运输体系中的各种运输方式有机协调，既竞争又合作，达到合理的运量结构、能耗结构和排放结构；综合交通运输体系与自然环境相协调，尽可能地节约利用土地资源，采用清洁能源，减少对空气、水、土壤、野生动植物等生态环境基本元素的破坏。

那么，如何将目前高资源环境代价的交通运输发展模式转向绿色低碳、资源节约和环境友好型的交通运输体系？

第一，加强规划和政策引导，资源供应优先倾斜支持高能效、低排放、环境友好的运输方式。以客货周转量比例体现的交通系统结构是市场形成的结果，政府无法直接调控，但政府可以通过规划和政策引导的手段影响交通运输基础设施规划和建设，通过间接途径调整交通运输系统结构，以实现系统能效的优化。特别需要重视的是提高铁路运输的比重，其中也包括推进中长距离铁路集装箱专线运输与其他方式的一体化联运，提高交通运输系统整体能源利用效率。我国公路货物平均运距从1990年的46公里增加到了2008年的171.5公里，约61%的公路货物周转量运距超过400公里，目前大约80%以上的港口集装箱货物通过公路集疏运。建立以重点港口、重点城市为节点，延伸以铁路集装箱货运专线为核心的综合运输链，出台相关政策措施，创造市场条件，对降低能耗具有重要价值。

第二，制定交通运输业节能减排工作目标，落实各时期节能减排工作重点。研究制定我国交通行业各时期节能目标，并分解到技术、组织、结构调整等环节，便于实际执行。从交通结构调整、节能技术、运输组织等角度提高能源利用效率，严格把握重大交通项目的建设审批及技术参数选择权，促进交通系统节能效果的实现。

第三，研究城市化与出行机动化大趋势下的城市及区域交通发展战略，在鼓励节能车辆、发展相关技术的同时，从公共交通组织优化角度出台引导政策。从趋势上看，在“十五”期间，中国石油终端消耗量增加了53.6%，交通石油消耗量增加了94.5%，社会及私人汽车能耗增加了124.2%。在鼓励低排量车辆和低单耗运输组织方式的同时，加快建设一体化的城市与城市间公共交通系统，降低私人汽车等高单耗方式在综合交通系统中所占的比重，对降低交通能源、减缓交通对石油的依赖度具有重要意义。

第四，加强我国交通能耗与排放的基础数据统计工作，建立并完善相关指标的统计、分析与研究制度，为科学决策提供依据。我国交通能耗数据统计工作涵盖范围不全，交通总能耗中的大约36.1%的能耗未能统计在内。在交通运输不同方式、不同企业的能耗统计指标范围含义不明确，各种数据繁杂，有时相互矛盾，无法进行比较，统计数据的缺失也影响了科学决策。

第五，以技术进步为支撑，积极发展智能交通，开发新能源。加快成熟交通节能技术的推广应用步伐，提高各种运输工具的能源利用效率。以汽车为例，根据日本的相关研究，通过汽车节能技术的应用并采取严格的奖惩措施，汽车单耗水平有30%～40%的降低潜力，而我国目前汽车单耗水平要高于日本20%左右，因此仅汽车降耗这一方面潜力就十分巨大。另外，通过技术手段加快新能源开发应用步伐，逐步替代传统化石燃料，并尽早实现产业化，对降低资源环境发展代价有重要意义。

（第一作者单位：浙江省城市化发展研究中心）

建设低碳交通运输体系的战略思考*

欧阳斌

一、制约我国低碳交通运输体系建设的突出问题

近年来，交通运输行业通过贯彻落实科学发展观，不断提升发展理念，积极推进结构调整，大力推动技术进步，加强节能减排监管，在探索绿色、低碳交通发展方面取得了积极进展。但与国外先进水平相比，与全面落实科学发展观、发展绿色低碳经济的更高要求相比，还存在一定的差距与不足。当前制约我国低碳交通运输体系建设的突出问题主要体现在：

一是交通运输结构性矛盾尚未根本解决。内河航运比较优势尚未充分发挥，综合交通枢纽建设滞后，综合运输组合效率尚未充分显现；城市公共交通服务能力和质量不高，吸引力不强；断头路、局部瓶颈等已成为影响基础设施网络效应的重要制约因素，部分沿海港口进出港航道能力不足；运输装备结构不尽合理，大型化、专业化车船比重不高，老旧车船比重偏高；道路运输规模化、集约化程度还比较低；替代能源、可再生能源比重亟待提高。

二是交通运输节能减排技术创新与服务体系仍需健全。节能减排科技研发投入不足，节能减排技术、产品推广应用进展较为缓慢；现代信息技术应用推广还比较滞后；交通运输节能减排技术服务体系尚未建立，节能减排技术产品和服务市场还有待进一步规范。

三是交通运输节能减排监管能力还有待提升。节能减排意识有待进一步增强，专职管理机构和人员缺乏，体制机制性障碍尚未根本消除；引导性资金投入明显不足，节能减排长效机制尚未形成；政策法规和标准规范体系还不完善；节能减排统计计量、检测监测与考核评价等基础性工作薄弱。

二、建设低碳交通运输体系的战略思路与重点

建设低碳交通运输体系本质上就是形成以高能效、低能耗、低污染、低排放为特征的交通运输发展方式，核心在于提高交通运输能源效率，改善交通运输用能结构，根本目的是使交通基础设施和运输系统最终减少以传统化石能源为代表的高碳能源的高强度消耗。

建设低碳交通运输体系的总体思路是，紧紧围绕科学发展主题，以加快转变发展方式、发展现代交通运输业为主线，以提高能源利用效率、降低二氧化碳排放强度为核心，以结构调整、科技进步、管理提升为主要途径，以组织、资金、政策等措施落实为保障，加快构建资源节约、环境友好的交通运输生产方式和消费模式，实现交通运输可持续发展。

建设低碳交通运输体系必须坚持立足当前、着眼长远，统筹全局、突出重点，科学有序推进。针对当前面临的问题，重点是要着力构建“三大体系”、提升“两大能力”。

1. 加快形成低碳型交通基础设施网络体系

节能低碳导向的交通基础设施网络是建设低碳交通运输体系的基本物质基础。积极促进综合交通运输体系建设，优化交通布局，加强运输大通道和综合交通枢纽建设，实现客运的“零换乘”和货运的“无缝衔接”，加快发展铁路和内河水运，积极发展公路、民航和管道，充分发挥各种运输方式的比较优势和组合效率。全面落实公交优先战略，实施城市交通疏堵工程，开展公交都市示范工程，加快建设轨道交通和快速公交系统（BRT）。在交通基础设施建设养护领域，大力推进节能评估、环境影响评价与审查，强化低碳设计与绿色施工管理，加大节能改造力度，加强生态防护、植被恢复与绿化建设。不断提升交通基础设施的专业化、网络化水平和服务能力，加快形成低碳型交通基础设施网络体系，为交通运输工具安全、畅通、高效营运创造良好的条件，促进交通运输能耗与排放水平的降低。

2. 加快构建低碳型交通运输装备体系

汽车、船舶、飞机、火车等交通运输装备是交通运输行业的用能主体和移动排放源，是建设低碳交通运输体系的关键领域。要大力调整优化运力结构，推广应用节能环保型运输装备，加快淘汰高能耗、低效率的老旧车辆、船舶、落后机型等运输装备，大力推进铁路牵引车的电气化，推广混合动力、纯电动等节能与新能源汽车，引导向大型化、专业化、标准化、低碳化方向发展。加强各类交通运输装备的检测和维修保养，保持良好的技术状况。加快形成高能效、低碳化、环保型的交通运输装备体系，为交通运输行业节能减排与低碳发展奠定坚实的技术基础，最大限度地降低能耗和排放水平。

3. 加快建设节能高效运输组织体系

提供便捷高效的运输服务是交通运输发展的核心使命。要将提升交通运输系统的运营效能和运输服务效率作为主攻方向，优化货运组织管理，引导货运企业规模化发展，加快发展第三方物流，培育一流的全球物流经营人。有效整合社会零散运力，实现货运的网络化、集约化、有序化和高效化，提高货运实载率。大力发展甩挂运输、多式联运等现代运输组织方式。改善交通流管理，提高路网通行效率。大力推行公交优先战略，建立以公共交通为骨干的绿色出行系统，降低出租汽车空驶率。强化交通拥堵治理，提升城市交通运行效率。通过构建高效运输组织体系，全面提升交通运输系统运行效率和能源利用效率。

---

* 本文转载自《综合运输》2011 年第 11 期。

4. 着力提升低碳交通技术支撑能力

加强低碳交通实验室、技术研发中心等创新体系建设，强化专业人才队伍建设。积极开展交通运输节能减排与应对气候变化重大战略与政策研究；加强基于物联网的智能交通技术研发与应用；大力推进低碳交通重大关键技术、先进适用技术与产品的研发与推广，积极采用新技术、新材料、新装备、新工艺。制定并公布低碳交通技术、产品的推广目录，建立交通运输行业能效与低碳标识、低碳产品认证制度。组织实施低碳交通技术示范项目和重点工程，推广一批潜力大、应用面广的低碳交通技术和产品，密切配合国家节能产品惠民工程的实施，重点开展节能与新能源汽车、半导体照明产品等示范推广。大力推进替代能源和可再生能源应用。积极开展低碳交通科普行动，实施低碳交通教育培训、国际科技合作专项计划。组织实施低碳交通科技专项行动，全面提升行业低碳交通技术发展水平和保障能力。

5. 着力提升低碳交通监管能力

一是完善低碳交通战略规划体系。研究制定交通运输领域应对气候变化、低碳交通运输发展等重大战略，建立分层级、分类别、分方式的规划体系。二是完善低碳交通法规标准体系。积极研究制定《交通运输节约能源条例》等法规，建立健全相关配套规章、标准和制度体系，提高低碳交通发展的法制化、规范化和标准化水平。三是完善能源与碳排放统计监测考核体系。加快完善并组织实施铁路、公路、水运、港口、城市客运、民航等运输方式的能源与碳排放统计分析制度，纳入国家统计制度，强化统计调查、分析、预测、监测和发布工作，加紧建立低碳评价和考核体系。四是完善节能减排监管组织体系。建立健全交通运输节能减排监管体制，加强管理队伍建设，形成权责明确、协调顺畅、运行高效、保障有力的监管网络。

三、建设低碳交通运输体系的保障措施

1. 强化组织领导

低碳交通运输体系建设涉及多种运输方式，牵涉范围广、产业关联性强、影响因素众多，需要中央统筹部署，需要发展改革、交通运输、铁道、民航、管道、能源、环保、科技、财税等部门的通力合作，需要各级地方政府的密切配合。因此，各级政府和相关部门要不断提升管理理念，加快转变职能，切实强化对低碳交通运输体系建设的组织领导和宏观指导，建立健全管理体制，完善协同推进机制，加强信息共享与协调合作。建立健全节能减排目标责任制和问责制，明确各部门、各单位责任，加强督促检查和考核评价。

2. 完善激励政策

完善低碳导向的交通产业政策，积极调整交通投资结构，加大对城市公交、内河水运和铁路的投资倾斜，探索在中央和地方财政设立城市公交发展专项资金，拓宽内河航运建设资金渠道。积极争取中央和地方财政的资金支持，设立不同层次的低碳交通专项资金，逐步形成以国家和地方政府资金为引导、企业资金为主体的低碳交通投入机制，加大对低能耗、低排放交通运输企业、技术与产品的支持力度，限制和淘汰高能耗、高污染企业、技术与产品发展。拓宽低碳交通融资渠道，充分利用信贷资金和社会资金，扩大利用外资渠道，积极争取国外无偿援助和优惠贷款，探索碳排放交易、清洁发展机制（CDM）等在交通运输领域的应用。积极推动碳税等绿色财税制度改革，实施差异化的车船使用税、通行费等政策，探索拥挤收费等经济政策。

3. 深化交流合作

搭建低碳交通信息交流平台，完善节能减排信息政府网站，扩大信息共享，加强经验交流，引导全行业、全社会选择使用优秀的低碳交通装备、技术和产品。通过合作研发、培训、考察、研讨会等多种方式，进一步加强与国际组织、金融机构，以及国外政府机构、交通运输企业、研究咨询机构等的联系，开展多层次、多领域、多形式的交流与合作，广泛利用国际资源，积极吸收借鉴国际先进经验。密切跟踪研究国际交通运输业应对气候变化与低碳发展动态，积极参与国际民航和航运温室气体减排谈判，反映我方诉求，争取主动权，维护国家利益。

4. 加强宣传引导

政府部门要率先垂范，积极开展节约型机关建设，倡导崇尚节约、合理消费的机关文化，加大低碳政府采购的实施力度，带头使用节能低碳产品。有关政府部门、企事业单位、协会学会等要将低碳交通宣传纳入重大主题宣传活动，利用行业报刊、网站等媒体，广泛、深入、持久地开展形式多样的宣传，增强全行业、全社会低碳意识。充分发挥舆论引导和监督作用，完善公众参与机制。组织开展“低碳出行周（月）”、“无车日”等全民活动，倡导绿色低碳的交通模式和出行方式。组织开展经常性的低碳交通培训教育、技术和经验交流，将低碳交通知识纳入职业教育和培训体系，普及低碳交通科学知识。

低碳交通的概念和实现途径*

宿凤鸣

一、低碳经济的内涵和发展要求

工业革命至今200多年，大约只占人口总数20%的发达国家消耗了地球几亿年积攒下的80%以上的化石能源。目前人类活动产生的后果非常明显，资源迅速消失、环境恶化显著，尤其是全球气候开始变暖。这些危害给世界各国的人们敲响了警钟，给子孙后代留下一个可供生存、可持续发展的环境和空间成为全世界各国的共识。在这种情况下，20世纪90年代后，“低碳经济”一词在各类文献中陆续被提出来，逐渐得到人们的重视，并初步达成共识，低碳文明将是人类发展的方向。2003年，在英国发表的白皮书《我们能源的未来——构建一个低碳社会》中首次由政府正式提出了低碳经济的概念。

1. 低碳经济的内涵

大量使用和依靠煤与石油的经济是“高碳经济”，会排放巨量的CO_2以及SO_2和氮氧化合物等其他温室气体，并且这些资源是不可再生的。“低碳经济”的概念，是相对“高碳经济”而言的，低碳经济是通过更少的自然资源消耗和环境污染，获得更多的经济产出。“低碳经济”的概念具有广泛的社会性，是非常前沿的经济理念，旨在减少人类经济社会发展过程中的碳足迹。

低碳经济以低能耗、低排放、低污染为基本特征，以应对碳基能源对于气候变暖影响为基本要求，以实现经济社会的可持续发展为基本目的。低碳经济的实质在于提升能源的利用效率，推动经济的清洁发展，促进产品的低碳开发和维持全球的生态平衡。

2. 低碳经济的发展要求

“低碳经济”的全球性决定其是人类社会的发展方向，减少碳排放，是全人类共同目标和义务。但是“低碳经济”的差异性也决定了各个国家和地区应该承担“公平和共同但有区别的责任”。尤其是发达国家和发展中国家由于处于不同的发展阶段，所承担的责任和义务更是存在着明显的不同，对低碳经济有不同的发展要求。

低碳经济是由发达国家推动的，这是有深刻政治经济背景的。发达国家已经基本度过了高碳经济阶段，需要新的经济增长点，同时发达国家希望通过发展低碳经济在与发展中国家的竞争中一直掌握主动。因此，欧美为主的发达国家不仅通过各种措施积极在国内发展低碳经济，更致力于在全球建立低碳经济体系，希望将整个世界纳入其中。但是世界各国博弈的结果是，《联合国气候变化框架公约》要求发达国家作为温室气体的排放大户，承担更多的责任，承诺以1990年的排放量为基础进行温室气体排放的削减。如果不能完成削减任务，可以从其他国家购买排放指标。公约也要求发达国家承担对发展中国家提供资金、技术援助的义务。

1997年《公约》第三次缔约方大会通过了《京都议定书》，规定从2008到2012年期间，主要工业发达国家的温室气体排放量要在1990年的基础上平均减少5.2%，其中欧盟将6种温室气体的排放削减8%，美国削减7%，日本削减6%。但是2000年11份在海牙召开的第6次缔约方大会期间，当时世界上最大的温室气体排放国美国坚持要大幅度折扣它的减排指标。2007年第13次缔约方大会通过了“巴厘岛路线图”，启动了加强《公约》全面实施的谈判进程。2009年第15次缔约方大会哥本哈根大会商讨《京都议定书》一期承诺到期后的后续方案。

尽管目前地球气候环境恶化的主要责任在于发达国家，但是同为地球村的居民，发展中国家也不能置身事外。《联合国气候变化框架公约》不要求发展中国家承担削减义务，以免影响经济发展。发展中国家只承担提供温室气体源与温室气体汇的国家清单的义务，制订并执行含有关于温室气体源与汇方面措施的方案，不承担有法律约束力的限控义务。公约还建立了一个向发展中国家提供资金和技术，使其能够履行公约义务的资金机制。2009年哥本哈根大会上发达国家提出由于完成减排指标必须付出巨大的经济代价，要求发展中国家承诺减排目标。几个发展中大国立场基本一致，即不会接受任何强制性减排目标，但会采取积极的政策举措。

二、我国的节能减排与低碳经济的关系

1. 我国发展低碳经济的制约因素

由于能源、资源限制以及环境问题，也为了避免高碳产业的“锁定”效应，我国必须发展低碳经济。但我国具体国情对发展低碳经济有很多限制因素。首先，以煤为主的能源结构是中国向低碳发展模式转变的一个长期制约因素。在中国能源探明储量中，煤炭占94%，而煤炭是最脏的化石能源。现在提倡的清洁能源都有不同的风险，这决定了短期内化石能源还是我们能源的主要组成部分。第二，中国正处在工业化、城市化、现代化进程之中，这种发展阶段决定了高碳气体排放的大量增加难以避免。第三，发展中国家的能源消耗中很大一部分，本质上只是发达国家能源消费的转移，是发达国家将高碳产业转移到发展中国家的结果。

2. 我国与发达国家发展低碳经济的区别

发达国家因为已经完成了工业化与城市化，所以发展低碳经济的重点是包括降低CO_2排放的全球环境治理，而中国

* 本文转载自《综合运输》2010年第5期。

正处在工业化与城市化的进程中，各种形式的当地环境污染比较严重，治理空气、水和土壤污染是中国发展的当务之急，发展低碳经济首先要求降低所有的污染排放；发达国家的低碳经济主要致力于从高碳的化石能源向低碳的非化石能源转型，中国发展低碳经济更关注化石能源特别是煤炭的清洁高效使用，全力提高中国的能源利用效率，使单位 GDP 的碳消耗逐步降低，使中国的产业与技术在未来适应气候变化的竞争中能占据一席之地；发达国家的低碳经济将节能重点放在建筑与交通领域，中国节能重点暂时是占全国总能耗 68% 的工业领域。

3. 我国节能减排与低碳经济的关系

目前中国已经成为温室气体的最大排放国，尽管我国目前的当务之急是提高经济社会发展水平，但是国际共同责任不容回避。在尚需依靠高碳产业发展的情况下，很难进行低碳经济转型，但是粗放型的经济增长有较多的节能减排余地，因此我国提出了“节能减排”。在我国低碳经济作为一种新的经济发展模式，现阶段与可持续发展理念和资源节约型、环境友好型社会的要求是一致的，与当前大力推行的节能减排和循环经济有密不可分的联系。

节能减排顾名思义，广义指节约物质资源和能量资源，减少废弃物和环境有害物排放，狭义而言指节约能源和减少环境有害物排放。节能减排是包括了低碳经济转型在内的总的效率提高的问题，其范围比低碳经济更为广泛，也更适应我国现阶段的国情。我国的“九五”计划（1996～2000）提出了节能率平均每年为 5%，削减主要污染物排放量的目标。“十五”计划又提出节能和减少主要污染物排放 10% 以上。“十一五”规划提出单位国内生产总值能耗降低 20% 左右，主要污染物排放总量减少 10% 的约束性指标。2007 年国务院印发《节能减排综合性工作方案》，提出了 45 条具体工作安排。国家发改委制订的《单位 GDP 能耗考核体系实施方案》明确提出，对各省级人民政府要实行节能减排的问责制和一票否决制。2009 年 11 月 26 日，中国政府正式对外宣布控制温室气体排放的行动目标，决定到 2020 年单位国内生产总值二氧化碳排放比 2005 年下降 40%～45%。

三、交通运输领域发展低碳经济的必要性

1. 交通运输领域的能源消耗与碳排放

根据国际能源署的数据，就全球而言，电力行业无疑是最大的碳排放行业，占总量的 40%，紧随其后的就是运输业，占总量的 21%。由此可见，运输业也是发展低碳经济的重要领域。

对于发达国家而言，其工业生产的碳排放并不占绝对比重，建筑交通等领域的用能、排放比例也非常高。例如，2001 年英国交通的耗能占总量的 26%，比工业高 4%；2007 年英国交通产生的温室气体排放量占总量的 21%，仅比工业低 12%。

2002 年发展中国家运输业二氧化碳排放量仅为 1245 亿吨，比其石化等工业排放量少 36%，总量和所占总排放的比例也远远低于 OECD 国家。但预测到 2030 年发展中国家运输业的排放量将达到 3353 亿吨，比其石化等工业排放量多 12%，总量达到 OECD 国家目前的水平（表 1）。

我国交通运输业能源消耗及温室气体排放的规模逐年上升，能源消耗的增速高于全社会能源消耗量的增速，成为我国用能增长最快的行业之一。《交通运输系统节能减排方向与途径研究》预计到 2020 年，在乐观情景下，道路机动车、民航、铁路、水运船舶的总能耗比 2007 年增长约 1.5 倍，交通运输领域 CO_2 总排放量将达到 15 亿吨左右，届时交通运输领域 CO_2 排放贡献率将提高到 18%～20%。而如果不加控制，交通运输的能耗和排放增长将更为惊人。

2. 交通运输领域发展低碳经济对社会经济的影响

交通影响着生活质量、经济发展繁荣程度，交通运输领域的低碳化不应阻碍人们追求更高质量的生活和经济的发展。社会经济的发展与交通运输之间的关系是可以调整的。例如，当前英国的 GDP 增长与货运增长已经基本脱钩，客运出行也达到了相当高的稳定水平。对欧美等发达国家来说，发展低碳交通对社会经济的影响是比较小的。

对于发展中国家来说，交通运输领域的发展程度还远低于发达国家。初步估计我国未来一段时期内运输量与 GDP 增长的关系无法分离。尤其我国正处于私人小汽车跨越式增长的阶段，更使交通领域的能耗和排放量直线上升。由此可见，交通运输在不同的发展阶段进行低碳转型对社会经济有不同程度的影响，其发展阶段越高级，低碳转型对社会经济产生的影响就越小。

全球与能源有关的二氧化碳排放量（单位：亿吨） **表 1**

	OECD 国家		转型经济国家		发展中国家		世界合计	
	2002 年	2030 年	2002 年	2030 年	2002 年	2030 年	2002 年	2030 年
电力行业	4 793	6 191	1 270	1 639	3 354	8 941	9 417	16 771
石化等其他工业	1 723	1 949	400	618	1 954	3 000	4 076	5 567
运输业	3 364	4 856	285	531	1 245	3 353	4 914	8 739
居民和服务	1 801	1 950	378	538	1 068	1 930	3 248	4 417
其他	745	889	111	176	605	1 142	1 924	2 720
合计	12 446	19 833	2 444	3 501	8 426	18 365	23 579	38 214

数据来源：国际能源署，世界能源展望。

3. 交通运输领域的低碳化潜力

低碳交通的实现需要从交通领域内、外同时入手。例如能源领域的低碳供给可以使交通的低碳化产生质的飞跃，这是需要在交通运输领域外解决的问题。在技术没有革命性突破的情况下，发展低碳交通更需要关注交通运输领域内能够采取的措施，包括对运输需求进行合理引导，优化综合运输系统的结构，提高运输工具的能效等。交通运输领域有较大的低碳化空间，可以从控制规模和提高效率两个方面入手，采取各种措施，进而通过定性和定量分析掌握各种措施的低碳效果，了解交通运输领域的低碳化潜力。

四、低碳交通的概念和实现途径

1. 低碳交通的概念

尽管目前全球基本达成了低碳发展的共识，但实际上，由于发展阶段不同、国家立场不同，造成对低碳交通的评价衡量标准不同，低碳交通没有一个统一的落实执行准绳，而是一个逐步接近的终极目标，是一个动态追求社会经济发展与交通低碳化平衡点的过程。因此，可以说，低碳交通是人类低碳发展方向下体现在交通领域的一种新的发展理念以及为实现这种理念而采取的方式和执行的结果，是体现在交通运输领域的人与自然和谐发展的目标。

因此，笔者尝试性地提出：低碳交通是在对气候变化及其对人类生存严重影响的认识不断加深的背景下，以节约资源和减少排放、实现社会经济的可持续发展和保护人类生存环境为根本出发点，根据各种运输方式的现代技术经济特征，采用系统调节和创新应用绿色技术等手段，实现单种运输方式效率提升、交通运输结构优化、交通需求有效调控、交通运输组织管理创新等目标，最终实现交通领域的全周期全产业链的低碳发展，促进社会经济发展的低碳转型。

2. 低碳交通发展的实现途径

（1）单种运输方式效率提升

各种运输方式的能耗、排放和运输能力各不相同。即使在相同的运输方式内部，由于使用的交通工具不同、燃料各异、操作者不同等原因，完成单位交通的能耗和排放也有很大差别。因此，要实现低碳交通，就要从单种运输方式效率的提升入手。首先要通过技术创新研发新型的交通工具和清洁燃料。政府可以采用提高交通能耗和排放标准、或者给予补贴等手段促进新产品的研发生产。在现有的技术水平下，还可以从改变观念入手，辅以制度保障，通过发挥人的主观能动性提高各种交通方式的使用效率，例如提高交通工具的承载率。

（2）交通运输结构优化

交通运输系统的结构模式与主导运输方式的选择决定了社会资源消耗数量和系统效率水平。交通运输结构优化，包括对网络方面和运输方面的优化。对网络结构的优化包括各种运输方式网络规模的比例结构、布局结构、不同层次的网络结构等。对运输结构的优化包括各种运输方式完成的运量比例结构、不同距离的运输比例结构、不同服务层次所占比例结构等。为达到低碳交通的目标，对交通运输结构进行优化，需要进行多方式组合与互补，优先发展低碳运输方式。但并不代表一味选择能耗排放低的网络和运输，而要根据各种运输方式的技术经济特征决定的一定地域范围内使用的比较成本和使用的广度来确定结构。

（3）交通需求有效调控

交通需求管理是一种主动控制交通需求发生量，主动引导需求时空分布状态，主动寻找交通供需关系平衡点的交通管理理念与思路。以需求管理的思想来建设和发展低碳交通，通过对人们交通行为方式和消费观念的有效引导与调节，减少低效和不合理的交通需求，实现交通运输的可持续发展。交通需求管理不是对需求的遏制，而是通过运输服务供给的可获得性与可选择性来影响社会交通运输活动的自主行为方式。要发展低碳交通必须以资源占用少、能耗低、污染小的现代化运输方式为主导，大力发展公共交通，高度重视铁路发展，通过结构优化和需求引导，以可承受的代价来有效满足经济增长与社会进步所产生的交通运输需求。

（4）交通运输组织与管理创新

交通运输进行管理创新，通过货运物流化、交通智能化、系统信息化、工作高效化提高交通运输的组织、管理及服务水平，从而实现交通资源集约利用，减少温室气体排放，实现低碳交通（图 1）。

现代物流不仅仅实现货物位置的位移，还针对用户多样化、个性化的需求，为用户量身选择最佳运输路径、运输方式及供应链等系统的控制管理。货运物流化实现了货运的无缝衔接，提高了货运的效率，用更少的能耗和温室气体排放更高质量地完成了货运。手段智能化与系统信息化是相辅相成，不可分割的，是重要的解决能源和环境问题、实现低碳交通的可选项。欧洲计划在 2020 年之前减少 30% 的汽车 CO_2 排放量，其中 5% 是通过应用信息和通信技术来实现的。

五、我国低碳交通发展的基本思路和重点

1. 我国低碳交通的发展思路

我国正处于工业化、城镇化和人民生活质量提高的阶段，这一时期交通需求的总量增长和层次提高导致了运输能源需求和排放保持较快增长。发达国家发展低碳交通主要致力于交通工具和燃料的创新，我国更关注交通结构优化、加强管理等来抑制机动化快速增长所造成的能源消费与排放量的过快增长，即稳住存量、控制增量。这就决定了现阶段低碳交通在我国体现为节能减排。

（1）遵从人类的共同利益和气候变化公约

从需求和供给两方面看，不断增长的交通能源需求与有限的能源供给及环境容量之间的矛盾日趋尖锐，能源供给短缺和环境容量趋紧已经构成交通运输发展的现实约束。我国的资源条件、人口因素、国际环境以及经济社会发展的资源节约、环境友好的要求，都决定了我国的交通运输不能追求无限满足高能耗高排放的高碳运输需求，低碳交通是遵从人类共同利益、符合我国基本国情的交通运输发展模式。

（2）支持我国的工业化、城镇化以及人们生活质量的提高

目前我国处于工业化阶段，产业结构呈现“二、三、一”

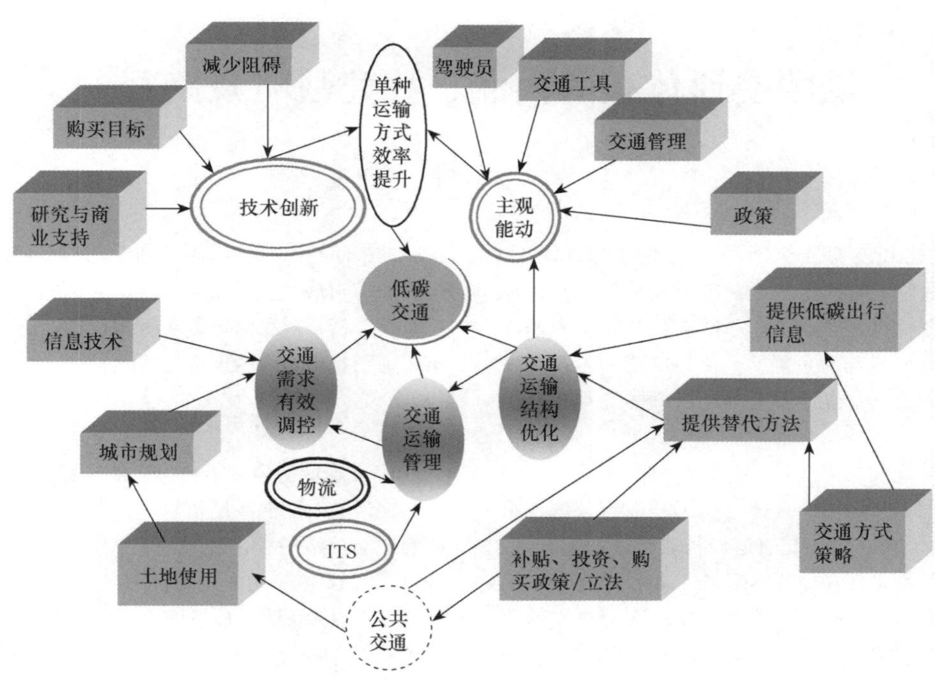

图1 低碳交通发展的实现途径

状态，第二产业单位产值产生的货运需求比第三产业大，尤其是以煤炭为主的能源和以钢铁为主的原材料的产量及消耗量非常大，这就决定了货运需求必然居高不下。随着我国经济发展水平的提高，人均 GDP 即将超过 3000 美元，居民的消费水平逐步提升，提出了“客运快速化”的要求，尤其是对私人小汽车、航空等高层次、高碳交通的需求更为巨大。我国客货运输需求与所处发展阶段、产业结构、经济社会发展水平、人民生活水平等有关，其增长趋势无法改变。交通必须有效满足这些发展要求，有力支持我国的工业化、城镇化以及人们生活质量的提高。

（3）寻找发展的平衡点

为了满足社会经济发展的要求，交通需要达到多个目标，片面追求任何单一的目标都有失偏颇。为了遵从气候变化公约，要求交通低碳化；为了有力支持我国的工业化、城镇化以及人们生活质量的提高，要求交通追求安全性、时效性、舒适性等。因此在现阶段的技术经济条件下，我们需要寻找到发展低碳交通与实现交通其他目标的平衡点。这一平衡点是动态的，随着人类社会的进步，需要不断调整，以期在更高水平上达到平衡。

2. 我国低碳交通的发展重点

（1）应大力发展低碳城市交通

中国城市化过程发展迅速，城市化率由 1978 年的 17.9% 上升到 2007 年的 44.9%。我国的城市交通产生的人均温室气体排放量、人均能源消耗都还远远低于发达国家。但即使在目前这个水平上，由于人口密度大、技术落后、资源紧张，交通尤其是城市交通已经产生了一系列问题，不仅破坏了环境生态，还导致了其他经济和社会问题。因此，发展低碳城市交通是我国落实交通节能减排的重点工作。

（2）应进一步加强铁路的发展

铁路运量大、运距长、速度快、能耗少、排放低，是非常适合我国具体情况的长途运输低碳交通方式。铁路的低碳比较优势主要体现在三个方面：一是在长途大宗货物运输中的骨干作用，二是铁路客运专线在长途客运中的作用，三是区域城际铁路在中短途客运中的作用。

（3）应重视发展水运

在铁路、公路、水运和航空四种主要运输方式中，水运具有运距长、价格低的优势，更当之无愧是最为清洁低碳的运输方式。近年来，由于铁路、公路的迅速发展，也由于水运速度慢、受航道影响大等缺点，我国的水运尤其是内河航运产生了极大的萎缩。发展低碳交通重点之一就是要重新发掘水运尤其是内河航运的潜力，提高水运效率，在适当的条件下利用水运，使水运这种低碳交通方式重新在市场上具备竞争优势。

（作者单位：国家发改委综合运输研究所）

低碳交通体系的内涵、构建战略及路径*

李 晔 包 瑁 王显璞

在全球气候变化和能源安全问题日趋严峻的背景下，“低碳经济”成为后危机时代全球经济发展新的增长点，也是当前全球政治、外交的重要议题。“低碳”是对未来经济模式特征的形象概括，它与绿色经济、生态文明、可持续发展、科学发展观等理念一脉相承，并做出了新的诠释且赋予了具体内涵。

低碳经济主要体现在三个关键领域，分别是工业、交通和建筑，这三大部门占全球温室气体（GHG）总排放的比重为40.4%（图1）。其中，由于交通运输行业需求的基础性、行业的巨大惯性，特别是新兴经济体国家机动化的巨大需求，过去10年全球二氧化碳排放总量增加13%，而源自交通工具的碳排放增长率却达25%。过去20年欧盟大部分工业领域都做到了减排，但交通运输行业的GHG排放却不降反升。在发展中国家，随着城镇化水平的快速提高和小汽车拥有率的不断上升，交通碳排放，特别是城市交通的碳排放在可预见的未来仍将保持高增长趋势。因此，建设低碳交通体系是实现低碳经济的重点也是难点。

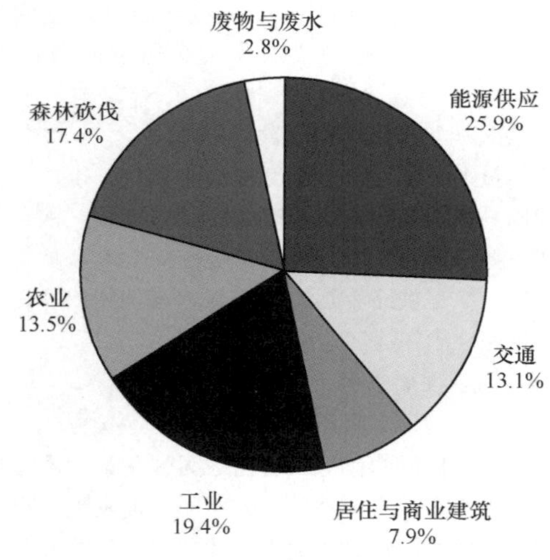

图1 2004年各部门温室气体排放比重
（资料来源：政府间气候变化专门委员会，2007）

发展低碳交通体系并不是为了被动应对压力，而是代表了行业发展的新机遇，其目的是在低碳排放的条件下提高生活质量，提高交通的绿色竞争力，同时完成交通行业的产业升级以适应可持续发展的要求。因此，低碳交通是机动化社会的理想追求，也是人类发展的必然选择和义务。

目前国内对于低碳交通的研究较少，对低碳交通体系的内涵还没有一个系统的解析，对建立低碳交通体系没有一个清晰的战略与路径，因而不利于低碳交通的深入研究，主动应对和措施落实。因此本文将着重对低碳交通体系的内涵进行系统分析，对我国低碳交通体系建立的战略与路径进行探索，力图找出其中的重点与关键。

一、交通能耗与碳排放

1. 交通能源消费结构与碳排放趋势

交通是对能源高度依赖的部门。目前，石油基燃料在道路交通能耗结构中占主导地位，其中大多数是柴油（31%）和汽油（47%）。在所有终端能源消费部门中，交通部门的能源需求以及CO_2排放量增长最快，其中该部门CCO_2排放的比重从1990年的22%上升至2003年的24%（IEA，2005）。

在我国，交通运输石油消耗的增速远高于全社会石油消耗的增速，占全社会石油消费的比重不断提高。1990年整个交通系统和道路交通成品油消耗量占全社会成品油消耗量的比重分别为45%和28%，2004年分别提高到54%和42%左右。同时交通部门的温室气体排放也不容乐观。2003年交通部门排放量为2.67亿吨（道路交通1.68亿吨），约占全国总排放的7.2%，比1990年增加了126.7%。随着经济的发展和收入水平的提高，国内的交通需求将不断上升，以石油为主要燃料的交通用能结构将使交通部门的能源消耗和CO_2排放继续攀升。由此可见，在未来很长一段时间内，节能和减排将是交通部门面临的两大严峻课题。因此，对交通行业而言，以节约能源为核心的应对能源安全问题与降低碳排放为核心的应对全球气候变化问题高度耦合，低碳交通体系中能源是核心，碳排放为表征，可持续发展是目标。

2. 我国城市交通能耗与碳排放分析

城市交通是承载城市发展的重要载体，也是城市温室气体的重要排放源。我国当前持续增长的交通需求和机动化趋势使城市交通能耗和排放总量明显上升，对低碳交通的发展提出了重大挑战。以上海为例，2009年上海交通运输能耗占全社会能耗的比重由2005年的20%增加到了25%左右，其能耗增幅高于全社会能耗增幅。其中城市交通能耗总量比2005年增长了88%，约占交通运输能耗总量的30%。据《上海市综合交通2008年度报告》，2007年上海交通能耗已达450万吨标准煤，依此估算，2007年上海城市交通温室气体排放约为850万吨。此外，城市交通结构的不合理在一定程度上也阻碍了低碳交通的发展。虽然上海的城市公共交通近年来取得了飞速发展，但城市公交出行比例仍只有25.2%，与东京、伦敦等发达国家城市相比差距较大，使得

* 本文转载自《建设科技》2011年第17期。

低耗能运输方式的比较优势尚未得到真正发挥。

在国内许多城市积极选择向低碳城市、生态城市转型的大背景下，我国应将发展低碳交通作为解决城市交通问题、优化城市交通结构、促进交通与城市协调发展及良性互动的重要举措，使之成为实现城市整体运营低碳化的重要支撑。

二、低碳交通体系的内涵解析

低碳交通的核心是通过不同手段尽可能降低交通出行中的温室气体排放。在城市交通范畴内，鉴于近年社会客货运排放增幅尤为突出，应以“控制私人交通出行规模”和“降低私人小汽车排放强度”为两大抓手，将低碳交通定位为“结构性低碳 + 技术性低碳 + 政策性低碳”的框架体系（图2）。三者协同互补，使各种政策和技术工具相互影响和优化，从而得到最佳的交通碳减排效果。

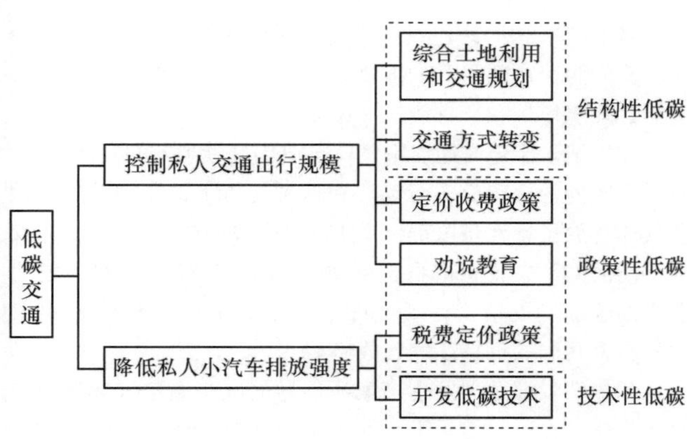

图2　低碳交通框架体系

1. 结构性低碳解析

结构性低碳（Structural Low Carbon，SLC）可使城市交通运输结构更加合理，交通基础设施网络体系更加完善，交通出行方式更加优化，交通能源消费结构更加合理。相关的手段包括：

（1）综合土地利用和交通规划。构建能使交通需求均衡分布的紧凑型、网络化的城市空间形态，通过土地的高密度利用和公共交通的混合发展以减少出行距离和汽车使用率，从源头上降低交通需求。

（2）落实公交优先战略，转变居民出行方式。通过改善公共交通和慢行交通的运行环境，加强客运交通枢纽功能和换乘设施建设，完善相关配套保障措施，提升公交吸引力和服务水平，从而引导公众向低碳交通方式的转变。

2. 技术性低碳解析

技术性低碳（Technical Low Carbon，TLC）即通过技术进步，使交通工具减少对碳的依赖。对城市交通而言，其重点在于增强车用节能减排技术的创新能力与推广水平。从节能减排角度分析，技术性低碳分为两条路径：提高能效和使用替代能源（表1）。

提高能效的途径主要有：①减少汽车的负载，包括使用轻质材料，改进空气动力，使用移动空调（MAC）系统等；②改进发动机传动效率，包括发展先进直喷汽油/柴油引擎和传动，推广混合动力传动等。

使用替代能源的途径主要有：①推广替代燃料，包括发展生物燃料、天然气、氢能等清洁燃料；②研发新能源汽车，包括发展燃料电池汽车和电动汽车等。

在以上两种途径中，提高交通能效是一项长期的任务。因为在未来很长一段时期内，传统能源动力的汽车仍将占据汽车市场的主导地位，而提高其能源利用效率无疑是最具现实意义的改进措施。第二条途径，即开发替代燃料和新能源汽车路径具有很大的发展潜力，是中长期缓解车用能源需求压力、减少温室气体排放的重要技术选择。事实上，只有在车用替代燃料和新能源汽车技术上取得突破，才能达到车辆减排降耗的质变效果。

从表1可以看出，2010年至2025年将成为车用新能源技术研发与突破的关键时间段，2025年则为新能源汽车技术市场化的关键节点。因此，在未来15年内，需要重点研究生物燃料，电能存储技术、燃料电池技术以及氢燃料的供应/存储技术。

3. 政策性低碳解析

政策性低碳（Policy Low Carbon，PLC）即通过健全的政策法规保障低碳交通得以落实推广。政策性低碳的目的是限制个体机动交通、鼓励和推进以公共交通为导向的城市交通发展模式，并从交通政策引导、信息技术支撑、交通工具排放控制等多个方面共同减少碳排放。从控制交通碳排放角度分析，根据政策落实强制性的不同，低碳交通政策可以分为硬性措施和软性措施。

硬性措施是指由政府部门制定的具有行政约束力的政策或标准。而软性措施是指通过出台激励或收费政策，运用市场机制引导社会向低碳交通转变。具体政策措施如表2所示。

交通节能减排技术发展时间表　　**表1**

<table>
<tr><th>年　份</th><th>2010</th><th>2015</th><th>2020</th><th>2025</th><th>2030</th><th>2040</th></tr>
<tr><td rowspan="2">提高能效</td><td colspan="6">减少汽车自重和尾气排放</td></tr>
<tr><td colspan="6">发动机和传动技术的革新</td></tr>
<tr><td rowspan="7">使用替代能源</td><td colspan="6">生物燃料和氢燃料开发</td></tr>
<tr><td></td><td></td><td colspan="2">电能存储技术突破</td><td></td><td></td></tr>
<tr><td></td><td></td><td></td><td>氢供应/存储突破</td><td></td><td></td></tr>
<tr><td colspan="5">完全混合动力推广</td><td></td></tr>
<tr><td></td><td></td><td colspan="4">可插电混合动力推广</td></tr>
<tr><td></td><td></td><td></td><td colspan="3">电动汽车技术大众市场化</td></tr>
<tr><td></td><td></td><td></td><td colspan="3">燃料电池汽车推广</td></tr>
</table>

实现低碳交通的政策选择及可行性 **表2**

控制对象	软件措施	可行性	硬性措施	可行性
车辆排放	排放收费	高	制定排放标准	高
	可交易的许可证	高	强制性检查排放系统	中
	汽车的差别税收	高	强制性推行低污染汽车	低
	补贴新型汽车	高	强制报废废旧汽车	中
燃油类型	燃油的高税收	中	燃油成分标准	高
	燃油的差别税收	高	燃油经济性标准	高
交通拥挤	拥挤收费	中	汽车使用限制	中
	停车收费	高	汽车禁行区	低
	补贴公共交通	高	公交专用道和其他优先	高

三、交通温室气体排放情景分析

1. “脱钩”理论

要达到控制气候变化及可持续发展的目标，低碳交通需要采取“脱钩”（decoupling）的路径理论。“脱钩”理论在低碳经济中的表现形式是：如果二氧化碳排放增长率与GDP增长率呈现不平行，即称经济体系产生脱钩现象。若经济增长率高于二氧化碳排放增长率，即称为相对脱钩（相对的低碳经济发展），倘若经济驱动力呈现稳定增长，而二氧化碳排放量反而减少，称为绝对脱钩（绝对的低碳经济发展）（图3）。因此，我们可以将低碳经济理解为，一个经济体逐步实现经济增长和碳排放增长从相关到脱钩的过程。

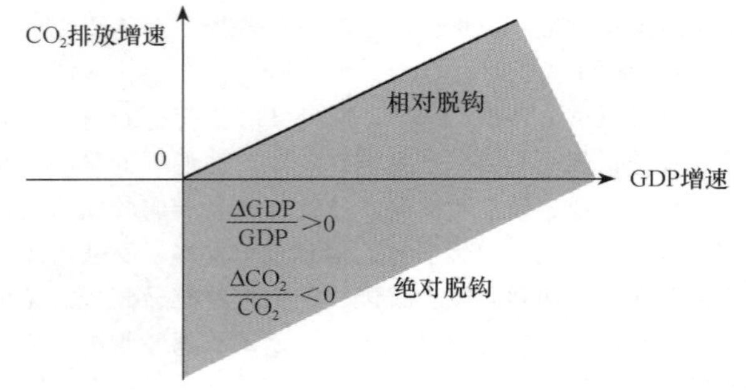

图3 低碳经济的脱钩表现

2. 基于“脱钩”理论的情景分析

基于“脱钩”理论，在研究我国构建低碳交通发展路径时，我们为交通部门CO_2排放预测设置了三种情景，即惯性情景、理想情景和适宜情景（图4）。

惯性情景假定交通温室气体排放仍延续当前的发展趋势，不采取额外的低碳交通行动。在这种情景下，我国的交通温室气体排放量预计将以每年2.1%的速率增长，到2050年交通部门的CO_2排放总量将达到2000年的2.82倍。显然这是非常高碳的发展情景，既不符合全球低碳经济的发展潮流，也不符合我国的可持续发展战略。

理想情景即欧洲发达国家所倡导的减少温室气体排放总量的战略。在这一情景下，通过采取强有力的温室气体减排措施，交通部门温室气体排放水平将在2020年达到顶峰。之后随着强制推行电动汽车和氢燃料电池汽车，排放水平开始下降，进入“绝对脱钩”阶段。理想情景是我国未来的发展要求，但超越了大多数国家（包括中国）当前的发展阶段和推行能力，并且要付出较大的经济成本。

对我国而言，发展是第一要务和目的。因此，中国的减排战略只能是CO_2排放速率的减缓，而不可能是排放总量的减少，这是由我国的现实国情决定的。但我们可以把低碳作为实现中国发展的途径和手段，成为未来可持续发展的主要特征和标志。在国内机动化需求不断膨胀和国际上采取共同

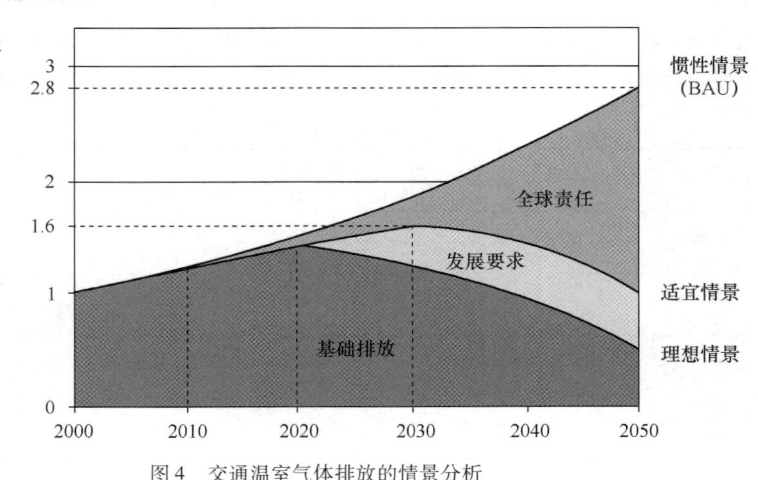

图4 交通温室气体排放的情景分析

措施的双重背景下，我国一方面应通过国际谈判获得合理的“排放权”，另一方面更应加快发展低碳型交通体系。发展低碳交通的关键在于构建政府主导、市场调节、公众参与相结合的交通减排管理长效机制，同时鼓励低碳交通技术的开发利用和国际间交流合作。在借鉴国外低碳交通发展成功经验的同时，我们需要根据本国国情选择适宜的发展路径——即适宜情景。

在适宜情景下，通过结合技术进步和政策干预措施，预计可以使我国交通部门2030年前的CO_2排放年均增幅控制在1.5%以内，实现“相对脱钩”。随着2030年后交通减排管理长效机制的建立、各种交通引导与管理手段远期影响效果的显现以及新能源汽车技术的成熟与市场普及，我国的交通温室气体排放将进入“绝对脱钩”时期。到2050年，我国交通部门的排放水平将最终降至2000年水平。

四、我国建立低碳交通体系的战略与路径

“低碳”问题已经逐步从学术问题上升到国际政治问题，并逐步变为不同国家集团为各自利益而进行外交博弈的工具。由于我国目前正处于工业化中期，必须以较快的速度完成基础设施建设、提高城市化和工业化水平，因而不得不接受高碳高耗能的国际产业分工格局。同时，为提高国民的基本生活水平、满足其机动化需求，我国交通行业CO_2排放总量在今后相当长的一段时期内还会增长。因此，我国不应盲目跟随发达国家的减排脚步，而需探索可持续发展框架下适合我国国情的低碳交通发展道路。

1. 我国低碳交通的内涵与战略

围绕气候变化与能源安全两大中心问题，低碳交通体系要求交通部门通过提高能效和发展绿色新能源技术来实现产业升级，同时通过社会各层的合作，加快提高绿色交通方式在客货运活动中的比重，并配合政策法规的引导，主动应对当前严峻的节能减排压力。力争在尽可能减少能源消耗和环境代价的前提下，满足人们日益增长的机动化需求。因此对我国而言，低碳交通的内涵是：一种以高能效、低能耗、低污染、低排放为特征，以应对气候变化、应对能源安全、面向可持续发展为基本要求，以政府监督、市场推动结合技术创新提升行业整体竞争力为根本途径的交通运输发展模式。

基于低碳交通的要求，我国需要尽快转变交通发展方式，努力在21世纪上半叶建立起一套环境友好、能源低依赖的可持续交通体系。为此，我国发展低碳交通体系的战略主要从三方面入手：

首先，需要从战略上着眼，全局上统筹。要组织开展低碳交通体系研究，总结国内外研究发展成果，准确把握我国交通碳排放的现状，探索构建我国低碳交通体系的基本模式，提出适合我国国情的交通运输行业“减碳路径”。

其次，要积极贯彻落实国家的有关规划部署。政府要从“结构性低碳”、“技术性低碳”、“政策性低碳”三方面入手，落实公交优先战略，大力培育绿色交通运输相关技术与产业，同时建立健全行业相关法律规范和标准制度体系，有效推进先进技术的研发，促进成熟技术选项的商业化进程。

最后，要自上而下推动社会理念的改变。通过宣传，引导全社会形成低碳化、低能耗的消费模式和习惯。在此基础上，通过劝说教育手段倡导人们减少不必要的小汽车出行，优先选择公共交通等出行方式，使构建低碳交通成为全民的共识和义务。

2. 构建我国低碳交通体系的路径与机制

从长期看，我国交通运输部门向低碳交通转型的过程，就是交通温室气体排放从“相对脱钩”到“绝对脱钩”的过程。其具体的路径和时间节点为：

在2010~2030年间，控制交通温室气体排放的增速，实现“相对脱钩”。在原本机制较薄弱的背景下，这期间要积极研究运用市场推动构建交通减排管理的长效机制；重点研究新能源汽车有关的生物燃料，电能存储技术、燃料电池技术等关键性技术；同时完善和落实交通减排的配套政策措施，保障新技术的创新与推广；对于国内中小城市以及大量兴起的新城，则应以“结构性低碳”为优先选项，通过建立完善的公共交通系统，转变城市居民的主要出行方式。

2030~2035年将出现我国交通碳排放的“拐点”。期间将摸索出一套适合我国国情的低碳交通发展道路，使低碳交通从规划、设想落地成为政策大力支持并具有较大市场规模的产业系统。前期各项政策措施效果的显现将与新能源汽车的普及共同作用，推动整个交通体系的低碳转型。

2035年以后，我国交通部门的温室气体排放总量将出现下降，实现“绝对脱钩”。届时，我国的低碳交通体系将基本构建完成，除了能够满足人民日益增长的生活需求之外，还将对全球温室气体排放控制做出很大的贡献。

我国推动交通的低碳转型既有承担全球责任的外部压力，又有实现国内“两型”社会目标的内部需求。发展低碳交通是整个社会尺度的改变，单独依靠个体力量很难完成，所以必须依靠政府、企业、社会与个人的共同努力。而在社会各层次的合作过程中，势必需要平衡和兼顾各方利益。由于在推动交通转型时涉及行为体众多，利益平衡困难，因此可以考虑借鉴欧盟的多层治理区域协调机制，解决我国推动低碳交通过程中可能面临的体制上的矛盾和不足。

（作者单位：同济大学）

我国交通运输业能源利用效率及发展趋势*

李连成　吴文化

一、交通运输业能源消费与利用效率现状

1. 交通运输业能源消费总体情况

交通行业是资源占用型和能源消耗型行业，随着我国客货运输量的增长，交通运输业能源消耗的规模逐年上升，能源消耗的增速高于全社会能源消耗的增速，成为我国用能增长最快的行业之一。据统计数据显示，2005 年我国交通运输邮政业共消费能源 16629 万吨标准煤，占全社会能源消耗量的 7.4%（见表 1）。2000～2005 年全社会石油消费增长率 7.7%，而同期交通、仓储和邮政业石油消耗年均增长率 12.0%，比社会平均增长率高出 4.3 个百分点。

需要特别指出的是，在我国的统计体系中，交通运输业仅包括对从事社会运营的交通运输企业的统计，相应的能源消费统计量也只包括其运输工具的燃料消费，一些非交通行业的道路或水运交通工具以及大量的社会非运营交通工具的燃油消耗没有纳入交通行业的能源消耗统计中。初步估算，近年统计数据中交通业消费汽油数量比实际消费低 2500 万吨以上，消费柴油数量比实际消费低 1500 万吨以上。

以国际通用口径估计，目前我国交通行业能源消费量约占全国总用能量的 10%，其中用能以油气为主，占全国石油消耗量的 40% 左右；大约 95% 的汽油、60% 的柴油和 80% 的煤油被各类交通工具所消耗。而我国石油对外依存度逐年提高，对外依存度已近 40%。严峻的能源形势要求高度重视交通节能降耗，以保障国家能源安全，实现“十一五”节能目标。

我国交通业、仓储和邮政能源消耗　　表 1

	年　份	1995	2000	2001	2002	2003	2004	2005
交通业、仓储和邮政	综合能耗（万吨标准煤）	5 863	10 067	10 363	11 171	12 819	15 104	16 629
	煤炭（万吨）	1 315	1 132	1 041	1 055	1 067	832	815
	石油（万吨）	2 864	5 509	5 692.9	6 163.7	7 093.2	8 620.6	9 708.5
	#汽油	982	1 388	1 419	1 504	1 862	2 038	2 470
	#煤油	250	536	561	617	622	820	882
	#柴油	1 246.6	2 544	2 671	2 965	3 485	4 182	5 019
	天然气（亿立方米）	1.57	5.81	5.96	6.37	6.82	11.16	13.01
	电力（亿千瓦时）	182.3	281.2	309.32	338	396.94	449.65	430.34
全国	综合能耗（万吨标准煤）	131 176	138 553	143 199	151 797	174 990	203 227	224 682
	煤炭（万吨）	137 677	132 000	135 000	141 601	169 232	193 596	216 723
	石油（万吨）	16 065	22 439	22 838	24 787	27 126	31 700	32 535
	#汽油	2 909.6	3 505	3 598	3 750	4 072	4 696	4 853
	#煤油	512.1	870	890	919	922	1 061	1 077
	#柴油	4 321.4	6 774	7 108	7 667	8 410	9 895	10 972
	天然气（亿立方米）	177.41	245.03	274.3	291.84	339.08	396.72	476.63
	电力（亿千瓦时）	10 023	13 471	14 723	16 465	19 032	21 971	24 940
交通业比重	综合耗能	4.47%	7.27%	7.24%	7.36%	7.33%	7.43%	7.40%
	煤炭	0.96%	0.86%	0.77%	0.75%	0.63%	0.43%	0.38%
	石油	17.83%	24.55%	24.93%	24.87%	26.15%	27.19%	29.84%
	#汽油	33.76%	39.60%	39.44%	40.11%	45.73%	43.40%	50.90%
	#煤油	48.82%	61.61%	63.03%	67.14%	67.46%	77.29%	81.89%
	#柴油	28.85%	37.56%	37.58%	38.67%	41.44%	42.26%	45.74%
	天然气	0.88%	2.37%	2.17%	2.18%	2.01%	2.81%	2.73%
	电力	1.82%	2.09%	2.10%	2.05%	2.09%	2.05%	1.73%

资料来源：据历年《中国能源统计年鉴》整理，其中 1999 年以后数据参考 2006 年年鉴。

* 本文转载自《综合运输》2008 年第 3 期。

2. 铁路运输能源消费与利用效率

铁路是国民经济的大动脉，是综合运输体系的骨干。2005 年国家铁路运输行业能源消费折合标准煤为 2247.5 万吨，其中消耗柴油 573 万吨、汽油 10 万吨、电力 215 亿千瓦时、原煤 663 万吨。1990 ~ 2005 年国家铁路运输行业能源消费总体情况见表 2。

地方铁路和合资铁路的能源消耗缺少统计数据。采用速算法估算 2005 年我国地方和合资铁路消费能源 123 万吨标准煤；采用精算法估算，相应数值为 129.67 万吨标准煤。

我国铁路能源消费的变化与牵引动力的变化有密切关系。由于发展内燃和电力牵引代替蒸汽牵引，“八五”期间铁路客货运输周转量增长 23.97%，而能源消耗基本没有增长；“九五”期间铁路运输周转量增长 9.03%，而能源消耗不仅没有增长，反而降低 7.45%。在蒸汽机车牵引完全退出铁路正线运输之后，“十五”期间客货运输周转量增长 42.06%，年均增长率 7.274%；能耗增长率为 20.15%，年均增长率 3.74%。

从“十五”期间国家铁路运输业能源利用效率总体情况分析，铁路能源利用效率有所提高，单位运输工作量能耗强度不断降低（见表 3）。其中，“十五”铁路节能的潜力主要来自内燃和电力牵引代替蒸汽牵引。由表 3 能源利用效率指标看，2005 年比 2000 年单位运输工作量能耗仅降低 14.9%，年均降低 3.17%。

3. 道路运输能源消费与利用效率

在交通运输业中，公路运输是发展最快的行业，也是能源消耗最多的行业。目前的道路运输能耗统计仅仅局限于营业性车辆，而道路运输行业中存在着大量的社会车辆，这些车辆的能源消耗情况比较复杂。国家发展改革委综合运输研究所吴文化副研究员在 2001 年提出了道路机动车能源消耗测算的方法，该方法可以科学地测算全国机动车能源消耗规模，难点在于对各类车辆的行驶状况及燃油消耗的准确掌握。根据相关统计数据，并结合道路运输业专家对各类车辆的年行驶里程、燃油消耗水平的基础数据的经验估计，估算“八五”以来道路运输发展及能源消耗见表 4。

国家铁路运输企业能源消费情况 **表 2**

年　份	折标煤（吨）	柴油（吨）	汽油（吨）	电力（万千瓦时）	原煤（吨）
1990	21 216 000	2 584 257.5	96 269.3	559 480.1	18 942 000
1995	20 091 500	3 755 871	105 893	908 487	13 599 700
2000	18 595 201	4 890 809	106 685	1 256 326	7 741 228
2001	19 168 857	5 056 113	110 913	1 395 199	7 442 650
2002	19 921 602	5 058 113	110 800	1 655 427	7 053 046
2003	20 307 327	5 199 504	94 835	1 729 630	6 727 103
2004	21 559 947	5 431 920	87 930	2 036 282	6 517 221
2005	22 474 670	5 727 818	104 056	2 149 411	6 631 495

国家铁路运输能源利用效率现状 **表 3**

年　份	运输工作量（亿换算吨公里）	总能耗（万吨标准煤）	单位运输工作量综合能耗（千克标煤/万换算吨公里）
2000	17 858.7	1 859.5	104.1
2001	19 005.4	1 916.9	100.9
2002	20 022.2	1 992.2	99.5
2003	21 098.4	2 030.7	96.3
2004	23 797.4	2 156.0	90.6
2005	25 366.6	2 247.5	88.6

资料来源：铁路统计资料汇编。

道路运输发展及机动车能源消耗现状 **表 4**

年　份	公路总里程（万公里）①	其中高速公路	民用汽车保有量②（万辆）	其中公路营运车	石油消耗量③（万吨）	其中营业车油耗
1990	102.84	0.05	551.36		2 480	
1995	115.70	0.21	1 040.00	417.03	4 400	
2000	140.27	1.63	1 608.91	702.82	6 500	3 344.0
2005	193.05	4.1	3 159.66	733.22	9 800	5 770.0

注：①公路里程中不含农村公路；②民用汽车保有量不含农用汽车；③石油消耗量为统计加测算。

由表4可以看出，1990～2000年的10年间，公路里程增加37.43万公里，高速公路增加1.58万公里，民用汽车保有量1057.55万辆，石油消耗增加约4000吨，而2000年至2005年这五年间公路里程就增加52.78万公里，高速公路增加2.47万公里，汽车保有量增加1550.75万辆，石油消耗量增加3300多万吨。可见，随着公路运输的快速发展和汽车快速进入家庭，公路运输石油消耗量仍将会快速增长。

随着环境友好型的发展理念的深入，越来越多的机动车、特别是城市公共汽车采用天然气作为动力。2005年全国交通运输行业消费天然气13.01亿立方米，折合174万吨标准煤。

由表5可以看出公路运输营运车辆能耗强度逐年都有所增加。我国公路运输营运车辆油耗指标不降反升，反映了运输管理和能源管理薄弱，这也显示公路运输营运车辆节能空间很大。

公路运输营运车辆能源利用效率　　表5

年份	客车（升/100人公里）		货车（升/100吨公里）	
	汽油	柴油	汽油	柴油
2000	11	9	7.0	5
2001	12	8	8	6
2002	10	10	8	6
2003	12	11	8	6
2004	12	11	8	6
2005	13	12	8	6

4. 水路运输能源消费与利用效率

在综合运输体系中，水路是货物运输的重要方式，沿海和内河货运量约占国内货运总量的9%左右，远洋运输约占外贸物资运输总量的90%。“十五”期间水路货运量年均增长率12.4%，远洋货运量年均增长率高达16.2%。水路完成客运量较少，仅占全国客运量的1%。因此水路运输的能源消耗主要是货物运输耗能，消费的燃料主要是柴油和燃料油。“十五”期间水运营业性运输船舶燃油消耗和利用效率情况见表6。按照万吨公里油耗水平计算，“十五”期间水运营业性运输船舶燃油利用效率明显提高，约为28.3%，平均每年提高6.4%。

水运营业性运输船舶燃油消耗及利用效率现状　　表6

指标	2000年	2001年	2002年	2003年	2004年	2005年
燃油消耗量（万吨）	1 175	1 253	1 009	1 022	1 303	1 356
换算周转量（亿吨公里）	127 881	768 560①	166 894	161 512	22 797	20 590
万吨公里油耗（公斤）	92	74②	60	63	57	66

注：①统计数据异常，应该有误；②经分析，调整后数据。

2005年水运营业性运输船舶燃油消耗1356万吨，非营业性运输船舶油耗参考内河千吨级船舶油耗指标估计，则水运燃油消耗约2100万吨左右。

5. 民航运输能源消费与利用效率

近年来我国航空运输快速发展，2000年至2005年运输飞机由527架增加到863架；客运量由6722万人增长到13827万人，年均增长率15.5%；航油消耗由494.1万吨，增加到878.1万吨，增长77.7%，年均增长率12.2%，见表7。

民航运输企业航空煤油消耗现状　　表7

年份	航空煤油实际消耗量（吨）	航煤消耗量（标准煤吨）
2000	4 941 338	7 200 023.6
2001	5 355 681	7 803 762.8
2002	6 000 746	8 743 687.0
2003	6 048 778	8 813 674.4
2004	7 887 725.5	11 493 204.8
2005	8 780 754	12 794 436.7
2006	10 005 376	14 578 833.4

民航运输企业能源利用效率可以按照换算吨公里航煤消耗水平和按照生产飞行小时航煤消耗水平计算衡量。民航运输企业能源利用效率变化情况见表8。按照换算吨公里航煤利用效率计算，“八五”期间能源利用效率年均提高2.97%，“九五”期间年均提高1.44%，“十五”期间年均提高3.20%；按照生产飞行小时航煤利用效率计算，“八五”期间能源利用效率年均降低4%，“九五”期间年均提高2.68%，“十五”期间年均提高1.32%。

民航运输企业能源利用效率　　表8

年份	实际消耗量（吨）	运输总周转量（万吨公里）	每换算吨公里耗油（千克标准煤）	每生产飞行小时耗油（吨标准煤）
1990	1 186 414	249 950	0.73	4.71
1995	2 714 348	714 385	0.63	5.73
2000	4 941 338	1 225 007	0.58	5.00
2001	5 355 681	1 411 918	0.55	4.79
2002	6 000 746	1 649 266	0.53	4.76
2003	6 048 778	1 707 946	0.52	4.80
2004	7 887 725.5	2 309 985	0.50	4.80
2005	8 780 754	2 612 724	0.50	4.68
2006	10 005 376	3 057 979	0.48	4.58

6. 交通运输业能源消费行业结构与利用效率比较

根据以上对交通各个行业的能源消耗分析，2005年我国交通运输行业（不含管道和城市轨道交通车辆）能源消费为21211万吨标准煤，其中铁路消耗2377.2万吨标准煤、公路机动车消耗14524万吨标准煤、水路运输消耗3030万吨标准煤、民航运输消耗1279.4万吨标准煤。

公路运输是交通运输业中消费能源最多的运输方式，其能耗占交通运输业（不含管道和城市轨道交通）的68.48%。

水路运输是除公路运输之外最大的能源消耗运输方式，其能耗比重占14.29%。铁路运输和民航运输能耗分别占全行业的11.21%和6.03%。

对2005年不同运输方式能源利用效率进行比较（见表9），分析表明，无论是旅客运输还是货物运输，铁路运输的能耗都处于最低水平，能源利用效率最高；民航运输能源利用效率最低，单位运输量能耗水平位居各种运输方式之首。

不同运输方式能源利用效率比较　（2005年）　**表9**

旅客运输		货物运输	
小汽车（千卡/车公里）	约950	道路货运（千卡/吨公里）	1 060
营业性汽车（千卡/人公里）	155	水路货运（千卡/吨公里）	71.4
铁路客运（千卡/人公里）	41.5	铁路货运（千卡/吨公里）	68.1
航空客运（千卡/人公里）	481	航空货运（千卡/吨公里）	5 380

资料来源：吴文化《中国交通运输行业能源消费与排放状况及其与典型国家之比较》

二、交通运输业能源消费发展趋势

1. 交通运输业能源消费和利用效率的影响因素分析

（1）交通运输总体规模

交通运输的总体规模是交通运输业能源消费数量最直接的影响因素之一，具有很强的相关性。根据《“十一五”综合交通体系发展规划》的预测，未来相当长的时期我国交通运输业还将保持较快速度的增长，预计2010年我国旅客周转量达到26913亿人公里，货物周转量达到105154亿吨公里，“十一五”期间年均增长分别为9.0%和5.6%。交通运输规模的快速增长，必然导致交通能源消费持续快速增加。

（2）交通运输发展模式

完成同等交通运输规模，粗放型的发展运输模式与集约型发展模式所消费的能源数量是大不相同。我国交通运输业正在积极向资源节约环境友好型的集约发展模式转变。在这样的发展理念和政策导向下，交通运输业主要通过结构优化、技术创新等手段来提高全要素生产率，一方面使交通运输业能够高效率地满足产业发展的需要，另一方面实现交通和资源、环境的和谐发展，提高交通在满足人们出行需求方面的适应性，以最高的效率和最低的资源、环境代价实现交通运输业的增长。近年来国家及交通行业十分重视交通节能工作，国家政策和规划积极引导交通发展模式向能源节约型转变。

（3）交通运输技术发展与应用

交通运输技术节能是交通节能的基础性工作。依靠科技创新，发展先进的节能技术，是提高能源利用效率，实现交通运输能源节约的微观基础。我国交通工具能源利用效率与国际先进水平相比约低20%以上，其原因很大程度上是技术上的差距，特别节能技术的差距大。因此，依靠技术进步，发展节能技术，这是交通运输节能，提高能源利用效率的基本路径。

2006年12月，国家发改委和科技部联合发布《中国节能技术政策大纲》，用于指导节能技术研究开发、节能项目投资重点方向，其中交通运输是其中重要的领域。《大纲》提出各个领域未来应大力发展的提高能源开发利用效率和效益、减少对环境影响、遏制能源资源浪费的技术。在交通领域，《大纲》分别提出铁路运输、公路运输、水路运输、航空运输、港口和航站今后、特别是2010年前的重点发展的节能技术。

交通各个行业对节能的交通技术应用与开发也十分重视，均大力推行交通节能科技进步。如交通运输业中耗能占70%左右的公路运输业，近年在提高车辆燃料经济性和车用油品质量、改变车辆构成、改善路况、改善交通管理和研究开发新型燃料机动车等方面出台了很多标准、政策，取得良好效果。

2. 交通运输能源消费预测分析

（1）铁路运输能源消费预测

铁道部《铁路“十一五”规划》明确，大力推广各种先进的节油代油、节电、节水、新能源和可再生能源等资源综合利用技术的应用，积极推进清洁生产，提高铁路能源和资源利用效率。20世纪80年代以来，我国铁路逐步由内燃机车和电力机车代替蒸汽机车，到2003年蒸汽机车完全退出铁路运输，铁路牵引动力实现了内燃和电气化。这一时期铁路节能主要源于机车结构的调整，铁路在完成内燃、电力机车代替蒸汽机车后，铁路节能的难度增大。铁道部提出“十一五”末铁路单位运输收入降耗达到20%以上。在交通运输行业以运输收入来衡量能源消耗及节能效果，有待深入研究。

依据《铁路“十一五”规划》电力机车承担运输工作量的比重达到80%的指标，以及2010年铁路运输周转量35000亿换算吨公里，预测2010年国家铁路机车消耗能源910万吨标准煤，估算全国铁路行业消耗煤炭2400万～2500万吨标准煤。

（2）公路水路运输能源消费预测

根据交通部2006年颁布的《建设节约型交通指导意见》和《公路水路交通“十一五”发展规划》，公路水路行业要加快节约型交通建设。实现资源利用高效化，提高运输供给能力和资源的使用效率，引导节约型的交通增长方式和消费模式，为交通全面协调可持续发展提供有力保障。“十一五”末与2005年相比，营运车辆、船舶百吨公里能耗下降20%。

目前我国各类汽车平均每百公里油耗比发达国家高20%以上，其中轻型载货车比国外同类车高25%，中型载货车高1.1倍以上，轿车油耗比日本高20%～25%，比欧洲高10%～15%，比美国高5%～20%。公路运输的技术节能潜力比较大。水路运输则可以通过船舶大型化、改进船舶动力设计、发展船舶运输管理技术等实现节能。

根据公路水路“十一五”规划的指标计算，2010年我国公路运输营运车辆消耗燃油约7000万吨，折合标准煤约

10000 万吨。2010 年水运营运船舶燃油消耗量 1460 万吨。

（3）民用航空运输能源消费预测

由于我国主要飞行器都是通过进口，因此通过提高飞行器技术达到节能的潜力很小。相对而言，我国民航系统在航线优化配置、空域利用、运行管理以及相关配套条件与技术方面存在较大的差距，因此，民航运输节能的主要的策略应该是通过提高空域使用环境，建立与完善民航运行管理机制和系统决策系统机制、提高航空气象服务水平等手段，促进航路网的优化和运营管理水平的提高，进而提高整个行业的运行效率，达到系统节能的目的。

根据《中国民用航空发展第十一个五年规划》，2010 年吨公里燃油消耗 0. 302 公斤。预测到 2010 年航空运输总周转量达到 500 亿吨公里，年均增长 14%；旅客运输量达到 2. 7 亿人次，年均增长 14. 5%；货邮运输量达到 570 万吨，年均增长 13%。预计 2010 年航油需求量约为 1750 万吨，“十一五”期间年均增长 13. 7%。

（作者单位：国家发改委综合运输研究所）

我国交通运输业碳排放及其减排潜力分析*

丁金学

根据国际能源署的数据，全球范围内，交通运输业是仅次于电力行业的第二大碳排放行业，其碳排放量占总量的21%。因此，交通运输业是降低碳排放量的重要领域。

一、交通运输碳排放因素分解方法

碳排放因素分解分析一直是国际能源问题研究的热点，在国际能源与环境问题的政策制定中被广泛运用。其中指数分解法广泛应用于定量分析产业结构、部门能源强度等变化对能源消耗或能源强度变化的影响效应等方面，其基本思想是把一个目标变量（如能源消耗或碳排放量）的变化分解成若干个影响因素的组合，从而可以辨别各个因素影响程度的大小，即贡献率，进而客观确定出影响比较大的因素。在可得数据的情况下，这种分解可逐层进行下去，最终把各种影响因素对目标变量的影响区分开来。

基于指数分解法的思想，Johan 等人提出碳排放量的基本模型。通过对模型进行变换，可以构建交通运输碳排放基本模型：

$$C = \sum_{ij} C_{ij} = \sum_{ij} \frac{C_{ij}}{B_{ij}} \times \frac{E_{ij}}{V_i} \times \frac{V_i}{V} \times V$$

其中，C 为交通运输碳排放量；C_{ij}为 i 种交通方式 j 种能源的碳排放量；E_{ij}为 i 种交通方式 j 种能源的消费量；V_i为 i 种交通方式的换算周转量；V 为总换算周转量。分别定义 $F_{ij} = C_{ij}/E_{ij}$为能源排放强度，即 i 种交通方式消费单位 j 种能源的碳排放量；定义 $I_{ij} = E_{ij}/V_i$为交通能源效率，即单位换算周转量的能源消耗；定义 $R_i = V_i/V$ 为交通运输结构，即 i 种交通方式占总交通换算周转量的比重。由交通运输碳排放模型可知，影响交通运输碳排放量的主要因素包括交通能源排放强度因素 F、交通能源效率因素 I、交通运输结构因素 R 和交通发展水平因素 V。

其中，交通能源碳排放强度因素 F 为一固定值，其取值见表1。

各类能源碳排放强度 F　　表1

类型	柴油	汽油	燃料油	原煤	标煤	电力
碳排放强度 F(t/tce)	0.5921	0.5538	0.6185	0.7559	0.67	0

资料来源：国家发改委能源研究所和《国家温室气体排放清单指南》

交通能源效率因素主要取决于各交通方式单位换算周转量不同能源的消耗，其取值见表2。

交通运输结构因素反映不同交通运输方式的比重，本研究以周转量的比重反映交通运输结构。为综合反映各种运输方式实际完成的旅客和货物的总周转量，需要运用换算周转量的概念，即将旅客周转量按一定比例换算为货物周转量。其计算公式是：换算周转量 = 货物周转量 +（旅客周转量 × 客货换算系数）。

目前我国统计制度规定的客货换算系数按铺位折算，铁路、远洋、沿海、内河运输的系数为1；按座位折算，内河为0.33，公路为0.1，航空国内为0.072，国际为0.075。经换算后的交通运输结构见表3。

交通发展水平因素主要通过年度交通运输总换算周转量来反映，其取值见表4。

二、交通运输碳排放影响因素分析

1. 交通运输碳排放总量分析

根据交通运输碳排放因素分解方法，计算可得1991～2010年期间我国交通运输部门能源消耗导致的碳排放总量如表5。

基于对数平均分解法，对交通运输碳排放模型进行分解，可分别以贡献值和贡献率表示交通能源排放强度、交通能源效率、交通运输结构、交通发展水平等因素的变化对交通运输碳排放变化的贡献程度。由于交通能源排放强度因素 F 是固定的，所以交通运输碳排放的变化主要归因于交通能源效率、交通运输结构和交通发展水平三因素的变化。以1990年为基年，计算这三个因素变化对交通运输部门碳排放总量的影响，结果见表6。

2. 交通运输碳排放影响因素分析

由计算结果可以看出，1991～2010年期间，中国交通运输部门能源消耗导致的碳排放总量在不断增加，特别是自2004年以来其增长尤为迅速，年均增长率超过20%，2008年的碳排放总量更是增至3.96亿吨，比2007年增长了66%，这主要是受交通运输发展水平增长的影响，见图1。

造成我国交通运输部门碳排放量快速增长的主要原因是交通发展水平的提高。从图1可以看出，交通发展水平对交通运输碳排放的贡献值是不断增加的，尤其是2000年以后交通运输发展水平对碳排放量的贡献值始终保持在高位增长状态，呈指数增长趋势。进一步分析表明，交通运输发展水平对碳排放量增长的影响60%以上是由公路部门交通发展水平引起的。2010年交通运输发展水平导致的碳排放量比1990年增加了近3.473亿吨，其中，铁路、公路、水运、航空和管道的影响分别为0.100亿吨、3.141亿吨、0.134亿吨、0.083亿吨和0.015亿吨。

* 本文转载自《综合运输》2012年第12期。

各交通方式能源效率 *I* **表 2**

年份	铁路				公路客运		公路货运		水运	航空	管道
	柴油（kg/万吨公里）	汽油（kg/万吨公里）	电力（kwh/万吨公里）	原煤（kg/万吨公里）	汽油（L/100旅客公里）	柴油（L/100旅客公里）	汽油（L/100吨公里）	柴油（L/100吨公里）	L/1000吨公里	kg/吨公里	kgce/万吨公里
1990	19.526	0.727	42.273	143.120	8.691	6.886	6.900	4.700	7.350	0.478	187.850
1991	19.882	0.702	44.647	129.112	8.700	7.200	6.900	4.600	7.400	0.438	186.850
1992	20.532	0.681	47.077	116.156	9.100	7.000	6.900	4.500	7.500	0.422	186.070
1993	21.326	0.661	49.567	104.049	10.000	8.500	6.700	4.300	7.800	0.412	185.510
1994	22.210	0.644	52.118	92.792	9.000	7.900	6.500	4.500	8.100	0.395	155.080
1995	22.632	0.638	54.744	81.950	9.100	8.600	6.300	4.400	7.600	0.380	155.080
1996	24.032	0.635	57.400	72.826	10.100	9.300	6.500	4.500	7.300	0.383	155.080
1997	24.862	0.628	60.131	64.117	10.500	9.900	6.100	4.600	7.700	0.386	155.080
1998	25.566	0.618	62.922	56.258	10.800	9.800	7.400	4.500	9.000	0.414	155.080
1999	26.090	0.604	65.774	49.248	11.000	9.000	7.000	6.000	8.000	0.372	152.360
2000	26.721	0.583	68.640	42.295	11.000	9.000	7.000	5.000	9.000	0.411	152.360
2001	25.981	0.570	71.692	38.244	12.000	8.000	8.000	6.000	5.800	0.438	152.360
2002	24.521	0.537	80.252	34.192	10.100	10.000	8.000	6.000	6.000	0.420	152.360
2003	23.596	0.430	78.494	30.529	12.000	11.000	8.000	6.000	6.000	0.406	152.360
2004	21.727	0.352	81.448	26.068	12.000	11.000	8.000	6.000	6.000	0.394	152.360
2005	21.382	0.388	80.238	24.756	13.200	11.600	8.000	6.300	7.000	0.388	152.360
2006	20.002	0.314	82.901	23.964	12.800	11.200	7.900	6.500	4.000	0.378	152.360
2007	18.896	0.274	85.344	23.750	13.223	11.700	8.000	6.700	4.919	0.356	152.360
2008	17.802	0.236	87.787	23.385	13.578	12.157	8.000	6.900	4.777	0.349	152.360
2009	16.610	0.179	90.020	22.483	14.190	12.123	8.000	7.100	4.729	0.335	152.360
2010	15.474	0.133	92.096	21.849	14.700	12.285	8.000	7.300	4.622	0.327	152.360

资料来源：根据相关统计年鉴，并参照相关文献整理而得。

交通运输结构 *R* **表 3**

年份	铁路	公路客运	公路货运	水运	航空	管道	年份	铁路	公路客运	公路货运	水运	航空	管道
1990	0.454	0.009	0.115	0.399	0.001	0.022	2001	0.365	0.014	0.119	0.488	0.002	0.012
1991	0.443	0.009	0.110	0.417	0.001	0.020	2002	0.365	0.014	0.120	0.487	0.003	0.012
1992	0.449	0.010	0.115	0.406	0.001	0.019	2003	0.370	0.013	0.119	0.483	0.003	0.012
1993	0.450	0.011	0.118	0.402	0.001	0.018	2004	0.328	0.011	0.103	0.544	0.003	0.011
1994	0.433	0.011	0.119	0.419	0.002	0.016	2005	0.306	0.011	0.099	0.568	0.003	0.012
1995	0.415	0.012	0.117	0.440	0.002	0.015	2006	0.296	0.010	0.101	0.574	0.003	0.016
1996	0.406	0.012	0.124	0.442	0.002	0.014	2007	0.282	0.010	0.103	0.585	0.003	0.017
1997	0.395	0.013	0.124	0.452	0.002	0.014	2008	0.275	0.010	0.275	0.421	0.003	0.016
1998	0.384	0.014	0.129	0.457	0.002	0.014	2009	0.252	0.010	0.283	0.437	0.003	0.015
1999	0.375	0.014	0.126	0.469	0.002	0.014	2010	0.239	0.010	0.285	0.449	0.003	0.014
2000	0.369	0.013	0.124	0.479	0.002	0.013							

资料来源：根据《中国交通年鉴》整理而得。

交通发展水平 *V*（单位：亿吨公里） **表 4**

年份	1990	1991	1992	1993	1994	1995	1996
换算周转量	29 153.28	31 182	32 783.71	34 599.37	37 593.84	40 020.66	40 535.1
年份	1997	1998	1999	2000	2001	2002	2003
换算周转量	42 630.67	42 553.61	45 420.59	49 621.98	53 305.67	56 554.19	59 529.24
年份	2004	2005	2006	2007	2008	2009	2010
换算周转量	76 182.29	87 418.87	96 669.97	110 012.5	119 554.1	131 629.2	152 416.3

资料来源：根据《中国交通年鉴》整理而得。

1991～2010 年我国交通运输部门碳排放总量（单位：10^4 吨碳） **表 5**

年份	碳排放总量	年份	碳排放总量	年份	碳排放总量	年份	碳排放总量
1991	5 973.43	2001	12 397.79	1996	8 817.92	2006	20 037.26
1992	6 376.23	2002	13 453.71	1997	9 729.64	2007	23 849.89
1993	7 253.07	2003	14 590.04	1998	10 550.46	2008	39 595.79
1994	7 630.11	2004	16 657.84	1999	10995.27	2009	44 572.26
1995	8 093.64	2005	19 237.43	2000	11 602.39	2010	51 924.07

1991～2010 年我国交通运输部门碳排放分解结果 **表 6**

年份	交通碳排放变化		交通能源效率		交通运输结构		交通发展水平	
	贡献值（$\times10^8$）	贡献率	贡献值（$\times10^8$）	贡献率	贡献值（$\times10^8$）	贡献率	贡献值（$\times10^8$）	贡献率
1991	0.023	1.040	−0.015	0.988	−0.006	0.985	0.043	1.070
1992	0.063	1.111	−0.020	0.932	0.014	1.060	0.069	1.124
1993	0.151	1.263	−0.006	0.917	0.037	1.162	0.120	1.186
1994	0.189	1.329	−0.030	0.858	0.046	1.203	0.173	1.287
1995	0.235	1.410	−0.036	0.847	0.052	1.217	0.219	1.368
1996	0.308	1.536	−0.017	0.844	0.075	1.316	0.250	1.382
1997	0.399	1.695	−0.008	0.830	0.098	1.409	0.309	1.449
1998	0.481	1.838	0.015	0.827	0.126	1.540	0.340	1.443
1999	0.525	1.915	0.013	0.838	0.123	1.487	0.389	1.537
2000	0.586	2.021	−0.001	0.825	0.125	1.466	0.462	1.671
2001	0.666	2.159	0.005	0.840	0.127	1.437	0.534	1.788
2002	0.771	2.343	0.012	0.832	0.146	1.491	0.613	1.889
2003	0.885	2.541	0.059	0.904	0.140	1.421	0.685	1.979
2004	1.092	2.901	0.065	0.986	0.078	1.178	0.949	2.498
2005	1.350	3.350	0.134	1.087	0.043	1.084	1.172	2.844
2006	1.430	3.490	0.088	1.048	0.035	1.065	1.307	3.176
2007	1.811	4.154	0.149	1.083	0.051	1.086	1.611	3.532
2008	3.385	6.896	0.249	0.772	0.620	2.376	2.516	3.759
2009	3.883	9.639	0.301	0.777	0.693	3.026	2.889	4.099
2010	4.618	12.381	0.369	0.792	0.776	3.333	3.473	4.691

注：负值表示减少碳排放量。

分析表明，交通能源效率对碳排放量的影响在 2000 年以前主要表现为抑制作用，2000 年以后则表现为拉动作用。1991～2000 年期间，各交通运输方式开始向低能耗、快速舒适的方向发展，铁路蒸汽机车的比重迅速降低，铁路单位换算周转量的原煤消耗量逐年下降，由 1990 年的 143.12kg/万吨公里下降至2000 年的42.29kg/万吨公里；同时，公路、水运、航空、管道单位换算周转量的能耗也都有不同程度的降低，这一时期交通能源效率对碳排放量的影响主要以抑制作用为主。2000 年以后，铁路蒸汽机车的淘汰潜力渐趋枯竭，虽然水运和航空单位耗能有所下降，但是公路单位客、货周转量耗能均有不同程度增长，导致这一时期交通能源效率对碳排放量的拉动作用强于抑制作用，并呈现较快增长趋势。

交通运输结构对碳排放量的影响主要表现为拉动作用，但这种拉动作用呈现出“增—减—增”的波动趋势，与 1990 年相比，2010 年交通运输结构导致碳排放总量增加了 0.776 亿吨。1991～2002 年期间，交通运输结构对碳排放量增长的影响作用逐年提升，1991 年交通运输结构影响减少碳排放量 0.006 亿吨，2002 年则增加碳排放量 0.146 亿吨，这主要是因为高耗能的公路运输周转量比重在不断提高，尤其是公路客运周转量，其换算周转量比重从 1990 年的 0.90% 上升至 2002 年的 1.38%。2003～2007 年，交通运输结构对碳排放量增长的影响作用整体呈现下降趋势，2007 年交通运输结构影响增加碳排放量下降至 0.051 亿吨，这归因于交通运输结构的不断优化。与 2002 年相比，2007 年铁路、公路运输比重分别由 36.47% 和 13.37% 下降至 28.19% 和 11.37%，水运比重则由 48.69% 上升至 58.46%。2008 年之后交通运输结构导致碳排放总量的大幅上升是由于政府部门统计范围口径的较大调整，导致公路货物周转量有很大的增加，增幅达 2.89 倍。

进一步分析各因素对交通运输碳排放总量的贡献率，将各因素分为拉动碳排放量增的因素（交通发展水平、交通运输结构）和抑制碳排放量增加的因素（交通能源效率）。从图 2 可以看出，2000 年以后，拉动因素对交通运输碳排放总量的贡献率和抑制因素对交通运输碳排放总量的贡献率之间的差距在逐步扩大，导致中国交通运输部门碳排放总量近似指数增长。

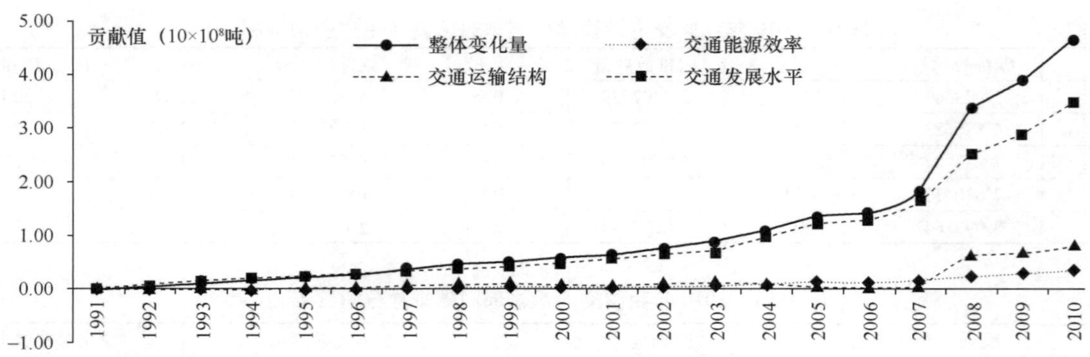

图1　1991～2010年各因素对交通运输碳排放贡献值演变图

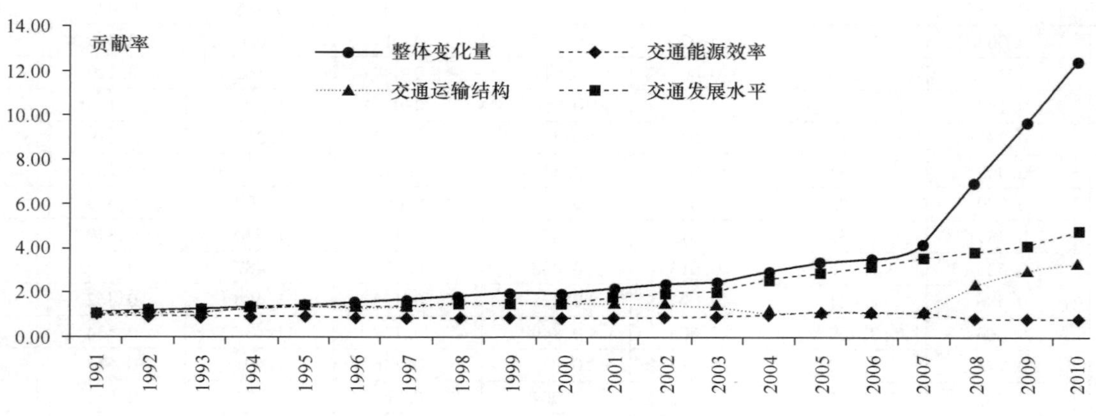

图2　1991～2010年各因素对交通运输碳排放贡献率演变图

三、交通运输减排潜力分析

1. 情景设定

未来中国交通运输部门碳排放量会受到多种因素的影响，因此单纯的预测具有不确定性。为此，本文采用情景分析的方法，通过合理的假定来考察不同假设条件下交通输部门碳排放量的变化情况。

情景假设条件的不同主要体现在交通运输部门节能减排途径的实施上，根据前文的碳排放因素分解分析，交通运输部门的减排途径主要包括控制交通能源排放强度、提高交通能源利用效率、优化交通运输结构、调控交通运输需求四个方面。根据各减排途径的实施力度，设置以下情景（表7）。

交通运输碳排放情景参数设置　　表7

减排途径	时段（年）	情景一	情景二	情景三
控制交通能源碳排放强度（降低:%）	2010～2015	3	5	10
	2015～2020	5	10	15
提高交通能源利用效率（升高:%）	2010～2015	3	5	10
	2010～2020	5	10	15
优化交通运输结构（公路比重降低:%）	2010～2015	5	8	12
	2015～2020	8	12	15
调控交通运输需求（总换算周转量提高:%）	2010～2015	50	40	30
	2015～2020	40	30	20

情景一：低度减排情景。该情景假定2010～2015年期间，单位交通能源碳排放强度降低3%；交通能源利用效率提高3%，即单位周转量能源消耗降低3%；交通运输结构中公路所占比重降低5%；交通运输换算周转量提升50%。2015～2020年期间，单位交通能源碳排放强度降低5%；交通能源利用效率提高5%；交通运输结构中公路所占比重降低8%；交通运输换算周转量提升40%。

情景二：中度减排情景。该情景假定2010～2015年期间，单位交通能源碳排放强度降低5%；交通能源利用效率提高5%；交通运输结构中公路所占比重降低8%；交通运输换算周转量提升40%。2015～2020年期间，单位交通能源碳排放强度降低10%；交通能源利用效率提高10%；交通运输结构中公路所占比重降低12%；交通运输换算周转量提升30%。

情景三：高度减排情景。该情景假定2010～2015年期间，单位交通能源碳排放强度降低10%；交通能源利用效率提高10%；交通运输结构中公路所占比重降低12%；交通运输换算周转量提升30%。2015～2020年期间，单位交通能源碳排放强度降低15%；交通能源利用效率提高15%；交通运输结构中公路所占比重降低15%；交通运输换算周转量提升20%。

2. 潜力评价

交通运输碳减排总量为各种减排途径导致碳排放减少量

的总和，根据上文的情景设定，将四种减排途径的减排潜力进行加权计算，得到不同情景下碳减排量的情况如表 8 所示。

2015 年和 2020 年不同情景交通运输碳减排量　　表 8

年份	情景	碳减排量（单位：10^4 吨碳）
2015	情景一：低度减排情景	1 145
	情景二：中度减排情景	1 733
	情景三：高度减排情景	3 101
2 020	情景一：低度减排情景	2 522
	情景二：中度减排情景	4 124
	情景三：高度减排情景	4 881

计算结果表明，按照低度减排的情景发展，2015 年我国交通运输部门可实现碳减排量 1145 万吨，2020 年可减排 2522 万吨；随着能源技术的进步、运输结构的优化以及运输需求调控力度的加大，各减排途径如果按中度减排的情景发展，则交通运输部门碳排放量减排潜力有望于 2015 年实现碳减排 1733 万吨，2020 年实现碳减排 4124 万吨；针对交通运输部门的减排压力，若能采取更大力度的减排措施，即达到情景三设定的情形，则 2015 年可实现碳减排 3101 万吨，2020 年实现碳减排 4881 万吨。

通过以上分析，我国交通运输碳排放在未来十年具有较大的减排空间，可以从控制规模和提高效率等途径着手，包括对运输需求进行合理引导、优化综合运输结构、提高运输工具的能效等等。但是我国交通运输的发展程度还远低于发达国家，未来一段时期内交通运输量与经济发展无法脱钩，所以通过控制交通发展水平来减少碳排放的途径并不可行，未来交通运输部门应着重从控制排放强度、改善能源效率、优化运输结构等方面挖掘减排潜力。

四、结论

20 世纪 90 年代以来，我国交通运输业得到了前所未有的发展，交通总换算周转量从 1990 年的 29153 亿吨公里增长到 2010 年的 152416 亿吨公里。伴随着交通发展水平的提高，交通运输碳排放量迅速增长，尤其是自 2000 年以后，我国交通运输业的碳排放量近似呈指数增长。除交通发展水平带来碳排放量的增长以外，交通能源效率、交通运输结构等均对碳排放量的增加产生不同程度的影响。过去 20 年来，交通能源效率的不断提高在一定程度上抑制了碳排放量的增长，但是，由于交通运输方式中公路份额的增加，使得交通能源效率的提高不足以抑制碳排放量的增长，而且随着铁路部门蒸汽机车淘汰速度的加快，能源效率对碳排放的抑制作用渐趋减弱，2000 年以后甚至表现为拉动作用。

本文碳排放分析的对象是区域交通运输系统，并未包含城市内部交通碳排放，城市交通系统由于交通运行状态、交通出行方式等多种因素导致对碳排放的分析更为复杂，且分析数据也较难获取。因此，对全社会交通运输系统导致的碳排放量的分析仍需做进一步探讨和研究。

（作者单位：国家发改委综合运输研究所）

中国交通部门碳排放分析 *

池熊伟

交通快速机动化发展阶段的到来，势必会对稀缺要素的供给保障产生强烈的冲击。无论是从能源的供给保障还是从碳排放的角度看，发展低碳交通已成为中国政府的不二选择。然而在发展低碳交通之前，对于交通碳排放状况进行分析是至关重要的。如果中国交通碳排放现状已经处于低碳水平的话，那么就没有发展低碳交通的必要。鉴于此，本文对中国交通部门的碳排放总量、各种交通方式的碳排放量和碳排放效率等进行了分析，并与发达国家作了横向比较。

一、中国交通部门的碳排放总量分析

随着我国经济的跨越式增长，中国交通部门的碳排放也呈现出持续增长的趋势。本文根据《2006 年 IPCC 国家温室气体清单指南》的指导方法，运用排放因子法，测算了中国交通部门 1991～2009 年的二氧化碳排放量（图 1）。碳排放量只需要在二氧化碳排放量的基础上乘上其碳含量（12/44）。二氧化碳排放量测算公式如下：

$$二氧化碳排放量 = \sum E_i \times EF_i \quad (1)$$

式中，E 为燃料消耗量，EF 为燃料的排放因子（表 1），i 为交通燃料的类型。

从图 1 可以发现，在整个研究时间段内，二氧化碳排放量增速明显，年均增长率为 15.6%。从碳排放增长率的角度看，可以分为两个阶段：1991～2002 年碳排放增速较为平稳，从 1991 年的 151.6Mt 提高到 2002 年的 269.8Mt，年均增长率为 6.5%；2003～2009 年碳排放增速加快，从 2003 年的 335.7Mt 提高到 2009 年的 602.3Mt，年均增长率为 11.3%。

根据 IPCC 的燃料碳排放因子，可以发现燃料单位碳排放之间的关系为：煤炭 > 柴油 > 煤油 > 汽油 > 天然气。从煤炭—柴油—天然气的变动趋势可以看出，中国交通结构调整趋向“低碳化”，但是总体上交通部门还是处于高碳排放的状态。交通领域有着明显的存量效应，高碳技术的机动车比例较高，这在很大程度上决定了中国交通的高碳排放。随着铁路电气化、水路高效化、公路清洁化的发展，交通结构有了明显改善。

二、各种交通方式的碳排放量分析

1. 公路碳排放量分析

公路承担着绝大多数的中短途运输，是占交通碳排放比重最大的子部门。随着经济快速发展，公路运输得到了大力发展。1991～2008 年公路部门的客运周转量增加了 334%，货运周转量增长了 859%，与此相伴随的是公路能耗和碳排放量的快速增长，其中以柴油和汽油消耗最为明显。随着交通领域节能减排的相关政策出台，使用电力、天然气、生物燃料等清洁燃料的机动车比例有所增加。

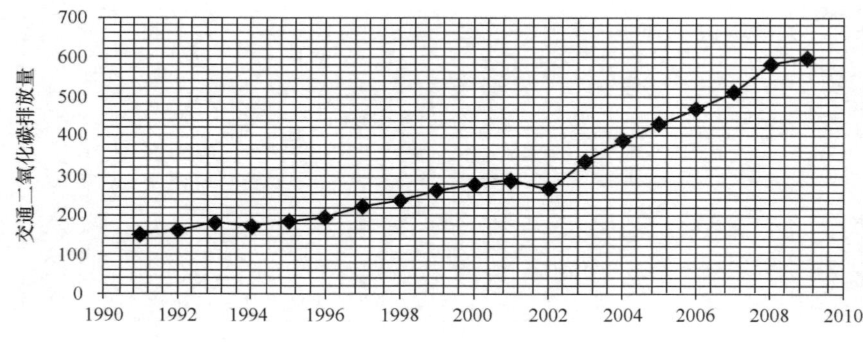

图 1　中国交通部门的二氧化碳排放量（单位：Mt）

燃料缺省排放因子（单位：kg/TJ）　　**表 1**

燃料类型	原油	汽油	煤油	柴油	燃料油	天然气	液化石油化
排放因子	73 300	69 300	71 900	74 100	70 000	56 100	63 100
燃料类型	原煤	洗精煤	其他洗煤	焦炭	焦炉煤气	其他煤气	
排放因子	97 973	94 600	94 600	10 700	44 400	44 400	

* 本文转载自《鄱阳湖学刊》2012 年第 4 期。

从全社会交通碳排放角度看，公路碳排放应包括营运性公路运输业的碳排放和非营业性公路运输业的碳排放。2005年我国营业性载货汽车和载客汽车共消费汽油0.17亿吨，柴油0.39亿吨，排放二氧化碳分别为50.68Mt和122.13Mt，占交通碳排放的11.9%和28.6%，单单公路营运性运输的碳排放就占交通碳排放的40.5%。随着经济增长，非营运性碳排放所占比例会逐年增加。按保守的统计数据估计，全社会公路碳排放占交通碳排放的70%～80%。

2. 铁路碳排放量分析

铁路作为现阶段重要的交通方式，承担着中长途的客货运任务。铁路部门通过电气化结构调整，基本上实现了铁路发展与碳排放的相对脱钩。到“十一五”末期，铁路电气化率达到了45%左右，在铁路总运输量大幅度增长的情况下，总能耗和碳排放没有大幅增长。通过1990～2005年中国铁路企业的碳排放量比较（表2），可以发现铁路企业的碳排放逐年降低，2003以后一直维持在30Mt左右。

由于没有考虑电力因素，碳排放测算量无法完全反映出电气化结构调整的实际贡献。何吉成和吴文化指出，33年来电气化铁路使得中国铁路运输行业的直接减碳量为426.7万吨，直接减碳量年均增长48.3万吨。电气化结构调整为减少铁路能耗、二氧化碳排放发挥了重要的作用。

3. 航空碳排放量分析

航空运输业在经济增长、管制放松、科技进步等因素作用下，得到了快速发展。相关统计数据表明，换算周转总量从1991年的30.2亿吨公里增加到2008年的376.8亿吨公里，提高了10倍左右；民用飞机拥有量从1990年的503架，增加到2009年的2181架。航空运输总量和飞行里程的增加，一方面增加了能耗和碳排放，为节能减排的实现增加了难度；另一方面，规模效应提高了航空的能源利用效率和碳排放效率。

近20年航空部门碳排放量呈现出上升趋势（图2）。在整个时间段内，航空部门碳排放量累积增长了7.88倍，到2008年达到了36.4Mt。2003年以来，航空部门碳排放增速加快。可以预见的是，随着经济增长，航空碳排放将会以较快的速度增长。

4. 水路碳排放量分析

水路运输作为综合交通运输体系的重要组成部分，承担着中国90%以上外贸的货运运输工作。中国具有内河流域长、沿海区域广阔的特点，适合发展运能大、成本低、能耗少的水路运输。

“十五”期间，水路货运量年均增长率为12.4%，远洋货运量年均增长率高达16.2%，水路运输得到了较大的发展。“十五”期间水路营业性船舶燃油消耗和碳排放量见表3。从表3可知，在此期间，总体上水路运输碳排放呈现上升趋势，到2005年达到了39.7Mt。据相关研究，考虑到非营业性运输船舶油耗，2005年中国水路运输的实际碳排放量将达到61.5Mt。

目前水路碳减排的存在问题主要体现在：宏观层面，水路运力结构需要调整，主要包括内河船型标准化、老旧船和劣质船整治等方面；船运市场的无序竞争，使得水路运输的碳排放效率低下；航道基础设施投入的不足，一定程度上降低了船舶的碳排放效率。在微观层面，主要存在运输企业管理水平低下、能源管理基础工作不完善、碳减排意识薄弱等问题。

三、不同交通方式的碳排放效率比较

交通方式碳排放效率受多种因素影响，一般来说，技术水平是最主要的影响因素。随着科技发展，交通方式碳排放效率会持续提高。交通基础设施、交通状况、交通行为、运输企业管理水平等都是影响碳排放效率的重要因素。可以说，在一定发展阶段，交通基础设施、交通状况等外部环境更能够影响碳排放效率。

表4列举了近20年来各交通方式的碳排放水平，可以发现碳排放水平较低的交通方式是水运，最高的则是航空。值得注意的是公路的碳排放水平。比较历年我国营业性道路运输客货运的碳排放水平发现，客货运碳排放水平持续增加。

得益于电气化结构调整，铁路低碳化战略地位逐渐凸显。从交通方式碳排放水平看，2003年我国各交通模式百吨·公里碳排放量指标，航空燃油消耗排放二氧化碳为103.6kg，公路汽油消耗排放二氧化碳为20.6kg，柴油消耗排放二氧化碳为16.4kg，铁路柴油消耗排放二氧化碳仅为1.6kg。从公路转移1万吨·公里运输量到铁路，可以节约柴油约0.47t，减少二氧化碳排放为1.5t。按照2007年公路货物周转量11355亿吨·公里测算，假如全部转移到铁路运输，可以节约柴油53.4Mt，减少二氧化碳排放为168.7Mt。现阶段，铁路碳排放效率是各交通方式中最高的，略高于水路运输。而随着水路基础设施建设的提升、船舶标准化等措施的实现，可以预见水路碳排放效率无疑将是最高的。

1990～2005年中国铁路企业碳排放量比较（单位：Mt） **表2**

年份（年）	1990	1991	1992	1993	1994	1995	1996	1997
煤炭	38.8	36.6	34.1	31.0	29.6	27.9	26.5	23.6
柴油	8.5	9.2	9.8	10.6	11.4	12.2	12.9	14.0
年份	1998	1999	2000	2001	2002	2003	2004	2005
煤炭	19.6	17.1	15.9	15.2	14.4	13.8	13.3	13.6
柴油	14.1	15.1	15.8	16.3	16.3	16.7	17.5	18.4

数据来源：周新军：《我国铁路能源消耗和节能现状》，《中外能源》2009年第3期，第87-92页。

注：为了避免重复计算，表中数据未包括电力机车的碳排放；2003年以后煤炭没有作为动力用能，其碳排放量应属于其他部门，为了数据的完备性，没有分开处理。

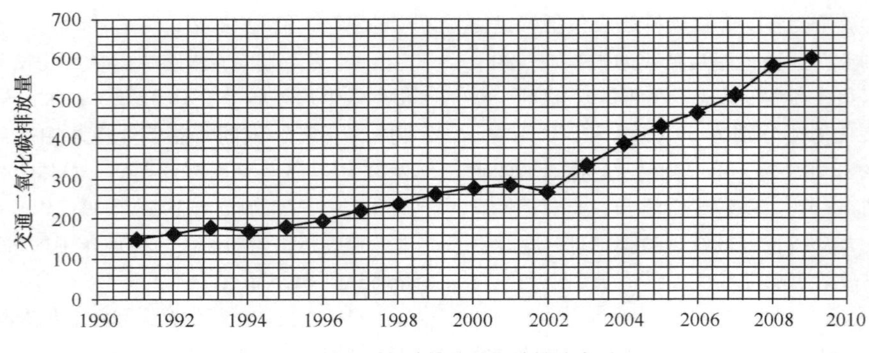

图 2　航空历年碳排放量和碳排放水平

“十五”期间水运营业性船舶燃油消耗和碳排放水平　　表 3

指　标	2000 年	2001 年	2002 年	2003 年	2004	2005 年
燃油消耗量（万吨）	1 175	1 253	1 009	1 022	1 303	1 356
二氧化碳排放量（百万吨）	34. 4	36. 7	29. 5	29. 9	38. 1	39. 7
换算周转量（亿吨・公里）	12 788. 1	76 586	16 689. 4	16 151. 2	22 796. 8	20 589. 5
燃油单耗（kg/千克・公里）	9. 2	7. 4	6. 0	6. 29	5. 72	6. 59
碳排放水平（kg/千吨・公里）	26. 9	21. 7	17. 6	18. 4	16. 7	19. 3

各交通方式的碳排放水平比较［单位：kg/（百吨・公里）］　　**表 4**

交通方式		1991 年	1995 年	2000 年	2001 年	2002 年	2003 年	2004 年	2005 年	2007 年
公路	客运-汽油	19. 2	20. 1	24. 3	26. 5	22. 1	26. 5	26. 5	29. 1	28. 9
	客运-柴油	19. 6	23. 4	24. 5	21. 7	27. 2	29. 9	29. 9	31. 5	33. 2
	货运-汽油	15. 2	13. 9	15. 4	17. 6	17. 6	17. 6	17. 6	17. 6	18. 3
	货运-柴油	12. 5	12. 0	13. 6	16. 3	16. 3	16. 3	16. 3	17. 1	17. 1
航空		136	134	123	118	113	110	106	104	96
水路		—	—	2. 7	2. 2	1. 8	1. 8	1. 7	1. 9	11

注：（1）由于缺少铁路运输的数据，故而不包括铁路运输方式；
（2）水路运输方式的数据来源：2001—2005 年能耗数据来自于《全国交通统计资料汇编》（2001—2005），2000 年能耗数据来自于李连成、吴文化：《我国交通运输业能源利用效率及发展趋势》。

四、与发达国家交通方式的碳排放效率进行比较

1. 公路运输碳排放效率低于发达国家

中国汽车工业发展落后于发达国家，发动机排放技术标准的制定主要依据欧美国家的标准。目前欧美国家已经使用欧Ⅴ排放标准，而中国的排放标准基本上相当于欧Ⅲ的排放标准。因此，从技术水平上看，中国公路的碳排放效率明显低于欧美发达国家。

由 2000 年德国的环境报告可知，德国在客运交通方面，每百人公里二氧化碳排放量，公路为 16. 8 kg，航空为13. 4 kg，铁路为 4. 8 kg；在货运交通方面，每百吨公里二氧化碳排放量，公路为 79. 8 kg，航空为 10. 7 kg，铁路为 2. 6 kg。其铁路客运的碳排放量约为公路客运的 1/4，铁路货运的碳排放量仅为公路货运的 1/30。通过与中国交通碳排放效率进行比较，发现德国公路的货运碳排放效率还低于中国的水平。道路运输能源强度与碳排放效率有着直接的关系。欧盟及其典型国家的道路货运能源强度见表 5。由表 5 可知，德国比其他国家有着更低的能源强度，故而中国公路的碳排放效率应该高于欧盟其他国家。

然而这是不符合逻辑的，造成这种现象的原因是碳排放效率的评价指标选取问题。目前衡量交通碳排放效率主要用单位交通周转量的碳排放水平。单位交通周转量又由交通量和里程所决定，这其中涉及产业结构、基础设施、负载状况等多种影响因素，相互关系特别复杂，容易产生让人困惑的假象。

2. 航空客运碳排放效率高于发达国家

以单位交通周转量碳排放水平来衡量碳排放效率，就可以很直观地发现：如果单次飞行的客运人数或货运重量接近于满负载的话，那么单位燃料的碳排放功效就越高，即碳排放效率就越高。目前中国客运航空就正享受着规模效应的边际收益，而货运航空因高成本而未达到规模化水平，也就是说有着较高的边际成本。

在与日本、美国等国家的交通碳排放比较中，就可以发

现客运和货运碳排放效率存在着较大差异，见表6。在客运方面，三个国家的客运单位碳排放总体上均呈现下降趋势，而中国民航客运的单位碳排放水平低于日本、美国。由于中国民航客运需求大，具有一定的规模效应，而使用了大中型飞机类型，美国、日本等国家的中小飞机的数量占总量的比重较大。在货运方面，中国航空货运单位碳排放水平呈现下降趋势，但是目前略高于日本。可见中国航空部门的二氧化碳减排还是存在着一定的空间。

欧盟及其典型国家的道路货运能源强度［单位：千克标准煤/百吨·公里］ **表5**

国家	1990年	1995年	2000年	2002年	2003年	2004年	2005年	2006年	2007年
奥地利	8.3	7.4	6.6	6.3	6.3	6.4	6.3	6.1	5.9
克罗地亚	10	11.6	10.1	9	9	8.9	9	8.6	9
丹麦	7.3	7.6	7.7	8.7	8.7	9.1	9.3	9.1	9.7
芬兰	5.9	7	6.9	7.3	7.3	7.3	7	0	7.9
法国	11.1	10.7	10.6	10.4	10.4	10.3	10.9	10.6	10.3
德国	0	6.9	5.7	5	5	4.9	4.9	4.7	4.6
意大利	8.6	8.1	8.7	10.9	10.9	10.1	9.7	9.6	9.6
荷兰	6.3	6.3	7.1	7.6	7.6	6.9	7.3	7.6	7.9
西班牙	6	6.7	5.9	6	6	6.4	6.7	7	6.9
英国	11.6	11.4	11.6	11.9	11.6	12	11.6	11.7	11.7
欧盟15国	9.4	9	8.4	8.6	8.4	8.6	8.6	8.7	0
欧盟27国	9.1	8.7	8.1	8.3	8.1	8.1	8	7.9	7.6

数据来源：欧阳斌、李忠奎、陈建营：《典型发达国家交通运输能源消费特征分析与启示》，《综合运输》2010年第12期，第65-71页。

中国航空部门与日本、美国的碳排放比较［单位：kg/人·吨·公里］ **表6**

运输类型	中国		美国			日本		
	2000年	2005年	1980年	1990年	2000年	1985年	1995年	2005年
民航客运	0.161	0.145	0.262	0.229	0.186	0.212	0.283	0.286
民航货运	2.162	1.62	0	0	0	2.011	1.702	1.557

能源消费数据来源：吴文化：《我国交通运输行业能源消费和排放与典型国家的比较》，《中国能源》2007年第10期，第19-22页。
注：碳排放数据根据“方法1”计算

3. 水路碳排放效率呈现两极化分布

由于海运的国际化趋势明显，且各国统计口径的不一致，水路碳排放效率指标的绝对值不具有可比性，而且与其他运输方式的可比性差。因此重点对内河航运进行国际横向比较。其中美国（特别是密西西比河）发达的内河航运，可作为中国内河航运的参照标杆，但是需要注意发展阶段的对应性和可比性。

近几十年来美国内河航运单位碳排放指标的演变态势与单位能耗强度同步，呈现“U”形曲线，特别是近年来受高附加值货物比重、航速等因素的综合影响，能源强度和碳排放效率有所上升。而中国内河航运单耗和碳排放效率在大型运输企业和个体经营户之间呈现明显的两极分化。一方面，中外运、中远、中海等几家具有多年涉外经营经验的大型运输企业，集约化程度和运作效率相对较高。另一方面，其他航运企业因规模小、经营成本高等原因，忽视管理水平、船舶技术水平等方面的提升，使得能源利用效率和碳排放效率相对较低。总体上看，中国内河航运的市场竞争次序混乱，无助于水路部门碳减排工作的有效展开。

五、主要研究结论

1. 中国交通部门碳排放类型属于高碳排放

从整体上看，中国交通部门在快速发展过程中，碳排放呈现出持续增长的趋势。在1991～2009年时间段内交通碳排放年均增长率为15.6%，属于典型的高碳排放类型。以柴油、汽油等石油制品为主的燃料结构更是高碳排放的结构（虽然燃料结构开始朝低碳化方向调整）。

2. 中国不同交通方式的碳排放呈现显著差异性

如果将研究范围缩小到交通子部门层面，可以发现交通方式间的碳排放呈现显著的差异性。公路的碳排放水平要远远高于其他交通方式，水路则是较为清洁的交通方式。而从交通结构解读出“高碳看公路，低碳看水路”的主要规律恰恰反映出中国交通结构的高碳排放特征。

3. 国际比较表明中国交通碳排放效率较低

通过与典型发达国家进行横向比较，可以发现中国交通碳排放效率总体上处于较低水平。航空客运方式等碳排放效率虽说高于典型发达国家，但是得益于中国总体的规模效应，而不是发挥根本作用的技术进步因素。从技术水平的角度看，中国交通部门的碳排放总体上属于高碳排放。

4. 中国交通低碳化调整主要取决于公路

公路系统是交通领域主要的碳排放源。虽然公路碳排放效率高于航空部门，但因公路所占比重最大、涉及范围最广而成为最主要的减排领域。通过进行横向的国际比较，可以发现中国公路领域的排放技术标准落后于欧盟、美国等发达国家。基础设施技术含量偏低、运输企业管理水平较低、私人机动化程度持续增加等方面的问题，都将推高公路系统的碳排放水平，而发展水路和铁路运输是主要的低碳化结构调整方向。

（作者单位：浙江理工大学管理学院）

交通运输业碳排放量比较研究*

解天荣　王　静

一、全国碳排放现状

1. 全国化石能源消费现状

在我国，能源的消费是以化石能源（煤、石油和天然气）为主，而化石能源的消费又以煤炭为主。在消费化石能源的过程中，不可避免地要排放二氧化碳。由于目前全国化石能源及其衍生产品终端消费的统计不可得，因此本文用全国化石能源的消费量代替全国化石能源及其衍生产品的终端消费量来估算全国碳排放总量。2005 年、2008 年全国化石能源消费量见表 1。

2005 年、2008 年全国煤炭、石油和天然气的消费量　　　表 1

年份	煤炭消费量（万吨标准煤）	石油消费量（万吨）	天然气消费量（万吨）
2005	155 255	33 028	3 450
2008	195 795	37 306	5 939

注：根据《中国统计年鉴》(2009 年）整理。

2. 化石能源的碳排放系数分析

（1）煤炭的碳排放系数（$X_{煤}$）

煤炭主要可以分为褐煤、烟煤、无烟煤以及半无烟煤等几种。不同类型的煤，其净发热值以及碳排放因子不一样，最终碳排放系数也不一样。由于全国煤炭的消费结构不可得，因此本文采用以标准煤为单位的煤炭碳排放系数。通常情况下，燃烧 1 吨标准煤的煤炭能排放 2.66～2.72 吨二氧化碳，本文选取 2.70 作为以标准煤为单位的煤炭碳排放系数。

（2）石油和天然气的碳排放系数（$X_{油}$和 $X_{气}$）

净热值表示燃烧单位燃料所释放出来的热量；碳排放因子表示燃烧某燃料产生单位热量的碳排放量。因此，碳排放系数可以表示为净热值和碳排放因子的乘积。

根据《IPCC 清单指南》（2006 年），石油（原油）和天然气的缺省净热值分别为 42.3 TJ/Gg 和 48.0 TJ/Gg，石油（原油）和天然气的缺省有效碳排放因子分别为 73300 kg/TJ 和 56100 kg/TJ。通过计算，石油和天然气的碳排放系数分别为 3.1006 和 2.6928。

3. 全国碳排放量计算

根据以上的分析，全国的碳排放量可以用以下公式来计算：

$$P = \sum_{i} M_i \times X_i$$

式中：P——碳排放量；

M_i——i 化石能源消费量；

X_i——i 化石能源碳排放系数；

i——｛煤炭，石油，天然气｝。

通过计算，2005 年、2008 年全国碳排放量及结构见表 2。

根据上面的计算，全国的碳排放量的 80% 左右源自煤炭的消费，2005～2008 年间，全国碳排放量以年均 7.5% 速度增长。

二、交通运输业碳排放量分析

1. 碳排放系数分析

（1）燃料的碳排放系数

根据净热值和碳排放因子，通过计算，焦炭、汽油、煤油、柴油、燃料油和液化石油气的碳排放系数见表 3。

（2）电力的碳排放系数

我国的电力主要由水电、核电和火电构成，其中水电和核电在生产过程中不排放二氧化碳或很少排放二氧化碳，而火电的生产主要消耗煤炭，因此电力的碳排放主要针对电力生产过程中消费煤的碳排放量。

2005 年，全国电力生产量为 25002.6 亿千瓦时，其中火电 20473.4 亿千瓦时，占 81.9%；2008 年，全国电力生产量为 34668.6 亿千瓦时，其中火电 277900.8 亿千瓦时，占 80.5%。2005 年，全国火电供电煤耗为 370 克标准煤/千瓦时；2008 年，全国火电供电煤耗为 360 克标准煤/千瓦时。根据全国火电供电煤耗、煤炭的碳排放系数以及电力生产结构，2005 年和 2008 年电力的碳排放系数分别为 0.8182 千克/千瓦时和 0.7825 千克/千瓦时。

2005 年、2008 年全国碳排放量及结构（单位：万吨）　　　**表 2**

年份（年）	碳排放总量	源自煤炭的消费		源自石油的消费		源自天然气的消费	
		排放量	比例	排放量	比例	排放量	比例
2005	530 884.80	419 188.5	79.0%	102 406.29	19.3%	9 290.01	1.7%
2008	660 309.68	528 646.5	80.1%	115 670.61	17.5%	15 992.57	2.4%

* 本文转载自《综合运输》2011 年第 8 期。

相关能源缺省的碳排放系数　　**表 3**

燃料	焦炭	汽油	煤油	柴油	燃料油	液化石油气
缺省净热值（TJ/Gg）	28.2	43.0	43.8	43.0	40.4	47.3
缺省有效碳排放因子（kg/TJ）	107 000	69 300	71 900	69 300	77 400	63 100
碳排放系数	3.0 174	2.9 799	3.14 922	2.9 799	3.12 696	2.98 463

2. 交通运输业碳排放量计算

根据以上的分析，交通运输业的碳排放可以用以下公式计算：

$$P_j = \sum_i M_{ji} \times X_i$$

式中：P_j——交通运输 j 行业碳排放量；

M_{ji}——交通运输 j 行业 i 能源的消费量；

X_i——i 能源的碳排放系数；

j——{铁路运输业，公路运输业，水路运输业，民用航空业，管道运输业}；

i——{原煤，原油，汽油，煤油，柴油，燃料油，液化石油气，天然气，电力}。

根据交通各行业能源消耗情况，通过计算，2005 年、2008 年交通运输业的碳排放以及结构见表 4。

2005 年、2008 年交通运输业碳排放量
（单位：万吨）　　**表 4**

行业	2005 年		2008 年	
	碳排放量	比例	碳排放量	比例
铁路	5 812.40	21.4%	5 436.41	15.0%
公路	11 720.49	43.1%	18 956.27	52.3%
水运	5 717.61	21.0%	6 717.20	18.5%
民航	3 241.26	11.9%	4 243.02	11.7%
管道	730.15	2.7%	894.82	2.5%
合计	31 845.36	100%	43 480.53	100%

根据上面的计算，2005 年，交通运输业碳排放量占全国的比例为 6.0%，2008 年的比例上升到 6.6%；2005～2008 年间，交通运输业碳排放量以年均 10.9% 的速度增长，高于全国 7.5% 的增长速度；在交通运输各行业中，公路运输业碳排放所占比例最大，管道运输业碳排放量所占比例最小。

3. 交通运输业单位换算周转量碳排放指标分析

（1）交通运输业换算周转量完成情况

2005 年、2008 年，铁路运输业、公路运输业、水路运输业、民用航空业以及管道运输业旅客、货物周转量完成情况见表 5。折算成换算周转量见表 6。

（2）交通运输业单位换算周转量碳排放指标分析

根据 2005 年、2008 年交通运输业碳排放量和完成换算周转量，利用以下公式：

$$G_j = \frac{P_j}{H_j}$$

式中：G_j——交通运输 j 行业单位换算周转量碳排放量；

P_j——交通运输 j 行业碳排放总量；

H_j——交通运输 j 行业完成换算周转量；

j——{铁路运输业，公路运输业，水路运输业，民用航空业，管道运输业}。

通过计算，2005 年和 2008 年交通运输业完成单位换算周转量的碳排放量见表 7。

2005 年、2008 年交通运输业货物、旅客周转量完成情况　　**表 5**

行业	2005 年		2008 年	
	旅客周转量（亿人公里）	货物周转量（亿吨公里）	旅客周转量（亿人公里）	货物周转量（亿吨公里）
铁路运输业	6 062.0	20 726.0	7 778.6	25 106.3
公路运输业	9 292.1	8 693.2	12 476.1	32 868.2
水路运输业	67.8	49 672.3	59.2	50 262.7
民用航空业	2 044.9	78.9	2 882.8	119.6
管道运输业	0	1 088	0	1 944

资料来源：《中国统计年鉴》（2009 年）。

注：公路运输业货物周转量 2005 年与 2008 年的统计口径有所不同。

交通运输业换算周围量完成情况
（单位：亿万吨）　　**表 6**

年份	铁路	公路	水运	民航	管道	总计
2005 年	26 788	9 622.4	49 740.1	226.1	1 088	87 464.6
2008 年	32 884.9	34 115.8	50 321.9	327.1	1 944	119 593.7

注：铁路和水运旅客周围量以 1 人公里换算成 1 吨公里，公路旅客周转量以 10 人公里换算成吨公里，航空旅客周转量以 13.89 人公里换算成 1 吨公里。

交通运输业单位换算周转量碳排放量
（单位：kg/吨公路）　　**表 7**

行业	2005 年	2008 年
	单位换算周转量的碳排放量	单位换算周转量的碳排放量
交通运输业	0.0 311	0.0 303
铁路	0.0 217	0.0 165
公路	0.1 218	0.0 556
水路	0.0 115	0.0 133
民用航空	1.4 336	1.2 972
管道	0.0 671	0.0 460

根据表 7，交通运输业单位换算周转量碳排放量总体上有下降趋势，2008 年为 0.0303 千克/吨公里，比 2005 年下降

2.6%；在交通运输各行业中，民用航空业完成单位周转量的碳排放量最大，水路运输业完成单位周转量的碳排放量最小。

三、主要运输工具碳排放指标分析

1. 铁路运输业

在铁路运输业，内燃机车是直接的碳排放源，电力机车是间接的碳排放源，根据内燃机车、电力机车的能耗，柴油和电力的碳排放系数，内燃机车、电力机车完成单位周转量的碳排放量见表8。

铁路运输业内燃机车、电力机车单位周转量碳排放量　　表8

机车类型	能源消耗类型	能耗情况	单位周转量碳排放量
内燃机车	柴油	0.00 259 千克/吨公里*	0.0 077 千克/吨公里
电力机车	电力	0.01 108 千瓦时/吨公里*	0.0 087 千克/吨公里

来源：《铁道知识》2009年02期，铁路——绿色交通的骄傲。

2. 公路运输业

在公路运输业，各类机动车是主要碳排放源，根据相关车辆的能耗，汽油和柴油密度、碳排放系数，周转量之间的换算关系，通过计算相关车辆完成单位周转量的碳排放量见表9。

3. 水路运输业

水路运输业的主要碳排放源是各种类型的船，本文主要分析内河小型机动船和大型船舶，根据船舶能耗，柴油的碳排放系数，内河水运小型机动船和大型船舶的单位周转量碳排放量见表10。

公路运输业相关车辆单位周转量碳排放量　表9

机动车类型	能源消耗类型	能耗情况	单位周转量碳排放量
汽油货车	汽油	0.0689 升/吨公里	0.1517 千克/吨公里
柴油货车	柴油	0.0606 升/吨公里	0.1553 千克/吨公里
汽油客车	汽油	0.0156 升/人公里	0.3435 千克/吨公里
柴油客车	柴油	0.0121 升/人公里	0.3101 千克/吨公里

来源：《铁道知识》2009年02期，铁路—绿色交通的骄傲。

注：汽油密度：0.739 千克/升；柴油密度：0.86 千克/升。

水路运输业相关船舶单位周转量碳排放量　　表10

船舶类型	能耗情况	单位换算周转量柴油消耗量
小型机动船	0.0 117 千克/吨公里	0.0 368 千克/吨公里
大型船舶	0.0 023 千克/吨公里	0.0 072 千克/吨公里

来源：《铁道知识》2009年02期，铁路——绿色交通的骄傲

4. 民用航空业

各种机型的飞机是民用航空业的主要碳排放源。2008年，民用航空业主要机型单位周转量航空煤油消耗量见表11。

根据航空煤油的碳排放系数，以上机型的单位周转量碳排放量见表12。

根据上面的计算，民用航空业主要运输工具完成单位换算周转量的碳排放量最大，其次为公路运输业主要运输工具，最后为水路运输业和铁路运输业主要运输工具。

民用航空业主要机型单位周转量航空煤油消耗量　　表11

机　　型	每吨公里油耗（千克）	机　　型	每吨公里油耗（千克）	机　　型	每吨公里油耗（千克）
B747－400	0.329	A300-600	0.347	B737-300	0.387
B747－400COM	0.301	A300F	0.289	B737-500	0.424
B747－400F	0.173	B757-200	0.330	B737-600	0.407
B747－200F	0.221	B757-200F	0.228	B737F	0.409
A340－600	0.382	MD-82	0.439	运-8	0.787
A340－300	0.329	MD-90	0.376	ATR72	0.346
A330－200	0.311	A321	0.307	EMB-190	0.483
A330－300	0.318	A320	0.327	EMB-145	0.634
MD11F	0.195	A319	0.381	CRJ-700	0.547
B777－200A	0.296	B737-900	0.276	CRJ-200	0.669
B777－200B	0.290	B737-800	0.309	新舟-60	0.951
B767－300	0.288	B737-400	0.362	Donier328	0.833
B767－200	0.382	B737-700	0.366	HAWKER-800XP	3.104

资料来源：《从统计看民航》（2009）。

民用航空业主要机型单位周转量碳排放量（单位：千克/吨公里） **表 12**

机　　型	单位周转量碳排放量	机　　型	单位周转量碳排放量	机　型	单位周转量碳排放量
B747－400	1.0 361	A300－600	1.0 928	B737－300	1.2 187
B747－400COM	0.9 479	A300F	0.9 101	B737－500	1.3 353
B747－400F	0.5 448	B757－200	1.0 392	B737－600	1.2 817
B747－200F	0.6 960	B757－200F	0.7 180	B737F	1.2 880
A340－600	1.2 030	MD－82	1.3 825	运－8	2.4 784
A340－300	1.0 361	MD－90	1.1 841	ATR72	1.0 896
A330－200	0.9 794	A321	0.9 668	EMB－190	1.5 211
A330－300	1.0 015	A320	1.0 298	EMB－145	1.9 966
MD11F	0.6 141	A319	1.1 999	CRJ－700	1.7 226
B777－200A	0.9 322	B737－900	0.8 692	CRJ－2000	2.1 068
B777－200B	0.9 133	B737－800	0.9 731	新舟－60	2.9 949
B767－300	0.9 070	B737－400	1.1 400	Donier328	2.6 233
B767－200	1.2 030	B737－700	1.1 526	HAWKER－800XP	9.7 752

注：航空煤油（其他煤油）的缺少净热值为43.8TJ/Gg，缺少有效碳排放因子为71900kg/TJ，其碳排放系数为3.14922。

中国道路交通二氧化碳排放研究*

蔡博峰　曹　东　刘兰翠　张战胜　周　颖

交通领域是 CO_2 排放增长最快的领域之一。根据国际能源署计算，2008 年全球交通部门排放 66.05 亿吨 CO_2，占能源活动 CO_2 排放的 22.48%，是 1990 年 45.74 亿吨的 1.44 倍，预计 2030 年将比 2007 年增长 41%，达到 93 亿吨。美国 2008 年交通部门共排放 17.95 亿吨 CO_2，占美国 2008 年 CO_2 总排放的 30.32%，从 1990 年到 2008 年，美国交通部门 CO_2 排放量上升了 20%。欧盟（EU-15）2008 年交通部门 CO_2 排放量为 8.29 亿吨，占 CO_2 总排放量的 24.98%。EU-15 工业领域大部分做到了成功减排，而交通部门 CO_2 排放却在 1990 ~ 2008 年期间增长了 21%。

道路交通是交通领域 CO_2 排放强劲增长的主要驱动力和绝对主体，1990 ~ 2008 年，全球道路交通 CO_2 排放量增加了 47.5%，其中经济合作与发展组织国家的道路交通增长了 30%，非经济合作与发展组织国家增长了 88.71%。同时，全球道路交通 CO_2 排放占交通领域 CO_2 排放比例始终在 70% 以上，欧盟（EU-15）2008 年的比例甚至达到了 93.17%。

道路交通 CO_2 排放是发达国家 CO_2 排放的重要部分，也是发达国家 CO_2 减排的重点领域。中国经济高速发展和轻型轿车保有量快速增长，道路交通 CO_2 排放增长很快，逐渐凸显为国家和区域 CO_2 排放的重要领域。从《中华人民共和国气候变化初始国家信息通报》发布中国 1994 年道路交通 CO_2 排放数据以来，非常缺乏中国道路交通 CO_2 排放的数据和文献，更缺乏区域（省）尺度上排放水平的研究和讨论。本文试图进行我国国家和区域水平道路交通 CO_2 排放问题研究，以供研究者和决策者参考。

一、我国道路交通 CO_2 排放趋势及问题

根据《中华人民共和国气候变化初始国家信息通报》，1994 年交通领域 CO_2 排放量为 1.66 亿吨，占当年 CO_2 总排放量的 5.40%，其中道路交通排放 1.05 亿吨，占交通领域 CO_2 排放量的 63.25%。此后，道路交通 CO_2 排放的研究文献很少。原因之一是中国道路交通能源消耗统计与国际口径有较大差异，导致很难获取全口径道路交通领域能源消耗数据。我国统计的交通运输业能源消耗仅包括从事社会运营车辆的能源消耗，大量非运营交通工具（以私人汽车为主）的燃料消耗没有纳入统计。而随着经济增长，以轿车为主的非运营交通方式的能源消耗占交通部门的比例越来越大。其次，道路交通领域是移动排放源，限于各省统计数据，道路交通 CO_2 排放很难进行区域分解。

国际能源署每年都基于部门能源消耗计算各国道路交通排放水平，其估算的中国 1994 年道路交通 CO_2 排放为 0.90 亿吨，仅为我国第一次信息通报中道路交通 CO_2 排放的 85.71%。由于数据获取的困难和不足，国际能源署明显低估了我国道路交通的 CO_2 排放量。但是由于缺乏公开可获取的数据，国际研究中国道路交通仍主要参考国际能源署的结论。Timilsina 等采用国际能源署数据研究包括中国在内的亚洲国家交通领域 CO_2 排放的增长驱动因素。此外，也有国内学者基于机动车行驶里程估算中国道路交通 CO_2 排放量。He 等人基于中国道路不同机动车类型保有量和行驶里程估算了中国 1997 ~ 2002 年 CO_2 排放量，并进行了预测和提出了政策建议。Wang 等人采用同样方法计算了中国 2000 年道路交通 CO_2 排放量，同时分析了未来的减排情景和成本。

考虑国际能源署数据长期保持较为稳定的统计口径和较为严格的核算方法，所以国际能源署估算的中国道路交通 CO_2 排放长时序数据对研究我国道路交通 CO_2 排放趋势具有借鉴意义。从图 1 可以看出，我国道路交通 CO_2 排放近 20 年始终呈上升趋势。除个别时间段有波动外，道路交通 CO_2 排放占交通领域排放的比例总体趋势是逐渐上升，这和发达国家的发展历程是一致的。Timilsina 等人认为，随着中国道路机动车保有量的不断增加，交通领域的客运量有向道路交通转移的趋势。

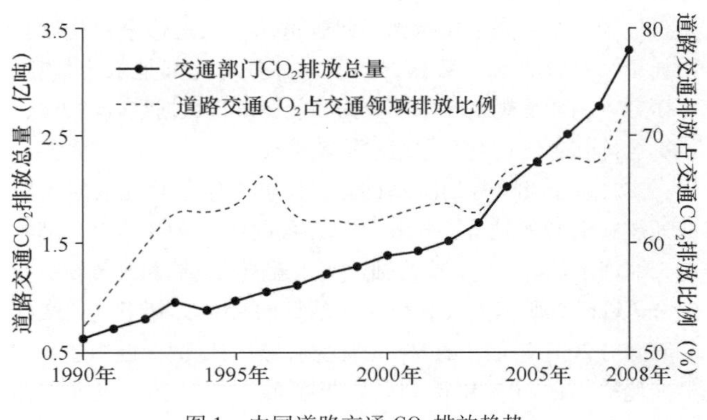

图 1　中国道路交通 CO_2 排放趋势

注：交通部门包括道路交通、铁路运输、国内航空运输和国内水运。

随着我国温室气体排放研究的深入和我国省级应对气候变化方案的推进，全国和各省道路交通领域 CO_2 排放已经成为热点和焦点问题之一。本文以 2007 年为基准年，探索研究中国和区域水平道路交通领域 CO_2 排放。

二、我国道路交通 CO_2 排放研究

1. 研究方法

本文研究仅核算道路运输 CO_2 直接排放，不包括由于电

* 本文转载自《中国能源》2011 年第 4 期。

力使用的间接排放。根据《IPCC2006 国家温室气体清单指南》，移动源（交通部门）CO_2 排放核算方法可以分为两大类：方法一是自上而下，基于交通工具燃料消耗的统计数据计算；方法二是自下而上，基于不同交通类型的车型、保有量、行驶里程、单位行驶里程燃料消耗等数据计算。

获取我国不同类型机动车行驶里程和油耗等数据比较困难，因而基于公开数据完全采用第二种方法的可行性较低。考虑我国成品油生产和供应的垄断性很高，因而全国和区域水平油品消耗数据质量要比基于行驶里程的计算精度高。

本文研究方法主要采用第一种方法，基于燃料消耗的统计数据计算 CO_2 排放，见公式（1）。

$$E = \sum_i EF_i \times V_i \tag{1}$$

式中：E——各省道路交通 CO_2 排放量；

EF_i——不同燃料类型的排放因子；

V_i——不同燃料类型消耗量；

i——燃料类型（汽油和柴油）。

道路交通工具属于移动 CO_2 排放源，由于各省道路交通运输 CO_2 排放量计算是基于燃料消耗量，因而存在外省（市）车辆在本省（市）加油和本省（市）车辆在外省（市）加油的情况，但这种情况燃料消耗比例较小，并且存在相互抵消，因而造成的误差较小。此外，基于行驶里程的方法同样存在跨省界行驶的问题。因而，在当前研究水平下，这种处理方法是可以接受的。

2. 活动水平

道路交通机动车主要消耗汽油和柴油，但包括部分液化石油气和压缩天然气，其主要用于公交车和出租车，2007 年用量极少，本研究不作考虑。我国道路交通运输全口径燃料消耗量没有官方统计数据，当前大部分研究都是采用估算。本研究采用环境规划院基础数据和能源统计数据结合的办法，推算全国和各省道路交通运输能源消耗量。

本文基于环境规划院基础数据库和专家估算完成对道路交通燃料消费的估算。根据计算，我国约有 97% 汽油、55% 的柴油用于机动车。其中汽油比例接近国家发展和改革委员会综合运输研究所李连成和吴文化估算的 95%，高于国家统计局耿勤对 2004 年估计的 80% 的比例；柴油比例接近李连成和吴文化提出的 60% 比例和耿勤提出的 52% 比例。根据汽油 97% 和柴油 55% 用于机动车消耗的比例。基于我国 2007 年汽油消耗 5519 万 t 和柴油 12493 万 t，则道路交通运输汽油消耗 5354 万 t 和柴油 6871 万 t，这一结论与王庆一计算的道路交通运输汽油消耗与柴油消耗量 5415 万 t 和 6820 万 t 非常接近。

3. 排放因子

燃料燃烧氧化率是非常重要的 CO_2 排放影响因子。由于道路交通主要使用液体燃料，燃烧效率较高。截至 2005 年，我国移动源燃料氧化率基本都已经大于等于 98%。2007 年，在机动车方面，电子燃油喷射加三元催化转化器（TWC）技术的推广和普及进一步提高了燃烧氧化率。因此，可以认为我国 2007 年交通运输燃料氧化十分充分，基本达到了 100%，IPCC 在《2006 年 IPCC 国家温室气体清单指南》中对于移动源氧化率均默认为 1。我国与 IPCC 基于低位发热量的排放因子有一定差异，因而，本研究的排放因子都借鉴中国排放因子，燃料发热量取《中国能源统计年鉴 2008》中数值，见表 1。

中国道路交通 CO_2 排放因子

（单位：kg/TJ） **表 1**

运输类型	燃料类型	缺省	IPCC 低限	IPCC 高限	中国
道路运输	汽油	69 300	67 500	73 000	69 300
	柴油	74 100	72 600	74 800	74 067

4. 研究结果

根据各省道路交通运输燃料消耗量和排放因子，计算我国和各省（区）2007 年道路交通 CO_2 排放量，全国总量为 3.77 亿吨，各省（区）排放情况见表 2。计算出的排放总量比国际能源署估算的中国道路交通 CO_2 排放 2.76 亿吨高 36.59%，另外，我国 2007 年道路交通 CO_2 排放占交通部门排放比例为 86.32%，高于国际能源署计算的 67.64%。Timilsina 等采用国际能源署数据研究包括中国在内的亚洲国家交通领域 CO_2 排放特征，发现大部分国家的道路交通占交通部门的比例都超过 90%，而中国的比例还不到 70%。但 Timilsina 并没有认为是国际能源署的低估问题。当前研究我国道路交通 CO_2 排放水平的文献主要都采用机动车行驶里程的方法，He 等人和 Wang 等人都估算了中国 2000 年排放量，分别为 1.84 亿 t 和 2.13 亿 t，而国际能源署计算值为 1.38 亿 t，3 个数值差距较大。本文作者曾经根据第一次全国污染源普查中全国机动车污染源调查数据进行过同样研究，机动车

2007 年中国各省（市、区）道路交通

CO_2 排放水平（单位：万 t） **表 2**

地区	道路交通	地区	道路交通
北京	1 012.08	湖北	1 995.14
天津	684.83	湖南	1 338.33
河北	1 530.02	广东	4 058.64
山西	720.08	广西	1 198
内蒙古	1 571.63	海南	165.4
辽宁	2 303.16	重庆	696.24
吉林	1 012.18	四川	1 243.14
黑龙江	1 391.42	贵州	532.42
上海	1 242.24	云南	1 170.78
江苏	1 965.8	西藏	190.99
浙江	2 059.83	陕西	1 125.13
安徽	697.42	甘肃	369.77
福建	1 125.29	青海	124.38
江西	676.16	宁夏	225.74
山东	3 264.97	新疆	776.31
河南	1 193.8	合计	3 7661.3

分34类（分载客、载货、摩托车等），并且所有基础数据（行驶里程、油耗等）都是基于地级市，而计算结果约高于基于燃料消耗方法的57%。这也说明，基于机动车行驶里程计算油耗进而计算CO_2排放量的方法，影响因素太多，因而不确定性较高。

从表2中可以看出，我国各省（市、区）道路交通CO_2排放水平相差很大。东部沿海省（市）由于经济发达，其道路交通CO_2排放量相对西部内陆地区高。排放量最高的是广东省，达到4059万t，最低的是青海省，仅为124万t。根据蔡博峰等人的研究，我国道路交通CO_2排放占交通部门排放比例各省（市、区）也不尽相同，比例最高的是西藏自治区，达到了97.65%，最低的是海南省，仅为46.07%。沿海各省（市、区）虽然道路交通排放量高，但其占交通部门的比例却相对内陆地区要低，例如广东省的道路交通比例为86.52%。道路交通CO_2排放是我国交通部门排放的绝对主体，占据了86.32%，并且这一比例呈缓慢上升趋势。尽管我国航空运输CO_2排放量上升很快，但随着铁路电气化的快速发展，铁路直接排放逐年降低，而由于道路机动车保有量增势迅猛，从而导致道路交通的CO_2绝对排放量和占交通部门的比重都在同步上升。

三、分析与讨论

表3对比了中国与国际组织和典型国家道路交通CO_2排放占交通部门CO_2排放比例，整体而言，道路交通都占据绝对主体，欧盟高达94.17%，美国国内航空发达，因而这一比例相对较低，为85.33%。

2007年中国和国际道路交通CO_2排放占交通部门排放比例比较（单位:%）　**表3**

全球	附件1	欧盟-15	日本	美国	中国
72.81	88.93	94.17	90.04	85.33	86.32

注：附件1是指《京都议定书》附件1国家。

欧盟和荷兰环保局联合开发了全球0.1°×0.1°（中纬度地区约10km）温室气体排放空间网格数据库EDGAR，该数据库是迄今为止全球水平中空间精度最高的温室气体排放数据库，当前仅更新至2005年。比较该数据库与本文研究结果，区域分布趋势基本一致。虽然EDGAR空间精度很高，但其对中国道路分布数据和能源数据的获取非常有限，因而对平原地区（以河北、山东为主华北平原）及江苏等地的估算偏高，对广东、浙江等地区的估算偏低。但该数据库的优势无疑是明显的，不仅为履行CO_2排放量和浓度研究发挥关键作用，而且有利于打破行政区划从地理空间上规划和实施我国道路交通低碳发展。因此，建立我国道路交通以及交通部门CO_2排放的空间网格数据库非常必要。

Timilsina等研究认为从时间序列上看，中国乃至亚洲国家的人均GDP是交通/道路交通CO_2排放的主要影响因子，原因是人均GDP直接影响人均收入水平，而后者直接影响私人机动车的保有量和行驶里程。本研究缺乏长时间序列数据，但可以基于各省（市、区）空间数据进行分析。拟合各省（市、区）道路交通CO_2排放量与GDP和城镇、居民人均可支配收入，结果见图2。本研究与Timilsina等结论不同，从空间上看，道路交通CO_2排放量与城镇居民人均可支配收入的相关性很低（判定系数$R^2=0.147$），而其和各省（市、区）GDP的相关性却较高（判定系数$R^2=0.794$）。这说明，道路交通运输CO_2排放量和经济活动水平具有很高的相关性，但未必主要受私家车排放影响，而货车、出租车、公司商务车和政府用车在道路交通CO_2排放中可能占据了很大比例。道路交通CO_2排放与城镇居民人均可支配收入GDP的关系见图2。

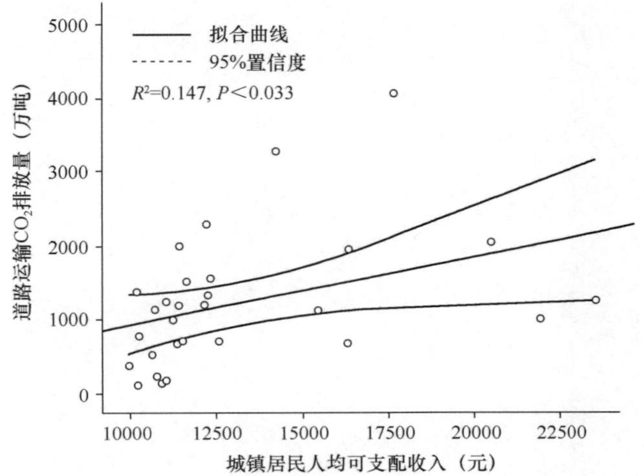

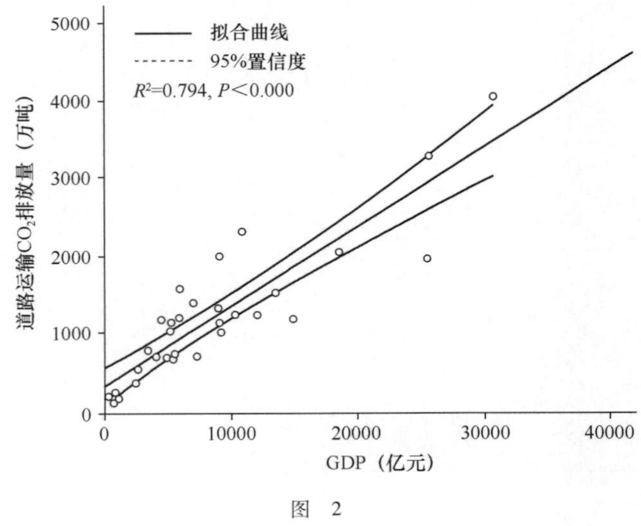

图　2

四、结论

道路交通CO_2排放研究是交通部门甚至是能源利用CO_2排放研究领域的难点。主要原因是活动水平数据获取困难，道路交通是一个采用“自下而上”方法精度反而下降的特殊领域，原因在于每个排放源（道路机动车）由于车型、发动机、燃料类型、行驶里程、驾驶习惯、路况等因素导致CO_2排放差异很大，同时排放源又极多，因而每种归类和平均操作都会产生不确定性。而“自上而下”方法利用能源统计数据核算反而精度较高。欧美等发达国家由于机动车燃油销售数据涉及企业商业秘密，因而主要采用“自下而上”方法，例如美国温室气体排放清单中道路交通是利用联邦高速公路管理局的车辆行驶里程（VMT）自下而上计算的燃料消耗量，因而其不确定性（－6%～+7%）高于能源燃烧的不确定性平均水平（－2%～+5%）。

全球2007年交通部门CO_2排放占据能源活动CO_2排放的23%，经济合作与发展组织国家交通部门CO_2排放占其能源利用CO_2排放的27%，而我国这一比例仅为7%，这很大程度上意味着交通是我国CO_2的潜在排放大户，而道路交通始终是交通部门排放的绝对主体。事实上，从1994年到2007年，我国交通领域的排放增长了160%，而道路交通排放增长了208%，均高于我国这一时期能源活动总排放118%的增长。因而我国需要在清晰把握全国和区域CO_2排放水平的基础上，针对交通模式、燃料类型、发动机效率等方面提出道路交通领域系统的CO_2减排方案。针对交通模式、燃料类型、发动机效率等方面提出道路交通领域系统的CO_2减排方案。

（作者单位：环境保护部环境规划院气候变化与环境政策研究中心）

我国发展低碳交通的技术路线研究*

陆　礼

一、低碳交通运输的概念与模型

交通运输与工业、建筑并称为三大碳源，并且，如何解决好交通工具的碳排放正在成为阻止全球变暖计划中最为困难的部分之一。2009年初奥斯陆“气候和环境国际研究中心”发表的一份研究报告称，汽车、轮船、飞机和火车等交通工具所使用燃料释放的气体是目前造成全球变暖的主要原因之一。报告指出，过去10年全球CO_2排放总量增加了13%，而源自交通工具的碳排放增长率却达25%。报告预计，至2050年，全球交通工具碳排放将比目前增长30%～50%，这将阻碍《京都议定书》目标的实现。因此，发展低碳交通已成为后金融危机时代各国“绿色复苏”的必然抉择。

低碳交通运输（Low Carbon Transportation）是指在交通规划、生产建设、营运与管理的各个环节全面关注碳排放问题，通过合理引导运输需求，优化运输装备、运输结构与用能结构，提高营运与能源效率，并从政策导向、技术创新、社会伦理文化培育等方面，共同减少碳排放总量，最终实现交通运输全周期、全产业链的低碳发展的体系与实践。低碳交通运输是一种以高能效、低能耗、低污染、低排放为特征的交通运输发展方式，其核心在于提高交通运输的能源效率，改善交通运输的用能结构，优化交通运输的发展方式。目的在于使交通基础设施和公共运输系统最终减少以传统化石能源为代表的高碳能源的高强度消耗。

低碳交通建设作为一个复杂的系统工程，可以由主体、客体、过程所组成的三维模型来表示。低碳交通建设的主体即低碳交通建设的组织者、参与者，包括政府、企业、社会组织与公众；客体即低碳交通建设的实施对象包括运输装备、运输能效、运输需求、运输结构、能源结构；过程包括交通建设、营运与管理的全周期如图1。

观察低碳交通细分领域，低碳交通的系统建设涉及技术、制度与伦理文化三个层面，焦点在交通运输的节能减排，其基本途径有技术性减排（包括新能源利用技术、交通工具能效技术、交通工程建设养护技术、高效运输组织技术）、结构性减排（包括运输结构、装备结构、能源结构）与制度性减排（包括政策、法规、体制、机制），其中技术性减排是关键。目前国内外低碳交通的建设呈现出基础准备不足、线路不清的状况，十分紧迫的问题在于，在多种技术混杂并存可供自主选择的状态下，如何综合考虑技术、经济、人文、环境诸因素，明确低碳交通技术发展线路图，使之从无序走向有序。

笔者认为，建设低碳交通，应分别明晰硬性技术与柔性技术的发展线路，并使这两条发展线路既各自前行，又相互交叉融合共同推进。

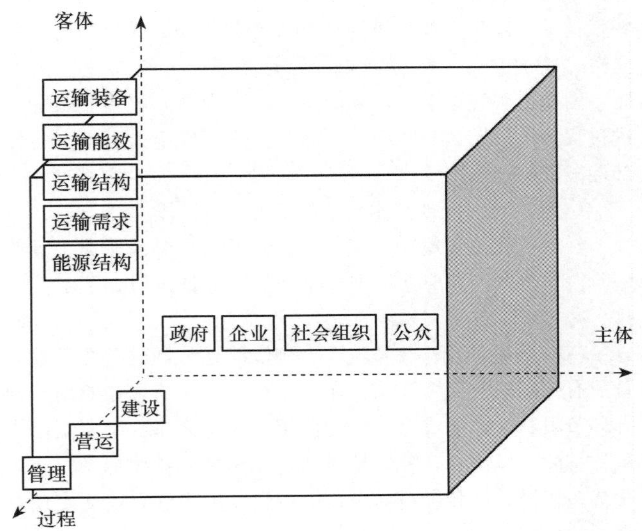

图1　低碳交通建设模型

二、低碳交通建设的硬性技术路线

低碳交通的硬性技术主要是物质性的显性技术。在低碳交通硬性技术层面，主要是优化交通用能结构、改进交通装备与运载工具技术，积极推动交通资源的循环利用等，其中最根本的是要降低交通工具的能耗与污染。

为了抓住交通节能减排的重点，必须认清与把握交通能源活动的总体特征与趋势。目前“道路交通CO_2排放是我国交通部门排放的绝对主体，占据了86.32%，并且这一比例呈缓慢上升趋势”。而“截至2011年6月底，全国机动车总保有量达2.17亿辆。其中汽车9846万辆，摩托车1.02亿辆，私人汽车保有量达7206万辆，占全国汽车保有量的73.2%”，由此应当得出清晰判断：道路交通、汽车尤其是个体机动车的节能减碳与使用控制，应是低碳交通技术变革的重点。

现代轿车是一个悖论性的技术存在。就单个交通工具而言，轿车具有快速、便捷、舒适、私密性及“门到门”等得天独厚之优势，然而，由车辆组成的轿车交通系统却是低效能的，尤其是，“我们使用汽车的方式使我们的健康、经济和环境都付出了代价”，大城市60%的CO_2、50%的氮氧化物、30%的碳氢化合物污染、80%的铅污染来源于轿车为主的机动车尾气排放。轿车交通所带来的温室效应、能源危机、

* 本文转载自《综合运输》2012年第6期。

拥堵，使我们陷入了“道路交通的两难境地”。

清洁能源是交通工具技术创新的根本选择。目前国际上对新能源汽车战略发展方向达成的共识是：起点是传统汽柴油车，终点是氢燃料电池车，其间有20年左右的过渡期，它将是各新能源车型各自为战的混战季。与美国重点发展氢动力车、日本大力开发汽电混合动力车、欧洲主攻柴油动力车相比，中国新能源路线图却一直不清晰。权衡中国现有能源技术水平、经济社会承受力与长期发展目标之关系，交通工具的节能减碳既不能脱离实际追求一步到位，也不能因能源替代技术研发与商业化遭遇瓶颈而坐等观望、无所作为，应坚持“瞻前顾后、统筹规划、先易后难、分步实施”的原则，因循低碳交通建设“降碳→减碳→零碳”逐步脱碳的演进过程，按近期——中期——远期排序，确定如下交通运输节能减碳的技术路线：

1. 近期现有交通技术装备的节能减排阶段

在交通能源实现根本变革之前，近期在燃油交通工具使用阶段与范围内，应立足于对现有交通工具进行如下节能控排、减排：

（1）鼓励使用小排量汽车，淘汰能耗与排放超标运载工具。有关部门应积极筹划，在轻型车生产、销售和使用管理等环节限制大排量汽车，鼓励使用小排量汽车，以控制汽车尾气排放。尽快提高燃油品质和机动车尾气排放标准，同时规范车辆排放量和燃料质量，以更快、更经济有效地实现对交通的排放管理，克服机动车排放标准和燃油品质“长短板”矛盾。实施营运车船燃料消耗准入与退出工程，完善智能监测技术，严格执行车辆燃料消耗量限值标准。积极推进运输装备升级，推广重型货车轻质化技术、汽车列车技术，不断提高运输装备能源利用效率，加速淘汰老旧汽车、船舶，基本淘汰2005年以前注册运营的“黄标车”；改进船舶设计，实施内河船型标准化，推进远洋运输节能减排；降低铁路机车能耗，加快推进机车“油改电”，淘汰内燃机车，提高电力机车的牵引比例，增强铁路运输的低碳优势；变革飞机机身材料与形状，减轻整机自重，提高航空器燃油效率，减少温室气体排放。

（2）积极推行绿色驾驶与“绿色维修”，提高燃油效率。提高驾驶员素质，改进驾驶习惯，应用科学合理的节油驾驶操作方法，能保持车辆在较高的燃料经济性下运行，并能使车辆已具有的动能得到充分利用。驾驶节油操作不需更新改造车辆，只需在驾驶操作、车辆维护、车辆环境协同等方面进行优化提高，就能实现节约燃油、减少尾气排放，提高车辆使用寿命等。因此，全面推广应用安全节油驾驶技术，是当前实现道路运输节能减排、保障交通安全，投入少、见效快、最直接、最有效的重要措施之一。积极推行水运绿色驾驶，倡导经济航速。树立科学修车的节能维修理念，建立健全“绿色汽修”管理体系，改进交通工具技术，引导汽车维修行业积极使用新设备、新工艺、新材料，加大技术创新，努力形成一套维修废弃物和有害排放物少、资源利用效率高的工艺规范。同时要逐步推广燃气汽车、混合动力汽车，积极开展各类清洁能源交通工具的研发与试运行，为中期、远期交通能源根本替代作技术准备。

（3）积极推进交通基础设施建设节能减排技术推广工程。进一步建设综合运输体系，实现交通网络的优化，完善综合运输枢纽与多种运输方式及其站场的衔接；全面开展道路、车站、机场、港口、码头节能改造，大规模推行沥青、粉煤灰、回填土等路面材料循环利用与再生技术；交通工程建设鼓励使用节能降耗新材料新工艺，推广施工温拌沥青、机械高效作业等节能管理和技术、公路边坡生态补偿技术、公路隧道绿色照明节能技术等交通辅助设施综合节能措施。开展绿色港航建设工程，推广集装箱门式起重机“油改电”、推行与完善靠港船舶使用岸电技术；推进智能交通节能减排工程，建设ETC车道，推行高速公路不停车收费系统。

（4）建设交通生态走廊，努力增加碳汇。推行公路建设低碳优化设计，减少挖方和毁绿，实施线性优化。碳汇作为自然界中碳的寄存体，主要指森林吸收并储存二氧化碳的量与能力。在低碳交通建设的背景下，建设交通生态走廊，不仅可以美化绿化交通走廊，而且可以努力增加碳汇，吸储交通移动体的碳排放，赋予了公路绿化以新的意义和要求。积极推广“珠三角绿道”经验，建设“绿道”、增加碳汇，发展“慢行”交通，改变人们的出行观念、习惯与方式。

2. 中期大规模运用混合动力与纯电动运载工具的阶段

在低碳交通建设的中期阶段，应以混合动力与电池为重点，积极推进新能源运载工具的研发示范推广工程。其中，电池材料应先行技术攻关，避免低水平推广。

（1）进一步推广燃气、混合动力等运载工具。积极推进利用天然气、液化石油气、煤层气、醇类燃料、合成燃料和生物柴油等交通替代能源的应用，交通基础设施广泛利用太阳能、风能、潮汐能等新能源。燃气汽车比使用汽油有一定的减碳作用，可继续推广。中国人口众多，城镇交通拥堵现象普遍，混合动力车的节油效果较为明显。除插电式混合动力汽车外，混合动力汽车不需建设新的基础设施，只要技术成熟就可以进入市场，因此我们应该对混合动力汽车的发展给予重视与支持，鼓励汽车企业加快开发与产业化的进程。从最简单的“起—停式”到复杂的重度混合，我国汽车企业可以根据市场需求与自己的开发能力，从易到难，选择性价比具有竞争力的技术方案。城市客运领域应当最有条件率先优化用能结构，各地已经推广使用的混合动力汽车，可继续扩大使用范围。水运行业要以液化天然气替代轻柴油、船用柴油、重油燃料为驱动能源，可积极探索与试行复苏古代帆船技术使之现代化，并将风能与太阳能技术相结合，积极研制与试运行太阳能风帆。

（2）在逐步实现技术成熟与经济技术可行性的条件下，提高纯电动车城乡普及率。磷酸铁锂电池为电动车的推广起步提供了条件，目前已经在我国北京、上海、南京等众多城市示范使用磷酸铁锂等燃料电池公交车。业内专家预测，到2020年，中国10% ~20%的乘用车销量将来自纯电动车、充电式混合动力和其他新能源汽车。然而，电动汽车成在电池，败也在电池。且不谈存在着关键技术攻关难、充电站等基础配套设施缺乏、消费市场不成熟等诸多障碍，目前我国磷酸铁锂电池因基础材料和应用材料较差而质量不高，而且能量的进一步提高存在原理上的困难，电动汽车在速度、续航性、体积重量、充电时间与价格方面均不成熟。在电池基础材料和应用材料质量未提升之前，必须避免汽车厂商低水平盲目开发、炒作与推广。针对电池基础材料和应用材料这一薄弱环节，建议由国家重点投入进行技术攻关，研发优质的电池材料与结构，以此为起点以低价卖给电动车研发生产企业，再以批量的扩大进一步降低成本，占领国内外市场，而不只是简单的补贴给电动车厂商或购车人。与前几年各地企业各自为战、单打独斗不同的是，目前已出现政企联手发展新能源汽车的良好势头。2010 年 8 月 18 日，由国资委牵头的 16 家中央企业电动车产业联盟成立，我国电动车在技术研发尤其是动力电池盒关键技术方面的重大突破应当可以期待。

3. 远期氢燃料运载技术全面使用的阶段

氢燃料运载技术是低碳交通建设的最终技术目标与最佳选择，应重点攻关，以求取得交通能源的根本突破。

由于氢能源的高效和完全零排放，以氢能为代表的高效清洁能源越来越成为美、欧、日等各国交通可持续发展的重要目标选择，氢燃料电池车已作为最具潜力的清洁、高效交通工具，被列为 21 世纪十大高技术之首。2010 年加拿大冬奥会建成氢公路；同年 3 月通用汽车在纽约实施新款氢燃料电池车长期试驾活动，有 6000 人参与的 119 辆雪佛兰·春分氢燃料电池车行程 130 万英里；6 月，英国伦敦市政厅燃料电池出租车示范运行，一箱氢可行驶 250 多英里，5 分钟可补料完毕。据美国能源部阿贡国家实验室 2010 年 6 月通过对氢燃料电池车、汽油内燃机车、乙醇插电式混合动力车的比较而发布的报告，得出应当大力发展氢能和燃料电池电动车产业的明确答案。通用、起亚、丰田等都提出了氢燃料电池车 2015 年商业化的计划目标。2008 年，日本发布《建设低碳社会行动计划》，提出力争在 2020～2030 年间，将燃料电池系统的价格降至目前的约 1/10。尽管我国“超越 3 号”等氢燃料电池车已为北京奥运会服务，上海世博会也已采用长安志翔燃料电池轿车等 196 辆国产氢燃料电池示范车来承担人员运输任务，然而近年来我国在重点研发电动车与氢燃料电池车的目标选择上存在分歧，氢燃料电池车的研发力度不够。燃料电池车的发展应该作为国家长期的战略目标而立足长远持续推进。应积极制定科学的燃料电池车发展计划，组建国家实验室进行战略性研发，力争使氢能源技术发生革命性突破并降低成本实现商业化，并在此基础上系统建设加氢站及供氢网络。2010 年 1 月，美国加州已试运行一列以氢燃料电池为动力的机车。随着研发的深入，我们更期待氢能源技术在电力、铁路、水运、航空运输等部门成功采用，成为低碳交通最终的“零碳”能源。

三、低碳交通建设的柔性技术路线

低碳交通的柔性技术主要是组织与管理的制度性、机制性的隐性技术，是低碳交通实施的具体形式，如建立完善制度法规体系、提高交通运营效率、优化交通建设规划、合理引导交通需求等，它与硬性技术相配套，共同促成交通发展方式的转变。

1. 建立完善低碳交通的制度法规体系，实现制度性节能减排

制订低碳交通发展规划，出台完善的低碳交通产业政策，形成长效机制；充分运用经济杠杆，通过投资、补贴、奖励等激励性政策，运用专项资金、金融信贷、财政税收等扶持低碳交通新技术开发应用、洁净能源车辆使用、车船运力结构优化、公共交通优先发展；运用价格与税费等约束性政策，征收与排量关联的车辆购置税、车辆消费税、拥堵税、碳税等。完善交通运输环境保护综合协调机制，开展低碳交通城市试点，抓好节能减排示范项目；实施节能减排监管能力建设工程，完善节能减排法制体系，制定运输工具燃油经济性标准、CO_2 排放控制标准，全面加强交通行业能效达标管理；加快建立与完善交通运输行业节能减排指标及其统计核算与监测、考评体系和相关法规标准体系，提高能耗统计准确性和及时性，落实节能减排目标责任制，强化交通环保的监控、反馈、督查与奖惩；利用《京都议定书》确定的排放交易机制、清洁发展机制、联合履约机制，建立碳金融市场，完善合同能源管理、CDM、碳排放交易制度。

2. 创新运输组织模式，提高信息化水平

探索更高效的运输组织，发展更有效的多式联运系统，逐步实现干线货运重载汽车列车化；建设现代物流信息系统，物流企业重点发展甩挂运输，减少运输工具空驶率与碳排放；优化交通网络，建设综合运输枢纽，实施城乡客运一体化，加强多种运输方式及站场的衔接，科学设计停车/换乘系统，实现无缝隙转乘，推进运输服务政策与标准的一体化；实行科学化、智能化管理，发展智能交通系统（ITS），包括出行和运输管理系统、公共交通运输管理系统、电子收费系统、商业车辆运行系统、紧急情况管理系统、先进车辆安全诱导系统、信息管理系统、养护和施工管理系统；创新水上运输方式，提高船舶负载率和能源利用效率；以经济航速与经营管理为切入点，建立节能指标考核体系。

3. 调整运输结构，提高铁路、水运和公交出行的比重

加快构建综合交通运输体系，优化交通运输结构，深入挖掘结构性节能减排潜力。构建更合理的运输结构，实现资源运输向铁路和水运转移，城际客运向高铁转移，城市交通向大容量公交方式转移。铁路和水运具有运量大、占地面积少、排放量与运输成本低等突出优势，需要在综合运输体系中占有更大的比重；坚持公交优先策略，弄清城市交通的基本原则，根据行人数量分配城市空间，加大对公共交通的持续性投入，大力发展低价、便捷的城市公共交通，科学合理配置城市各种交通资源，积极推进城市轨道交通建设，中等城市开辟公交专用车道，建立完善出租车电话呼叫服务系统，加快完善异地租车还车网络，引导公众选择节能环保的公共交通出行。

4. 实施交通需求管理（TDM），限制私家车过度消费

即使未来新能源汽车取代燃油汽车解决了排放问题，道路交通拥堵仍不能消除。每位交通工具的使用者都应为其所

产生的环境及经济消费支付相应的费用。通过征收与排量关联的车辆购置税、车辆消费税、碳税、燃油税、高额停车费，拥堵费、环境污染费等措施鼓励少开车，缓解交通拥挤。小汽车共乘有利于节能减碳，应完善相关制度予以鼓励。鼓励自行车交通，布局规划和增加自行车道，建设自行车停放设施，推行自行车低价或免费租赁，实行自行车优先的政策，改善和便利自行车与其他交通形式的联运。

5. 土地使用及交通用地联合规划

完善低碳规划协同机制，统筹城镇空间规划、城市功能规划、综合运输规划、城市快行与慢行交通、机动与静态交通规划。通过土地使用交通影响分析、城建与交通管理部门的耦合设计，加强城市交通规划和交通需求管理，寻求高可达性、低交通需求的土地利用——交通系统发展模式。推行TOD（步行化）发展模式，以减少人们的长距离出行需求。控制大城市规模，发展中小城市，加强小城镇建设，加强交通基础设施建设节水、节地、节材等评估审查，在规划、设计、建设等各个环节，集约节约利用土地、岸线等稀缺资源，优化结构，提高使用寿命和服务水平。

低碳经济与电动汽车发展：趋势与对策*

辛 华

近两年汽车电池在容量和安全性等技术方面取得关键性突破，外接式混合动力电动汽车和纯电动车技术发展迅速，电动汽车已经成为新能源汽车发展的主要方向。2008 年底我国的比亚迪公司在世界上率先向市场推出外插式双模电动汽车 F3DM，揭开了电动汽车产业化的序幕，也标志着我国的电动汽车已经达到国际先进水平。全面促进电动汽车发展，是我国汽车产业崛起与实现跨越式发展以及应对全球石油危机与发展低碳交通的战略举措。

一、电动汽车与低碳交通：全球低碳经济发展的重要领域

1. 交通工具是全球能源危机与温室气体排放的主要原因

交通运输占全社会石油消费比重不断上升，已经成为最大石油消耗部门。根据国际能源署的统计，2006 年全球交通工具的石油消耗比重已经增加到 60. 5%，而且这个比重还在持续增加，2020 年以后，交通工具石油消耗的比重将至少达到 62% 以上，按照现有能源结构，那时全球石油需求与常规石油供给之间将出现净缺口，到 2050 年的供需缺口将相当于 2000 年世界石油总产量的两倍。

同时交通工具是目前造成全球变暖的主要原因。近 10 年，全球二氧化碳排放总量增加了 13%，而源自交通工具的碳排放增长率高达 25%，预计到 2050 年，全球交通工具碳排放将比目前增长 30% ~50%。当今世界交通工具已成为石油消耗及温室气体排放的最重要因素，以发展新能源汽车为突破口，全面推进低碳交通，是人类摆脱石油依赖以及降低二氧化碳排放的最重要途径之一。

2. 碳排放将成为各国汽车市场准入的重要控制标准

发达国家制定了更加严格的汽车排放和燃料经济性的法规，把二氧化碳的排放作为燃油经济性的重要度量。欧盟通过减少汽车二氧化碳排放指令来限制新车的排放量，到 2015 年，欧洲新车平均碳排放将逐步降至每公里 130 克，到 2020 年为 95 克。美国的《燃油经济条例》提出，到 2016 年在美国销售汽车的平均二氧化碳排放每公里 155 克，到 2020 年要达到世界先进标准。日本到 2015 年将每公里汽车碳排放控制在 155 克，2020 年为 115 克。法国制定鼓励与惩罚措施，碳排放低于每公里 60 克的汽车，每辆可以得到 5000 欧元以上的补助，没有达标的企业将受到惩罚。

可以预见汽车的排放问题将会受到各国广泛的重视，今后很有可能列入全球协议范围，低碳交通、新能源汽车将成为世界交通的发展趋势。

3. 电动汽车将成为汽车产业的主要发展方向

未来的新经济将是从智能电网到智能家电，再扩展到智能汽车，成为一个全新的能源互联网。具有技术性、经济性和方便性的外插式电动汽车，将成为新能源汽车发展的主流，即以外插式双模动力电动汽车作为产业化突破口，以外插式纯电动汽车作为主要方向，多种技术并存的电动汽车格局将会形成。外插式可切换的双模动力电动汽车，在短途行驶状况下可以完全依赖纯电动模式，充分享受其经济性和环保性。随着双模技术的普及，加上基础设施逐渐完善、纯电池动力技术不断进步，纯电动汽车产业化时代将全面到来。

电动汽车商业化的进程已经启动。我国比亚迪公司 2008 年底在世界上率先正式推出商用的外插式双模电动汽车（F3DM），在 2009 年 1 月中旬美国底特律车展上展出纯电动车 E6 后，日本、美国、欧洲的汽车厂商纷纷展出了即将投放市场的外插式双模电动汽车以及纯电动车原型，加快了电动汽车商业化的进程。

4. 电动汽车成为未来汽车产业竞争的战略制高点

全球金融危机引发实体经济滑坡，美国、日本、欧洲传统汽车业遭受重创。为了摆脱经济低谷，寻求新的经济增长点，各国政府和企业给予了新能源汽车产业高度关注，将电动汽车产业的发展纳入国家战略，电动汽车产业将成为新一轮产业竞争的战略高地。奥巴马在 2008 年的竞选纲领中明确提出，要在 2015 年使美国外插式电动汽车累计数量达到 100 万辆。2008 年 10 月 3 日，美国国会在其经济稳定法案中增加了联邦政府为插入式电动车提供分类、分级补贴的详细条款，联邦政府的直接支持高达 10 亿美元。日本在今后 5 年当中每年投入两亿美元开发电动汽车、车用电池，使 2010 年电池的成本下降一半。2008 年，欧盟出台“欧洲经济复兴计划”，倡议资助高效节能的交通，特别是电动汽车方面的研发。法国将在未来的 4 年中投入 4 亿欧元进行双模电动汽车和纯电动汽车的研发。德国于今年 5 月推出国家氢能与燃料电池技术创新计划不久，最近又推出了“国家电动汽车发展计划”。到 2020 年，德国要投放 100 万辆电动汽车，预计到 2030 年电动汽车数量达到 500 万辆，到 2050 年非化石燃料驱动的城市交通将占绝对优势。

随着外插式电动汽车的发展趋势日益明朗，发达国家把电动汽车影响未来产业发展、能源安全和国家竞争力作为战略性问题，支持的力度还会加大，跨国公司在电动汽车专利、标准、品牌及产业联盟等制高点上的竞争将会更加激烈。

* 本文转载自《开放导报》2009 年第 5 期。

二、以电动汽车为突破口，全面促进我国低碳经济发展

1. 发展电动汽车是我国能源安全与温室气体减排的战略支撑点

我国汽车行业占石油消费量1/3以上，面对石油供应紧张与节能减排的双重压力，发展电动汽车迫在眉睫。1993年中国还是石油出口国，2002年中国石油对外依存度就上升到25%，2008年上升到了51%。根据国际能源总署和国务院发展研究中心估计，2020年中国的石油总需求、石油进口以及汽车用油分别达到4.5亿吨、2.5亿吨和2.8亿吨，汽车保有量为1.4亿辆；2030年分别为6.3亿吨、5亿吨、5亿吨和2亿辆。假定2020年时我国汽车用油占石油总消耗量的55%，可供汽车消耗的燃油总量仅为1.75亿吨，车用燃油的缺口将达到1.05亿吨。目前我国已经超越美国成为二氧化碳第一排放大国，气候变暖与环境质量将逐渐成为外交谈判的沉重负担，严重影响了我国的国际形象。2008年我国汽车的碳排放高达4.5亿吨，按照现在汽车的增长速度，到2020年汽车保有量将从现在的6000多万辆增加到1.5亿辆，以2008年汽油消耗5100万吨为基准进行测算，到2020年汽车的碳排量将高达10亿吨。

可见，发展电动汽车将成为我国能源安全和节能减排战略重要支撑。根据我们的研究，如果国家电动汽车的产业配套政策能够出台，外插式双模电动汽车与外插式纯电动汽车有可能分别在2015年和2020年实现大规模商业化，2020年我国外插式双模电动汽车占国内汽车市场份额将至少达到25%，纯电动汽车的汽车保有量达到7%，新增份额占15%，2030年的保有量比重则会达到35%，新增份额达到40%。假定外插式混合动力电动汽车综合节油率为40%～50%，纯电动汽车节油率为100%，根据我们的估算，2020年电动汽车节油量将达5488万吨，2030年将达24750万吨，接近2007年中国原油使用量的总和。同时电动汽车年均碳排放也会大幅度降低。根据目前中国矿物发电（主要是燃煤火力发电）的比例占78%，煤电的碳排放系数为每度电0.92公斤二氧化碳计算，假定电动汽车每百公里耗电15度，每年行驶里程1万公里，则每辆电动汽车全年二氧化碳排放仅为1吨左右（$1500 \times 0.78 \times 0.92 = 1076.4$kg），而传统燃油汽车每辆年均排放二氧化碳高达2.3吨（假定百公里油耗10升，每升碳排放2.3kg），碳减排效果达到50%以上，随着风电、太阳能发电、核电和水电等清洁能源发电比重的增加，电动汽车污染和碳排放还会随之大幅减少。

2. 大力发展电动汽车，实现我国汽车产业跨越式发展

我国已基本掌握了电动汽车的核心技术，形成了比较完整的电动汽车产业链配套体系，具有先发优势。2001年我国启动电动汽车重大科技专项以来，已经形成了以燃料电池汽车、混合动力电动汽车和纯电动汽车为“三纵”，多能源动力总成控制、驱动电机和动力蓄电池为“三横”的研发格局，建立了纯电动、混合动力和燃料电池三类新能源汽车动力系统技术平台，在动力蓄电池、燃料电池、驱动电机等关键部件的开发、整车系统集成与应用方面取得了突破性进展。我国六大汽车集团以及奇瑞、吉利、比亚迪等至少40家汽车企业已涉足新能源汽车的研发。目前中国电动汽车的产业链，正迅速以整车厂商为核心，向包括充电设备、核心零部件等在内的上下游延伸。

我国发展电动汽车具备资源优势。电动汽车产业是资金技术密集型产业，同时也是劳动力密集型产业，技术优良、成本廉价的劳动力仍是我国电动汽车产业发展的重要资源优势。我国是世界锂资源大国，锂矿储量约占世界总储量的1/10，产量居世界第三，同时锰、铁、钒、磷等在我国都是富产资源，具有汽车电池材料所需锂和稀土资源的优势。我国是全球增长最快、潜力最大的汽车市场，目前年销售量达到年1000万辆，未来将有达到2000万辆市场空间。

在电动汽车方面，我国和发达国家是站在同一起跑线上，我们完全可以通过大力发展电动汽车，实现我国汽车产业跨越式发展。新能源汽车的技术特性具有颠覆性，这对于在传统汽车技术领域拥有巨大资产的世界汽车巨头来讲，发展新能源汽车将付出巨大的沉没成本。我国汽车企业没有传统汽车技术的沉重包袱，比亚迪、奇瑞、众泰等民营企业的崛起，更让我们看到了我国电动汽车的前景与希望。如果我国在电动汽车的技术研发及产业化上能够有一个突飞猛进的突破，将极大地改善我国汽车工业的落后面貌。

三、我国电动汽车发展的问题与对策

1. 规划和政策滞后，是影响我国电动汽车发展的最重要原因

在我国电动汽车的发展方面，目前的情况是政策跟着市场跑、政府跟着企业跑，没有发挥政府与政策对电动汽车发展的先导作用。2001年科技部就启动了电动汽车重大科技专项计划，经过这么多年的投入和努力，主要的成果还处于实验室和样车阶段，倒是那些没有得到科技部扶助，依靠自主创新、自主研发的民营企业家们首先把商业化的电动汽车造了出来。早在三四年前，奇瑞、比亚迪、众泰和吉利等国内自主品牌早已启动了纯电动汽车计划，生产出众泰2008EV纯电动汽车、比亚迪F3DM双模电动汽车、奇瑞S18纯电动汽车。

外插式电动汽车作为电动汽车发展的主要方向基本上已成为共识，但我国配套政策以及基础设施建设始终没有向外插式电动汽车进行重点倾斜，以加快其产业化进展。实际上外插式汽车电池技术已经取得突破，从汽车电池生产、汽车总成、充电配套服务，到最后的电池回收等，产业链已经形成，具备了大规模的生产能力。现在的主要问题是购置成本过高和汽车充电不便利，这些问题依靠厂家自身的力量是无法解决的，只有依靠政府力量才能得到全面的推进。我国从上到下都高度重视电动汽车发展，但财政补贴政策及电网、市政基础设施建设等方面仍无实质性进展。国家电网方面至今坚持认为电动车的示范应用期还将持续5～7年，因此不会考虑大范围建设充电站。

我国电动汽车企业竞争地位仍十分脆弱，面对具有雄厚资本和品牌优势，整合全球资源强大能力的跨国汽车巨头的严峻挑战，如果政府还按部就班地安排试点、过分慎重地推进，战略机遇可能就完全丧失。

2. 充分发挥“市场主导与政策先导”作用，推动我国电动汽车跨越式发展

（1）电动汽车产业的财税扶持政策重心要向消费市场领域倾斜

只要电动汽车有市场需求、有利润、有市场前景，生产厂家的资源就会向电动汽车这个领域集聚，在电动汽车生产技术基本成熟的情况下，财税扶持的重心应该向消费市场转移。目前企业和各地政府纷纷规划打造新能源汽车基地，如北京市计划2010年新能源汽车产销规模至少将达到1万辆；2010年上海将形成1万辆新能源汽车产能，2012年达到10万辆，2015年升至30万辆；长安汽车预计2012年新能源汽车年产能将达30万辆整车、发动机年产能将达100万台；吉林省2012年将形成5万辆新能源汽车产能。但是，电动汽车发展的关键是如何快速启动电动汽车的消费市场。

首先要将财政补贴直接发给消费者，而且力度要大，让广大消费者感受到购买电动汽车划得来。2009年1月23日财政部、科技部联合发布了《关于开展节能与新能源汽车示范推广试点工作的通知》，但试点补贴范围只限于13个城市的公交、出租、公务、环卫和邮政等公共服务领域，这个力度显然不够。以比亚迪汽车为例，其F3DM双模电动车与F3普通车型的价格相差近10万元。即便以一辆家庭用车每年行驶约2万公里计算，电动车每年可节省5000元油费，10年时间才可节省费用5万元，如果没有购置补贴，对消费者没有任何吸引力，所以补贴政策要扩大到个人消费者身上。如果财政部拿出50亿左右的资金用于购置电动汽车补贴，每购买一辆电动车平均补助5万元，经过我们的测算，若能够补贴到10万辆以上，电动汽车产业就有可能跨过盈亏平衡点，可以通过大规模生产全面降低成本，即使不再补贴，与传统汽车相比也同样会具有竞争优势了。

其次，通过购置税减免，引导消费者选择购买和使用电动汽车。免征或减征电动车的购置税、消费税、车船使用税以及养路费等税费，为提前报废非政府鼓励类汽车，转而购买纯电动车的用户提供各种税费奖励，以迅速启动消费市场，体现国家向环保节能车型倾斜的政策。同时还可以对传统汽车征收环境税，并提取一定比例作为电动汽车产业发展基金，用于支持电动汽车企业起步阶段的发展（规定起步阶段的时间周期）。可以参照节能灯补贴方式，通过招标的方式实施对电动汽车生产企业进行财税支持。

（2）借助市场机制，建立完善的电动汽车充电网络让电动汽车被市场接受，不仅要让消费者购买时感到不贵，还要在使用时感到充电跟加油一样便利。目前充电技术越来越成熟了，充电网络的建设技术方面已经不成问题了，只要国家给政策，构建电动汽车充电服务领域建设与运营的商业化平台，就会吸引大量社会资本投向电动汽车配套充电服务这个新兴产业域。充电网络的建设不差钱、不差技术，差的就是政策。

首先，通过税收优惠安排，发挥国家电网主动参与电动汽车充电网络的建设积极性，加快电动汽车充电电网的规划与布局。国家电网之所以对充电网络的建设不积极，主要原因是缺乏商业利益的驱动机制，如果对国家电网用于电动汽车充电部分的电力给予税收优惠以及灵活的定价政策，让国家电网有利可图，国家电网参与项目建设的积极性会大大提高。

其次，推动电动汽车充电网络建设与运营等领域特许经营模式，并尽快完善相关政府规制，加快向社会资本开放充电网络的建设与运营的市场化进程。只要政府开放充电网络的建设与运营，并给予特殊的电价政策和财税扶持政策，就会搭建起电动汽车充电服务领域的商业平台，促进电动汽车充电服务领域的产业快速发展。例如，各城市普通充电桩的建设和运营完全可以采用停车咪表的商业运营管理模式，只要给这些运营商合理的用电差价，保证有较为合理的利润回报，就会吸引大量的社会资本进来，充电网络的建设和运营在很短的时间内就能实现，而不是还要等几年的时间才能完成。

（3）全力支持具有自主创新能力的电动汽车企业做大做强

电动汽车产业发展应该采用龙头企业带动的策略。培育我国自己的“通用”、“丰田”等跨国企业巨头，颠覆传统汽车的竞争格局，也不是遥不可及的梦想。今年3月20日国务院办公厅发布的《汽车产业调整和振兴规划》提出了“通过兼并重组，形成2~3家产销规模超过200万辆的大型汽车企业集团，4~5家产销规模超过100万辆的汽车企业集团，产销规模占市场份额90%以上的汽车企业集团数量由目前的14家减少到10家以内。”这一规划目标对我国振兴汽车产业十分必要，但对于我国电动汽车产业实现跨越式发展，取得全球领先地位，力度还不够，至少要打造1~2家具有世界级品牌和影响力的电动汽车跨国企业集团。培育世界级的电动汽车企业集团，就不能按照政府的意志进行简单的兼并重组，而是要在尊重市场规律的基础上，发挥政策的先导作用，通过兼并重组实现资源的整合和优化，让优质资源向优质企业集聚。

政策要坚定地向具有自主创新能力的电动汽车企业倾斜，要扶优、扶强，而不是扶大。财税与科技扶持政策对象不能只是针对国内几家大型国有汽车企业，更要把扶持重点放在具有自主技术、拥有自主品牌的新兴的民营汽车企业。我们认为以奇瑞、比亚迪为代表民营汽车企业，可能代表我国电动汽车发展的希望。这些企业是在没有国家政策扶持的情况下，在市场中打拼出来的，更具有竞争力。短短几年的时间，奇瑞成为我国第一自主品牌的汽车，2008年销量超过了35万。比亚迪更是在短短三四年的时间里，拥有了自主技术，创造出了自主品牌，从2005年年底第一款F3上市到2007年累计销量就超过了10万辆，2008年销量达到了20万辆，预计2009年销量将超过40万辆，而且在2008年底在全球率先推出商用外插式混合动力电动汽车。

市场需求是科技创新和研发工作的第一拉动力。科技部关于电动汽车的重大科研立项，要紧紧抓住电动汽车产业化进程的脉搏，以电动汽车产业化的关键性应用技术为科技研发课题立项的主轴，避免与生产和市场脱节，重蹈研发阶段与发达国家差距较小，进入产业化阶段差距拉大的覆辙。国家财政部拨付给科技部有关电动汽车重大项目的科研经费，除去一部分投向电动汽车基础研究外，其他科研经费中的一部分要面向电动汽车企业进行公开课题招标，支持以企业为主导，联合科研机构开展课题研究工作，提升课题研究效率、效果和效益，另一部分可以作为电动汽车奖励基金，对取得重大技术突破和技术成果的企业或研究机构进行重奖，激励企业自主创新。

（作者单位：深圳综合开发研究院）

中国区域低碳交通评价指标体系研究*

郭　杰　陈建营　欧阳斌

一、引言

全球性能源、资源、环境问题，特别是气候变化问题，已广泛受到各国政府和相关部门的高度关注。作为一个负责任的能源消费和温室气体排放大国，中国努力推进节能减排工作，积极探索低碳经济发展以应对气候变化。

从“十一五”中国节能减排工作开展来看，交通运输行业一直是节能减排的重点行业之一。同时，国务院明确要求加快建设以低碳为特征的交通运输体系，切实做好节能减排工作、促进低碳发展，是交通运输行业贯彻落实科学发展观的重要体现，也是加快转变发展方式、积极推进现代交通运输业发展和努力建设资源节约型、环境友好型行业的实际行动，更是实现交通运输可持续发展的内在需要。

目前，交通低碳化体系发展程度无论是在交通方式还是区域上都十分不均衡。为了对我国各省、自治区、直辖市的交通运输体系节能减排与低碳化相对进程做出一个基本的判断，本研究初步构建了中国各地区交通运输节能减排与低碳发展水平综合评估体系，尝试用比较的方法从多个不同方面对各省、自治区、直辖市的交通低碳化相对程度进行测度，测度结果称之为“中国交通运输节能减排与低碳发展综合指数”。今后将根据我国节能减排和低碳发展实际，及时调整评价指标，对我国区域交通运输节能减排与低碳化水平进行跟踪分析，从而可以长期对各地区交通运输节能减排与低碳化方面的进展状况进行研究。

二、构建低碳交通评价指标体系

交通运输节能减排与低碳发展指标体系是用来描述交通系统在能源使用和 CO_2 排放等方面发展状况的工具和手段，可以用来监测交通运输系统协调发展中存在的矛盾和问题，调整交通运输系统的协调发展方向，实现交通行业的科学发展。低碳交通的发展问题涉及了资源、能源、经济、社会等多方面的内容，涉及众多因素和变量相互作用、相互制约的复杂系统。因此，对于低碳交通的研究，不仅要对现实系统进行正确的解读，同时也需要建立一套逻辑严密、符合交通发展实际的指标体系。

1. 指导原则

基于交通运输行业节能减排和低碳发展内容的系统性和复杂性，构建其低碳发展状况评价指标体系应遵循如下原则：

（1）科学性原则

指标体系应建立在科学基础上，指标概念必须明确，指标与目标必须一致，各指标应协调一致并保持相对独立性，体现交通运输行业的低碳发展状况评价的内涵，突出交通运输行业低碳发展状况评价的系统目标。

（2）系统性原则

应将交通运输行业低碳发展体系作为一个相对独立的整体，置身于社会经济大系统中，并从这个大系统中研究交通运输行业低碳发展与经济发展、社会进步等因素之间的关系。不能孤立地研究低碳发展目标，应通过设计的指标体系，系统全面地反映现象内在的本质。

（3）简明性原则

选择的指标应尽可能简单明了，并具有代表性，能够准确清楚全面地反映整体目标，重要指标不可遗漏。指标的设置要围绕评价目的有针对性地加以选择，在满足全面性和独立性的前提下，指标体系应尽可能简洁明晰，避免给评价、分析比较造成困难和混乱。

（4）可比性原则

评价指标设置应尽可能采用通用的名称、概念和计算方法，使各相关指标具有可比性；同时，也要考虑时间序列和地区间的可比性问题，以利于进行横向、纵向的对比分析。

（5）适用性原则

设置指标的目的是为分析评价结果，因此所选的指标不仅要有明确的含意，而且要有一定的外在表达形式，能够直接计算测量或观察得到，这样才能在工作中应用，具有可操作性，尽可能利用已有的或常用的统计数据和调查方法加以确定，以保证指标的适用性和有效性。

2. 基本框架及指标说明

指标体系的建立必须首先确定一个评价指标的框架，这个框架就是用于描述特定对象特征的解释系统，因此，指标体系框架的构建是建立评价指标体系的关键环节。构建指标体系框架的重点是选取合适的评价指标，指标的选取直接影响到评价的结论。评价指标的选取并不是越多越好，太多容易引起相关性较强的指标间互相干扰，太少选取的指标可能缺乏足够代表性，导致结果的片面：每一项指标都是从一个方面反映评价对象的某些信息，如何正确、科学地使用这种信息，就是综合评价要解决的问题。

由于区域地理资源禀赋的差异较大，在构建低碳交通指标的时候如果考虑水路交通运输指标的话，沿海和内河湖泊分布较多的地区自然最终综合评分就较高。但是地理资源禀赋属于地区的先天优势，并不能反映地区低碳水平发展情况。因此，本研究在首次构建低碳交通发展评价指标体系的时候，剔除了反映区域水运发展的指标，以便于地区间低碳交通发展水平的对比。

* 本文转载自《综合运输》2012 年第 6 期。

中国低碳交通评价指标体系框架图 表1

目标层	属性层	要素层	指标层
低碳交通运输评价指标体系	基础设施	基础设施	二级以上公路比重
			路面铺装率
			国省道绿化率
	运输装备	车辆装备	专业载货汽车吨位比重
			大型客车客位比重
		车辆检测维修	车辆排放检测率
	运输组织管理	交通流管理	高速公路交通拥挤度
			国道交通拥挤度
			省道交通拥挤度
		运输生产效率	营运客车实载率
			营运货车实载率
			营运客车里程利用率
			营运货车里程利用率
	城市交通	城市交通基础设施	单位国土面积公交运营线路网长度
			单位国土面积城市轨道交通运营线路网长度
		清洁能源应用	清洁燃料公共汽电车辆比重
			清洁燃料出租车比重
		信息化技术应用	安装卫星定位车载终端公共汽电车辆比重

注：目前指标的设置大都是根据我国交通主管部门的统计来确定，其他具有相关性的指标由于缺少数据，并没有考虑在内。因此，在将来根据数据可得性和可操作性，适当调整指标、完善指标体系。

（1）指标体系纵向结构说明

①目标层。主要反映四大子系统相互之间关系的协调发展程度，通常用一个综合指数表达。在本研究框架中这个指标综合指数就是“中国交通运输节能减排与低碳发展综合指数”，简称“低碳交通发展指数”。

②属性层。主要由反映目标层的系统化指标构成。为了达到交通运输节能减排与低碳发展的目的，它分别由对应的指标组成专题分类指标体系，在本研究框架中起着对大量有关信息进行分类和综合集成作用，从而形成一个有明确意义的分类别指数。

③要素层。主要反映各属性层需要考虑哪些方面要素，发掘和寻找合适的要素来全面和具体的反映交通运输节能减排与低碳发展的各属性特征，作为一个连接属性特征与下一层的原始指标的作用层。

④指标层。主要用来反映各要素层的具体内容，它是由各单项原始指标组成。原始指标的构建需要统筹全面又要兼顾公平，因此在指标的选择上更多的选用平均指标、相对指标和变动度指标，这样使得指标体系不仅具有区域间低碳交通发展状况的对比，还可以对单个省区市自身各方面情况进行分析比较。

（2）指标体系横向结构说明

如本研究上文所述，交通节能减排与低碳化综合评价体系是由四个方面的指数组成的，每个方面的指数各自反映了交通低碳化某一特定方面。具体如下：

①基础设施。运输体系的基础条件。良好的道路条件会提高交通效率，为交通低碳化提供良好的基础支持，是反映交通低碳化进展水平的重要方面。具体指标选取如下：

二级以上公路比重（%）：高级公路里程、一级公路里程和二级公路里程之和占公路里程总计的比重。

路面铺装率（%）：有铺装路面里程、简易铺装路面里程之和占公路里程总计的比重。

国省道绿化率（%）：国道绿化里程、省道绿化里程占国、省道里程总计的比重。

②运输装备。运输装备低碳化是低碳交通运输体系发展的重要组成部分，节能运输装备普及程度是体现交通运输体系节能减排和低碳化进程的重要风向标。主要包括车辆装备和车辆检测维修，具体指标选取如下：

专用载货汽车吨位比重（%）：专用载货汽车吨位占载货汽车吨位的比重；

大型客车客位比重（%）：大型载客汽车客位占载客汽车客位的比重；

车辆排放检测率（%）：营运汽车排放检测辆次占汽车综合性能检测站年完成检测辆次的比重。

③城市交通。引导公众出行方式改变，加快发展城市交通系统，是减少交通运输体系能源消耗和温室气体排放的重要手段，城市交通系统的发展进程是反映交通运输体系节能减排与低碳化的重要体现。具体指标选取如下：

单位国土面积公交运营线路网长度（公里/平方公里）：

城市公共汽车、无轨电车运营线路网公里数与各省区市国土面积的比值。单位国土面积城市轨道交通运营线路网长度（公里/平方公里）：城市轨道交通运营线路网公里数与各省区市国土面积的比值。

清洁燃料公共汽电车辆比重（%）：全国公共汽电车中，乙醇汽油车、液化石油气车、天然气车、双燃料车、无轨电车、纯电动客车、混合动力车占全国公共汽电车辆总数的比例。

清洁燃料出租车比重（%）：全国出租车辆中，乙醇汽油车、液化石油气车、天然气车、双燃料车、纯电动车占全国公共汽电车辆总数的比例。

安装卫星定位车载终端公共汽电车辆比重（%）：全国公共汽电车辆中，安装卫星定位车载终端的公共汽电车辆数占全国公共汽电车辆总数的比例。

④运输组织管理

合理的管理手段，能够间接影响交通运输的流畅率、实载率、运输工具的利用率，加快综合交通系统的发展，提高交通运输系统的效率，在交通运输体系节能减排与低碳化进程中具有举足轻重的作用。主要包括运输结构、交通流管理和运输生产效率，具体指标选取如下：

a. 高速公路交通拥挤度：反映了高速公路车辆拥堵情况，取值越高表示道路交通通畅度越低，越不利于低碳交通的发展。

b. 国道交通拥挤度：反映了国道车辆拥堵情况，取值越高表示道路交通通畅度越低，越不利于低碳交通的发展。

c. 省道交通拥挤度：反映了省道车辆拥堵情况，取值越高表示道路交通通畅度越低，越不利于低碳交通的发展。

d. 营运客车实载率（%）：反映充分利用运输工具的额定能力，减少营运客车空驶和不满载行驶时间。

e. 营运货车实载率（%）：反映充分利用运输工具的额定能力，减少营运货车空驶和不满载行驶时间。

f. 营运客车里程利用率（%）：反映了载客里程占总行驶里程的比重。

g. 营运货车里程利用率（%）：反映了载货里程占总行驶里程的比重。

三、低碳交通综合评价方法

交通运输节能减排与低碳发展水平的综合评价按照如下流程图（图1）进行。

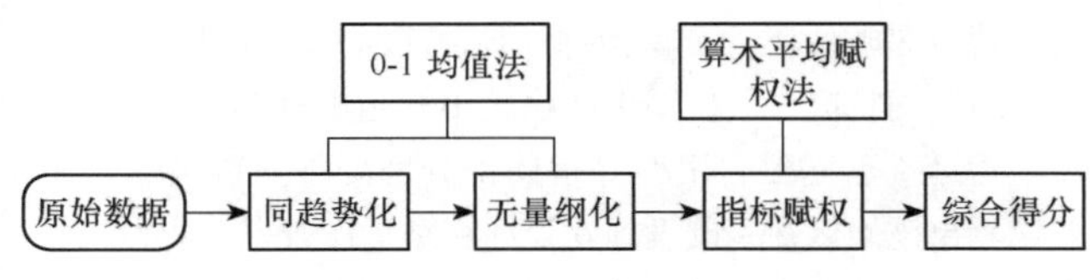

图1　低碳交通发展综合评价流程图

1. 原始指标的同趋势化与标准化

按照评价指标与交通运输节能减排与低碳化目标的关系，将评价指标分为正向指标、逆向指标2类：

正向指标：指标值越高表示交通运输节能减排与低碳化发展水平越高，例如：道路铺装率；

逆向指标：指标值越低表示交通运输节能减排与低碳化发展水平越高，例如：交通拥挤度。

利用0－1均值法，对上述各指标进行同趋势化和标准化处理，使各指标与交通运输节能减排并低碳化发展水平均呈正向关系，即指标值大，交通运输节能减排与低碳化发展水平高；反之，发展水平越低；同时，所有指标值标准化为无量纲值，指标最大值为1，最小值为0，其他取值位于0～1之间，以消除指标间量纲不一致以及数量级差异的影响。

正向指标处理方法：

$$K = \frac{I - I_{min}}{I_{max} - I_{min}}$$

反向指标处理方法：

$$K = \frac{I_{max} - I}{I_{max} - I_{min}}$$

式中，I_{min}表示I指标在31个省区市中取得的最小值；I_{max}表示I指标在31个省区市中取得的最大值。

本研究中，高速公路交通拥挤度、国道交通拥挤度、省道交通拥挤度三类指标为反向指标，拥挤度越高代表越不节能和低碳，因此，这三类指标经过反向处理后，最终得分越低代表交通越拥挤，得分越高代表交通越通畅。

2. 原始指标的赋权

建立一个适合于长期研究的交通运输节能减排与低碳发展指标体系研究框架是我们的首要目的，由于数据限制等原因，未能够在本研究中应用的一些低碳交通综合评价指标可以在将来逐步完善。因此，根据国际研究经验，当构建反映低碳交通发展水平的低碳交通综合评价原始指标较少，考虑方面不够周全时，使用简单算术平均赋权方法比使用需要大量样本数据为计算基础的统计学方法更为准确，并且算术平均赋权法可以使得评价结果在时间序列上具有可比性，便于系列研究。

四、中国区域低碳交通发展评价实例分析

由于“低碳化”这个概念并没有一个确切的量化标准，所以想要衡量出一个交通系统节能减排与低碳化的绝对程度是不现实的。本部分的综合评价尽可能的近似反映各地区空间上的交通运输体系低碳化相对比较。因此，交通运输体系低碳化指数评分并不表示交通运输体系低碳化发展的绝对程度，而只是表示某一地区在交通运输体系低碳化发展进程中同当年交通运输体系低碳化程度最高和最低地区相比的相对位置。

需要说明的是，虽然本指标尽量考虑全面而又准确的覆盖反映交通节能减排和低碳化的相关方面，但是由于地区差异性的存在，考虑的指标体系仍然具有一定的局限性。因此，以上综合指标评分仅仅反映了不同地区交通运输体系的一个相对低碳发展情况，并不能表示各地区交通节能减排和低碳化绝对水平的高低，将来在完善指标体系的基础上，需要进一步综合考虑各地区城镇化发展情况、区域地理文化差异、

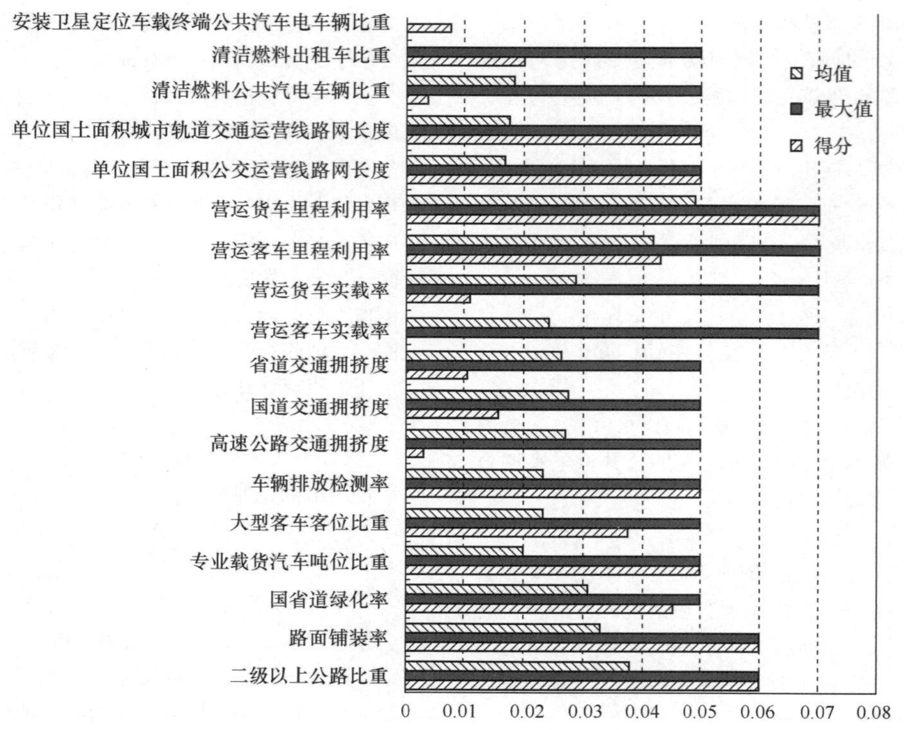

图2　2010年华东地区低碳交通综合评价得分

注：由于高速公路、国省道交通拥挤度为反向指标，拥挤度越高代表越不节能和低碳，因此，这三类指标经过反向处理后，最终得分越低代表交通越拥挤，得分越高代表交通越通畅。

资源禀赋等各方面因素。

交通低碳化综合指数可以反映各地区交通低碳化水平的相对进展程度。因此，为了便于分别研究各地区交通节能减排与低碳发展状况，本章节用图表形式对中国华北、华东地区2010年的各项节能减排与低碳交通发展指标得分进行实例研究，对在不同衡量指标下的交通节能减排与低碳发展水平进行简要的分析和评价，解读不同地区各方面的交通节能减排与低碳化程度及其区别存在的原因。主要从两方面对交通低碳化综合水平进行比较：

进行比较：

（1）同一地区各指标间的得分对比，从而可以看出哪些指标对该地区低碳发展水平至关重要。

（2）同一地区各指标与该指标对应的全国平均水平和最高水平进行对比，对此地区各指标在全国所有省区市中的相对程度进行对比，从而对这些指标在各地区的发展潜力和空间做出评价。

通过地区指标得分与全国最高水平和平均水平相对比，我们可以分析出不同地区将来在交通运输节能减排与低碳化发展需要努力的具体方向以及这些地区在这些方向上可提升的空间大小。具体分为以下五类：

指标得分达到目前全国发展的最高水平，属于发展较好地区，需要保持地区低碳交通发展的领先地位。

指标得分高于全国平均水平，但低于全国最高水平，属于发展较好，但是仍然存在可挖掘潜力的地区。

指标得分处于全国平均水平，此方向在该地区仍然存在较大发展空间，需要进一步提高。

指标得分低于全国最高水平和平均水平，但高于最低水平，属于此方向在该地区发展较为落后，存在很大的提升空间，需要加快发展。

指标得分处于全国最低水平（综合评价得分为0），这类方向在该地区发展水平落后，亟待发展。

我们选取华东地区（包含山东、江苏、安徽、浙江、福建和上海）作为我们进行低碳交通评价的实例，分析其评价结果。

华东地区大部分省区市都属于社会经济发展水平相对发达，交通基础设施较为完善，运输与物流网络较为发达，交通节能减排与低碳发展体系建立较好的地区。2010年，相对于其他地区，低碳交通发展的大部分指标得分都领先于其他地区，但也存在一部分节能减排与低碳化方向发展不足的问题。

从单个指标上看，二级以上公路比重、路面铺装率、专业载货汽车吨位比重、车辆排放检测率、单位国土面积公交运营线路网长度、单位国土面积城市轨道交通运营线路网长度、营运货车里程利用率等指标得分都处于全国最高水平。可以看出该地区在基础设施建设和道路货运效率上能力较强，在这些方向的工作，可以进行总结，从而把这些交通节能减排和低碳化发展过程的领先经验和技术在全国范围进行推广。换个角度来看，在这些指标上，该地区虽然目前在国内已经处于领先水平，但从全球视角来看，通过学习发达国家先进的交通节能减排经验和技术，结合地区实际情况，仍然可以实现进一步的节能减排。营运客车实载率指标处于全国最低水平，该指标是该地区交通部门发展节能减排与低碳化体系的软肋所在，是该地区未来交通部门节能减排的重点关注方向。

国省道绿化率、大型客车客位比重、营运客车里程利用率等指标得分高于全国平均水平，但与全国最高水平仍有一定差距，相对于其他指标来说，该地区在此指标上存在改善空间，可以学习全国最高水平地区的发展经验和技术，结合自身的实际情况，来进一步提高交通节能减排和低碳发展综合水平。

高速公路交通拥挤度、国道交通拥挤度、省道交通拥挤度、营运货车实载率、清洁公共汽电车比重、清洁燃料出租车比重、安装卫星定位车载终端公共汽电车辆比重等指标得分低于全国最高水平与平均水平，但高于全国最低水平，可以看出这些指标在该地区与全国最高水平存在较大的差距，可挖掘的节能减排空间较大。因此，这些方向属于将来该地区交通节能减排工作的重点领域。

总体来说，华东地区的低碳交通发展工作在全国处于较为领先的位置，在交通基础设施建设、城市交通发展与货物运输工作上的先进经验和技术可以总结后进行推广，而在旅客运输、交通拥堵治理等方面需要加强，属于该地区重点发展方向。进一步学习国际先进的低碳交通发展经验，因地制宜，发展适合当地的交通节能减排方法和技术是该地区将来亟待加强的工作。

公路交通节能减排评价指标体系及应用研究*

李　扬　褚春超　陈建营

一、引言

实施节能减排是我国国民经济和社会发展的一项长期战略部署，也是当前一项极为紧迫的任务。根据《国家国民经济和社会发展第十二个五年规划纲要》、国务院《“十二五”节能减排综合性工作方案》、《“十二五”控制温室气体排放工作方案》等政策文件，提出到“十二五”末，全国单位国内生产总值能源消耗和二氧化碳排放比2010年分别要下降16%和17%，并提出要合理控制能源消费总量，建立总量控制目标分解落实机制。交通运输作为国民经济的基础性产业，同时也是国家重点终端用能行业，尤其是石油消耗的大户。从世界范围看，交通运输是石油消费的主导行业，是三大主要“碳源”之一（全球二氧化碳排放中，火电占41%；建筑占27%；交通工具占25%）。亚洲开发银行研究表明，未来25年内，全球交通源二氧化碳排放将增加57%。据国家统计局相关数据，2010年中国交通运输业石油消费量约占全国石油终端消费总量的36%，其中公路运输在交通运输业中占比最高，达44%。

公路交通作为交通运输业中对节能减排贡献和影响最大的一部分，如何量化并评价其影响，对实施交通运输业节能减排管理有重要意义。而构建公路交通行业节能减排评价指标体系是制定节能减排目标的前提和基础，更是实现公路交通节能减排与绩效考核和管理的关键。目前，一些学者从微观角度，就港口企业和道路运输企业建立了针对企业级的节能减排评价指标体系，也有一些学者从宏观的角度，针对一个地区或区域进行节能减排（低碳）评价研究，一些学者针对交通运输节能现状和对策提出了具体建议与对策。本文采用了不同的研究角度，即把公路交通行业作为一个研究对象加以观察分析。把行业作为研究对象的特殊性在于它关注的问题具有纵深性、完整性和系统性，既不同于企业那么微观具体，也不同于地区有空间上的局限。通过本文研究，旨在建立一套系统完整的公路交通节能减排评价指标体系，并以此完成公路交通行业节能减排目标的测算分析，为实施公路交通行业节能减排跟踪管理与绩效评价奠定基础。

二、公路交通节能减排系统分析

公路交通节能减排是一项复杂的系统工程，影响因素众多。从系统分析的角度来看，公路交通节能减排的核心构成要素就是用能主体（人）、用能设备（车）和交通基础设施（路），即“人”、“物”和“环境”。此外，行业体制机制、政策法规、标准规范等其他环境因素作为外在条件而对“人的行为”和“物的状态”产生不同程度的影响。公路交通系统节能减排的核心构成要素之间的相互关系可如图1所示。

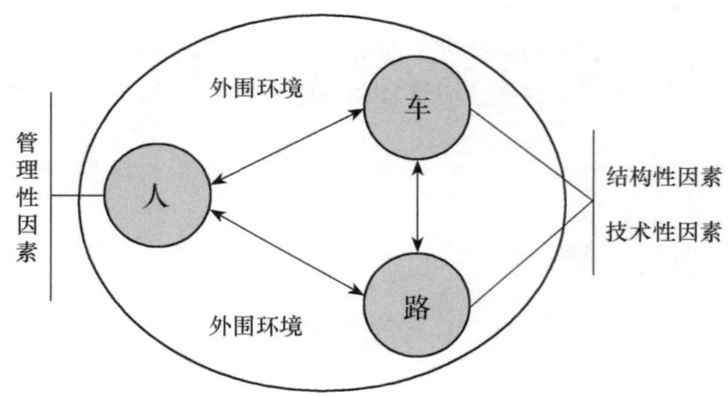

图1　公路交通节能减排影响因素系统分析

公路交通节能减排除了最主要和顶层的三大核心要素人、车和路之外，还要分析许多相关的其他影响因素。若对这些影响因素从性质上进行分类，可大致划分为结构性因素、技术性因素和管理性因素三大类。

结构性因素是指在公路交通运输基础设施、运载工具、燃油消耗和方式分配等方面能够发生结构性变化，并对公路交通节能减排效果产生系统性、全局性影响的变量。结构性因素的变化引发的结构性节能，对公路交通节能减排的总体水平起着决定性贡献。

技术性因素是指在推动公路交通行业科技进步和企业技术创新方面能够发挥积极作用的变量。技术性因素体现为运输车辆自身和组织的技术进步，运输企业的技术创新和公路基础设施网络运营管理的智能化等多个方面，它在公路交通行业节能减排领域发挥着引领作用。

管理性因素是指那些用来激励和约束“道路运输人”主动或被动实施节能行为的制度安排。管理性因素表现为政府或企业在战略规划、政策法规、技术标准、体制机制等管理制度上的调整和完善，从而导致公路交通行业运输效能的全面提升，产生管理性节能效果。它是实现公路交通节能减排的重要保障。

上述3类因素之间相互作用、共同影响，对公路交通节能减排至关重要，缺一不可，是实现公路交通节能减排的根本途径。

三、公路交通节能减排评价指标体系

评价体系是由若干具有相互作用的要素构成的复合体，是整体和部分的统一。构建公路交通节能减排评价指标体系

* 本文转载自《公路交通科技》2013年第1期。

应遵循科学性原则、系统性原则、可操作性原则和导向性原则。根据前文对公路交通节能减排影响因素的系统分析，构建了以结构性因素、技术性因素、管理性因素3类为主框架的公路交通节能减排评价指标体系，如图2所示。

1. 结构性指标

结构性指标主要包括运输结构、道路基础设施结构、车辆运力结构和能源消费结构等变量。其中，运输结构主要指公共交通与私人（自用）交通的比例、公路与其他运输方式的运输比例两个方面；道路基础设施结构主要指道路的几何条件和路面特性，如线形、纵坡、弯度、路面质量和平整度等，可用公路技术等级和路面等级指标来表征；车辆运力结构主要指车辆的吨位结构、单体车与汽车列车的比例构成、车龄结构等；能源消费结构主要包括汽柴油消费比例和替代能源比重两部分。

2. 技术性指标

技术性指标主要包括在用车辆技术状况、车辆技术性能水平和节能新技术新产品等。其中，在用车辆技术状况用车辆维护水平和车龄来表征；车辆节能技术水平主要体现在发动机、底盘匹配技术、车身重量、附属设备耗能和制动能耗回收等方面。

3. 管理性指标

管理性指标主要包括车辆通行效率、车辆运输效率和驾驶员节能驾驶水平等方面，以及法规标准、激励政策、体制机制等管理制度因素。其中，车辆通行效率主要是指车辆道路通行的顺畅程度，影响车辆通行效率的因素较多，包括交通构成、交通量大小、道路通行管理水平等。车辆运输效率可用实载率和里程利用率来表征。

四、公路交通节能减排评价分析

1. 运输结构

运输结构是运输综合能耗水平的决定性因素。据相关研究表明，不同客运方式之间的能源单耗水平相差很大，铁路、公共汽车和私人轿车的单位能耗比例是1∶3∶20。在各种运输方式中，水路运输是相对节能的运输方式，运输相同数量货物水运比公路运输节能20%以上。

2. 道路基础设施结构

根据国家标准《载货汽车运行燃料消耗量》（GB4352—84）及《载客汽车运行燃料消耗量》（GB4353—84），车辆运行在高等级公路比低等级公路要省油，其中，汽车在土路、砂石路上行驶比在有铺装的路面上行驶油耗增加10%～15%，在高速公路上行驶车辆的油耗要比普通公路节约20%以上。

3. 车辆运力结构

车辆吨位结构对节能效果影响显著，据有关研究表明，普通载货汽车的平均吨位每提高1t，车辆的单耗就可降低6%；采用拖挂运输可以比单车运输平均降低油耗30%左右。

4. 能源消费结构

目前，车辆能源消费的品种主要是汽油和柴油，其中汽油机效率一般在20%～30%，柴油机效率一般在28%～40%，因此柴油机车辆要比汽油机车辆油耗降低15%左右。随着柴油发动机逐步采用新技术以及清洁替代燃料如天然气、液化石油气和醇类燃料的应用，节能减排效果可进一步增加。

5. 在用车辆技术状况

在用车辆的技术状况和故障出现的程度对汽车的行驶油耗影响很大。若车辆得不到及时维护，车辆带故障运行，其油耗要比正常技术状况的车辆高出5%～30%。另外，汽车完成磨合期后，油耗随着车龄逐渐增加，以货车为例，车龄每增加一年，平均油耗将增加1.38%。

6. 车辆技术性能水平

目前，我国大部分营运汽车是国产车辆，车辆技术水平相对比较落后，机动车百公里油耗比欧洲高25%，比日本高20%，比美国高10%。有关研究表明，发动机在负荷率80%～90%时其热效率最高；车重减轻10%，可降低燃油消

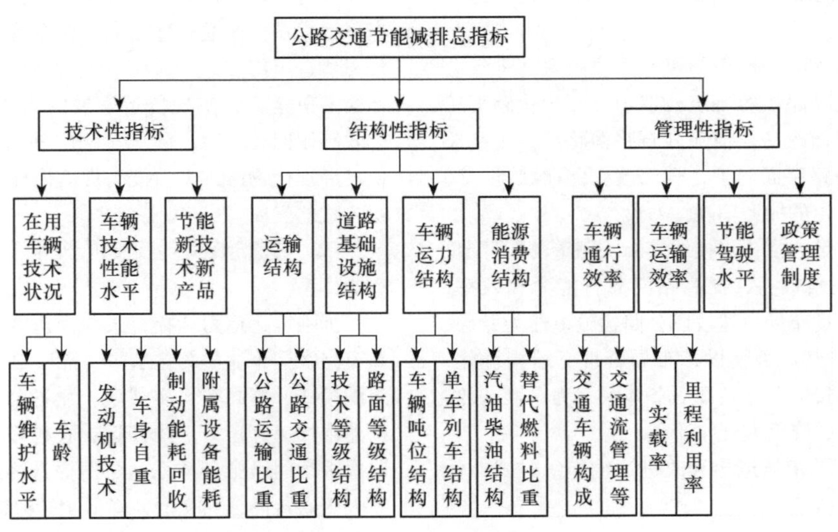

图2　公路交通运输节能减排指标体系

耗量8%；采用混合动力系统实施制动能回收利用，可使汽车的燃料消耗降低10%～50%；柴油机安装废气涡轮增压器后，一般燃油消耗能降低3%～10%，功率可提高30%～50%。因此，可以通过改善发动机燃料经济性、减轻车辆自重、实施制动能回收利用和废气余热利用等提高运输车辆技术性能，从而达到车辆节能减排的效果。

7. 车辆通行效率

我国普通公路上，混合交通严重，车辆平均行驶速度一般只有20～30km/h，油耗较高。据美国、日本等国家统计，道路交通拥挤，车辆运行不畅，燃料消耗平均增加7%～10%。通过应用智能交通系统（ITS）等现代信息技术，可提高通行管理水平，显著提升节能水平。

8. 运输车辆效率

由于我国信息不畅以及缺乏有效的行业指导和管理，道路运输组织化程度低，先进的运输生产方式发展缓慢，长期以来车辆运输效率较低。据统计，道路货物运输的实载率约为50%，车辆空驶率居高不下，造成大量燃料和运力浪费，而且还带来道路交通拥挤、空气污染等问题。根据研究测算，车辆的里程利用率提高1%可使汽车油耗降低3%。

9. 节能驾驶操作水平

驾驶员驾驶汽车的操作方式和技能水平对汽车能耗有重要影响。相关调查和试验表明，不同操作水平的驾驶员驾驶车辆油耗相差达7%～25%。通过推广应用驾驶模拟器、多媒体教学系统、学时记录仪等现代设备技术，提高驾驶技术水平，是一项潜力巨大且花费少、见效快的节能措施。

五、公路交通节能减排策略措施

为保障公路交通节能减排目标的实现，针对结构性、技术性和管理性影响因素及其对应的各节能减排指标的效果分析，提高公路交通节能减排的策略措施可从优化交通结构、加强科技创新、提升运输组织管理水平3个维度展开实施。

1. 优化公路交通结构

（1）加快对道路网络的升级加密和完善布局，优化道路基础设施结构

全面提升路网技术等级和路面等级。加快国家高等级公路建设，加大国省干线公路扩容升级改造力度。优化路面等级结构，加快未铺装路面改造，消除砂石路面路段，提高路网路面铺装率，强化公路路面养护，全面改善路面状况，降低车辆行驶摩擦阻力产生的能源消耗。

加强公路网络化建设。强化连接线、断头路等薄弱环节，减少绕行，发挥公路网络效益，提高路网通行能力和效率，降低能耗；优化公路站场布局，建设以公路运输枢纽为龙头、一般性汽车客货运站（点）为辅助，布局合理、结构优化，与其他运输方式有效衔接的公路站场服务体系，为车辆高效、顺畅行驶创造良好条件，降低能耗水平。

（2）加快老旧车辆的市场退出和改进运输组织方式，优化车辆运力结构

加速淘汰高耗能的老旧车辆。加快发展适合高速公路、干线公路的大吨位多轴重型车辆、汽车列车，以及短途集散用的轻型低耗货车，加快形成以小型车和大型车为主体、中型车为补充的“哑铃型”车辆运力结构。引导营运车辆向大型化、专业化方向发展，推广厢式货车，发展集装箱等专业运输车辆。

（3）采取鼓励性财税政策和新能源技术研发，优化车辆能源消费结构

大力推进运输车辆的柴油化进程，引导运输经营者购买和使用柴油汽车，提高柴油在车用燃油消耗中的比重。积极推进车用替代能源的应用，因地制宜推广汽车利用天然气、醇类燃料、煤层气、合成燃料和生物柴油等替代燃料和石油替代技术，鼓励替代燃料车发展，大力发展混合动力等车型。

2. 加强科技创新

（1）大力发展智能交通技术，加快信息技术在公路交通的深度应用

积极研发和推广智能交通综合调度系统、ETC、GPS、GIS和GRS等技术，加快现代信息技术在道路运输领域的研发应用，改造和提升传统道路运输业，逐步实现智能化道路和车辆运营、数字化管理，提高路网的通行能力和服务品质。加强客运公共信息服务平台和管理信息平台建设，加快以高速公路客运为骨干的现代客运信息系统建设；大力发展货运信息服务网，促进货物运输市场的电子化、网络化，提高实载率，提高运输组织效率。

（2）强化车辆节能技术应用，全面提高运营车辆的能源利用效率

推广节能车型，如柴油发动机客车、混合动力汽车；推广应用自重轻、载重量大的运输设备；开发、推广汽油发动机直接喷射、多气阀电喷、稀薄燃烧、提高压缩比、发动机增压等先进节油技术；推广汽车节能新技术、新产品；大力加强在用车辆的定期检测维修保养，改善营运车辆技术状况，抑制能耗上升。

3. 提升管理水平

（1）提高道路货物运输组织化水平，加快我国现代物流业发展进程，加快运输企业集约化进程，优化运输组织结构。充分运用现代交通管理技术，提高道路货运业的组织化程度，加强货运组织和运力调配，促进运输网络化发展，有效整合社会零散运力，实现货运发展的集约化、高效化、有序化。有效利用回程运力，降低车辆空驶率，提高货运实载率。加快发展现代物流，大力推动货运拖挂甩挂运输等先进运输组织方式的发展。

（2）提升道路客运组织管理水平和服务品质，壮大公共交通体系

加强客运运力调控，大力推进客运班线公司化改造，提高道路客运企业集约化水平。推广滚动发班等先进客运运输组织模式，提高客运实载率。完善公共客运服务体系，加快构建由快速客运、干线客运、农村客运、旅游客运组成的多层次客运网络服务体系，全面提升客运服务品质，积极引导私人交通转向公共交通，降低全社会的能源消耗水平。

（3）提高汽车驾驶员节能素质，释放驾驶员的节能潜力

制定汽车节能驾驶技术标准规范，编制培训教材和操作

指南，积极推广模拟驾驶，强化道路运输企业节能驾驶的培训力度，全面提升汽车驾驶员的节能意识与素质。

六、结论

影响公路交通能源利用特别是燃油消耗的因素众多，相互之间关联性强。本研究将这些影响因素加以梳理归纳划，分为结构性节能、技术性节能和管理性节能3大类，据此构建了公路交通节能减排评价指标体系，并针对每个指标的节能效果进行了量化分析，最后从优化交通结构、加强科技创新、提升运输组织管理水平等3方面，提出了加强公路交通节能减排的策略措施。这一节能分类体系和量化分析方法为我国公路交通节能目标的设定和规划提供了全新的理论支撑。

（第一作者单位：大连海事大学）

基于循环经济理论的区域绿色物流发展研究*

潘文军

循环经济相关理论起源于20世纪60年代，从最初的提倡环境保护思想发展为现行的生态型经济增长模式。面对资源短缺、污染严重的现状，发展循环经济已日益受到学术界和实践界的重视。绿色物流是在20世纪90年代才出现的新概念，是可持续发展原则与现代物流理念相结合的一种现代物流理念。作者2006年在《发展基于循环经济理论的物流产业》一文中虽然提出了"循环经济的发展需要物流产业的支撑"这一观点，但是在物流产业实践方法中未着重阐述在区域循环经济中如何开展物流产业与其他产业的互动与协调发展。因此本文在前期研究的基础上，提出基于循环经济理论研究区域绿色物流的相关理论与实践。

一、基于循环经济理论的区域绿色物流研究的内容与意义

基于循环经济理论的区域绿色物流是指在区域经济范围内，分析物流系统与外部环境的关系，以循环经济理论作为指导思想，减少物流系统对外部环境的负面影响。同时，通过供应链物流管理实现产业链间的资源节约与循环利用，物流产业作为区域经济的有机组成部分，通过物流产业的绿色化实践，达到区域经济的可持续发展。

基于循环经济理论的区域绿色物流将传统的绿色物流概念扩大。传统的绿色物流是以物流系统作为研究对象，以物流企业为载体，研究物流资源的合理利用。本文以物流产业与区域经济为研究对象，这是由物流产业的性质决定的。首先，物流产业具有服务性质，物流服务需求是派生需求，那么实现物流绿色化时需将其放在国民经济、区域经济的大环境中考虑。其次，物流产业是国民经济发展的基础产业，物流网络等资源配置与基建直接影响到其他产业的发展，同时，物流产业基础设施合理规划与配置直接影响到区域经济的可持续发展。最后，物流产业具有生产性质，一方面物流产业通过具体物流企业的运作实现对其他行业的支持，其中必然产生负的外部效应，有必要实施企业物流与物流企业的绿色化，另一方面可以通过物流企业之间以及物流企业与被服务的企业之间的协作，来降低物流生产过程的环境破坏与资源浪费。

因此，本文研究的标本是区域经济层面的物流产业的可持续发展。循环经济理论倡导从企业层、区域层和社会层实现物质闭环型经济发展模式。区域循环经济既要考虑全球经济一体化和国家循环经济的大循环，又要在区域互补共同发展的基础上，建立区域的子循环经济，还要落实到企业层次。企业层次的循环经济仅就单一企业而言能做到资源利用的减量化和产品的再使用，而废弃物的再循环需要在区域的产业链间实现；同时，国家社会层面的循环经济落实到区域层面，操作性更强一些，因此本文研究的物流产业是在区域经济层面界定的。区域经济范围内物流包括企业层面的具体物流操作、供应链层面的物流合作，以及区域经济地域范围内物流网络的协作。

基于循环经济理论的区域绿色物流研究的主要内容包括：（一）区域物流供应链的协作；（二）分析区域经济产业集群与物流产业的关系；（三）区域经济中物流产业呈现集群化趋势；（四）实现区域经济物流网络的整合与发挥物流网络经济。该研究的意义在于：首先，突破传统的以企业物流为研究对象，而以物流产业为研究对象，有利于实现物流组织与资源的整合；其次，突出区域循环经济中物流的作用，通过供应链绿色物流管理、物流园区对生态工业园区的支持等，促进区域循环经济的发展；最后，对物流网络经济进行分析，有助于理解基于循环经济理论的区域绿色物流实践的经济学原理。

二、基于循环经济理论的区域绿色物流发展措施

1. 区域物流绿色化发展

区域绿色物流发展首先需要物流相关信息的共享，物流相关信息既包括物流企业信息，也包括物流活动间接相关的信息，如商品信息、市场信息。基于循环经济理论，通过物流相关信息的共享，实现物流交易的规则化、网络化与配量化，通过信息管理控制，鉴别与减少物流意外发生，从而实现物流资源的减量化消耗；进行车辆配载和线路优化、合理控制供应链库存，降低物品在流通中的损耗，减少物流系统对自然环境的污染，增加物流资源的社会化利用程度。通过区域性物流信息的集成、共享，实现物流、商流、资金流的有效沟通，减少商品产、供、销的资源消耗的同时，避免隐性的物流消耗。

其次，区域物流绿色化发展需要物流组织的协作，大力发展第三方物流，物流企业与生产流通企业实现物流非核心业务的外包，专注于自己的核心业务，有利于资源的充分利用；同时形成物流战略联盟，一方面联盟间物流资源互补，另一方面由市场引导替代政府引导，实现物流资源的优化配置。

此外，还需要在区域范围内发展托盘、集装箱等物流器具的共用，不仅可以提高物流系统的效率、降低物流成本，还可以减少对森林、金属等资源的消耗；最后，随着区域经济产业链的分离，需要发展区域通关一体化来消除物流障碍。

---

* 本文转载自《综合运输》2009年第11期。

区域物流绿色化的运行方式为大量化物流和精益化物流，前者发挥物流规模效益，通过物流服务半径的扩大，物流企业的合作实现物流资源共享与整合，后者通过企业物流流程重组，消除生产和供应过程中的非增值的浪费，减少备货时间，消灭库存浪费，实现物流资源的精益使用。二者都需要区域物流系统的集成与物流信息化手段的支持。

2. 基于供应链管理的绿色物流

实施循环经济的主体是企业，任何一个企业必然处于一条（或几条）供应链中。将循环经济的“3R1D”绿色举措融入供应链管理当中，有助于供应链与环境保护协调发展，促进整条供应链的资源消耗和环境影响副作用最小。完善的物流管理产生供应链及其成员企业竞争优势和经济效益的同时，也产生了严重的环境污染和资源浪费，主要表现为运输、包装以及分散的流通加工等产生的负的外部效应。基于环境保护意识的日益增强，促使供应链各成员企业积极开展供应链绿色物流管理。物流企业做好绿色化运作只是供应链绿色物流管理的一部分，绿色物流需要和绿色设计、绿色生产、绿色销售和绿色回收与绿色废弃结合在一起，实现整条供应链的绿色管理。基于供应链管理的绿色物流涉及供应链各成员企业的各项正向物流管理，还包括供应链成员企业为实现资源循环再利用而进行的废弃物循环物流管理，因此在设计供应链绿色物流流程时，将供应链正向物流与逆向物流有机结合。此外，随着我国召回制度的完善，在供应链绿色物流管理中增加召回物流功能也是以后需要考虑。通过召回物流管理可以降低物流成本，更重要的是能将召回产品有用部件重返供应链，实现资源的再利用。

基于供应链管理的绿色与传统的物流绿色存在一些不同。由于供应链成员企业的地域分布不同，基于供应链管理的绿色突破了传统物流绿色的涵盖范围，从企业内部发展为区域经济范围内企业之间。另外，绿色供应链物流管理改变传统绿色物流的开环结构，增加了回收环节，实现资源的回收与再利用，从而形成物流“闭环”。循环经济本质上是一种生态经济，旨在建立一种以物质循环流动为特征的经济，从而实现可持续发展所要求的环境与经济双赢。基于供应链管理的绿色物流模式是区域经济环境共生型的物流管理模式，符合于循环经济的发展内涵。

3. 发展服务于产业集群的大规模定制物流

产业集群是区域经济发展的重要组成部分，它一个主要特点就是大量相关企业在地域上的集聚。产业集群与供应链一样也需要物流的支持，物流建设需要满足产业集群发展，并成为其必要环节。当前，由于物流产业发展相对滞后，物流业服务于产业集群还存在以下问题：产业集群没有综合物流配套服务、第三方物流企业发展不足、区域经济产业集群物流活动的规模分散。这些问题进一步影响区域经济和物流产业的非绿色化发展。区域经济产业集群的集聚效应产生了大规模的物流服务需求，同时产业集群内部企业的竞争促进企业非核心物流业务外包，这些都导致了对第三方物流服务需求的增加，为区域经济物流实施大规模定制服务提供了有效目标市场。服务于区域经济产业集群的大规模定制物流是将大规模物流服务与定制物流服务结合在一起，既可以用“大规模物流生产服务”来满足一般性企业的物流需求，又可以用“个性化定制物流生产服务”满足个别产业集群的差别化、个性化和多样化的物流需求。大规模定制物流需要物流服务重组，以物流功能模块化、标准化为基础实施，通过各功能模块的协调，为客户个性化的定制物流需求提供大规模的生产，实现以大规模物流的成本和效率。

这种物流服务模式较好地与循环经济发展模式相匹配，一方面，通过物流服务需求的细分，由产业集群市场需求拉动的，而非传统物流行业推动的，因此物流服务生产可以做到充分的“减量化”从而减少物流资源的投入与消耗；另一方面，通过物流服务重组和物流企业的联盟合作，优化物流资源配置，并形成集成化物流，发挥其聚合优势和协同放大，做到区域物流资源的充分利用与再使用；此外，通过物流服务市场的扩大和客户的增加，可做到区域内物流运输、配送和仓储的共享，实现物流资源的“再循环”使用。面向产业集群的大规模定制物流服务是一种新的物流合作和管理模式，有利于因地制宜，针对区域经济产业集群的具体需求，实施集成化物流，有助于解决当前物流行业“散、弱、小、差”等问题。

4. 物流园区发挥物流产业集群的作用，并支持生态工业园区

物流园区是区域经济范围内物流产业协同发展的产物，表现为物流功能集合的节点。从物流园区的规模、功能与作用来看，物流园区发挥了物流产业集群的作用。从地域上看，物流园区的主要集聚方式是点状集聚，通过运输网络扩散方式呈现辐射状。物流园区的主要设施一般集中在城市交通便利的区域，成为物流活动的集聚地域，发挥物流经济要素的集聚和扩散效应；同时，通过物流经济集聚的规模效应，对区域腹地的物流经济活动产生辐射和归纳与吸收作用。

从循环经济角度出发，设计和运作物流园区需要从以下几个方面考虑。第一，规划物流园区在考虑其物流需求与经济效益的同时，更多地从避免环境污染、噪声污染、便于废弃物处理、交通畅通等方面着手；第二，物流园区的选址满足物流服务的及时性和可靠性，选址应与运输配送和仓储结合在一起分析，综合考虑地价、交通以及客户等因素；第三，物流园区的功能设计考虑加工处理更多的返还品，将逆向物流放在物流园区的功能设计当中；第四，物流园区设计时，充分考虑设施设备的通用性和弹性，做好 EIQ（订单品项与数量）与 PCB（托盘、箱、单品）分析，充分满足订单与物流特性；第五，物流园区管理做到标准化，合理安排作业流程与作业时序，将物流资源浪费减少到最低程度。

生态工业园区是循环经济区域实践的主体，物流园区在支持循环经济生态工业园区方面需要注重将物流园区作为其产业链的组成部分，同时物流园区满足其环境容量。区域循环经济发展的关键在于形成产业链。集约、循环再利用模式的产业链中，物资与再用资源的运输、储存与分拣再加工，都需要物流园区的支持。物流园区服务于区域产业集群、区

域生态工业园区，其服务范围、服务客户与经济腹地的大小需与环境容量相吻合。物流园区应具有一定的生态承载能力，合理消化利用物流资源的同时，满足生态工业园区的经济、资源循环和环境保护的承载。

5. 绿色物流在物流网络经济中的体现

区域经济发展离不开物流网络的支持，物流网络是指物流活动过程中相关联系物流设施的集合，具体有物流节点和运输配送线路构成。在物流产业集群化发展过程中，物流网络不仅构成了经济社会空间联系的通道，还表示为经济社会空间联系的系统和组织。物流网络通道在空间上表现为具体的物流基础设施物质结构和物流信息通道；物流网络系统表现为物流节点之间、节点与线路构成的域面物流关系，反映经济社会与物流系统发展的有序结构；物流网络组织由相关物流活动与管理的组织和物流相关要素流动形成的市场机制。物流网络发挥着聚集、扩散和中介等作用，促进经济社会可持续发展。

完善的物流网络规划与管理为物流产业绿色化发展提供了坚实的平台。首先，物流网络节点的合理布局与分工，可在物流量、货物处理和物流管理技术等方面实现强大的集约互补作用；其次，基于物流网络开展共同配送，既避免运输配送资源的浪费又有利于减少城市交通堵塞和环境污染；再次，实施物流信息网络化，可对物流网络系统各种资源进行整合，适时、适量的调度物流资源；最后，开展物流网络内的组织合作，通过物流组织的专业化和差异化服务，可充分使用物流资源，提高物流服务效率。

物流网络无论作为物质结构还是作为组织方式，都体现出网络经济效益，最大化地实现物流网络经济效益，也是区域物流绿色化的途径。通过物流节点功能增加，扩大物流网络服务客户、提供多种物流服务产品，可发挥物流网络服务的范围经济；增加物流网络中公共仓库的比例和开展共同配送，可发挥物流网络服务的规模经济；提高物流节点处理能力和运输车队的载运能力，以及通过客户整合和配送优化提高配送线通过密度，可发挥物流网络的密度经济；延长运输和配送线路、增加配送服务节点，可发挥物流网络的幅员经济。物流网络服务的范围经济、规模经济和密度经济、幅员经济共同存在构成了物流网络经济。物流网络经济的发挥，在降低物流网络服务平均成本的同时，可使物流设施和设备共同使用实现物流资源的“减量化”使用，充分体现了循环经济的内涵。

三、结论

本文从区域经济角度分析了物流产业绿色化发展的思路，并提出以循环经济理论作为指导思想。发展绿色物流产业不仅要做好物流行业的资源的合理使用，还要考虑物流产业与区域其他产业的关系，做到区域资源的合理配置。区域经济、供应链、生态工业园区是循环经济理论在区域层面实践的对象，本文也是在该层面探讨物流产业绿色化发展之路。当然，区域物流绿色化发展离不开物流企业与物流部门的具体操作和国家社会层面的政策引导与平台建设。因此，在构建服务于区域经济的物流供应链和物流网络时，需要发挥物流企业绿色管理与操作的主观能动性；同时，物流园区、物流信息网络等基础设施的规划、投资和建设时，也需要国家政府部门做好资源宏观调控和循环经济理念引导，保障区域物流产业的绿色化运作与管理。

绿色供应链标准体系探讨*

于启武

一、绿色供应链的发展

绿色供应链是随着供应链管理和环境保护的发展而产生和发展起来的。20世纪90年代，一些跨国公司开始推行“环境友好采购”，并通过供应链逐步在欧洲商业界和世界其他地区推广。“环境友好采购”的核心是要求供应商提供符合规定环境标准要求的产品和服务，要求供应商使用健康安全的原材料和零部件进行生产，生产中的污染物排放符合相关法律法规要求；否则，即使供应商提供的产品和服务在质量和价格上有竞争优势，也不能成为合格供应商。绿色供应链由此而出现。

20世纪末和21世纪初，欧盟在推动环境保护的过程中创造了三种有效方法。第一，针对某类产品及其原材料和零部件中所包含的对环境有害的物质种类，提出一份限制使用有害物质清单，以欧盟技术法规的形式颁布，要求所有的生产商和供应商必须遵守，并且确定了实施时间进度。其中，对全世界影响最大的是欧盟的废弃电子电气设备指令（即WEEE指令）和电子电气设备中限制使用某些有害物质指令（即RoHS指令）。第二，制定与技术法规相配套的具体标准，提出明确的产品环境要求和检验方法。凡是达到标准要求的产品，就可以认为符合欧盟指令。第三，为了保证供应商提供的产品及其生产过程长期稳定地符合环境要求，对供应商提出严格的EMAS（《环境管理审核规则》，简称EMAS）环境管理体系要求及认证制度。虽然EMAS不是强制的，但是在供应链中普遍把EMAS认证作为合格供应商的一个必要条件，市场驱动EMAS广泛实施。在欧盟庞大的市场范围内，通过供应链之间环环相扣的拉动，促进了欧盟各国和进入欧盟市场的由世界各国供应商组成的绿色供应链的逐步扩大。

供应链在有力促进环境保护的同时，也使供应链自已发展到了绿色供应链的新阶段。原来的供应链只注重提高效率、降低成本和缩短交货期，绿色供应链在此基础上进一步考虑产品设计、生产、流通和使用过程中的环境影响，以及产品报废后的处理、回收与再利用。

在绿色供应链理论研究方面，1994年，韦伯提出了绿色采购的概念，建议通过制定环境准则，选择合适的原材料，注重原材料再利用。1996年，美国密歇根州立大学的制造研究协会（MRC）在美国国家科学基金（NSF）的资助下，进行了“环境负责制造（ERM）”研究，正式提出了绿色供应链的概念，并将绿色供应链作为一项重要研究内容。后来，不少学者纷纷把环境因素引入供应链模型，提出了有环境因素的供应链设计方式，带有环境因素的供应商选择方法，保持生态平衡的供应链运作过程，以及绿色供应链的体系结构，包括目标（环境保护与资源节约），对象（供应商、生产商、销售商、用户），技术方法（清洁生产、供应链管理、运营管理等）。但是，目前还没有形成系统化的绿色供应链理论。

二、绿色供应链的要素

诺基亚供应链在中国享有盛名。一部诺基亚手机的零配件有数千个，模块有数百个；诺基亚公司一年生产1.5亿~2亿部手机，需要数千亿个零配件。2000年以前，诺基亚中国公司虽然已经拥有众多全球优秀的原材料和零部件供应商，但在北京却没有一家成规模的供应商需要从世界各地和中国其他省市购入原材料和零部件。为了解决这个问题，诺基亚产生了成立一个工业园，把遍布全球、相对分散的供应商聚集在北京手机装配厂周边的想法。

2000年5月，星网工业园在北京经济技术开发区奠基。目前，在星网工业园已有30多家诺基亚配套供应厂商，为诺基亚提供其所需的零配件，改变了原来需要空运或海运等方式的原料和零部件采购，节省了以前的高额运输成本，库存成本几乎降至为零。为保证企业生产的需要，星网物流中心也实行每周7天24小时运作，保证及时供货。星网工业园的大特色在于其快速反应能力，诺基亚在上午接到订单后，很快就通过信息网络把订单分解为各种零部件采购计划发送到供应商；下午诺基亚就可以用供应商提供的零部件装配出产品，并由物流中心向顾客发出产品。

在这个高效率供应链的深层，是诺基亚严格的环境管理。诺基亚的手机约有150种，同时还有超过500种的电子附件产品和配件。诺基亚在全世界大约有400多家一级供应商，这400多家供应商又有二级供应商约5000家，三级供应商约5万家四级供应商约50万家。诺基亚通过有效的供应商管理，使采购的原材料和零配件满足规定的质量和环境要求，最终保证整机产品满足规定的质量和环境要求。

诺基亚公司作为一个手机供应商，其环境意识集中体现在产品上。诺基亚的环保旗舰品3110Evolve型手机具有以下环境特征：生物塑料机壳由50%的可再生材料制成，其中大部分由植物中提取；内置充电器的能耗比美国“能源之星”的能耗标准低94%；包装盒由60%的可再生物质制成。如果说把环保型手机交付给顾客是诺基亚绿色供应链的末端，那么这个绿色供应链的起点就是产品的绿色设计。

诺基亚绿色供应链的第二个环节是绿色采购。绿色采购的核心是要求所有的供应商符合《诺基亚供应商要求》，包

* 本文转载自《中国流通经济》2009年第11期。

括建立和实施有效的环境管理体系，所提供的产品符合规定的环境要求，以及对供应商进行有效的环境控制。

诺基亚绿色供应链的第三个环节是清洁生产。早在2000年之前，诺基亚的所有生产制造基地就通过了ISO14001环境管理体系认证。在生产过程控制方面，严格控制污染物排放，降低能耗。2005～2006年诺基亚中国生产制造基地生产每部手机平均减少能耗10%，在全球平均减少能耗3.5%。

诺基亚绿色供应链的第四个环节是绿色物流。在产品包装方面，采用紧凑型包装，同样一款手机所用的包装材料比原来减少50%以上，并且60%以上为可回收材料。截至2007年底，采用紧凑型包装的诺基亚手机全球出货量达到2.5亿部，相应减少载运卡车5000辆，节约1亿欧元的包装和运输费用。2006年10月，诺基亚中国东莞工厂对其供应商提供的塑料托盘进行回收，并退回供应商重复使用，当年就节约746.14万元人民币。

诺基亚绿色供应链的第五个环节是绿色回收。自2002年起，诺基亚就在全中国范围内开始废弃手机及附件回收活动。到2008年，已经在全国40个大中城市设置了1500个回收箱，在200个城市设立了回收箱网点。仅2007年一年就回收废弃手机及附件约40吨。诺基亚手机及附件中有65%～80%的材质可以回收和再利用。诺基亚严格选择电子废弃物处理商，回收的废弃手机及附件经电子废弃物处理商无害化处理后，部分物质重新回到物资链中再次使用。

诺基亚绿色供应链告诉人们，一个绿色供应链包括五项要素：绿色供应商、绿色产品、绿色设计、绿色生产和绿色物流。

三、绿色供应链的标准体系

根据中华人民共和国国家标准GB/T18354—2006《物流术语》的定义，供应链是指“生产及流通过程中，涉及将产品或服务提供给最终用户所形成的网络结构。”参考上述定义，可以定义绿色供应链为：生产及流通过程中，涉及将绿色产品或服务提供给最终用户所形的网络结构。该网络结构由绿色供应商组成，通过绿色设计、清洁生产和绿色物流为最终用提供绿色产品。

“绿色”是一个模糊的概念。如果不能对“绿色”进行科学和准确的定义，绿色供应链就会在实际上无法把握，导致混乱和不正当竞争。因此，需要针对绿色供应链的各项构成要素，制定一系列标准，即绿色供应链标准体系。绿色供应链标准体系的主体结构由以下五分组成：①绿色产品标准；②绿色供应商选择、评价和控制标准；③绿色设计标准；④清洁生产标准；⑤绿色物流标准。这五个方面标准所规定的环境特性是绿色供应链与普通供应链相区别的显著特征。

1. 绿色产品标准

提供绿色产品是实施绿色供应链的目的。首先，应以绿色供应链的最终产品为核心，制定绿色产品标准；然后根据最终产品对零部件、原材料、包装材料的要求，分别制定绿色零部件标准、绿色原材料标准、绿色包装材料标准。根据ISO14020系列国际标准的规定，具有环境特性优势的产品不应使用模糊的“绿色”名称，而应使用明确的可测定的环境标志产品名称，如“水性涂料”、“无汞电池”、“节能灯”等。

2. 绿色供应商选择、评价和控制标准

绿色供应链由绿色供应商构成。绿色供应商的选择、评价和控制是实施绿色供应链管理的关键，其核心内容是围绕关键的产品环境特性，要求其上、下游厂商必须持续稳定地保证满足规定的环境要求，建立和实施环境管理标准，建立合格供应商选择、评价和控制程序。主要包括以下标准：①环境管理体系标准，如ISO14001、EMAS、OHSAS18001、SA8000、HSE等。②合格供应商选择、评价和控制标准，如合格供应商选择和评价程序标准、合格供应商控制程序和方法标准、供应商供货数据统计方法标准等。③供应商关系管理信息系统标准。

3. 绿色设计标准

绿色产品取决于绿色设计。绿色设计标准包括绿色产品设计标准和绿色工艺设计标准大类：①绿色产品设计标准，主要指绿色产品设计方法标准，如可降解设计标准、可回收计标准、可循环设计标准等。②绿色工艺设计标准，主要是根据绿色产品标准，规定绿色生产工艺流程标准、绿色工艺装备标准等。

4. 清洁生产标准

清洁生产强调在生产过程中减少污染物排放和降低能源、原材料消耗。清洁生产标准包括：①清洁生产工艺标准，特别是工艺流程标准、工艺方法标准、清洁生产工艺装备标准。②过程排放标准，特别是废气、废水、固体废物、噪声、放射性物质及其他有毒有害物质的排放标准。③能源消耗标准，包括能源消耗定额标准、能源计量标准、能源统计标准能源节约标准等。④物料消耗标准，包括材料消耗定额标准、加工余量标准、材料节约标准、物料回收利用标准等。

5. 绿色物流标准

绿色物流标准主要是规定物流企业在运输、储存、搬运、包装、流通加工等作业活动中的污染物排放、能源和资源消耗，以及限制使用那些用不易降解、不可再生资源材料制作的包装物。根据《全国物流标准2005年～2010年发展规划》中关于物流标准的分类，绿色物流标准分为以下5类：

（1）绿色物流通用基础类标准。例如，在物流术语标准中，增加绿色物流相关术语；在物流企业分类与评估指标标准中，增加绿色物流企业、物流环保企业等分类及评价指标；制定绿色物流标志及评价程序和方法标准等。

（2）绿色物流技术类标准。包括：①制定绿色物流作业技术规范标准，特别是关于特定产品的绿色物流作业规范标准，如有机农产品的包装、运输和储存标准，冷冻食品包装、标志、运输和储存标准，保鲜食品的包装、标志、运输和储存标准等；②绿色物流设施、设备的环境影响和能源消耗标准，如冷冻食品储存中心能耗标准；③绿色物流工具标准，如环境标志塑料平托盘标准、环境标志塑料周转箱标准、低能耗和低排放搬运车辆标准等。

（3）绿色物流信息类标准。在现有物流信息分类与编码标准、物流信息采集标准、物流信息管理标准基础上，增加环境标志产品物流信息标准、环境标志产品分类编码标准。

（4）绿色物流管理类标准。《全国物流标准2005年~2010年发展规划》中明确提出了以下四类“物流环保标准”：A类，物流环保基础标准；B类，物流基本业务环保标准；C类，物流特殊业务环保标准；D类，废弃物物流环保标准。此外，绿色物流管理标准还应包括：①在物流规划、园区建设标中，增加绿色物流中心分类、绿色物流园区分类标准；②在物流统计标准中，增加物流环保统计标准；③在物流成本标准中，增加物流环境成本和能耗成本标准；④在物流绩效评估标准中，增加物流环境绩效评估标准；⑤在物流风险评估标准中，增加物流环境风险评估标准。

（5）绿色物流服务类标准。主要是规定运输类、储存类、综合服务类绿色物流服务，如货运服务、仓储服务、配送服务、流通加工服务、搬运服务、包裹快递服务的环境要求。

上述绿色供应链标准体系和主要标准建立之后，原来比较模糊的“绿色供应链”就可以得到客观测量和科学评价，从而使“绿色供应链”从观念上升为科学。

（作者单位：首都经济贸易大学工商管理学院）

基于绿色供应链流程优化的低碳物流发展策略选择*

王国文

对气候变化影响人类生存的深刻认识，使降低碳排放、保证可持续发展成为全球性重大议题。随着低碳技术和低碳理念的推广，以“低碳”为标志的绿色行动将彻底改变人类社会的生产方式和生活方式。物流作为重要的经济活动，在发展低碳经济的过程中扮演着重要的角色。低碳物流与绿色供应链是以低碳为主要特征的生态产业体系，通过采用流程管理技术提高物流效率，采用科技手段降低整个物流过程的碳排放，形成环境友好、可持续发展的绿色产业体系，是企业的社会责任，也是政府发展低碳经济可采取的一系列政策选择。

一、低碳物流与绿色供应链

进入21世纪，变革成为永恒的主题。日新月异的信息技术和推陈出新的管理手段，集中表现在对传统的运输、仓储服务的改造升级上。全球物流产业则经历了两次从量变到质变的飞跃，即从运输、仓储和配送，发展到包括采购、营销、回收等更广的物流领域；从以单一企业为核心的物流，拓展到包括采购、生产运作、市场/营销的跨企业的商业活动的集成。

从概念上来讲，物流是以满足客户要求为目的，将产品、服务和相关信息从起始点到消费点的正向和逆向的流动和储存，进行有效率和有效益的计划执行和控制的供应链过程。而供应链则是物流在管理深度和业务环节的广度方面的扩展。因此，供应链管理是联系企业内部和企业之间主要功能和基本商业过程，将其转化成为有机的、高效的商业模式的管理集成。它包括了上述过程中的所有物流活动，也包括了生产运作，它驱动企业内部和企业之间的营销、销售、产品设计、财务和信息技术等过程和活动的协调一致。

按照美国供应链管理协会的《供应链管理流程标准》，供应链包括计划、采购、制造、交付和回收五个基本流程，每个流程又包括了不同的流程属性（图1）。在这个过程中，运输、仓储等传统物流环节被整合到各个流程之中。

如果说，低碳经济是在生产和生活中，将碳排放量尽可能减少到最低限度乃至零排放，获得最大的生态经济效益的方式，与“绿色”的概念一样，其本质都是以最小的环境代价实现可持续的发展，两者并没有本质的区别。将绿色、低碳、环保的理念和技术融入供应链环节之中，就形成了低碳物流与绿色供应链。

从物流和供应链管理的概念出发，就不难界定低碳物流和绿色供应链的概念。可以说，低碳物流、绿色供应链，就是将低碳、环境保护思维融入所有的物流和供应链环节之中，形成从原材料采购到产业设计、制造、交付和生命周期支持的完整的绿色供应链体系。也有定义认为，绿色供应链是按照自然环境法则管理原材料和资源从供应商到制造商、服务供应商到最后总客户以及到回收的过程。

绿色供应链同样符合产业生态学原理。产业生态是按照环境管理的很多因素而建立的系统的组织架构。产业生态将产业视为一种自然界的系统，使本地生态体系成为全球生态的一部分，将产业系统构建在生态系统之上，获得可持续的环境绩效（Lowe，1993）。

二、绿色供应链体系

按照供应链管理流程，绿色供应链流程也可以相应由计划、采购、制造、交付、回收流程构成。在供应链计划环节，从供应商到内向物流、生产过程的物料处理交付、客户服务，绿色理念贯穿了产品生命周期的整个供应链过程。在采购和供应商流程，实行绿色采购和分享绿色计划；在产品制造环节，采用基于环境的设计、绿色生产方式、精益管理方法（精益实际上贯穿了整个供应链过程）；在交付阶段，通过网络设计优化、低碳运输、低碳仓储、库存优化等管理手段，实现了绿色交付（同样手段也应用于内向物流）；在客户服务阶段，采用绿色营销、产品生命周期管理，以及逆向物流的管理方法，实现了循环使用。绿色供应链通过管理效率的提升和绿色技术的应用，使整个供应链的资源消耗和环境副作用最小，实现系统环境最优的目标，绿色供应链结构如图2所示。

按照绿色供应链模型，供应链环节中的主要流程可以包含以下主要内容：

绿色计划流程：按照最小消耗、最低排放、最优绩效的原则设计所有的供应链流程，以实现最佳的生态效益，比如，优化库存计划，制订原材料可重复使用的回收计划。绿色供应链计划充分考虑了整合供应链的低碳排放要求，将这一要求融入从产品设计、包装、订单批量、规格、重量到交付方法、交付时间、配送网络设计、物料处理等所有环节。

绿色采购流程：制订采购战略，选择绿色供应商，选择带有绿色环保标识的产品和回收利用的、低污染的原材料、零部件，采用绿色内向运输和物料处理环节。

绿色制造流程：采用基于环境的设计在产品开发阶段考虑产品生命周期的绿色设计理念，考虑产品的可拆解、可回收性；采用绿色节能减排的生产设备、设施；采用精益制造的理念以最大限度地避免浪费等。

绿色交付流程：从订单接受、订单处理到收货、验货、仓储、分拣、包装、发货、运输组织、网络设计等环节采用

---

* 本文转载自《港口经济》2010年12期。

计划	采购	制造	交付
1.1 供应链计划 1.2 供应需求协同 1.3 库存管理	2.1 战略资源外取 2.2 供应商管理 2.3 采购 2.4 进向物料管理	3.1 产品设计工程 3.2 供应商管理 3.3 采购 3.4 产品或服务定制化	4.1 订单管理 4.2 仓储/完善 4.3 定制化/延迟 4.4 交付基础设施 4.5 运输 4.6 电子商务交付 4.7 管理客户伙伴关系 4.8 售后技术服务 4.9 客户数据库管理
回收			
5.1 收货和仓储 5.2 运输 5.3 修理和翻新		5.4 沟通 5.5 管理客户预期	
执行			
6.1 战略和领导艺术 6.2 竞争性标杆管理 6.3 产品/服务创新	6.4 产品/服务数据库管理 6.5 过程变异与控制 6.6 测量	6.7 技术 6.8 业务管理 6.9 质量	6.10 安全 6.11 行业标准

图1 供应链流程结构

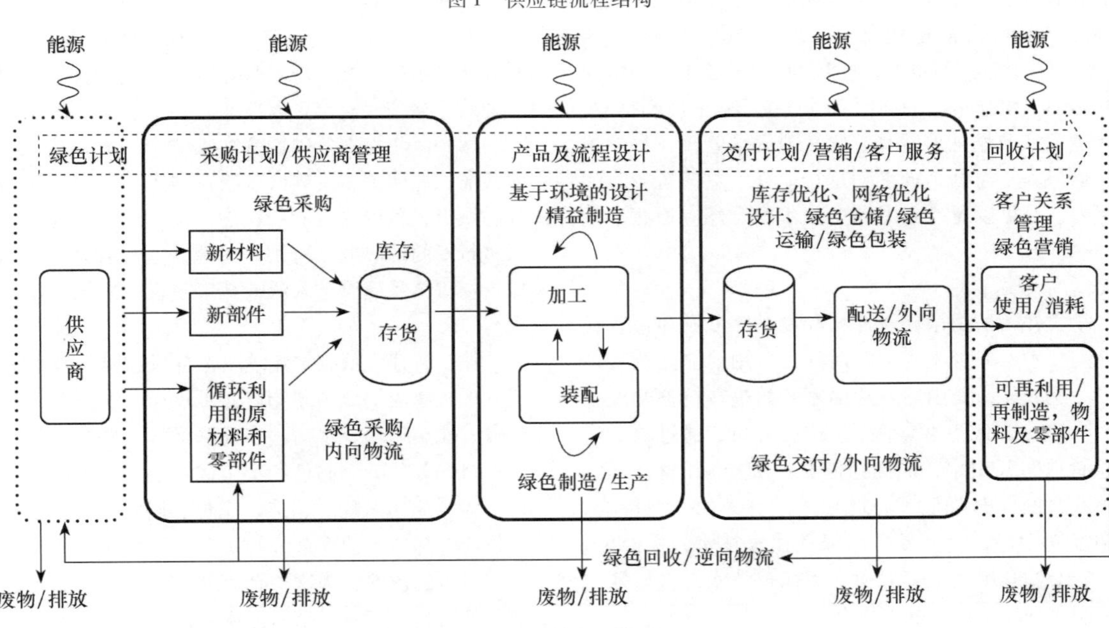

图2 绿色供应链模型

低碳和绿色环保的管理手段和技术手段。低碳交付就是以增加单位运量或降低单位油耗实现单位产出最小排放的目标。低碳运输、低碳仓储是低碳交付的主要环节。

绿色回收流程：指在回收计划、回收授权、渠道回收、直接回收、拆解和循环利用、逆向物流等环节采用绿色管理和技术手段。

三、主要绿色供应链管理与技术手段

1. 建立绿色供应链愿景

在提高供应链管理效率方面，物流界提出了“精益就是绿”的口号，将精益作为一种哲学，消除供应链流程中的浪费。包括采用供应链分析软件和供应链网络设计软件，在最小的环境代价和成本代价的基础上，尽可能提高运输工具的效率。精益供应链采取的手段包括：减少物流设施的数量，降低仓库、车队等物流资产的使用量；提高物流设施利用率，充分利用仓储的空间；采用不间断的运输方式，缩短转运时间、待工时间，降低库存水平。

2. 建立贯穿供应链的碳排放监督测量机制

建立“碳仪表板”，控制所有供应链环节的碳排放，在采购、制造、交付等供应链环节，建立监控体系，监督、记录、整合供应链的温室气体（GHG）排放的碳足迹指标（Carbon Footprint Metrics）。包括使用可持续循环材料的产品，引入相应的技术降低运输、仓储、港口装卸等环节的排放。碳足迹指标，包括吨公里排放量、单车装载重量、单车平均运营里程，通过线路规划设计，比较碳排放指标的变化，并通过图标显示出来。

3. 优化订单量与库存

采用测定经济订单指标、提高库存管理能力的软件技术，采用准时制、精益库存管理手段，提高企业的整体物流效益。在库存成本管理中，分析废物弃置、有害物料处理等隐含成本。

4. 低碳运输管理

运输是二氧化碳等温室气体排放的主要来源之一。按照2006年的统计数字，美国交通运输业所排放的温室气体占总排放量的27.9%，是仅次于发电（33%）的第二大污染源，同期的工业排放占19.4%。

低碳运输管理手段，主要包括优化线路设计、减少车辆空驶时间、采用集并运输、增加单位运量、采用电动环保车辆、采用环保冷藏运输方式等。相关咨询机构的研究表明，通过网络设计优化软件，能减少车辆行驶的距离与时间，在减少成本的同时减少碳排放。采用这样的绿色网络，可以将成本降低8% ~10%，碳排放降低20% ~30%（Establish Consultancy）。对司机的管理同样与排放有很大关系。司机的驾驶行为和习惯、甩挂运输的利用等也直接影响油耗和排放。低碳运输管理还涉及燃油的选择、紧急泄露的管理、排放控制技术、车辆保养、控制车辆平均运行速度、怠速运行时间等。这些目前已经可以通过采用GPS技术配合感应检测手段来实现。

5. 低碳仓储配送管理

包括订单集并，采用循环料件箱和设备、可循环包装材料、节水节能技术，减少叉车运行时间，采用清洁能源叉车等技术手段。近些年，美国等发达国家开始进行精益配送中心认证，对仓储配送流程和绩效指标进行分析，通过减少浪费、提高仓储空间利用率，提高仓储分区和布局的科学性，在提高仓储效益的同时降低了仓储配送过程中的环境影响。对于仓库和配送中心，也开始采用绿色建筑技术，在通风、照明、节水、节约利用土地等方面应用绿色技术，包括采用太阳能充分利用仓库屋顶发电等技术。

6. 回收与排放管理

物流和运输环节产生的固体废物，应实行有效管理。按照美国环境署的估计，回收每吨固体纤维等于17棵成树、463加仑石油、24加仑汽油、4100瓦电力、7000加仑水、3.5立方码的土地空间。回收管理几乎所有的废物———油料、部件、电池、轮胎、轮毂、金属、发动机、旧电脑等等。

7. 发展多式联运降低碳排放

多式联运具有明显的环境效益，在大幅度降低长途转运成本、最大限度地缩短交付时间、大幅度减少道路拥堵的同时，能够有效节约能源，大幅度减少排放、减少噪音，是名副其实的绿色运输方式。根据美国BNSF铁路公司的测算，将2万吨货物运送2000英里，采用汽车运输产生二氧化碳排放3424吨，采用多式联运，大约产生1322吨碳排放，而采用特种铁路集装箱棚车运输，大约产生951吨的碳排放。多式联运可以使碳排放减少60% ~70%。

四、建立低碳物流体系的政策选择

在减少温室气体排放方面，美国和欧盟已经建立了一系列的机制，鼓励减排，其中很多是直接针对物流领域。2006年，美国环境署开始实施针对承运人、中间商、发货人智能运输伙伴关系计划（EPASmartway Partnership）。碳披露计划（CarbonDiscloserProject）鼓励企业自愿测评企业的碳排放情况。零售商计划则在沃尔玛、宜家等零售业实施。2008年，美国政府开始在10个东部沿海州推行区域温室气体排放监督计划（RGGI），在美国西海岸的7个州等地开始实行西部气候计划，通过燃油配送体系测量和限制碳排放。

欧盟从2005年开始实施排放交易指引计划（EUETP），初期仅限于碳排放。在2005 ~2007年的试验阶段，在27个成员国推行。事实表明，欧盟经济并没有因为实施碳排放限制和碳交易计划而受到影响，碳交易中也没有发现漏洞，企业则适应性地调整了运作方式和投资方向。在联合国气候大会上，我国政府以负责任的态度对未来降低碳排放做出了降低40% ~45%的郑重承诺。要实现预期的目标，物流领域的低碳计划不容忽视。应尽快建立一系列的体制机制，推出相应的政策措施。重点可以考虑以下几个方面：

第一，将发展低碳物流纳入“十二五”规划。中央和地方政府，应明确将发展低碳物流纳入“十二五”规划。有条件的城市，可以在编制物流专项规划时，对建立低碳物流体系进行专门的研究。特别是物流产业比较发达的城市，应将低碳物流体系建设纳入低碳城市建设、发展低碳经济的重点内容。

第二，建立低碳物流绩效考量指标体系和认证服务体系。建立低碳物流绩效考量指标体系，可以先从汽车运输、铁路运输、航空运输、水运、多式联运等运输方式以及仓库、港口、机场等环节，制订和实施碳足迹记录和披露计划，然后再覆盖企业的采购、制造、交付、回收环节，逐步扩展到整个供应链环节，建立系统的指引。初期可以采用自愿的方式，随着时机的成熟，为这些企业进入碳排放交易市场做好准备。建立低碳物流绩效考量指标体系，可以在一些城市先行先试，充分利用行业协会的资源，再逐步推广到全国范围。

按照低碳物流绩效考量指标，建立我国自己的低碳物流认证体系，同时建立第三方专业服务机构，对企业建立低碳物流绩效考量体系进行辅导并测量，实行节能减排的评级。

第三，鼓励和扶持低碳物流管理和技术的推广应用。政府应鼓励和推广低碳运输、低碳仓储、低碳物流管理技术的应用。绿色供应链和低碳物流的实践在美国和欧盟等发达国家已经有了一些成熟的经验。国际领先的物流企业，配合政府的低碳计划也进行了有意义的探索。政府应鼓励国内的研究机构开展国际合作，建立低碳物流实验室，通过管理流程再造和采用低碳技术，对低碳物流绩效考量指标体系进行模拟和技术实验，以加快低碳物流和绿色供应链的推广。

在推广低碳物流方面，值得重视的是多式联运体系的建设。随着我国高速铁路的建设，铁路货运的紧张局面将逐步得到缓解。铁路运力的释放、铁路集装箱运输技术的发展，将为海铁联运、多式联运提供发展的空间。但我国铁路集装箱运输的发展，仍然面临很多困难，其中既有体制机制的因素，也有铁路集装箱中心站和双层集装箱运输通道建设的问题。其中，桥梁和隧道成为双层集装箱运输的瓶颈，大大降低了多式联运的效率。因此，政府相关部门应制订货运路网改造的长期计划，加大这方面的投入，并进行体制机制创新，推动多式联运的发展。

第四，在条件成熟时将低碳物流绩效考量指标纳入碳排放交易和碳限制体系。我国尚未建立碳排放交易市场，但有关这方面的呼声很高。目前，美国自愿交易市场上的碳价格为每吨 4 美元左右，在欧盟市场上则达到每吨 40 美元左右。将碳当作商品，将减排的碳换成现金，将极大鼓励企业实施减排计划。开展碳排放交易之后可能实施的就是碳排放限制计划。目前，美国政府已经通过了相关法案，制订了强制减排限额的年度计划，规定了每年的减排比例，违者将被罚款，或者购买等额的二氧化碳排放指标。

第五，加强对低碳物流和绿色供应链的企业的宣传。必须明确的是，低碳与企业利润之间不是矛盾的两个方面。低碳不仅是企业的社会责任，低碳就是收益。低碳体系的建设，对企业来说不仅是一种投入，更多地表现在提高效益和竞争优势方面。第一，提高效益，增加经济收益。由于减少了浪费，企业降低了操作成本，减少了被罚款的机会、甚至是高昂的投入。供应商层面的节约，可以转让给买家。第二，通过创新建立竞争优势。由于采用清洁技术、流程创新和减少了浪费，生产效率得到提高。减少浪费就等于现金收益。第三，提高产品质量。供应链伙伴关系维系了买家与供应商的联系，增强了供应链范围内产品质量控制能力。第四，建立持续的企业环境目标。在多界面、非纵向生产制造时代，企业与供应商一起共同应对环境问题。第五，提高企业公共形象。企业良好的环境表现增强了对消费者、投资人和员工的吸引力。

（作者单位：深圳综合开发研究院物流与供应链管理研究所）

基于绿色理念的城市物流规划策略*

魏 然

随着物流业以及交通运输业的发展，城市交通对环境的负面影响不断加剧，绿色物流正在成为人们普遍关注的焦点之一。但是，在目前我国物流业发展进程中以及各种实际的物流活动中，绿色物流被忽视或轻视的现象仍普遍存在。为了更好地促进我国物流业的健康发展，推动我国城市物流规划的制定与完善，各城市政府应该在规划层面重视绿色物流的发展，在物流规划政策法规体系、决策与监督、绿色运输工具的研发与应用、共同配送体系的建立等方面采取有效的措施。

一、基于绿色物流理念的我国城市物流规划现状分析

伴随着我国经济的持续快速发展和物流总量的不断增加，城市物流带来的问题越来越多，如运输车辆噪声、污染气体排放、道路交通拥堵以及各种包装物的不当处置等，这些都对城市环境的可持续发展产生极其不良影响，由此带来的资源枯竭和生态失衡更成为世界性的难题。为了减弱城市物流活动的负面效应，人们将循环经济的思想和方法运用到物流领域，这就产生了绿色物流的概念。

2006 年，由国家技术监督局发布的《中华人民共和国国家标准物流术语》中对绿色物流的定义是：在物流过程中抑制物流对环境造成危害的同时，实现对物流环境的净化，使物流资源得到充分利用。因此，绿色物流就是以降低环境污染、减少资源消耗为目标，利用先进物流技术规划和实施运输、仓储、装卸搬运、流通加工、配送、包装等物流活动。同时，绿色物流还是从环境和可持续发展的角度建立起来的与环境共生型的物流管理系统，它采用了与环境和谐共处的全新理念，以获取最佳的社会效益与经济效益。

自从 2001 年天津市最早编制《天津市现代物流发展纲要》以来，我国许多地方政府纷纷出台了物流发展的专项规划以及相应的物流政策。这些专项规划与政策在促进当地物流业的发展以及经济发展方面起到了巨大的作用，但是一些城市的物流规划与物流政策没有将绿色物流的理念贯穿于规划之中，由此带来了许多不良影响，具体表现在以下几方面：

1. 强调了城市物流的经济效益，忽略了其社会目标

目前几乎所有城市的物流规划都将区域物流成本的降低明确作为规划的发展目标，将物流基础设施布局的优化和企业物流管理水平的提高列入规划的具体内容。这些仅仅强调了城市物流规划所能实现的经济效益，但是很多城市没有就物流活动加剧城市（尤其是城市的中心城区）环境恶化的问题进行相关的研究，使得城市物流的社会目标严重缺失。

2. 强调了物流基础设施布局，忽略了物流活动的绿色化管理

目前各省市的物流规划基本上都侧重于物流基地、物流园区、物流中心三个层次物流结点的布局规划及规模测算。但是，城市物流活动对城市环境（尤其是大城市中心城区空气质量）影响的控制却很少纳入到规划中去，例如城市物流配送对环境污染、交通拥挤的影响较大，却没有被列入规划的重点内容。发达国家的经验充分说明：随着城市规模的扩大和居住人口的增加，城市物流配送设施布局的优化、物流配送企业组织化程度的提高，尤其是控制物流节点及其设施的绿色管理技术的开发，是改善城市空气质量、减轻城市交通拥挤的有效手段，也应该是未来城市物流规划的重点内容。

3. 强调了物流协调机制建立，忽略了绿色物流的落实与保障

各级地方政府逐步认识到条块分割的行政管理体制不能很好地适应现代物流一体化发展的需求，因此，在制定城市物流规划时十分重视区域物流协调机制的建立，纷纷加强了区际间物流协调机制和本地区物流联席会议制度的建设。但是，这些机制或制度忽略了城市绿色物流发展规划的落实和保障措施的完善，更缺少对规划执行情况与执行效果的监督与反馈。

二、国外城市物流规划的借鉴

鉴于城市物流对城市环境的压力越来越大，国外城市物流规划的重点除了提高城市经济和物流运输效率之外，早就开始注重物流活动和环境保护之间的权衡。例如，英国政府认识到城市物流的低载运率和低行驶速度造成城市物流的低效问题，以及各种污染物排放带来的不可持续发展问题，便在运输部内成立了货运分拨与物流组织，以解决城市货物分拨与配送问题。澳大利亚专家在对城市物流的描述中更能充分体现出这种理念："城市物流是指在市场经济的框架中，在城市范围内考虑交通环境、交通拥挤、交通安全和能源节约的前提下，依靠先进信息系统支持、对物流企业的物流运输活动实施优化的过程。"

实践表明：绿色物流的发展与政府的积极倡导密切相关。一些国家的政府在制定规划、资金投入、资源配置等方面均采取了有效的措施，迅速推动了城市绿色物流的发展。

1. 设置城市物流配送的环保专区

早在 20 世纪末，瑞典就在斯德哥尔摩、哥特堡、马尔默、隆德的中心城区设立城市环保区（The En-vironmental Zones），对运输车辆的 DPM（diesel particulate matter，柴油颗粒物质）、HC（hydrocarbons，碳氢化合物）和 NO*x*（氮氧

* 本文转载自《综合运输》2009 年第 6 期。

化物）等污染物的排放制定严格的控制标准，以提升城市空气质量，降低噪声污染。该项目仅允许车龄8年以下的柴油货运车辆进出环保区，15年以上的车辆禁止进入环保区，9～15年的车辆安装经许可的排放控制设备后，才可以得到豁免。该项目实施一年后，对其效果的评价结果显示：DPM减少20%，HC减少10%，NO*x*减少8%，总噪声的强度也明显降低。

2007年3月，德国联邦政府出台法规，建议各州政府在主要城市建立环保区。2008年新年伊始，德国柏林、科隆和汉诺威三大城市首先在中心城区设立了环保区。其中，柏林的环保区包括市郊环线铁路以内的88平方公里的范围，区内有100多万居民。新法规规定：尾气排放仅达到欧Ⅰ标准的汽车禁止驶入环保区，达到欧Ⅱ、欧Ⅲ标准的汽车进入环保区的有效期截止到2010年。2010年后，所有汽车都必须达到欧Ⅳ标准，否则将被拒之城外。

2. 提倡城市配送清洁车辆的使用

1998～2002年间，荷兰第二大城市鹿特丹市在该市公共事业部的协调下，实施了“电动车城市配送系统”项目，为城市物流配送提供清洁、高效的解决方案。该项目的具体实施者是位于城市边缘城市配送中心（UDC）的3家城市配送企业，这3家企业运送了城内至少70%的货运量。他们使用大型柴油货车用于长途运输，小型电动汽车用于城市配送。这种混合动力、低能耗的电动车辆非常适合于短途、多站点的城市配送，既缓解了重型货车对城市的交通压力，又提高了能源的使用效率。

1999～2000年，日本大阪为了减少城市的货运交通量、缓解城市交通拥挤，实施了一项新型的城市物流计划——电动货车的公共利用系统。该计划在大阪市的中心城区共建8个电动货车出租站，78家自愿组织起来的企业提供28辆电动货车。使用者可以在电动货车出租站租到电动货车，给客户送货后可以在最近的出租站将车辆送回，然后自己乘坐公共交通回办公室。该计划实施后取得了积极的效果：减少了城区货运车辆的空载，电动货车的物流配送对环境更为友好，极大提高了城市的可持续性。

3. 加强配送车辆及其能力的管理

拥挤收费是发达国家改善城市交通的惯例做法。例如，2003年伦敦在其大约22平方公里的中心城区引入了拥挤收费计划，以减轻城市交通拥挤、提升城市交通质量。具体做法是：每辆在交通高峰期通行的货车加收5英镑，该计划实施后，收费区内的交通拥挤减轻30%。不过，当客户仅在收费时段接受货物配送的话，会增加企业的额外成本负担。

由于城市货运车辆夜间配送可以确保快速配送，减轻货运对城市交通拥挤的压力，因此，夜间配送计划也成为发达国家改善城市交通的惯例。不过，巴塞罗那的“安静的夜间配送”（silent night delivery）似乎更有特点。为了解决夜间配送车辆的噪声对城市居民睡眠的影响，该项计划规定：所有40吨及其以上的大型货车只能晚间进入市区，并且必须加装消音设备，其余类型的货运车辆也必须在晚上11点与清晨5点两个时段实施配送。由于夜间配送可以使用相对大型的货车，所以两次夜间的配送量可以相当于白天交通高峰期的7次配送量。

在对城市配送车辆的管理方面，哥本哈根则重点强调了对车辆配送效率的考查。1998～2000年，哥本哈根对城市配送车辆的调查结果显示：该城市55%的货运车辆的载货量不足其车辆设计能力的20%。为了更好地利用每部车辆的载货能力，2002年，哥本哈根在其面积大约为1平方公里的中心城区颁布了强制性的车辆管理标准，即“城市货运法令（City Goods Ordinance）”。该法令规定：所有大于2.5吨载重量的货运车辆只有取得许可证才能进出中心城区，否则罚款68欧元。

4. 组建城市物流配送的合作平台

共同配送在发达国家已经成为一种潮流，也是未来城市物流配送的发展趋势。柏林和斯德哥尔摩通过建立共同配送的示范体系，从而极大推动城市物流配送共同化的进程。

德国首都柏林城区面积883平方公里，现有居民约350万，每年需由大卡车和小货车向城内配送4500万吨货物。为了提高城市配送效率，改善城市交通的机动性和城市交通的拥挤状态，欧洲能源与交通总署、柏林参议院城市发展部发起了柏林市区“货运平台”（Goods Traffic Platform）建设的圆桌会议，该平台包括地方政府团体、店铺老板、警察、地方商会等多方人员的参与。其主要目的就是通过将紧邻商业区的道路设置为共同装卸区，以有效地组织相邻店铺的共同配送。该项目的实施开创了城市物流配送PPP运作模式。

斯德哥尔摩的哈马比斯德区是近年来可持续城市规划方面最知名的范例。2003年，斯德哥尔摩在哈马比斯德区为该社区的共同配送成立了一个物流中心。该物流中心负责配送该社区在线购买的各类物品、干洗的衣物、每天的食品和饮料等等。同时，该中心还成为该社区农产品加工配送一体化的配送中心，来自大约300家农户的农产品都要在这里加工和配送。该项目不仅通过社区的共同配送，减少能源使用和二氧化碳排放，而且还提高了居民物流服务水平，增强了本地农产品加工的新鲜度。

5. 构建城市物流的交通信息系统

借助于先进的信息通讯技术和科学的信息管理手段，也成为发达国家提高城市物流效率的重要措施。巴塞罗那市为提高城市配送效率，建立了一个城市货运交通网站，它可以为货物配送企业提供“在线停车、装卸”等服务。配送需求者只需在网站上填一个表格，写明装卸的时间和地点，很快能够得到一个可以得到此项服务的停车位置的回复，安装在城市许多角落的监视系统能够迅速识别每部车辆的停留时间，使车辆驾驶者很容易地找到停车位。

针对城市物流配送企业为适应居民和企业及时配送需求而毫无节制进出中心城区而带来的城市交通拥挤、环境污染等问题，2000年东京开发了一套城市交通信息系统，实施了一项社区包裹的共同配送计划。发货人在线提出配送的需求，物流服务供应商收集来自每一社区的物流需求，然后将这些信息加以整合，以科学合理地安排共同配送计划，从而最大限度地降低城市交通拥挤水平、缓解城市环境日益增加的压力。

综上所述，发达国家各城市的物流规划背景不尽相同，但规划的宗旨都是通过更加合理的城市物流规划来实现城市的可持续发展，都融进了绿色物流的基本理念，这集中体现在节约能源、提高效率、缓解交通压力、改善居民的生存条件和加强对历史名城的保护等方面。

三、我国制订城市物流规划的策略与建议

随着我国现代物流的快速发展，如何更好地抑制城市物流活动对城市环境可持续发展的不良影响，最大限度地减轻城市物流活动带给城市的噪声、污染和拥挤，尽快建立适应环保要求的新型城市物流体系，将成为未来一个时期各级地方政府亟待研究的重点课题。作者认为，各级政府应针对目前城市物流规划的现状，切实将城市绿色物流的理念贯穿于城市物流规划之中，并在制定和完善物流规划时，采取以下方面的策略：

1. 尽快从规划层面充分考虑城市绿色物流发展

城市绿色物流的发展在发达国家由来已久。例如，日本从发展现代物流之初就十分重视城市物流的绿色化，除了在抑制道路沿线的噪声、限制货物在停留场所的滞留时间、减少车辆污染排放等方面加大政府的监管和控制之外，还特别在其2001年出台的《新综合物流实施大纲》中重点构筑出对环境负荷较小的绿色物流体系。美国在其2025年的《国家运输科技发展战略》中，明确指出：交通产业结构或交通科技进步的发展目标是“环境友善的”。

借鉴发达国家城市绿色物流发展的成功经验，我国各级地方政府应尽快在规划层面充分考虑城市绿色物流的发展，明确城市绿色物流发展的具体思路和实施方法，组织人员进行城市绿色物流的专项研究和规划。在强化现有物流基础设施的布局优化与功能整合的基础上，重点考虑新建物流基础设施规划与其他城市规划、交通规划的高度协调，重点考虑物流基础设施建设与城市环保要求的有机结合，重点考虑区域综合运输体系的完善与各种物流运输方式之间的有效衔接。

2. 健全城市绿色物流规划实施的政策法规体系

发达国家的经验表明：城市物流规划的实施手段不是单一的，而是政策措施与法律法规的综合。发达国家不仅在政策方面加大对城市绿色物流的规划引导，而且还非常重视法律法规对物流规划实施的保障，往往围绕城市物流的污染源、交通量、交通流的管理和控制，制定出一系列落实规划的政策法规及配套措施。以哥本哈根为例，哥本哈根在其中心城区颁布强制性“城市货运法令”的同时，还制定了一整套的奖惩制度和便利措施。

尽管我国自20世纪90年代以来一直致力于环境污染方面政策法规的制定和颁布，但是针对物流行业的还较少。各级地方政府应尽快健全城市绿色物流规划实施的政策法规体系，完善城市绿色物流配送的行业标准。由于目前我国现代物流业的发展水平还较低，发展绿色物流、采用绿色物流新技术会给各类企业带来成本的压力和竞争的困难，这就需要政府给予必要的财政补贴和政策扶持，通过税收优惠、低息贷款、利息补贴等多种形式，将传统物流的惩罚性税收以转移支付的方式补贴给绿色物流企业，从而营造出更为公平的竞争环境。

3. 完善绿色物流规划的科学决策与民主监督机制

发达国家在制定和实施城市物流规划时往往发挥不同利益团体的作用，能较好地保证规划决策的科学性和规划监督的有效性。以瑞典的隆德为例，其城市物流规划的制定过程中涉及4个不同的团体：①由大型企业、贸易部门、公安部门、自然保护组织、公共运输、学校和自行车协会等组成规划委员会；②由两名教授和1名瑞典市政委员会成员组成的专家组；③由来自不同部门的9人组成的行政管理组；④由市政府机关不同部门的人员组成的工作组。除此之外，交通运输部门的相关组织也参与了此项规划。而该规划的实施者则包括技术委员会和技术部、环境委员会、建设委员会、城市建设办公室、警察和交通协会等部门。

我国各级地方政府在制定城市绿色物流规划的过程中，要鼓励科研机构、政府部门与社会团体多方参与规划制定，有条件的话也可以吸引公众代表参与，以保证规划制定的科学决策；同时，在监督规划执行与实施的过程中，要明确规划执行部门和监督部门的职责，完善规划监督的民主机制，以最大限度地发挥城市物流规划的指导作用。

4. 加快城市物流绿色运输工具的研发与推广应用

目前，世界各国政府都在积极开展绿色物流技术的开发与推广，其中尤其以绿色清洁运输车辆的技术研发为重点。以日本为例，从20世纪90年代开始，日本经济产业省对购买电动汽车的企业和团体给予车辆差价50%的购车补贴，大力资助高效燃料电池汽车基础应用平台的建设与实用技术的推广应用，积极开展电动汽车区域共同利用系统的试验等。

我国各级地方政府除了加强绿色物流技术的基础性研究工作以外，还应采取政府投资、税收优惠、财政补贴等消费政策，以“双p”（push“推”和pull“拉”）战略促进绿色运输工具的发展，积极引导并参与企业绿色物流的技术研发与成果推广应用。

5. 推动城市共同配送示范体系与合作平台的组建

如何通过建立城市共同配送的示范体系与合作平台，最大限度地发挥共同配送的示范作用，已经成为推动城市配送共同化的关键，也是提高城市物流绿色化的重要途径。因此，我国各级地方政府应尽快成立城市共同配送的技术指导机构，选取典型的示范企业，采用城市物规划运作的PPP模式，组建城市共同配送示范体系与合作平台，以点带面，发挥示范作用。同时，还应重新审视并修改现行有关土地取得的法律法规，在审批、税收等方面给予城市配送企业一定的优惠措施，以降低企业的土地取得成本；除此之外，还应加快城市配送行业标准的制定，建立一个统一、科学、规范的城市配送标准体系，以促进城市共同配送体系的迅速发展。

低碳经济条件下大力发展海铁联运势在必行*

施云清　罗贯三　李　红

一、大力发展海铁联运的必要性

1. 低碳经济条件下，要大力推行发展低能耗、高能效的运输方式

哥本哈根气候变化大会后，“低碳、减排”引起了全球的关注。所谓低碳经济，是指在可持续发展理念指导下，通过技术创新、制度创新、产业转型、新能源开发等多种手段，尽可能减少煤炭、石油等高碳能源消耗，减少温室气体排放，达到经济社会发展与生态环境保护双赢的一种经济发展形态。为应对气候变化，我国政府承诺到2020年单位国内生产总值二氧化碳排放比2005年下降40%～45%。在这种形势下，必须大力发展低碳经济。运输作为能源消耗较大的物流产业的基本功能，在低碳经济的条件下，要大力推行低能耗、高能效的运输方式。

据日本对各种运输方式的二氧化碳排放比例调查结果表明，小轿车52%、货运汽车31%、航运6%、铁路3%、航空3%、其他5%。在运输方式中，公路和航空运输耗油量大，而铁路是耗油量最少的运输方式，测算表明，在等量运输下，铁路、公路和航空的能耗比为1.9∶3∶18.6。据有关资料显示，2007年，各交通运输方式能耗系数相差较大。铁路货运的能耗系数最低，为24.6千克/万吨公里，而货运能耗系数最高的是民航，为2093.1千克/万吨公里。二者比例为1.17%。

据2000年德国环境报告CO排放量的统计数据显示，公路货物运输中的CO排放量为79.8千克/百吨·公里，铁路货物运输中的CO排放量仅为2.679.8千克/百吨·公里，公路货物运输产生的CO污染量约铁路的31倍。铁路货物运输方面，主要是从内燃机车牵引方式考虑，随着高速铁路的迅速发展，考虑到铁路大量使用电能，其产生的污染与公路、民航相比将更少。

在发达国家铁路属于各种交通运输方式中低能耗的运输方式。对美国、加拿大、法国的主要交通运输部门各种运输方式能源消耗作比较，如图1所示，可以看出铁路实现每吨公里运输的能源消耗相对于公路与航空具有很明显的比较优势。因此，即使是在交通运输体系完善的发达国家，铁路也是一种应该重点发展的低能耗、高能效的运输方式。

2. 海铁联运是国家战略实施的必然选择

随着我国中部崛起及西部大开发战略的进一步实施推进，沿海经济不断向内陆延伸，我国的生产制造业不断向内地转移，内陆地区的国际货物交流量不断增加，集装箱货物生成量也迅速增长。由于铁路运输在长距离运输中具有比较优势，使得海铁联运在连接沿海及内陆地区方面的作用更加突显。而且由于集装箱运输需求增加，公路集疏运体系的运输压力也随之增大，例如上海港公路集疏运的比例高达80%以上，给城市带来了极大的交通压力。可以说加快发展海铁联运成为我国多数港口的必然选择。

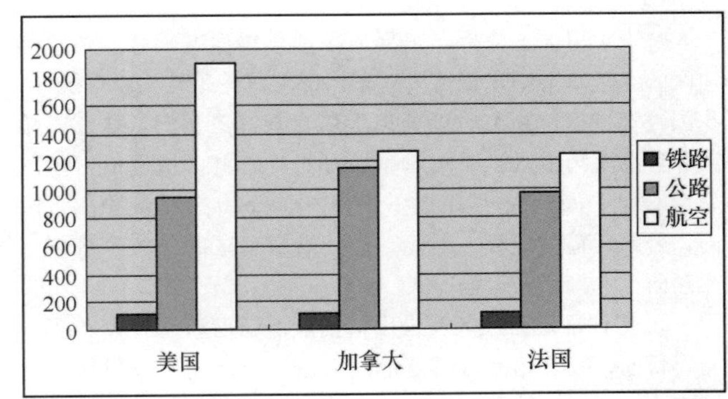

图1　交通运输方式单位运输能耗比较图

二、国内外部分港口的集疏运情况分析

1. 国外部分港口的集疏运情况分析

对于各国港口而言，具备畅通高效的港口集疏运系统是保障港口集装箱吞吐量发展的重要条件。如荷兰的鹿特丹港2003年集装箱吞吐量710.7万TEU，集装箱铁路运量达到50万TEU，预计未来20年铁路运量将由目前的10%左右提高到15%左右。德国的汉堡港2003年的集装箱吞吐量614万TEU。集疏运方式中，铁路占29%，公路占37%，海运转运约占24%。美国的纽约港2003年集装箱吞吐量406.9万TEU。目前港口的集疏运体系中，铁路占14%，公路占84%，内河驳运占2%。港口当局已规划大力发展铁路运输，力争铁路运输量提高到25%的水平。

2. 国内部分港口的集疏运情况分析

与国外各大港口相比，国内部分港口集装箱集疏运的情况则大大不同。如上海港2006年集装箱吞吐量1978.4万TEU，铁路所占比重为1.0%，公路所占比重为80%，而宁波港集装箱吞吐量706.8万TEU，铁路所占比重为0.02%，公路所占比重为87%。

对比国内外港口集装箱集疏运数据得知，国外多数集装箱枢纽港，都具备良好的集疏运网络。如鹿特丹、汉堡港等，它们的公路、铁路、水运集装箱运输比例较好。而国内的上海港、宁波港等各大港口有80%以上的集装箱运输是通过公路运输方式完成的，铁路运输只占1%左右。这给港口城市

* 本文转载自《综合运输》2009年第6期。

的公路系统带来了很大的压力，也是近年来各港口城市道路交通紧张的原因之一。尤其是随着集装箱吞吐量不断增加，港口繁重的集疏运任务与尚不完善的综合运输系统之间的矛盾也将日渐突出。在此情况下，无论从经济效益还是环境保护等角度考虑，优化集装箱运输方式结构都是最为有效的途径之一，港口大力发展海铁联运也是势在必行。

三、国内海铁联运的现状分析

通过上文比较，我们知道，相比于发达国家，国内海铁联运发展相对滞后，通过分析，主要存在以下几个方面的问题：

1. 经济发展格局不平衡

从宏观层面上分析，东部地区现代化程度较高，中西部地区的经济水平则比较落后，东西部贫富差距较大。据统计，我国外贸进出口箱源的90%以上来自长江三角洲、珠江三角洲和环渤海湾地区，中西部地区的外贸进出口箱量仅占全国总量的6%左右。一般情况下，在300～500公里的距离范围内，公路运输占优势。因此，地处沿海地区的三大经济圈往往倾向于选择公路运输方式。

2. 中西部地区集装箱进出口箱量不稳定和不平衡

目前，集装箱港口仅与中西部地区集装箱生成量较大的城市之间开展海铁联运，由于生成量规模不大，各代理公司只有通过激烈的竞争才能获得较大的箱量。从上海、青岛、深圳港口开展海铁联运的现状来看，海铁联运空箱回空时效性难以保证，重箱到达内地的目的地后，铁路车站“回空”延时较长，不利于船公司的运作。此外，中西部地区进出口箱不平衡，出口箱大于进口箱，由于铁路沿线缺乏集装箱场站，需要从港口向中西部地区单程调运空箱，导致集疏运运输成本上升。

3. 管理体制与管理方式落后

铁路集装箱运输的管理体制计划经济色彩浓重，在铁路系统内部形成了部门间行政壁垒，条块分割，铁路货贷发展缓慢，不能及时响应市场变化，信息沟通和资源共享不及时、不畅通。

4. 基础设施薄弱，配套设施不完善

（1）集装箱运输通道能力不足

我国铁路集装箱运输主要集中在上海、北京、广州、沈阳和郑州5个铁路局内，到发量占全国总量的70%。运输通道集中在京广、京九、京沪、京哈、浙赣、陇海等主要干线上，而这些干线的能力利用率趋于饱和，处于限制型运输状态。

（2）港站分离，海铁联运未能实现真正的无缝对接

目前多数港区没有与铁路直接衔接，铁路装卸线与集装箱码头分离，进出口集装箱都需要集卡车短驳来进行铁路车站的装车发运或码头装船，导致集装箱在口岸中转过程中增加了一次装卸车及驳运作业，直接增加了运输费用，延长了运输时间。

（3）铁路场站少且设备作业能力不足

目前铁路集装箱场站较少，而且分散。再加上海铁联运起步较晚，缺乏铁路集装箱装卸设备，装卸效率低下，这也制约海铁联运的发展。

5. 铁路部门与其他组织信息交流不畅通

目前铁路与水运分属于铁道部和交通运输部，因此二者在基础设施建设和运输组织等各方面各自为政，缺少衔接、信息交流不通畅。例如，港口不能获得列车到发信息和编组信息，使得在列车到港之前，港区不能及时做好准备工作。

6. 铁路部门政策措施不协调

在铁路集装箱联合运输过程中，还存在运价调整不灵活，运价结构不合理的问题。我国铁路运价、集装箱班列运价分属于不同部门掌控，铁路运价调整需层层上报，运价调整不灵活，不能快速响应市场情况的变化。且与其他运输方式如公路运输相比，运价结构不够合理。

7. 海铁联运方面法规不完善

主要体现在：未能建立权威性统一的联运管理与协调机构，没有统一的联运法规，也缺乏对铁联运发展的鼓励政策，如空箱调运方面的优惠政策。且联运过程中价格体系不统一，存在过多收费项目。

8. 技术设备标准化程度低、协调性差

由于行业标准条块分割管理、各自为政的历史背景，铁路技术设备很难与公路、海运、航空等其他运输方式进行有效衔接。对于铁路来说，一方面，铁路运输的技术设备应与其他运输方式的相兼容，即铁路与其他运输方式相互协作的装卸设备及载运工具能够在对方的固定设备上直接运作，使得铁路与其他运输方式集装箱的转运得到技术设备上的保障。另一方面，铁路应使用符合国际集装箱标准的专用运输工具、专用装卸设备，使铁路与其他运输方式的衔接配合更流畅，从而促进多式联运的发展。

四、加快国内海铁联运发展的建议

1. 地方政府加强扶持和引导海铁联运的发展

政府部门应该鼓励、扶持和引导集装箱海铁联运的发展，建立海铁联运协调机制，促进海铁联运各参与方之间的沟通与协调，形成开放、公平、透明的海铁联运环境。

2. 完善海铁联运基础设施

（1）提高铁路主要干线的运输能力，完善连接腹地的运输网。加大力度开行港口至内陆主要腹地之间的集装箱五定班列，形成快速、可靠的海铁联运通道。依托腹地主要铁路集装箱办理站，构建腹地区域性集装箱联运中心，吸引船公司、货代、大货主进入，形成无缝隙海铁联运服务链。

（2）加快建设铁路集装箱办理站，与此同时提高其作业能力以满足港口集疏运的要求。为了缓解联运过程中空箱调运难的问题，可在铁路集装箱办理站设置船公司集装箱还箱点，以减少货物在港口的装掏箱作业。此举措节省了港口集装箱堆场和内陆集装箱办理站之间托运空箱作业，提高铁路在港口集疏运中所占的比例，合理化集装箱海铁联运体系，促进集装箱海铁联运的发展。

（3）合理布局建设内陆无水港。依托铁路运输方式来发

展集装箱内陆无水港以扩大港口集装箱腹地是港口发一大战略。内陆无水港的建设可以减少海铁联运中转环节，改善通关环境，提高物流服务水平，形成与海铁联运枢纽相配套的集疏运体系。

3. 加强铁路部门与相关企业的信息交流

在海铁联运的过程中，加强信息共享与交流可以有效地降低运输成本，提高物流服务水平，所以在海铁联运的发展过程中，港口部门要建立完善的 EDI 系统，以加强港口与各集装箱办理站、银行、海关等机构部门的信息交换。同时铁路虽已建立了 TMIS 和 DMIS 信息系统，但无法实现与其他部门的信息交换和共享，无法适应国际集装箱海铁联运的信息传输要求。故铁路部门要逐步开放 TMIS 和 DMIS 信息系统中有关在站集装箱作业及集装箱到达卸车、处理等信息，逐步实现与港口 EDI 的对接与共享。

4. 完善海铁联运相关政策，配套制定相关产业和贸易政策

给予海铁联运以财政补贴，如出资购买国际集装箱；在计划、配车、空箱调运方面给予优先安排、优先挂运、不收空箱运输费；对利用回送空箱捎运的货物，给予运价优惠等。

除直接财政补贴以外，还需一些相关产业和贸易政策的支持以发展海铁联运。如鼓励工业企业从低端的机械加工、制造等生产环节向发展高端产品，提高工业产品研发和贸易等高附加值环节转移。

5. 加快海铁联运的立法步伐，完善相关法规

完善的法规是海铁联运顺利发展的保证，应建立权威性统一的联运管理与协调机构，制定统一的联运法规，加强联合运输管理，规范运输市场，以提高运输效率。同时统一收费标准，建立统一的价格体系。

6. 进行海铁联运标准化工程建设

采用国际标准集装箱装载货物进行联运，以国际标准集装箱为基准，对全程运输的设施和设备进行技术配套，有利于国际集装箱全程联运的畅通，并可使各种运输方式做到最佳的组合，充分发挥它们各自的长处。完善海铁联运业务流程，统一报表文件格式，逐步实现规范化和标准化。

（作者单位：重庆交通大学）

我国轨道交通能耗分析及技术政策研究*

毛保华　贾顺平　冯雪松

统计数据表明，从2002年到2007年，我国全部石油终端消耗量从21990万吨增加到33769万吨，增加了53.6%，期间交通运输业的石油消耗量从10430万吨增加到20285万吨，增加了94.5%，其中社会及私人汽车消耗部分增长了124.2%。同期，美国石油终端消耗量增加3.6%，交通石油消耗量增加6.7%；英国石油终端消耗量只增加2.2%，交通石油消耗量增加3.8%。

一、综合交通方式结构调整对节能具有重要价值

近年来，各种交通方式的综合能耗因子均有下降的趋势。2007年与2002年相比，以下降幅度排序，铁路单位能耗水平下降了30.0%，航空下降了15.1%，水运下降了14.3%，营业性公路运输下降了12.4%。这得益于技术的进步，以及国家节能政策的实施效果。

从国内外不同交通方式能耗构成比较分析，道路运输是交通运输业中能源消耗最多的交通方式。2007年中国公路能耗比例为73.3%（美国为79.9%）。中国作为世界制造工厂和最大的外贸出口国，远洋运输占很大比例（2007年中国包括远洋的整个水运完成的货物周转量占全国总货物周转量的63.4%），含远洋的水运能耗占15.6%（此处假定远洋运输全部由国内运输船舶承担，相关能源消耗计入中国交通能源消耗），美国为5.6%。中国铁路能耗比例为5.6%，高于美国（2.3%），但中国航空能耗比例为5.5%，低于美国的9.0%。

相对而言，在目前的技术水平和运输荷载水平下，铁路仍然是最为节能的交通方式。根据相关统计数据和模型初步测算，2007年如果以铁路单位换算周转量的能耗水平为1，那么水运能耗水平为1.7，公路为14.1，航空为104.4。

按照牵引方式，我国铁路机车主要分为内燃机车和电力机车，2007年我国铁路机车主要型号及其数量如表1所示。

2007年国家铁路机车主要型号及其数量　表1

内燃机车	数量（台）	比例	电力机车	数量（台）	比例
合计	11 229	100.00%	合计	5 993	100.00%
DF4	6 188	55.11%	SS1	629	10.50%
DF8	964	8.58%	SS3	1 909	31.85%
DF11	611	5.44%	SS4	1 365	22.78%
ND5	388	3.46%	SS7	486	8.11%
			6K	80	1.33%
			8G	96	1.60%
其他	3078	27.41%	其他	1 428	23.82%

本项目选取DF4、DF8、DF11和ND5等内燃机车（占我国内燃机车的73%）和SS1、SS3、SS4、SS7、6K和8G等电力机车（占全部电力机车的76%）为例对内燃与电力牵引的能耗进行了分析。

1. 铁路客运单位能耗水平要高于货运能耗水平

经测算，内燃方式能耗总体上要大于电力方式能耗（这里测算方法均按热功当量折算为标准煤，电力折算系数为0.1229）；同一种牵引方式下单位人公里客运的能耗要大于单位吨公里货运的能耗。平均来看，铁路万人公里客运能耗量大约是万吨公里货运能耗量的1.7倍。

内燃方式客运能耗最高，为76.4千克标准煤/万人公里，内燃方式货运次之，为49.8千克标准煤/万吨公里，第三位为电力方式客运能耗，35.9千克标准煤/万人公里，最后为电力方式货运能耗19.1千克标准煤/万吨公里。

随着今后铁路客运高速化、货运重载化的趋势，铁路单位旅客周转量的能耗水平有增加的趋势，单位货物周转量的能耗水平有下降的趋势。

2. 公路运输货运单位能耗水平要高于客运能耗水平

经模型测算，从可比较的角度折算为标准煤消耗，2007年营业性公路客运能耗水平为165.1（千克标准煤/万人公里），货运能耗水平为616.8（千克标准煤/万吨公里）。对公路运输来说，单位货物周转量的能耗水平约是单位旅客周转量能耗水平的3.7倍。

3. 铁路货运对公路货运的替代能耗节约大于对客运的替代能耗节约效果

据测算，2007年我国铁路客运万人公里能耗大约是公路客运能耗的34.5%，铁路货运万吨公里能耗为公路货运能耗的5.6%，铁路运输具有更高的能源利用效率。

2007年营业性道路货物运输车辆能耗因子为616.8千克标准煤/万吨公里，全年完成的公路货物周转量为11355亿吨公里。据统计，目前大约80%以上的港口集装箱货物通过公路集疏运。因此，公路货物周转量对交通能耗有重要作用。

降低公路货物周转量的主要途径是缩小运输距离。我国公路货物运输平均运距从1990年的46公里增加到了2008年的171.5公里，其中60.8%的公路货物运距超过400公里。

根据交通运输部2008年发布的《全国公路水路运输量专项调查主要数据公报》，2008年，全国营业性货运车辆在不同运距下的货物周转量比例为：12.0%运距为100公里以下，27.2%运距为100～400公里，19.8%运距为400～800公里，800公里以上的周转量占41%，其中29.1%更在1200公里以上。

* 本文转载自《综合运输》2011年第6期。

二、选择合理的目标速度对轨道交通节能有重要意义

利用项目组开发的列车运行计算软件，从列车牵引计算的角度出发，模拟客货共线铁路、客运专线、城市轨道交通运行过程中不同目标速度下的单耗。

1. 铁路货物运输技术速度每提高 10 公里/小时单耗增加约 9%

（1）内燃货运机车（图 1）

当列车技术速度从 30 公里/小时提高到 46 公里/小时，货运单耗从 10.54 千克标准煤/万吨公里增大到 13.13 千克标准煤/万吨公里，提高了约 25%。当列车技术速度从 46 公里/小时提高到 85 公里/小时，货运单耗从 13.13 千克标准煤/万吨公里增大到 16.30 千克标准煤/万吨公里，增幅约为 24%。从 30 公里/小时到 85 公里/小时，列车技术速度平均每提高 10 公里/小时，单耗约增加 8%。

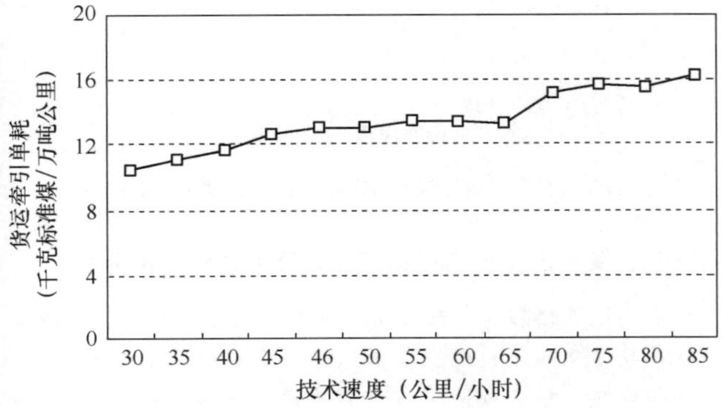

图 1　不同技术速度下内燃机车货运单耗曲线

（2）电力货运机车（图 2）

列车技术速度从 45 公里/小时提高到 48.8 公里/小时时，货运单耗由 54.68 千瓦时/万吨公里提高到了 59.75 千瓦时/万吨公里，提高了约 9%；当技术速度由 48.8 公里/小时提高到 85 公里/小时时，货运单耗由 59.75 千瓦时/万吨公里提高到了 92.06 千瓦时/万吨公里，提高了约 54%，变化趋势较大；当技术速度由 85 公里/小时提高到 100 公里/小时时，单耗由 92.06 千瓦时/万吨公里提高到了 93.74 千瓦时/万吨公里，增幅约 2%，变化较为平缓。列车技术速度由 45 公里/小时提高到 100 公里/小时时，平均每提高 10 公里/小时，单耗约提高 10%。

2. 铁路旅客运输每提高 10 公里/小时，单耗约增加 8%

（1）内燃客运机车（图 3）

当技术速度从 35 公里/小时增大到 76.2 公里/小时（全国平均技术速度）时，单耗由 8.71 千克标准煤/万人公里提高到 13.21 千克标准煤/万人公里，增幅约为 52%；当技术速度从 76.2 公里/小时提高到 95 公里/小时时，单耗由 13.21 千克标准煤/万人公里增长到 17.65 千克标准煤/万人公里，提高了约 34%。从 30 公里/小时到 110 公里/小时，列车技术速度平均每提高 10 公里/小时，单耗约提高9%。

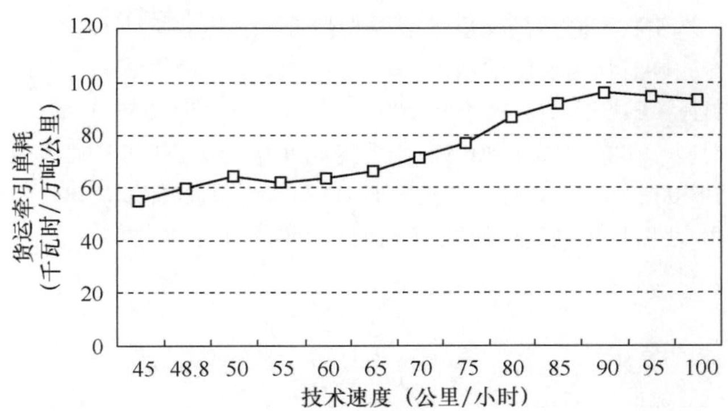

图 2　不同技术速度下电力机车货运单耗曲线

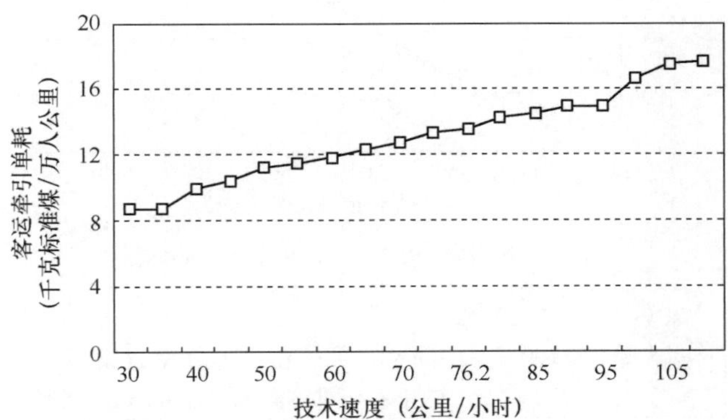

图 3　不同技术速度下内燃机车客运单耗曲线

（2）电力客运机车（图 4）

电力机车客运单耗随着技术速度的增加而增大，但是单耗随着运行技术速度的提高整体变化趋势不大；当技术速度从 45 公里/小时提高到 85.1 公里/小时时，单耗由 77.89 千瓦时/万人公里增大到 102.51 千瓦时/万人公里，增幅约为 31.61%；当技术速度从 85.1 公里/小时提高到 100 公里/小时时，单耗由 102.51 千瓦时/万人公里增大到 117.11 千瓦时/万人公里，增幅约为 14.24%。列车技术速度由 45 公里/小时提高到 100 公里/小时时，速度平均每提高 10 公里/小时，单耗约提高 7.7%。

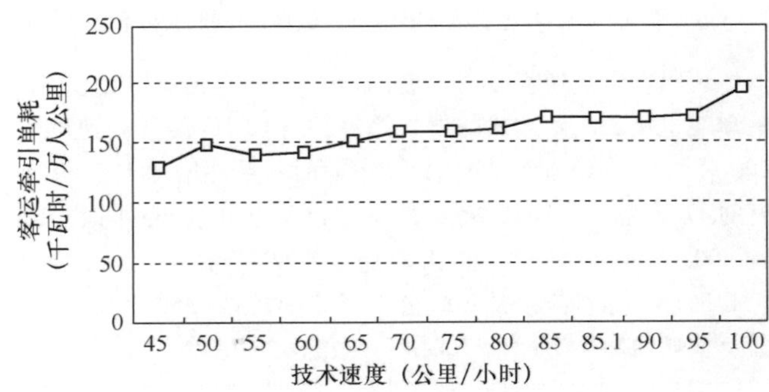

图 4　不同技术速度下电力机车客运单耗曲线

3. 高速铁路（客运专线）单位旅客周转量能耗随速度增加呈现较快增长

（1）京津城际

直达方案下，列车满载率 100% 时，京津城际 CRH3 型

动车组在不同最高速度下的单耗情况如图5所示。CRH3动车组随着最高速度的增加，单耗呈二次函数式的增长。京津城际CRH3的最高速度从200公里/小时增加到250公里/小时时，单耗增加了80.3%，最高速度从250公里/小时增加到300公里/小时时，单耗增加了12.9%，最高速度从300公里/小时增加到350公里/小时时，单耗增加了17.7%。

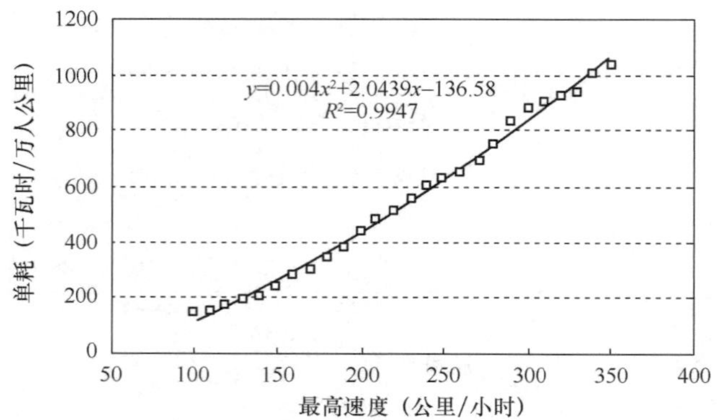

图5　京津城际CRH3不同最高速度下的单耗

（2）武广客运专线

满载率为100%、中间站只停长沙南的停站方案下，武广客运专线CRH3型动车组在不同最高速度下的单耗如图6所示。

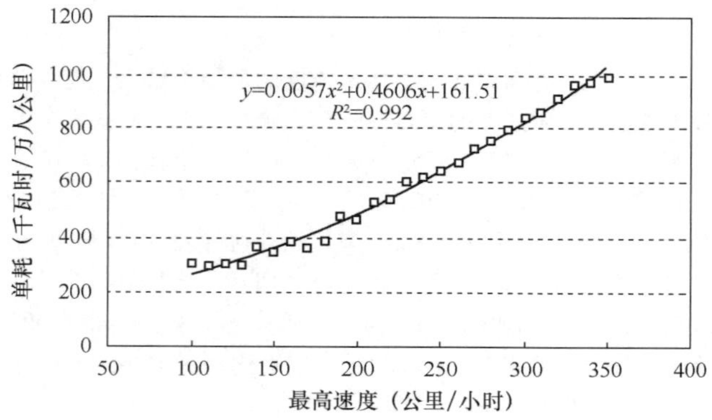

图6　武广客运专线CRH3不同最高速度下的单耗

可以看出，随着最高速度的增加，武广客运专线CRH3的单耗也呈二次函数式的增长趋势。当CRH3的最高速度从200公里/小时增加到250公里/小时时，单耗增加175.69千瓦时/万人公里（38.2%），最高速度从250公里/小时增加到300公里/小时时，单耗增加198.69千瓦时/万人公里（31.3%），最高速度从300公里/小时增加到350公里/小时时，单耗增加149.62千瓦时/万人公里（17.9%）。

（3）石太客运专线

满载率100%，在中间站停站方案下，石太客运专线CRH5型动车组单耗随最高速度的变化情况如图7所示。

从图7可以看出，随着最高速度的增加，石太客运专线CRH5的单耗呈二次函数增长趋势。CRH5的最高速度从100公里/小时提高到150公里/小时时，单耗上升了122.78千瓦时/万人公里（92.2%），从150公里/小时提高到200公里/小时时，单耗上升了147.42千瓦时/万人公里（57.6%），从200公里/小时提高到250公里/小时时，单耗上升了124.95公里/小时（31.0%），说明设计最高速度为250公里/小时的CRH5型动车组在最高速度从100公里/小时不断提高的过程中，单耗上升的比例较大，例如，最高速度从100公里/小时提高到250公里/小时，单耗增加了近3倍，但随着最高速度的增加，单耗上升比例逐渐下降，例如，最高速度从100公里/小时提高到150公里/小时时单耗的上升比例是从200公里/小时提高到250公里/小时的近3倍。

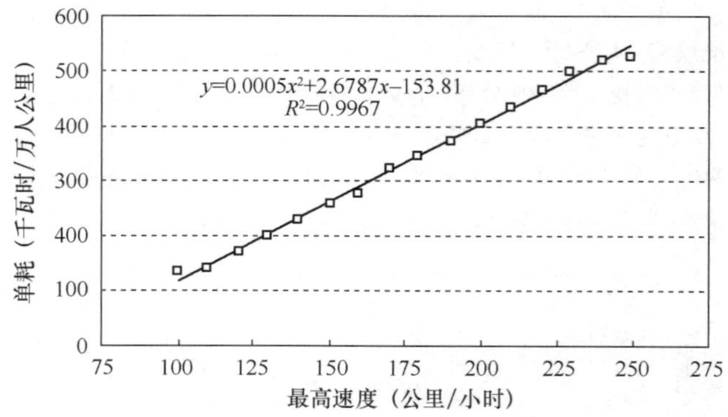

图7　石太客运专线CRH5不同最高速度下的单耗

三、关于三类轨道交通系统发展的功能定位分析

以高速铁路为代表的国铁、城市群区域城际轨道交通以及城市轨道交通是目前发展最快的三类典型轨道交通系统。对我国珠江三角洲等地区三类型轨道交通网络的研究表明：高速铁路（客运专线）的功能应定位为服务城市大站，区域城际铁路主要服务城市群间的城镇各站，而城市轨道交通重点要解决城市范围内的通勤出行问题。

一般而言，国有铁路特别是客运专线基本在地市一级的中心城市设置站点；城际铁路的站点设置还包括县、镇一级的城镇，且一般采用城市轨道交通的模式运行，开行站站停列车；同时适当开行快速列车与国铁线路配合运营。

据调研，珠三角通道内的轨道交通线路，车站设置根据各级城市、城镇的分布情况，平均城市大站间距为50~60公里，平均城镇小站间距为6~13公里。

研究表明：速度选择值区间为160~200公里/小时时，实际运行时间改善明显，速度选择值区间为200~250公里/小时，运行时间依然在下降，但下降的比较缓和。当超过250公里/小时的限速时，限速的提高对运行时间的影响很小。同时借鉴国外相关线路的运行数据，推荐珠三角典型通道内的轨道交通线路的列车运行速度可以在80公里/小时、120公里/小时、160公里/小时中选择，最高运行速度建议不超过200公里/小时。

以莞惠城际铁路（97公里，设站13座）为案例，进行列车牵引仿真计算，建议合理的速度目标值选择区间为160~200公里/小时。

以广深通道内的三条线路为例，进行列车牵引仿真计算，建议该通道内的国铁（广深四线，147公里，设站24座）、客专（广深港客运专线，145公里，设站5座）、城际铁路（穗莞深城际，包括深圳机场往南至福田中心区预留段，118公里，设站22座）的合理的速度目标值选择区间分别为200～250公里/小时、180～220公里/小时和160～200公里/小时，计算区间最高限速分别为300公里/小时、220公里/小时和200公里/小时。

另一方面，服务城市大站的国铁与城际轨道交通的发车间隔应根据客流和列车编组情况确定，间隔时间有个合理范围，不是越小越好。

课题采用CRH3型动车组8节编组（2（2M+1T）+2T，定员557名），根据8条通道内城际轨道交通在近、中、远三个时期的预测客流，推算了各条城际铁路的日均发车对数。以穗莞深城际为例，以6～24点为始发终到时间带，2012、2020、2030年开行穗莞深城际铁路列车的最小追踪间隔分别为11、6、4分钟，如果远期考虑10节编组（2（2M+1T）+2（M+T），定员696名），则平均追踪间隔5分钟。由于城际铁路列车的功能定位，其追踪间隔应介于客专和地铁的追踪间隔之间（目前广深城际最小追踪间隔为7分钟，广州地铁最小追踪间隔一般为2.5～3分钟），因此2012年穗莞深城际铁路列车的最小追踪间隔应缩小至7分钟以内，并通过采用小编组（6节编组）列车以适应实际客流量。

四、政策建议

1. 优化发展交通运输系统对交通运输节能具有重大意义

2007年交通运输总能耗（不包括管道，水运不含远洋）中，公路能耗占83.1%，铁路占6.3%，航空占6.3%，水运占4.3%。2007年中国完成的货物周转量50867亿吨公里（不包括管道，水运不含远洋）中，按不同方式货物周转量在全部货物周转量中的比例排序，铁路所占比例为46.8%，水运（不含远洋）为30.7%，公路为22.3%，航空为0.2%；同年完成的旅客周转量21593亿人公里中，按不同方式旅客周转量在全部旅客周转量中的比例排序，公路所占比例为53.3%，铁路为33.4%，航空为12.9%，水运（不含远洋）为0.4%。

因此，占交通运输总能耗83.1%的公路运输实际上仅完成了22.3%的货物周转量和53.5%的旅客周转量。因此，优化综合交通运输结构对于交通节能意义重大。

值得指出的是：西方不少国家交通设施建设趋于完善，公路运输主导综合交通运输系统已既成事实。我国是一个发展中国家，交通运输系统的发展还有较大空间，存在结构调整余地。因此，从国家层面研究针对区域经济地理特征的区域综合交通体系结构，从节省包括能源在内的资源消耗的角度研究优化综合交通结构，充分发挥铁路运输与城市轨道交通的作用具有重要现实意义。

2. 大力推进中长距离铁路集装箱联运，提高能源利用效率

据测算，2007年我国铁路货运万吨公里能耗为公路货运能耗的5.6%，铁路运输具有更高的能源利用效率。2007年营业性道路货物运输车辆能耗因子为616.8千克标准煤/万吨公里，全年完成的公路货物周转量为11355亿吨公里。

降低公路货物周转量的主要途径是降低公路运输距离。从技术经济上看，400公里以上长途运输铁路比公路具有效益优势。不过，技术经济优势需要通过经营才能体现。由于目前体制和市场运行机制不健全，促进各种交通运输方式合理分工的机制仍需完善，提高铁路货物运输的效率与吸引力仍有很大空间。

因此，从综合交通角度，研究以重点港口、城市为节点，延伸以铁路货运为核心的综合运输链，针对轴幅中转式、干支衔接式网络化运输中多式一体化联运问题进行深入研究，出台相关的政策措施，创造市场条件，对降低货物运输的能耗具有重要价值。

3. 高铁列车最高运行速度应根据多种因素来确定

计算式验表明，对CRH3型列车，推荐的目标速度值范围为：

停站间距 <90 公里：$Max - v < 210$ 公里/小时；

$90 <$ 停站间距 <250 公里：$Max - v < 300$ 公里/小时；

停站间距 >250 公里：$Max - v > 210$ 公里/小时。

对CRH5型高铁列车，推荐的目标速度值范围为：

停站间距 <70 公里：$Max - v < 160$ 公里/小时；

停站间距 >70 公里：$Max - v > 160$ 公里/小时。

我国铁路能源利用效率和节能减排分析研究*

谢汉生　黄　茵　马　龙

当今 CO_2 的大量排放，导致全球气候变暖，恶劣天气不断发生，特别是全球气候变暖对人类生存和发展提出了严峻的挑战。在这个大背景下，“低碳经济”呼之欲出。低碳经济是以低能耗、低污染、低排放为基础的经济模式，实质是能源高效利用、清洁能源开发、追求绿色 GDP 的问题，核心是能源技术和减排技术创新、产业结构和制度创新以及人类生存发展观念的根本性转变。低碳经济实现方式可概括为两种：一是改变能源使用结构，二是提高能源使用效率，而在交通运输方式中能同时实现这两方面的就是铁路。

国内外的经验表明，鼓励铁路发展、发挥铁路在节能降耗中的独特优势，已成为提高交通运输业能源利用效率、降低能耗增幅、减轻对石油依赖度的一个重要途径，而且也是实施我国能源安全战略的出发点和突破口。

一、铁路与公路、民航、水运等交通运输方式能耗的比较及节能减排效应分析

1. 各种运输方式能耗现状

中国、美国、日本等国家不同运输方式单位客货运输周转量能源消耗比较见表 1。

为了便于比较，可以把各类能耗值转换成统一的换算单位（kg 标准煤/万 t · km）后再进行比较，这里以我国“十五”期间的 2004 年和“十一五”期间的 2007 年这两年的主要运输方式的能耗进行比较，来反映近几年各类交通方式的能耗情况，具体见图 1。

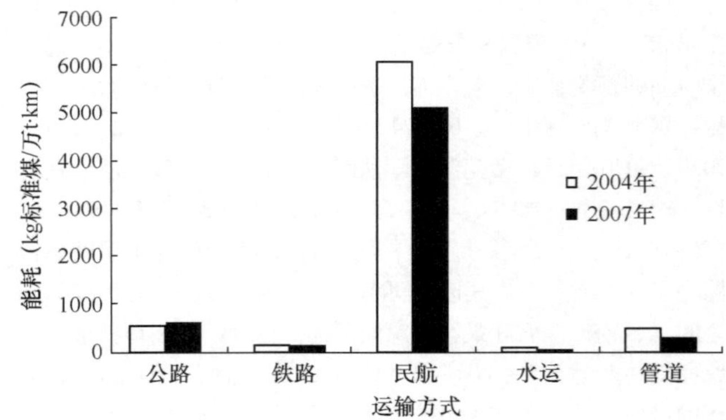

图 1　不同年份我国各类运输方式单位周转量能耗比较图

2. 数据分析

（1）从表 1 可以看出，在客运方面，铁路与公路之间的能耗比较中国、日本更具代表性，2005 年中国、日本经营性汽车客运的单位能耗分别是铁路的 3.7 倍和 3.5 倍。如果以铁路替代经营性汽车，每万人 km 中国可节约标准煤 162.1kg，

中国与美国、日本不同时期不同运输方式单位运输周转量能源消耗比较　　表 1

年份（年）	中国		美国			日本		
	2000	2005	1990	2000	2007	1985	1995	2005
一、旅客运输								
1. 道路机动车								
A. 小汽车（KJ/车 · km）	—	3 973	4 040	3 726	3 614	—	—	—
（KJ/人 · km）	—		2 526	2 623	2 237	2 183	2 342	2 509
B. 营业性汽车/巴士（KJ/人 · km）	—	684	631	611	2 826	519	648	719
2. 铁路客运（KJ/人 · km）	—	174	1 710	2 200	1 694	192	205	205
3. 民航客运（KJ/人 · km）	2 237	2 012	3 191	2 589	2 032	2 948	2 380	2 354
二、货物运输								
1. 道路机动车（KJ/t · km）	—	4 433	—	—	3 451	3 935	3 969	3 283
（KJ/车 · km）	—	—	14 930	15 352	—		—	—
2. 铁路货运（KJ/t · km）	—	285	275	230	231	381	255	251
3. 水路货运（KJ/t · km）	384	299	253	310	412	970	665	1 004
4. 航空货运（KJ/t · km）	30 069	22 533	—	—	—	27 969	23 678	21 659

资料来源：美国数据为美国能源部（DOE）编《美国交通能源数据手册（第 27 版）》；日本数据为日本能源数据与模型中心（EDMC）编《日本能源经济统计（2007 年）》

注：①美国的营业性汽车选择城际巴士；②美国的铁路客运选择城间客运；③日本的营业性汽车选择巴士。

* 本文转载自《铁道劳动安全卫生与环保》2010 年第 3 期。

日本可节约175.7kg，两者平均铁路对经营性汽车的节能替代效应约为169kg标准煤/万人km，即每万人km里减少CO_2排放0.42t（注：国家发改委能源研究所推荐的我国综合碳排放系数是0.67，即每消耗1t标准煤，产生0.67 t C当量或者是2.457 t CO_2当量的温室气体）。

在货运方面，中国、美国更具代表性，两国公路货运单位能耗分别是铁路的15.6倍和15.0倍。如果以铁路替代公路货运，每万t·km中国可节约标准煤1417kg，美国可节约标准煤1100kg，两者平均铁路对公路货运的节能替代效应约1259kg标准煤/万t·km，即每万t·km减少CO_2排放3.09t。

（2）从表1可以看出，在客运方面，我国铁路客运单耗目前的水平低于日本约20%，说明我国铁路客运具有较高的能源利用效率。值得注意的是，随着中国铁路客运速度和舒适度提高，以及客运专线建成后采取动车组牵引方式，铁路客运单位运输能耗水平将会有所上升。

在货运方面，目前中国铁路单位货运能耗水平大约比美国高23.4%，比日本高11.6%，还存在一定的差距。随着未来中国铁路电气化水平的提高以及货运重载化、专业化运输比重的增加，铁路能源利用效率还有提高的潜力。

（3）从图1可以看出，在铁路、公路、水运、航空及管道5种主要运输方式中，航空运输的单位能耗是最高的，从2004年每万t·km消耗标准煤6071kg到2007年5112kg；其次是管道运输和公路运输，2004年每万t·km消耗标准煤分别为501kg和559kg，2007年则分别为281kg和608kg。单位周转量管道运输虽然有大幅度下降，但仍比铁路运输高出1倍以上。铁路运输每万t·km消耗标准煤2004年为127kg，2007年为125kg。水路运输每万t·km消耗标准煤2004年为62kg，2007年为52kg，是5种主要运输方式中最低的。

2007年公路单位运输量能耗约是铁路的5倍，每万t·km多消耗483kg标准煤，每万t·km多排放CO_2约1.19t；航空单位运输量能耗约是铁路的41倍，每万t·km多消耗4987kg标准煤，每万t·km多排放CO_2约12.25t；管道单位运输量能耗约是铁路的2.25倍，每万t·km多消耗156kg标准煤，每万t·km多排放CO_2约0.38t。

二、我国铁路能源利用效率分析

1. 我国铁路能源消费总量和运输总能耗分析

我国铁路能源消费总量（1980~2005年）和我国铁路运输总能耗（1980~2005年）变化趋势分别见图2和图3。

图2可以看出，铁路能源消费总量变化时升时降，从1990年的2239.0万t标准煤至2005年的2247.5万t标准煤，期间出现3个“拐点”。在铁路总运输量大幅度增长的同时总能耗水平并未大幅度增长，近10多年来基本维持在每年2000万t标准煤左右的水平，主要是由于近年来逐步淘汰了能耗量比较大的蒸汽机车，内燃机车与电力机车比重大幅度提高的原因。

从图3可以看出，我国铁路能源利用效率（可用运输工作量总能耗来反映）已得到大幅提高。我国铁路运输工作量总能耗水平从1990年的16.06t标准煤/百万换算t·km下降到2005年的8.85t标准煤/百万换算t·km，运输总能耗呈明显下降趋势，下降了近50%。其中主要是由于中国铁路近几十年来致力于牵引动力结构改革，从过去以蒸汽机车为主转变为以内燃、电力机车并重。铁路牵引动力结构的变化使能源利用效率得到提高，已由过去以煤为主发展到目前以电和用油为主。从能源转换效率上看，蒸汽机车的终端能源利用效率一般在5%~9%，而内燃机车的终端能源利用效率达到25%~26%，传统直流传动电力机车的能源利用效率可达到30%左右，大功率交流传动电力机车效率可达到32%以上。因此，内燃机车特别是电力机车比重的上升会加快提高能源利用效率。下面从全路机车单位牵引工作量综合能耗情况、历年内燃机车、电力机车能源单耗情况两个方面来分析铁路机车能耗及能源利用效率问题。

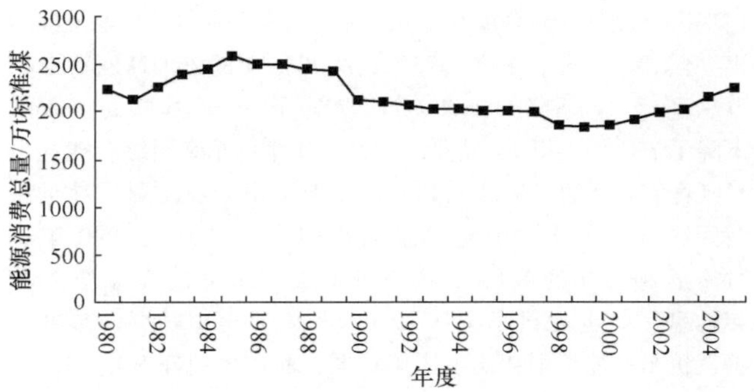

图2 我国铁路能源消费总量变化图

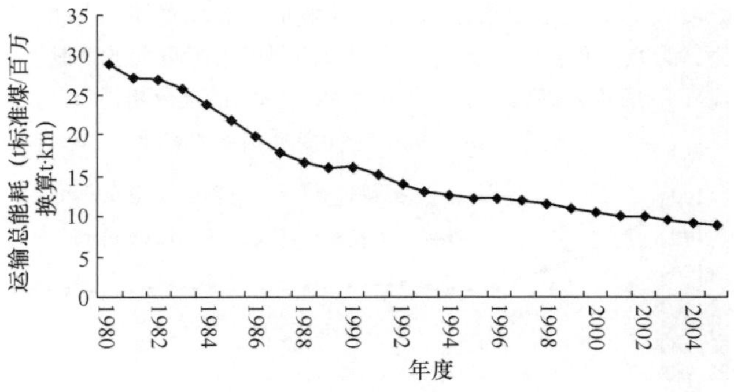

图3 我国铁路运输总能耗变化情况图

资料来源：《全国铁路历史统计资料汇编》。由于从2006年开始，国家统计局规定电力折算标准煤系统从4.04调整为1.229，故统计分析数据选至2005年。

2. 全路机车单位牵引工作量综合能耗情况分析

1980年以来，我国全路机车单位牵引工作量综合能耗变化较大，牵引方式的变化降低了机车综合能耗，我国铁路机车牵引综合能耗变化趋势见图4。

由于自2006年电力折算系数由4.04改为1.229，2005年的机车牵引综合能耗若按电力折算系数1.229计算则为26.57kg标准煤/万总重t·km，因此以2005年为界进行分段分析。

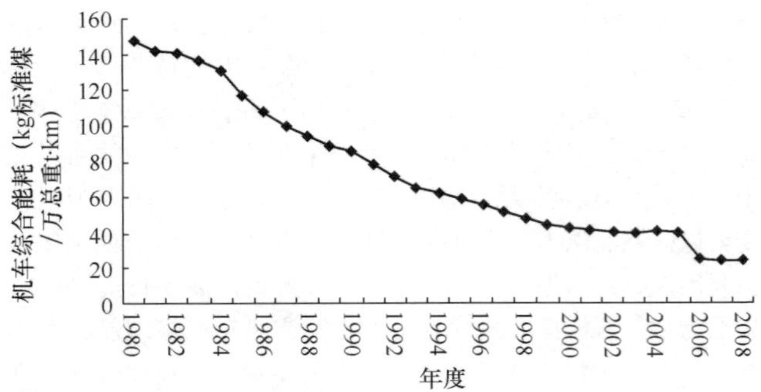

图4　我国铁路机车牵引综合能耗变化趋势图

资料来源：《全国铁路历史统计资料汇编》。由于自2006年电力折算系数由4.04改为1.229，2005年的机车牵引综合能耗若按电力折算系数1.229计算则为26.57kg标准煤/万总重t·km，因此以2005年为界进行分段分析。

从图4可以看出，1980年我国机车牵引综合能耗为147.4kg标准煤/万总重t·km，到2005年下降至39.89kg标准煤/万总重t·km，下降了73%；从2005年的26.57kg标准煤/万总重t·km下降到2008年24.72kg标准煤/万总重t·km，下降了7%。说明随着铁路的发展，铁路机车牵引综合能耗出现了逐年下降的趋势。究其原因主要是由于：能源消耗量占我国铁路机车能源消耗总量的比例蒸汽机车从1990年的71%至2001年的4.1%，内燃机车从1990年的26%至2001年的80%，电力机车也从1990年3%升至2001年15.9%。蒸汽机车的能源消耗比重快速降低，而内燃机车和电力机车的比重越来越大，能源利用效率得到了提高，致使我国铁路机车总耗能呈降低态势，使得我国铁路行业在客货运输量不断增大的情况下取得了“运输量增加，能耗量降低”的态势，为减少我国交通运输业的能源消费做出了重大的贡献。

3. 历年内燃机车、电力机车能源单耗情况分析

历年内燃机车、电力机车能耗单耗情况见图5。

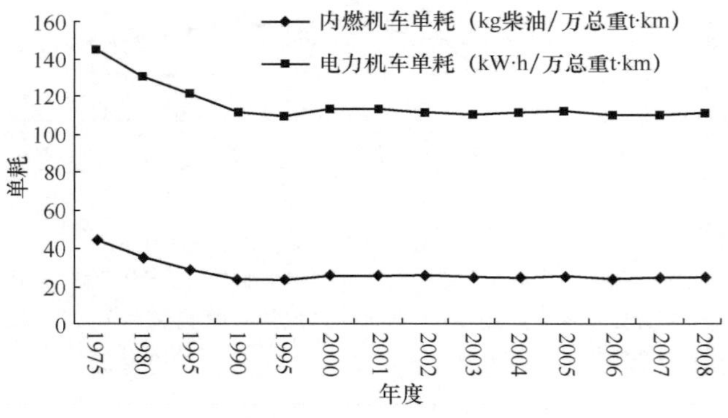

图5　我国内燃机车、电力机车单耗变化趋势图

资料来源：《铁路统计指标手册（至2008年）》

从图5可以看出，1975年以来内燃机车和电力机车能源单耗总体上呈现了下降趋势。内燃机车单耗从1975年的44.0kg柴油/万总重t·km下降至2008年的24.9kg柴油/万总重t·km，下降了43%；电力机车从1975年的145.3kWh/万总重t·km下降至2008年的111.4kWh/万总重t·km，下降了24%。

机车用能单耗降低对大幅降低铁路总能耗作用巨大，虽然单耗降低的幅度比较小，但联系到全路所有机车以及所完成的工作量就是一笔很大的数字。以2006年为例，2006年内燃机车单耗为24.3kg柴油/万总重t·km，比2005年的24.6kg柴油/万总重t·km降低了0.3kg柴油/万总重t·km，2006年内燃机车完成的运输工作量为21336亿t·km，可节省柴油约6.4万t，减少CO_2排放22.87万t。

从图5计算得出，这14年中内燃机车的年均单耗为27.3kg柴油/万总重t·km，电力机车的单耗为115.6kWh/万总重t·km，折合标煤分别为：39.7kg标准煤/万总重t·km和14.2kg标准煤/万总重t·km，另据统计资料分析，蒸汽机车的年均单耗为272.2kg标准煤/万总重t·km。由此可见，内燃机车的单耗只有蒸汽机车的15%，电力机车的单耗是蒸汽机车单耗的5%，是内燃机车单耗的36%。

然而，有些专家认为从终端能源消耗比较电力和燃油消耗的能耗水平不太科学，提出应该将电力折算为一次能源消费，并考虑电力结构的影响。以2007年为例，铁路内燃机车的牵引单耗为24.6kg柴油/万总重t·km，折合35.84kg标准煤/万总重t·km，电力机车终端用能单耗为109.9kWh/万总重t·km，折合13.45kg标准煤/万总重t·km，如果折合一次能源消耗量为34.83kg标准煤/万总重t·km，虽然折合一次能源后单位周转量内燃机车能耗与电力机车能耗的差距大大缩小，但用电能效仍然高于用油能效，这表明了电力机车具有最高的能源利用效率，而且还避免了蒸汽机车和内燃机车带来的排放污染。因此，在我国铁路运输量不断增长的情形下，加快铁路电气化的建设和提高电力机车的牵引比重是降低我国铁路行业能源消耗和提高能源利用效率的重要途径。

三、结论和建议

1. 通过铁路、公路、民航、水运等运输方式能耗的比较，铁路单位换算周转量能耗较低（仅比水运高），公路单位运输量能耗约是铁路的5倍，每万t·km多消耗483kg标准煤，多排放CO_2约1.19t；航空单位运输量能耗约是铁路的41倍，每万t·km多消耗4987kg标准煤，每万t·km多排放CO_2约12.25t；管道单位运输量能耗约是铁路的2.25倍，每万t·km多消耗156kg标准煤，多排放CO_2约0.38t。

2. 通过分析全路机车牵引综合能耗情况以及往年内燃机车、电力机车能源单耗情况，铁路牵引动力结构的变化使能源利用率得到了提高，内燃机车特别是电力机车运用比重的上升会加快提高铁路能源利用效率。

3. 铁路由于其单位换算周转量能耗较低、能源利用效率逐年得到提高，而且铁路是唯一可以实现用多种能源替代石油的大能力综合性绿色交通运输工具，因此，铁路具有明显的节能减排效应。通过发展铁路建设，用铁路运输部分取代公路、航空，减少石油消耗，减少排放，对我国发展低碳经济具有明显的促进作用。

（作者单位：中国铁道科学研究院节能环保劳卫研究所）

公路运输车辆节能减排技术综述*

曹连元　赵福磊　陈　昊

交通行业中公路运输行业的耗能是最为突出的，与世界先进水平相比，我国交通行业能源利用效率明显偏低，载货汽车百吨公里油耗比国外先进水平高约30%；一些大城市中，机动车污染物排放占大气污染物的比重已经达到60%左右。能源消耗主要是指由完成运输活动的各种运输工具直接消耗的能源。公路交通节能减排的主体是车辆，影响车辆的因素主要是车辆性能和燃料的优劣。所以车辆的节能技术的优劣直接影响整个运输行业节能减排的成效。

一、公路运输车辆能耗与排放现状

1. 公路运输车辆分类

我国的车辆按国际标准可分为乘用车和商用车两大类。乘用车涵盖了轿车、微型客车以及最多不超过9座的轻型客车。对于商用车，是指除乘用车以外，主要用于运载人员、货物及牵引挂车的汽车；所有的商用车又分为客车和货车两大类。按照汽车的使用能源类型，可分为汽油车、柴油车、天然气汽车、液化石油气汽车、纯电动车等主要车型。

公路运输车辆是指以营运为目的的车辆，主要包括出租车辆、城市公交车辆、城际公交车辆、长途客运车辆与货运车辆。目前公路运输车辆以汽油车、柴油车与天然气汽车为主，以LPG等车辆为辅。

2. 公路运输车辆能耗与排放现状分析

截至2009年，全国公路运输车辆的保有量达到1087.4万辆，仅占全国机动车保有量的5.8%，但所消耗的成品油却占全国成品油消耗总量的30%左右，与国外先进水平相比，我国平均油耗要高10%～25%。因此，交通运输部发布了《公路水路交通运输节能减排“十二五”规划》（简称《规划》），提出与2005年相比，2015年营运车辆单位运输周转量能耗将下降10%。

我国公路运输车辆的污染物排放总体情况恶化。碳氢化合物、一氧化碳、二氧化碳、氮氧化合物及颗粒物等污染物排放总量也在急剧增长。我国排放污染物对环境已造成了巨大的危害，主要表现在：城市机动车的排放量大，不易扩散；运输公路周围一氧化碳和颗粒物浓度较大；温室效应威胁仍然存在。《规划》还提出与2005年相比，2015年营运车辆周转量二氧化碳排放下降11%。

可以看出，公路运输车辆比例虽然不高，但其对能源消耗与污染物排放总量的贡献率非常高，是交通行业节能减排的核心，同时也是国家节能减排的重点。为了降低公路运输产业能耗与排放，达到国家节能减排的总体要求，本文从常规车辆能耗与排放控制、新型车辆技术、燃料技术及汽车柴油化四个方面具体论述了公路运输车辆节能减排的方法与具体措施。

二、公路运输车辆节能减排技术

1. 常规车辆能耗与排放控制

为加快建立以低碳为特征的交通运输体系，交通运输部发布了首批《道路运输车辆燃料消耗量达标车型表》，达标车型共37种，44个配置，并明示了达标车型车辆参数与配置以及燃料消耗量。这标志着我国道路运输行业正式建立并实施能耗准入制度。在这方面欧洲、美国、日本等一些发达国家起步较早，表1、表2为日本汽油、柴油小型客、货车的能耗标准值。

我国轻型汽车排放标准借鉴了欧盟关于汽车排放限制方面的相关法律，并做出了适合于中国国情的修改。《轻型汽

日本汽油小客车2010年车辆油耗标准值　　表1

车重等级（kg）	~702	703~827	828~1015	1016~1265	1266~1515	1516~1765	1766~2015	2016~2265	2266~
目标值（km/L）	21.2	18.8	17.9	16.0	13.0	10.5	8.9	7.8	6.4

日本汽油小货车（2.5吨以下）2010年车辆油耗标准值　　表2

车重等级（kg）	轻货物					轻量货物		中量货物			
	~702		703~827		828~	~1015	1016~	~1265		1266~1515	1516~
	小客车衍生	其他	小客车衍生	其他				小客车衍生	其他		
自排目标值（km/L）	18.9	16.2	16.5	15.5	14.9	14.9	13.8	12.5	11.2	10.3	
手排目标值（km/L）	20.2	17.0	18.0	16.7	15.5	17.8	15.7	14.5	12.3	10.7	9.3

* 本文转载自《综合运输》2012年第7期。

车污染物排放限值及测量方法（中国Ⅲ、Ⅳ阶段）》、《车用压燃式、气体燃料点燃式发动机与汽车排气污染物排放限值及测量方法（中国Ⅴ阶段）》分别于2010年7月1日和2012年1月1日，在全国范围内执行。随着我国排放标准逐渐提升，对机动车辆的排放要求越来越严格，汽车排放水平的控制与世界先进水平的差距越来越小。

近年来，环保部多次发布了满足排放标准的新产机动车型号和发动机型号的公告。未满足现行排放标准的新车将无法销售。车辆年检低于排放标准不予以颁发合格证书。这样一套车辆排放准入制度及退出机制的实施将有效地控制车辆的排放。

2. 新型车辆技术

国内公共交通领域运用新型车辆主要有纯电动车、混合动力车、压缩天然气车辆（CNGV）以及液化石油气车辆（LPGV）等。

有研究表明，“如果暂不考虑碳氢化合物排放增加带来的负面影响，CNGV和混合动力车是公交车领域首选的替代燃料车型”。气电混合动力客车和油电混合动力客车在严格的城市公路试验工况下，能耗分别比同型天然气客车降低约22.9%和20.9%。按照每天运营10小时，里程250公里，每年运营300天来计算，这两种车型每年均可减少一氧化碳及氮氧化物等尾气排放物约500公斤，气电混合动力客车还可以节省约8000立方米的燃气，油电混合动力客车可节约5000多升燃油。电动客车在行驶中可以实现零排放，噪声仅为常规公共汽车的一半，在节能环保性能方面的优势毋庸置疑。但是纯电动汽车的二氧化碳减排放受到我国发电结构的影响，难以取得较大突破，纯电动汽车的减排率虽然优于混合动力汽车，但它的总成本居高不下，二氧化碳排放量的绝对值也较高，远非理想中的“零排放”，目前尚不具备进行商业化推广的能力。电动汽车充电站的建设投资较大，并且我国主要以火力、水力发电为主，再加上储电设备遇到的技术瓶颈，因此从燃料的供给和续航能力来看，混合动力车辆较为适合作为城市公交车辆；一旦充电与续驶里程的问题随着科技发展而得到解决，电动汽车以其环保及能源特性在未来将成为城市公交最适合的车辆。

压缩天然气（CNG）是公认的清洁能源之一，作为汽车的优质代用燃料，其具有抗爆性能好、有害物排放量少、能耗费用低以及来源丰富等优点。CNG汽车与传统燃油汽车相比，效率稍有下降，满负荷爬坡尚可满足要求。在城市或城际中的公路上行驶时，CNG汽车与燃用汽、柴油相差不大。并且CNG汽车的发动机噪声和排放都有所下降。LPG汽车是技术相对比较成熟的替代燃料汽车。LPG汽车的排放有害气体少，CO与HC的排放量显著降低，NO_x的排放明显减少，特别是微粒排放可以得到彻底控制。LPG燃料价格便宜，热值比汽油机高，燃烧更充分，所以经济性较好，并且对车辆的改装简单。LPG与柴油掺混使用，在动力性、经济性、排放等方面都能取得较好的效果。由于两者的能量密度都比汽油小，均面临燃料容器空间和续航里程的矛盾。因此，作为替代燃料，CNG和LPG能够符合节能减排的要求，但是由于续航里程和加气站建设条件的限制，CNG汽车和LPG汽车比较适合作为城市与短途城际公共交通车辆。

3. 燃料技术

我国天然气及液化石油气的分布具有地域性，建设加气站的技术要求及成本，决定了加气站的分布不会很广泛，所以只能保证城市出租车辆、公交车辆及城际公交车辆的使用，却不能保证公路运输车辆，特别是长途客、货运等车辆的续航能力。燃料技术是从提高热效率的角度来解决能耗低及排放高等问题。替代能源或新能源的应用，使得燃料燃烧充分，提高热效率，同时也做到了节能减排。

在石油资源需求逐渐增加的社会背景下，世界各国都加快了寻找替代燃料或改善燃料特性的步伐。近年来，甲醇汽油成为研究代用燃料的热点。我国在2009年11月1日实施了车用燃料标准。甲醇汽油是由甲醇与汽油按不同比例，经过添加剂经行互溶配制而成的。目前针对M15（含甲醇15%）和M85（含甲醇85%）的甲醇汽油的研究比较多。虽然甲醇的质量低热值只有汽油的46%，但由于自身含氧，完全燃烧所需的空气比汽油少得多，甲醇的理论混合气质量低热值可达汽油的94%。由于甲醇的沸点比汽油低，所以有助于缸内混合气的形成。又由于甲醇燃料含氧，有助于燃烧，热效率高，有利于提高发动机效率。汽车燃用M15甲醇汽油比燃用汽油输出功率高，在中高车速时，功率显著提高，并且与汽油相比能耗有所降低。汽车燃用M85时为保证动力性，需改进燃油系统，改进后汽车的动力性不降反升，并且燃油消耗量比汽油明显的降低。燃用甲醇燃料尾气排放均有所降低，其中HC、CO排放降低比较明显，对NO的排放影响不大。因此，甲醇汽油可以作为汽油的理想替代燃料。

生物柴油是指以油料作物、野生油料作物和工程微藻等水生植物油脂，以及动物油脂、废餐饮油等为原料油，通过酯交换工艺制成的甲酯或乙酯燃料，化合物的碳链长度为14～18。与普通矿物柴油平均15个碳链相近，其他物理性能也比较接近，可供内燃机使用。生物柴油的闪点和自燃点高于柴油，便于运输和储存；生物柴油的十六烷值高，易着火，并且生物柴油含有10%的氧，理论空燃比矿物柴油低，完全燃烧时对外部氧的需求量较矿物柴油少，有利于完全燃烧，动力性尚能满足车辆运输需要。从生物柴油的整个生命周期来看，植物吸收CO_2，生物柴油燃烧后释放CO_2，所以CO_2的总量没有上升，对抑制温室效应具有重大作用。生物柴油中硫的含量很低，使SO2和硫化物的排放几乎为0，可有效地减少酸雨的形成，HC排放也显著降低，同时生物柴油的生物降解性高。生物柴油的来源广泛，现在生产生物柴油的企业初见规模。若再综合利用石油产品的销售供给渠道，车辆的续航能力及燃油供给问题将会迎刃而解。

甲醇汽油和生物柴油目前分别是汽柴油较为理想的替代燃料。虽然这些燃料的应用仍处于初级阶段，但其所带来的环保与节能利益是显而易见的。在降低排放的同时代替了矿物石油，可有效缓解石油产品供给压力，保护了环境，能够真正实现节能减排的目的。

4. 推动运输车辆柴油化

汽油机和柴油机作为汽车的传统动力，至今仍占主导地位。随着电控喷射技术、高压共轨技术、废气再循环技术及废气后处理技术的应用，现代柴油机已经弥补了传统柴油机的噪声大、震动大、冒黑烟等缺陷，能够满足世界各地的排放标准。欧洲、美国、日本等国家柴油车比例远高于我国。与现代汽油车相比，柴油车具有清洁环保、低噪声和动力性好的特点。从整体情况可以看出，柴油车比汽油车更具发展潜力。现代柴油机的优势见表3。

清华大学汽车工程系教授刘峥曾在“新柴油主义高峰论坛”上表示，“在我国当前能源、环保、市场经济正常发展的条件下，适当发展现代柴油乘用车是我国汽车工业发展的必然规律，目前正是推出这种车型最好的契机。”由此可认为，我国汽车柴油化是一种汽车工业的发展趋势。柴油机在拥有良好动力性和安全性的同时，其燃油经济性和低碳排放更应该得到广泛的推广。这种观点与我国的节能减排政策是一致的。因此，在公路运输业，乘用车与商用车的柴油化符合我国汽车行业与国家政策的发展要求。

现代柴油机相对汽油机的优势　　表3

优　势	解　释
1. 燃油价格较为便宜	柴油提炼时间短，价格通常比汽油便宜
2. 较为节油	柴油燃烧效率高，40% ~ 50%，而汽油仅为30% ~ 33%。数据表明，等排量的柴油车比汽油车节油约30%

续上表3

优势	解释
3. CO、CO_2、HC排放较低	相同技术阶段，CO、CO_2、HC排放都比汽油机低，其中CO_2低25% ~40%
4. PM、NO_x排放大为降低	同在国Ⅲ（国Ⅳ）时，柴油车的NO_x、PM虽高出汽油机若干倍，但数值已相对很小
5. 性能较为稳定	柴油燃点高，不易挥发，性能稳定，常温常压下可储存更长时间。汽车碰撞后安全系数较高，汽车自燃的大多数是汽油机
6. 动力性强、噪声低、振动小、小型化	同转速下，柴油机转矩比汽油高50%，可提供更大加速度及低速状态下更大的牵引力，其高速性能也不逊色，因此适用于各种汽车
7. 经久耐用	柴油机转速相对较低，气缸燃烧温度也较低，因此，相关零部件不易老化，故障率低于汽油机

城市低碳交通体系建设简论*

王光荣

全球变暖已经对人类的生存和发展构成严重的威胁，而温室气体的排放是全球变暖的主要根源。行动起来，最大限度地减少温室气体排放，日渐成为全球共识。2009 年 12 月，我国政府在哥本哈根世界气候变化大会上承诺，到 2020 年单位国内生产总值的二氧化碳排放量将比 2005 年下降 40% ~ 45%。低碳作为约束性指标纳入我国国民经济和社会发展中长期规划，发展低碳经济和建设低碳社会由此拉开了帷幕。交通排放是温室气体的主要来源之一，其中城市交通排放占很大比例。我国交通运输行业油品消耗占全社会油品消耗的 33%。其中，道路交通工具所消耗的车用燃油约占 70%。据建设部统计，目前我国交通能耗已占全社会总能耗的 20%，如不加以控制，将达到 30%，超过工业能耗。2007 年我国城市内客货运输部门，即货车、公共汽车和私人汽车 3 项运输的能耗占交通运输总能耗的 40%。可见，城市交通低碳化是我国实现低碳目标和建设低碳社会的必要步骤和重要内容。

一、城市低碳交通体系及其建设

节能减排是降低碳排放的直接方法，但是降低的幅度是有限的，效果是不可持续的。要实现城市交通领域碳排放最大限度地降低并且可持续，就必须创建城市低碳交通体系。城市低碳交通体系是低能耗、低污染、低排放的交通体系。从宏观上说，城市低碳交通体系主要包括多中心空间布局、以公共交通为主的交通工具系统、自觉低碳出行的交通主体、发达的低碳交通技术和先进的交通管理等五个有机组成部分。这五个部分及其构成的整体可以实现交通拥堵最少、交通需求最低、机动交通工具使用最少、机动交通工具碳排放最低、交通低效最少等指标，从而达到交通排放最低的目标。

1. 多中心城市空间布局

城市空间和城市交通模式相互作用，相辅相成。从某种意义上说，交通模式引导城市空间扩展，城市空间又在一定程度上决定交通模式。高效、快捷、低能耗、低排放的交通模式必须以相应的城市空间为基础，在不合理的城市空间之上是无法建设低碳交通的。

多中心布局是低碳交通的城市空间基础。西方学者研究发现，“对于500 万以上人口的特大城市而言，多中心空间结构是统筹聚集效益与交通成本后的最佳形态。”多中心空间结构使交通需求量降低，交通分布趋向均衡。在各中心之间，用高运能的轨道交通连接；各中心内部以公共交通为主，私人交通为补充；这样既可以降低交通总量，又可以减少交通拥堵，从而大大降低碳排放。美国人本主义城市规划大师刘易斯·芒福德曾经指出：“在大都市地区范围内建立以步行交通为主的次中心，可以解决相当大一部分城市交通困难。”日本的东京市和法国的巴黎市从单中心向多中心发展的实践也充分证明，多中心布局是改善大城市交通的有效途径。

城市的多中心空间布局必须注意紧凑性和均衡性。紧凑性是指用地安排和密度合理，均衡性是指就业与居住平衡。每个中心应该设计较高的密度以缩短出行距离，因为城市密度与交通出行距离呈高度相关性。为了避免在街区内使用机动交通工具，最好把各中心内的街区规划成适合步行和骑行的空间。这样安排的城市分中心就可以大幅降低中心内部的交通量，尤其是可以消除不必要的机动交通。在每个中心，还应通过规划和引导实现居住人口就地就业，尽量避免跨中心的长距离上下班通勤，这样既可以缩短城市人口上下班通勤距离，又可以降低各中心之间的交通量。“否则，频繁来往于主副中心之间的通勤反倒会增加平均出行距离与出行时耗。”美国学者塞沃若（Cervero）、赖瓦恩（Le-vine）和豪讷（Horner）对美国的城市交通实证研究表明，就业与居住平衡可以减少通勤数量，缩短通勤距离和时间，缓解大城市的交通拥堵。相反，就业与居住之间距离越大，上下班通勤的距离越长，高峰期的交通拥堵越严重。我国学者近几年对北京、上海、广州等大城市的研究也得出了同样的结论。

城市各中心内部的紧凑性和步行街区建设主要依靠城市规划来实现。城市中那些正在改造的旧城区和新城市化的区域，具有实现这一规划的最好条件，应该利用这个时机一步到位；其他城区应该在从单中心向多中心调整的过程落实这一规划，最终达到这一目标。职业与居住的平衡需要政府的引导和居民的选择两方面的条件。目前，我国城市职住分离状况严重并且正在扩大，因此，一方面要消除不利于居民选择在居住地附近就业的因素，减少不必要的职住分离，尤其是防止职住分离继续扩大，另一方面要努力创造有利于居民就业与居住平衡的条件，引导就业和居住地不断靠近。具体措施包括五个方面：其一，在中低收入居民就业岗位较为集中的区域，政府应该加大廉租房和经济适用房的供应量；其二，改变以居住为先导的郊区开发模式，实现郊区产业、居住、公共服务的同步建设；其三，努力实现公共产品在全市的均衡分布；其四，在多中心城市的规划和建设中，要统筹兼顾居住区和功能区。其五，增强居住区类型的多样性，加快住房流转。有了这些条件，经过人们的理性选择和一段时间的调整，必定会使就业与居住的趋于相对平衡。

2. 公交为主的交通工具系统

城市交通工具系统是由多种交通工具组成的，由于不同的交通工具碳排放量不同，所以不同的交通工具系统的碳排

* 本文转载自《前沿》2011 年第 13 期。

放也各不相同。在符合城市交通高效率要求的各种交通体系中，以公共交通为主的系统的碳排放量大大低于以私人小汽车为主的交通系统，其中以轨道交通为主的公共交通工具系统碳排放最低。

首先，公共交通为主的工具系统的主要交通工具是碳排放低的公共交通工具。小汽车的人均能量消耗最大，几乎是公共汽车的4倍；轨道交通耗能最小，只有公共汽车的31.25%、小汽车的8.45%。从废气排放来看，轨道交通碳氧化物、氮氧化物和硫氧化物的排放量分别是公共汽车的3.75%、71.43%、52.63%。据专家的精确计算，如果我国有1%的个体小汽车出行转乘公共交通，仅此一项全国每年将节省燃油0.8亿升。这些数据表明轨道交通、公共汽车在交通系统中比例越高，交通系统的排放就越少。

其次，公共交通为主的工具系统运能高，车辆少，交通拥堵少。研究表明，公交车、自行车、私人小汽车人均占用的停车面积分别为1平方米、1.5平方米、20平方米，公交车、自行车、私人小汽车人均占用的行车面积分别为1.9平方米、4.8平方米、24.2平方米，以公交车和自行车为主的城市交通占地需求是以私人小汽车为主的交通方式的16倍以上。轨道交通运能又高于公共汽车，标准宽度的运能达到公共汽车的15倍以上。低运能的交通工具大量使用必然造成交通拥堵，英国城市经济学家巴顿指出，“高峰时的交通拥挤更多是由于汽车的数量而不是由于上下班的人数。私人车辆造成的交通拥挤的影响大大超过车辆的运送能力。”在拥堵状态下，车辆耗油量增大，排放增多。“车辆增多超出城市道路空间的承受极限，造成城市交通拥堵，能耗增加。据研究，拥挤状况下的燃油消耗将比正常行驶状况下高出10%左右。”“一辆小汽车在7公里/小时的速度间加减速1000次，则比匀速行驶时要多消耗燃油60升。”公共交通为主的工具系统减少交通拥堵可以明显降低碳排放。

我国城市公共交通普遍不发达，建设部城市交通工程技术中心统计资料显实，2005年在中国660多个城市居民出行结构中，50万人口以上大城市居民公交出行的比例大多仍在10%左右，只有少数城市在20%左右，在为数众多的50万人口以下的中等城市和小城市，居民公交出行的比重则不足5%。近年来有所改变，然而大城市的公交分担率均在40%以下，中小城市公交分担率在10%左右。只有一手抓公共交通建设，一手抓自行和步行等公共交通的辅助交通方式，才能快速形成公交为主的交通工具系统。

第一，加快发展公共交通。一要加大轨道交通建设。我国个别城市轨道交通比较发达，少数城市已经着手建设，大多数城市还没有轨道交通。应该根据各城市的实际情况，积极设计和发展轨道交通。二要提高公共汽车交通水平。在增加公共汽车数量的同时，要提高质量。增加和优化公共汽车运营路线，加强公共交通之间衔接，完善公交与其他交通的换乘，开辟快速公交专线，设置公交专用道，以服务质量和效率提高公交吸引力。

第二，限制小汽车交通。我国小汽车的增长正在逐年加速，2008年增长率为27.9%，2009年的年增长率提高到33.8%。日本学者研究表明，小汽车与公共交通竞争容易产生反馈关系：公共交通出行少，则小汽车交通的需求增加，导致交通拥挤加剧；交通拥挤降低了小汽车的交通水平，也降低了非轨道公共交通工具的运行速度和到站正点率，引起公共交通乘客减少；乘客减少，引起票价提高或服务下降，进一步导致乘客减少，陷入恶性循环；最终小汽车成为更受欢迎的出行手段，公共交通难以维持。“汽车对消费者的出行方式有‘锚定效应’，即购买汽车之后，汽车成为必需品，驾驶的感觉会随时间增强。一旦居民从使用公共交通系统转向私人交通工具，那么几乎会永久性地减少公共交通工具的使用，这种转向具有单向性。”不限制小汽车，公共交通体系建设必然落空。

第三，支持自行车等无碳交通发展。自行车是无碳交通工具，又是城市公共交通的必要补充，必须予以发展。要规划自行车专用道路网络，严禁机动车占用自行车道，保证自行车的存放空间和行车安全；要采取自行车租用等方法，方便居民骑车出行和换乘。要完善和提升步行系统的配套设施，保证步行安全，不受车辆干扰。

3. 自觉低碳出行的交通主体

不论何种交通目标，都必须通过交通主体的出行行为来实现。如果交通主体的行为与交通目标相一致，就能促进交通目标的实现；反之，则阻碍交通目标的实现。发展低碳交通离不开自觉低碳出行的交通主体。

目前城市居民的出行方式存在两方面的问题。一方面，居民低碳出行知识欠缺，责任意识薄弱。虽然人人每天出行，但是对出行所凭借的交通工具有足够知识者不多，对于低碳出行所知极少。许多人把交通工具的可能速度与现实速度混为一谈，把适于特定距离和条件的交通工具当成全能交通工具，把速度或舒适看做评价交通工具的首要指标，把行驶速度等同于交通效率，在选择出行方式时不考虑交通状况，不考虑从出发点到目的地全程所用时间，更不考虑对交通拥堵造成的影响以及碳排放的多少。“一项调查表明，英国、德国、法国、日本等国家，有半数以上的民众认为全球变暖是一个严重问题，在日本的这一比例达到73%，即使是对建设低碳社会不积极的美国，这一比例也有42%。在所有受访国家中，中国的这一比例最低，只有24%。”另一方面，消费主义主导了部分居民出行方式。居民受商业宣传的影响，把交通工具与先进、享受、文明相联系，看做人的身份、地位、品位的标志。在这种消费主义驱使下，居民不惜代价追求符号价值，放弃最适合到达目的地的出行方式。出行的本来目的是快速安全地从出发点到达目的地，现在却成为享受舒适、炫耀身份、满足操纵感的过程。本末倒置、舍本逐末的出行选择，大大增加了城市交通排放。如果不改变人们消费汽车的价值偏好，即使每辆汽车的能耗再低、每条道路修得再好、每套房子再节能，其总消费以及由此带来的总能耗还是要增加的。

由此可见，引导居民自觉低碳出行是十分必要的。首先要批判和抵制消费主义观念。逐步引导居民认识到，消费主义给出行方式贴上符号标签是商业追求利润的做法，是违背可持续发展理念。西方国家已经摒弃交通领域的消费主义，按出行的低碳标准来给交通工具定位。无论是德国、英国、荷兰、意大利，还是美国、日本都把自行车作为重点发展的出行方式。日本专家认为自行车在现代交通中是有效和最具竞争实力的，美国城市社会学家卡斯特告诫中国的城市规划师："千万不要扔掉自行车……你们有一套以自行车为主的交通系统，绝对应该保留。"其次要提倡和支持低碳出行。一方面，要利用大众传媒、交通讲座、社区教育等方式宣传低碳交通目标和低碳出行方式，宣传每个人在实现这一目标中的责任，培养低碳出行的自觉性。另一方面，要提倡和鼓励社会各界支持低碳出行。我国城市有些单位采取资助购买汽车、报销汽油票等方式为职工提供福利，客观上把居民引向高碳出行，必须取缔；提倡单位发放公交卡、绿色交通补贴，配备单位共用自行车，资助公交和自行车出行，从而形成全社会整合资源，支持低碳出行的氛围。

4. 发达的低碳交通技术

交通工具的低碳化依赖于低碳技术的开发和普及。机动交通工具的低碳化和非机动交通工具的提升将为低碳交通体系提供支撑。统计显示，我国各类汽车平均每百吨公里油耗比发达国家高20%以上，其中卡车运输的百吨公里油耗较国际平均水平高出近50%。据预测，如果全行业采用节能运输模式，全国公路运输行业营业性车辆汽柴油综合单耗将降低10%，可节约燃油800万吨左右。可见，我国交通技术需要完成节能和低碳双重任务，既要赶上发达国家的现有技术水平，又要向低碳新技术领域进军。除了继续研发和推广混合燃料汽车、燃料电池汽车、氢动力车、生物乙醇燃料汽车外，还要开发利用太阳能、风能、地热能等新能源和可再生能源的汽车。同时，研发轻质化材料，减轻机动车自重以降低油耗和排放。

无论机动交通工具如何低碳，终究还有碳排放，而非机动交通工具是无碳交通工具，更优越。因此，要大力创新和提升非机动交通工具。在开发低碳交通技术中，要把非机动交通工具重新提上日程，改进自行车等非机动交通工具的性能、舒适度和安全性，让自行车适合并吸引更多的人使用。当然，还可以另辟蹊径，发明更好的非机动交通工具。

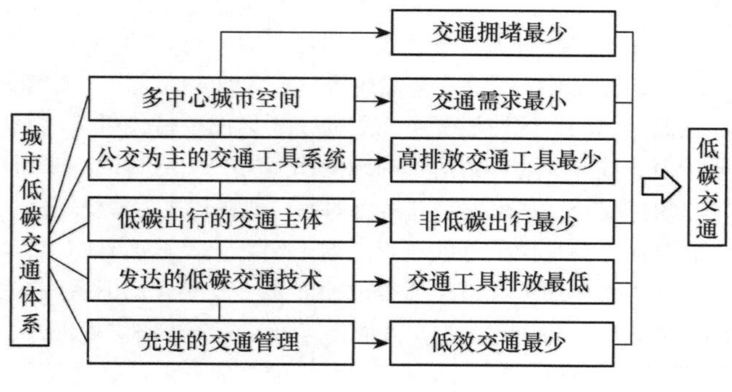

图1 城市低碳交通体系

5. 先进的交通管理

交通秩序是城市交通的保障，交通规则是交通秩序的根本，交通管理是维持交通秩序的基本方法。城市低碳交通体系中的交通管理既要维护交通秩序，也要监督交通工具低碳化。良好的交通秩序可以减少拥堵，降低排放；杜绝非低碳机动车上路是交通工具低碳化的保证。

交通管理落后是我国城市的普遍现象，要建设城市低碳交通体系就必须彻底改变交通管理的落后现状，使交通管理真正成为低碳交通的保障。建设符合低碳交通要求的交通管理，主要加快以下三个方面的建设。一是加快低碳交通法规体系建设。法律法规是低碳交通管理的前提，有法可依，才能有效禁止不合低碳要求的行为。低碳交通是新生事物，关于低碳交通的专项法律法规尚属空白，因此要加快低碳交通的立法，为低碳交通发展保驾护航。二是加快智能交通管理系统的建设。智能交通管理系统是把先进的信息技术、电子技术及计算机处理技术等有效地综合运用到交通管理体系，建立的实时、准确、高效、全方位发挥作用的交通管理系统。它是国际公认的解决城市以及高速公路交通拥挤、提高运行效率、改善行车安全等的最佳途径，可以使道路的通行能力提高2~3倍；车辆在智能道路上行使，停车次数可以减少30%，停车时间减少13%~45%；交通事故可以大幅降低。三是加快机动车排放检测管理建设。排放不达标的车辆任意使用必然导致交通低碳化功亏一篑，因此必须大力开发和提高机动车排放检测技术和管理方法，做到随时发现和禁止排放不达标车辆上路，保证上路的机动车全部达到低碳化标准。

二、统筹城市低碳交通体系与相关要素

1. 统筹城市化与城市低碳交通体系建设

城市化是解决交通问题的契机，并决定城市交通的未来。城市老城区由于种种弊端和限制，无法快速贯彻低碳交通理念，而新城市化区域恰恰可以根据低碳交通理念来建设。我国正处于快速城市化进程中，统筹城市化与低碳交通，是城市低碳交通体系全面可持续的需要。

统筹城市化与低碳交通体系建设，主要有三方面任务。一要防止汽车牵引的无序蔓延式的城市化。汽车具有塑造城市的力量，推动着人口郊区化和郊区城市化。芒福德针对美国城市人口郊区化指出："那种自动促使在乡村旷野中建起公路、小汽车和房屋住宅等的力量，并没有创造出一个区域城市，却产生了一个无定形的城市分泌物。停车场占地之广使乘小汽车来的车主在停放车辆后，要走好长一段路才能达到商店，这段路比他们在密度高的拥挤的城市里乘公共汽车或地下铁路下车后所走的路还要长，不过他们仍然保持着幻想家们关于小汽车能把他们'从家门送到目的地门口'的那种幻觉。"这样的城市化必然导致小汽车依赖、交通不便利和土地资源浪费，远离低碳交通目标。二要吸取老城区的教训，避免复制交通问题。老城区的许多交通问题是老城区的道路设施、空间布局、建筑密度、公共产品分布等原因造成的，新城区的建设必须全面吸取教训。如果将老城区的不合理因素带进新城区则意味着交通问题的复制和蔓延，交通问题永无解决之日，低碳交通体系也根本无法建成。三要把低碳交通规划贯穿于新城区的各领域。新城区的各要素都符合

低碳交通的要求，避免走事后改造和治理的老路和付出昂贵的代价。城市化过程中，城市交通排放问题不随之扩大，而低碳交通体系却随之延伸，这是建设低碳通体系的高效途径。

2. 统筹汽车产业与城市低碳交通体系建设

低碳交通体系要求多使用公共交通等低碳交通工具和自行车等绿色交通工具，少使用私人汽车等高排放交通工具，发展公共交通是低碳交通体系建设的应有之义。然而，在我国私人汽车正在快速普及，城市人口私人汽车拥有比例迅猛增长的背景下，只有统筹汽车产业与低碳交通体系建设，才能真正实现公共交通的快速建成和完善。

交通与产业的矛盾主要集中在小汽车方面，而小汽车的关系到公共交通的发展和低碳交通体系建设的成败。从低碳交通角度来看，限制小汽车是必须的；从产业角度看，汽车产业的重要性不言而喻。鼓励小汽车的生产和消费与限制小汽车的购买和使用这两种对立的观点同时存在，莫衷一是。有些学者在产业政策和交通之间提出折中方案———鼓励拥有，限制使用。这样似乎可以兼顾产业和交通。然而，调查研究却证明，小汽车拥有必然导向无限制的使用。何保红等人对南京市的调查研究表明：小汽车进入家庭后，它的商品属性将由奢侈品转变为生活必需品，小汽车的使用功能以家庭成员的通勤出行为主，使用水平很高。香港的调查也表明：居民一旦拥有小汽车，所有的外出活动都使用小汽车。由此可见，限制使用影响鼓励拥有，而鼓励拥有又加大限制使用的难度，二者是以兼顾的。

统筹汽车产业与城市低碳交通体系建设，必须将产业部门与交通部门联合起来，把貌似相互独立的汽车产业和交通联系起来考察，充分研究汽车产业对交通的近期和远期影响，寻求汽车产业与交通双赢的思路。无论如何，二者各自独立发展，只能导致矛盾加剧和交通问题恶化。

3. 统筹低碳交通体系与其他交通目标

城市交通发展理念陆续涌现，越来越多。其中影响较大的有现代化交通、绿色交通、生态交通、可持续交通、和谐交通、人性化交通等，理念的繁多和变换令人眼花缭乱、应接不暇，也导致交通建设无所适从、有始无终。城市低碳交通理念又是一个新理念，如果不明确它与其他理念的关系，就流于追风或在消失在理念丛林中。

统筹低碳交通体系与城市交通发展的其他理念，并不是在众多理念中做出唯一选择，归于一统，而是要把握各种理念的实质，将其整合成一个层次分明、结构严密的目标体系。低碳交通的中心是排放问题，它与其他理念是内在一致的、相容的，只不过是侧重点不一样。所以，低碳交通理念完全可以与其他理念整合成交通目标体系，在措施上相互协同、相互结合，在发展上相互促进、相得益彰，最终实现交通各目标，使交通更加符合社会的需要。

（作者单位：天津社会科学院社会学所）

城市绿色交通的实现途径*

陆化普

实现绿色交通是我国城市健康发展的重要组成部分，是构建和谐社会、全面实现小康社会在交通领域的具体体现。近年来在城市交通理论研究与实践探索的过程中，涉及城市可持续交通、绿色交通、低碳交通等诸多概念和内容。它们之间是什么关系？绿色交通的主要影响因素有哪些？其影响机理与影响模式是什么？如何实现城市绿色交通？这些问题是城市交通研究与规划领域面临的新课题。

一、有关概念与内涵

城市可持续交通的定义和内涵是：以较小的资源投入、最小的环境代价、最大限度地满足当代城市发展所产生的合理交通需求，并且不危害满足下一代人需求能力的城市综合交通系统。该系统应具有如下主要特征：安全、畅通、舒适、环保、节能、高效率和高可达性。交通运输系统的高效率和高可达性是保障国民经济持续快速发展、提高人民生活质量、保障国家安全的关键。高效率是指各种交通方式合理分工、无缝衔接、无效交通少、行程时间短。高效率的交通运输系统，能够大大降低生产成本、促进实现区域经济圈及经济带发展战略、降低物流成本、提高国际竞争力。高可达性是指综合交通系统的覆盖率高、利用方便、可选性好，体现公平性原则。城市可持续交通的发展目标包括满足交通需求、优化资源利用、改善环境质量、促进社会和谐、提高安全水平，从而实现社会、经济、交通和环境的良性循环。

绿色交通是一个理念，是以减少交通拥挤、降低能源消耗、促进环境友好、节省建设维护费用为目标的城市综合交通系统。绿色交通的狭义概念更加强调交通系统的环境友好性，主张在城市交通系统的规划建设和运营管理过程中注重环境保护和生活环境质量。绿色交通的广义概念包含了推动公交优先发展、促进人们在短距离出行中选择自行车和步行的出行模式，节约能源、保护环境、建立公共交通为主导的城市综合交通系统等。

低碳交通则进一步强调了减少温室气体（GHG）排放这一全球性命题和关乎人类社会命运前途的关键问题，重在强调采取各种措施减少交通运输带来的CO_2排放量。

由此可见，绿色交通的本质是建立维持城市可持续发展的交通体系，以满足人们的交通需求，同时注重节约资源、保护环境和社会公平。绿色交通具有明确的可持续发展的交通战略目标，能够以最少的社会成本实现最大的交通效率，与城市环境相协调，与城市土地利用模式相适应，多种交通方式共存，优势互补。因此可以说，从广义上看，绿色交通等价于城市可持续交通；从狭义上看，可持续交通包含绿色交通。

二、绿色交通的主要影响因素

研究探讨影响绿色交通的主要因素和影响机理，是实现城市绿色交通的基本前提。影响绿色交通的因素很多，可以从降低交通需求总量、减少道路网络内机动车数量、改善机动化交通整体运行状况，改变机动车单体排放水平，以及改变出行者的交通行为特征等5个角度来认识。

图1是绿色交通主要影响因素与影响关系图。可以看出：

（1）城市形态和土地利用模式将会影响城市交通需求总量、时空分布特点、交通出行距离特性等，是影响绿色交通的第一因素。合理的城市形态和土地利用模式，能够减少交通需求总量以及改变交通需求的若干特性，实现减少交通有害气体排放总量的目的。

（2）当城市交通需求总量一定时，通过优先发展城市公共交通、提高公共交通分担率、减少道路上的机动车总量，实现减少汽车尾气排放总量的目的。

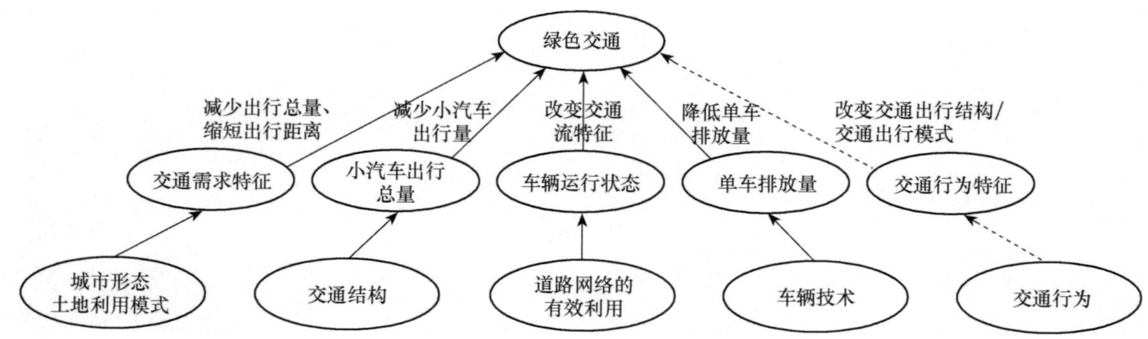

图1　绿色交通的主要影响因素及影响关系图

* 本文转载自《城市交通》2009年第6期。

（3）建立合理的道路网络结构，并通过科学的交通管理，实现交通畅通有序的良好运行状态，大量减少怠速、低速、走走停停等不良工况，实现有效减少汽车尾气排放的目的。

（4）通过提高车辆技术、制定严格的排放标准，实现降低机动车单车排放量的目的。

（5）人的认识和交通行为是保证实现上述目标的重要条件。因此，不断提高居民的环保意识，促进城市居民利用公交、自行车和步行方式出行，是实现绿色交通的基本前提和重要举措。

三、绿色交通规划原则及要点

绿色交通坚持“以人为本”的规划原则，注重人的舒适性，考虑人的可达性高于车辆的可达性。不仅要考虑交通出行者的舒适性、安全性和高效性，同时也要考虑道路周围居民是否受到尾气污染、噪声、振动等危害。绿色交通更深层次的含义是和谐交通，包括交通与环境的和谐、交通与资源的和谐、交通与社会的和谐以及当今的交通行为对未来的影响。

绿色交通规划注重系统内部的协调性和效率性，以及与外部系统的协调共生。一方面，看到发达国家在城市交通发展过程中经历的需求导向、效率导向和环境导向 3 个阶段，我们应该充分借鉴其经验，走城市可持续交通的发展道路。可通过以下主要途径积极促进绿色交通的发展完善：建立方便、快捷的多层次公共交通系统；为步行和自行车交通提供空间；引导私人小汽车适度、合理使用；不断提高交通工具的环保性能；积极建设智能交通管理系统。另一方面，只有从整体上对城市布局、土地利用、道路系统的合理性及其使用效率、资源投入和环境保护等进行一体化考虑，才能实现绿色交通，尤其要重视以下几个方面：交通与土地利用的一体化；交通与生态系统的协调；交通与环境保护的协调；交通决策的科学化与公众参与。

四、措施建议

1. 高度重视交通与土地利用的整合规划，做好综合交通枢纽规划设计

交通系统要支撑城市功能和空间发展战略的实现，交通规划设计要与周边的用地性质相协调。因此，在规划中要引进交通与土地利用的互动机制。TOD 模式是实现交通与土地利用整合发展的途径与手段，既是阻止城市无序蔓延的一种可选方法，也是一种特殊的土地开发模式。其核心主张是紧凑布局、混合使用的用地形态，提供良好的公共交通服务设施，提倡高强度开发以鼓励公共交通的使用；为步行及自行车交通提供良好的环境；公共设施及公共空间临近公交车站；公交车站为本地区的枢纽。

无缝衔接、零距离换乘是当前综合交通发展追求的目标，交通枢纽规划设计的好坏是影响交通运输系统效率的第一因素。高速铁路、高速公路应与城市交通系统紧密衔接，各种交通方式应通过交通枢纽实现一体化。好的交通枢纽必须做到物理空间一体化、运营管理一体化、信息服务一体化、票价票制一体化，从而最大限度地方便乘客，提高公共交通的分担率和服务水平，使综合交通枢纽成为环境温馨、方便舒适、有巨大吸引力的公共空间。

2. 扎扎实实落实公交优先战略，推进城市公交、自行车加步行的城市交通模式

无论是可持续交通，还是绿色交通、低碳交通，其核心本质都将是建设以公交为主导的城市综合交通系统。因此，全面规划、精细设计公交系统，是城市交通发展战略的核心环节。实施公交优先应采取系统对策，公交优先的成败在于细节，精细设计上要真正落实公交优先。

步行是城市居民重要的出行方式，大多数城市步行交通分担比例均在 20% 以上，有的甚至高达 50% 以上。但是，目前我国许多城市对步行系统规划不重视，很少做专项步行系统规划，对行人出行需求（人性化需求）考虑不足，现有步行系统缺乏整体性和连续性，而且存在步行空间被挤占等问题。

一个与城市发展相适应、与公共交通一体化、无缝衔接的安全、舒适、方便、高效、低成本的慢行交通系统（自行车与步行），有助于打造舒适、健康、可持续发展的高品质城市。长距离、高强度的出行需求由公共交通来完成，衔接交通、短途出行由自行车加步行的交通方式来解决，这是一种可持续发展的绿色交通模式，有条件的城市应向此方向努力。厦门、杭州等城市积极探索公交、自行车加行人系统的“以人为本”的规划建设，为城市居民出行带来了舒适和方便，为城市交通发展融入了新的元素。另外，北京、杭州、上海等城市发展的公共自行车系统是在新形势下振兴自行车交通、推进绿色交通建设的宝贵尝试。

3. 提高道路网络建设的合理性，处理好城际交通与城市交通的衔接问题

在我国城市掀起基础设施建设高潮的同时，道路网络建设的合理性问题日益凸显。我国部分城市目前存在过分追求宽而大的道路，且对行人、非机动车交通空间轻视、蚕食的现象，这与绿色城市交通背道而驰。宽而稀疏的道路网络通行能力低、不便于交通组织、造成过多的交织行为和行人过街的极大不便。在道路网的规划设计中，首先要强调道路性质与周边用地的协调，不同性质用地决定了道路的不同功能，进而决定了道路的横断面构成和道路交通管理方案；其次，应注重道路的级配结构和连通关系，避免左转车辆严重阻碍对向直行车流以及直行车流妨碍右转车辆进入右转专用车道等现象。

发达国家经验表明，城际铁路应将铁路客站保留在大城市中心，实现最大限度方便城市对外交通，适当兼顾城市通勤出行，同时又最大限度减少与城市交通发生冲突，这是处理铁路与城市关系的关键问题。高速公路应该绕城设置，但与城市快速路或城市主干路要很好地衔接，实现排除过境交通和方便进出城市的双重功能。

4. 完善道路安全设施，强化精细的交通工程设计

我国道路普遍存在交通安全岛、隔离护栏、标志标线等

交通安全设施缺失或设置不合理的现象，是造成交通安全水平低的重要因素之一。双向6车道以上道路应全部设置行人过街安全岛，以交通功能为主的主次干路酌情设置隔离护栏，完善过街斑马线和其他标志标线。

交通系统的效率、秩序和安全性很大程度上可通过合理、科学的交通工程设计来实现，经过十几年的努力，我国的交通工程设施水平已经得到很大提高。例如，交叉口渠化寸土必夺、分秒必争的管理原则，具有很大的启发意义。应该通过精细的交通工程设计，挖掘尚未被充分利用的路段交叉口时空资源的作用。与此同时，要持续努力改变人的交通行为并进行交通文化建设，这是提高交通安全性和交通设施使用效率极其重要的基础性工作。

5. 强化停车设施的规划建设

提供必要的停车设施是改善交通秩序、提高交通设施利用效率的重要途径。应根据规范要求和城市交通发展战略，建设必要的社会停车场。通过分析，设置适量的路边停车泊位。

6. 科学实施交通需求管理

根据不同发展阶段的特点和交通需求特性，采取合理的交通需求管理措施以实现城市交通供求关系的动态平衡，是我国城市的长期任务，这是由我国快速城镇化、交通系统发展无法满足迅速增长的交通需求以及城市可持续交通的发展目标所决定的。1978～2008年我国城镇化率由17.9%增长至44.9%，与此同时，大众化的交通方式运行状况不令人满意。我国城市交通系统趋于失衡，道路交通拥挤、停车难、城市交通环境污染问题严重、传统交通管理以解决车辆移动为出发点满足机动化出行等问题，均需综合采用交通需求管理对策来解决。

7. 全面开展道路交通安全评估

我国道路交通安全形势非常严峻，2008年道路交通死亡人数73484人，造成严重的生命财产损失，给众多家庭带来悲剧。道路交通安全评估的目的就是从系统工程、交通工程原理出发，发现城市道路系统中的安全隐患，排查交通事故多发点段，分析交通事故成因，有针对性地提出交通安全对策，消除交通事故隐患，以减少事故发生的可能性，提高道路交通的安全性，进而从根本上消除或减少产生交通事故的因素，降低道路交通死亡率。为科学、系统地梳理分析城市道路交通安全问题，提出降低交通事故、提高交通安全水平的途径与方案，有效指导城市道路交通安全工作，应从理论和实践的角度推进中国城市道路交通安全评估工作的开展，将城市交通安全评估工作纳入城市交通规划管理的法定程序。

六、结语

绿色交通是机动化社会的理想追求，也是人类发展的必然选择和义务。未来城市的理想模式是生态城市模式，支撑生态城市的理想交通模式是以城市公共交通为主体、自行车和步行为主要辅助交通方式的城市综合交通系统。绿色交通不仅是概念，它应该成为各级政府、各职能部门和全体人民的共同行动。本文探讨了绿色交通的实现途径，主要研究结论如下：

（1）绿色交通是城市可持续交通的组成部分，是城市交通的发展方向。

（2）公交、自行车加步行的交通方式符合我国大多数城市的需求特性，是符合紧凑型开发、土地有效利用的健康发展模式。

（3）实现可持续交通的技术关键是交通与土地利用的整合和公交优先的推进。

（4）实现可持续交通的环境条件是政府及其职能部门的有效协调和强有力的政策引导。

（5）绿色交通应该成为全体人民的追求目标和共同行动，应该成为风尚。

（作者单位：清华大学交通研究所）

低碳经济下的交通产业发展战略*

石　悦

一、低碳经济的内涵

低碳经济有很多表述方式，站在不同角度有不同的理解，总的来说，低碳经济是一场覆盖社会各方面的变革，它以最少的碳排放量、最小的生态环境代价和最低的社会经济成本为出发点，是绿色经济和和谐社会的有机组成部分。究其本质，低碳经济是一场涉及生产模式、生活方式、价值观念和国家权益的全球性能源经济革命。

二、交通产业与低碳经济

我国是世界第一能源产出大国，第二能源消耗大国，第二温室气体排放大国。近年我国经济迅猛发展，但高发展是以能源的高消耗为代价（表1）。2003～2005年，我国能源消费增长率高于GDP的增长速度，2006年能源消费增长率基本和GDP的增长速度相当，即我国能源消费弹性大于1。

为了限制温度上升2.0～2.4bC，联合国政府间气候变化专门委员会指出，2050年前全球温室体排放量必须较2000年减少50%～85%。为达到这一目标，各部门都必须减少自身的温室气体排放量。

1. 交通领域的碳排放

低碳经济几乎涵盖社会各个领域，涉及经济、生产、消费、生活、城市、社区、家庭等方面，但所有领域都离不开交通产业作为一种必须的辅助性工具的支持。

交通领域的碳排放有其产业本身的特点。

一是所占比重大，碳排放量仅次于电力产业和石油化工等能源产业所占的比重（表2），2002年的数据显示运输业的碳排放占总量的21%。在美国，运输业所产生的温室气体排放量占全美排放量的29%（其中95%是CO_2），超过全球排放量的5%。

二是增长速度快。最近数十年，运输业的温室气体排放量稳定的增长着。从1990年到2006年，美国运输业的温室气体排放增长了27%，几乎占据了同一时期全美温室气体排放增长量的二分之一。我国正处在城镇化快速进程中，随着私家车保有量的不断攀升和人们日常出行方式的改变，直接导致交通领域的碳排放成为我国碳排放增长最快的领域之一。

三是刚性排放，很难大幅度减少。刚性碳排放是指/在社会经济发展中无法绕过的、必须涉及的领域0，即在时代的前进过程中，大部分产业的耗能会逐渐减少，但交通耗能不仅不会减少，相反会增加。一份来自奥斯陆气候和环境国际研究中心发表的一份研究报告指出，过去10年全球二氧化碳排放总量增加了13%，而源自交通工具的碳排放增长率却达25%；欧盟大部分工业领域都做到了成功减排，但交通工具碳排放却在过去10年增长了21%。

2. 交通产业在低碳经济中的角色定位

按照操作层面的细化程度，一般将低碳经济的发展模式划分为三个层面（图1），其中低碳产业体系是低碳经济的核心。

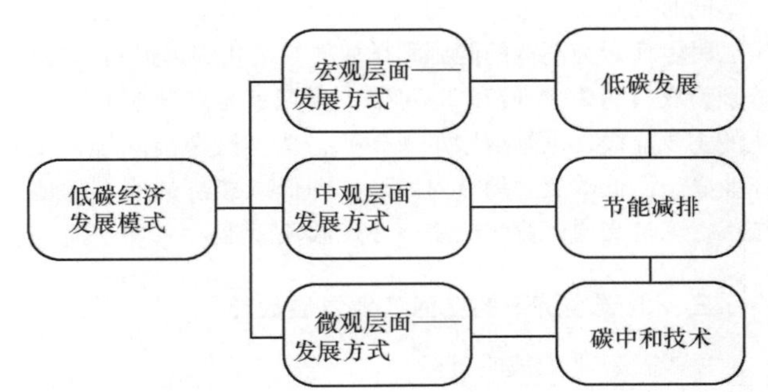

图1　低碳经济发展模式框架

交通产业是指提供交通运输服务的所有直接社会经济行为的总和，凡经营交通行业系统本身的行为，如运营、管理、检修及任何生产交通专用设备的部门均属交通产业。具有社会公益性，不单纯以盈利为目的；是一个系统；具备经营理念，以经营管理、创新调整为手段寻求交通产业的优化，而非强调竞争，这些都是交通产业的产业特征。根据其自身特性，交通产业对应发展模式的宏观和中观层面，是整个体系中的重要组成部分。交通产业在低碳经济中的角色定位很大程度上受我国发展现状的影响。"十一五"以来，我国正处在工业化和城市化快速发展时期，能源、钢铁、建材、机械制造等重工业也处在新一轮的经济增长阶段，低碳经济不仅要求工业向低碳化转型，同时更要求城市快速向低碳化转型，以此带动整个社会和国家向低碳化的快速转型。

1994～2006年GDP和能源消费增长率（单位:%）　　**表1**

年份（年）	1994	1995	1996	1997	1998	1999	2000	2001	2002	2003	2004	2005	2006
GDP增长率能	13.1	10.9	10.0	9.3	7.8	7.6	8.4	8.3	9.1	10.0	10.1	10.4	10.7
源消费增长率	5.8	6.9	5.9	-0.8	-4.1	1.2	3.5	3.4	6.0	15.3	16.1	10.6	9.3

* 本文转载自《兰州交通大学学报》2010年第5期。

2002 年全球与能源有关的二氧化碳排放量（单位 Mt） 表 2

	OECD 国家	经济转型国家	发展中国家	世界合计	各行业所占比例（%）
电力行业	4 793	1 279	3 354	9 417	40
石油等其他行业	1 723	400	1 945	4 076	17
运输业	3 364	275	1 245	4 914	21
居民和服务业	1 801	378	1 068	3 248	14
其他	745	111	605	1 924	8
合计	12 446	2 444	8 426	23 579	100

结合交通产业的特殊性和我国发展现状，交通产业在低碳经济中的定位应为：交通产业不仅要通过改变自身的发展方向和产业结构快速融入低碳经济的发展模式中；通过减少交通领域的碳排放量、减缓交通领域碳排放增长速度，为工业和城市的低碳转型提供支持，尤其对城市的快速转型起到稳定有力的支撑。

同时要重视城市交通对低碳经济的影响。研究表明：城市居民生活行为消耗的能源和排放的二氧化碳远远高于农村，分别为农村的 2. 96 倍和 2. 74 倍，出城市是全球应对气候变化的主要前线，也是成败的关键点。为实现节能减排，交通产业必须向低碳交通的方向发展，即低碳经济的前沿阵地是城市，未来交通产业的战略核心是低碳交通。

三、低碳经济下的交通产业发展战略

1. 交通产业的战略目标

机非混行的交通模式、庞大的人口、日益剧增的机动车直接导致我国众多城市的交通现状与低碳经济的理念相违背，具体表现在交通工具燃料单一、燃料效率低，出行条件差、车辆拥堵时有发生等，这些直接导致了整个运输系统效率低。

在低碳时代，交通产业的战略目标是要通过节能减排实现全社会的低碳发展，其产业结构中每一组成部分的战略目标如图 2 所示。

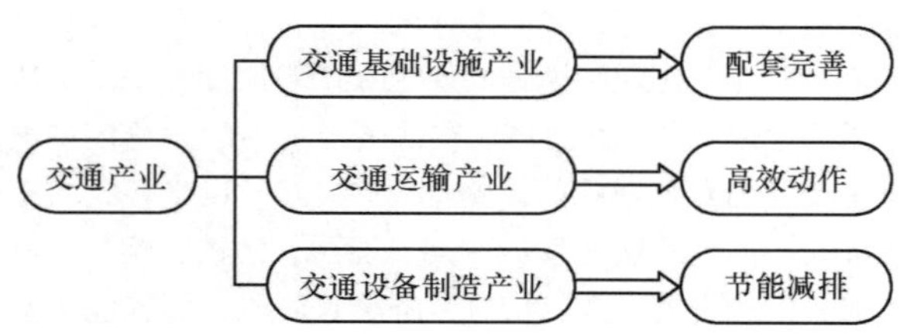

图 2 交通产业各组成部分战略目标

2. 交通产业发展战略

（1）低碳燃料

低碳燃料战略包括发展、引进碳含量低和能够减少温室气体排放的替代燃料。替代燃料包括乙醇、生物柴油、天然气、液化石油气、混合或人造燃料、太阳能和电能。替代燃料对交通领域的减排取决于多种因素，不仅与原料供给、生产方法、能源中的含碳量有关，同样与现阶段的土地利用、改装车辆或是新型车辆，以及替代燃料的商业化程度密切相关。

低碳燃料的普及需要很长的实现周期，但效果是显著的。未来，如果开发燃料电池和低碳制氢技术成功，并且实现车载储能技术，每辆以氢燃料电池为动力的车辆（相比常规车辆）可减排 80% 的温室气体。

（2）提高车辆燃油经济性

提高车辆燃油经济性战略是指通过研发、引进先进的传动装置并减少滚动阻力，进而减少车辆的燃料利用和温室气体排放。这要求多项技术的改进和发展，例如混合电能动力系统、空气动力改进装置、高效率的发动器等。在低碳甚至零碳燃料推广应用前的很长一段时间中，交通领域的减排将依赖于功能转换效率更高的驱动系统。

研究表明，轻型车辆通过技术改装以明显减排，相比于传统的车辆，每一汽油车辆减排 8% ~30%，柴油车辆减排 16%，混合电能车辆可以减排 26% ~54%；通过利用气动整流罩、滚动阻力较低的轮胎或铝制车轮等装置，每辆重型卡车（相对于传统卡车）可以减排 10% ~15%。

提高燃油经济同样可以应用在铁路、水运部门，通过发展高效的飞机和引擎技术，采取更节能的操作程序，利用先进的可再生燃料，预计在 2015 ~2035 年，铁路和水运交通工具可以减排大约 20%，飞机可减排 1. 4% ~2. 3%。

（3）提高运输系统效率

提高运输系统效率战略是指从系统的角度出发，通过优化整个运输系统的设计、建设、运行，达到减少能源利用和温室气体排放。

运输系统效率低的主要表现为交通拥堵，因交通拥堵而导致的燃油消耗和温室气体排放并不是个小数目。美国每年因走走停停拥挤的交通状态而浪费的燃料就接近 30 亿加仑。2000 年以来，我国已投入超过 2 万亿治理城市交通。由此可见，有效的交通管理手段和拥堵缓解政策不仅可以达到减排的效果，而且可以节省巨额资金的投入。

（4）减少高碳强度的出行

减少高碳强度的出行战略是指通过减少出行需求、选择更节能的出行方式、增加车辆搭载人数、鼓励拼车、减少路上车辆行驶里程等方法实现交通领域的节能减排。

我国拥有占世界 1/5 的人口，不可能像发达国家一样用小汽车解决人们的出行。在公路、铁路、水运、航空、管道五种运输方式中，铁路的能耗小、污染少、运量大，相比之下是最经济节能的交通工具。随着客运专线、城际铁路的开通，轨道交通的便捷、安全、舒适日益凸显，被越来越多的人所接受，让人们更愿意选择高速铁路作为城际出行的交通方式。在小汽车还没有完全普及的情况下发展轨道交通，引导人们正确的出行方式，是减少高碳强度出行的主要策略之一。

公交系统和慢速交通系统的改善也是减少高碳强度出行的重要策略。行车作为一种零碳的交通工具，是居民日常近距离出行的首选。将以自行车和步行为主的慢速交通系统纳入到城市交通系统中，通过设置自行车专用车道和停车设施，为慢速交通系统提供一个良好的出行环境，尤其是城市的

CBD，通过政策和良好的出行条件鼓励人们选择公交和慢速交通出行，将大大减轻城市中心区域的出行压力和交通对环境的负面压力。我国一些城市已经开始实践，都江堰高铁站附近有3个自行车租借点向市民提供自行车。成都最近开始示范运营零排放、低噪音的纯电动公交车，同时川汽集团正在研发纯电动出租车，按成都制订的计划，2012年，将推广电动出租车上路运营。

同时，ITS的应用可以更好地实现低碳交通。通过ITS服务，人们的出行更方便快捷，通过减少出行时间和出行距离节省了燃油消耗。不仅如此，ITS在交通规划、基础设施的配备上也可以达到低碳目的。如在智能高速公路配备太阳能交通标识灯、太阳能道钉、道路监测传感器、电子信息提示牌及随时待命的清障车等低碳设施。太阳能道钉通过吸收太阳能，不过是在阴天还是晚上都很方便实用，与普通照明方式相比，大大减少照明成本和二氧化碳的排放量；道路监测传感器不仅监测车流量，记录道路运行的基础数据，通过监测道路承受的压力，及时修复受损道路，方便车辆通行；电子信息提示牌随时显示前方道路情况，当发生交通拥堵时，显示最近的火车站和道路，方便驾驶员及时改变行车路线，准确到达目的地。发生事故时，清障车可以在几分钟内赶到事故现场拖走事故车辆，清理现场，不影响其他车辆的通行。

人们观念的转变对低碳策略的实施起到了非常重要的影响作用。调查显示，城市交通的节能减排依赖于城镇居民消费方式的转变。在交通领域，通过媒体加大社会宣传力度，引导人们正确的消费理念，让消费者愿意选择清洁的交通工具，积极使用轨道、公交出行，选择环保经济的清洁车辆，有良好的驾车习惯，这些不仅可以改善交通运行环境，更是从根本上实现低碳交通，有利于整个社会快速想低碳经济的方向发展转型。

以环保驾车为例，即使同一种车辆，因驾驶习惯不同，会导致不同的耗油量和排放量。瑞典世界上率先实行“考驾照—先学环保驾车”的国家，其“环保驾车法”要求司机在驾驶过程中将对环境的破坏降到最低。欧洲经验也说明通过教授高效驾驶和车辆保养程序的环保驾驶具有减排1%～4%的潜力。我国的机动车私有化正处在一个急剧上升阶段，现阶段的交通管理不仅要限制私家车数量，更要引导驾驶者高效环保的使用车辆，推行低碳驾车的理念。如，小客车每增加100公斤载重，耗油约增加3%；高速公路90km/h的速度较110km/h省油20%。

运输定价策略对减少高碳强度的出行也有显著效果。美国的研究显示，通过广泛的实施运输定价策略，如5分/英里/车辆的费用，1美元/加仑的汽车燃料税，或是车辆驾驶保险，在5～10年可以减少3%甚至是更多的运输温室气体排放。

（5）碳收费

为达到运输产业的减排，碳排放与碳交易的收费政策是必要的。增加整体碳经济的花费，通过碳排放与交易或是碳税，为消费者和商业减少CO_2排放提供经济刺激。碳收费的目的是在不影响生活质量和经济的前提下，减少运输部门碳排放。对价格政策起决定性作用的是高碳出行替代选择的有效性，这些替代选择包括使用低碳燃料，购买燃油经济性更好的车辆，使用公共交通或城际铁路，远程办公，合乘，发展减少长距离出行紧凑用地模式。没有替代选择，消费者就不得不面对高消费或是降低生活质量。

通过减少出行需求、鼓励低碳燃料和节能车辆的利用，碳排放收费政策影响上述所有战略。通过碳收费，美国预计2030年可以减少4%的运输温室气体排放，在更远的将来减少得更多。

（6）政府的角色

政府应根据不同产业的特点，以量化的形式明确各个产业要承担多少减排量，有针对性地制定一系列条例规程和标准，标准的制定不仅促进低碳经济最终减排目标的实现，也能够刺激研究和开发。

政府的交通计划和投资决策对低碳经济的发展有决定性作用。交通计划和投资决策不仅可以使运输体系完整，而且形成合理的土地利用计划。有些社区，工作、家庭和其他目的地彼此间距离很远，常常产生车辆的单独出行和长距离的货物运送。通过合理的土地利用计划，减少行驶频率和出行距离，提高运输网络的运营效率，这些出行行为的改变不仅减少家庭的出行费用，同时减少对国外石油的依靠，到节能减排的目的。

税收鼓励政策、财政鼓励政策及其他鼓励政策对交通的低碳化有积极的推动作用，带动个人、企业、产业投身低碳经济的积极性。

如部分退款和综合税制能够鼓励高效和低碳车辆的购买；适当提高汽车燃料税，收取各种道路费用或是车辆行驶里程费用可以为减少出行距离、选用低碳出行方式的出行者提供奖励。针对改装或新型的高效重载车辆、铁路、航空、水运交通工具，税率奖励和低息贷款能够鼓励各部门的效率提高。

上述每一战略（车辆效率、低碳燃料、系统效率、减少高碳出行）都要求政府政策的履行，用法律保证各项政策的贯彻落实，确保温室气体排放量的减少高于商业利益是必不可少的。

（7）系统性

交通产业是一个系统，在整个社会实现低碳经济的过程中，系统的观点要始终贯彻其中，各学科间研究和技术调度促进节能减排的最终实现。例如，通过几十年的努力，小汽车行驶每100km的耗油量下降了50%，但小汽车总量增加了几十倍，显然能源消耗和二氧化碳排放量也增加了许多倍。同样，轨道交通的建设成本巨大，运营时所有的设备都在运行，从此角度轨道交通本身是高碳排放，但它可以为社会服务几十年，甚至更长的时间，从减少整个社会碳排放的角度看，它是环保经济、低碳排放的。新能源新技术的研究、开发和利用需要大量的人力、物力和资金投入，但节能减排的效果和社会效益远远大于资金的投入。

上述战略的组合使用或共同执行，可以相互促进甚至加强节能减排的效果，这也充分体现了系统的整体性。

（作者单位：西南交通大学交通运输学院）

中国城市低碳交通建设的现状与途径分析*

张陶新　周跃云　赵先超

最近几年，中国交通运输部门化石能源消耗年均增长率为10.8%，比全社会总能耗年均增长率高出1.06%，已经成为能耗增长最快的部门之一，而且还将逐渐成为中国未来能源需求和碳排放增长的主要贡献者。从交通运输业的能源消耗结构来看，2007年中国交通运输业能源消费总量中，城市客货运输部门的能耗就占了交通运输总能耗的40%，城市交通所消耗的汽油和柴油占了交通运输业所消耗总量的80%，这一比例还将会随着机动车保有量的快速增长而增加。中国的石油能源主要依赖进口，我国2008年的原油对外依存度已超过47.9%。因此中国城市交通走低碳化的发展道路不仅是减缓全球气候变暖的重要途径，而且也是应对中国未来能源安全的挑战，实现中国城市交通可持续发展的新选择。

一、中国城市低碳交通的界定

中国经过30多年的改革开放，人民生活水平整体上得到了显著提高，但地区差别较大，距离中等发达国家水平也还有很大的差距。中国的道路密度不到发达国家的40%，人均道路长度也不足发达国家的50%，中国千人汽车保有量还不到发达国家最低水平的10%。总体来看，中国除个别城市外绝大部分城市的人文发展水平较低，实现经济社会可持续发展仍然是未来50年中国的第一要务。根据中国经济社会发展的实际，参考交通可持续发展的有关概念，我们认为，中国城市低碳交通可以界定为：

城市低碳交通是在最大限度地满足社会经济发展对城市交通运输需求的基础上，以尽可能少的化石能源消耗和尽可能减少温室气体排放，为人流和物流提供安全、便捷、舒适和公平的服务。

城市低碳交通的内涵可以从以下四个方面来理解：

1. 城市低碳交通不是一种新的交通方式，而是一种新的发展理念。其核心在于提高交通运输的能源效率，改善交通运输的用能结构，优化交通运输的发展方式，引导人们合理出行。其目的是在降低能耗和减少碳排放量的同时，增加运载能力，为人流和物流提供安全、便捷、舒适和公平的服务，不断满足人们的生产和生活对城市交通运输的需求。

2. 城市低碳交通建设是一项系统性工程。规划、建设、维护、运输、交通工具的生产、使用、相关制度、技术保障措施、人们的出行方式和运输消费模式等等都需要用"低碳化"的理念予以改造和优化，实现交通领域的全周期全产业链的低碳发展。

3. 城市低碳交通建设是实现城市可持续发展的一种有效途径，要与当地的人文发展水平相适应。随着中国城镇化的加速和人们生活品质的提升，居民对机动化的出行方式追求越来越高，在加快城市交通建设的过程中，需要转变主要依靠土地、化石能源等高投入高碳排放的粗放型发展方式，现阶段尤其需要加大节能减排力度，实现城市交通可持续发展。

4. 在城市交通基础设施建设和交通方式选择上鼓励低能耗的交通工具和方式，以尽可能少的能源消耗并尽可能减少温室气体排放，实现尽可能多的人和物的流动，使得社会经济、城市交通和资源环境相互协调发展。

城市低碳交通体现在陆路低碳交通、水上低碳交通和空中低碳交通三种形式上，其中陆路交通是城市交通的主要形式，城市陆路低碳交通建设主要从城市道路系统、城市（客货）运输系统和交通管理系统三个方面来进行。

城市低碳陆路交通从地域上来看，体现在对外低碳交通和内部低碳交通上，前者以城市为单元，泛指一个城市与其他城市或地区之间的陆路交通联系低碳化，后者指城市内部各交通产生点和吸引点之间的陆路交通联系低碳化。城市内部交通总体上可分为市内客运交通和货运交通，市内客运交通方式主要有步行、自行车、摩托车、小汽车、常规公交、出租车、大运量快速公交和轨道交通。客运交通是城市交通中面临的矛盾和问题最突出的部分，是城市低碳交通建设的主体。

本文仅就城市陆路特别是城市客运低碳交通建设中的有关问题进行分析研究，而且下面涉及的城市除了特别说明之外，是指以非农业产业和非农业人口集聚为主体的居民点，不包括按国家行政建制设立的市行政区域内所辖各农业县（市）、区。

二、中国城市交通碳排放分析

1. 中国城市交通能耗分析

（1）中国城市发展及其客货流量变化

从2000年到2008年，城镇化率平均每年增长约1.2个百分点，城市建成区面积由22439.3km^2增加到36295.3km^2，平均每年增长6.2%。随着城市人口和城市空间的急剧膨胀，居民出行需求总量以及货物流动量迅速增长，2000~2008年，城市公路客运总量就从128.85亿人增加到213.51亿人，增长了65.7%；城市公路货运总量从91.62亿吨增加到177.99亿吨，增长了94.27%。城市客货流量的快速增长，导致了城市交通能源消耗量的快速上升。

（2）中国城市交通能源消耗

城市交通主要消耗汽油和柴油，2004年城市交通运输柴油消费量占交通运输柴油消费量的52%，2007年占58%，年

* 本文转载自《城市发展研究》2011年第1期。

均增长2个百分点。城市交通汽油消耗占交通运输部门消耗量的比例我们按80%进行估算，柴油以2004年为基准，按每年增加2个百分点估算其余各年的消耗量，从而可以得到2002～2007年城市交通汽油与柴油的消耗量如表1。由表1可知，2002～2007年，中国城市交通汽油消耗量增长了96.17%，年均增长14.43%；柴油消耗量增长了173%，年均增长22.25%。因此，面对中国城市交通汽油和柴油急剧增长的趋势，降低城市交通化石燃料消耗是中国实现碳减排的重要手段之一。

2002～2007年城市交通能源消耗情况

（万吨标准煤）　　　　**表1**

年份（年）	2002	2003	2004	2005	2006	2007
汽油	1 634	1 770	2 191	2 717	2 908	3 205
柴油	1 779	2 160	2 641	3 291	40 956	4 857

资料来源：根据《中国能源统计年鉴》（2008）的有关数据整理。

（3）城市交通系统各类交通工具能源单耗

在城市交通系统中，不同的交通工具其能源单耗（每人公里或每吨公里的能源消耗量）是不同的。以公共汽车为基准，自行车、快速公交有轨电车、轻轨、地铁、无轨电车、摩托车、小汽车的能源单耗分别为0、0.3、0.4、0.5、0.8、5.6、8.1。因此，在各种机动交通工具中，小汽车是能源单耗最大的，而公共交通工具（轻轨、地铁、有轨电车、公共汽车）能源单耗是最小的。

2. 中国城市交通碳排放现状分析

（1）城市交通CO_2排放量变化状况

我们采用公式$C=\sum E_i \times \eta_i$计算全国与城市交通CO_2排放总量，其中E_i为第i能源消费量，按万吨标准煤计，η_i为第i种能源的CO_2排放系数（参照IPCC的测算值），由于无法获得城市交通能源消费的准确数据，而且我们主要是对城市交通CO_2排放量的变化趋势进行分析，因此以城市交通所消耗的汽油和柴油量作为城市交通能源消耗的估计值，不影响我们的分析结论，具体计算结果见表2。由表2可知，2002～2007年，城市交通部门CO_2排放量总体约增长113%，高于同期全国CO_2排放量总体增长率37.2个百分点；城市交通部门CO_2排放量年均约增加16.49%，高于同期全国CO_2排放量年均增长率4.54个百分点。

2002～2007年城市交通部门

CO_2排放情况（单位：亿吨）　　　　**表2**

年份（年）	2002	2003	2004	2005	2006	2007
交通CO_2量	0.77	0.88	1.06	1.28	1.46	1.65
全国CO_2量	38.9	45.0	52.2	57.8	63.4	68.4

资料来源：根据《中国能源统计年鉴》（2003—2008）的有关数据整理。

（2）典型城市交通CO_2排放情况

我们从中国50万人口规模以上的各类城市中选取29个代表性城市分析其交通CO_2排放情况，并用下面公式估算城市交通人均CO_2排放量：$C=(\sum P_i \times R_i + \sum Q_i \times T_i)/R$，其中C表示城市交通人均$CO_2$排放量（克/人），$P_i$和$Q_i$分别表示第$i$种客运工具和货运工具的能源单耗，$R_i$和$Q_i$分别表示第$i$种客运工具的城市客运周转量（万人公里）与第$i$种货运工具的城市货运周转量（万吨公里），$R$表示城市人口（万人）。由于各种交通工具运输周转量的数据难以获得，我们只能进行大体估算。就城市客运工具来说，杭州市人均每公里CO_2排放量为54.9克，北京和上海市人均每公里CO_2排放量分别约为63克和58克，本文对各城市客运CO_2排放量的估算就以这三个城市的平均值来测算，城市货运CO_2排放量按照150克/吨公里测算，计算得到各城市2005～2008年的人均CO_2排放量，从而得到各城市人均CO_2总体增长率（图1）。

从人均CO_2总体增长率来看，人均最高的是哈尔滨为43%，其次是沈阳和成都为40%；人均最低的是北京为5%，其次是南昌和银川，分别为6%和7%。各城市人均CO_2增长速度快慢不一，但总体上，中国城市交通碳排放量的增加很快，碳减排形势不容乐观。

3. 城市低碳交通建设面临的主要问题

（1）建成区面积迅速增加，公交路网密度整体下降

中国城市建成区面积从2000年的22439km²，增加到2008年的36295km²，9年间总体增长了61.75%，年平均增长6.2%，而同期城市公交路网密度年均下降了0.66%。这

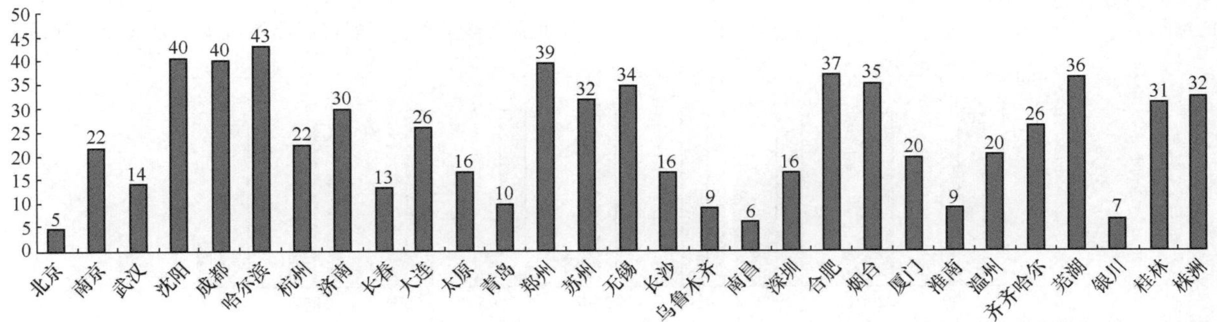

图1　2005～2008年典型城市人均CO_2排放量增长率（%）

资料来源：根据2006～2009年各城市统计年鉴数据整理。

使得城市空间距离不断增大，通勤距离和时间相应增加，机动车交通依赖性增强，同时由于城市公交路网密度的不够造成交通拥堵，从而使交通碳排放量不断上升。

（2）城市公共交通投资严重不足

由《中国城市建设统计年鉴》（2008）的有关数据可以得知，2000 年全国城市交通投资占城市固定资产投资的 47.25%，2008 年占 62.72%，上升了 15.5 个百分点。由图 2 可知，城市交通投资结构明显偏重于城市道路桥梁，城市公共交通投资比重未能超出城市交通总投资的 22%。大运量快速公共交通系统起步晚发展慢，至 2008 年，全国 120 个 100 万以上人口规模的城市中，建有轨道交通的仅 10 个城市，快速公交系统（BRT）也才起步。公交发展缓慢，制约了公共交通设施水平和服务水平的改善，使得公共交通出行这种相对低碳的方式分担率难以提高。

（3）城市交通结构机动化增强，非机动化程度降低

2000～2008 年，城市民用汽车以年均 15.51% 的速度增长，城市私人汽车年均增长率为 24.03%，另外车用替代燃料的消费比例很低，例如从机动车的组成结构来看，2008 年天然气汽车、电动车仅占民用车辆的千分之一。这种情形使我国城市居民的出行结构发生了显著变化，小汽车能耗占了城市交通总能耗的约 86%。从部分典型城市居民的出行结构调研可以得出：小汽车的出行比例快速增长，公共交通出行比例过低，自行车等低碳或零碳交通出行比例大幅下滑，逐步失去优势地位，城市交通结构机动化增强、非机动化程度降低的趋势十分明显。照这样的发展情形，则城市交通就可能会被高碳发展模式锁定。如何使居民出行结构趋于合理，是摆在我们面前的严峻课题。

（4）城市交通管理体制与城市低碳交通建设不相适应

中国城市道路交通管理尚未建立由城市规划、建设、交通管理、公用事业、环境保护等多部门组成的协调机构，导致政出多门，协调性差。城市交通节能减排的管理与服务工作不完善，城市交通碳排放的监测与统计的基础十分薄弱。

城市交通规划作为城市规划的一个专项规划，与城市规划、城市土地利用规划联系不紧。随着城市规模的不断扩大和机动化的快速发展，城市交通规划没有及时跟进，不同交通方式自成体系，各交通方式之间换乘不便，严重影响了城市交通系统整体效益的发挥，造成不必要的能源消耗和碳排放量的增加。

交通需求缺乏有效调控。长期以来，中国城市政府将城市交通建设的重点放在增加供给方面，而忽略了对城市交通系统管理的力度。静态交通干扰动态交通，城市交通拥堵，机动车加长不必要的行驶距离等等，浪费了能源并加大了碳排放量。

（5）城市交通节能减排的科技创新和技术推广力度不够

中国新能源汽车应用技术、汽油车、柴油车的节油技术与国际先进水平相比差距较大，新能源大面积推广和使用都面临很多瓶颈。交通部门的单位能耗、能源使用效率等指标等与国外先进水平也有很大的差距。交通管理技术水平也较低，国际上城市交通领域普遍使用的信息化、智能化技术在我国仍然处于起步阶段。在机动车单耗方面以及公路设施节能减排方面的先进技术还没有得到普遍推广应用等。

三、中国城市低碳交通建设途径分析

1. 中国城市低碳交通建设的战略取向

城市低碳交通建设是一个复杂的系统工程，既要最大限度地满足城市经济社会发展对交通的需求，又要通过交通基础设施的科学规划与建设、土地利用形态的调整、交通科技和管理的创新等，最大限度地降低化石能源消耗，减少 CO_2 排放量。与发达国家低碳交通建设的战略取向是主要致力于交通工具和燃料的创新不同，当前中国城市低碳交通建设的重点应放在城市交通领域的节能减排上，其体现主要在以下三个方向。

（1）倡导城市低碳交通理念，引领城市交通可持续发展

城市交通特别是机动车消耗化石能源所排放的 CO_2 加剧了全球的气候变化，并非人们每天都能体验到和感觉到，而是通过各种媒介传播的信息了解到的。人们减少使用化石燃料，在上班或购物时尽量骑自行车或乘坐公交车，减少驾驶机动车出行，都是对城市低碳交通建设的贡献。因此，城市低碳交通建设必须充分调动人们的积极性，提高人们的道德素质、交通专业技能等，将低碳交通的思想渗透到城市交通建设的方方面面，成为城市交通建设的基本指导思想，以引领城市交通可持续发展。

（2）加大交通低碳技术创新与推广力度，构建低碳城市综合交通体系

需要在城市交通规划设计、交通设施建设与维护、综合交通系统与安全、节能与新能源汽车、公共交通营运管理与

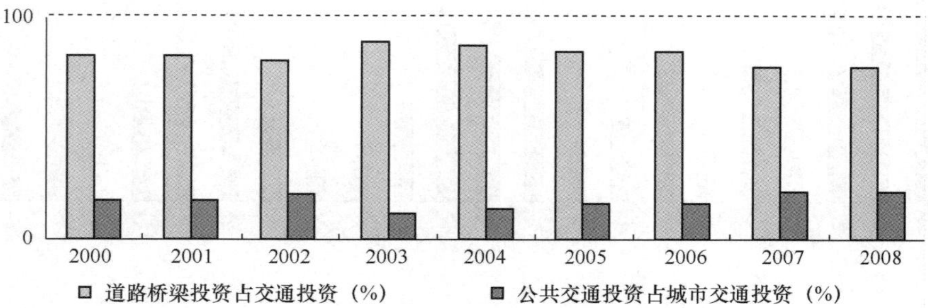

图 2　2000～2008 年城市公交投资与道路桥梁投资比例

资料来源：根据《中国城市建设统计年鉴》（2008）的数据整理。

装备等各个领域进行科技创新与技术推广。对城市道路交通网、机动车辆以及为交通服务的交通附属设施、管理设施等按照系统工程的思想，依托科技进步，构建以公共交通为骨干、以自行车和步行为接驳补充的低碳城市综合交通体系，达到多种交通要素的相互匹配，多种交通方式无缝衔接、交通资源充分共享，以实现交通化石能源消耗降低与 CO_2 排放量减少。

（3）科学规划城市及其交通，塑造低碳城市形态结构

近十年来，中国城市正处于快速扩张的时代，虽然城市形态结构和城市交通结构都处于塑形阶段，但已暴露出土地资源利用等许多问题，为了避免由于城市空间结构的锁定作用而导致城市交通所需要的化石能源及 CO_2 排放量增长迅速难以控制，需要改变城市交通规划作为城市规划的一个专项规划的现状，整合城市规划与交通规划，科学规划城市及其交通，对城市交通发展和城市土地开发进行必要的控制和调节，形成用地紧凑、低碳发展的城市空间结构和形态。

2. 中国城市低碳交通建设的主要措施

（1）实施以公共交通为导向的城市发展策略

城市快速扩张加上公共交通发展滞后、机动化程度提高及交通规划、城市规划、土地利用规划不协调所带来的碳排放量日益增加等一系列现实问题，需要我们改变城市发展方式，实施以公共交通为导向的城市发展策略（TOD）。实施TOD 策略比较成熟的模式目前主要是轨道交通和快速公交系统（BRT）。研究表明 TOD 将会减少 22.5% 的单独驾车交通量，增加公交或其他非机动车出行 27%，减少拥堵 18%，从而有效减少城市交通 CO_2 的排放量。

不同规模的城市应通过建立长期的发展规划，用以控制、指导城市的发展，根据其用地布局形态和出行分布状况选择不同的公共交通模式。大城市可以建立以大容量公交（轨道交通和快速公交系统）为骨架、常规公交等其他公交模式为补充的多层次的整合的公共交通体系。中等城市可以以快速公交和常规公交为主体构建公交系统，在部分客流较大的走廊实施公交专用道。对于大城市和中等城市中客流量小的走廊，以及小城市，通过改善当地的步行条件，建设完善的自行车专用设施，建立起一个以人为本而不是以车为本的出行环境。

（2）因地制宜实施交通需求管理措施

城市交通需求缺乏有效调控、小汽车出行大幅增加而非机动车出行急剧减少等等，要求我们改变城市交通管理思路，从供、求两个方面采取有效措施来应对城市低碳交通建设所面临的现实挑战，以需求管理的思想来建设城市低碳交通。典型的交通需求管理措施有合理利用土地、变更交通手段、变更交通方式、限制机动车拥有和使用、调整机动车时空分布等。实施城市交通需求管理（TDM），运用土地利用规划、经济杠杆、政策、法规和信息发布以及宣传教育等各种交通行为控制方法，对人们交通行为方式和消费观念进行有效引导和调节，减少不合理的高碳排放的交通需求，在化石能源消耗减少和 CO_2 排放量降低的条件下使交通供需达到相对平衡，实现城市交通的可持续发展。TDM 在美国、日本、新加坡已经得到了很好的实施，实践表明 TDM 可以很好地解决城市交通拥堵问题，降低机动车辆出行，促进城市交通结构向节能降耗方面转化，有利于 CO_2 排放量的减少。国家发改委能源研究所课题组的研究也表明，合理规划、引导交通需求对减缓 2020 年中国能源需求的贡献率可以达到 11%，降低私车保有量增速及出行距离的贡献率为 7%。

（3）推进城市交通管理体制改革

城市政府应结合自身特点进行交通管理改革，改变城市交通管理体制与城市低碳交通建设不相适应的状况。可以将城市低碳交通建设作为市政府最高领导的工作业绩评估的指标之一。具体评估指标可以包括：公交出行的分担率、非机动交通出行的分担率、交通化石能源消耗、CO_2 及其他污染物的排放因子等。

改革交通规划制度。加快综合交通规划和公共交通专项规划的法定化进程，进一步完善现有的土地管理、城乡规划、汽车产业、节能减排、公共交通、交通管理、科技创新等政策法规。

建立财税激励政策体系，鼓励清洁能源汽车的生产消费。通过颁布税收抵免、财政补助等优惠政策，为购买清洁能源机动车的用户提供各种税费奖励，同时可以对传统汽车征收碳税，并提取一定比例作为清洁能源机动车产业发展基金。支持建设必要的配套设施，如充电站、制氢厂、加氢站，以及氢气运输管道等等。

建立并完善城市交通节能减排效益的激励机制。完善相关交通能耗规范、制度和标准体系，建立健全有关交通节能减排方面的统计指标体系以及城市运输车辆准入与退出机制。在综合交通行政管理机构中，设立以交通部门为核心，多部门相互协作，职责明确的节能减排管理机构，负责城市交通能源管理及碳排放的统计、监督与动态评估。落实节能减排责任制，建立城市交通的节能激励机制。

（4）加强宣传教育

通过媒体及行业协会的力量，借助各种渠道和各种活动进行低碳交通理念的宣传教育，培养全民减少化石能源消耗、减少 CO_2 排放量的整体意识。引导人们正确认识交通行为和方式，尤其应当对各级政府部门、规划设计部门进行系统的宣传教育，增强人们创造低碳、健康的生活环境的责任感和使命感。促使人们积极参与城市低碳交通建设，平时工作生活中尽量多走路、多骑自行车，多使用低碳交通工具等。

（5）依靠技术进步减少交通碳排放

技术进步可以降低城市交通领域的能耗水平减少 CO_2 排放量，是中国城市交通节能减排的重要依靠手段，必须采取各种措施改变城市交通节能减排的科技创新和技术推广力度不够的现状，支持重点低碳技术的研发与应用。依靠先进技术降低机动车单耗，开发新的方式方法降低机动车运行能耗，加大现代化交通管理技术推广应用的力度。提高城市交通科学管理水平，通过发展城市交通信息化、智能化技术，提高

道路交通效率，实现城市交通资源集约利用，减少 CO_2 排放，实现低碳交通。

四、结论

中国的能源短缺和土地与环境容量对城市交通发展的现实约束，以及国际社会关于减缓气候变化的要求，决定了中国的城市交通运输应当避免高碳排放的发展方式。随着中国城市的不断扩张，中国城市交通能源消耗和 CO_2 排放量急剧增加，中国城市交通碳减排形势不容乐观。公共交通是各类交通工具中碳排放强度最低的，但中国城市公共交通发展速度滞后于城市扩张速度；随着人们生活水平的提高，居民出行结构中的非机动化程度大幅降低；城市交通管理体制与城市低碳交通建设不相适应、缺乏有效的需求管理、节能减排意识亟待提高等等是中国城市低碳交通建设中需要高度重视的问题。中国城市低碳交通建设应将城市低碳交通理念作为基本指导思想，并向全民普及；另外借助科技进步，对城市及其交通进行科学规划科学管理，以构造低碳城市综合交通体系，塑造低碳城市形态结构，这也是当前中国城市低碳交通建设的战略方向。中国城市低碳交通建设的主要途径有：公共交通引导城市发展、需求管理、完善交通管理体制机制、技术创新与推广等。

（第一作者单位：中国社科院城市发展与环境研究所）

中国“低碳城市”的空间规划策略 *

潘海啸　汤　锡　吴锦瑜　卢　源　张仰斐

中国2050年的城市化水平预计可能突破70%，这是世界上任何一个国家都没有经历过的快速的城市化阶段。在高速的经济增长与城市化进程之下，中国的发展越来越受到来自环境、社会、区域的种种压力，如何在保持经济高速稳定增长的同时，又能够解决城市化发展过程中产生的各种矛盾，尤其是减少城市能源消耗与废气的排放成了中国政府非常关注的问题。

能源短缺问题和CO_2排放所造成的全球气候变化将会对全球的生态环境变化带来不可逆转的影响，所以这是一个影响全球生态环境的问题。2003年英国政府将低碳经济（Low Carbon Eoconmy）作为一种新的发展观，写入政府能源白皮书。之后许多城市开始以“低碳城市”作为城市发展的目标。低碳城市发展是指城市在经济发展的前提下，保持能源消耗和CO_2排放处于较低水平。

我国更提出了“十一五”期间单位国内生产总值能耗降低20%左右，主要污染物排放总量减少10%的指标。

研究表明，由于城市空间结构的锁定作用，西方国家城市交通所需要消耗的能源及排放的CO_2和其他温室气体总量增长迅速而且十分难以控制。技术的进步虽然能减少小汽车的能耗水平和废气排放量，但是如果人们生活质量的提高和社会经济的发展与小汽车使用的锁定关系依然成立，技术进步的作用将很快被抵消。在我国城市化进程加快和城市机动化水平迅速提高的情况下，如果不采取有效的规划策略，未来全球石油资源供应的不确定性和环境问题都将会成为我国城市发展的制约

一、低碳城市与城市规划

城市规划对于城市发展有长期的、结构性的作用。城市的物质环境一旦建立起来就很难改变，并对人们的社会生活和经济活动产生深远影响（图1）。通过产业结构调整、健康的生活方式和技术革新可以减少在生产、生活与消费领域的能源消耗与CO_2的排放，但是这些措施并不能改变由城市空间结构布局所带来的交通出行及其相应的能耗与排放，一旦城市规划决定的城市空间结构得以确立，则对其引起的交通出行进行结构性的调整将是非常困难的

当前，在中国几乎所有的城市都在进行大规模的物质建设、环境建设与空间结构的调整，中国的城市规划经过多年发展已经成为保证城市健康有序发展的重要基础。城市规划应当积极响应“低碳城市”的目标，在特殊的经济快速增长期和规划引导作用的背景下，如果能够保证执行可持续的城市规划策略，则中国城市也许能够把握住完全不同于西方的可持续发展的重大机遇。

引导城市产业结构的调整，促进循环经济的发展，应用先进的技术手段和采用严格的环境保护措施是实现“低碳城市”的重要策略，这在相关领域已有大量的研究。笔者将从区域规划，城市总体规划和居住区详细规划三个层次的空间规划入手，以城市交通系统与土地使用的互动为线索，努力通过层层解析，探讨中国“低碳城市”的空间规划策略。

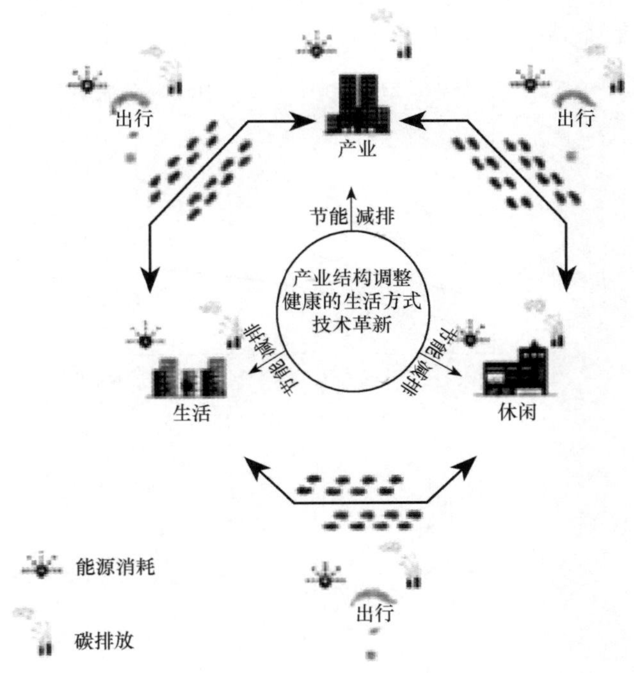

图1　城市空间结构、能源消耗和CO_2排放

二、低碳城市目标下的区域规划

随着城市化进程加快，人口加速向城市转移，城市向周边区域蔓延，内部功能转变，人口外迁和工业园区建设，使得城市的生活、就业活动范围扩大，城镇间联系密切，伴随日益增长的交通出行需求。在一些发达国家都市区外围的交通出行强度要远远大于核心城市，由于缺乏有效的空间规划策略，同时由于出行距离长，公共交通服务质量低下，小汽车出行往往占绝对的比例，这是西方国家城市交通出行能源消耗居高不下的重要原因。

目前，我国的城镇体系规划、国土利用规划和区域发展规划分别有多个不同的编制主体，且空间规划与交通规划又分属不同部门负责，所以规划之间横向纵向衔接差，严重削

* 本文转载自《城市规划学刊》2008年第6期。

弱了规划的整体性。并且区域规划编制中存在着浓厚的计划经济观念，规划控制力弱。区域规划的弱控制如图 2 所示，将会导致高车公里和高能耗的结果。

在区域层面，规划的一些理念值得进一步推敲。在区域规划中常采用如图 3 所示的简单的卫星式向心结构的多中心的城镇空间组织形式，希望交通出行主要产生在各级城镇内部。

而由于区域乡镇的发展多依托于公路网络，这样的结构下人们的出行将更多地趋向于有利于小汽车的方式，从而使得交通出行随机地散布在整个区域空间内（如图 4），呈现一种无序状态。

在无序出行已形成的前提下重新组织区域的空间结构和交通体系（图 5），将是一件非常困难与艰巨的任务。区域空间规划策略的任务就是引导区域的交通出行向如图 6 所示的更加有序的方向发展。

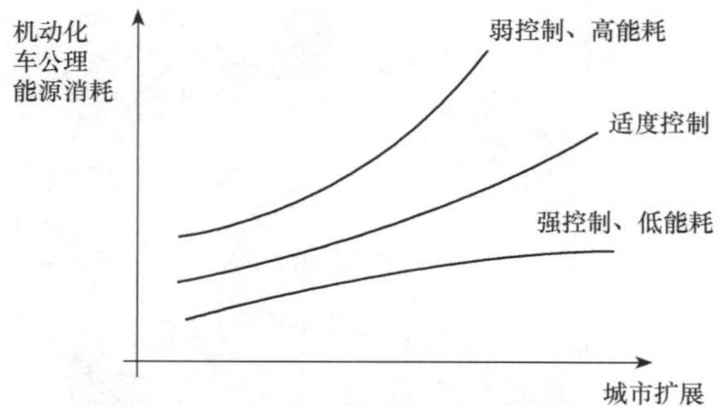

图 2　城市规划控制强弱结果比较

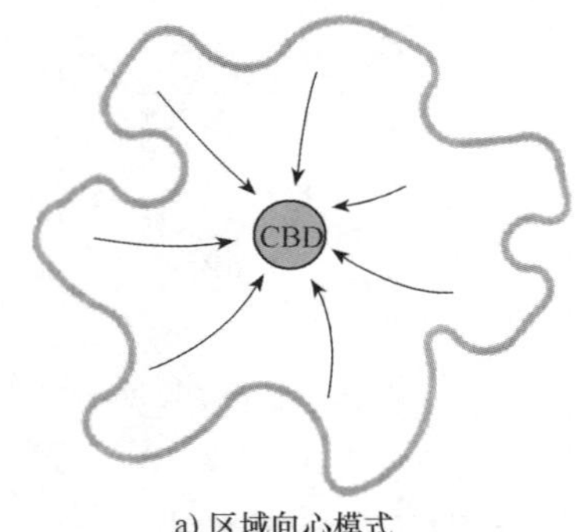

a) 区域向心模式

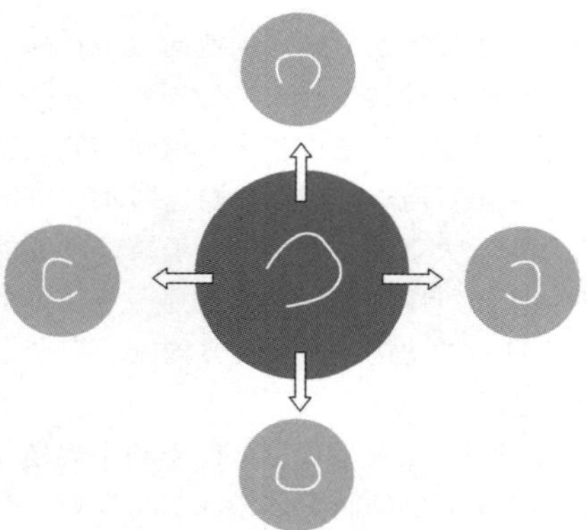

b) 区域向心规划结构

图 3　区域规划

城乡统筹发展战略是国家“十一五”规划的重要任务之一，也将最大限度地方便和满足城乡居民的出行。同时，随着大城市空间的扩张与蔓延，原本二元化的城市与原先称之为“乡”的周边区域的交通需求大大增加。我国区域交通往往建立在“县县通高速”、“村村通水泥”的评价标准上。随着经济发展水平的提高，这将易于最终转变成为小汽车主导高能耗的空间发展模式。

笔者认为在中国更合理的都市区发展模式应是结合有轨道或区域公共交通导向的走廊式发展模式，通过空间整合与控制小汽车的使用，从而达到节约能源的目标，如图 7 所示。

哥本哈根地区的指状发展是上述模式的典型的案例(图 8)。它是建立在轨道交通的基础上的，规划规定轨道交通车站周围 1km 范围内所有的地块都被划为城市建设用地。轨道交通车站周围土地被允许的最高建筑密度也有大幅度的增加，并用建筑密度奖励的杠杆来支持站点周边的商业地产的开发。

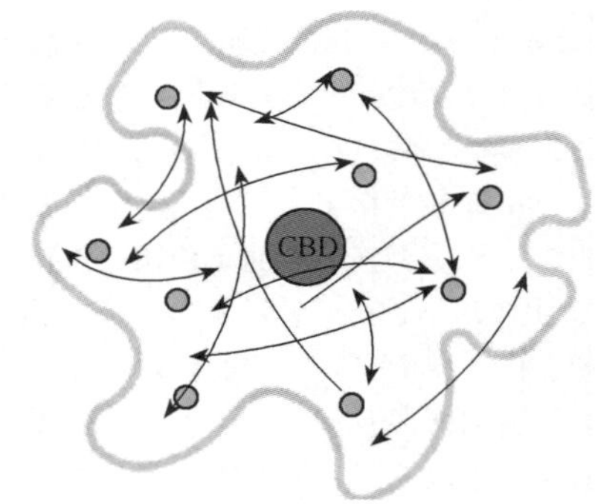

图 4　区域内的无序出行

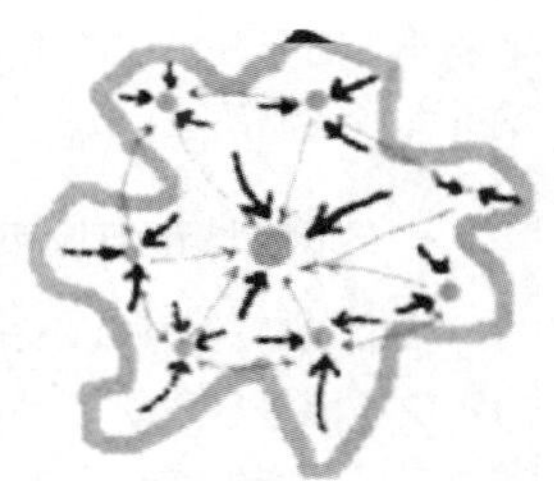

图 5　区域结构的调整　　图 6　理想的有序结构

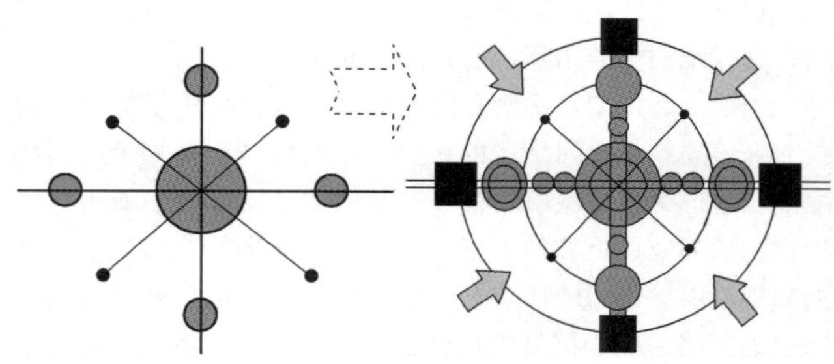

图 7　从多核卫星状到公交走廊模式的区域空间结构

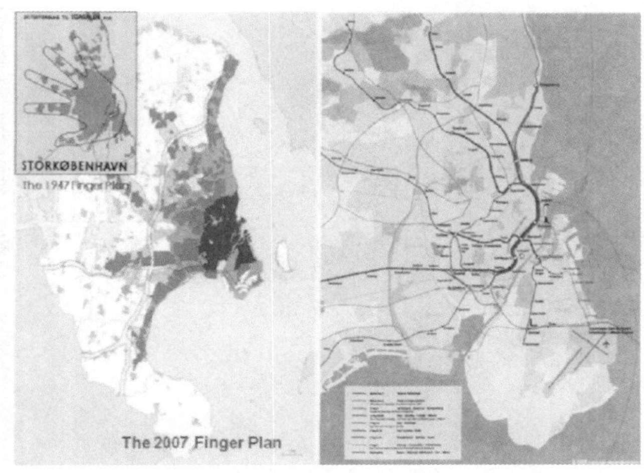

图8 哥本哈根的区域空间结构与轨道交通网络

2007年《中国中心城市可持续交通发展年度报告》中提出以城乡客运一体化来取代原先单一考虑公路道路的城乡交通发展模式。成都市适时进行交通管理体制改革，郊区基本实现镇镇通公交，外围重点镇公交通达率为70%。浙江省绍兴市也提出了争取用五年左右的时间，建立城乡互相衔接、资源共享、布局合理、方便快捷、畅通有序的公交新网络。2006年，在本研究团队的努力下，完成了绍兴城乡公交网络的调整规划，并马上得以付诸实施，在两年不到时间内该体系已初具规模。

同时，区域规划要强调区域公交网络与区域空间布局模式相适应，如果采取公交走廊模式而区域空间布局上仍是基于格网状道路网的散布方式，则很有可能将使结果向有利于机动车出行的方向倾斜。Robert Cervero曾将大斯德哥尔摩地区与旧金山湾区进行对比，虽然两个地区拥有规模相当的区域轨道交通系统，但由于湾区郊区轨道车站附近鲜有土地集聚开发的行为，对比结果显示一个典型的湾区居民每个工作日的机动车出行里程是大斯德哥尔摩区域居民的2.4倍，湾区居民出行的距离为44.3km而大斯德哥尔摩区的平均出行距离为18.4km。

此外，区域空间结构的调整应当配合就业、居住的规划才能共同实现“低碳”的城市发展目标。在传统的同心圆理论指导下，居住大量向城市外围迁移，但是由于工作岗位没有相应的变化，所以区域出行呈现单向长距离的特征。以北京为例，2005年北京居民出行距离达到9.3km/次（不含步行），比2000年提高16.25%。上海的地铁1号线高峰时段的双方向流量比最高达到了6.7:1（图9）。可以设想在郊区，甚至远郊区工作者的收入一旦提高以后，个人机动化发展的规模和速度都将是惊人的。

传统规划理论中强调的一个就业居住平衡的城市和功能上的“自我平衡”被验证并不能降低对机动车的依赖，而应是利用高效的公交系统将各城镇有效地连接在一起形成区域平衡。如斯德哥尔摩就比强调独立平衡的英国新城Mliton Keynes的小汽车使用率低。Milton Keynes绝大多数的就业人口在当地工作，但其中有大约3/4的人使用小汽车通勤，仅有7%乘坐公共交通。

三、总体规划下的低碳城市空间结构

在城市总体规划的引导下构建低碳的城市空间结构首先应注意城市密度的问题，越来越多的研究已证明通过密度控制可以实现城市的紧凑发展，从而减少出行，达到“低碳发展”的目的。1996年联合国在伊斯坦布尔人居Ⅱ会议上为今后的城市发展明确了方向：即综合密集型城市。如图10所示，世界上以小汽车出行为主导高能耗城市无一不是低密度的。

在中国，严格的城市密度指标控制在过去的几十年中总体上是成功的。但在最近的一段时间，由于土地经济被当作城市致富捷径，这一传统的手段似乎失去了以往的作用，乐观人口预测（人口预测存在不确定性）在密度符合标准的条件下大大扩大了城市的用地范围，其结果是城市实际密度变小了。从2003年开始，全国人均城市建设用地就已经超过了《城市用地分类与规划建设用地标准》所规定的上限（120m²/人）。

出于对城市蔓延的忧虑及在中国城市发展应走紧凑型道

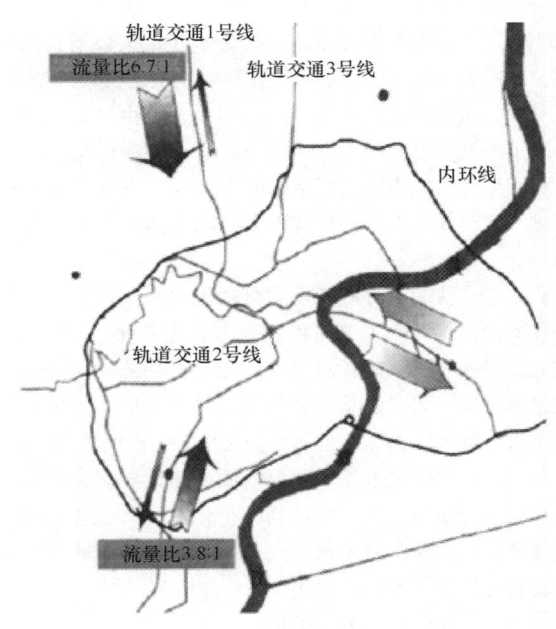

图9 上海轨道交通高峰出行不平衡的流量对比

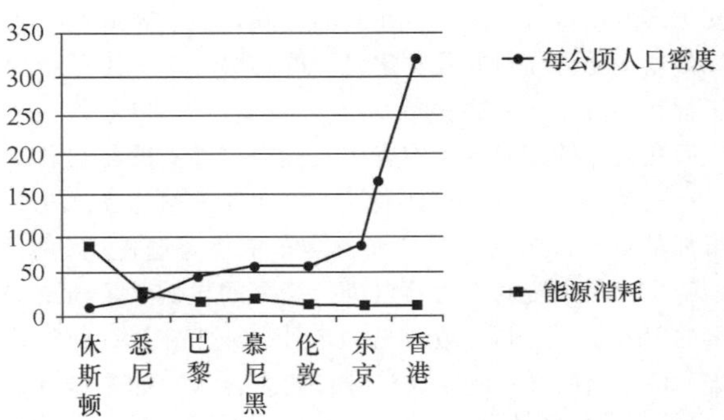

图10 城市密度与小汽车使用及能耗的关系

路的共识，规划方面希望通过城市增长方式的调整来控制城市的无序扩张，其中最典型的就是绿环或绿带边界的控制。在北京的总体规划中，规划师希望通过城市绿环的方式来控制城市的增长，制定出一条如“精明增长”理论所说的“城市增长界”（Urban Growth Bondary）。1994年，北京市政府正式批准了首都规划委员会办公室的《关于实施市区规划绿化隔离地区绿化的请示》，这一选择受到田园城市规划思想的影响，但是实际的结果并没有向规划师设想的方向发展，到2003年5月，北京市的绿化隔离带中已建有30多个楼盘项目。

由于人口和发展的不确定性，绿化带的增长控制方式使得外围发展更倾向于选择新城或是卫星城。然而由于孤立的新城与中心城实际空间距离增大，不利于组织公共交通，结合前文叙述的以道路网为主的弱控制的区域发展模式，将最终促进小汽车的使用。

更值得鼓励的是以绿楔间隔的公共交通走廊型的城市空间扩张方式，将新的开发集中于公共交通枢纽，有利于公共交通的组织，实现有控制的紧凑型疏解，实现“低碳城市”的目标。并且可以结合城市发展的实际需要在走廊方向进行分段分时序的开发。墨尔本在1960年代后期开始就开始推进“绿楔规划”。这种发展模式可以较好地适应人口增长的不确定性，鼓励公共交通的发展和实现城乡发展的协调（图11）

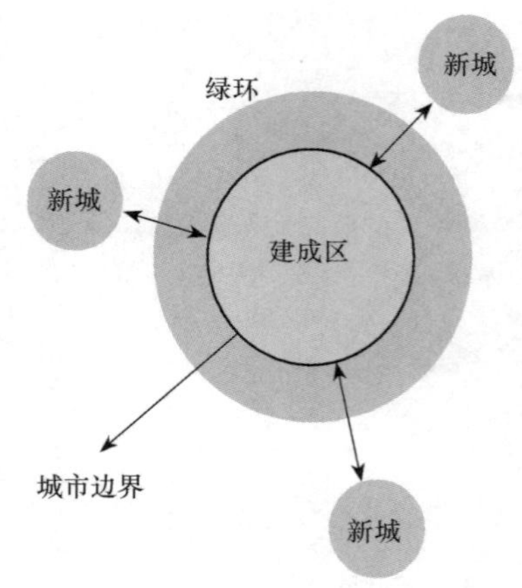

通过绿环控制城市用地规模

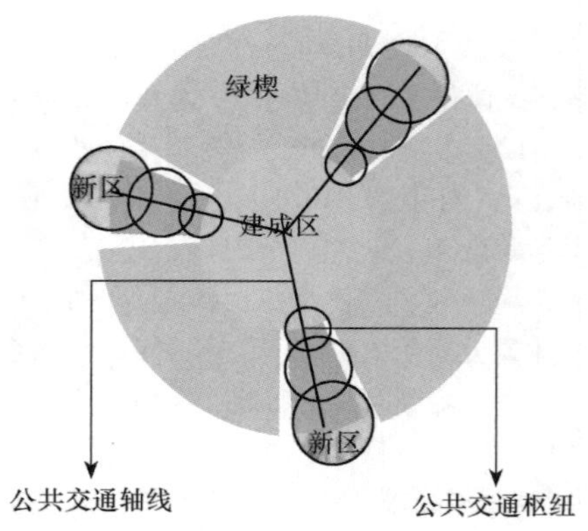

绿楔的城市发展模式

图11　绿环与绿楔模式比较

其次，城市的空间形态在很大程度上是由城市的交通体系所决定的。一定的城市空间结构需要有相应的交通结构体系，低碳生态型城市的空间结构的形成需要有绿色交通体系的支撑。交通体系本来就是城市空间结构体系中不可分割的一部分。

研究普遍认为，可持续发展交通土地利用规划的一般法则是：减少出行的需求和出行距离，支持步行、自行车、公共交通，限制小汽车。我国提出了优先发展公共交通的国家政策，但是应当明确的是，公共交通的优先应首先保证在重要的交通走廊上的优先，全面的公交优先是难以实现的。

针对目前我国城市发展状况，城市建设要首先有利于步行和自行车的使用，大力发展高性价比的公共交通，同时要注意改善城市的形象和控制小汽车的发展，即在城市空间规划和交通规划中考虑问题的优先顺序应该是：

POD > BOD > TOD > XOD > COD

城市建设首先要考虑以良好步行环境为导向的开发，再优先考虑方便自行车使用为导向的开发建设，在此基础上倡导以公共交通为导向的开发建设，再其次考虑城市的形象改善工程和小汽车交通的发展。

而在整体的交通方式构成中尤其应当注意的是自行车交通。在荷兰，超过30%的出行和大约1/4去轨道交通车站的出行都是骑自行车的。但是在自行车依然普遍使用的上海，人们骑自行车到轨道交通站点进行换乘的比例不足轨道交通乘客的10%。在中国，众多的城市计划或正在设计建设轨道系统，但是众所周知的是轨道建设投资巨大，如果能将轨道网络与自行车系统结合起来可以极大地扩大轨道的服务范围，可以压缩轨道交通的规模，从而节省资金和资源。

自行车交通在我国主要城市中的重要作用在世界上都是少见的，中国城市必须坚持推动自行车的使用，特别是如何在城市空间规划中保持自行车使用的环境（如小尺度街区，土地的混合使用），而不仅仅是“给出路”的单一自行车通道建设。放弃自行车就是放弃中国城市可持续发展的未来。同样作为国际化大都市，巴黎推行的新型自行车体系，受到广泛的称赞（图12）。值得注意的是这种创新性的交通体系是首先在一些小城市引入的。

最后要强调，低碳城市的土地使规划的三个重要原则。

1. 以短路径出行为目标的土地混合使用

短路径的城市只有通过功能的多样性和多种功能的混合才能实现。混合式的土地使用能鼓励乘坐公共交通，Robetr Cevrero对美国59个大型郊区办公发展项目所作的研究发现在楼板面积中每增加20%的零售和商业活动，会引起小巴共乘或公共交通的出行比例增加45%。简·雅各布斯关于一个健康城市的秘方是“一个错综复杂又富有条理的多样化土地使用，使得彼此间无论是在经济上还是在社会中都不断地相互扶持”。

这里应当注意的是城市总体规划中现在仍在沿用的功能分区方法，这一方法无疑容易导致一种误读，即每一个功能区的

图 12　巴黎的城市自行车租赁体系

单一用地性质。另一个应当注意的问题是土地混合使用的目标是增加短路径出行，而如图 13 所示，虽然表面上是土地混合，但是仍不能保证避免从居住至工作地点的红色线条所示的长距离出行，所以应提倡“有效混合”的概念，尤其是为了减少长距离的工作出行。

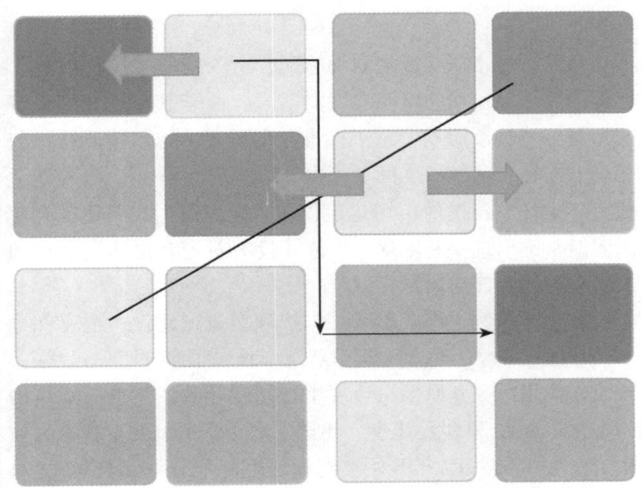

图 13　土地混合使用

2. 适合行人与自行车使用的地块尺度

关于城市地块尺度，我国城市中的大街坊，大马路的建设模式更倾向于产生小汽车导向的街区。有关地块合理尺度的讨论从来就没有中断过，美国的研究反映美国人每日步行的距离是非常有限的，安德曼恩发现 70% 的美国人每天因公事步行 150m；40% 步行 320m；只有 10% 的美国人会步行 800m。中国居民日均步行距离要高于美国，北京的调查发现北京公交平均换乘距离在 350m 以上，其中 16% 的乘客换乘距离超过 1km，30% 以上的换乘距离超过 500m。公交乘客两端步行时间分别为 530m 和 560m，步行距离过长，这当然与街坊的尺度太大有关。

对于自行车道路间距研究的案例是荷兰的代尔夫特（Delft），该市创建了整个城市范围的网络，独立的自行车道形成 400 ~ 600m 长的长方格形。更为细密的自行车路径网用于社区内的出行，结果自行车的速度大大提高，同时事故减少了。1998 年的数据显示，该市居民所有交通出行中 43% 是骑自行车，26% 是步行。合理的尺度也为提供更多的自行车捷径提供了可能性。

土地混合使用应当与合理的地块尺度相结合，荷兰的奥尔莫里社区与英国小汽车主导的新城米尔顿凯恩斯（Milton Keynes）相比，奥尔莫里社区以较小的格状式街道为特色，有大量的人行道和自行车道，一个禁止小汽车行驶的镇中心和一个相互依存的混合土地利用模式。1991 年该区所有出行中驾车出行的比例为 42%，而 Milton Keynes 是 2/3，且奥尔莫里的平均出行距离要短 25%。

如图 14 所示，城市的密度随距市中心的距离而变化。同理，地块尺度也是随着距城市中心的距离而变化，距城市中心越远，街区的尺度越大，但是这一尺度不宜过大，距市中心距离达到一定的临界距离的时候应当重组用地，建立以公共交通枢纽为依托的新中心，规划步行与自行车友好的地块尺度，如图 15 所示。

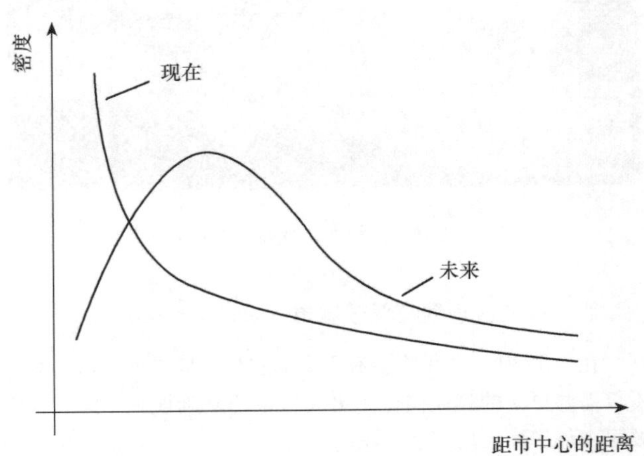

图 14　城市密度的未来变化趋势

3. 以公共交通的可达性水平来确定开发强度

在城市总体规划中城市的交通方式与交通网络得到基本确定，也就确定了城市不同区域公共交通可达性的强弱。以公共交通导向的城市结构鼓励大型城市公共设施集中的城市区域中心与公交枢纽的结合。改变以传统中心地理论指导的城市结构，转向多极网络嵌套理论。但是在目前总体规划与控制性详细规划阶段，各级城市中心位置和开发强度的确定，存在很大的随意性，并没有意识到以公共交通的可达性为依据的重要性，并且可能导致鼓励高能耗的出行方式或严重的交通拥挤。为此，在相关研究中提出空间耦合一致度的指标。在上海龙之梦商业中心的案例中较好地体现了这一原则，

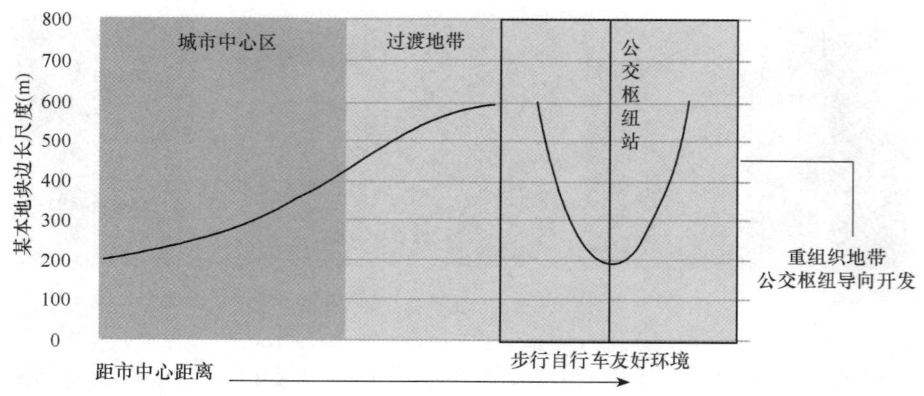

图15　城市中心，公交枢纽和街区的尺度变化

从而使上海中山公园地区在很短的时间内成为重要的地区中心（图16）

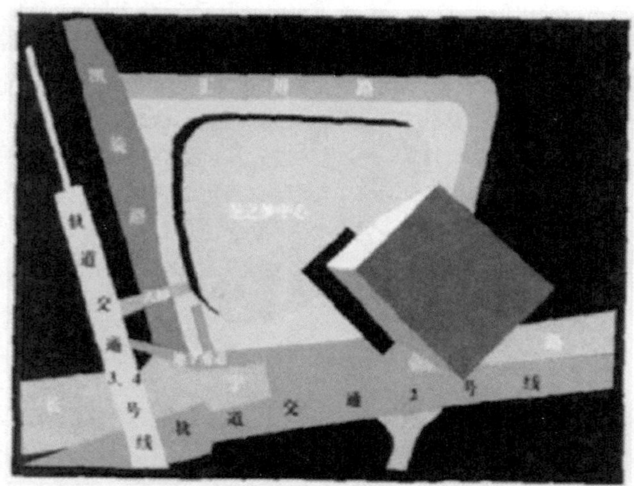

图16　上海龙之梦商业中心

四、居住区规划与低碳城市

在未来30~50年将会有更多的农村人口进入城市；城市不仅需要更多的就业岗位、更大容量的基础设施，同时也需要更多住房，人均住宅面积也在增加（表1），城市住房建设总量不断加大。不断增加的住房需求，对城市结构、形态以及“低碳城市”的发展均有重大影响。

中国城市人均住宅面积变化　　表1

年份（年）	1989	1997	2004	2005
全国城市人均住宅建筑面积（m^2）	13.5	17.8	25.0	26.4

1994年国标《城市居住区规划设计规范》(GB5108—93)规定各种居住的规模以及开发强度（低层、多层和高层），避免了用地的随意浪费；保证城市发展保持一定的紧凑度。全国的气候区分别规定了住宅在日照方面的最低要求。对配套的公共设施标准也做出了规定，对提高我国城市的居住水平起到了非常积极的作用。

比照“低碳城市”的目标，当前我国的居住区设计中主要存在两方面的问题：一是由于《城市居住区规划设计规范》的不足所产生的；二是居住区规划设计本身所存在的问题。

目前，城市居住区规划设施配套所依据的“设计规范”，已经滞后于城市居住空间发展的需求。由于制定于计划经济与市场经济过渡时期，过于标准化的限定，忽略物质指标与社会、居民生活间的实际关系及市场规律的作用，已不能适应近年来住宅建设的市场化运作需求。当前，在居住区公建配置时常常出现一些困惑。规范并没有对配套设施灵活性和地区差异性方面给出指导。

以小学为例，许多小区并未按规定进行建设；也有部分小区建设了小学，但小学运营状况不佳，很多处于停运状态，或改作他用。究其原因，计划生育制度导致了人口年龄结构的变化，进人20世纪末期，中国家庭小学适龄儿童基本为独生子女（中国1987年开始实施计划生育），小区配建小学对于人口年龄结构逐步老化的中国来说，是不切实际的。另外，现代家庭越来越关注于子女教育问题，常常因学校教育质量差异不愿意就地入学，而选择教育质量较好的学校，这就产生了大量不必要的相对长距离的交通。同时，学校的布局没有考虑与公共交通的衔接，从每天上学、放学时间，各个学校门口挤满的小汽车就能了解这种趋势（图17）。当然对社会安全和交通安全问题的担忧也是重要的原因。

规范规定停车率不小于10%，但未规定上限；规范规定：居民停车场、库的布置应方便居民使用，服务半径不宜大于150m。这些规定无疑是建立在鼓励小汽车使用的基础上的，不利于推广节能低碳的出行方式。

此外，在居住区详细设计中也存在几点较为明显的问题。

1. 居住区的用地规模越来越大

城市建设过程中大地块的开发在诸如整体交通组织、绿化等方面有一定的优势，但也存在很大问题。小区具有明确的界限和出人口进行封闭管理，使公共交通被挡在社区之外，这为居民出行带来了很大不便。大地块在一定程度上鼓励了私人小汽车的出行而减少了步行和自行车出行，居住区内大量的交通出行流由小区出人口集中流向干道，导致交通拥堵，增加了能源的消耗与尾气的排放（图18）。

图 17　某校放学后校门前小汽车的拥挤

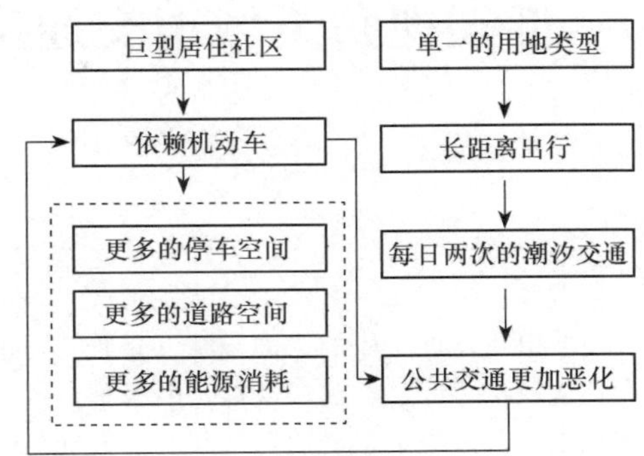

图 18　大街区以及用地单一对于城市发展影响分析示意

2. 单一的用地功能，其与大地块共同产生了“巨型居住社区”。其内部的主要功能为居住，较少考虑用地的混合和在一定区域内提供足够的就业岗位，导致城市中大量的钟摆交通与长距离通勤，进一步导致城市交通的拥堵，进而增加了交通的能源消耗。如上海的安亭新镇，占地约 $5km^2$，一期占地 $2.38km^2$。建设采用了多项先进的节能环保技术，与传统的住宅相比，在建筑负荷、能源消耗、住区排放上都有大幅度的改善。但是安亭新镇用地性质单一，缺乏必要的服务设施和就业岗位，导致居民生活通勤交通长。公共交通常不便，乘坐公共汽车到市中心山下班需要 1.5 ~2h 左右。由于公共交通在线路和时间上的不便，而小区靠近高速公路出入口，小汽车反而方便，居民上下班主要依靠出租车和私人小汽车。建筑上的先进技术节约的能源又被交通上的能源消耗所抵消（图 19）。

3. 郊区大量的低密度的居住区

在郊区，由于地价相对较低，开发强度也较中心区低，甚至出现低层低密度的别墅型住宅区。同时，处于公共交通运营的经济性考虑，郊区公共交通网一般较疏。低密度的住宅开发和较疏的公共交通网络必然会导致大型地块、公共交通出行比例的较低、私人小汽车使用比例高等问题。过低的开发密度对于土地集约使用、私人机动车的使用也存在较大影响。美国学者 Jhon Holtzclaw 在对旧金山湾区的情况分析后得出结论，在居住密度达到一定程度时，机动车交通出行量开始下降，同时公交和步行的比率上升。

图 19　安亭新镇规划总平面图

五、“低碳城市”目标下的城市规划变革的政策建议

综上所述，在建设“低碳城市”的目标下，我国当前城市规划在不同的层面均存在着一些问题值得思考和进一步研究。在前文分析的基础上，笔者提出如下的政策建议。

1. 城镇体系的规划与区域性公共交通体系结合，建立区域性公共交通发展走廊，才能在未来有效地控制无序出行，降低交通的能耗。

2. 鼓励用地的有效混合，避免巨型或单一化的功能分区，提高短距离出行的比例。

3. 未来中国可持续低碳城市的结构是建立在骨于公交为基础，自行车环境友好的城市框架下的，放弃自行车就是放弃中国城市可持续发展的未来。

4. 城市空间结构的理论依据应当从中心地理论转向多极网络嵌套的理论模式，大型公共设施的建设要与公共交通枢纽相结合，空间耦合一致度可以用来度量城市公共活动中心与公共交通枢纽的协调。

5. 地块开发强度取决于公共交通的可达性，这也是确定控制性详细规划指标的一个基本依据。

6. 在城市规划中应该坚持如下“五个面向”的原则，即：POD > BOD > TOD > XOD > COD。

（作者单位：同济大学城市规划系）

低碳视角下城市交通出行空间环境的创新设计*

徐建刚

一、引言

对于处在快速城市化发展阶段的中国，城市交通问题正演变为城市生存环境退化的首要难题。以私人小汽车快速增长为特征的城市机动化不仅带来了交通拥挤和城市大气环境的严重污染，而且产生了由机动车停放导致城市各种公共空间被挤压的症状，造成景观环境质量急剧下降。2009 年底哥本哈根联合国气候变化大会的召开，使碳减排成为绝大多数国家的行动指南。低碳交通作为低碳城市内涵中实现低碳社会的重要举措之一，应当从交通方式、交通技术、交通建设和交通管理等方面共同努力，降低每个环节的碳排放。其中，引导人们更多地采用包括步行、自行车和公共交通在内的绿色出行方式，是使得交通更加低碳的关键环节。10 年来的研究表明，避免和减少乘坐机动车辆、提高能源效率和使用替代能源、缩短出行距离和改变出行方式以及采用包括步行、自行车在内的非机动交通是低碳交通的四项主要实现方式。因此，通过居民出行方式转变和高效交通管理创新才能更好地解决城市交通拥堵和碳减排两大难题。

近半年，上海世博园通过低碳理念宣传和技术创新展示诠释了如何使城市生活更美好。而在我国大城市中，由市民积极参与的社会团体以及政府部门，正涌现出一批有创新特色的城市低碳出行与管理解决方案。其中，以通过尽量采用低碳出行方式和最大限度地降低对公共空间环境质量的负面影响为目的的交通创新方案，同时实现了有机和谐地提升公共空间景观环境品质的城市理想目标。本文以来自我国三个特大城市的三种不同公共场景、不同低碳交通创新方式的案例——南京的无车校园、上海的自行车道网络系统和重庆的公共大电梯为实证对象，探讨低碳视角下城市交通出行空间环境优化的创新模式。

二、无车校园

1. 案例背景

近年来随着大学城的普遍建设，大学教师迅速成为小汽车高拥有率群体。然而，机动车侵入校园导致校园环境遭到破坏并逐渐远离以人为本的关怀。如何限制私人小汽车进入校园，成为摆在我国高校管理者面前的一道难题。位于南京市中心区的南京大学鼓楼校区，校园占地约 53hm²。整个校区被汉口路分为南北生活和教学两园，校园南侧的广州路和北侧的北京西路是城市重要干路，交通量较大。2006 年南京大学出台了《南京大学校园交通安全管理办法》，规定“严禁出租汽车、私人小汽车进入校园”。自此，校保卫处严格执行各项规定，保证了校园环境的安宁。那么，该校如何解决教师通勤和外来人员到学校办事的停车问题？通过南京大学城市与区域规划系的调查研究报告可见端倪。

2. 创新性

无车校园案例的创新性体现在停车场布局、路网规划和校园管理三方面。

（1）停车场布局

学校将一些产业化部门（如培训中心、规划院等）疏散至老校区之外，同时，将停车场分布在学校外围，提供近 500 个停车泊位。这些停车场远离校园主出入口和学生主要活动空间，结合次要出入口布置（见图 1）；采用半市场化管理，对本校教师给予一定的优惠。这种布局和收费方式既避免了因停车不当可能引起的校园环境破坏和人车矛盾，又不失灵活地满足了教师通勤的小汽车停车需求。而对于校车的停放，学校也结合地势布置在运动场下面，既节省地面空间，又避免了对校园景观的破坏。

图 1　南京大学校园出入口与主要停车场分布图

（2）校园路网和校门布局

与国内很多院校的做法不同，多年来南京大学既没有大规模扩建校园，也未对校园道路系统进行大幅改造，避免形成大而不当的供汽车通行的校内环路。除了校园出入口的主干路，其余多是 5m 宽的小径，组成了密集的支路网，并就地势高低起伏，结合道路布置大量绿化、配合适当的路障，不仅有效地引导人们自觉放弃使用机动车、积极投入步行空间，还节约了大量资金用于其他建设。

* 本文转载自《城市交通》2010 年第 6 期。

校园设有多个出入口，在单行线汉口路上设置校园正门，并分别在其他三个方向开设侧门，根据其所处位置进行区别管理。其中，汉口路正门人流量最大、管理最为严格，学校在限制小汽车进入校园的同时，校保卫处还规定摩托车和燃油助力车不得从北园汉口路大门进出而从北园其他门出入；天津路校门和青岛路校门均位于人流较少的校园角落，其中青岛路校门允许校车等后勤车辆通行，这样既有效地利用了校园内的消极空间，还积极配合校园独特的路网体系，把不得不进入校园的校车、垃圾车对校园景观和学生活动造成的影响降至最低。

（3）校园区别化管理

北园是主体教学区，承担着学校大部分的教学和行政功能，机动车管理比较严格，原则上禁止机动车驶入，停车场设置也极为有限，学生、教师以及校外人员的停车需求主要通过城市支路的路边停车位和校园外围停车场解决。南园是主体生活区，为了解决居住在南园教职工的通勤和停车问题，机动车管理相对宽松，在南园居住、工作的教职工可按规定办理私人小汽车“南园停车证”，并向学校缴纳相关费用。

3. 创新价值

大学是人类创新思想的策源地，一个充满人文精神、可以随时驻足和交流的校园环境显得尤其珍贵。南京大学无车校园创新模式的成功提供了很好的启示，无车校园不仅解决了机动车停车问题，其更有意义的价值内涵体现在：

（1）营造高品质的校园公共空间

无车的南京大学鼓楼校区既保持着历史文化内涵深厚的园林式景观，又呈现出充满自由创新活力的学术交流场所氛围。由于校园布局设计妥善考虑了人对建筑尺度、绿化树木、景观小品与开敞空间等的使用需求，造就了大面积、人性化的具有校园人文风光的空间，使师生们拥有高品质的公共生活。校园独特的绿色、人文特质使之成为南京古都的教育文化名片。可以说，无车校园的创新模式对于当今我国“浮躁的大学校园”无疑是一帖清醒剂。

（2）校园步行权利的回归体现了社会公平

大学校园的每一寸空间都弥足珍贵，机动车不仅占用了校园内主要用于步行的道路，而且占用了大量教学楼前的广场。也就是说，少数小汽车拥有者占据了应属于大多数人共享的公共空间，从而产生了对稀缺公共空间的不平等占有。

无车校园内限制机动车通行，不仅保持了宁静健康的校园环境和历史风貌，而且校园中单调的停车场被绿地和广场所取代，留给人们更多的学习、交流、休息空间。可以说，校园中人们的步行权利得到回归，体现了一种社会公平。

（3）逐渐引导人们自觉使用低碳交通方式

在无车校园工作和学习的师生经常感受到来访宾客对校园幽雅环境的赞美。通过在校园内心情舒畅的散步交流，长期潜移默化，使许多师生喜欢上步行出行。尽管一些教师住在距校园近5km远的小区，但是有越来越多的教师经常步行上班，自觉放弃使用小汽车。可以说，无车校园以自身的魅力引导人们自觉地践行低碳交通。

三、自行车道网络系统

1. 案例背景

当今社会正迈向低碳城市和低碳交通的新时期。在我国部分大城市，恢复和重建自行车交通系统已引起全社会的关注。2005年以来，上海市自行车道网络系统开始了一种特色化建设与发展。根据2006年上海市政府编制完成的《上海市中心城非机动车交通规划》，将在2020年打通、加宽、完善13纵12横自行车廊道，将全市600km^{2}设定为24个大区域，总长在300km以上的廊道构成全市自行车道的骨干网络。目前，上海市在多种自行车道设计、自行车道网络系统构建方面有特色创新，对全国自行车道系统的推广普及有示范作用。

2. 创新设计

上海市现有的自行车道网络系统大致可以分为三类：通勤自行车道、休闲自行车道、特定导向自行车道。在三种道路设计中始终贯穿以人为本的原则，在注重使用者舒适、安全使用道路的同时，还根据周边环境特点营造和谐优美的出行景观环境，形成了自行车道路空间与使用者出行高度和谐的创新特色。

（1）通勤自行车道

截至2007年底，上海市自行车拥有量为800万辆，其中大部分作为通勤交通工具使用。通勤自行车道主要为通勤服务，也是数量最多的自行车道。其交通流特征是集中性的大交通量且具有明显的工作日早晚高峰，故安全性是其主要问题之一。基于这些特点，2006年底上海市提出规划新建自行车道，为骑车者提供相对宽敞、安全的通行空间。新建的自行车道可承担和疏解中心城较大规模的自行车流。

在完善自行车道网络系统构建的同时，上海市还对部分自行车道进行优化设计。例如，在对彰武路自行车道改建之前，由于机动车干扰和侵占，其高峰时段的自行车流量约为2000辆/h，而在2007年道路改建之后，在各种车行和人行道路宽度均不改变的情况下，将自行车道标高提高至与人行道标高一致，避免了机动车干扰（见图2），其高峰时段的实测通行能力提高至约4500辆/h。对彰武路自行车道使用者的调查表明，道路断面改建之后，使用者感觉更加安全，其中有的人甚至因此重新选择自行车作为在这一区域的出行方式。

图2　改造后的彰武路自行车道

（2）休闲自行车道

休闲自行车道是生活水平日渐提高的产物，是人们进行自行车骑行休闲活动的自行车道，不需注重通行效率，可以有曲折变化的路线，一般具有良好的景观条件，可以串联数个景观点。如位于徐汇区的黄浦江滨江休闲自行车道，在黄浦江南岸8.4km的亲水岸线上延续，同时这一段滨水岸线也是一条不间断的绿色走廊，在其中进行休闲骑行可以同时享受水岸、绿地和蓝天，见图3。

图3　滨江休闲自行车道

通过调查发现，休闲自行车道的主要使用人群为年轻白领以及游客。年轻白领普遍认为在这里骑车既锻炼身体又贴近自然，是减压的好方式；游客对这样的游览方式十分满意，认为既节省体力又能畅快的游览。其他使用人群也对休闲自行车道比较满意，认为应该多开辟几条。一个有趣的现象是64%的上海当地受访者属于有车一族，自行车对于生活节奏的调节功能可见一斑。

（3）特定导向自行车道

特定导向自行车道是连接某些特定区域之间的自行车道，一般具有特定的服务人群。这类自行车道的形式较为多样，随着需求的不同而灵活变化。如连接轨道交通车站与居住区、办公区的B＋R（Bike & Ride）自行车道，连接某些城市单元的自行车道。

杨浦区大学城自行车绿色通道就是其中之一，这些自行车道用于联系杨浦区的大学校区，主要服务于几所大学的学生。第一条绿色通道启用于2005年，连接复旦大学和同济大学两个校区，全程车道宽度2.2～2.4m，全长约为2km。车道采用绿色的环氧树脂铺设，材料面薄、防滑性能好且颜色醒目（见图4），可以有效提高自行车道的安全性、提升自行车行车空间的品质。自行车绿色通道为不同学校学生之间的沟通、交流提供了良好的交通条件。对使用绿色通道的学生进行的调查表明：大约90%的学生认为使用自行车绿色通道是到达对方校区最便捷的交通方式，而超过70%的学生在绿色通道建成之前不知道如何使用自行车到达对方校区。这一数据表明，特定导向的自行车道不仅显著提升了特定区域之间的可达性，而且具备一定的社会价值，即对城市中的社会交往活动有所促进。

3. 创新意义

我国有很好的自行车出行基础，通过更好地规范和倡导自行车出行，将为城市实现绿色交通发挥重要作用。上述创新设计效果调查表明：自行车道系统在方便居民通勤、购物和游憩等活动中发挥了重大作用；在便捷居民出行的同时，大大减少了大气污染，而且使人们更加贴近自然，增强体质，增添了生活情趣，营造了健康向上的社会环境。

图4　杨浦区大学城自行车绿色通道

四、公共大电梯

1. 案例背景

作为特大山地城市，重庆组团式的城市空间形态以及居民出行“公交＋步行”的特点，都决定了机动性出行的重要性。在人口密集、寸土寸金的重庆，必须合理地利用山势、科学地利用高差，在可能的条件下把越来越密集、越来越大型的建筑物有机地联系起来，给那些不断追求效率的现代人提供更为迅捷、更为直接、非传统的交通方式。同时，建造这种设施所形成的过渡空间也会为人们提供一方新颖、舒适的交流场所。皇冠大扶梯项目案例很好地诠释了这一交通创新理念的价值。

2. 设计特点

皇冠大扶梯作为重庆市特色交通之一，位于重庆市渝中区，上下连接着两路口与菜园坝火车站，不但是重要的公共交通工具，而且已成为重庆一处独特的景观。由于两路口的交通枢纽地位，早在1980年就在此建造了重庆市第一个人行地道；菜园坝火车站作为重庆的老火车站，至今仍承担着大量客货运任务。在两路口与菜园坝之间虽然直线距离仅200m，但垂直高差却超过50m，利用机动车需绕行3～4km。因此，步行成为该区域重要的交通方式。

随着重庆市经济社会的发展，该地区人流量不断增加。因此，在20世纪80年代后期，政府决定在此修建亚洲第一长的自动扶梯，见图5和图6，图5中A，B为步行梯道，C为大扶梯。该项工程于1996年2月完成，包括三个部分——两座企业大楼和皇冠大扶梯，总建筑面积达3.6万m^2。扶梯上下出口分别设在两座大楼的近地面层，菜园坝火车站站前广场设置地下通道与下出口建筑连通。两座大楼内都有大量的餐饮、商业、娱乐等设施，高层部分则作为写字楼出租。

图5　菜园坝火车站与两路口之间的3条通道

图6　皇冠大扶梯内实景图

皇冠大扶梯的设计日客流量为10万人次，提升高度为52.4m，全长108m，运行速度为0.5m/s，3台自动扶梯并列配置。该扶梯单台最大设计客运能力为1400人次/h。据统计，扶梯日平均客流量约为5000人次，节假日高峰日客流量可以达到约2万人次。

3. 创新特色

相对于耗用汽油的小汽车来说，以电力驱动的大扶梯无疑是一种节能环保的交通运输方式。在欧盟2007年提出的减少碳排放的战略目标中，到2015年，要求普通小汽车的碳排放量为120g/km。按照这一标准计算，小汽车绕行距离3km则排放$CO_2$360g。小汽车一次可运载4人，5000人则需运输1250次，总的碳排放量为450kg。而自动扶梯满载运送5000人次则只需上下行各运行2h（单向运行4h），用电260kW。按照家用电器CO_2排放量＝耗电度数×0.785计算，自动扶梯的碳排放量为204.1kg。由此可见，同样在每天5000人次的客流量下，小汽车碳排放量约为扶梯运行所产生的碳排放量的2.20倍。

可见，自动扶梯运行的碳减排效应十分显著，可以说是低碳交通工具。再加上其大运量的公共交通性质，对公共空间的环境保护示范作用很大，这一点在普遍提倡绿色生态、低碳经济、可持续发展的今天尤为重要。

五、创新案例综合评价

相对于城市机动化特色，这三个案例体现了城市特定空间环境下的逆机动化创新价值，体现了现代城市空间交通组织中追求的可达性、便捷性之外的多元价值意义。其中，无车校园的教育文化空间的理想家园、自行车出行的资源环境平衡意义以及大电梯融公共交通高效性和便捷性于一体的创新之举，无不折射出未来城市所应追求的文明曙光。这里，分别对三个案例的价值意义进行总结：

1. 无车校园

无车校园中去芜存菁，可以随时驻足、交流和思考的自由环境是学术空间必不可少的养分。无车校园的尝试可以发挥大学对社会的示范作用，为解决现代城市中交通拥堵、道路安全、环境污染等一系列问题提出一个新思路。从更深层的意义上说，无车校园也是大学探索并引领社会主流价值的表现，像低碳城市的理念那样，是对能源问题、环境问题和社会公平问题的具体回应。希望透过无车校园这一理念与尝试，能重新审视城市发展的目的和模式，让城市更好地服务于“人”。

2. 自行车道网络系统

追求出行需求与出行效率、道路空间资源与社会环境资源之间的平衡，是自行车道网络系统在城市道路系统中发展的目标。上海市自行车道网络系统的完善与优化有四方面积极的意义：①引领居民健康生活。选择使用良好的自行车道网络系统，无论是作为交通还是休闲，都是健康的出行方式，对人的身心发展都有良好的作用。②提高城市整体机动性水平。自行车道网络系统的建设，不仅可以提升自行车出行的可达性和安全性，更将提升城市整体的交通机动性，道路系统将更加有序。③营造城市良好生活氛围。自行车道使用率的增加使得城市生活更加“慢速”，这将促进良好生活氛围的形成，有利于提高市民的幸福指数和城市归属感。④践行城市可持续发展。特定导向自行车道的实践表明，自行车道网络可以与大运量公共交通很好地结合运作。

3. 公共大扶梯

在重庆山城特殊的自然条件背景下，皇冠大扶梯是其中独具特色的交通创新成功案例。它不应只成为个案，作为一项深具文化内涵和社会价值的特色交通设施应该被其他类似山地城市推广和应用，不仅用于解决高差所引起的步行交通问题，也能通过个性化引导塑造成为城市新地标。皇冠大扶梯案例表明：特殊交通体系与城市地域特征有着密不可分的联系，城市特征创造出符合城市需要、符合时代特点的特色交通方式。而特色交通方式在满足城市交通需要的同时，为这个城市获得了有别于其他城市的独特魅力，成为一个城市、一个时代的象征。在全球化进程不断发展的今天，使不同地域、不同文化下的城市形象更加鲜明、突出。

（作者单位：南京大学建筑与城市规划学院）

发达国家汽车制造企业的低碳化机制及启示

蒋仁才

一、背景：低碳交通中的外部效应

低碳交通意为降低交通运输产生的二氧化碳排放。交通工具的单位二氧化碳排放量与使用的能源种类及单位能源消耗量直接相关。汽车的单位能耗越低则其碳排量也越少。汽车使用的能源越清洁，含碳量越低，则单位能耗的碳排放也越低。因此要降低汽车的单位碳排放，原则上有两种选择：一是提高汽车的能效，降低汽车的单位能源消耗；二是用含碳低的清洁能源，如生物燃料，电能，燃料电池等，替代常规的汽油、柴油作为汽车燃料。本文着眼于小汽车的低碳化。

使用汽车要消耗能源，而燃油费用一般由汽车使用者直接承担。如果一款车油耗大，那么其使用者的燃油费用也高，相应地承担了其直接成本。但除了直接的油耗成本外，燃油消耗所产生的碳排放会引起温室效应，导致全球气候变化，从而产生诸多的社会成本。这些社会成本，虽然终归将由全社会作为整体（也包括其造成者）来承担，但却无法界定每个个体本身应承担的份额，故属于外部成本。每个汽车使用者虽然负担直接的燃料成本，却并不承担消耗燃油引起的碳排放的外部成本。在这种情况下，实际产生的总成本（直接燃油成本 + 碳排放外部成本）大于消费者支付的价格。价格低于成本，需求就会过度膨胀，从而导致对资源的过度使用，价格的引导功能失灵，使市场本身无法实现资源的优化配置。

相应地，降低能耗会给汽车使用者带来直接好处，汽车的运营成本会减少。如果两款车其他功能都一样，只有油耗不同，那么消费者会选择省油的那款车。同时降低油耗也减少了碳排放，从而减轻对环境资源的损害，因此汽车节能会产生外部效益。节省者得到的直接好处虽然会在一定程度鼓励节能，但激励力度达不到社会需要的节能减排程度。

为实现资源的合理利用，政府需要对节能减排实行一定的干预，调整市场竞争行为的背景条件，以弥补市场价格功能的不足。

二、主要发达国家汽车制造企业的低碳化机制

综观国际上政府调节市场的主要手段有禁止或限制市场行为、制定法规标准、引入碳排放权以及税收和价格调节。禁止或限制市场行为对市场的干预最强，只能不得已而为之。税收和价格调节是比较市场化的手段，前提条件是外部成本能够量化，可以计入燃油价格中。但二氧化碳排放导致的环境恶化却因众多因果链条的复杂关系，外部成本难以确切计算，故到目前为止，用税收杠杆调节碳排放难度重重。另一种可能性是引进碳排放权，排放权可以通过市场交易。每个碳排放者必须取得相应数量的排放权，政府通过控制排放权发放总量来控制排放总量。排放权发放总量越小，或需求越大，则排放权的价格就会越高。排放权交易给碳排放引入了一个价格机制，在航空和发电等领域广泛应用。但小汽车用户众多，其每年行驶里程和排放量差异很大，为保证每个用户都按排放权来排放，需要一个庞大而昂贵的监督控制系统，交易成本过高，在行政管理上难以实现。对众多汽车使用者纳入排碳限束有难度，但汽车制造厂家全球屈指可数，因此欧共体、美国、日本等都把控制小汽车碳排放的着眼点转向汽车制造商。但汽车制造商本身并不直接产生汽车碳排放，没法强制要求他们去购置碳排放权。因此，政府机构通常的做法是规定汽车制造商要满足平均排碳标准。

1. 欧盟小汽车排碳法规

欧盟于 2008 年底通过了 2015 年小汽车碳排放法规，目标是到 2015 年小汽车行业新车平均碳排放降至每公里 130 克（相当于每 100 公里约耗油 5. 6 升），比 2008 年的实际排放降低 14. 5% 。单一车型碳排目标值是车辆整备质量的一次线性函数，即小汽车整备质量越大，允许排放的二氧化碳量也越多。但相比于 2008 年，质量大的小汽车减排的幅度也越大。

考核指标是企业新车平均每公里碳排量。衡量一个车企是否达标就要比较其企业平均每公里碳排实际值和目标值，前者由该企业各车型认证的碳排放值按其销量加权而求得，后者由该企业各车型重量对应的目标值按其销量加权平均而求得。由于产品分布不同，每个车企都有各自的小汽车平均碳排目标值。因为汽车越重，允许的每公里碳排放量也越高，生产豪华小汽车的厂家如奔驰、宝马等企业平均碳排目标值一般高于生产小型车的厂家如菲亚特。但这并不意味着奔驰、宝马比菲亚特更容易达标。恰恰相反，因为出发点是 2008 年的实际排碳量，遵循的是少排少减，多排多减原则，豪华车厂家减排的任务要严峻得多，小型轿车厂家往往只要稍加努力即可达到 2015 年的目标。

用企业新车平均碳排量作为考核指标，车企内部超标车型可由达标车型来补偿，且不论是进口还是当地生产的车辆都一起核算，使企业具有一定灵活性。此外欧盟法规还鼓励生态创新技术和电动车的发展。所谓生态创新技术是指能实际降低汽车的能耗，但在现行的汽车油耗认证中没有考虑的汽车节能技术。如太阳能天窗，节能空调等。经过测试认证，生态创新技术可以最多抵扣每公里 7g 的碳排量。鼓励电动汽车采用的是“超级信用”机制，即每出售一辆电动汽车，可按多辆加权计算碳排实际值。由于电动汽车碳排量很低甚至为零，就可以用来摊低制造商的平均碳排实际值。

如果一车企新车平均每公里实际碳排值高于其目标值，则该厂商达不到目标，需要支付罚款。罚款从第一克超标的

每车每克5欧元，增加到第二克的每车每克15欧元，第三克的每车每克25欧元和三克起每车每克95欧元。

欧盟小汽车碳排法规建立于详尽的可行性研究之上的。在法规出台前期进行了大量的科研论证和后果分析。法规明确规定了企业的目标和奖罚措施，提供了一个明确的框架结构，让企业自主决定是否要达标，如何去达标，用何种技术去达标，充分发挥企业作为市场主体的能动性和创造力。目前欧盟正在讨论2020年的小汽车碳排法规，其目标是到2020年把小汽车平均碳排降低到95g/km。这一目标对汽车厂商是一个巨大挑战，需要增加灵活性，以便厂商可以有更多创新之路。

2. 美国小汽车温室气体排放法规

美国于2009年5月正式发布了2012～2016年小汽车碳排目标。随后又于2012年8月公布了2017～2025年的目标。新注册小汽车的每公里平均碳排目标分别为2016年139.8g，2020年113g，2025年约88.9g，基本保证每年都有3%～5%的连续减排。不同于欧盟基于车辆整备质量的碳排目标函数，美国采用的是以车辆脚印（foot print）为基础的碳排目标体系。车辆脚印即车辆四个轮子之间的面积，等于轴宽乘以轴距。小汽车的脚印越大，则允许的每公里排碳量也越多，也即每公里耗油也越多。鉴于美国小汽车的尺寸一般大于欧盟，其碳排标准接近欧洲水平。

同欧洲一样，美国的碳排法规中也包括了对绿色创新技术以及电动车的一些激励机制，如低排放的车用空调，双燃料汽车和电动车都可以加分以摊低企业的平均排碳目标值。同时引入一些灵活性措施，如允许企业自由组合，进口和国产一起算，超额完成额度可以存结、转让、交易，中小批量企业在过渡期内允许一定数量超标车辆免算等，使企业能充分发挥各自优势，去满足目标。

3. 日本小汽车油耗标准法规

日本小汽车的油耗法规不同于欧美体系。它采用的是"领跑者"方法（front runner），即在每一等级里，选择当前最省油车的耗油量作为下一步所有该等级车要达到的油耗目标值的基础。每次都以最省油的车型作为全行业的目标，向先进看齐，市场驱动的成分较大。同时建立相应的激励奖罚机制，促使企业有动力去研发和引进节油技术，获取竞争优势。

所谓"领跑者"方法，即在确定每一车辆等级的未来目标值时，选择该等级中当前最省油的车型的耗油量作为基础，考虑技术进步因素，确定为该车辆等级的目标值。日本2015年的目标体系按车辆重量分16个等级，每个等级的油耗目标以2004年的"领跑者"车型为基础。2015年小汽车全行业平均目标是每100公里5.95L。日本2020年的目标体系也按重量分16个车辆等级，以2009年最省油的"领跑者"车型为基础来确定每个等级的目标值，小汽车全行业的油耗平均目标值是每100公里4.93L，比2015年降低17.1%。

与欧美考核体系一致，目标考核以企业平均油耗进行。即不考核单车是否满足各等级的油耗目标值，而是考核每个企业的实际平均油耗是否达到按16个等级目标而求得的企业平均油耗目标。用企业平均油耗目标代替单车限值的好处是企业可以选择特定车型和技术进行集中攻关和投资，并充分利用各自的技术优势，扬长避短，鼓励多种技术并存和发展。

综合欧盟、美国、日本小汽车油耗/排碳法规可以看出，政府的主要职能在于规定明确的油耗/碳排目标，并制定相应的奖惩机制。在清楚的法律框架下，让企业自主决定如何去满足要求。

三、低碳交通中的市场力量：企业的灵活性

在国家明确的汽车碳排法规之下，企业可以自主决定如何来达到规定的碳排目标，这时企业的创新能力将起着主要作用。原则上企业要降低小汽车碳排，需要引入新的技术，改进车型结构，降低车重量，这些都是与额外的投资和成本相连的。因此企业首先要算的是经济账。

从单一企业层面，各个企业各有技术优势，节能减排可供开发和使用的技术多种多样，其成本和节能效果也各不相同。一个企业首先要把各种技术根据其成本和节能减排效果进行筛选，按单位节能减排成本排序，把减排效果好且成本较低的技术首先研发或采用，然后依次采用节能成本性价比稍次的技术。这一新技术研发引进的过程会一致待续下去，直到企业能够满足油耗/碳排目标要求或者新技术引入的成本已等于或高于超标罚款时为止。从经济学角度讲道理很简单：如果节能减碳的成本高于罚款，那么选择罚款是经济上合算的。但事实上，即使投入的成本高些，企业也往往会想方设法满足油耗/排碳目标。因为不满足油耗目标往往会影响企业声望，从而影响消费者的购买选择，而且新的节能减排技术的研发和利用也影响企业未来的技术创新能力和核心竞争力。另一方面，由于各个企业具有不同的技术优势和技术储备，某项技术对某一个企业可能不可行或成本太高，而对别的企业可能恰恰是合理有效的。因此不同的企业会有不同的技术途径来满足国家的油耗/碳排放要求。这也是为什么欧洲企业柴油车技术领先，日本企业混合动力具有优势的一个原因。不同的企业可以通过不同的技术创新来取得竞争优势。

从社会层面，由于技术优势和产品结构的差别，不同的企业降低油耗/碳排的单位成本也不相同。从资源合理配置的角度看，减排成本低的企业显然应该多减，减排成本高的企业少减，以达到实现全社会减排目标所需要的投入最少或尽可能少。因此在政策法规的设计上必须要有鼓励措施，而不是要鞭打快牛。一种最简单有效的措施是允许企业之间自由组合或买卖超额减排或节油额度。这样，节能成本低的企业可以多节些，超额达标可以有偿转让给其他需要的企业。转让价格通过市场供需自主形成，原则上会落在节油成本和罚款之间的区域。因为如果转让价格低于企业的节油减碳的成本，转让额度的企业经济上就不合算。而如果转让价格高于罚款，那么接收单位就会愿意付罚款而不去买额度。在市场达到均衡时，转让价格就会等于罚款。企业之间自由组合或减排额度的交易既能保证汽车行业作为总体满足规定的节能减排要求，又能保证达到这一目标的手段是最经济合算的。单位减排成本低的企业不仅仅会满足于达标，而且会追求超

额达标以获取额外利益，这就是市场力量的作用。因此允许企业自由组合和额度交易是提高资源配置效率的有效手段。

四、中国汽车制造企业的低碳之路

中国已于2011年底发布了乘用车第三阶段油耗标准，并于2013年3月公布了乘用车企业平均燃料消耗量核算办法。第三阶段油耗标准的目标是到2015年新产小汽车（包括进口）的平均油耗降到每100公里6.9L（约每公里排碳160g）。第三阶段油耗标准规定了16个重量等级小汽车的油耗目标值。企业根据各自车型结构和销量分布可以按此计算企业平均油耗目标值。不同于第二阶段的单车油耗限值（如果一款车型不满足单位限值，则该车型禁止生产），第三阶段油耗标准考核的是企业平均油耗是否达标，而非单车限值。即使一企业某一车型的油耗超标，该车型仍然可以生产。超标的车型可以通过超额达标的车型补偿，相互平均、拉平。这与欧美油耗/碳排的目标考核系统基本一致。这种核算办法既考虑了重量大的车耗油多的物理规律和市场对不同车型的需求，也兼顾了企业不同的车型结构，使企业能有一定的灵活性。

由于中国的主要轿车生产企业是合资企业，一个品牌往往有两个合资企业。如果要求每个生产厂家都要单独满足企业平均油耗目标，则必然导致各个合资企业都要同时生产耗油和省油的车型，不利于按经济规模和产业化分工原则来安排生产。

到目前，第三阶段油耗标准的实施管理办法一直没有出台。为了提高企业的可计划性，建议尽快出台合理的实施细则。借鉴国外经验，建议实施细则中包括以下内容：

（1）根据各企业的车型结构确定企业平均油耗目标，避免一刀切的做法。给每个企业规定统一的平均油耗目标值的做法不考虑分工合作和产业化生产，有悖市场规律，会导致资源的非优利用，故各国都不采用。

（2）市场需求多种多样，既有对小排量节能车型的需求，也有对豪华高档车的追求。应允许企业把进口车和国产车一起核算，并允许企业自由组合达到企业平均油耗目标。此外，应允许企业之间自由转让和交易达标额度，利用市场力量实现资源的合理配置，同时也保证整个产业达到预定的节能减排目标

（3）引进对创新绿色技术的激励机制，鼓励企业采用油耗测试周期之外的节油技术，加快新能源汽车进入市场的步伐。新能源汽车的多倍加权是促进企业推广新能源车的一个有效杠杆，应允许在计算企业平均油耗时使用。

（4）尽可能避免禁止或限制市场行为的措施，更多采用奖惩机制，充分发挥企业的创造力和市场的力量。

（作者单位：戴姆勒大中华区投资有限公司）

我国民航业节能减排面临的国际形势与行动对策*

李 楠 董健康

因“温室效应”引发的全球气候变暖已经受到世界各国的关注，而人类活动导致的气体排放是其主要根源。就民航业而言，飞机发动机燃烧航空燃料产生的排放是航空运输对环境的主要污染源。依托于国民经济的持续快速发展，我国民航业发展速度在世界位居前列，发展规模仅次于美国，稳居世界第二位。伴随着我国民航业规模的扩张，中国民航节能减排的任务十分艰巨。同时，由于航空运输的全球化特征，我国民航业节能减排工作与国际航空运输节能减排整体发展态势息息相关，及时把握一些重大事件，准确评估其对我国民航发展的影响，积极作出回应，更是当前节能减排的重点工作。

一、中国民航业节能减排现状

1. 燃油使用效率有较大改善，但燃油消耗总量逐年攀升带来的压力愈发严峻

“十一五”头三年中国民航航油消耗量年均增速 9.5%，航油成本年均增速 24%。2008 年全国民航航油消耗量接近 1200 万吨，航油成本 892 亿元。随着运力的逐年增长，这一数字还在不断翻新。受益于机队更新和技术条件改善，中国民航燃油使用效率呈逐年提高的势头，目前吨公里油耗比 1990 年水平下降了 30% 多。但在单位能耗上我国民航与世界航空强国水平也还存在不小差距。以 2005 年中美两国航空公司的实际吨公里油耗水平为例，我国民航收费吨公里油耗是 0.34 千克，而美国民航仅为 0.18kg，可见，我国航油利用效率距世界先进水平仍有相当差距。预计到 2010 年全行业航油消耗将达到 1500 万吨。中国民航节能减排面临的总量压力依然十分巨大。

2. 民航业对节能减排认识较为统一，但协调各方利益的难度依然存在

航空运输节能减排工作涉及政府、航空公司、机场、空中交通管理以及若干支持保障部门。近年来民航各企事业单位在节能减排问题上有了较高的认识，开展了许多有益的尝试。

航空公司加强了飞行全过程中的操纵节油；加强了飞机的维修、保养与技术改进，保证飞机处于高效率运行状态；完善、推广使用计算机飞行计划系统；加强飞机重量、配载平衡控制；引进新型节能飞机，改善了机队结构。

机场加强建筑节能，实施机场设计节能审查，提高机场节能水平，从机场布局和建设的源头把好节能减排关；推广低能耗高效率的材料、设施设备，推动既有建筑节能改造；加大淘汰高能耗老旧用电设备的力度，抓好照明、空调节能；加强地面车辆用能管理，节约汽车用油。

空管部门提高了管制能力，优化空域环境；积极推进建立合理的空域使用机制，设立临时航线，逐步实现繁忙机场终端区域的科学合理使用、航路附近空域划设与灵活使用相结合的空域运行管理体系；提升保障水平。通过更新改造空管自动化系统，提高空管自动化水平，升级完善现行通信、导航、监视等系统，加强空管技术支持；增强气象服务，提高天气观测和预报水平，努力减少天气对飞机飞行造成的影响，及时提供准确的气象信息，为航班选择最佳的进离港方案、制定科学经济的飞行计划、选择合理的绕飞航线、合理安排载货量和载油量等提供依据。

但由于民航行业具有非常强的系统性，节能减排很多工作离不开系统各方的协调配合，由于各利益主体目标有时并不一致，使得有些具体工作在实际工作中很难推进。如在机场，使用地面电源替代飞机机载电源的工作，推进就比较缓慢。究其原因，就是因为机场与航空公司的利益不一致，一直没能制定出各方均可接受的定价标准使然。

3. 节能减排管理体系初步形成，但规划与规章落实还需加快推进

为了加强对行业节能减排工作的指导，民航局成立了以李家祥局长为组长的民航节能减排工作领导小组，设立了专职的节能减排办公室。同时在《民航发展第十一个五年规划纲要》中强调“由主要依靠航空资源投入扩大规模，转变为更加注重提高航空资源利用效率增加航空运输供给。通过转换机制和改进管理，节约资源，保护环境，提高效益，降低成本”。明确提出了到 2010 年，民航吨公里燃油消耗比 2005 年降低 10% 左右。为了在新形势下促进节能减排工作，民航局还编制了《民航行业节能减排规划》，初步搭建了行业管理平台。目前，该规划已由民航局和国家发改委联合颁布实施，成为交通领域颁布的第一个行业节能减排规划。尽管如此，政府主管部门在建立和完善政策、法规、标准；建立、健全协调联动机制等方面还需加快工作进度。

4. 基础研究广泛开展，但技术创新和示范引导效果不甚明显

为了配合行业节能减排工作，民航业内相关研究机构纷纷加强了对节能减排工作的基础性研究。中国民航大学、民航二所等单位在相关研究领域初步取得了一批成果。有的已经在航空公司实践、机场建设中有了良好的应用。但从总体上看，技术创新和示范效果还不甚明显，节能减排专业人才培养还相对滞后，相关工作有待加强。

5. 广泛开展国际合作，但对发展态势不能及时把握和有

* 本文转载自《综合运输》2009 年第 11 期。

效应对

航空器的排放属于移动源排放，不同于钢铁、电力等其他行业的固定源排放行业，航空运输的国际化远远超出国别范畴，更容易引起飞行目的地国家对温室气体排放的注意。这使得航空运输业的节能减排工作更具国际性。近年来，中国民航与美国、欧盟、日本等国家和地区在该领域开展了广泛的交流与合作，涉及技术转让、资金支持、能力建设等方方面面。

但由于起步较晚，我国在国际航空运输节能减排的法律法规制定的参与程度上还有不足，对一些重大的事件与环境变化不太敏感，对后果和影响没有准确评估，直接导致面对重大事件时不能积极有效的面对。

二、国际民航业节能减排形势分析

2005 年 2 月 16 日，旨在遏制全球气候变暖的《京都议定书》正式效。这是人类历史上首次以法规的形式限制温室气体排放。但航空运输业并没有被纳入到该项法规的具体要求中去。《京都议定书》没有为航空公司制定具体的排放标准，而是要求航空运输业制定自己的计划。这一方面是由于议定书签订之时飞机的碳排放量只占工业排放总量的 2%，另一方面是由于跨国空运存在管辖权不明朗的问题。随着形势的发展，今年年底，联合国将在丹麦首都哥本哈根举行的气候变化大会，就未来应对气候变化的全球行动签署新协议。这次会议势必会涉及航空运输业，目前留给国际民航组织以及各国民航业的时间已经不多了。

与年底联合国气候大会相比，对中国民航影响更大、更为直接的是来自欧盟的压力。为了遏制航空对环境的影响，欧盟探讨过各种政策建议，如燃油税、环境税、排放收费、排放交易等。最终，欧盟各成员国的财政部长在讨论后放弃了征收燃油税等其他措施，而建议将航空业纳入欧盟废气排放权交易机制，利用市场机制控制航空污染。

通过对将航空纳入欧盟排放交易体系（ETS）的可行性研究，欧盟委员会于 2005 年 9 月 27 日向欧盟理事会、欧洲议会、欧洲经济社会委员会和地区委员会提出一项政策性文件——《降低航空对气候变化的影响》COM（2005）459final。该政策性文件指出，采用机票税、离港税等措施不能够有效刺激航空器运营人改善其运营，欧盟委员会将重点考虑排放交易和排放收费方式，来解决航空的气候影响问题。主要的思路是首先要为航空业确定一个排放总量上限，然后通过市场调节各排放主体的排放数量和价格。为此，欧盟委员会成立一个欧洲气候变化项目航空工作小组，负责设计将航空纳入欧盟排放交易体系的具体方案，并于 2006 年 4 月发表了《最终报告》。该报告包括：纳入排放交易体系的标准、方案的适用范围（航线航班的种类）、仅针对二氧化碳排放的局限性、非二氧化碳排放量的计算方法、航空排放许可的分配方法、航空排放的监测、报告和确认方法等。该报告的发布标志着起草立法建议的准备工作已经完成。

在上述大量准备工作的基础上，欧盟委员会于 2006 年 11 月 20 日起草了航空减排的立法建议——《建议修改欧盟 2003/87/EC 号指令，制定包括航空活动在内的温室气体排放许可交易体系》。该立法建议明确将航空业纳入了欧盟的排放交易体系，新的规定将在 2012 年 1 月开始实行，即从 2012 年 1 月 1 日开始，所有欧盟内部的航班以及抵离欧盟机场的国际航班都必须达到所制定的排放标准。

2009 年 8 月 22 日，欧盟公布了一份包含 2000 多家航空公司的名单，进入名单的航空公司，2012 年起都将被纳入欧盟的排放交易体系，在进出欧盟以及在欧盟内部航线飞行时，须为其排放的温室气体付费。我国 33 家航空公司被列入名单中。

按照欧盟的方案，不管是否为欧洲的航空公司，只要业务范围涵盖欧盟地区，都必须在 2012 年将碳排放量减少到其在 2004～2006 年三年平均排放量的 97%，到 2013 年，还要在这个减排基础上再减 2 个百分点，达到减排 5% 的标准。碳排放费的计算方式是“航程排放量 × 单位碳价”。以目前单位碳价 14.4 欧元计算，一架波音 747 航班每执飞 1 个上海至伦敦航线即需交纳数万欧元碳排放费。

国际航空运输协会预计，如果 ETS 执行，第一年进出欧盟的航空公司需要为碳排放缴纳的费用将会让航空业的成本增加 35 亿欧元，相当于 2008 年全球航空业亏损额的一半，并且这一数字会逐年递增。而中欧航线正处于增长期，比如目前在国际航线上份额最大的国航，就已经拥有 10 多条欧洲航线，每周航班数就达到了 40～50 班，ETS 实施给我国航空公司的运营成本带来更沉重的压力。

欧盟碳排放收费基于的理论基础主要有：

（1）生产的外部不经济性理论，理论出发点：在实际经济活动中，生产者的活动对其他生产者产生的超越活动主体范围的利害影响，导致外部不经济性，也就是外部费用。

（2）政府管制失灵论，理论出发点：航空排放的政府管制方式在解决环境问题的中很难达到理想目标，难以实现资源的最优配置，必将陷入政府失灵的困境。解决之道在于利用市场的交易机制，弥补政府管制的不足，实施航空排放交易。

（3）公地悲剧理论，理论出发点：对有限资源的自由进入和无限制索取最终会由于过度利用而耗尽。公共资源具有过度利用的特点，因为它们的使用提供了生产要素，生产者却不必支付成本。

（4）科斯定理，理论出发点：如果交易成本为零，无论初始产权如何界定，都可以通过市场交易和自愿协商达到资源的最优配置；如果交易成本不为零，就可以通过合法权利的初始界定和经济的优化选择来提高资源的配置效率，实现外部效应的内部化，而无须抛弃市场机制。排放交易就是将外部性转至企业内部的有效途径。排放交易主要是通过市场的力量来寻求污染物削减的边际费用，使整体污染物允许的排放量的处理费用趋于最小，从而使总污染物治理费用达到最低。

三、我国民航业节能减排行动对策

1. 坚持在联合国统一框架下寻求解决全球航空排放问题

的方案

我国民航业必须坚持，民航业的碳排放监管问题必须纳入全球框架中统一制定，若全球性的框架无法达成，那么各地区出自自身利益而出台相关政策，将会助长对竞争力的扭曲、非法碳排放以及过高的监管成本。最终在全社会的福利上达不到最优化。

欧盟碳排放收费方案违反了《京都议定书》的相关原则。《京都议定书》是在《联合国气候变化框架公约》（UNFCCC）下制定的，它确立了“共同但有区别的责任”原则，即“附件1国家”（发达国家和经济转型国家）承担实质性减排义务，发展中国家不承担二氧化碳的减排义务。而欧盟航空排放交易政策适用于“抵达欧盟机场和从欧盟机场出发的全部航班”，不区分不同国家的类型，这违背了《京都议定书》确立的“共同但有区别的责任”原则。

所以，我国应积极表明立场，坚持在联合国统一框架下寻求解决全球航空排放问题的方案。

2. 突出国际民航组织在解决全球航空排放问题中的地位

鉴于国际民航组织在国际民航事务中所起的作用和应尽的责任，应突出国际民航组织在此项工作中的地位，具体工作应由国际民航组织航空环境保护委员会组织协调，以避免航空业面临的不协调的竞争性政府税收风险。

国际民航组织早在第33届行业大会上就要求理事会“制定关于各国运用旨在减少或限制航空器发动机排放的环境影响特别是在减轻航空对气候变化影响方面的基于市场措施的指导原则”。就此问题，国际民航组织确定了以下指导原则：各缔约国应避免单方面实行温室气体排放收费；考虑各方利益，包括发展中国家的潜在影响，鼓励缔约国和理事会评价各项措施的成本和效益；鼓励缔约国和其他当事方采取行动，尤其是自愿行动限制或降低国际航空排放。

欧盟航空排放政策既没有考虑对发展中国家的潜在影响，也没有遵循国际民航组织确立的“自愿行动限制或降低国际航空排放”原则。与欧盟立法建议与国际民航组织的指导原则不符。事实上，欧盟委员会在2005年3月11日~5月6日公开征求意见时，很多欧洲航空公司和航空器制造商均认为欧盟的航空排放政策应当在国际民航组织的指导下实施，并不得违反国际民航组织的现行政策。

3. 联合航协与其他主要国家共同与欧盟就此方案进行谈判

除了坚持应由国际民航组织这个官方机构来组织民航业的节能减排工作，还应联合国际航协以及其他航空大国，一起应对欧盟的碳排放计划。

欧盟的这一碳排放收费计划已经受到来自国际航空运输协会的强烈反对，认为各国政府应该更加关注改进环境绩效的措施，而不是加倍地征收排放费。由于欧盟将自己的法律强加给其他国家，ETS遭到了许多国家，尤其是美国的反对。美国航协更是表现出极度的愤慨，正呼吁美国政府对此方案进行抵制。我国民航业应尽快研究联合其他国家，共同与欧盟就此问题进行谈判的方案。

4. 尽快研究适合我国国情的碳排放市场调节机制

一旦全球性框架无法建立，谈判破灭，我国政府也应就碳排放收费问题拿出反制方案。目前澳大利亚、日本也纷纷在研究相关问题，我国必须尽快开展这方面的工作。

研究适合我国国情的航空运输碳排放收费机制必须既要充分发挥市场机制的基础性作用，又要根据我国国情，从实际出发。这里需要突出说明的是，我国民航业发展起步较西方国家晚，为了适应国民经济社会发展的需要，目前正处于快速发展期，这需要我们更为统筹兼顾地思考问题，设计方案。

5. 加强我国民航业节能减排自身能力建设

航空排放的根本解决之道在于新型航空器的研制、替代性清洁燃料的使用以及航空器运营程序的改进等，而不在于某个国家和地区出台经济制裁方案，为此，我国民航业要加强节能减排自身能力建设。

我国民航业节能减排工作要以科学发展观为指导，以确保航空安全和运输质量为前提，以提高能源利用效率为核心，以航空节油、控制排放为重点，以建立完善的体制机制为根本保障；以制定政策和规章为重要基础；以管理和技术创新为重要支撑。

根据面临的形势，当前及今后一段时期的具体任务有：制定我国航空业节能减排发展战略，完善相关规划体系；加强航空运输组织管理，提高系统运行效率；坚持节能减排技术创新与应用推广，健全技术服务平台；探索节能减排市场调节机制，充分发挥市场机制的作用；强化行业监督管理，建立统计监测考核体系；全面贯彻《节约能源法》，健全法规标准体系；完善节能减排配套措施，落实组织和资金保障。

碳资产管理——低碳时代航空公司的挑战与机遇*

林　鹏

由全球气候变化问题引出的降低温室气体排放，进而出现的碳交易，使碳排放从科学领域跨越到金融领域。从碳排放权能通过交易市场在组织实体之间进行转换开始，对于组织实体而言，碳排放实质上成为一种特殊的资产。碳资产的出现，在全球气候变化问题愈演愈烈的时代背景下，将给排放企业带来前所未有的挑战和机遇。

一、碳资产形成的背景

1992 年，随着《联合国气候变化框架公约》（The United Nations Framework Convention on Climate Change，UNFCCC）的签署，人类首次就温室气体排放（主要是二氧化碳排放）正在导致全球气候变化达成了共识。考虑到历史上和目前全球温室气体排放的最大部分源自发达国家；发展中国家的人均排放仍相对较低；发展中国家在全球排放中所占的份额将会增加；提出了“共同但有区别责任”原则。所有国家根据其这一原则和各自的能力及其社会和经济条件，尽可能开展最广泛的合作，并参与有效和适当的国际应对行动。

1997 年联合国气候变化框架公约第三届缔约国会议，通过具法律约束力的《京都议定书》。其目标是“将大气中的温室气体含量稳定在一个适当的水平，进而防止剧烈的气候改变对人类造成伤害”。2001 年联合国气候变化框架公约第七届缔约国会议，通过落实《京都议定书》机制的一系列决定文件，使得落实《联合国气候变化框架公约》真正具备了可操作性。

《京都议定书》缔约方分为两类，即附件一国家（主要为发达国家和工业化国家）和非附件一国家（主要为发展中国家和未发展国家和岛国）。规定附件一国家必须履行温室气体排放比基准年（1990 年）绝对量削减义务，非附件一国家则不受此约束。同时《京都议定书》将温室气体排放进行了量化，并将所有温室气体均用二氧化碳当量进行计算，这就将引起气候变化问题的温室气体最终都以二氧化碳的形式进行讨论，“碳排放”成为温室气体排放的代名词。

《京都议定书》最具创造性的法律贡献是引入了市场经济机制，使得在碳排放问题上的实质减排变成了一场围绕“碳排放权”展开的全球贸易。其中规定了三种交易机制：

排放贸易（ET）：一个发达国家将自己超额完成的减排义务指标以贸易的方式转让给另一个未能完成减排义务指标的发达国家，出让方自然要从其排放额度中扣除卖出去的额度。

联合履行（JI）：一个发达国家向另一个发达国家以技术和资金投入的方式实现减排的项目，由此实现的减排额度可以转让给投入技术和资金的缔约方。

清洁发展机制（CDM）：发达国家向发展中国家进行资金和技术投资实现减排目标的项目，由此产生的减排当量算作发达国家的减排额度。这一个机制被看做是发达国家与发展中国家之间“双赢机制”，发展中国家无偿获得了资金和技术投资，而发达国家以低廉的成本实现了法律要求的减排额度。

正是通过法律建构，碳排放这样一个实质的人类活动就变成一种抽象的、可分割、可交易的法律权利。

国际条约将碳排放权分配给国家，并规定国家之间进行碳排放权交易的规则。由于国家可对这些碳排放权进行地域或行业分割，从而最终将其分配给每一个企业，由此出现市场主体之间的商业交易，形成了一个复杂的全球碳排放权的交易市场。而当金融工具进入这个交易市场之后，就产生专门的“碳金融”。

碳排放交易理论的基础是排放权，当碳排放与财务、金融挂钩后，这种权利就可视为一种有价产权，进而演变为一种特殊形态的资产，即碳资产。

二、什么是碳资产

碳资产是一个具有价值属性的对象身上体现或潜藏的所有在低碳经济领域可能适用于储存、流通或财富转化的有形资产和无形资产。这个对象，可以是企业，也可以是城市、地区，甚至可以是一个国家、民族，更可以对应于全球。全球碳资产的流通总量虽然在操作上很难量化，但在逻辑上是完全存在的。同时，碳资产不仅包含今天的资产，也包括未来的资产；不仅包括 CDM 资产，也包括一切由于实施低碳战略而同比、环比产生出来的增值。

“碳资产”的财务特征是一个企业获得的额外产品，不是贷款，是可以出售的资产，同时还具有可储备性；由于碳市场的存在，碳资产的价格是波动的，由于排放总量的限制，长期来看碳价格呈逐年上涨趋势。此外，类似资本市场的碳交易市场，将资本市场的某些特征引入碳资产评估，例如：买方信用评级较高，它既对股东有利，同时对融资（贷方）有利，这将大大提升项目企业的公共形象，获得无形的社会附加值。

在环境合理容量的前提下，政治家们人为规定包括温室气体的排放行为要受到限制，由此导致碳的排放权和减排量额度（信用）开始稀缺，并成为一种有价产品，即碳资产。这种逐渐稀缺的资产在《京都议定书》规定的发达国家与发展中国家共同但有区别的责任前提下，出现了流动的可能。由

* 本文转载自《中国民用航空》2010 年第 8 期。

于发达国家有减排责任，而发展中国家暂时没有，因此产生了碳资产在世界各国的分布不同。另一方面，减排的实质是能源问题，发达国家的能源利用效率高，能源结构优化，新的能源技术被大量采用，因此本国进一步减排的成本极高，难度较大。而发展中国家，能源效率低，减排空间大，成本也低。这导致了同一减排单位在不同国家之间存在着不同的成本，形成了高价差。发达国家需求很大，发展中国家供应能力也很大，国际碳交易市场由此产生。

例如，某大型钢铁厂通过技改减少了二氧化碳排放，并将该排放值成功申请了 CDM 项目，这笔碳交易产生的资产，毫无疑问属于它的碳资产。同时，如果该钢铁厂将厂区内的照明用具全部改装为低耗能率的节能灯，在扣除成本后而节省出来的电，虽然没有最后进入 CDM 项目，也是碳资产的一部分；此外，该钢铁厂通过和某科研机构携手，研发出碳封存技术，则该技术及相关设备也是该企业碳资产的一部分；如果该钢铁厂实施低碳战略，通过一段时间的持续努力，并基于其各种社会影响和效益影响，股市增值或资产评估值明显上升，则该上升部分同样应作为碳资产来对待。

三、航空公司的碳资产形态

在全球以排放交易为减排手段的大趋势下，航空排放将是一笔巨大的资产。根据 IATA 年报显示，2008 年全球航空业共消耗 2.15 亿吨燃油，共排放 6.77 亿吨二氧化碳当量，按目前国际碳市场价格每吨 15 欧元计算，航空业碳资产存量价值超过 100 亿欧元。然而，这些资产不能全部兑现，或者说不能直接兑现，因为飞机终究还是要排放的。按照现行的国际法规和交易市场规则这笔资产可以表现为多种形式。

1. 排放交易免费配额（ETS Free Allowances）

根据排放交易机制（这里不特指 EU-ETS），国家或企业的排放权利是通过免费分配排放配额的形式实现。在每个交易期（年度）初，排放管理机构根据既定的规则，向排放实体分配一定额度的排放指标。该免费指标与交易市场的排放指标是对等的，即可以向市场出售。通过这一手段，企业获得免费配额本质上已是一种有价商品，即碳资产。

以即将实行的欧盟航空 ETS 规则，预计汉莎集团下属各承运人将能在 2012 年分配 2000 万吨免费排放配额，这笔排放配额一旦注入汉莎集团的碳账户，即形成一笔价值 3 亿欧元的资产。在碳市场上短暂的历史上，有很多企业在获得这笔资产的同时就将其在市场上抛售，变现后的现金用于企业的经营生产，在一年过程中根据企业实际排放情况逐步购买相应配额。这一点非常类似航空公司对飞机的售后回租，目的在于补充企业现金流。当各航空公司获得不同额度的免费配额并兑现后，这笔资金足以对公司的运营产生一定影响，加之不同公司获得的配额差距甚远，进一步导致市场竞争能力的不平衡。

2. 排放交易（EmissionTrading）

碳市场及其交易最初是为实现排放权的市场化流动，最终使得全社会减排目标的达到且减排成本最低化所设计，这一手段同时也形成了企业管理碳资产的一种灵活形式。在排放交易所的账户中，既有免费分配的排放配额，也有从市场购得的排放额度，它们都可随时交易。

企业首要考虑的是在交易年度到期时，账户上应保证有与企业实际排放量相等排放额度，以供向管理当局提交。同时也在适当时机购买超额额度进行储备，供未来年度提交使用，当然也可以低买高卖，赚取差价，以冲减交易成本。

碳市场同其他金融市场一样，有现货交易也有期权交易，由此扩大了碳市场的作用，同时也扩展了碳资产的内涵。企业有可能使用衍生金融工具，进一步缩小交易成本，或使免费获得的排放配额得到保值和增值。

3. CDM 和 JI 机制产生的减排单位（CER、ERU）

《京都议定书》定义的 CDM 和 JI 机制实现了一种企业自身减排能力变现为碳资产的可能性。在传统排放行业（如：发电、钢铁冶炼、石化、水泥等），企业通过技术改造达到的减排能力被核定为减排单位，这一减排单位可以通过碳市场进行交易，交易所得冲减企业技术改造的直接投资后，剩余部分便是一种额外的收入。这种减排单位便成为企业一笔有价值的资产，它由企业自身生产，可以随时通过市场兑现。

虽然现有的 CDM 和 JI 机制还没有适用于航空业的方法学，但当航空业被纳入排放交易机制后，行业对与 ETS 并列 CDM 和 JI 两种机制自然就有了强烈的需求。2009 年在 ICAO 国际航空与气候变化高级别会议上一项关键议程就是考虑在 UNFCCC 下优化现有机制，形成适合国际航空的减排机制。一旦开发出可用于航空业的 CDM 或 JI 方法学，航空公司自身减排能力将有望转化为碳资产。

四、中国航空公司在碳资产管理方面机遇挑战并存

碳市场交易以及碳资产管理对任何一个航空公司来说都是全新事物，每个公司都面临着巨大的挑战，特别是中国的航空公司。碳资产管理挑战主要来源于错综复杂的国际环境导致的诸多不确定性和市场经验、管理经验的严重匮乏。

1. 国际气候政治环境的不确定性

联合国气候变化框架公约缔约方第十五次会议（COP15）没有取得实质性的进展，关键矛盾在于三大阵营的分歧严重。一个明显的分歧是发达国家一再试图抛弃《京都议定书》，否定“共同但有区别的责任”原则，将发展中国拉入强制减排的行列，这就迫使发展中国家一视同仁的加入到全球排放交易的平台。更重要的是，如果《京都议定书》被废弃，那么 CDM 和 JI 的命运如何，直接关乎这两种机制产生的碳资产的命运。而这一切的结果被留在了今年的缔约方会议。

欧盟将航空业纳入 ETS 是一个非常激进的举动，它通过将已经纳入 ETS 的固定排放源行业扩展至移动排放源，直接突破了《京都议定书》的约束，并选择在京都议定书到期后开始实施。同时，这一做法也在刺激着航空业加快审视行业并履行 UNFCCC 承诺的步伐，一些国家和地区对于航空 ETS 蠢蠢欲动，不同行业组织也在纷纷行动。ICAO 在 2009 年航空与气候变化高级别会议上也前所未有的大范围、全方位讨论航空减排问题，大会秘书处提交关于“基于市场的手段与气候变化”议题，就提及建立全球一致的航空业排放交易原

则。随着全球气候政治和排放交易的逐渐成熟，无论航空业减排具体机制如何，只要是基于市场化的减排方式，就不可避免地面临排放权交易问题，不同的只是时间问题。

在这个大背景下，中国的航空公司很可能成为中国第一个完全参与国际排放权交易的行业。与中国现有 800 多个成功注册 CDM 项目的企业不同的是，航空公司是第一个可能全领域涉足碳资产管理的行业。就中国的航空公司来说，应比其他行业更为高度关注国际气候政治的变化，深入研究勇于突破国际公约和国际法的地区和国家的行动，做好充足的应对准备。

2. 碳资产管理是新兴事物

碳市场在全世界只有不到 10 年的历史，其本身也还处于成长期。欧盟不是首先建立碳市场的区域，但经过第一阶段（2005～2007 年）后，它已经从一个追随者变成领导者。第一阶段市场规则的不完善也导致了市场的巨大波动，在第二阶段，欧盟调增了相应的法规和市场规则，这一切都在不断的演变。

自从有了碳市场交易，碳资产管理的概念也就逐步被企业所关注。当碳市场交易品种的增加、现货交易发展到期权交易、甚至出现了碳基金，碳资产管理也就变得越来越复杂。目前，国外有很多投资银行、专业碳机构、咨询公司均能够提供碳资产管理的相关服务，对于这些我们需要通过理论学习武装自己，面对这些机构才能明辨是非，做出正确判断。

3. 国内碳市场相关机构和人才严重匮乏

在中国，还未有真正意义的碳交易市场。目前，北京、天津、上海先后成立了环境交易所，主要提供 CDM 项目开发中介服务和自愿减排量交易，还未形成与国际接轨的排放权实盘交易。同时，国内对碳市场的研究还处于理论学习和研究探索阶段，国内的银行、金融机构还未开展与碳交易相关的业务，缺乏真正的实盘操作经验。

这样的基础条件，使得中国的航空公司在同样面对全球航空 ETS 时，与国外航空公司相比碳资产的管理能力显得先天不足。为此，有必要尽早涉足对碳市场和碳资产管理的深入研究和适当实践，如果以欧盟时间表来看，只剩下一年多的准备期，可以说是迫在眉睫。

中国的航空公司应在适当的时候引入碳资产管理的概念，成立相应管理机构或者业务外包，建立企业碳资产的资产负债表。节能减排给我们带来的最直接的益处是节省能源消耗，降低成本，同时也应意识到降低碳排放是企业的一笔财富，处理得当将成为企业潜在的碳资产，处理不当就是潜藏的碳负债，未来有可能变成企业运营中的黑洞。碳资产在带来挑战的同时也存在着机遇。

4. 应尽早建立低碳战略

“低碳”的本质应是减少人类能源需求对碳元素的依赖，实质内容是发展新能源，减少化石能源消耗。航空公司如何形成低碳思维，在未来的低碳经济时代重新考虑企业的生存和竞争力问题；碳环境将是企业未来生存环境的主要组成部分。

航空公司应尽早涉足可替代能源的研发和试验。航空器从安全第一的角度出发，决定很多能源或燃料不可用，如核能、液态氢等。电能也不可用，以现在的科技水平，光电池的转换效率远不足以推动上百吨的飞机飞行。此外考虑夜航问题还要考虑电池蓄能。从能量密度角度分析，在空间和重量限制情况下，目前没有任何方式能存储足够的电能供飞机飞行。排除以上能源，剩下的只有生物质能源，这是航空器唯一的可替代能源。

航空生物燃油与其他生物质能源的碳特性相同，即在种植阶段吸收了大气中的二氧化碳，在燃烧时释放，因此生命周期的碳排放大大降低。如果在未来，这种燃料能够大量供应，将为航空业提供源源不断的能源供应，有效缓解石油枯竭的能源危机。

此外，中国航空公司还应从目标使命、产品研发、渠道布置、投融资安排等各个环节发掘碳价值，整合自己企业的碳战略。

随着低碳氛围不断浓厚，低碳品牌将会应势而生。随着低碳经济的概念在国外消费者中普及，未来像绿色食品一样，在商品上标识全寿命周期二氧化碳消耗情况的碳足迹（carbon footprint）将变得越来越普遍。详尽掌握企业碳资产状态，能够对产品进行碳标识更有利进入发达国家市场。航空企业更是尤为突出，在竞争环境越来越复杂的国际市场，低碳飞行很可能成为衡量航空公司品牌、品质的重要因素，势必将影响旅客出行对航空公司的选择。

5. 应深入挖掘内部碳资源充分发挥碳资产作用

航空器的每次飞行都会产生数十吨乃至数百吨碳排放，稍具规模的航空公司一年的排放量都在百万吨级以上，理论上这些碳资产的价值超过亿元，最大限度挖掘碳资产的价值，冲减减排成本，进而获取收益，这很可能是未来几年所有航空公司所必须面对的问题。

作为中国的航空公司，应深入研究现有的国际法，高度关注其发展趋势。清洁发展机制对于处于发展中国家的航空公司具有特殊意义。航空公司为应对高油价带来的成本激增问题，早已开始各种节油措施。这些燃油的节省在今天看来本质上是在降低排放，这些排放的减少存在通过 CDM 兑现为碳资产的可能。但不幸的是，随着《京都议定书》2012 年的到期，CDM 生死未卜，在未来两年的缔约方会议中围绕京都机制的谈判将越来越受关注。因此，欲开发航空 CDM 方法学，更应高度关注公约谈判及议定书谈判进程，适时开发国内航空排放的 CDM 方法学，挖掘内部潜力，兑现资产价值，对于国内航空公司具有深远的战略意义。

综上所述，由全球气候变化问题引出的航空排放问题需要航空公司及早做好战略准备，更好地应对不断接踵而来的航空排放问题。

（作者单位：中国国际航空股份有限公司）

金融工具支撑与交通低碳产业发展的相互作用*

华 光 刘延平 杜英歌

一、引言

低碳经济就是在可持续发展理念指导下，利用技术与制度创新、产业转型、新能源开发等多种手段，通过最大限度减少煤炭石油等高碳能源消耗，减少温室气体排放，达到经济社会发展与生态环境保护共赢的一种经济发展形态。低碳经济是工业文明后的一种高阶经济模式，是人类社会发展与产业进步过程中又一次质的飞跃。

中国政府已经确立了发展“低碳经济”的道路，并提出了加快建设资源节约型、环境友好型社会的重大战略构想，先后发布了《国家中长期科学和技术发展规划纲要》、《气候变化国家评估报告》以及《国家环境保护“十一五”规划》三个大的纲领性文件，为推进低碳经济的发展提供政策支持。交通运输产业（包括公路交通、轨道交通、公共交通、水运交通等）是推动我国经济发展的重要力量，特别是最近十年，交通运输产业的发展已经成为中国新的经济增长点。交通运输业在发展过程中和其他产业一样，其发展方向也应该同国家节能环保产业发展战略和系统化的产业发展规划相匹配，同可持续的国家经济发展目标相一致。中国的交通低碳经济就是在中国交通运输业的发展过程中转变经济发展方式，突出低消耗、低排放、高附加值的现代交通服务业的发展，注重新能源技术、节能技术在交通运输领域的创新突破。发展交通低碳产业是交通运输业管理者和相关政府部门义不容辞的责任，也将给交通运输业带来巨大的商机和广阔的前景。中国地域辽阔，交通运输产业建设规模大，对资金需求高，因此，它和金融工具的联系非常紧密，中国交通运输经济最近十几年的快速发展与金融产品的大力支持密不可分，金融工具的使用已成为中国基础设施建设和交通运输产业结构调整主要资金来源；而中国交通运输业形成具有强大竞争力的交通低碳产业体系更需要金融工具的支持。低碳金融工具将成为中国未来交通低碳经济发展的重要支撑力量，是推动中国交通运输经济向低碳经济转型的重要政策工具。

二、低碳金融与碳金融市场的阐释

低碳金融就是指服务于旨在减少温室气体排放的各种金融制度安排和金融交易活动，主要包括碳排放权及其衍生品的交易和投资、低碳项目开发的投融资以及其他相关的金融中介活动。

1. 碳金融市场的兴起

二氧化碳占据的绝对地位使得碳金融市场既包括排放权交易市场，也包括那些开发可产生额外排放权项目的交易，以及与排放权相关的各种衍生产品交易。1992 年的《联合国气候变化框架公约》和 1997 年《京都协议书》的出台成为碳金融市场实施的具体纲领。《京都议定书》在规定了发达国家减排义务的同时，也提出了三种义务履行方式：一是国际排放权交易机制（International Emission Trading，IET），规定了发达国家之间可以互相转让它们的排放配额。二是联合实施机制（Joint Implementation，JI），某一个发达国家可以从另外一个发达国家投资的节能减排项目中获取减排信用，用来抵偿其排减义务。联合实施机制有其独立的管理机构、注册程序和操作方法。三是清洁发展机制（Clean Development Mechanism，CDM），CDM），发达国家的投资者可以在其投资的发展中国家中实施的有利于发展中国家可持续发展的减排项目中获取“经核证的减排量”（Certified Emission Reductions，CER），以抵偿其减排义务。CDM 是一种以项目合作为基础的，由发达国家和发展中国家共同实施的“共赢”双效机制。

2. 碳金融市场体系

国际碳交易市场是碳金融发展的基础。根据《京都议定书》的管辖范围，国际碳交易市场分为京都市场和非京都市场（图 1 所示）。京都市场包括欧盟排放贸易体系（EU-ETS）、CDM 市场和 JI 市场；非京都市场包括芝加哥气候交易所（CCX）、澳大利亚新南威尔士温室气体减排体系（GGAS）和零售市场。

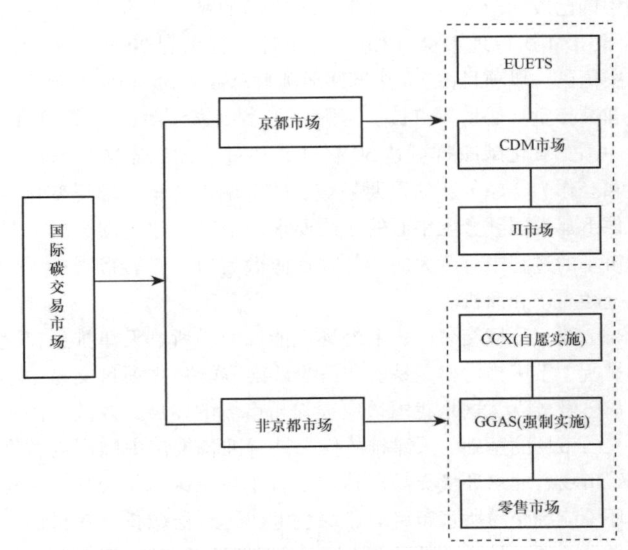

图 1 国际碳交易市场示意图

* 本文转载自《综合运输》2010 年第 7 期。

按照履行减排义务的动机，碳交易市场也可以分为驱动型市场和自愿型市场。驱动型市场是受强制性减排义务驱动的碳市场，购买者是迫于压力，为了达到国际、国内或地区的碳排放要求而进行的碳交易行为。自愿型市场则是为了实现企业经济利益以外的诸如社会责任、社会效益、品牌宣传等目的而自愿从事的碳交易。

根据交易理论，碳交易市场可分为以配额为基础的市场（Allowance-based Markets）和以项目为基础的市场（Project-based Markets）。以配额为基础的市场是由管理者制定总的排放配额，并按一定的标准在参与者间进行分配，参与者根据自身的需要从事排放配额的买卖。以配额为基础的市场具有排放权价值发现的功能，决定着碳排放权的价值、配额的多少、惩罚的力度等，从而影响碳排放权价值的高低。EUETS就属于这类市场；以项目为基础的市场主要涉及具体项目的开发，指在典型的交易如清洁发展机制（CDM）和联合履行机制（JI）下分别产生核证减排量（CERs）和减排单位（ERUs），低于基准排放水平的项目得到认证后可获得减排单位。受排放配额限制的组织，可以通过购买减排单位来调整自身的排放约束。

统一的国际碳排放权交易市场目前还没有形成，关于国际碳排放权交易的规则、制度还在不断制订与完善中。，目前，EUETS（欧盟）、Chicago Climate Exchange（美国）、UKETS（英国）和New South Wales（澳大利亚）是全球最大的四个专门从事碳金融的交易所。到2008年，全球碳交易总量的60%都是这四个交易所完成的。其中，美国Chicago Climate Exchange（CCX）是全球第一家自愿型碳减排交易市场，是碳排放权额期货交易模式的开创者。

3. 中国碳金融市场的发展

中国也在积极发展碳金融市场，中国以项目为基础的碳排放权交易包括CDM和CER最近几年都得到了迅速发展，中国已成为全球核证减排量一级市场的最大供应国。据联合国CDM执行理事会（EB）的统计，截止到2009年11月，中国已注册项目占EB全部注册项目总数的35.15%，项目数和减排量均居世界首位。国际上很多专家预测，到2030年，中国二氧化碳减排可达30亿吨，超过欧洲国家减排量的总和。作为金融创新的重要领域，碳金融也是全球环境变化条件下建设国际金融中心的必然要求。中国在建立碳金融交易市场的过程中有巨大的碳排放资源做后盾，能够带来巨大的金融需求和商机。

北京环境交易所、上海环境能源交易所、天津排放权交易所、重庆排污权交易所和山西吕梁节能减排项目交易中心都已经成立，这是我国适应碳交易市场的发展，规范中国碳交易市场的基础。天津排放权交易所准备推出中国国内首个碳市场、北京环境交易所达成了首单自愿碳减排交易，上海环境能源交易所宣布启动“绿色世博”自愿减排交易机制和平台，碳交易活动已经在中国的金融舞台上活跃起来。

4. 碳金融产品具有多样性

碳排放权进一步衍生就是具有流动性的金融资产，故碳交易市场的金融特性非常明显的。发达国家围绕碳排放权衍生出一系列碳金融品种，构建起包括直接投资融资、银行贷款、碳指标交易、碳期权期货等一系列金融工具来支撑碳金融体系。我国银行应该积极加入碳交易市场，成为碳交易市场的重要参与者，推出各种联系低碳消耗的基金，开发连接不同市场的套利产品，推进国内碳交易市场的一体化。银行业还可以尝试为自愿减排市场提供“碳银行”服务，尝试碳信用的借贷业务等等，摸索一条金融工具介入低碳经济的新路子，促进低碳产业的发展。

三、低碳金融对我国交通运输产业发展的支撑作用

交通低碳产业就是在低碳经济发展理念指导下，利用技术与制度创新、产业转型、新能源开发等多种手段，最大限度地减少各种运输方式中煤炭石油等高碳能源的消耗，减少温室气体排放，并借助低碳金融工具的力量促进交通运输产业的可持续发展，达到交通运输产业优化与生态环境保护共赢的一种新型的交通运输产业形态。

交通运输产业是各国经济发展的主导性产业，在现有的生产方式下，交通经济发展越快、温室气体排放量越多，环境就会进一步恶化。只有树立好环保的理念和机制，交通运输产业的发展与环境友好才可以同时实现。在交通低碳产业的发展过程中，低碳金融的支撑作用是必不可少的。本文主要从下面两个角度去分析低碳金融对我国交通运输产业发展的支撑作用。

1. 低碳金融能够推动交通运输业CDM项目的实施

CDM是《京都议定书》引入的三个灵活合作机制之一，允许发达国家的投资者在其投资的发展中国家实施的，并有利于该国可持续发展的减排项目中获取“经核证的减排量”（CER），就是以资金加技术换取碳排放权。例如我国正在大力发展的高速列车，其在运输过程中相对于飞机、汽车和传统列车更节能、更环保。因此，我国可以在考虑投入—产出效益的前提下，大力发展这种交通运输方式，并在此基础上探索更低碳的运输方式和运输工具，从而大大降低温室气体的排放，强化了交通运输产业的低碳理念。高速列车制造企业和高速铁路运输企业就可以将“高速铁路”概念的项目作为CDM项目争取获得国际、国内相关机构、部门的批准，并争取通过联合国CDM执行委员会的审核，成功注册为CDM项目。由于通过CDM项目下CER交易获得收益的收汇期较长，因此，金融机构能够能给高铁产业相关的金融工具的支持，缓解它们的资金需求压力，规避外汇汇率风险就能更进一步推动交通运输业CDM项目的实施，顺利获得CER。

2. 低碳金融能够规范交通运输企业的碳排放权交易行为

碳排放权交易的概念源于20世纪经济学家提出的排污权交易概念，排污权交易是市场经济国家重要的环境经济政策，美国国家环保局首先将其运用于大气污染和河流污染的管理。此后，德国、澳大利亚、英国等也相继实施了排污权交易的政策措施。排污权交易的一般做法是：政府机构评估出一定区域内满足环境容量的污染物最大排放量，并将其分成若干排放份额，每个份额为一份排污权。政府在排污权一级市场上，采取招标、拍卖等方式将排污权有偿出让给排污者，排

污者购买到排污权后，可在二级市场上进行排污权买入或卖出。

交通运输企业在作业过程中大量污染物的排放是一个严重的问题，在交通运输企业中推广碳排放权交易已经成为一项重要工作。借鉴国际模式，我们探索发展中国交通低碳交易市场，将卖方、买方、投机者有序高效地汇集在一起，提供一个完整的交易信息，最大限度地规范交易行为，改变不透明的现象，提高交通运输业碳排放交易在整个碳排放交易市场的地位。碳交易市场已经由商品市场演变为金融市场。中国的交通运输业要发展自己的低碳经济，就要跟上形势的变化，抓住机遇，发挥比较优势，发挥银行、证券、保险、期货、信托、交易所的作用，通过低碳金融手段进行金融产品、金融机构、金融机制的创新来发展、调节、优化、升级我国交通低碳产业，规范交通运输业碳交易的机制，推进交通低碳经济的可持续发展。

图2反映了低碳金融对交通运输产业发展的支撑作用。

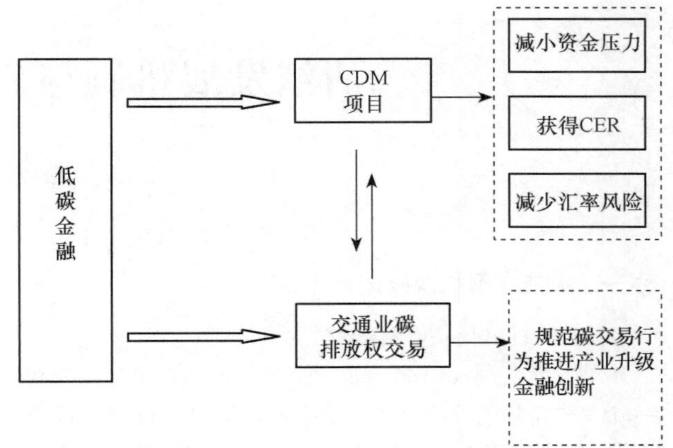

图2　低碳金融对交通运输产业发展的支撑作用

四、交通低碳产业进步对金融工具发展与创新的作用

1. 交通低碳产业的进步能有效提升低碳金融工具的地位

交通运输产业是国民经济的主导产业，对资金的需求量高，对其他产业的“拉动”效用显著。低碳金融工具渗透到交通运输产业无疑增加了金融工具收益的来源，也拓宽了金融衍生产品和结构性产品实施的范围，能够进一步提升低碳金融工具在整个金融体系中的地位。

2. 交通低碳产业进步对“绿色信贷”发展有重要作用

我国政府会在交通运输产业中大力推行低碳经济。银行应抓住这个机遇，树立为交通低碳经济服务的理念，扶持交通运输相关企业，对交通低碳产业的发展给予一定信贷政策的倾斜，将资金的流入与交通低碳产业的发展密切结合起来，重点关注能源绩效考核，大力支持和交通运输业关联度高的新能源等产业的发展。将环保评价作为选择信贷客户以及客户信用评级的标准，在此基础上增加“绿色信贷”的投放，并逐步将低碳交通运输企业培育成其未来发展的核心客户。

3. 交通低碳产业的进步对金融领域可持续创新有重要意义

交通低碳产业的进步不仅仅有利于碳金融市场和绿色信贷的发展，而是对整个可持续金融领域的发展与创新都有重要的意义，提供了全产业链综合金融服务，保证了“绿色金融”的可持续创新。

清洁发展机制与公共交通融资新渠道*

李 冉 史其信

一、清洁发展机制概述

1. 清洁发展机制（CDM）的含义

清洁发展机制（CDM）是《京都议定书》第十二条确定的一个基于市场的灵活机制，是指发达国家通过提供资金和技术的方式，与发展中国家开展温室气体减排项目合作，通过项目合作所实现的“经核证的减排量（CERs）”，用于发达国家缔约方完成《京都议定书》所规定的减少本国温室气体排放的承诺。如图1所示。

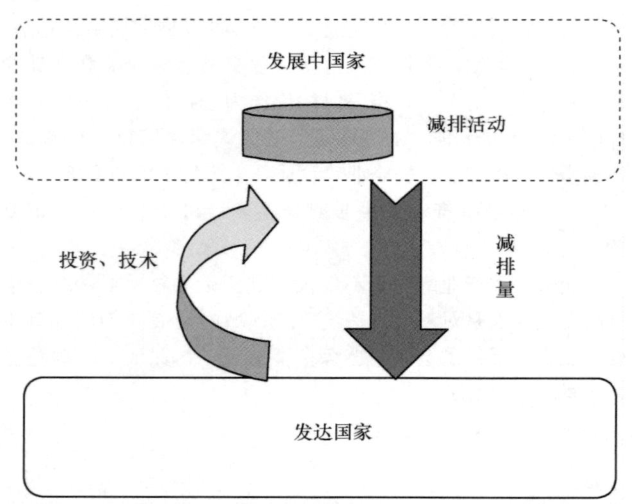

图1 CDM的含义

2. CDM的“双赢”机制阐述

清洁发展机制的设立具有双重目的：一方面促进发展中国家的可持续发展和为实现公约的最终目标做出贡献；另一方面协助发达国家缔约方实现其在《京都议定书》第三条之下量化的温室气体减限排承诺。

通过参与清洁发展机制项目，发达国家的政府可以获得项目产生的全部或者部分经核证的减排量，并用于履行其在《京都议定书》下的温室气体减限排义务。对于发达国家的企业而言，获得的CERs可以用于履行其在国内的温室气体减限排义务，也可以在相关的市场上出售获得经济收益。由于获得CERs的成本远低于其采取国内减排行动的成本，发达国家政府和企业通过参加清洁发展机制项目可以大幅度降低其实现减排义务的经济成本。对于发展中国家而言，通过参加清洁发展机制项目合作可以获得额外的资金或先进的环境友好技术，从而可以促进本国的可持续发展。因此，清洁发展机制是一种“双赢”的机制。清洁发展机制合作也可以降低全球实现温室气体减排的总体经济成本。

3. CDM项目的方法学问题

CDM项目减排量交易是出售一种项目本身并没有产生的非物质“商品”，是一种“减排量信用/指标”的交易，不存在物流交换，看不见摸不着，因此必须采用科学方法计算，测量、核实和核证。

CDM方法学问题包括：

（1）如何制定项目级或技术级排放基准线。基准线代表一种在没有CDM项目活动时所出现的人为GHG（温室气体）排放情景，其确定方法有多种，如何确定基准线以确保其合理性、准确性、透明性、保守性（减排量就低不就高）是CDM方法学的重要研究内容。

（2）通过日期筛选，财务/投资分析、技术障碍分析、融资障碍分析、政策法规额外性、普及度额外性分析等进行论证评价，确保减排环境效益完整性。

（3）确定系统边界，应涵盖所有排放源，以受项目控制、归因于项目活动，可观、可测量性为准则，确定边界外的“泄漏”，确保碳平衡。CDM项目活动在引起项目边界内直接减排量的同时，还会由于工艺/技术、上下游流程、市场经济、消费行为等等方面的原因在项目边界之外引起间接的排放量的变化，一般称之碳泄漏或碳溢出。由于市场的多样性和行为的不确定性，这种间接效应往往是难以定量估算的。因此在CDM方法学中将泄漏定义为项目边界之外发生的、可测量并可归因于该CDM项目活动引起的温室气体源人为排放量的净变化，并将其纳入CDM项目减排量计算公式中。

（4）减排量计算。没有CDM项目时的排放量（及基准线项目排放量）与采用CDM时的排放量之差，同时还应考虑温室气体排放量泄露值，以保证碳平衡。

（5）减排成本和效益计算。考虑碳减排增量成本；有无CDM条件下项目内部收益率，净现值等财务指标改善等。

4. CDM项目

我国具有实施CDM项目潜力的行业/部门主要集中在：

（1）电力——可再生能源（水力、太阳能、风力、生物质气化等）、燃料代替、清洁煤技术、高效的电力传输与分配。

（2）能效——商业/机构建筑的更新、工业过程的改变、工业过程中提高能效、高效照明设备。

（3）交通——燃料转换、交通工具提高效率、公共交通的扩展、生物燃料。

* 本文转载自《综合运输》2008年第10期。

（4）油气——减少管道泄露。

（5）城市固体废弃物、垃圾填埋气回收利用。

（6）农业——改良耕种方法、减少能源使用、改良肥料管理、改良肥料使用方法。

（7）清除大气温室气体项目——造林、再造林。

二、清洁发展机制与交通

奥斯陆气候和环境国际研究中心最近在美国《国家科学院学报》月刊上刊登研究报告说，汽车、轮船、飞机和火车使用燃料所释放的气体是目前造成全球变暖的主要原因之一。报告指出，过去10年全球二氧化碳排放总量增加了13%，而源自交通工具的碳排放增长率却达25%。欧盟大部分工业领域都做到了成功减排，但交通工具碳排放却在过去10年增长了21%。报告预计，至2050年，全球交通工具碳排放将比目前增长30%至50%，这将阻碍《京都议定书》目标的实现，并可能对阻止全球变暖工作提出新的要求。就在工业领域纷纷制定自己的减排目标之时，交通污染却因交通工具掌握在数亿人手中而变得难以控制。因此，交通将是《京都议定书》（KP）清洁发展机制（CDM）第二阶段的一个重要领域。

交通领域温室气体减排项目可以与创新的金融机制相匹配，将碳减排量出售给国际或国内市场。在清洁发展机制、自发减排量市场以及区域性和国内碳补偿方案方面商业机会很多。碳金融使项目在财政上更具吸引力并且减少了项目实施的障碍。虽然总体上讲碳金融不足以平衡项目全部所需资金，但是碳金融是构成项目额外财政收入的重要组成部分。

交通领域潜在的CDM项目包括：快速公交系统（集成系统或者公交专线车道）；地铁、轻轨、电车等；大运量公交的重组，以提高效率和减少燃油使用为目标；铁路、水路的货运和客运系统；货运的模式转变，由公路、铁路运输转为水运；效率对策以提高汽车的客座率和满载率；效率对策减少整体车队的燃油消耗，如升级或更换车辆，司机培训，增进保养等；模式转换，如由乘坐私家车或者出租者转为乘坐公交车或非机动车；以公共交通为导向的发展，减少路程，促进低排交通模式；燃料转换，如由柴油或者机油转为生物燃料；基础设施的投资建设，如收费高速路，隧道，交通管理系统等；系统更换，如道路收费，停车场的配给等；政策与信息倡导，如燃油税等；减少国内航空运输的排放量，如通过提高空中交通管制等。

就目前来讲，清洁发展机制在交通领域的应用较少。唯一被批准认可的适用于大规模交通运输项目的方法学是关于公交快速通道系统的AM0031；唯一注册的清洁发展机制交通项目仅有哥伦比亚波哥大新世纪快速公交系统（2006年12月注册）。

波哥大快速公交系统经核证的温室气体减排量如图2所示。

预计至2026年，实现温室气体自愿减排量500万吨；核证减排量850万吨。来自GHG减排量销售的收入将达到1亿~3亿美金（取决于碳价格的进展），约为投资的10%。

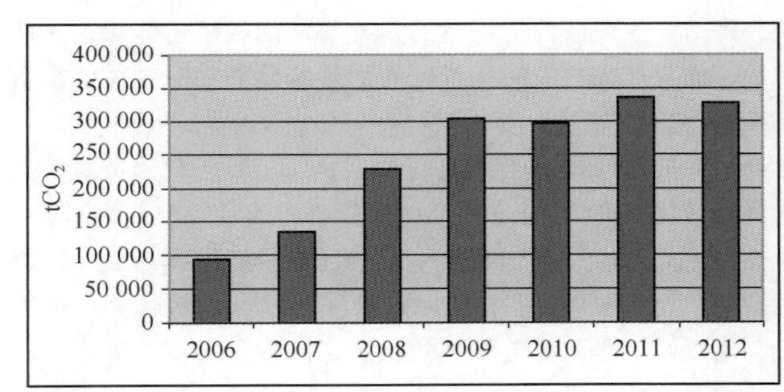

图2 波哥大BRT核证的温室气体减排量

清洁发展机制交通项目迄今如此之少，主要因为交通相比其他领域更为复杂，它的方法学难度很高，例如怎样确定基准线、怎样监测以及如何将项目与外界影响分离等等。此外，清洁发展机制还属于新鲜事物，许多政府或公共机构并不了解或者还不敢进行这方面的尝试，对其机遇与风险认识不清。

三、CDM的经济理论与公共交通融资

1. 外部性问题与环境资源产权理论

按照经济学的定义，当生产或消费对其他人产生附带的成本或效益时，外部性或外部效应就发生了，就是说，成本或效益被施加于他人身上，然而施加这种影响的人却没有为此付出代价或为此获得报酬，更为确切地说，外部效应是一个经济主体的行为对另一个经济主体的福利所产生的效果，而这种效果并没有从货币或市场交易中反映出来。

清洁发展机制的直接理论来源就是环境资源产权理论，其运行的理论背景就是基于此产权理论解决外部性问题的方法。根据历史和现实的因素规定发达国家必须减少二氧化碳排放，而发展中国家现阶段无须承担此义务，这就确定了发达国家的碳排放权界限，通过一定的规则设计，利用市场机制交换此权利，从而达到减少环境外部性问题的目的。现实中减排是在国际间展开的共同行为，在缺乏一个“国际政府”的情况下，向各国征收污染税难度很大且成本高。因此我们可以把解决温室气体排放的外部性问题在“产权”基础上展开，也就是明确各国在排放权这一特殊商品上都有排放权，通过市场机制允许其交易使其达到资源最佳配置。

新制度经济学家科斯认为，外部经济的存在，市场不仅不失灵，而且可以通过明晰产权、借助市场交易来为外部边际成本定价，从而使外部效应内部化。

2. CDM与公共交通融资

大运量BRT或轨道交通等公共交通吸引大量小汽车使用者转换交通方式，从而减少交通拥堵，有效降低小汽车尾气排放。这是公共交通对于环境的正的外部效应。

解决外部效应问题，实现资源的有效配置通常有两种方式：

（1）庇古税。庇古曾提出著名的修正性税，以促使私人成本与社会成本、私人收益和社会收益相一致。其基本原理是：如果由政府对产生外部性的经济主体征收一笔适宜的税

收，即对产生消极的（或负的）外部性的经济主体课征正的税收，而对产生积极的（或正的）外部性的经济主体课征负的税收（价格补贴），就会消除私人边际成本（或收益）与社会边际成本（或收益）之间的差异，使资源配置重新回到帕累托最优状态。

（2）内部化。通过将产生外部性的经济主体与受到外部性影响的经济主体合并，使原来的外部性影响转化为内部影响，借以纠正资源配置的低效状态。但就经济主体而言，其实行内部化的动机更倾向于吸纳积极的（或正的）外部性使外溢的收益内部化。

目前我国许多城市，以北京为代表，对于公共交通大多采用庇古税的方式，即通过政府财政补贴，支持公共交通事业，以考虑公共交通带来的正的外部性。但并不是每个地区都有实力承担这么大的财政负担，而且仅靠财政补贴并不是一种最理想的模式。因此，研究如何将公共交通的正面外部性内部化，促使利益相关主体一体化，将成为公共交通融资的新渠道。CDM 恰好实现了外部效应货币化，是公共交通融资的一种有效方式。

虽然目前以公共交通为导向的城市发展模式方法学还在开发中，但快速公交系统方法学已经获得了批准。我国许多城市正在建设快速公交系统，如果在建设中通过 CDM 引进资金或技术，将为快速公交建设注入更大的活力，成为其发展的推动力之一。

作为一种新兴的项目融资机制，在目前经验空白的情况下，如何利用 CDM 进行项目融资是一个值得讨论的问题。CDM 项目融资方式有多种。

（1）远期购买方式。发达国家实体在项目建设初期一次性购买项目预期产生的全部 CERs 并支付所有费用，项目投产以后，发达国家实体拥有全部 CERs 的产权。

（2）CERs 购买协议或合同。发达国家实体首先和项目业主签订 CERs 购买协议或合同，在产生 CERs 后付款购买。项目业主在签订协议或合同后，可以以该协议或合同为抵押向国内外银行申请软贷款弥补资金的不足；也可在资本市场上以 CERs 预期收入为保证，通过在资本市场发行债券来募集资金。

（3）订金-CERs 购买协议。订金-CERs 购买协议是上述两种方式的结合。发达国家实体预先支付部分项目建设资金，同时签订 CERs 购买协议或合同，这种方式体现了风险共担，收益共享的原则。

（4）国际基金。发达国家的大多数实体，特别是中、小实体没有足够的资金和运作能力去寻找和投资 CDM 项目。它们更倾向于直接购买 CERs 减排信用额。目前国际市场减排信用额价格波动较大，风险较高，使得这些实体倾向于向从事 CDM 项目投资的基金组织和企业投资以获得较低价格和较稳定的 CERs 回报。但是基金组织强大的项目谈判能力将使发展中国家项目业主处于很不利的地位，使后者很难通过 CERs 得到丰厚的回报。

（5）期货。在期货市场上出售 CERs 期货的方式是一种有效的现代融资方式，可以降低买卖双方的风险。期货市场主要从事大宗同质商品远期交易，而 CERs 满足交易量大，商品同质的要求，完全可以作为一种期货进行交易。CERs 期货价格的变化完全根据市场供需，谈判前景的变化而变化，不易受买方或卖方操纵，只要 CDM 市场够大，CERs 很有可能成为期货市场的一种交易商品。

（6）直接投资。发达国家的实体以直接投资的方式在发展中国家建设并运营 CDM 项目，不仅享有 CERs 的产权，同时享有 CDM 项目的产权。在项目运营中享有两种收益，项目产品和服务的收益以及项目产生的 CERs。

（7）融资租赁。对于从国外租赁的大型设备，如大型机械和交通运输设备，只要具有比国内设备更高的能效就可以与 CDM 结合进来，作为小型 CDM 项目实施。目前发达国家在发电厂项目上已经采用了融资租赁方式，把 CDM 项目融资结合进融资租赁中是完全可行的，甚至可以考虑在大型 CDM 项目中采用租赁的方式进行融资。融资租赁由于设备产权在投资方手中，相对降低了投资方的投资风险；对项目业主来说可以享受资本免税的好处。

以上所述 7 种 CDM 项目融资方式各有其特点和应用范围，具体选择时要根据国际国内环境的变化、项目的特征、投资结构方面的差异以及投资者对项目的信用支持和融资战略方面的不同考虑进行选择和组合，通过平衡风险和收益决定最满意的融资方案。

四、结语

清洁发展机制通过明晰产权，有效地解决了外部性问题，实现了资源优化配置。由于方法学研究难度较大，CDM 交通项目前还不多，但由于交通对环境能源的影响已经成为全球范围突出的问题，随着交通领域方法学研究的推进和项目实践的深入，CDM 交通项目将具有广阔的前景。特别的，清洁发展机制将交通的外部效益内部化，不仅解决了外部性问题，而且提供了一条新的融资渠道。通过 CDM 项目融资能够为发展中国家推进公共交通事业提供支持，减轻政府财政补贴的负担。CDM 项目融资是一种特殊领域的项目融资。作为世界上最大的发展中国家和第二大温室气体排放国，中国在 CDM 项目开发上具有巨大的潜力，而融资问题则是决定许多项目能否启动和未来收益分配的关键环节，应根据具体情况做好融资方式的选择。

零碳交通：促进城市低碳交通发展的新趋势*

王光荣

交通碳排放是城市碳排放的重要来源。随着机动交通的迅猛增长，交通领域的碳排放量逐年快速增大。按照这种趋势发展下去，城市可持续发展和我国实现2020年减排目标都将受到严重影响。尽快抑制城市交通排放快速增长的势头，逐步降低交通碳排放水平，是一项十分紧迫而艰巨的任务。机动交通节能减排作为降低城市交通碳排放的重要方法，已经受到重视和研究，许多措施相继付诸实施。然而，对于零碳交通的发展，尚缺乏必要的关注和研究。

一、城市交通低碳转向彰显零碳交通的地位

零碳交通是指在交通过程中基本不产生碳排放的交通方式，包括自行车、步行等。零碳交通属于非机动交通，速度和舒适度等都比不上机动交通，但是它在低碳和短距离交通等方面有巨大优势，因而在城市低碳交通坐标中，它的价值进一步彰显出来。

首先，零碳交通是城市低碳交通体系的必要组成部分。城市低碳交通体系是低能耗、低污染、低排放的交通体系，低碳是其根本要求，这就决定了它必须采用以公共交通为主体、私人交通为辅助的交通模式。自行车交通便捷灵活，准时可靠，可达性强，费用低廉，占路少，短途出行效率高，不产生碳排放。据统计，出行距离在6公里范围内，骑自行车通常约半小时，而乘常规电车或公交汽车需35分钟，所以短距离内出行，骑自行车比乘公交车节省时间。步行是适应性最强的短距离出行方式。因此，在城市低碳交通体系中，零碳交通是衔接公共交通和短距离出行的交通方式。在公共交通比例确定的前提下，城市交通排放水平取决于各种辅助交通的构成比例。由于零碳交通不产生碳排放，所以零碳交通在辅助交通中所占的比例越高，城市低碳交通体系的整体排放水平就越低。据测算，开展“无车日”一天，全国就可节省燃油3300万升，减少有害气体排放约3000吨。尽可能地提高零碳交通在城市交通体系中的比重，就可以减少小汽车或摩托车交通，相应地降低化石能源消耗和温室气体排放。研究者指出：“自行车交通是面向21世纪大城市交通系统不可分割的重要组成部分。保持自行车合理比例既是现实需要，又对城市整体发展有利。远期自行车出行比例宜维持在20%～25%。”

其次，零碳交通建设快、见效快，既可以短期内有效降低交通碳排放，又符合低碳交通长远发展方向。开展低碳交通建设以来，机动车的低碳技术开发被放在首位，企望通过技术创新大幅度降低机动车的排放水平。这一思路毫无疑问是正确的。但是，由于这项技术非常复杂，研发和普及需要很长的周期。现已研制的低碳汽车，交通中的排放有所降低，但是能源生产环节的排放并没有改变，只是把排放从交通过程转移到发电环节上。学者徐明棋指出：“各国都在热衷研究的电池汽车，如果没有在电池回收和再利用技术上取得重大突破，废弃汽车电池的污染可能会比燃烧汽油的排放对地球的破坏更严重。即便在电池上取得了突破，如果不能用更清洁的方式来利用煤炭发电，整个过程就是将汽车的排放集中起来在发电这个环节排放。”不论是研发从能源生产到废弃处理全周期都低碳的汽车，还是探寻新的技术思路，都需要较长的周期，何况还必须在成本方面有所突破。因此，面对紧迫的减碳任务，在研发低碳汽车技术的同时，必须加快零碳交通的发展。

再次，发展零碳交通是国外城市降低碳排放的成功经验。丹麦首都哥本哈根市的低碳通举世闻名。哥本哈根市内交通中，37%骑自行车、28%乘公交车和火车、31%自己开车、4%步行。骑自行车和步行所占比例最高，超过了40%。据估算，该市居民每年的骑车里程，与使用汽车相比，共减少排放$CO_2$10万吨以上。自行车交通的发展不仅大幅减少碳排放，而且有效地抑制了城市中机动车交通的增长，使低碳交通模式持续发展。哥本哈根政府希望进一步采取一系列的措施提高自行车交通的比重，到2015年要达到50%。法国、荷兰、英国、德国、日本近年来扩大零碳交通，都取得明显的减排效果，正在规划加大零碳交通发展的力度。

二、零碳交通的现状与困境

20世纪90年代后期以来，城市零碳交通急剧下降。在有些城市自行车出行几乎绝迹。“全国自行车出行平均每年下降2%～5%。北京自行车出行比例由2000年的38.5%下降到2007年的23%；昆明由2006年16.7%下降到2007年的13.2%；深圳更是由1995年的3%下降到2007年的4%。”这种快速下降的趋势仍在继续。

城市零碳交通快速下降有多方面的原因。其一，私人小汽车的快速普及，使一部分人以驾车代替了骑自行车和步行。在大城市，小汽车拥有量连续多年高速增长，居民一旦拥有小汽车，就用于所有的出行，完全放弃了自行车和步行。其二，城市规划向机动交通倾斜，造成零碳交通缺乏足够的空间和设施。在城市交通规划中，不断压缩零碳交通的空间，扩大机动交通的空间，并且以机动交通为中心规划交通设施，零碳交通设施严重不足。著名环保人士梁从诫曾经详细描述了骑车人普遍面临的窘境：“新建道路没有自行车专用车道；有些自行车道过窄；机动车行驶中占用自行车道；机动车尾

* 本文转载自《综合运输》2012年第6期。

气污染影响骑车人健康；机动车停车位占自行车道；在自行车道设置公共汽车站，导致公交车出入时影响骑车人正常行驶，并造成交通隐患。”零碳交通设施越来越差，空间越来越小，骑自行车和步行既不便利也不安全，步行和骑自行车的人逐渐减少。其三，不符合低碳要求的交通政策，限制了低碳交通的正常发展。有些城市把交通拥堵等问题归咎于自行车，出台政策取消自行车，将零碳交通清除殆尽。有些机关和企事业单位为职工设立购买小汽车或发放汽油费等补贴，以此作为优厚待遇来吸引人才，客观上引导职工放弃零碳交通而转向小汽车交通。其四，居民对零碳交通认识不足，低碳交通意识淡薄。消费主义观念正在蔓延，在它的强烈影响下，小汽车被看做财富、成功、地位的符号，零碳交通被当成低效、落后的标志，人们竞相驾驶小汽车出行以显示身份和炫耀地位，零碳交通日益受到冷落。近两年刚刚开始普及的低碳观念，还没有深入人心，不改变盛行已久消费主义观念。“我国与发达国家不同，他们在经济发展的基础上已经整体进了后物质主义社会，社会的主体价值观已经发生转变，他们已经有比较强的民意基础。例如，一项调查表明，英国、德国、法国、日本等国家，有半数以上的民众认为全球变暖是一个严重问题，在日本的这一比例达到 73%，即使是对建设低碳社会不积极的美国，这一比例也有 42%。在所有受访国家中，中国的这一比例最低，只有 24%。”

三、全面采取措施发展零碳交通

要快速发展零碳交通，就必须消除各种不利于零碳交通的因素，并且积极地为零碳交通创造各种有利条件。既要通过改变观念和政策等方法排除各种阻力，增加零碳交通发展动力，也要通过创新技术和管理等手段提高零碳交通的竞争力。只有多管齐下，从观念、设施、政策等多方面同时采取措施，才能促使零碳交通快速提升到应有的地位和合理的比例。

1. 制定支持和鼓励零碳交通的政策

一方面，要取缔各种不利于零碳交通发展的政策。零碳交通不是交通拥堵的根源，而是解决城市交通问题的有效方法。限制零碳交通的政策背离城市交通发展的方向，也不符合低碳的要求，因此，必须消除对零碳交通的误解和限制。同时也要取消各单位支持职工购买和使用小汽车的做法，避免错误的引导。另一方面，要制定鼓励零碳发展的政策。政府要采取发放补贴、降低税收和设置奖励等方式，鼓励居民骑自行车和步行。各单位也可以低碳津贴等形式吸引人才，支持职工低碳上下班。

2. 重新规划零碳交通的道路系统

在城市道路资源分配中，自行车和步行可用道路比例最小而且没有专用道路。自行车驶在机非混行道上，常常被机动车挤压、抢道和催赶，加之混行道和步行道正在演变为停车区，零碳交通几乎无路可走。因此，在城市道路规划中，必须按照零碳交通优先的原则，规划和建设自行车专用道路和步行道路网络。根据零碳交通发展目标确定自行车道路面积和步行道路面积，建设自行车专用道和步行道，与机动车道、停车区隔离，在入口处设置标志或机动车限行栅栏，禁止车辆驶入，对于违规驶入或停放在自行车道和步行道的车辆，严格按照道路规范进行处罚，并及时清理，保证道路畅通。规范设置步行道上的公告牌、路灯、交通指示灯、垃圾桶等公共设施，保证道路的畅通、连续和平整。城市快速路和交通主干道上设置相应的立体步行和自行车过街通道，平面交叉口、人行横道处设置人行信号灯，并在路中设置行人安全岛，确保行人过街安全。道路是交通的载体，通过重新规划道路，为零碳交通提供方便、安全、舒适的硬件环境。

3. 发展公共自行车系统

公共自行车系统是国内外发展自行车交通的有效方法。杭州率先探索和实践，取得了初步成功。2008 年 5 月 1 日杭州公共自行车交通系统开始投运，截至 2009 年 7 月底，已经建设自行车服务点 1060 个，投放自行车约 22000 辆，日平均租用达 13 万辆次。杭州市公共自行车交通系统运行取得了成功经验，并在优化和扩大。公共自行车系统，解决了自行车停放、携带、维修等问题，方便了居民公交换乘和短途出行，所以深受居民欢迎，从而提高了自行车的利用率和居民自行车出行比例。武汉市发展公共自行车也取得了成功，调查表明，用户对于武汉公共自行车服务质量的满意度比较高，实施成效较好。其他城市应该借鉴杭州市和武汉市公共自行车运营模式，因地制宜，加以创新和完善，为居民提供免费、方便的自行车出租服务，实现自行车与公共交通的完美结合，促进零碳交通快速发展。各单位应该提倡自行车办公，由单位提供公用自行车，用于员工近距离办理业务，既减少小汽车数量和使用量，也促进零碳交通的扩大。

4. 全面改善自行车停车系统

城市自行车免费停放场地不足和停放管理不善，自行车乱停乱放和丢失现象十分普遍。因此，应该建设自行车停车系统，规范自行车停放管理。在商业网点、办公楼宇、医院、学校等场所以及道路边，统一规划自行车免费停放点，由志愿者或专门人员宣传规定和指导自行车停放，逐步养成规范和有序停放自行车的习惯，彻底消除自行车乱停乱放现象，避免自行车失窃，便于居民使用自行车出行，也有利于保持市容整洁。

5. 大力开发零碳交通技术

发展零碳交通，加强技术创新是关键的环节。一方面，研发自行车材料和性能新技术，减轻自行车的重量，增强适用性和舒适度，提高速度和便捷性，无疑会增加自行车在城市交通中的分担率。研发自行车回收再利用技术，减少自行车报废垃圾污染和碳排放，降低自行车生产的能源成本和排放。另一方面，另辟蹊径，创新思路，发明比自行车更好的零碳交通工具，也是发展零碳交通的重要方法。只要运用技术将零碳交通工具的性能和效用提高，符合更多的人出行的需求，在综合效益上胜过私人机动交通工具，就能得到广泛使用，从而减少有碳尤其是高碳交通工具的使用量，使交通构成更加趋向低碳化。

6. 塑造自觉零碳交通的观念

既要消除交通领域的消费主义，也要大力宣传低碳交通观念和零碳交通的优势。西方发达国家从小汽车转回零碳交通的发展历程，是教育居民转变观念的最好教材。美国社会学家卡斯特看到中国机动化的浪潮，曾语重心长地告诫中国的城市规划师："千万不要扔掉自车……你们有一套以自行车为主的交通系统，绝对应该保留。"利用西方发达国家的案例，向居民宣传消费主义的危害和交通发展的规律，帮助居民正确认识零碳交通的价值。同时，要利用广播、电视、报刊、网络等手段不断地宣传低碳和零碳交通的各种优势，使零碳交通深入人心，成为居民的自觉选择。

中国城市自行车交通政策的演变与可持续发展*

潘海啸

中国曾经是著名的“自行车王国”，许多大城市几乎每人拥有一辆自行车。自行车交通仍是当前我国许多城市客运交通的重要组成部分、是近距离交通的有效方式，也是最有利于可持续发展的交通工具。直到2000年，许多城市自行车使用比例依然很高，如2000年石家庄市人口为214万人，自行车出行的比例达55.75%；人口为640万人的天津，人们使用自行车出行的比例达52.73%。我国城市道路设计规范确定在城市的主次干路必须有分隔的非机动车道，再加上我国城市人口密度高，人们出行的距离短，所以自行车的使用非常普遍。然而一段时间以来由于认识上的偏差，许多城市对自行车使用采取了限制政策，导致自行车使用的比例大幅度下降，同时城市交通环境日益恶化，与可持续发展的目标背道而驰。在强调发展时，有必要回顾我国城市自行车发展历程，重新审视自行车交通在可持续发展中的定位和作用。

一、机动化，鼓励公交与自行车的矛盾

从20世纪80年代中期到90年代中期，人们采用城市公共交通出行的比例很低，而使用自行车的比例很高。另外由于缺少必要的基础设施，自行车和公交车混行，公交车辆的行驶速度受到自行车的干扰严重。所以一些城市开始采取限制自行车的使用。希望将自行车出行转移到公共交通方式，以提高公共交通出行的比例。

1994年为了促进经济的持续发展，借鉴一些发达国家的经验，我国提出了发展汽车工业的产业政策。特别是2005年以后，我国汽车保有量迅速增长。1989年全国汽车保有量为511.3万辆，1999年为1452.9万辆，2009年达到6209.4万辆（图1）。一些城市小汽车的拥有量迅速上升，如深圳市民用车辆数由2004年的65万辆，迅速增长到2009年的142万辆。而

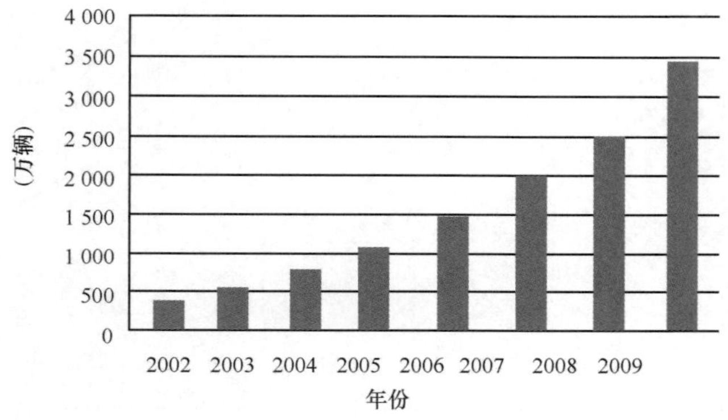

图1　我国私人小汽车拥有量的增长

其自行车交通的比例由1995年的30%，下降到2007年的4.7%。

很长时间以来，慢速交通建设不受重视，尤其是自行车交通。有些学者甚至认为逐步取消自行车是解决广州的内交通问题的方向，应该对自行车使用收税，并鼓励公共交通的发展，从而促进自行车向公共交通的转移。同时，也认识到自行车对短途交通出行的作用，但是考虑大多数人的出行需要必须限制自行车的使用，在新建市政道路上采取该方法在修建人行道的同时铺设新型自行车道将自行车道与人行道合并，以便将更多的空间留给机动车。

上海、北京、南京等多个大城市在发展道路交通方面也出现类似现象。《上海城市交通白皮书》（2002年）中尽管也认识到自行车的重要性与普遍性，但设定的目标是将自行车绝对数量在2000~2005年间减少25%，并且在预测的交通模型中甚至没有将自行车作其中的一种交通模式。实际情况是上海自行车出行的绝对量非但没有下降反而持续上升（1995~2004年平均年增长9%）。正是由于这样的矛盾的政策目标与实际情况，在白皮书执行的若干年终并没有对自行车交通进行系统而显著的改善，政府政策在非该机与机改非之间的摇摆和彷徨始终没有停止过，从而浪费了大好的时间机会。

为了方便机动车的使用，上海中环路的建设就没有考虑道路两侧居民使用自行车的要求。上海城市交通白皮书提出在抓紧城市慢行交通网络建设的同时，逐步将“三横三纵”主干道上的非机动车道改为公交专用道。但在相当长的时间内城市交通建设中忽略了城市非机动车交通系统的建设，并采取了一些限制性措施，控制非机动车在城市中心区的使用。

大连曾经是一个拥有160万辆自行车的城市，自行车和机动车争道抢行成为扰乱城市交通秩序的一个重要因素。大连市确定了对自行车和摩托车采取“限制、萎缩”的战略，并提出了“修路不降坡，限制自行车”的口号。由条件适合的道路开始，市区每年增加7、8条禁止自行车和摩托车通行的道路，逐渐增加禁止自行车通行的道路的数量，将自行车道改成机动车道，把人行道改为行人和自行车共用道，并停止为自行车上牌，城市中自行车的使用大为减少，在由公安部和建设部发起的城市“畅通工程”中，大连曾连续两年获得综合指标第一名，这与禁止自行车交通密切相关。这种做法一度还成为许多城市效仿的榜样。然而3年后大连的交通拥挤变得更加严重。如果说大连发展无自行车交通有一定的客观原因比如大连地形多山丘，道路坡度大使得自行车行驶困难。但国内众多地势平坦的城市也纷纷控制自行车的发展这

* 本文转载自《城市规划学刊》2011年第4期。

不能不引起人们的疑问。

二、自行车发展的萎缩对城市可持续发展的影响

在城市高速机动化的强大压力下，自行车出行的空间受到挤压、出行环境不断恶化，城市中自行车出行的比例迅速下降，北京市自行车出行比例从2000年的38.5%下降到2007年的23%，2009年1~4月的统计显示自行车出行的比例只有19.7%（而这一数据在1986年为50.28%）。杭州市自行车使用的比例从2000年的42.8%下降到2007年的33.5%只用了7年。1984~2005年，广州自行车出行的比例竟然从34.1%下降至10.4%。随着经济的快速发展，原本认为可能是自行车交通发展重要舞台的中国中小城市，也出现了快速机动化的趋势，如绍兴市区2009年小汽车拥有水平已达到116辆/千人。

在政策上长期忽略自行车交通的作用是导致自行车出行比例急剧下降的一个重要原因。据调查，北京城市中商业、服务业、公共服务设施、公交和地铁车站缺乏足够的自行车停车设施，以西城区（2005年）为例，全区次干路及以上等级道路中，只有24%的路段设有自行车停车设施，致使70%~80%的路段存在自行车乱停放现象。另一个问题是自行车失窃严重。自行车失窃导致居民普遍不愿购买新车而使用功能较差、不美观的旧车，自行车的发展处在恶性循环之中。

然而，限制自行车的使用并没有提高城市交通的效率。许多城市小汽车增长的速度要远远高于城市道路面积的增长。这就带来了日益严重的交通拥挤和环境污染的问题，高峰时间北京、上海等大城市中心区机动车行驶的速度在12km/h以下。机动车排气污染已成为城市大气污染的主要来源之一。虽然中国已经大大提高了新车排放标准，但行驶在道路上的旧车及机动车总量的增长仍然带来了严重的污染问题。1993年全国汽车CO的排放量为1035.2万t，2007年达到3034.1万t。我国政府也已经认识到城市发展过度依赖小汽车必然会面临日益严重的环境和资源的制约，提出“资源节约型和环境友好型”的发展模式。2005年以来许多城市又开始重视自行车交通的发展。

三、杭州慢行交通系统和公共自行车

作为历史文化名城和旅游城市，2000年以来机动车的增长和交通环境的恶化已经威胁到杭州城市环境的品质。受到欧洲国家如法国和丹麦自行车交通发展的启发，杭州从2005年以后开始考虑重新建立城市包括步行和自行车在内的慢速交通体系。尽管一段时间以来，杭州市慢速交通分担率逐年递减，但仍然是城市居民出行结构中占据着重要地位。数据显示，2007年居民使用自行车的比例仍然高达33.5%，城市道路中主城区次干路中，采用非硬隔离措施的道路长度占84%，采用机非划线分离的占10.5%，其余混行道路长度占5.5%，与我国许多城市一样杭州仍然具有发展自行车交通的良好条件。

2007年，杭州市启动市区河道综合整治与保护开发工程时，依据《杭州市城市总体规划（2007~2020年）》、《杭州市综合交通规划（修编）（2007~2020年）》等，提出了不同的滨河步行、自行车交通体系（尤其道路网络），缓解交通两难的有效补充。自行车交通可以主要满足居民休闲、游憩、锻炼及出行的需求，以进一步提高城市竞争力和市民生活品质，体现国际风景旅游城市和国家历史文化名城的风貌。

杭州市慢速交通体系规划旨在构建一个与城市发展相适应、与公共交通一体化无缝衔接的安全、便捷、高效、低成本的新型慢速交通系统，以引导市民形成全新的出行理念。合理组织城市的慢速交通，满足大多居民的出行需求，体现了小汽车优先城市向人性优先城市的转变。规划目标到2020年，形成全长1190km的“五十九横、六十六纵”非机动车网络；远期实现20万辆公共自行车布点，有效衔接公共交通，实现公交出行“门到门”，建设1000~1300km滨水慢速交通系统。其中最有特色的是杭州公共自行车系统的建立。

杭州以政府为主导的公共自行车发展模式，在中国开创性地把公共自行车作为城市公共交通的一部分，并将城市公共交通优先的政策延伸到城市公共自行车系统。自2008年5月1日杭州市首批2500辆公共自行车、61个服务点投入试运行开通后，受到社会各界的广泛好评。截至2010年4月底，已有租赁点2000个，自行车5万辆，当月日平均租用量达到21.52万人次，日均车辆租用频率达每天5.66次。政府主导的杭州模式使公共自行车系统在城市中得到迅速扩张，促使自行车再次成为城市现代生活的重要交通工具。杭州市率先将公共自行车系统作为城市公共交通的组成部分，对我国城市交通规划思路的转变必将起到十分积极的作用。但政府主导的发展模式也会导致租赁点布局规模过大、运行效能有待进一步改进的问题。

从对小汽车使用者的吸引力来看，公共自行车的作用还是十分有限的，据调查60%的公共自行车的使用者是从原来的公共交通转移过来的，小汽车使用者转向采用公共自行车的比例依然较低。鼓励非机动车的发展，不仅在提供更多的公共自行车的站点方面，更需要系统的规划设计。目前，杭州非机动车道过窄，在非机动车道上乱停机动车的现象都会影响到非机动车使用者安全。而安全问题是人们不愿意选择非机动车的主要原因。只有进一步改进骑车人的安全问题，才能更多地吸引人们选择自行车。

四、北京发展自行车观念的转变

北京城市总体规划（1991~2010年）的城市交通战略目标未提及慢行交通，但确立了优先发展社会化公共运输的政策，期望2000年和2010年公交出行量在城市客运系统（含自行车、不含步行）的比重能够分别达到47.4%和58.4%。

北京城市总体规划（2004~2020年）首次指出“步行和自行车交通在未来城市交通体系中仍是主要交通方式之一”，要求“为包括交通弱势群体在内的步行者及自行车使用者创造安全、便捷和舒适的交通环境”。基于公交优先原则，还提出中心城公交出行占客运出行总量的比例由2000年的27%提高到2020年的50%以上，但同时预计2020年全市民

用机动车拥有量将达到500万辆左右。

作为一个高度机动化的城市，北京仍然有较高比例的出行适合非机动化的交通方式。据调查，北京居民出行（不含步行）距离在5km以下的约占45%（图2），而自行车实际承担比例为30%。汽车短距离出行（小于4km的出行）占小汽车出行方式的23%。2005年，北京市城市规划设计研究院分析了步行与自行车交通的现有问题，编制了北京市步行和自行车交通规划设计导图。

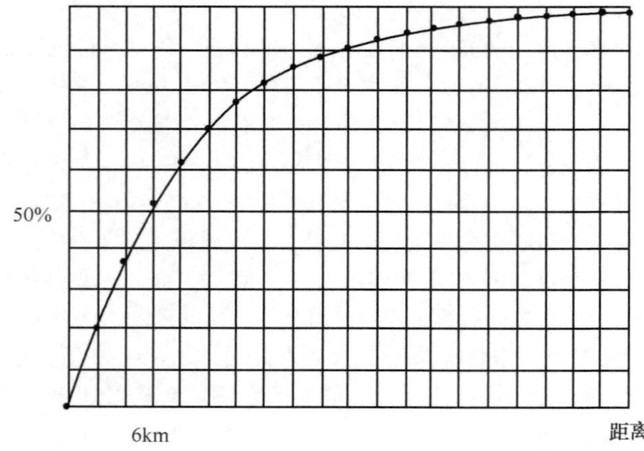

图2　北京居民出行距离累计分布（步行除外）

在《北京城市总体规划（2004～2020年）》中，明确提出“步行和自行车交通在未来城市交通体系中仍是主要交通方式之一”。但是，随着小汽车的迅猛发展，步行和自行车交通通行空间不断受到排挤，出行环境日益恶化，交通安全问题日益突出。最近在科学发展观的指导下，“以人为本”、“构建环境友好型城市”等发展理念深入人心，社会各界对步行、自行车交通日益关注，在这一背景下，2008～2009年北京市开展了《北京（中心城）步行和自行车交通规划准则》、《典型大街步行和自行车交通规划设计改善实施方案》等多项步行、自行车交通研究、实践工作，北京又重新开始重视非机动车交通，废止或修订不利于自行车交通的管理规定。在道路两侧设置自行车的专用道，以保护自行车的出行路权。在旧城区，将利用胡同和街坊路开辟自行车或行人专用系统。交通部门将在中心城主要客流集散中心、公共客运交通中心站及换乘枢纽站建设自行车停车场，以改善不同客运方式衔接换乘条件。并重新建立新型公共自行车系统，计划到2015年达到5万辆租赁自行车的规模。

五、上海自行车交通政策的演变

上海市城市总体规划（1999～2020年）城市交通战略目标未提及慢性交通。上海市城市交通白皮书中首次提出了慢行交通的概念，并为其发展指出了方向，即“保障步行交通、引导自行车合理运行、促使助动车向公交转移”。要求将步行系统作为一体化交通体系一个重要的组成部分加以完善，保护合理的步行空间，为市民日常出行创造安全、舒适的不行交通条件。

但是，也有人为随着城市拓展与消费水平的提高，自行车的适用范围将逐步减小，长距离慢行交通大多是市民的一种无奈选择，而助动车交通的根本出路是比其更舒适、更安全的公共交通。近期发展目标是全市自行车出行量比现状减少25%，远期发展目标是引导大部分自行车出行在30min以内。同时，要求改善自行车的通行条件以及与公交的换乘条件，减少机、非冲突，减少自行车交通事故率。

机非路网分流是当时上海自行车交通规划的核心内容，这项内容简称“非改机”，既逐步实现“三纵三横”主干路机动车专用，将非机动车道建为公交专用道，同时通过改建和辟通平行支路，为自行车提供分流的通道。然而由于过去城市道路交通网络，另外三从三横的主干路上公共交通专用道设置也不完善，而机动车道容量得到大大扩展。

上海不同地带轨道交通出行速度　　表1

起讫点位置	距离（km）	速度（km/h）
内环内	9.70	11.85
起点或讫点内外环之间	14.46	15.71
起点或讫点在外环外	19.00	16.80

人们希望于通过地铁系统的建设减少中心城区非机动车交通的量。然而事实表明城市中心地区非机动车使用仍然占有很高的比例，根据2008年所组织的调查表明，上海淮海中路街道通勤交通中非机动化出行的比例高达52.6%，其中非机动车的比例高达36.2%。在城市边缘地区的中原地区通勤交通中非机动车的比例仍然高达27.9%。在高度密集的地区，由于人们的出行距离较短，从门到门的出行时间来看，采用轨道交通并没有明显的优势。调查表明在内环以内采取轨道交通出行的速度仅为11.85km/h，在外环的速度为16.8km/h。

从2005年开始人们逐步认识到非机动车交通在可持续发展及发展绿色交通的重要性。2010年底上海市政管理部门表示，完善能满足市民多样化出行需求的道路交通体系将成为后世博城市道路管理的重点。在“十二五”期间除了将继续发展公交优先，上海还将继续推进慢行交通，其中包括规划内环线沿线、三纵三横主干道区域以及中环线区域的非机动车道，建设便利、安全、人性化的人行过街设施及人行步道系统。

上海城市外围地区公共自行发展也日益受到重视。为了整治城市外围地区轨道交通站点地区存在的大量严重非法运营车辆的现象，解决人们最后1km出行难的问题，上海闵行区政府与我国著名的自行车生产企业合作在轨道交通站点周边地区建立了公共自行车系统。截至2009年5月，闵行区已建立500个租赁点，投放2万辆公共自行车，该区居民的办卡人数已超过13万人。上海市公共自行车系统采取企业与政府合作的模式，可以充分利用企业在控制成本、技术创新方面的优势，以及政府在引导和整合社会资源方面的优势，已经成为许多城市愿意接受的发展模式。但是由于采取免费的策略，使大量原来使用自有自行车者转向采用公共自行车。

这无疑会加重政府的财政负担，如何能够利用已有的自行车存量还需要探讨。

六、结语

在国家大力提倡低碳发展模式政策指导下，人们逐渐认识到自行车交通对可持续发展的重要性。公共自行车系统的建设已经成为许多城市绿色交通体系建设不可缺少的一项内容。但是城市自行车的发展仍然存在许多障碍，如自行车通道少、不连续、缺少停车设施和修理网点等。另外，由于电动自行车使用的便捷性，在城市中使用的比例往往要超过自行车。电动自行车的速度过快也是城市交通安全的一个隐患，必须采取更加有效的管理措施，严格执行有关标准。由于中国城市具有高度密集和高度混合的特点，在快速城市化的过程中创造有利自行车使用的环境，保持较高的自行车使用比例，就是对城市的可持续发展做出的重大贡献。为此，必须从政策、空间规划、经济和社会文化氛围等多方面为城市中自行车的使用创造有利条件。

（作者单位：同济大学城市规划系）

北京、上海城市交通能耗和温室气体排放比较*

朱松丽

随着我国城镇化进程加快，城市客运交通（以下简称城市交通）与能源、环境之间的矛盾日益突出。交通需求和机动车迅猛增加，不仅带来了环境污染，也使温室气体排放迅速增长，同时给能源安全带来隐忧。如何实现城市交通的可持续发展、解决城市居民出行以及与之相关的能源环境问题，成为城市政府关注的重大课题。北京是首都，上海是我国第一大城市，两市在城市交通能源消耗及温室气体排放上具有较强的可比性。首先，二者都面临城市规模扩张、人口增长、出行量上升、交通状况恶化和交通污染日趋严重等问题；其次，二者都在积极探索城市交通的可持续发展之路，实施了既有相同点更有不同点的交通政策，使得二者在机动车保有量、结构和居民出行等方面呈现出不同的特点，进而影响到城市交通能源需求及温室气体排放。

一、城市规模及交通特征比较

北京和上海的城市规模都在不断扩张，常住人口超过1500万人，人均地区生产总值均为6000美元以上（上海已达到7000美元），居民人均日出行次数（2.3～2.4次·人$^{-1}$·d^{-1}，含步行）接近。

1. 机动车保有量及结构

上海市明确实施机动车总量控制政策，尽管居民总数和平均收入均高于北京，但其机动车总量一直低于北京。2007年，上海市民用机动车总量达253.6万辆（相当于北京市2005年的水平），北京市则高达307.2万辆，见图1。上海市机动车拥有率为136辆·千人$^{-1}$，北京市达到188辆·千人$^{-1}$。摩托车在上海市机动车总量中占据半壁江山，而在北京市的比例只有8%，因此上海市每千人民用汽车拥有率仅相当于北京市的38%左右。北京市轿车以日均1000余辆的速度增长多年，而上海市只有200辆左右；2007年北京市私人轿车拥有率为90辆·千人$^{-1}$，是上海的两倍多。由于采取机动车总量控制政策，有相当数量的外地牌照机动车长期在上海行驶。根据2007年第四季度平峰时段高架道路6个断面日均机动车流量统计，外省市牌照的机动车占22%～26%。

2. 公共交通

两市的公共汽（电）车规模相当，有2万辆左右，但技术选择略有不同，北京市天然气公共汽车保有量远超过上海，上海市则以柴油公共汽车为主。上海市出租汽车规模小于北京，但空驶率较低，利用率超过北京。此外，上海市的轨道交通发展较早较快，还拥有轮渡交通方式。

3. 居民出行结构

由于缺乏2007年完整的具有可比性的数据，本文选取2005年的居民出行结构数据进行比较。2005年上海市公共交通（公共汽（电）车、出租汽车、轨道交通和轮渡）和非机动交通（非机动车和步行）出行比例均超过北京，机动交通比例低于北京，见图2。2005年以来，上海市非机动交通出行比例有所下降，由2005年的60%下降至2007年的57%，

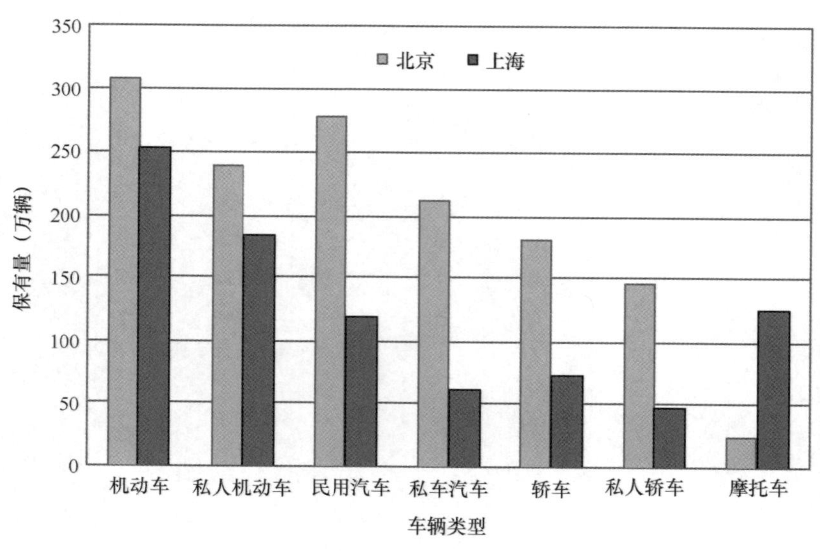

图1　2007年北京、上海机动车保有量比较

* 本文转载自《城市交通》2010年第3期。

机动交通则从16%增至20%。近年来北京市加大了公共交通发展力度，公共交通出行比例逐年上升。

上述特征均对交通能源需求和温室气体排放有显著影响。本文将基于此分析比较两市的交通能耗和温室气体排放。

二、城市交通能源需求和温室气体排放测算方法

在我国能源统计体系中，交通运输业仅包括对从事社会运营的交通运输企业的统计，相应的能耗统计量只包括其运输工具的燃料消耗，一些非交通运输企业的交通工具以及大量的社会非运营交通工具的燃油消耗则没有被纳入。因此，城市交通能源统计在我国各级能源统计工作中是最薄弱的环节。经初步估算，近年统计数据中交通运输业汽油消耗量比实际低2500万t以上，柴油消耗量比实际低1500万t以上。在省（市）级能源平衡表中，同样存在该问题。例如，按照统计，2007年上海市交通运输业消耗汽油111.8万t，只占终端汽油消耗量的46%，但实际上汽油的用途相当狭窄，90%以上应用于交通。因此，本文通过计算两市的交通能耗和温室气体排放量，比较其差异，并将计算结果与已有部分统计数据、调研结果和其他研究成果进行对比，以减少不确定性。

1. 能耗测算方法

城市交通能耗通常由公共交通、机动交通和非机动交通三部分组成，自行车和步行交通为零能耗和零排放，计算能耗和排放时暂不考虑。公共交通主要由公共汽（电）车、出租汽车和轨道交通组成，机动交通指私人轿车、摩托车、社会车辆（政府机关、社会团体、企事业单位拥有的客车）及其他私人客车，非机动交通中的助动车包括电力、燃油（气）助动车。能耗测算公式为

$$EC_{ki}=VS_{ki}\cdot U_{ki}\cdot FE_{ki}$$

式中：EC_{ki}——i类燃料驱动的第k种车型的能耗；

VS_{ki}——i类燃料驱动的第k种车型的保有量；

U_{ki}——i类燃料驱动的第k种车型的年均运营距离/km；

FE_{ki}——i类燃料驱动的第k种车型的能源强度/（$kWh\cdot km^{-1}\cdot$辆$^{-1}$或$m^3\cdot km^{-1}\cdot$辆$^{-1}$）。

根据北京、上海的实际情况，车辆和燃料类型按表1划分。两市分车型、燃料类型的车辆保有水平、年均运营距离和能源强度等数据均来自已有统计资料和调研。对于常年在上海行驶的外地牌照车辆的能耗，由于保有量统计数据欠缺，且其使用也受到一定限制，暂按上海市牌照轿车能耗的20%计算。

2. 温室气体排放量测算方法

温室气体（CO_2）排放量计算式为

$$EM_{ki}=EC_{ki}\cdot EF_i,$$

式中：EM_{ki}——i类燃料驱动的第k种车型的CO_2排放量；

EF_i——i类燃料的CO_2排放因子，其值选自《IPCC清单编制指南》以及2007年我国首次发布的中国温室气体清单研究结果，电力机动车的排放暂定为0。

城市交通车辆类型和燃料类型　　表1

出行方式	车辆类型	燃料类型
公共交通	公共汽（电）车	汽油，柴油，GNG，LPG，电力
	轨道交通	电力
	出租汽车	汽油，LPG
机动交通	轿车	汽油
	其他客车	汽油，柴油
	摩托车	汽油
非机动交通	助动车	电力，LPG

本文还选用完成单位客运周转量所排放的温室气体量/（$g\cdot$人$^{-1}\cdot km^{-1}$）来评价北京和上海的城市交通温室气体排放强度，即温室气体排放强度=城市交通CO_2排放量/城市交通客运周转量≈（公共交通CO_2排放量+机动交通CO_2排放量）/（年出行总量×平均出行距离）。

三、比较结果

根据数据的可获得性，选取2005年的数据进行比较（上海数据包含外地牌照车辆的排放），并对2005年之后的能耗和温室气体排放趋势进行简单分析。

1. 城市交通能耗总量和结构

图2为两市的城市交通能耗总量和结构，2005年北京和上海的城市交通能耗总量分别约为385万t标煤和383万t标煤，分别占全市能耗总量的7.0%和4.6%，虽然总量数据相差无几，但前者占总能耗的比例远高于后者。这与城市的定位相关，北京是政治文化中心，第二产业趋于萎缩，总能耗较低；上海市正努力建设成为先进的制造业中心和航运中心，第二产业和高耗能产业比例居高不下，总能耗较高；同时，更与北京市交通机动化率较高息息相关。虽然汽油在两市的交通能耗中占据主导位置，但交通能耗结构依然有明显不同。上海的柴油消耗比例明显高于北京，这与上海市公共汽车柴

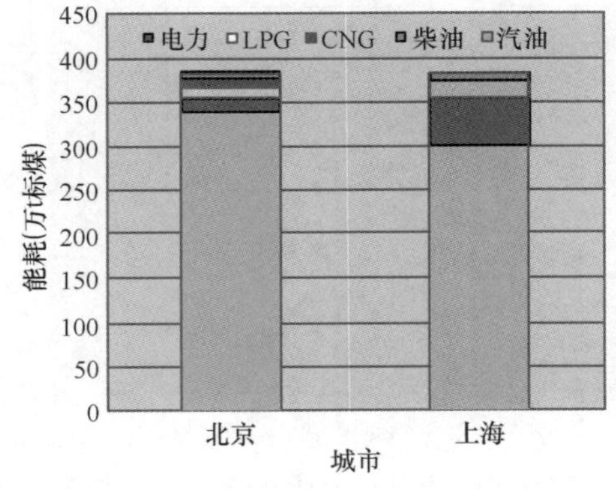

图2　城市交通能耗总量和结构

油化关系密切；北京市天然气（CNG）消耗量占城市交通能耗总量的3%左右，而在上海几乎可以忽略（0.2%），反映了北京天然气公共汽车的发展快于上海，这与目前的资源条件有关（“西气东输”对北京的输气量高于上海，不过随着海上液化天然气（LNG）的进口，上海的天然气短缺状况会缓解）。由于上海市轨道交通和电动自行车的发展更快，其电力消耗比例（2.6%）高于北京（不到2%）。液化石油气（LPG）主要用于出租汽车，在两市均占一定比例。

2. 公共交通和机动交通能耗及结构

北京市公共交通能耗约为102万t标煤，占城市交通能耗总量的25%以上；上海市约为145万t标煤，占38%，不论是绝对数量还是比例都高于北京，见图3。在公共交通内部能耗构成中，两市显示出一致性：出租汽车能耗比例均超过50%，与出租汽车在公共交通中承担的出行比例（北京11%，上海近20%）相比，其能耗比例显然过高。两市机动交通的能耗均超过公共交通，北京尤为明显。

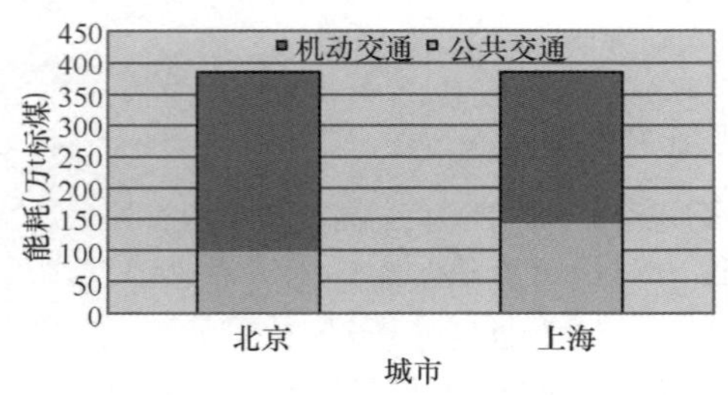

图3　公共交通和机动交通能耗

在机动交通中，两市汽油能耗均占绝对优势。公共交通的能耗结构显示出多样性，替代能源和电力均占一席之地，见图4。

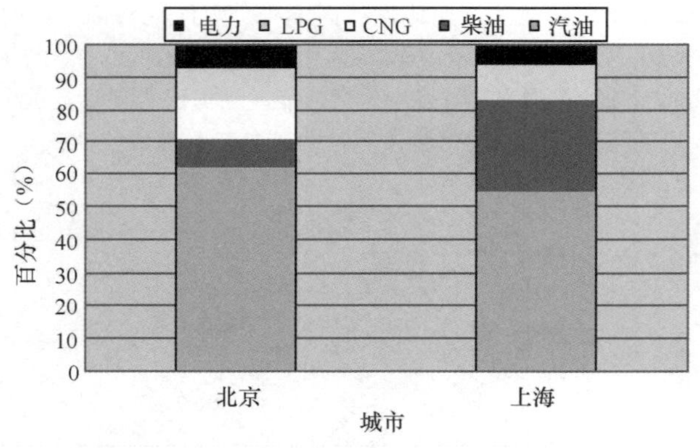

图4　公共交通能耗结构

3. 温室气体排放总量和强度

2005年北京、上海两市城市交通的CO_2排放量分别为764万t和741万t，其比值略大于能耗比，主要原因在于算为零排放的电力车辆在上海城市交通中的比例较高。北京市机动交通温室气体排放是公共交通的3倍，而上海仅为1.71倍，见图5。

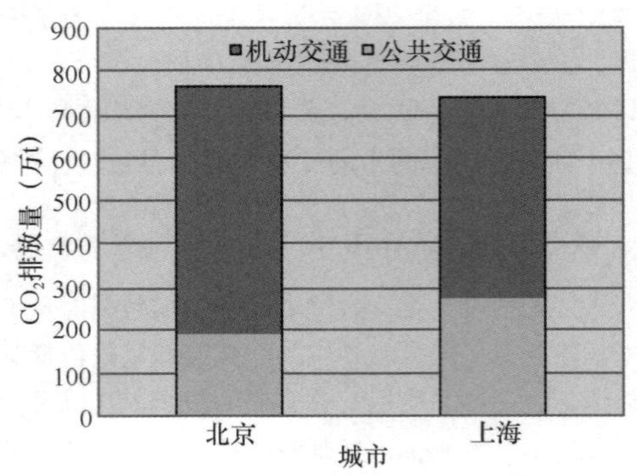

图5　城市交通温室气体排放

北京和上海的城市交通碳排放强度分别约为63g·人$^{-1}$·km^{-1}和58g·人$^{-1}$·km^{-1}。其中，两市居民出行总量均按2.4次·人$^{-1}$·d^{-1}计算，得到2005年北京、上海的居民出行总量分别为3720万人次·d^{-1}和4340万人次·d^{-1}（含步行）；平均出行距离按照北京市为9km·次$^{-1}$、上海市为8km·次$^{-1}$进行估算。但是，上海市相对较低的碳排放强度近年来在逐渐上升。据《上海市综合交通2008年度报告》，2007年上海市居民出行总量达到4593万人次·d^{-1}（含步行），交通能耗已增至450万t标煤，据此估算，2007年城市交通温室气体排放约为850万t，估计碳排放强度已增至60g·人$^{-1}$·km^{-1}以上。而北京市近年来公共交通发展较快，对私人小汽车出行采取了一定的限制措施，虽然私人小汽车上牌日增量不减，但公共交通出行比例在逐步上升。因此，可初步判断两市的城市交通温室气体排放强度差距可能会逐渐缩小。

四、结论

（1）总体而言，虽然北京、上海两市的城市交通能耗相差无几，但上海市城市交通的能耗强度和温室气体排放强度都低于北京，即较低的能耗比例和碳排放强度，这应归功于上海市机动车总量控制政策、公共交通发展政策以及非机动交通的广泛利用。北京市虽然也大力发展公共交通，但无法抵消私人机动交通无序增长带来的能耗和碳排放增加。

（2）近年来，北京市在发展公共交通方面做了巨大努力，并采取一定措施限制私人机动交通的出行，公共交通出行比例逐步呈上升趋势。因此，北京和上海的城市交通碳排放强度差距可能会逐渐缩小。

（3）两市的机动交通能耗和排放均超过公共交通，这与较低的公交出行比例相关。与纽约、伦敦等国际大都市相比，北京和上海的公共交通系统还有待发展，尤其需要在客流吸引力方面做更多努力。

（4）出租汽车能耗比例约占公共交通50%以上，与其承担的出行量极不相符。从节能减碳的角度看，两市均应进一步控制出租汽车规模，提高出租汽车服务价位，广泛推行电话预约服务，降低“扫活儿”频率。

（5）上海市摩托车保有量远高于北京。由于载客人数有限，摩托车的能耗和排放强度并不比轿车低，这也是在上海市在机动车保有量低于北京的情况下，城市交通汽油消耗量和 CO_2 排放强度并没有明显低于北京的原因。建议上海市采取更严格的摩托车保有和使用控制政策。

（6）上海市较低的城市交通能耗比例和温室气体排放强度面临挑战，2007 年碳排放强度已比 2005 年明显上升。一旦机动车总量控制政策出现变动，相应能耗和排放或许将出现“井喷”。建议在其他相关政策（例如有效控制机动车的使用）完善之前，不要轻易取消机动车总量控制政策。

（7）非机动交通曾是我国城市交通的特色，但随着机动化的发展，非机动交通有被替代之势。而非机动交通是低碳交通的重要组成部分，建议在可持续城市交通政策框架中，给予充分重视，保护非机动交通环境，合理发展非机动交通。

最后，由于北京、上海的城市交通统计指标有所不同，计算结果可能存在一定不确定性，但对结论不会有重大影响。

（作者单位：国家发改委能源研究所）

北京市电子不停车收费系统综合效益评价*

张为民　王梦佳　刘力力　翁剑成　荣　建

一、前言

电子收费（Electronic Toll Collection，简称 ETC）系统作为智能运输系统的一个重要应用子系统，能有效地减少高速公路收费站拥堵。收费站区的交通流具有与路段交通流不同的特征，车辆减速进入收费站区，并选择最快的收费车道排队，完成收费后驶离收费广场。对于 ETC 车道，车辆进入收费站上游减速行驶，无需停车，以较低的车速通过 ETC 车道，从而完成高速公路收费过程。通过分析收费区交通流特性的差异，可以明确 ETC 系统的实施，能有效减少因停车收费造成的延误及拥挤，提高道路通行能力；提高行驶的安全性、舒适性、快捷性；减少能源消耗及尾气排放，提高环境质量；减少收费系统的运营管理费用及建设成本，提高运营效益。因此，如何科学合理地评价 ETC 系统给高速公路管理和交通运输所带来的效益，成为未来 ETC 发展和科学决策的基础。此外 ETC 系统的实施还会对高速公路经营者、使用者、非使用者以及社会产生相应的效益。

本文通过建立多方面多层次的 ETC 指标体系，对实地采集、油耗试验和行驶轨迹模拟等方式获得的数据，利用建立的计算模型进行测算，得到各单项指标的评价结果，并采用定性分析和定量计算相结合的方法，利用成本效益分析，估算和预测了 ETC 实施后的综合成本效益。

二、国内外 ETC 后评价的研究现状

在美国，随着智能交通系统规模的扩大和发展，ITS 评价工作的重要性逐步显现，对评价的投入也越来越大，美国运输部联邦公路署（FHWA）建立了各种 ITS 项目的费用和效益数据库。此外还开展了可用于模拟 ITS 的计算机仿真模型研究，以得到实施 ITS 的费用和效益数据。欧盟的 ITS 框架同样包含了评价部分，在 1999 年，完成了研究 ITS 评价的“CONVERGE”项目，其中于 1998 年 9 月发布了“智能运输系统评价指南（Guidebook for Assessment of Transport Telematics Applications：Updated Version）”的报告，该报告是欧盟关于 ITS 项目评价思想的系统阐述。

与国外相比，国内尚未形成完整的 ETC 评价理论体系及支持它的数据收集体系。曹继红从收费系统改造项目的特点出发，进行成本和效益的识别，对某些指标进行测度，仅是一种评价方法的探讨。隽志才通过某种假定条件，利用 VISSIM 仿真结果，尝试采用理想解法、模糊评价、层次分析法或数据包络分析等评价方法，解决 ETC 项目单方面（如用户满意度、综合评价等）或多方案决策比选问题，但对效益没有完全量化，未进行成本效益分析。

以往的 ETC 系统评价研究通常只是在理论上对 ETC 系统进行评价方法的讨论，并没有对 ETC 系统实施后，其所带来的社会和经济效益的实际数据行科学定量的系统测算和评价。本研究将依托北京市高速公路电子收费系统的实际运行案例，从交通流模型、收费延误、尾气排放、车辆油耗等方面入手，对 ETC 系统实施所带来的各方面实际社会经济效益进行综合科学评价。

三、高速公路 ETC 系统评价指标体系

ETC 系统在提高收费站区交通性能、交通安全、减少油耗和尾气排放、减少运营管理费用等几个方面都产生积极的影响，ETC 系统的综合效益评价指标需要从这几方面分别建立合理的分项指标，并形成较为科学和完整的评价指标体系。

1. 交通性能指标

高速公路收费站的交通流特性主要由收费站交通设施所形成的交通流运营条件决定。而交通设施所形成的交通运营条件很大程度上可用设施的容量及设施的使用效果来评价，即可在通行能力与服务水平两方面进行评价。

（1）通行能力评价指标

收费站的通行能力是指在单位时间内，合情合理能够通过收费站的最大车辆数。这里的合情合理是指在一定的服务水平下。其中收费车道的通行能力决定收费站的通行能力。从交通理论上说，高速公路收费站综合通行能力应与收费广场车道数、收费类型、收费方式、收费流程、交通流车型分布比例等众多因素有关，但各种因素的影响程度各不相同。设计收费站时，其通行能力原则上要求略大于路段通行能力，才能保证高速公路行驶畅通。本研究通过对收费车道通行能力指标进行评价，来衡量收费设施的通行能力。

（2）服务水平评价指标

收费站的服务水平是衡量收费站内部交通提供给司机与乘客服务质量的一种标准。评价指标一般有收费服务时间、车辆等待时间、排队长度、延误、车流密度、流量容量比（V/C）、停车次数、车辆通过速度等。这些指标从不同层次及程度上反映了收费站的服务水平，通过对其合理性、实用性、相关性等方面进行分析，本研究选择收费服务时间、排队长度和收费区延误 3 个指标作为服务水平的评价指标。

2. 能源与环境指标

ETC 系统在能源与环境方面产生的影响是显著的，它是 ETC 效益的重要组成部分之一。评价能源与环境的最直接指标是：车辆在收费区的耗油量及废气排放量。并且这两个指标

---

* 本文转载自《公路交通科技》2012 年第 7 期。

是可量化的，可以通过相关的仪器与设备直接测量得到，直观易于理解。

3. 收费运营指标

ETC系统对收费运营方面的主要影响是提高了收费运营效率、减少了人力投入、降低了投资成本，这些方面的效益可用通行费征收率、收费站运营管理费用的节约、投资成本的节约、人力资源的节约、设备的维护维修费用等指标来度量，归类在收费运营管理费用中可包括设备维护维修费、人力资源的投入。故收费运营效益评价的指标可确定为：通行费征收率指标、运营管理费用指标、成本投入指标。

4. 交通安全指标

高速公路收费站的存在相当程度上影响了高速公路整体的运行安全。对收费站交通安全的评价也主要是对历年交通事故的基础数据进行分析。评价ETC设施的交通安全状况主要从这些交通事故所造成的损失入手，故这一变化可用不同类型事故的事故量、事故率及事故严重程度作为指标。但由于收费站区事故量指某一时间段内在高速公路收费站区发生的事故总数量，而不考虑收费口形式、流量等相关因素，在具体应用时有欠缺，因此交通安全指标确定为交通事故率、事故严重程度。

根据前文对4个方面指标的分析，所建立的评价指标体系如图1所示。

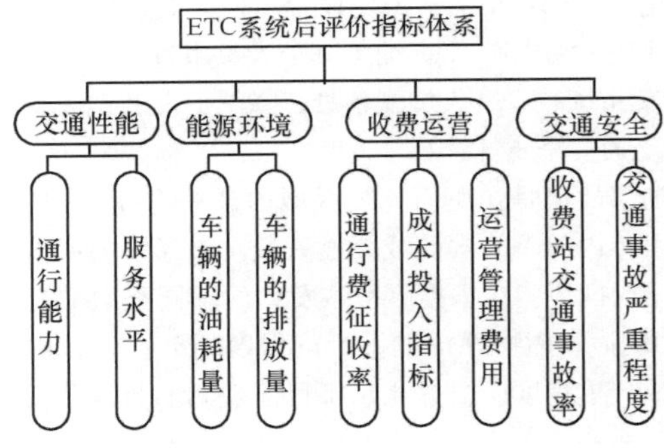

图1 评价指标体系总框图

四、评价指标计算模型

1. 交通性能指标计算

根据建立的交通性能指标体系，分别针对交通性能指标体系中的收费车道通行能力、收费站综合通行能力，收费服务时间、排队长度、收费站区延误5个具体指标进行计算方法的研究和测算。

（1）收费车道通行能力指标计算

在通行能力的理论分析过程中，通常以时间度量的车头时距 h_t 和以空间距离度量的车头间距 h_s 为基础，推导通行能力的理论分析模型。本研究选用基于车头时距的单车道通行能力计算方法计算收费车道通行能力。计算模型如下：

$$C = \frac{3600}{\bar{h}_t} \tag{1}$$

式中：C——单车道通行能力；

$\bar{h}_t$——平均最小车头时距。

通过对北京市高速公路主线收费站进行现场调查，得到人工收费（MTC）进口车道和出口车道的平均服务时间分别为6.0s和14.0s，ETC车道平均服务时间为3.6s。利用以上计算模型计算得ETC收费车道通行能力为1000pcu/h；MTC进口车道通行能力为600pcu/h，MTC出口车道通行能力为250pcu/h。

（2）排队长度指标计算

排队长度是评价收费站服务能力比较直观的指标，一般采用现场调查法获取。通过对ETC车道和MTC车道排队长度的现场观测，进行统计分析，确定ETC车道和MTC车道的服务等级。

研究中，每隔5min进行一次排队长度数据采集，分别记录收费站每条车道（MTC车道/ETC车道）的排队长度，收费车道排队长度计算方法：

$$\bar{L} = \frac{\sum_{i=1}^{n} \bar{L}_i}{n} \tag{2}$$

式中：$\bar{L}$——收费站所有MTC车道平均排队长度；

$\bar{L}_i$——每条MTC车道在高峰时段或平峰时段平均排队长度；

n——收费站MTC车道数。

现场调查显示，现阶段ETC车道基本没有排队现象，因此平均排队长度可以取0；而MTC车道平峰时段排队长度约为0～4pcu，高峰时段约为5～9pcu。

（3）收费区延误指标计算

收费区延误是评价收费站服务水平的最重要指标，本研究采用跟车试验法测算。跟车试验法是由驾驶技能熟练的驾驶员以正常的驾驶习惯实际开车通过收费站，完成收费服务过程的方法。

本研究利用现场调查采集参数，通过模拟试验来描述汽车减速进入以及加速离开收费区的过程。首先将收费站路段看作基本路段，计算车辆以高速公路正常行驶速度行驶通过时所需要的时间，用车辆经过收费站实际耗费时间减去将其看作基本路段时的耗费时间，计算结果即为车辆在收费区的延误。

实际测量结果显示，无排队情况下，进口车道、出口车道和ETC的延误分别是41、49、28s，每增加一个车辆排队，进口车道增加6s延误，出口车道增加14s延误。

2. 能源与环境指标计算

对于收费站内，不同收费车道内不同类型车辆的油耗与排放量不同，根据研究的客观条件所限，本研究采用设计试验的方法测算车辆在收费站的油耗与排放。通过北京市搭载ETC终端车辆的类型进行调查和分析，并从中国工业和信息化部公布的《轻型汽车燃油消耗数据库》检索得到了每一种登记车型的标准油耗推荐值，严格按照车辆的油耗与排放的分布情况，通过SPSS软件用“K-均值聚类”方法将测试车辆分为7类，并选取代表车型，分别按照调查得到的时间-速度曲线模拟其经过ETC与MTC收费车道的过程，进行实际的燃油消耗和排放试验。

机动车辆废气的排放主要有碳氢化合物、一氧化碳、氮氧化合物和颗粒物质，即CO、HC、NO_x的排放量可作为环境影响的评价指标。研究中首先通过对交通流变化的现场调查，确定车辆在收费区的运行状态，并对车辆的运行状态参数进行标定（图2），第2步可应用模拟车辆，根据标定的运行状态参数，实车模拟经过ETC/MTC车道的过程（图3），在试验中测得油耗和尾气排放，从而获取不同车型的油耗和排放模型，计算得到车辆在通过MTC车道和ETC车道过程中油耗和排放的节约量。

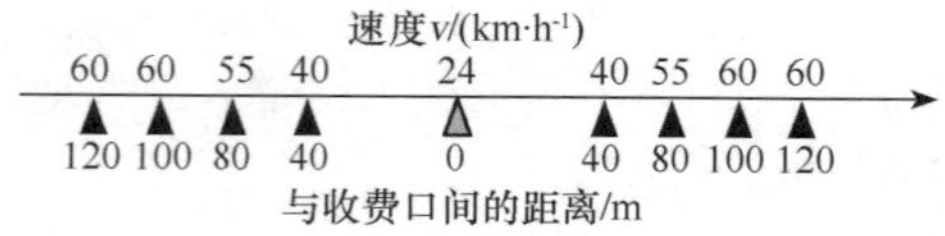

图2　ETC车道车辆行驶轨迹模型

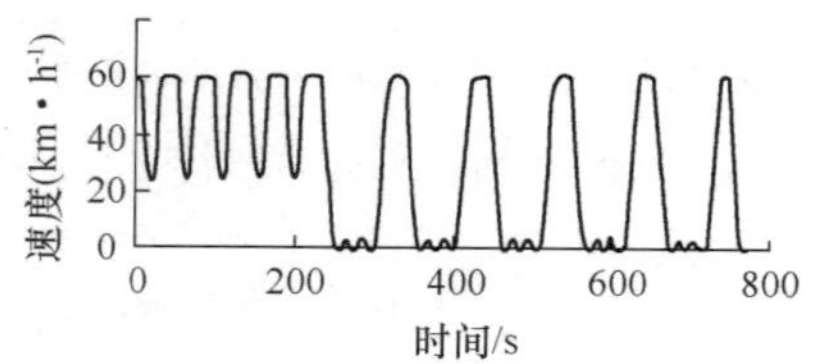

图3　各种试验车型模拟经过ETC/MTC车道的运行轨迹图

（1）油耗计算

由于车辆运行状态在收费区不时地发生变化，因此选用具有统计特征的油耗指标，如收费区车辆的平均油耗、收费区车辆的总油耗等。总油耗的计算，首先根据各种车辆发动机耗油特性对车辆类型进行划分，进而再根据各种车型的平均油耗、各车型的比例计算得到车辆的总油耗。

（2）排放计算

本研究通过7种车型分别模拟经过ETC车道和MTC车道，计算得到每种车型单次经过ETC车道的油耗、排放减少量，并根据聚类得到的各种车型比例权值，得到7种车型单次经过ETC车道油耗和排放的加权平均值，作为计算模型的标准参数值，见表1。在确定了车辆的运行状态后，就可根据车辆相应的运行状态下的排放特性，估算车辆的CO、HC、NO_x排放量。

北京市单次ETC交易油耗及污染物排放减少量　　表1

单次交易节省量	油耗（L/pcu）	CH化物（g/pcu）	CO排放（g/pcu）	NO_x化物（g/pcu）
	0.0314	0.6749	4.6533	0.2674

根据相关参数计算值，通过年油耗与排放减少量计算模型，获得各年的总耗油节省量与总排放量如表2所示。

3. 收费运营指标计算

ETC系统可能在新建与改建两种情况下实施，在这两种情况下，其费用组成各不相同。北京市的ETC系统是采用了改建的方式，因此其相关收费运营管理费用的计算主要包括以下几部分。

（1）成本投入计算

ETC收费系统的成本投入包括新建或改建ETC系统之初的一次性投资费用、收费人员和设备维修等运营管理费用以及终端设备采购成本费用。

（2）人工收费成本降低量计算

理论上，ETC车道不需要设置专门人员管理，但现阶段实际操作中两组ETC车道配备一个人员来进行管理。因此整体上ETC系统减少了人员配备量，降低了人工收费成本。

4. 交通安全指标计算

交通事故率是在所研究的区域内，平均每1×10^4pcu机动车中1年内的事故次数或死亡人数。交通事故严重程度是指在一定时间段内，根据收费站发生的不同类型的交通事故（追尾、侧撞、撞物等）进行严重程度划分统计，进而研究交通事故严重程度。根据北京市目前观测的数据分析，交通事故发生率和严重程度并没有明显变化。本研究测算中，暂不计入安全指标的效益。

五、经济效益综合评价

1. 综合评价方法

综合评价有成本－效益分析（CBA）、成本效果分析、数据

年油耗节省量和废气排放减少量计算结果　　表2

年份（年）	交易量（$\times10^4$次）	耗油节省量（$\times10^4$L）	CH化物总排放减少量（kg）	CO化物总排放减少量（kg）	NO_x化物总排放减少量（kg）
2008	480.51	15.09	3 242.96	22 359.57	1 284.88
2009	2 218.69	69.67	14 973.94	103 242.3	5 932.78
2010	7 047.83	221.3	47 565.8	327 956.67	18 845.9
2011	11 072.63	347.68	74 729.18	515 242.69	29 608.21
2012	15 097.43	474.06	101 982.56	702 528.71	40 370.53
2013	19 122.23	600.44	129 055.93	889 814.73	51 132.84

包络分析（DEA）等方法。由于指标体系中包含有可量化和不可量化的指标，因此根据指标评价目标和基础数据的不同，可选取不同的综合评价方法。

成本效益分析方法的特点是将 ITS 项目所有能够定量的且能以货币表示的因素数量化，并结合定性分析，从中选择出净效益最大的方案，作为最优方案。成本效果分析方法对诸如噪音污染、用户满意度改善等难以货币化的因素分析具有较大的实用价值，采用成本效果分析法应保证各评价方案有共同目标，且各方案的成本宜采用货币单位计量，而效益采用非货币形式的统一计量单位计量。数据包络分析方法（简称 DEA，典型的非均一评价方法）是以相对效率为基础，完全基于评价方案（称为决策单元 DMU）的输入、输出数据，从相对有效性角度对各 DMU 进行评定和排序的一种系统分析方法，此方法能弥补均一评价的缺陷。

通过对各种综合评价方法的适用性分析，本论文采用成本效益分析与成本效果分析相结合的方法对 ETC 系统后评价项目进行分析。

2. 成本效益评价模型

ETC 系统效益评价包括正向指标和负向指标，本节将具体介绍，并结合交通量的增长与 ETC 占有率的增长，估算未来年限 ETC 的建设运营效果。

（1）系统效益正向指标及计算方法

系统效益正向指标包括出行时间节约效益、燃料节省效益、废气排放减少效益、人工运营成本降低效益。

①出行时间节约效益计算

ETC 系统的实施会对出行者产生节约行程时间的效益。节约行程时间不仅提高了劳动生产率而且增加了社会有效劳动时间。第 m 年，ETC 系统对出行者节约在途时间价值 B_{Rm} 计算公式分别为：

$$B_{Rm} = \sum_{n_M=0}^{9} B_{rm} \times r_{n_M} = \sum_{n_M=0}^{9} \frac{G_m}{8 \times 365} \cdot \frac{(21 + 14n_M) V_{Em} \overline{P}_{Er}}{3\,600} r_{n_M} \tag{3}$$

式中：B_{Rm}——第 m 年出行者节约在途的时间价值；

n_M——MTC 车道平均排队长度；

V_{Em}——第 m 年通过 ETC 车道的交通量；

G_m——第 m 年北京市人均 GDP；

$\overline{P}_{Er}$——ETC 车道客车平均载客人数，经过现场调查与统计汇总，客车平均载客人数约为 1.65，即 $P_{Er} = 1.65$；

r_{nm}——MTC 车道某种排队长度占所有排队长度的比例。

② 燃料节省效益

根据燃油消耗量和油价，因收费而产生的额外燃油消耗计算公式为：

$$B_{om} = \Delta_{om} \cdot p_{om} \tag{4}$$

式中：B_{om}——第 m 年因采用 ETC 后的节省效益；

Δ_{om}——第 m 年因采用了 ETC 系统后的总油耗节省量；

P_{om}——第 m 年每升汽油的平均价格。

③ 废气排放减少的效益

由于采用 ETC 收费系统之后，不同类型的车辆在收费车道的尾气排放量都有一定的减少，因此降低了治理环境污染所需的投资成本，这部分效益的计算公式如下：

$$B_{gm} = \Delta_{gm} \cdot P_{gm} \tag{5}$$

式中：B_{gm}——第 m 年因采用 ETC 系统节省治理废气而获得的效益；

P_{gm}——治理每千克的废气需要的环境治理费用，单位价格根据我国 GDP 增长速度确定。

④人工运营成本的降低

由于采用 ETC 系统之后，减少了 MTC 的收费员成本，其包括收费人员的工资福利、食宿等相关费用，用 B_{pcm} 表示。

在使用年限内，各个年度的总效益 B_m 计算公式如下：

$$B_m = B_{Rm} + B_{om} + B_{gm} + B_{pcm} \tag{6}$$

（2）系统效益负向指标及计算方法

系统效益负向指标也就是系统总投资费用，包括一次性投资费用、终端设备采购成本费用和设备维修等运营费用。

计算公式为：

$$C_m = C_v + C_{um} + C_{rm} \tag{7}$$

式中：C_m——第 m 年总投资费用；

C_v——一次性投资费用；

C_{um}——第 m 年终端设备采购成本年投资额；

C_{rm}——第 m 年系统新增运营费用。

3. 成本效益评价模型的计算结果

通过以上计算得各个年度的总投资与总效益计算结果，可以看出在 2008 年年终之前，年总效益额明显少于总投资额，其主要原因为 ETC 用户数过少，随着 ETC 的不断推广，

北京市 ETC 系统总效益分年度计算值 表 3

效益正指标	各年度总效益（$\times 10^4$ CNY）					
	2008	2009	2010	2011	2012	2013
B_{RM}	374.31	1 931.94	6 750.64	11 666.30	17 497.59	24 378.47
B_{PCM}	1 453.6	4 807.6	8 103.0	9 157.5	10 341.9	11 671.5
B_{OM}	90.53	452.83	1 549.11	2 781.44	4 029.50	5 403.94
B_{OM}	19.95	101.31	354.14	612.15	917.44	1 278.65
总计	1 938.39	7 293.68	16 756.90	24 217.39	32 786.44	42 732.57

北京市 ETC 系统建设总投资计算结果 表 4

效益负指标	各年度总投资（$\times 10^4$CNY）					
	2008	2009	2010	2011	20121	2013
C_{um}	1 291.32	2 998.68	7 252.74	9 000.00	9 000.00	9 000.00
C_{rm}	980.85	1 309.08	1 449.36	1 574.95	1 712.37	1 862.80
C_v	5 497.00	5 497.00	5 497.00	5 497.00	5 497.00	5 497.00
总计	7 769.17	9 804.7	14 199.1	16 071.95	16 209.37	16 359.80

ETC 用户数明显增多，总效益以较快的速度增长，在 2010 年年终两者数量相等，在 2011 年总投资与总效益将达到盈亏平衡点。到 2013 年年总效益额将达到 4.27 $\times 10^8$CNY，而年总成本投入稳定在 1.64 $\times 10^8$CNY 左右，净收益达到 2.63 $\times 10^8$CNY。随着时间的推移，ETC 系统累计效益不断增加，到 2013 年将达到 12.57 $\times 10^8$CNY。北京市 ETC 系统总投资与总效益的年变化趋势如图 4 所示。

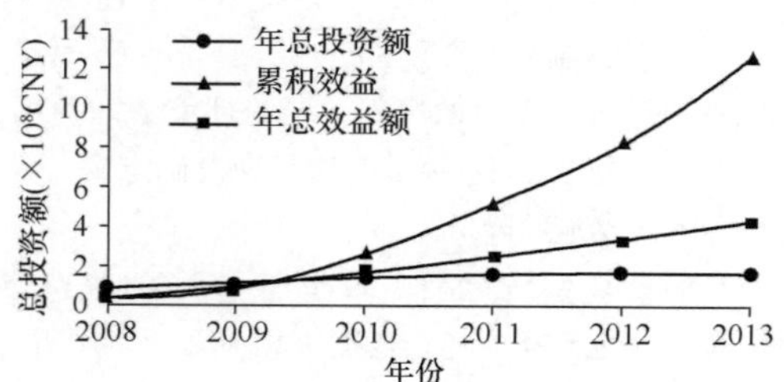

图 4 总效益额与总投资额的变化趋势

六、结论

本研究针对高速公路电子收费系统（ETC）的后评价方法，对其后评价指标体系和效益测算模型进行了研究，并根据北京市电子收费系统的实施效果进行了社会经济总体效益的测算。研究从交通性能、交通安全、能源与排放、收费运营 4 个角度建立了综合评价指标体系，在此基础上提出了基于观测和车辆行驶轨迹模拟的交通性能计算模型，基于模拟驾驶试验的环境能源指标计算模型，在分项测算模型的基础上，提出了 ETC 系统成本效益的综合评价模型。

结合北京 ETC 的实际应用，模型计算结果显示，两条 ETC 车道约相当于 4 条 MTC 出口车道和 1.7 条 MTC 入口车道的通行能力之和，收费站综合通行能力得到提升。相比人工收费，每 1 $\times 10^4$次 ETC 交易将节约 314L 燃油消耗，并减少 55.96kg 各类污染物的排放。到 2013 年，将产生的累计货币化正效益预计达到 12.57 $\times 10^8$CNY。未来几年随着 ETC 用户数和交易量的进一步迅速增长，系统所带来的正效益将呈现指数形态的增长。

（第一作者单位：北京速通科技有限公司）

城市交通碳排放分析及交通低碳发展模式*
—— 以上海为例

苏城元　陆　键　徐　萍

一、前言

随着我国经济的快速发展，伴随而来的是快速的城市化与机动化，我国城市交通的发展正面临着严峻的挑战：曾经的自行车王国正在慢慢地逝去，机动化的快速推进降低了自行车、步行等慢行交通方式出行的安全性，越来越多的人正在放弃选择慢行交通出行。同时，随着化石燃料等资源的大量消耗，城市污染、环境恶化、能源危机、全球变暖等一系列环境问题正向我们逼近。是仍然坚持传统的发展模式，继续不断地延长道路，加宽路面呢，还是改变传统的发展理念，发展以公共交通为主导的交通模式呢？

现如今，世界上超过一半的人生活在城市，他们所排放的温室气体占据了总的人为产生的温室气体排放量的80%。英国、日本等国均制定了相应的减排计划，尤其将交通部门作为重点的减排部门，以减少CO_2等温室气体的排放。英国作为世界上第一个提出低碳经济理念的国家，其交通部在2007年发布的《低碳交通创新战略》一文中又提出了今后实现低碳交通的各种低碳创新技术及政府政策方面的一系列导向措施，其中分别针对公路、航空、铁路、水运提出了近期可以实现的技术及未来的低碳交通技术的研究方向，并且建立了完善的减排政策措施体系，包括制定了《气候变化方案》；制订气候变化税等经济政策，推动建立全球碳交易市场；加大对可再生能源和低碳技术的投入；同时强调建筑和交通等重点部门的减排。日本在《日本低碳社会模式及其可行性研究》中提出了到2050年CO_2排量将在1990年水平上降低70%为目标的低碳社会发展模式，其中在城市交通领域方面提出了通过提高土地利用率，强化城市功能，将交通结构转向以公共交通为主导模式的城市交通发展模式。构建城市交通的低碳发展模式已经成为当今世界各国研究的热点。

城市交通碳排放量将随着社会经济活动的不断增多、城市空间的日益扩张及汽车保有量的持续增长而快速增加。节能减排是我国作为负责任大国的义务，同时也是落实可持续科学发展观的需要，更为重要的是可以通过节能减排，转变我国能源结构，提高能源安全水平。城市交通在有效减少CO_2排放方面将有很大的发展空间。首先，当前我国交通行业能源利用效率与世界先进水平相比明显偏低，例如载货汽车百吨公里油耗比国外先进水平高30%左右，我们可以通过采用新技术提高交通工具的能源利用效率；其次，在我国城市化推进的过程中，优化城市布局，提高土地利用率，及转变传统的城市交通发展模式方面也大有可为。此外，我国大中城市空气质量不断恶化与机动车保有量迅速增加有直接关系，机动车所排放的尾气引起的污染已成为大中城市空气污染的重要污染源。因此，构建以低碳、绿色、环保、高效、低耗、安全为特征的低碳交通发展模式是我国城市交通发展的必然选择之一。本文将通过对城市交通CO_2排放量的统计分析，试图找出最大的碳排放源，并针对其提出行之有效的低碳发展路径，以构建我国城市交通的低碳发展模式。

二、碳排放统计方法

1. 碳排放计算公式

构建低碳交通体系，首先需要统计出城市交通的碳排放量，并以此作为分析未来城市交通低碳发展的相关依据。在IPCC 2006中给出了“由上而下”的统计各个部门（或行业）所排放的CO_2计算公式：

$$T_{CO_2} = \sum_{i=1}^{n} F_i E_i \tag{1}$$

式中：T_{CO_2}——CO_2的排放量；

F_i——第i种燃料的CO_2排放因子；

E_i——第i种燃料消耗量；

n——某CO_2排放部门（或行业）总共消耗了n种燃料。

式（1）通过对每种燃料总的消耗量乘以该种燃料的CO_2排放因子获得单一燃料所排放的CO_2量后，再将某部门总共消耗的n种燃料的CO_2排放量进行求和，便可获得该部门总的CO_2排放量。这种计算方法简便，明晰，易于操作，已经广泛地被国际社会所认可。上式中F_i的值可以从IPCC推荐的碳排放因子表中获得，见表1。表1中每种燃料均有不同的CO_2排放因子置信区间是因为每种燃料在相同的燃烧条件下，会受到随机因素的干扰表现出不同的燃烧特性，从而服从一定的分布特征。从其频率直方图中可以看出其中值，及一定的置信区间。为了便于计算，我们选用中值作为计算过程中的缺省值。

另外一种统计CO_2排放量的方法便是“由下而上”的测算方法。例如，针对城市交通部门，IPCC2006中也给出了相应的计算公式：

$$T_{CO_2} = \sum_{i,j,t} Veh_{i,j,t} \times D_{i,j,t} \times C_{i,j,t} \times F_{i,j,t} \tag{2}$$

式中：T_{CO_2}——交通部门的CO_2排放量；

$Veh_{i,j,t}$——车辆类型i的数量，对于道路类型t使用燃料j；

* 本文转载自《公路交通科技》2012年第3期。

IPCC 推荐的 CO_2 排放因子表 表 1

排放气体	燃料类型	缺省净发热值（TJ/Gg）	碳排放因子（kg/GJ）	缺省氧化碳因子	有效 CO_2 排放因子（$kgCO_2$/TJ）		
					缺省 CO_2 排放因子	95% 置信区间下限	95% 置信区间上限
CO_2	原煤	28. 2	25. 8	1	94 600	87 300	101 000
	燃料油	40. 4	21. 1	1	77 400	75 500	78 800
	（车用）汽油	44. 3	18. 9	1	69 300	67 500	73 000
	（航空）煤油	44. 1	19. 5	1	71 500	69 700	74 400
	柴油	43. 0	20. 2	1	74100	42 600	74 800
	其他石油制品	40. 2	20. 0	1	73 300	72 200	74 400

$D_{i,j,t}$——每种车辆类型 i 某段时间内行驶的距离，对于道路类型 t 使用燃料 j；

$C_{i,j,t}$——车辆类型 i 的平均燃料消耗，对于道路类型 t 使用燃料 j；

$F_{i,j,t}$——车辆类型 i 的 CO_2 排放因子，对于道路类型 t 使用燃料 j；

i——车辆类型（如小汽车、公共汽车、摩托车等）；

j——燃料类型（如汽油，柴油，天然气等）；

t——道路类型（如城市、农村等）。

2. 适用于我国燃烧热值的碳排放因子

由于目前我国交通部门的能源利用效率与国外存在一定的差距，故不宜直接采用表 1 中的数据测算我国交通部门的 CO_2 排放量。应用 IPCC 2006 介绍的方法，并结合收集到的我国能源统计方面的数据，主要参阅 2010 年中国统计年鉴，推算出基于我国能源平均低位发热量的不同燃料的碳排放因子。然而，国内统计年鉴中的相关能源消耗量的数据中并未指明具体燃料种类，只是粗略地列出了原煤、燃料油、汽油、柴油、煤油等，并未具体指明是航空汽油，还是车用汽油等小的分类。但是原煤、燃料油主要是用于渡轮等市内水路运输所消耗的能源；汽油、柴油主要是公路运输所消耗的能源；煤油主要是航空运输所消耗的能源。因此，在测算我国交通部门 CO_2 排放量时，本文将默认选取车用汽油、车用柴油、航空煤油的 CO_2 排放因子为我国统计年鉴中汽油、柴油、煤油等燃料的 CO_2 排放因子，如表 2 所示。

适用于我国燃烧热值的 CO2 排放因子表 表 2

排放气体	燃料类型	中国热值		CO_2 排放因子（kg CO_2/tce）
		平均低位发热量（kJ/kg）	折标准煤系数（kgce/kg）	
CO_2	原煤	20 908	0. 714 3	198. 04
	燃料油	41 816	1. 428 6	324. 06
	（车用汽油）	43 070	1. 471 4	298. 84
	（航空煤油）	43 070	1. 471 4	308. 33
	柴油	42 652	1. 457 1	316. 44
	其他石油制品	40 200 *	1. 2000	257. 79

注：*取 IPCC 中缺省重；中国热值来源于 2012 年中国统计年鉴，其他数据表 1 计算所得。

三、碳排放现状分析

1. 交通部门能源消耗统计

在统计测算上海市交通部门的 CO_2 排放的数据中存在一些问题时，比如国内的能源统计年鉴分类标准跟国外的不一样，国内往往仅将交通运输、仓储与邮电的能源消耗统计在一起，因此推算出来的碳排放数据也仅仅是统计了从事社会营运的交通运输企业的能源消耗数据。通过查看国民经济行业分类标准，其中仓储业指专门从事货物仓储，货物运输中转仓储，以及以仓储为主的物流送配活动；邮政业包括国家邮政（指国家邮政系统提供的邮政服务）及其他寄递服务（指国家邮政系统以外的单位所提供的包裹、小件物品的收集、运输、发送服务）。所以针对我国能源统计年鉴中的交通部门能源消耗数据，可以理解为狭义的交通部门的能源消耗及相应的 CO_2 统计量，即国内能源统计年鉴中交通部门的能源消耗仅仅统计了从事交通运输企业的能源消耗量，未包括其他非交通运输企业及社会非营运车辆的能源消耗量。因此，在应用“自上而下”的碳排放统计计算公式（1）来测算某城市整个交通部门 CO_2 排放量的前提是需要获得相对准确的能源消耗量统计数据，故除了从统计年鉴中获取该城市交通能源消耗量外，还需参考其他相关文献资料。

2. 交通部门碳排放统计

依据公式（1）和适用于我国燃烧热值的碳排放因子，及上海市统计年鉴中的相关数据（资料来源：1998 ~ 2006 年上海统计年鉴），并结合历年上海市综合交通年度报告中的能源消耗量，获得了上海市历年交通部门 CO_2 排放量。为了检验相关数据计算结果的有效性，可以参阅其他文献进行比较。以 2005 年上海市交通部门的 CO_2 排放量为例，本文计算结果为近 700 万 t，与其他研究结果接近，说明统计结果是相对准确的。

城市交通是城市经济发展的基础，是人与物流动的基石。同时，也不可避免地因交通需求的增加，人与物的流动所导致的 CO_2 排放量也不断增加。上海市交通部门能源消

耗量及 CO_2 排放量总体上是不断快速地增长。尤其是燃料油、煤油、汽油的增长迅速，而燃料油消耗的增长主要来源于轮渡等水运交通需求的增长；煤油消耗量的增长主要来源于航空运输的发展；汽油消耗量的增长则主要来源于小汽车的保有量不断增加。水运交通已是较为低碳的交通方式；航空运输量的增加一定程度上反映某一地区经济发展活跃程度，这也是上海交通部门未来 CO_2 排放量的快速增长点之一。

四、低碳发展模式分析

在对气候变化及其对人类生存严重影响的认识不断加深的背景下，低碳交通以节约资源和减少排放、实现社会经济的可持续发展和保护人类生存环境为根本出发点，根据各种运输方式的现代技术经济特征，采用系统调节和创新应用绿色技术等手段，实现单种运输方式效率提升、交通运输结构优化、交通需求有效调控、交通运输组织管理创新等目标，最终实现交通领域的全周期全产业链的低碳发展，促进社会经济发展的低碳转型。此概念从低碳交通的产生背景、实现途径、发展目标等方面全面地解释了低碳交通的内涵。

在未来50年里，也就是2050年前，以石油为基础的燃料依旧在交通部门占主导地位，而最终氢将成为主要的交通能源。本文将从减少汽油、柴油等化石燃料消耗的角度出发，提出上海构建低碳交通战略的有效措施。

1. 各种交通方式能源消耗及碳排放状况

首先，通过上海市历年碳排放统计，可以看出上海市交通部门能源消耗量及 CO_2 排放量总体上在快速地增长。其次，在机动车拥有量及其构成方面，在图1中可以看出，上海市民用机动车总量是逐年递增的。从2004年开始，摩托车的拥有量基本上保持不变。载货汽车拥有量略微增加，拖拉机的拥有量也基本上保持不变，但是载客汽车中的小汽车增长量非常迅速。再次，在居民出行分担率方面，2005年以来上海市非机动交通出行分担率有所下降，由2005年的60%下降至2007年的57%，机动交通则从16%增至20%，公共交通由24%略微下降至23%。最后，在不同交通方式能源消耗及 CO_2 排放方面，小汽车是每公里人均耗能最多的交通工具，达到了2795.1kJ；同时，小汽车也是每公里人均 CO_2 排放量最多的交通工具，详见表3所示。

不同交通方式能源消耗及排放物比较　　表3

交通方式	自行车	步行	摩托车	小汽车	公共汽车	地铁
能耗[kJ/(人/km)]	63.84	328.86	1495	2795.1	714	322.4
以自行车能耗为1的各方式能耗比	1	5.2	23.4	43.8	11.2	5.05
以公共汽车为1的废气总排放量比	0	0	27.5	19	1	0.7
CO_2 平均排放量*[g/(人/km)]	0	0	—	133.9	19.4	4.7

注：* 取自1995年日本全国客运 CO_2 平均排放量。

因此，综合以上总的能源消耗的增长、机动车构成结构、居民出行分担率及各种交通工具的能耗与 CO_2 排放比较等方面的分析，我们可以看出汽油、柴油等能耗的增加量及 CO_2 排放量的增加量均主要来自于小汽车的增加量。因而，小汽车的快速增长是历年 CO_2 排放量快速增长的主要贡献者之一。此外，从表3中可以看出，公共汽车、地铁等公共交通工具单位里程人均 CO_2 排放要比小汽车低很多。

2. 低碳交通发展途径

为了有效地减少化石燃料等能源的消耗及 CO_2 的排放，从实际情况出发，首先需要对实现低碳交通发展模式的可行性进行分析。在英国，公路部门是交通部门中最大的碳排放源，同时也是交通部门未来几十年中最具潜力的减少 CO_2 排放量的部门。结合我国各城市交通部门的碳排放情况，公路交通部门也是我国交通部门中最大的碳排放源。于是，本文将针对我国城市交通的具体情况，短期内要实现减少交通部门的碳排放及化石燃料的消耗并且产生好的效果，可以从制定相应的交通行政措施，转变居民的出行方式或者减少交通需

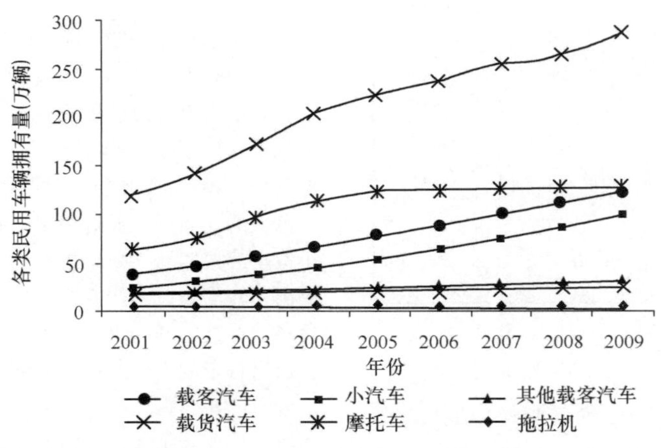

图1　上海市历年民用机动车辆拥有量

求，便可达到较好的减排效果。而其他的减排途径，如从土地规划方面构建多卫星城市，可以根本性地减少交通需求；从新能源新技术方面发展清洁动力的汽车；从新技术方面推广使用 CSS（CO_2 封存技术）技术等等，短期内均难以获得较好的效果。

因此，短期内要实现城市交通由传统发展模式向低碳发展转变，需要采取一定的出行导向措施，如发放公共交通补贴，提升汽油价格，进一步完善公共交通体系并提高公共交通的舒适度与可达性，进而提倡居民低碳出行———选乘地面公交、地铁、轻轨等公共交通或者近距离范围出行时选择自行车或步行。这样既不影响当地的经济发展，又能有效地减少城市交通 CO_2 排放量。有研究提出了每月少开一天车、以节能方式出行 200km、选购小排量汽车、选购混合动力汽车、科学用车并注意保养等减排措施。这些减排措施都是很有效的，都能在短期内就达到很好的节能减排效果。

目前，相对国内其他城市，上海已经基本上构建了较为完善的以公共交通为主体的综合运输体系，其中公共交通包括地面公交、地铁、轻轨、出租车、磁悬浮、轮渡等。因此，结合上海交通发展的实际情况，我们可以采取以下措施：①小汽车限行；②大力推广公共交通，如地铁、轻轨等轨道交通出行；③大力推广步行、自行车等慢行交通的出行方式，以减少或者减慢小汽车的增加所引起的 CO_2 排放量的增量，具体措施及减排效果见表 4 城市交通低碳出行情景分析。表 4 中减排私家车参与数量依据相关汽车保有量制定；其他数据参照《上海市第 3 次综合交通调查报告》中的数据，以小汽车每车日均行驶里程约 70km，居民出行强度为每天 2.21 次，出行距离为 6.9km/次及应用表 3 中的数据依据碳排放计算公式（2）进行测算。

城市交通低碳出行情景分析　　　表 4

减排措施	具体方案	情景Ⅰ	情景Ⅱ	情景Ⅲ
		高	中	低
小汽车限行推广公共交通出行（km）	每月限行小汽车天数（d）	4	8	16
	每月公交汽车	50	100	150
	每月轨道交通	100	400	500
推广慢行交通（km）	每月慢行交通方式	50	100	150
减排效果	减排小汽车参与量（万 Veh）	100	125	150
	每年 CO_2 减排量（万 t）	75.40	227.26	453.29

情景Ⅰ：相对高碳出行模式，要求私家车车主适度减少小汽车的使用。

①在小汽车限行方面：每月限行小汽车 4d；②在大力推广公共交通，如地铁、轻轨等轨道交通出行方面：每月选乘地面公交汽车出行代替小汽车出行 50km，每月选乘地铁等轨道交通出行代替小汽车出行 100km；（3）在大力推广步行、自行车等慢行交通等出行方式方面：每月选择慢行交通方式出行代替小汽车出行 50km。此外，要求有 100 万辆小汽车车主参与此方案。

情景Ⅱ：相对中碳出行模式，要求私家车车主尽量减少小汽车的使用。

①在小汽车限行方面：每月限行小汽车 8d；②在大力推广公共交通，如地铁、轻轨等轨道交通出行方面：每月选乘地面公交汽车出行代替小汽车出行 100km，每月选乘地铁等轨道交通出行代替小汽车出行 400km；③在大力推广步行、自行车等慢行交通等出行方式方面：每月选择慢行交通方式出行代替小汽车出行 100km。此外，要求有 125 万辆小汽车车主参与此方案。

情景Ⅲ：相对低碳出行模式，要求私家车车主最大可能地减少小汽车的使用。①在小汽车限行方面：每月限行小汽车 16d；②在大力推广公共交通，如地铁、轻轨等轨道交通出行方面：每月选乘地面公交汽车出行代替小汽车出行 150km，每月选乘地铁等轨道交通出行代替小汽车出行 500km；③在大力推广步行、自行车等慢行交通等出行方式方面：每月选择慢行交通方式出行代替小汽车出行 150km。此外，要求有 150 万辆小汽车车主参与此方案。

通过以上的分析表明，适当地限制小汽车出行及鼓励车主选乘其他公共交通或慢行交通所达到的减排效果是显著的。国内其他城市也可以采取类似的措施，可以在短期内达到减排的目标，进而促使居民长期养成低碳出行的习惯。

总之，构建低碳交通体系，不仅仅需要从硬件设施上优化并完善路网规划及加大公共交通的建设，还需要结合交通政策导向措施，倡导低碳出行，鼓励居民使用公交、地铁、轻轨、自行车、步行，减少私家车的出行，全面构建居民低碳出行理念。鼓励居民低碳出行，选乘低碳交通方式将为城市建设低碳交通发展模式做出巨大贡献，从短期内就能大幅降低汽油、柴油等化石燃料的消耗，并有效减少交通部门的碳排放。

五、结论

本文通过将 IPCC 的碳排放换算因子，结合我国的低位发热值，获得了适用于我国交通部门的统计碳排放的换算因子。并结合上海市统计年鉴中交通部门的能源消耗量及其他文献统计出了上海市历年碳排放量，并进行了相应的分析；据其增长趋势可以预测出今后一段时间内 CO_2 排放量的增速是惊人的。最后，通过对上海市交通结构的分析，我们发现小汽车的快速增长是碳排放量增长的主要贡献者之一，为此提出了转变居民出行方式，鼓励低碳出行的有效的减排实现途径。在鼓励低碳出行的同时，我们今后还需要对保护慢行交通出行者的安全制定有力的保障措施。

（第一作者单位：上海交通大学交通研究中心）

城市低碳交通发展模型、现状问题及目标策略*
——以上海市实证分析为例

陈　飞　诸大建　许　琨

一、低碳交通研究内容、模型及目标预测概述

城市交通在城市总碳排放中占很大比例。低碳交通发展对未来低碳城市实践将起到重要的支撑作用。笔者立足于上海，对城市交通碳排放量进行量化分析，找出潜在的问题及矛盾，同时通过交通结构分解，比较分析上海发展低碳交通存在的自身特点，为未来中国城市的低碳发展提供研究思路及行动路线。

对城市低碳交通的研究应首先确定研究内容及范畴，确定量化工具及模型，才能针对现状进行研究，制定未来低碳发展的目标及对策措施。

1. 低碳交通研究的内容

城市低碳交通研究内容包括室内民用交通，对外客货运及市内公共交通，民用交通包括小汽车交通、其他小型车及小货车交通（图1）。由于城市低碳交通能消耗及碳排放逐年提高，其中很大一部分在于民用交通内小汽车交通排碳量的增长（表1）；同时从城市范围角度分析，通过一定的措施调控小汽车增长及公共交通碳排放平衡，是缓解城市交通碳排放的有力途径。

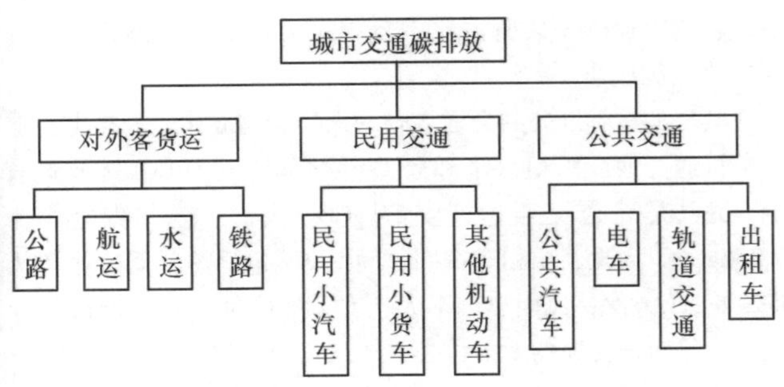

图1 研究内容结构

2007 年上海交通运输 CO_2 总排放量及分类比较　表1

分　项	万 tCO_2	%
交通运输	4490.97	100%
公共交通	264.71	分别占 5.98%
民用交通	872.08	分别占 19.42%
对外交通	3354.18	分别占 74.69%

资料来源：上海统计年鉴 2008，上海工业能源交通统计年鉴 2008 及上海市第三次综合交通调查总报告（2004）。

所以本节主要立足于上海，对城市交通总量、民用交通与公共交通碳排放现状、结构进行分解研究。

2. 低碳交通发展模型

城市低碳交通模型为交通碳排放的定量化研究奠定基础，城市交通方面的碳排放仍然采用能耗折算方法，即不同的能源使用具有不同的碳排放折算系数 K，表述为：交通 CO_2 排放量 = $\sum_{i=1}^{n} K_i E_i$。

其次，对于未来低碳交通发展目标的预测，应首先确定制约交通碳排放的几大影响因素，借助于低碳城市模型确定的理论与方法，根据交通低碳发展的自身特点进行修正，低碳城市模型表述为：

模型 1：

$$CO_2\ 排放量 = P \times \frac{GDP}{P} \times \frac{E}{GDP} \times \frac{CO_2}{E}$$

依据上海交通发展状况的实证分析，民用小汽车碳排放量受以下几大因素的影响：民用小汽车数量、行驶里程及技术水平，人们出行里程及小汽车出行比例。其中最主要的影响因素在于小汽车数量增长。所以，针对民用小汽车 CO_2 排放量计算，通过对模型 1 的变换，引入交通 CO_2 排放基本模型：

模型 2：

$$CO_2 = 小汽车数量 \times \frac{行驶里程}{小汽车数量} \times \frac{E}{行驶里程} \times \frac{CO_2}{E}$$

E/行驶里程：单位里程小汽车能耗量。取决于小汽车技术革新及小汽车排放量的降低程度。

CO_2/E：系数 K，能源与 CO_2 排放强度指标，根据国际标准，每升汽油及每公里小汽车排放 CO_2 见表 2。

能源使用量与 CO_2 排放量之间的折算系数 表 2

1kWh 电能	0.86kg
$1m^3$ 煤气	0.36kg
1L 汽油	2.31kg
1km 轨道交通及客车运输	0.049kg/km·人
1km 长途客车运输	0.028kg/km·人
1km 公共汽车	0.82kg/km
1km 飞行	0.3kg/km·人
1km 小汽车	0.2kg

注：表中 1kwh 电能 CO_2 折算系数通过对上海能源结构分析推导得出，发改委推荐指标为华东地区 0.8825；每 1km 公共汽车折算系数参考上海综合交通规划网 2007 年度报告数据。

* 本文转载自《城市规划学刊》2009 年第 6 期。

3. 低碳交通目标确定

目标预测采用情景分析方法，通过对上海2000年以来交通发展现状进行研究，民用交通发展利用模型2中几大影响因素在未来发展中的增长率，预测CO_2排放量在2020峰值年时的四种主要情景模式。四种情景中以现状发展的延续作为惯性发展，以惯性情景发展模式增长率的50%作为相对脱钩情景，两者之间作为当前发展较好情景，以基准年2007年相等的CO_2排放量作为绝对脱钩情景。根据2020年不同情景模式的预测，推导出达到目标状态时的民用汽车数量的年增长率控制指标，这将为策略的制定奠定量化基础。

公共交通、对外客货运交通及民用交通CO_2排放量三者相互影响制约，公共交通发展对总的交通碳排放的增长明显具有抑制作用，应大力提倡。公共交通及对外客货运在2020年的发展目标采用比较简便的计算方法，采用三种情景模式进行分析。

下文将依据上述工具及方法对上海发展低碳交通进行实证分析。

二、上海发展低碳交通的现状及问题

1. 现状分析

上海目前总的交通碳排放及各类型所占的比例如何，存在哪些问题，民用交通及小汽车交通对城市碳排放总量具有多大的贡献率？通过上海总的交通CO_2排放量、上海民用交通CO_2排放量、及民用交通中小汽车交通CO_2排放量现状，分析低碳交通影响因素及现实问题，利用低碳交通发展模型预测未来目标，提出达到目标所要采取的对策措施。

（1）交通总碳排放

2000年，上海交通运输总CO_2排放量为1465.01万t，2007年为4490.97万t，分别占上海总的CO_2排放量的10.87%和18.77%。同比之下，北京2007年交通运输CO_2排放量为2059.94万t，天津为860.51万t，两地城市交通运输CO_2排放量只有上海的45.8%和19.16%。造成这种差距的原因在于上海作为国际金融中心及航运中心的定位，大量的人流与物流加剧了上海对外交通负荷。

（2）民用交通碳排放

上海民用汽车数量发展迅速，2000年民用车拥有量为49.19万辆，2007年达到98.92万辆；不计货运，CO_2排放量从2000年的229.19万t增长到2007年的581.43万t，其中民用小汽车交通CO_2排放占到419.02万t，平均每年以两位数的速度增长，其中私人小汽车交通碳排放量在民用小汽车碳排放中的比例不断升高。民用小货车交通CO_2排放也达到将近300万t左右，但相对于小汽车发展速度较为缓慢。

总体看来，上海民用小汽车交通CO_2排放比例在总交通碳排放比例先升后降，呈倒U形，2004年达到最高，之后略有下降。小汽车交通CO_2排放比例的变化主要在于上海2003年以来对小汽车数量进行限制。随着上海每年GDP的增长，未来交通碳排放将不断上升，对外客货运需求造成的碳排放比例会随着经济增长的需求而不断增大。

（3）私人小汽车碳排放

上海市第三次交通调查总报告（2004）数据显示，2004年上海私人小汽车数量为31万辆左右，私人小汽车全年出行总里程约为526147.5万km，CO_2排放量为122万t左右；2008年私人小汽车数量增长超过1倍，达到63万辆，规模年平均增长19.4%。如果按照近几年小汽车的出行里程与距离折算，预计2008年交通CO_2将达到244万t以上（表3）

2004年上海小客车出行特征　　表3

	小客车（小汽车）	私人小客车（私人小汽车）
小汽车数量（辆）	608 888	310 800
日平均行驶里程（km）	62.3	46.95

资料来源：上海市第三次综合交通调查总报告（2004）

在私人小汽车CO_2排放量增长率及所占交通中比例方面，2000年上海市私人小汽车CO_2排放量为54.74万t，2007年达到222.17万t，平均年增长率22.15%，高于民用汽车的CO_2排放年增长率；私人小汽车交通CO_2排放在民用交通CO_2排放中的比例从2000年的23.88%增长到38.21%。这说明，私人小汽车的增长速度高于民用汽车的年增长速度。

（4）公共交通碳排放

上海统计年鉴关于交通的数据统计中，公共交通包括公共汽电车、轨道交通及出租车交通。公共交通的年能耗量及碳排放未包含在民用交通中，而是独立单列。上海市公共交通2000年CO_2排放量为178.95万t，2007年达到264.71万t，平均年增长率5.8%。与私人小汽车交通碳排放量增长发展趋势相比，公共交通近几年发展缓慢。在不同公共交通方式中，轨道交通碳排放所占比例较小，出租汽车与公共汽电车碳排放比例相当。

其次，从不同公共交通方式的人均碳排放比较分析上，上海市轨道交通、出租汽车和公共电汽车的人均CO_2排放量较少，尤其是轨道交通达到0.63kgCO_2/人次；公共汽电车为0.35kgCO_2/人次，出租车按照每辆1.7人载客量计算，平均为1.24kgCO_2人次，民用小汽车人均CO_2排放量达到1.36kgCO_2/人次，是轨道交通的2倍，公共电汽车的4倍。

人均不同交通方式CO_2排放量的数据大小除了与出行量有关，还与人均每次出行平均里程有关。比如，每次出行乘用轨道交通的出行时耗为70.1min；公共电汽车为56min；私人小汽车为40min；如果按照相同的出行距离，人均小汽车出行CO_2排放量将远远大于轨道交通及公共电汽车。

（5）城市对外交通碳排放

城市对外交通从类型上包括对外客货运；从交通方式上包括航空、水运、铁路及公路。2007年上海对外交通3354.18万tCO_2排放占上海总的交通碳排放的比例为74.69%。这取决于上海的产业定值及空间布局。

2. 问题及制约因素分析

（1）交通方式与碳排放

交通运输CO_2排放占上海总排放量的比例每年不断增加。随着生活水平的提高，私人交通需求将使民用交通碳排放总量继续增长；对外客货运交通碳排放主要与城市的生产结构、城市在区域空间结构中的等级确定有关，由于上海工业生产占半数的能源消耗及作为国际航运中心的空间定位，未来对客货运交通碳排放总量具有不断增长之势。预计到未来几年，工业对城市碳排放增长贡献率会进一步下降，交通，尤其是民用交通碳排放量会从目前比例继续上升。

（2）城市结构与碳排放

近几年人口快速增长，土地扩张，大型居住区的郊区化，使城市空间距离不断增大，城市开发方式造成土地利用的单一化，通勤距离及时间也相应增加，小汽车数量的增多在方便人们出行的同时为城市向郊区扩展提供便利，公共交通尤其是轨道交通发展速度滞后于城市土地的扩张速度。上海2007年公共交通的CO_2排放量仅占民用小汽车交通CO_2排放量的一半左右。城市空间距离及交通方式直接决定小汽车交通的碳排放量。从统计数字中发现，上海中心区常住人口出行日均发生量2004年为1360万人次，占上海总出行比例相对于1995年从39%下降到33%；同时期，外围区域交通日出行量达到日均1320万人次，占上海总出行的比例相当于1995年从27%提高到32%。由此可见，城市人口有向外围不断扩张之势。

（3）城市密度与碳排放

城市高密度降低交通依赖性，减少燃油消耗和尾气排放。许多学者在研究中发现，城市密度与人均燃油量之间存在规律性联系。密度最低，燃油最高城市集中在美国；密度高，燃油也高的城市是香港。美国城市是由于空间距离增大造成交通能耗增加，香港是由于人口密度过高，而不得不依靠强大的交通联系作为支撑。无论如何，所有观点一致认为，城市密度与交通出行距离呈高度正相关性，小汽车的行驶路程是造成差异的主要因素。经过上海各区交通出行比例及出行密度实证分析，2004年上海全市人员出行总量4100万人次/d，通勤出行量占到总出行量的50%，出行密度最高集中在黄浦区，平均2188人/hm^2，其次为静宁区，卢湾区，虹口区，全市包括郊县平均62人/hm^2。从各区公交出行比例表明，中心城市的公交出行量平均接近30%，外围地区的公交出行占总出行比例不足10%（图2a）。以此看出，上海交通出行比例及密度仍以市中心人民广场的距离远近来划分等级，存在明显的下行凹曲线趋势（图2b）。距市中心距离越近，城市越紧凑，单位面积土地上人口出行密度越高，说明上海目前仍没有完全形成多中心组团式的城市格局，目前仍然以单一城市中心人民广场的空间距离来分配交通量。所以，未来开发的战略及政策中心应向1个中心城，9个新城及64个新市镇发展，形成层次等级分明的城镇空间结构。

（4）交通拥堵与碳排放

交通的通达度除了受距离的影响，还受到交通时耗的影响。小汽车交通时耗取决于交通堵塞的程度及单位时间内通过道路断面上的车流量。车辆增多超出城市道路空间的承受极限，造成城市交通拥堵、能耗增加。据研究，拥挤状况下的燃油消耗将比正常行驶状况下高出10%左右。单中心城市空间结构发展模式下造成的交通拥堵比多中心组团式城市中的交通拥堵现象要严重得多。传统城市发展理念下增加道路宽度的方法无法跟上交通负荷增长的速度，并造成更多的汽车驶入，带来更多的CO_2排放。通过现状研究，轨道交通是缓解交通拥堵造成的CO_2排放量的重要措施。轨道交通在相同时间内解决同等人次的交通量条件下，排放更少的CO_2，所以上海未来仍需大力发展轨道交通。

三、上海发展低碳交通的情景模式与目标预测

根据低碳交通模型及情景分析方法在目标预测中的应用，进一步了解城市发展低碳交通的不同措施及所形成的几种可能情景，相对脱钩情景CO_2排放为惯性发展模式的50%，绝

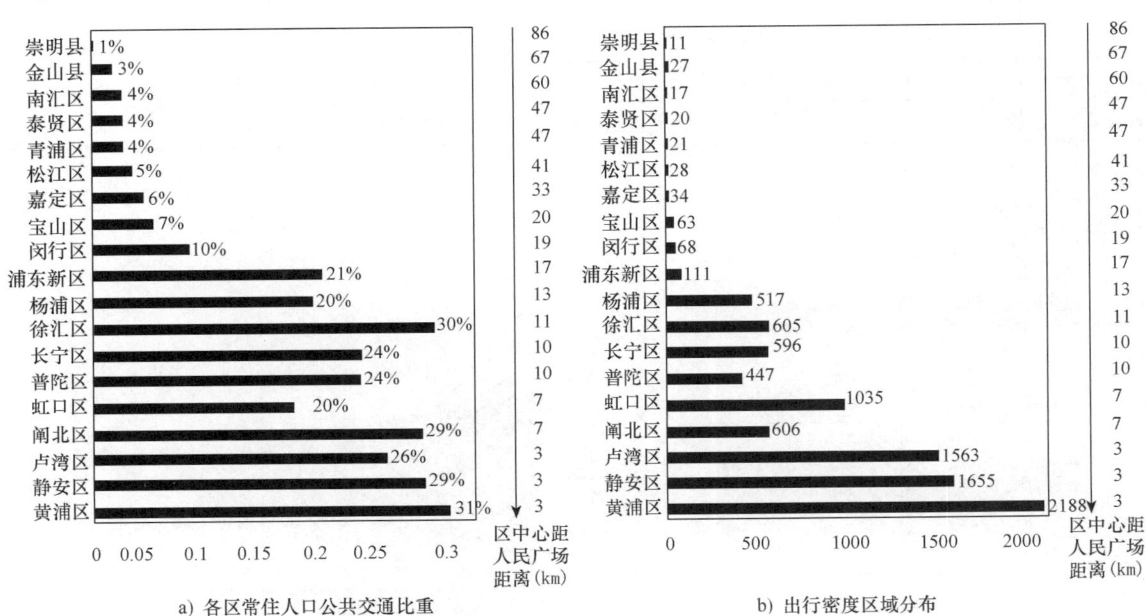

a) 各区常住人口公共交通比重　　b) 出行密度区域分布

图2　上海不同区域公共交通比重及出行密度分布

资料来源：上海市第三次综合交通调查报告（2004）

对脱钩情景相对于2007年碳排放量为零增长。

1. 民用交通碳排放发展目标

民用交通碳排放增长率以小汽车碳排放增长率作为参照，通过民用小汽车数量的控制，节能技术的提高及城市空间品质的提升来实现，未来10年城市民用交通发展将出现4种情景（图3，表4）

情景Ⅰ：更多的私人汽车（惯性发展情景）

2007年，民用小汽车的数量近100万辆，2000～2007年，每辆小汽车行驶公里数平均以年1.8%的速度增长，2004年以来，汽车技术的提高及小排量汽车的推广，耗油量仍以当前每年平均0.27%的速度下降。假如按照现有的汽车技术水平增长率，能耗降幅维持现有水平，公共交通及非机动车交通保持目前发展速度，没有大幅度的提高。惯性发展情况下，民用小汽车拥有量仍保持在目前的17.18%的速度增长，CO_2年增长率保持18.71%，到2020年，上海小汽车数量将是2007年的8.4倍。小汽车交通带来的CO_2排放量也将达到将近4000万t，是现阶段的9.3倍左右，相当于2005年上海总的交通运输带来的CO_2排放量。

情景Ⅱ：更好的私人汽车（发展情景）

仍然不断地进行技术改造，推进小汽车的轻型化，节能化，每辆小汽车年耗油量不断降低。CO_2排放增长率仅维持在目前年增长率的3/4水平，达到14.03%，小汽车控制量应达到每年以不超过12.5%的增长速度，到2020年，上海民用交通CO_2排放量将为2007年的5.51倍，属于发展情景。

情景Ⅲ：更好的公共交通（相对脱钩情景）

以上两种情景前提之一是上海公共交通仍保持目前的发展速度。没有出现大的调整。如果未来城市建立完善的公交系统，网络发达，换乘便捷，舒适安全，并以8%的年增长率增加，同时吸纳足够的人流量，2020年公共交通带来的180万t的CO_2额外增量将抵消满足同等交通条件下依靠小汽车交通带来的750万吨的CO_2排放量。仅此项的节约就超出了2007年全年民用小汽车的CO_2总和，2020年民用交通碳排放量将为2007年的3.2倍，达到相对脱钩情景。

情景Ⅳ：更好的城市空间（绝对脱钩情景）

未来10年，中国城市建设沿着紧凑发展的思路、形成多中心组团式结构，公共交通以每年10%的速度增长，并全部抵消小汽车所分散人流量，每个组团形成以公交为导向的混合土地开发的模式，住区内以步行及自行车交通为主；社区与外界的交通方式通过公共交通、地铁或火车来实现，城市能够留出大量的公共开敞空间及绿化空间，这种理想模式下2020年用于民用交通的能耗及碳排放将基本与2000年持平或略有升幅，达到绝对脱钩情景（图4）。

2. 公共交通碳排放发展目标

惯性情景：根据现状分析，上海市公共交通CO_2排放量年增长率为5.8%，未来仍保持目前惯性发展模式下，2020年公共交通CO_2排放量将达到2007年的2.1倍，总量达到500万t左右。

相对脱钩情景：假如未来公共交通年增长率提高到8%的水平，2020年的公共交通CO_2排放量将达到2007年的2.7倍，总量达到680万t，然而多出的180万t将会抵消纯粹依靠小汽车交通带来的750万t的CO_2排放，属于相对脱钩情景模式。

民用交通低碳发展目标情景 **表4**

	2020年CO_2排放量（2007=1）	民用小汽车保有量增长率	单位汽车驶距增长率	每公里耗油量减小率	CO_2排放年增长率	CO_2年增率与惯性情景年增长率比
惯性情景	9.30	17.18%	1.8%	-0.27%	18.71%	1
较好情景	5.51	12.5%	1.8%	-0.27%	14.03%	0.75
相对脱钩情景	3.20	7.82%	1.8%	-0.27%	9.36%	0.5
绝对脱钩情景	1	-1.53%	1.8%	-0.27%	0	0

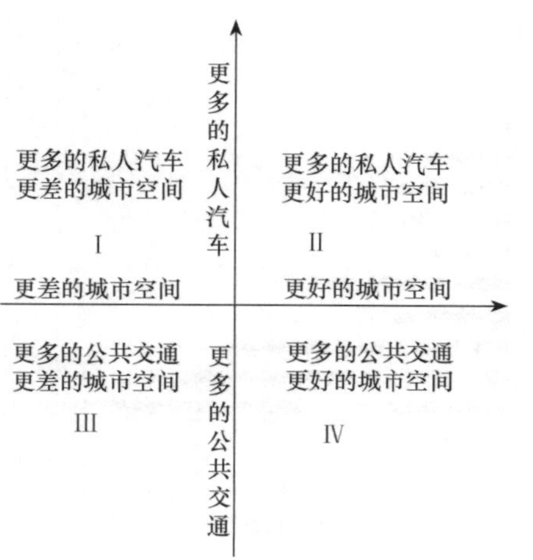

图3　民用汽车发展的四种情景模式

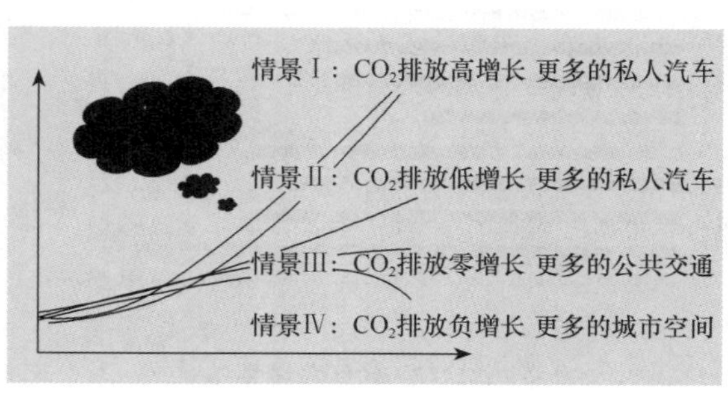

图4　低碳交通发展的四种情景模式

绝对脱钩情景：假如未来公共交通年增长率提高到10%的水平，2020年公共交通CO_2排放量将达到2007年的3.45倍，总量达到860万t，比惯性情景多出的360万tCO_2排放量将抵消掉目前发展情景下小汽车交通带来的1500万t的CO_2排放量，净减排1140万t，是保证未来民用交通实现绝对脱钩的必要前提。

3. 城市对外交通碳排放发展目标

城市对外客货运交通受城市产业结构、生产加工行业的发展定位、区域产业的集约化生产程度及区域空间结构层面的紧凑化程度影响，未来发展与工业生产总值指标具有高度的正相关性。

惯性情景模式：2000年对外交通运输CO_2排放量为851.32万t，2007年达到3354.19万t，年平均增长速度为21.67%。未来保持目前发展速度；产业没有出现大的结构调整，生产所需能源利用结构保持目前水平，十年后将达到2.4亿t，是2007年的7倍多。

相对脱钩情景模式：保持社会生活及工业生产正常进行，产业结构及能源结构不断升级，单位能源效率不断提高，按照中国发展C模式理论，对外交通运输年增长率减少50%的目标作为相对脱钩情景，2020年对外交通达到6879.22万t，是2007年的2.05倍。

绝对脱钩情景模式：未来城市空间发展紧凑化，不同产业发展梯度化，服务水平集约化，通讯设施不断完善，并加强可再生能源替补措施，2020年对外交通将与2007年标准持平。

四、上海发展低碳交通的对策

针对低碳交通发展控制需求及碳排放的目标，结合现状问题制定低碳交通发展的对策措施。措施包括城市物质要素及城市治理与政策实施两大方面。

1. 低碳城市物质空间结构

（1）紧凑化的城市空间

根据城市发展紧凑空间要求及发展阶段，从城市物质空间结构及规模方面加强紧凑化城市设计、城市街道空间的尺度控制及大规模发展混合功能社区，降低出行依靠小汽车的可能性。

城市空间紧凑化按照城市结构尺度及规模体现在不同的空间层面，通过合理的城镇空间布局、产业结构组织及基础设施的合理安排，减小商品交通运输的成本及运距，引导城市各类要素向城镇空间集聚，形成不同等级，不同层次城市间横向联系的网状格局（图5）。

在城市空间层面，积极引导城市各项功能的合理分区，避免城市规模过度扩张和功能的单一化，在竖向上形成中心城-新城-新市镇-中心村功能互补的都市区空间格局。未来上海将形成层次等级分明的城镇群，城镇内完成生产、服务、生活及休闲等多样功能，发挥城镇空间层面的聚集作用。在社区空间层面，强调混合使用和适度高密度社区开发的策略，引导人们居住在更靠近工作地和日常生活设施附近。不同的

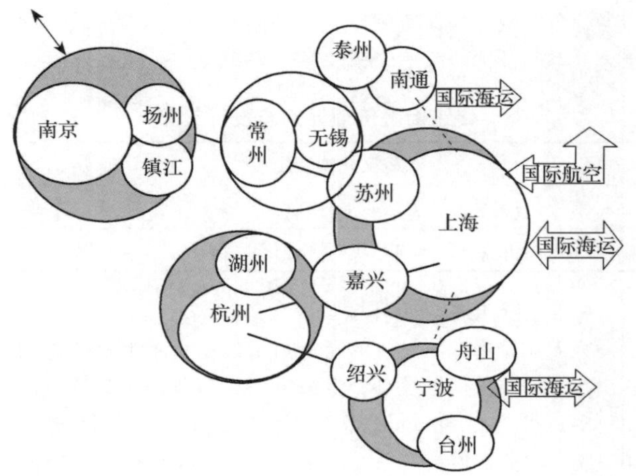

图5　长三角区域空间紧凑化模式

社区组团依靠公共交通或轨道交通联系。打破传统方式上的功能分区，减少小汽车使用，提高土地等资源的开发利用效率，引导社区建设从外延式向内涵式发展模式转变，保持高密度的紧凑化发展与混合功能的新型社区建设，并向三维城市发展。

（2）填充化的开发模式

城市开发模式是影响不同层面城市紧凑化的关键要素。当代城市“蛙跳式”扩张需求及相应的土地开发加剧了城市蔓延，为城市留下大量的“灰色”（Greyfield，城市中没有被开发的零星地块）和“棕色”（Brownfield，城市中已被开发，然而没有充分使用的废弃地块，或被污染的地块）地块。未来城市填充开发是保证城市土地利用紧凑与高效的重要支撑。根据地块性质，按照开发进度阶段可划分为整体式及渐进式开发，按照开发主体差异可分为控制性及引导性，结合城市填充式开发的对象形成城市低碳开发模式矩阵（表5）。

低碳开发模式矩阵　　表5

	灰色地块（新建）	棕色地块（改建）
整体与渐进	地块规模、周围环境、配套设施	地块规模、空间特征、功能定位
控制与引导	容积率、开发密度、面积控制、用地使用性质、基础设施配置	容积率补偿、税收、奖励控制措施、防治破坏

灰色地块开发：根据地块大小，用地性质及配套设施采用相应的开发策略；大规模、周围地块功能单一，配套设施不完善状况下，应提倡渐进式开发，避免大规模地块内的功能单一化造成的城市区域生活多样性的丧失。小尺度、小规模、周围地块功能性质多样化状况下，应提倡整体式开发，避免小规模用地开发的琐碎化。政府应以控制为主，引导为辅，建设混合功能社区。

棕色地块开发：根据地块规模、空间特征而对功能进行定位，以价值作为评判标准，对有使用价值而无文化价值的区域，应进行一定的功能置换；对于有文化价值而无使用价

值的棕色区域，在保留城市记忆的同时，引导向区域、向城市公共空间及休闲绿地广场发展（表6）。

传统街区价值评判与发行策略　　表6

	有文化或历史价值	无文化或历史价值
有使用价值	原样保留	改造、功能置换
无使用价值	城市更新、记忆保留	拆除

（3）宜人化的城市环境

宜人化城市环境气氛的营造需增加步行上下班及购物在总出行中的比重。据统计，上海常住人口各种交通方式出行比例中，步行在30min以内的出行率占到总步行出行的86.3%。由此，城市规划设计中可以30min步行出行空间为界限，形成居住、购物及工作的社区组团。区域内，通过道路铺装、小品塑造及绿化装点改善步行空间，加强城市空间的环境品质，减少机动车及各种道路噪声干扰的强度，加强城市开敞空间及便民步道的建设，增加同时间、同距离下人们出行选择步行的可能性。树立以人为本的城市交通理念，建设公平，公正的和谐环境。

（4）公共化的交通都市

交通方式选择与城市居民生活方式有关，中国人出行乘用自行车或步行的比例高达65%，选用小汽车出行仅占总出行的19%，远远低于美国及欧洲国家。

公交城市是针对小汽车的高速发展造成的郊区化发展趋势、城市中心交通拥堵、污染及能耗增加等现实问题的回应。理论内涵包括：①适应性城市：建立以公共交通委导向城市发展模式，以丹麦哥本哈根为例的指状城市，以新加坡为例的整体性系统化的公交城市，以日本东京为例的企业化运作的公交都市；②适应性公交系统：改善公共服务，建立适应土地及城市形态的轻轨系统、导轨式公共汽车及多层次的公交系统；③混合型交通都市：整合适应性城市及适应性公交系统，使公交发展与城市形态发展相互适应；④强大的市中心的城市：恢复城市中心公共交通，恢复城市中心活力，限制小汽车的使用，应对中心城市强化的转型。

中国应根据不同的城市特点、规模及发展阶段制定符合自身内在要求的城市交通方式。城市开发沿轨道交通站点进行，形成依托轨道交通功能混合化的城市社区。社区内发展自行车及步行主导、混合交通主导及公共交通主导的三种交通模式。

2. 低碳交通治理与政策

通过空间紧凑化的政策大幅度降低交通碳排放量，这些政策包括紧凑土地利用的政策、系统性交通方式、交通治理及运营管理政策。

（1）土地政策

完善紧凑型土地利用政策，进一步按照紧凑型的要求进行城市土地利用规划，在新增或改建的建设用地增加建筑密度，并与轨道交通等公共交通基础设施相配套。加强居住区配套公共空间和公共设施建设，制定政策引导居住区开发土地使用混合化，提高土地使用的集约度。

（2）系统方式

从系统性交通方式上应做到：①改变单纯地不断扩建汽车道路以减少交通堵塞的政策思路，积极投资于轨道交通及自行车交通等低碳交通的基础设施，鼓励市民参与确定交通基础设施财政支出的优先方向，全面推进轨道交通基本网络、综合交通换乘枢纽的建设；②合理进行路权分配，设置公交专用道，引导自行车作为有价值的接驳工具与轨道交通连接；③设置城市周边大型停车场，限制中心区停车场数量、马路停车场位，引导城市中心区域公共交通的利用。

（3）交通治理

政府从法律法规或行政指令上强化交通治理，通过政策调整，如停车收费、汽车拍照拍卖、提高油价及燃油税来限制小汽车的使用，提高私人小汽车在市区运行成本，鼓励公共交通的发展。引导交通模式的转移，在高密度居住区布置一定的机动车禁行绿色街道网络；中心区域安装传感器，穿越中心城市自觉缴费，征收燃油税。条件成熟时，可征收交通堵塞税或费等。

（4）管理运营

人们对于公共交通的选择首先在于是否便捷，安全及舒适。安全服务质量的改善将有助于增加乘坐公共交通的几率及数量。对公共运营企业在公交线路上应不断完善管理，目前由于历史原因，城市道路网不规整，公交线路结构复杂，线路重叠，造成道路资源和运能的浪费，引起道路堵塞，延长了乘客的在途时间。其次，小汽车生产企业应通过技术改进，加强节能措施，增加混合动力，氢动力及太阳能汽车的开发与研制。政府也要对节能型小汽车的推广进行制度保障，财政补贴及税费减免政策。

五、结论

通过对上海交通发展的碳排放量分析，计算各种不同交通方式包括民用交通、私人交通及公共交通碳排放量，分别在总的交通碳排放量中所占的比例。如果未来上海在交通上要明显减排，必须强抓对外客货运交通结构变革。

私人小汽车交通碳排放虽然目前所占比例较低，然而近几年发展迅速，而且在城市交通碳排放量的增加提速最大，适当的控制数量绝对必要。

公共交通发展对于碳排放减少具有绝对明显的优势，但目前上海公共交通发展缓慢，未来应大力发展。

制约低碳交通发展的因素包括交通方式、城市结构、城市密度及交通拥堵程度等因素。

紧凑城市、混合开发、环境营造及交通公共化程度是低碳交通发展的物质保证；土地政策、交通治理、运营管理是上海到2020年完成低碳交通目标，实现脱钩发展的制度保障。

（第一作者单位：上海应用技术学院）

德国城市低碳交通发展的经验与启示*

汪鸣泉

一、德国与我国低碳交通发展现状

德国作为欧洲的经济强国，其综合运输的发展经验值得学习。我国城镇化率已迈入50%大关，新型城镇化建设成为未来重点，如何处理好城镇化发展与交通模式变迁，如何合理规划新型交通为城镇化服务，将是未来发展需要考虑的问题。这就需要结合我国实际，辩证地吸收国外后城镇化发展的经验和教训，来为我国服务。

德国政府一直倡导可持续低碳的交通发展路径，鼓励集约化的土地开发模式，强调职居平衡，在城市中心设置无车区域，限制小汽车的过度使用，创新推广了如自行车租赁、汽车共享等交通模式，鼓励公交与慢行交通发展，取得了卓越成效。德国处于欧洲大陆的核心，其居住的适宜性较强，而人口密度较高。我国的东部沿海地区较适合人居住，但广大中西部欠发达地区的人口集聚度仍然较低，每平方公里土地人口密度，中国为143人，德国为234人。因此，从未来城镇化区域的人口密度来看，中德两国较为接近，德国的发展经验可作为我国未来发展的一种参考。

中德两国的低碳交通发展水平，具体见图1。

从图1可以看到，我国的人均GDP和人均汽车拥有率均落后于德国，但城镇化率仅差23.4个百分点。要完成这最后的20~30个百分点的增长，必须走低碳化的交通发展之路。近年来我国经济条件逐步改善，2012年私人汽车拥有量已经超过1.14亿，而2008年这一数字为3095万，增长近3倍。2011年美国城镇化率82.4%，每千人拥有汽车797辆，交通能耗占总能耗比例超过30.2%，若按照美国模式发展，我国广大新城镇化地区将面临进一步的能耗、拥堵、安全问题。因此，有必要在交通能耗占比仍处于7%这样的较低水平时，梳理发展经验，向德国等紧凑型发展的国家学习，避免走美国机动化过度发展的老路。

二、德国小汽车发展政策措施及效果

德国汽车工业发达，其汽车产业GDP占全国比重的20%。德国千人车辆拥有量也高达572辆，但是德国居民汽车出行的比例不到30%，这与德国政府限制小汽车的使用，城市中心设置无车区域，通过各种手段限制小汽车出行等措施密不可分。

德国政府非常重视政策和财政导向对交通低碳发展的作用。尽管我国近年来明确要鼓励小汽车拥有，限制其使用，但仍然出现了一系列小汽车增加的问题。首先，我国影响车辆购置和使用的车辆购置税和燃油税税率均低于德国，德国平均的油价高达12.9元/L，燃油附加税税率高达65%。其次，

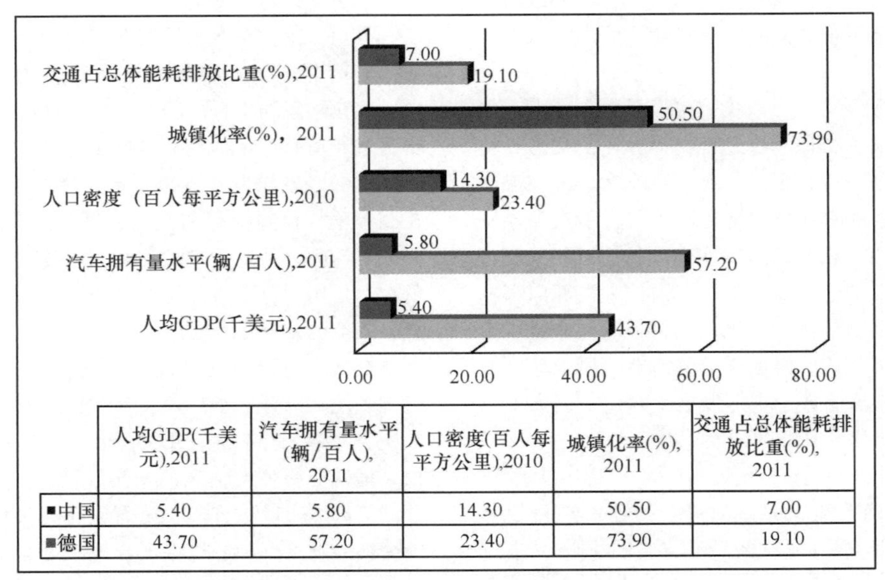

	人均GDP(千美元),2011	汽车拥有量水平(辆/百人),2011	人口密度(百人每平方公里),2010	城镇化率(%),2011	交通占总体能耗排放比重(%),2011
■中国	5.40	5.80	14.30	50.50	7.00
■德国	43.70	57.20	23.40	73.90	19.10

图1　德国与中国整体交通低碳发展水平比较

数据来源：世界银行全球经济、机动车拥有量、人口密度、城镇化率、交通能耗数据2012。

* 本文转载自《综合运输》2013年第2期。

我国大部分城市未对车辆牌照征收高昂费用，而德国的牌照费高达1.5万元，仅北京、上海等大城市对车辆牌照进行了限制和拍卖等措施。此外，我国城市建设相对落后，因此在城市中心还很少考虑使用断头路、限制左转、单行道、提高停车费、限制车速等手段增加车辆在城市内通行使用的难度，而德国在每个城市中心几乎都设置了无车区域或交通警示限行区域。

此外，德国政府和汽车工业界非常重视车辆的节能技术发展。德国的中型汽车平均油耗已从1970年的13升/百公里降低至2011年的平均6.6升/百公里。尽管我国推出了大力鼓励清洁能源汽车发展的政策，也在2012年实现了1900万辆车的产销规模，但我国汽车工业的底子薄，自主研发能力较弱，已有车型的节能技术改造还处于摸索阶段。近年来，我国更侧重在电动汽车上的自主产权发展，取得了一定的进步。而德国更注重对现有车辆的节能技术改造，奔驰Smart等车型已将油耗降低至3.0升/百公里左右，在汽车节能方面实现了较大的进步。此外，德国还大力推广汽车共享模式，鼓励社区、大学、商业区的汽车共同拥有，减少停车位的同时合理化用车需求。

三、德国公共交通及慢性交通发展政策措施及效果

德国政府大力支持公共交通和慢行交通的发展。尽管德国近年来出现一定程度的城市蔓延和郊区化发展趋势，但通过公交优先和慢行交通设施投入，使得其低碳交通出行的整体模式比例高达40%，其中自行车与步行的出行比例达到32%。与此同时，德国政府还大力推广公共交通和慢行交通的创新模式，大力推广和设置自行车租赁和汽车共享模式，衔接公共交通。除大力推广公共交通信息平台外，德国的公交集团大量使用清洁能源车辆替换已有车辆，促进了低碳交通的全面发展。

德国政府非常重视公共交通系统的整合开发和运营，并构建了集通勤铁路、轨道交通、快速公交、普通公交为一体的无缝衔接系统，以及一体化信息管理预订平台，为弱势群体和公交通勤者提供较好的补贴和折扣政策，并落实和推广了快速公交及公交专用路权和信号的实施项目。近年来，包括国家发改委、住建部、公安部等部门在内的中央部门都在进一步完善和落实公共交通优先发展战略，但总体来说，由于公共交通系统涉及面较广，且属于公益事业，要推动全面系统的信息化建设仍然需要进一步的发展投入，来提高本身的服务水平，保障准点率和高峰期的发车频率。

德国政府非常重视慢行交通在最后一公里出行上的作用。德国联邦政府明确要为每一条高速公路建设项目提供周边新建和改善型自行车道建设经费。大部分城市要求综合规划自行车网络，并在重要的公交、铁路枢纽站点设置有专门的自行车停放区域。德国政府在机动车驾驶培训和基础教育的教材中，将自行车与行人的安全作为行驶安全的第一要务。所有城市区域道路均要求考虑步行道设置，并设置有清晰的过街指示，以及行人通行按钮，增加通过安全性。道路建设需要考虑老年人和残疾人通道，在居住区限制车辆速度，并对触犯安全行为限制的行为严格处罚，保障了慢行交通使用者的安全。德国自行车和步行的亿次交通事故率仅为4人。

我国曾经被称为自行车王国，自行车和步行的设施相对丰富，城市的格局也较适合自行车出行，杭州等城市也成功运行了公共自行车项目，但未来仍需进一步提高慢行交通在综合交通系统，特别是短途交通出行中的核心地位，并着重考虑慢行交通使用者的安全。

四、德国低碳交通发展的经验与启示

从全球各个都市区发展的经验来看，交通的低碳化水平总是与用地混合利用、居住地的公交便利程度、更少的汽车拥有量和使用量、低碳化的城市和交通政策相关的。德国政府注重从规划先行，倡导公共交通与慢行交通的优先发展，并对小汽车交通实行限制措施，在低碳交通发展上取得了卓有成效的成绩。

德国经验对我国的启示可从以下方面来看：

首先，规划先行，重视用地的混合利用。通过片区、城市、大都市区、全国四个体系的规划，德国政府为城市交通的低碳发展提供了系统性规划平台和法规体系，每一个地块开发都需要强制制定用地与交通整合规划，为低碳出行营造了良好的环境。土地的混合利用和集约化发展可提高公共交通和慢行交通设施布置的经济性，通过交通与用地整合规划等手段，从交通出行的本源入手，可实现地块开发的职居平衡，减少交通出行需求。

其次，落实小汽车鼓励拥有限制使用的措施。小汽车进入家庭是居民收入和机动化平提高的表现，我们要正视合理的小汽车购置和出行需求，但要在总量和区域上对小汽车的出行进行适时适量的控制，减少对小汽车的过度依赖。在条件成熟的区域设置交通警示区，降低小汽车使用的便捷度，提高停车收费的标准和范围，将小汽车出行转移至大运量、换乘可达的公共交通方式上去，并鼓励在慢行交通适宜发展的集约化用地范围布置与景观结合的自行车和步行设施，形成空间上的差异化发展。

最后，构建公共交通一体化规划、投资、建设、运营、管理系统。以智能、高效、安全、清洁为导向，构建骨干公共交通网络。有条件地开展智慧公交与慢行低碳交通系统建设，提升智能公交信息的采集、处理和发布系统技术水平，并向广大城市区域推广。全面提高公共交通的服务水平，保障公交的准点率和舒适性，合理制定运营计划和时间表，做好与慢行交通的有效衔接，满足便捷和门到门需求。全面提高公共设施的使用效率，实现私人小汽车向公共交通、自行车、步行等交通模式的有效转移。

国外企业绿色物流发展及对我国的启示*

许笑平

绿色物流是指在物流过程中抑制物流对环境造成危害的同时，实现对物流环境的净化，使物流资源得到充分利用。企业物流是研究对原材料、半成品、产成品、服务以及相关信息从供应始点到消费终点的流动与存储进行有效计划、实施和控制，以满足客户需要的科学，是物流活动最微观、最具体的存在形式。将企业物流与绿色物流的内涵结合起来就是企业绿色物流。企业绿色物流不仅要求其投入、转换和产出等所有环节的物流活动是绿色的，而且要求各环节的协调配合也能达到最绿色的效果。发达国家物流业起步较早，绿色物流概念相对普及，其企业绿色物流也经历了从零散到系统的发展历程，有许多地方值得中国借鉴。

一、国外企业绿色物流的发展现状

企业物流的绿色化已经成为欧美等发达国家物流发展的重要趋势之一，其企业绿色物流现状体现在以下几个方面。

1. 绿色的产品包装

减少产品包装对环境的影响是企业绿色物流的重要内容。许多国家以立法的形式禁止使用含有铅、汞、锡等成分的或没有达到再循环规定的包装材料；也有许多国家通过建立存储返还制度，制定再循环或再利用法律，提供税收优惠或处罚等形式促进包装的绿色化发展。

政府的倡导也得到了企业的积极响应。可口可乐公司率先在全球推广使用可循环的容器；麦当劳快餐店改用可再循环纸包装汉堡包。法国拥有两三千名名专家组成的全国性包装研究所。德国建立了专门实验室对现有各种包装材料的环境性能进行评估，同时为企业提供两套可选的回收渠道：一是供应商自己回收包装物；二是由非赢利的中间机构统一回收包装物。针对塑料包装物对环境的不良影响，美国的一批企业已开始使用可再循环的玻璃、钢木、陶瓷以及金属、棉布、纸张等包装材料。

对于过度包装，各国也都有相应的立法约束，比如韩国就明确规定过度包装属违法行为，并对包装占整个商品的重量比重和包装层数等指标进行了严格的限制，还经常对市场上的商品包装进行检查，对简约的包装予以奖励，对过度包装予以惩罚。德国早在十多年前就已开始倡导商品的“无包装”和“简单包装”，强调包装要无害于生态环境和人体健康，要能再生或循环利用，以节约资源和能源。如果企业要对其产品进行包装就必须缴纳“废品回收费”，如果消费者要废弃包装物就必须缴纳“垃圾清运费”。

2. 绿色逆向物流

逆向物流是企业绿色物流的重要内容之一，已经引起国内外企业的高度重视。很多企业在产品设计时就考虑了使用之后的回收问题，并正致力于以提高可拆卸率为目的的生产方式的变革，以提高废旧资源的循环利用程度，增进企业物流的绿色化水平。

如果按重量计算，美国汽车产品的回收率已经达到75%。目前，美国共有汽车零部件回收企业1.2万家，年营业额达到数十亿美元。德国宝马汽车公司也十分重视废旧零部件的回收问题，其汽车的回收率已经达到80%左右。此外，IT行业的IBM、HP等企业也都正致力于提高其产品的可回收性。全球主要复印机生产企业施乐、佳能等均投入巨资完善其逆向物流系统；柯达公司十多年前就已开始回收一次性相机；通用汽车、3M、强生、雅诗兰黛以及许多零售商都已将逆向物流的绿色化提上了企业的议事日程。

为了提高逆向物流的绿色化程度，很多发达国家企业的逆向物流已经开始引进第三方，以利用第三方物流的专业化优势和规模优势，提高企业逆向物流的绿色化水平。例如，英国邮政建立了专业的逆向物流服务公司，以第三方物流的形式为英国零售企业Safeway提供退货管理服务。根据服务协议，英国邮政将对Safeway公司所有网点内的退货商品进行集中管理，以消除退货商品在Safeway内部仓库之间的无效储存和搬运；同时，还负责对斯文顿仓库里的所有退货进行清点和评估，并根据需要迅速有效地进行处置。在美国，零售系统80%～90%的退货业务都由第三方物流企业承担，主要涉及图书、光碟、录像带等商品。

3. 绿色供应链管理

为了加快企业绿色物流的发展进程，供应链成员企业之间的协调配合已经成为必然。早在1998年，通用汽车公司（GM）就邀请了8家供应商组成一个供应商环境咨询小组，以提高供应链企业在原材料选择、产品设计、生产工艺等方面的环境效率。1999年，Saturn公司及其供应商与田纳西大学的清洁生产与清洁技术中心以及美国国家环保局（EPA）共同组成了绿色供应链管理合作伙伴，以减少Saturn产品在整个生命周期内对环境的影响。同时，在GM的资助下，美国的非赢利组织——BSR（Business for Social Responsibility，对社会负责的商业）发起成立了一个由12家企业组成的供应链工作组，主要负责研究提高供应链管理的环境效益和经济效益的途径。

4. 生态工业园区

工业生态学理论认为，企业应该像自然生态系统中的生物一样相互依存、互为补充，理想的工业生态系统应该能以完全循环的方式运行，达到“零污染”、“零排放”。在这种状

* 本文转载自《综合运输》2010年第2期。

况下，没有绝对意义上的废料，某个企业的废料可能成为另一个企业的资源。运用这一理念，在工业园区内通过预先设计工业生态系统，循环利用资源，以实现经济、社会和环境效益的最大化，就是生态工业园区。

丹麦凯隆堡工业园是目前世界上运行最成功的生态工业园区。该园区内的电厂是整个生态链的核心，电厂给制药厂供应高温蒸汽，取代了其自备锅炉；给居民供热，减少了3500个家庭取暖炉；供应中低温的循环热水，使大棚生产绿色蔬菜；余热放到水池中用于养鱼，实现了热能的多级使用。同时，电厂的粉煤灰还用于生产水泥和筑路材料，脱硫石膏用来造石膏板，使进口的石膏原矿减少一半。该园区的效益主要体现在三个方面：一是节水。炼油厂每年节水120万立方米，制药厂处理后的90万立方米废水也可用来替代淡水。二是节约矿产资源。电厂利用炼油厂排出的余热每年可节煤3万吨，节油1.9万吨。制药厂的残渣用来制造有机肥料，每年可节约氮800吨、磷400吨。电厂和炼油厂的废弃物资源化后，每年可节约2800吨硫和8万吨石膏原料。三是减少废弃物排放。电厂20万吨的粉煤灰和8万吨除尘渣无需再填埋；炼油厂2800吨的硫不会再排放到空气中，制药厂100万立方米的水处理废渣不用填埋而制造成为有机肥，供附近农场使用。此外，还避免了约200吨二氧化硫和13万吨二氧化碳的排放。

二、我国与发达国家间的差距

我国正处于经济转型期，一方面承担着发展经济、快速提高人民生活水平和综合国力的发展任务，另一方面又面临着越来越严重的资源和环境压力。为了实现可持续发展，中央和地方各级政府出台了很多绿色发展规划，并制定了相应的政策措施。绿色生产和绿色消费观念已得到大多数企业和社会公众的认同。但是，由于我国物流业起步较晚，企业物流系统的构建主要还是以降低成本、提高效率为目标，较少关注环境问题。我国企业物流的绿色化还处于起步阶段，尤其是缺乏对资源环境的价值分析和成本估算，对环境污染和交通拥挤的代价尚未以成本的形式引入到企业的成本核算体系中。企业绿色物流还未成为大多数企业的主动选择。同发达国家相比，我国企业物流绿色化发展的差距主要表现在以下几个方面。

1. 意识和观念

虽然我国企业经营者的社会责任意识已经开始觉醒，消费者的绿色消费观念正在形成，但这些意识和观念仍主要停留在有形产品的层面上。企业认为只要自己提供的是绿色产品，拥有绿色标签，就完成了自己的社会责任；消费者则只需追求绿色消费、绿色享用和绿色保障。企业和消费者对二者之间的流通环节是否绿色，物流是否实现了绿色化，谁也没有足够的重视和关心。

2. 人才和技术

虽然已有不少高校或其他层次的教育机构开设了物流相关专业，但我国物流人才培养的总体水平还不高，而且几乎没有开设绿色物流或物流绿色化方面的专门课程，人才匮乏成为我国物流绿色化发展的重要障碍。同时，与企业绿色物流相关的基础或应用研究成果十分少见，企业层面的研究和投入更是微乎其微，导致我国物流的技术装备水平仍然很低，企业物流的自动化和清洁化水平都有待提高。此外，我国企业缺乏必要的公共物流信息平台，物流活动中的信息管理、货物跟踪、库存查询等信息服务能力较差，制约了物流运行效率和服务质量的提高，妨碍了企业物流的绿色化推进。

3. 政策和环境

从体制上看，我国物流业仍然存在条块分割、多头管理和分段运作的现象，物流系统内在联系经常被人为分割，制约了物流系统的整体统筹与系统规划，导致我国物流基础设施的结构性矛盾突出，重复建设依然存在。另一方面，由于缺乏能有效衔接不同运输方式的综合性物流枢纽，服务于区域或城市的物流园区，导致我国物流运作效率普遍偏低。基础设施的重复建设和企业物流的低效运作显然与绿色化的发展方向背道而驰，使企业事倍功半。

从产业环境看，我国物流包装、物流器具、物流设备和物流设施之间的标准尚未统一，企业物流各环节之间难以实现有效衔接，影响了运输工具的装载率、装卸设备的载荷率和仓储设施的空间利用率。此外，我国在条形码、物流单据等信息方面的标准化工作还很落后，在应答制度、赔偿制度和信息反馈制度等管理模式方面的标准化工作才刚刚开始起步，物流领域的环境管理标准化工作还没有开始。我国物流标准化水平与发达国家之间存在巨大差距。

4. 绩效和后果上的差距

发达国家十分重视产品包装的回收利用。纸质包装在美国的回收率为47.8%，日本为37.1%，而我国仅为20.4%。对于塑料包装，发达国家主要采用回收利用、焚烧或深埋三种方式进行处置，西欧、日本、美国对于塑料包装的回收利用率分别为15%、5%、10%，焚烧率分别为30%、70%、5%，深埋率分别为55%、25%、85%，而我国只回收了大约10%的塑料包装，其余的都废弃在自然环境中，成为难以化解的白色垃圾。玻璃包装的回收率在西欧国家平均为30.5%，日本为49%，而我国仅为20%左右，差距之大可见一斑。

从绿色物流的定义内涵可以看出，物流的绿色化不仅要有利于产品包装的回收利用，也要有利于废旧产品的回收利用，以通过资源节约的方式促进环境保护；更为重要的是，物流的绿色化还应该减少物流活动本身对环境的影响。在废旧产品的回收利用和物流活动本身的绿色化方面，我国都才开始起步，与发达国家的差距更加明显。

三、对我国发展企业绿色物流的启示

1. 加大我国政府的监管力度

美、德、法等国企业绿色物流的发展过程中，政府的引导和监管起着重要的作用，都制定了相关的法规与政策予以制约和激励。我国政府可以从完善法律制度和出台激励政策两方面去做。在完善法律制度方面，政府应该制定和完善与物流活动有关的环境立法、排污收费制度和绿色物流标准，例如，制定固体废弃物处理法、空气污染控制法、最低排放标准和物流设备技术标准等。在出台激励政策方面，政府可以制定“绿色补贴”政策、税收政策等。例如，对积极采用先进环保设备、清洁能源以及积极实施资源循环利用的企业进行一定的补贴，并减免相应的税费；对不可再生资源征收重税，征收道路使用税等。

2. 提高我国企业的环保意识

美国政府通过引导与监管手段，大大提高了本国企业的环保意识。可口可乐等企业在绿色包装、绿色供应链等方面都取得了实质性的成效。我国政府可以通过引导，让企业意识到绿色物流是企业的社会责任，绿色物流的有效实施可以将企业推向可持续发展的前沿，并会给企业带来明显的社会价值，包括良好的企业形象、企业声誉、企业责任，增加品牌的价值和寿命，延长产品的生命周期，从而间接地增强企业的竞争力。另外，企业可通过加强对绿色消费的宣传，提高消费者的环保意识。开展“以旧换新”和“旧产品折价抵扣”等活动来调动消费者的环保热情，改变消费者在日常生活中养成的直接将废旧物品丢弃的习惯。

3. 推进我国逆向物流系统的构建

美、英、日等国的逆向物流系统较完善，使得产品退货、废旧产品回收、包装回收、回收利用等方面获得了较大的收益与效益。我国逆向物流系统的构建可以从以下几方面进行：①完善法律监管机制。在借鉴发达国家废弃物回收体系的经验基础上，成立相关行业回收体系的管理组织，加强法律监督，对表现突出的企业予以财政补贴或税费优惠，对环境污染严重的企业予以惩罚及整改。②制订回收体系标准。政府应该明确回收组织的职能，制订回收体系标准。同时，根据我国的现状，建立回收机构、地方政府与回收机构、企业回收部门等多种方式的回收模式。③构建逆向物流系统。合理高效的逆向物流系统可以包括五个主要环节：回收旧产品，回收产品的运输，回收产品的检查与处置，回收产品的修理或复原，再循环产品的销售。通过构建完善的逆向物流系统，推动企业绿色物流的发展。

欧盟航空业碳排放交易新规则研究综述*

秦悦铭　陈其霆

欧盟碳排放交易机制（EU-ETS，European U-nionc's CO_2 Emissions Trading Scheme）作为最大的碳交易市场，履行着全球近40%的减排任务。2008 年 7 月 9 日，欧洲议会正式通过了关于将航空业纳入 EU-ETS 的提议草案。决定自 2012 年起，进出欧盟以及在欧盟内部航线飞行的飞机排放的温室气体均须纳入 EU-ETS。这其中就包括中国国际航空公司、东方航空、南方航空等 33 家中国内地航空公司。对于中国民航业而言，这是一场无法回避的挑战。中国航空公司要想进入这些市场，就必须要应对这些强制减排压力。本论文对 EU-ETS 新规则对航空业影响的研究文献进行了综述，试图为我国航空公司应对这一新规则提供一些借鉴。

一、航空业纳入 EU-ETS 的相关指令内容

在京都议定书下，温室气体减排对象在航空业方面只包括了附件I国家的国内航空，并没有包括国际航空。将航空业纳入 EU-ETS 是第一个将减排目标锁定在国际航空业的国际政策措施。EU-ETS 对在其运行范围内的航空公司以及更大范围的经济影响主要取决于 EU-ETS 的设计，如它的控制排放上限是多少，是否能够公平公正地对待在体系中的每个航线。

将航空业纳入 EU-ETS 的指令（2008/101/EC）主要内容：

1. 适用范围

所有在欧洲运行的航线将被纳入 EU-ETS，这也包括非欧盟国家飞抵欧盟和飞离欧盟的航线。

2. 航空公司可获得的排放份额

从 2012 年 1 月 1 日到 2012 年 12 月 31 日，航空公司获得的排放配额相当于航空历史排放的 97%，航空历史排放指各相关航空公司的相关航线在 2004 ~ 2006 年这 3 年的年排放平均数。2013 年 1 月 1 日起相当于航空历史排放的 95%。各个航空公司可以分配到的免费配额将由基准数据和基准年的吨公里数共同决定，基准年为 2010 年。

3. 交易机制

航空公司不足的碳排放额采取拍卖制。2012 年 1 月 1 日 ~ 2012 年 12 月 31 日，航空公司可将拥有富余的 15% 的排放额进行拍卖。自 2013 年 1 月 1 日起，航空公司能够获得的排放配额的 15% 必须进行拍卖。在 2012 年，航空公司可以利用 CERs（Certification Emission Reductions，清洁发展机制 CDM 中的核证减排量）和 ERUs（Emission Reduc-tion Units，联合履约 JI 的排放减量单位）来抵消最多 15% 的排放配额。而到 2013 年，进入后《京都议定书》时代，CERs 能否继续使用还不清楚。

二、EU-ETS 的运行机制研究

EU-ETS 自 2005 年开始运行，运行的过程和机制成为学者们关心的一个重要方面，就碳排放允许配额机制而言，配额的总量，分配的比例，以及如何分配才能使效益最大化且不失公允，是很多学者研究的内容和主题。E. Georgopoulou 等（2006）用情景分析的方法来探究 EU-ETS 未来碳排放允许配额计划的一些限制和有利的选择。研究结果表明，第二阶段的配额将比第一阶段的更严厉。

在 2007 年末，EU-ETS 的碳价现货价降至零，这一现象的发生引起了不少学者专家的关注，一些学者认为这个结果是由于碳排放允许配额超额发放产生的，甚至一些人因此而对 EU-ETS 的运行产生怀疑，甚至对其产生否定。John E. Parsons等（2009）并不完全赞同这个观点。他们的研究显示碳价接近于零，并不能完全归咎于超额的允许配额。实际上它也反映了允许配额机制的特征——特殊的碳借贷机制。根据 EU-ETS 的条文规定，配额在不同阶段的借贷是被禁止的。因此在 2007 年末，EU-ETS 第一阶段接近尾声，多余的排放配额无法运用到下一阶段自然也就丧失了它的稀缺性，没有了商品交换价值，所以导致了碳价现货价格趋于零。简言之，可以认为碳价格的动态变化是由碳交易市场的允许配额机制造成的。

欧盟排放贸易机制的主要特征是总量贸易（Cap and Trade）。实施 EU-ETS 的核心任务之一是成员国详细制定国家分配计划（NAP，National Allocation Plan）。NAP 的制定是一个干中学（learning by doing）的过程，很大程度上可以认为 NAP 的不确定性决定了碳市场的波动性。一些学者对 NAPs 进行了实证研究和模拟研究用以解决现在的问题和预测将来的情景。S · bastien So-leille（2006）对作为减排的两个政策工具命令及防治（CAC，Command And Control）和 EU-ETS 之间的相同和不同点做了定性比较。作者认为很难区别在减排效果上哪个更好，因为他们的效用取决于目标设定的高低，而并不在于其本身。因此 NAP 的设计对排放允许配额机制的影响至关重要。

三、航空业纳入 EU-ETS 的争议

1. 支持航空业纳入 EU-ETS 的论述

Kevin Anderson 等（2006）采用情景分析法预测，到 2050 年欧盟通过减少 CO_2 排放量使其稳定在 450 ~ 550ppmv，并且还利用历史数据以及预测的乘客增长率得出，到 2020 年

* 本文转载自《科学管理研究》2011 年第 3 期。

航空业 CO_2 排放将占总排放的 20% ~41%。这些情景假设显示，如果航空业不采取任何减排措施，到 2020 年将会占据 EU-ETS 排放量的大部分。因此，航空业的发展将会威胁到其他部门减排的效力，并且会使欧盟到 2020 年的减排目标（CO_2 排放降到 1990 年的 80%）难以达成（Bows and Anderson，2007；Kevin Anderson 等，2006；Lim 等，2005）。因此，目前航空业排放所占比例虽小，航空业也应该挑起减排的重任。Janina D. 等（2007）认为将航空业纳入现存的碳排放交易机制与为航空业减排重新建立新的贸易模式相比有很大的基础优势，作者认为鉴于航空业 CO_2 排放的高增长率，它将会是配额交易市场的净买家，这将大大增加配额交易市场的流动性。并且纳入现存的排放交易机制也能够减少交易成本，因为不需要为新的交易计划而重新设计。Sascha Albers 等（2009）指出，虽然在限制 CO_2 排放后，欧洲航空公司将不得不面临成本的压力和价格的上升，但是这应该不会造成空中乘客需求的显著减少，因此欧洲航空业不会面临严重的重新配置。Wit 等（2005）给出了量化分析来证明为什么减排成本会转嫁给消费者并且最终不会导致竞争的紊乱。文章利用经济理论指出鉴于航空业是竞争市场，边际收益比较低，任何成本的增加都会转嫁给消费者，否则航空产业将难以维持。这个结论也被欧委会在评估将航空业纳入 EU-ETS 产生的影响时所采纳。

2. 反对航空业纳入 EU-ETS 的论述

Piers M1de F1Forster 等（2006）对欧盟打算将航空业纳入 EU-ETS 表示不认同，作者认为任何航空业产生的非 CO_2 影响的判断还为时过早，并且他们认为用辐射力指数来评判排放量是不适当的，在不远的将来也不应该使用该指标。虽然欧洲的航空公司强调他们接受加入 EU-ETS，但是对于由此带来的不公平竞争和产生的混乱影响表示担忧。一些学者对此亦表示担忧。欧洲航空协会的 Ernst 和 Young（2007）认为欧委会现在的安排会危及欧洲航空业的长期生存能力。与欧委会的影响评估不同，文章中指出，由于航空业的需求价格弹性是比较高的，减排成本导致价格的增长将会使航空业失去很多的乘客，据估算只有 1/3 的减排成本能够转嫁给消费者。除此之外，它还认为在 EU-ETS 下，欧洲航空公司要承担所有航线的减排费用，而非欧盟国家的航空公司只需要承担在欧盟管辖范围内航线的减排费用，如此以来，欧洲航空公司将会一直处于比较劣势。

四、新规则对航空业的影响研究

关于对航空业纳入碳排放交易机制的研究主要涵盖了以下一些主题：竞争和成本转移，预期外收益，基准制，对碳排放的影响。

1. 竞争和成本转移

在《京都议定书》下，只有附件Ⅰ国家的航线才被纳入排放交易体系，而其他非附件国家则没有减排责任，也就是说附件Ⅰ国家的航线有减排目标和履行减排的义务，而非附件国家没有这样的义务。在这样的情况下，非附件国家将会有既得利益而附件Ⅰ国家将会招致损失。此时，如果附件Ⅰ国家的航线将减排成本转嫁给乘客，航空费用提高，非附件Ⅰ国家的航线将由于其提供的低价而获得更多的乘客继而获得更多的收益。

假设另一种极端的情况，所有的航线都被纳入同一排放交易体系。在这样的情况下，所有航线都被同样的机制影响着，所有航线都可以将他们的减排成本转嫁给乘客，不会造成竞争的紊乱。而将航空业纳入 EU-ETS 是一种特殊的情况。它是一种区域性的限制，因此对每个单独航线的影响都不一样。这样的情况比上面两种都要复杂。尽管在欧盟范围内飞进飞出的航线是平等的，但是对于航空公司的整个运行影响却不相同。在这样的情况下，一些学者对竞争和成本转移给出了不同的观点。

（1）对欧盟航空承运人的竞争影响允许配额的分配方式和航空公司的不同商业模式是造成欧洲航空公司竞争紊乱的主要原因。欧委会对航空业加入 EU-ETS 的影响评估中认为，需求的适度降低不会显著影响航线之间的竞争（SCE，2006）。它还提到在 EU-ETS 下，路线不同、航空公司商业模式的选择和航空公司本身的差异会产生不同的影响。

Peter Morell（2007），Scheelhaase 和 Grimme（2007）选择了一些航空承运人，研究了 EU-ETS 在短期内对这些航空承运人的影响。他们的研究发现低成本运营商（LCC，Low Cost Carriers）受到的影响更大。据估计，LCC 的成本将会有运营收入 3% 的增加，而全服务网络运营商（FSNC，Full Serv-ice Network Carriers）的成本只有运营收入 1% 的增加，LCC 处于不利地位。Frontier Economics（2006）认为 LCC 在 EU-ETS 下成本上升，将会导致需求 7.5% ~12% 的减少（配额价格为 27 欧元到 40 欧元，需求价格弹性为 -1.5），而 FSNC 成本上升会导致需求 2% ~3% 的减少（需求价格弹性为 -018），并且 FSNC 有一群商务旅客是长途航线的主要乘客，他们的需求价格缺乏弹性，不会有什么变化。作者认为并不是所有减排成本都会转嫁给乘客，并且得出结论，成本转嫁对 LCC 的影响大于对 FSNC 的影响。但是，Mason（2005）认为商务旅客的需求价格并不是都缺乏弹性的，一部分的商务旅客会转乘提供弹性服务的 LCC，因此对 FSNC 的影响可能要比想象中的更大。Vivid Economics（2007）认为在一些特殊的情景下，所有减排成本都将转嫁给乘客。同 CE Delft（2007）一样，文章主要通过一些经济理论和其他行业的事实证据得出以上结论，并且认为这样的结果存在于长期均衡中。但是其假设条件忽略了 EU-ETS 之外的航空竞争，没有考虑一些可以绕过欧盟选择别的航行路线的竞争。并且，它没有对航空业短期内和长期内的行为变化做比较。

（2）对欧盟和非欧盟的航空承运人的竞争影响 EU-ETS 在地理上的限制会导致欧盟和非欧盟航空承运人的竞争差异。MVA Consultancy（2006）对德国航空部门加入 EU-ETS 进行分析，得出结论，欧盟的轮辐式航线（hub and spoke）有利于非欧盟的航空承运人。轮辐式效应使得乘客可以选择不在欧盟区的中心机场（hub），这样就可以减少旅程相关的减排费用。CE Delft（2008）对此作了详细的说明并且估计了轮辐式效应的影响。一些非欧盟国家航线的航行线路有可能会改变，譬如转移到毗邻欧盟区的中心机场着陆或者直飞，以此来降低减排费用。鉴于这样的交易机制，欧盟内的航线不能够将成本全部转移给乘客，因此造成了竞争劣势。

Scheelhaase 和 Grimme（2007），Ernst 和 Young（2007）认为，非欧盟的航空承运人可以避开欧盟范围内的着陆点，而选择使用离欧盟较近的机场着陆以此来避免减排义务。而一些学者（SaschaAlbers 等，2009；Scheelhaase 和 Grimme，2007；Wit 等，2005）认为非欧盟航空承运人采取这一措施是不太现实的：预计的增加成本不足以导致这样的改变；着陆权是国家范围内的，着陆机场选择是长期合作的结果，重新协商新的着陆点耗资又耗时；空中航线是轮辐式航线，很多乘客在原来的中心机场着陆并转乘别的飞机，如果改变中心机场的位置，势必会失去一些乘客。

CE Delft（2007）认为非欧盟的航空承运人有一部分的业务是在欧盟范围以外的，只有一些航线受到 EU-ETS 的影响，对其运营收入的影响只占小部分。Wit 等（2005）大胆假设，非欧盟航空承运人可以将他们最新最节能的飞机投入去飞欧盟相关航线，而在欧盟范围以外使用大能耗、CO_2 排放更多的飞机。事实上这也是不太可能发生的，因为有些固定机型的购置是专门为一些特殊航线服务的，并且购置新且节能的飞机还需要一大笔资金。Janina Scheelhaase 等（2010）选取了德国汉莎航空公司（Lufthansa）和美国大陆航空公司（Continental Air-lines）作为欧盟网络承运人和非欧盟网络承运人的典型，对这两个公司在 EU-ETS 下产生的影响做分析。得出结论，大陆航空在长途航运中与德国汉莎相比，将占绝对的优势。

2. 预期外收益

一些文献通常用一到两种方法来确定在排放交易体制下，如果允许配额免费发放给航空公司，其所获得的预期外收益：假设所有减排成本都将转嫁给乘客；加入一些可能的市场因素如航线定价行为，需求价格弹性等。

MVA Consultancy（2006）和 Vivid Economics（2007）都假设与 EU-ETS 相关的减排成本将转嫁给乘客。而在交易期的第一个阶段配额是免费发放的，航空公司通过将免费配额的机会成本转嫁给消费者就可以获得预期外的收益。Vivid Economios（2008）研究结论得出分配给航空公司的免费配额在 20% ~40% 范围内，才能维持航空公司的现有收益。高于这个范围的免费配额会使航空公司得到预期外收益，相反的，低于这个范围的免费配额会使航空业收益减少。CE Delft（2007）认为如果免费配额的机会成本被转嫁，实际上还会提高航空公司运营的边际效益。文中还得出这样的结论，如果允许配额有一部分免费发放，那么预期外收益与需求变化并存。即要么就会有预期外收益，航空费用增加，需求减少；要么就没有预期外收益也没有需求的变化。只有在允许配额被拍卖的情况下，才会引起需求变化而没有预期外收益。

3. 关于基准制的讨论

基准制是用来确定在交易初始阶段航空公司可以获得的排放配额，对基准制学术界主要有两个方面的研究。一是基准制引起航空公司的一些行为变化；二是不同基准制对不同类型的航线有什么分别的影响。

Janina Scheelhaase 等（2010）注意到了一些航空公司在基准制下，可能会改变他的运行方式来增加收入吨公里（RTKs，revenue tonne ~ kilometers），以此来确保获得到更高的允许配额。CE Delft and MVA Consultancy（2007）对欧盟和非欧盟的航空承运人之间的竞争进行了研究。结果显示，在进出欧盟的长途航运中，欧盟承运人与非欧盟承运人相比较并没有更高的燃油效率。尽管在这个研究中没有提到基准制，但是表明了如果基准制是建立在能效的基础上，那么在欧盟承运人和非欧盟承运人之间将不存在竞争优势。

基准制对不同类型的航线的影响概括最全面的是 CE Delft and MMU（2007）。该文主要评估了各种条件下不同基准制（如 RTKs，有效载荷，最大起飞重量等）对不同类型航线的影响。研究发现 LCC 比 FSNC 对基准制的选择更加敏感。LCC 在以机龄为基准制的条件下可以得到更好的补助，即得到更多的配额。而在以 RTKs 为基准制的条件下，LCC 短途航行的高能耗会使其处于劣势。美国的航空承运人在任何基准制下都处于优势。总的来说，以 RTKs 为基准制，更加符合环境效益并且对不同机型影响的差别最小。

4. 对碳排放的影响

航空业可以通过减少飞行公里数或者提高燃油效率来减少其碳排放量。大多学术研究，Scheelhaase 和 Grimme（2007），SEC（2006），Frontier Economics（2006），Wit 等（2005），CE Delft（2007），都做出这样的假设，按照现有的技术，在燃油效率每年都有所提高的情况下（这种提高是外生性的，与 EU-ETS 的经济刺激无关），航空部门每年可以减少的每收入吨公里的排放量不超过 1% ~5%。Ernst 和 Young（2007），CE Delft（2007）认为，只有当对航空需求的减少足够大到减少航班次数时，才会造成 CO_2 排放量的减少。如果仅仅只是在一次航程中装载系数（LF，low factor）的减少，则对 CO_2 的排放量控制不起作用。在 EU-ETS 下航空业与其他部门相比起来减排成本很高以至于不会采取额外的措施实行减排。因此尽管航空业被纳入 EU-ETS，其碳排放量预计从 2005 年到 2020 年仍然会翻倍。

（作者单位：南京航空航天大学经济与管理学院）

日本交通运输节能减排经验对我国的启示

李 茜

一、日本交通运输部门能源消费及温室气体排放情况

日本运输部门（与制造业部门及家庭部门并列）能源消费量由1965财年的798＊10^{15}焦耳增加至2008财年的3475＊10^{15}焦耳，交通运输部门二氧化碳排放约为日本总排放的2成，其中汽车排放约占运输部门二氧化碳排放的9成。

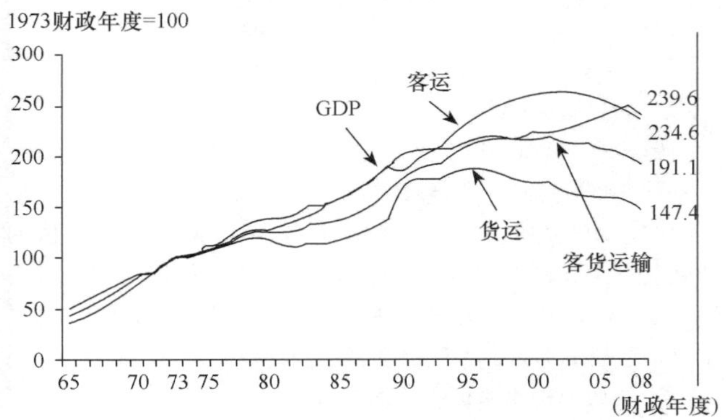

图1 日本客货运输能源消耗增长及GDP增长速度

1. 1965至2008财年日本运输部门能源消费增长4.4倍

1965至2008财年日本交通运输部门的能源消费量由798＊10^{15}焦耳增长至3475＊10^{15}焦耳，增长4.4倍，年均增速为3.5%，交通运输部门能源消费占全部能源消费的比例由18%增加到23.6%。同期客运能源消费增长6.4倍（年均增长4.4%，高于GDP年均3.7%的增长速度），货运能源消费增长2.9倍（年均增长2.5%）。2008财年客货运输能源消费分别占运输部门能源消费的61.4%和38.6%。

2008财年运输部门消耗能源构成中，汽油、煤油、天然气、润滑油等石油类能源占98.0%，电力约占2.0%。

2. 1965至2008财年客运能源消费年均增长4.4%

1965至2008财年，旅客运输能源消费量增长6.4倍，年均增速达4.4%，高于GDP3.7%的年均增长速度。旅客运输能源消费大幅增长的主要原因是汽车能源消费增长较快。运输车辆在1965～2008财年年均增长5.1%，汽车客运能源消费占客运能源消费的比例相应从1965财年的63.7%增长到2008财年的85.0%。同期大运量方式客运的能源消费比例大幅下降，公共汽车由11.4%降为3.0%，铁路客运由18.4%降为3.3%（图3）。

从客运能源消耗发展阶段看，大体经历了单边增长、到达峰值及掉头向下的三个阶段。1965～2001财年是旅客部门

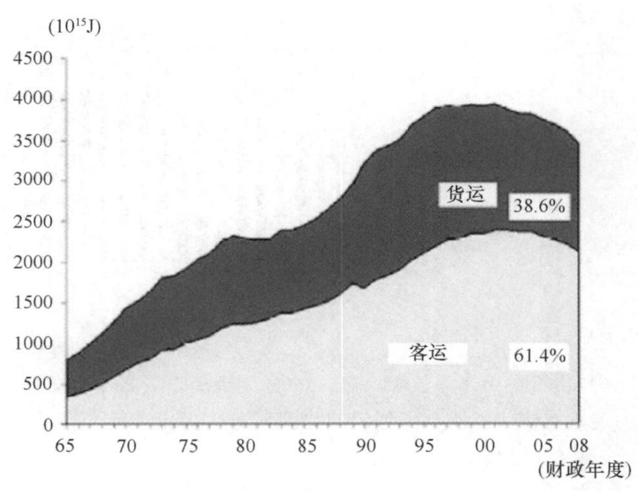

图2 日本客货运输能源消费

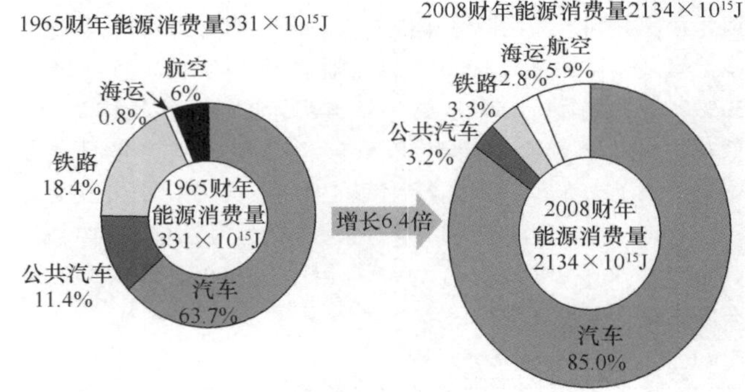

图3 1965～2008财年各种运输方式能源消费量变化

能源消费的单边上升阶段，其间能源消费量增长7.2倍，年均增长5.5%。2001财年达到峰值，2002年之后年均增速回落至－1.8%。

3. 1965至2008财年货运能源消费年均增长2.5%

1965至2008财年，货运能源消费量年均增长2.5%，低于GDP增速3.7%。与旅客运输相比，货运能源消费较易受经济形势、能源价格变动、产业结构变化及节能技术普及等因素影响。1965至1996财年，货运能源消费除个别年度环比减少外，基本呈增长趋势，1996财年达到峰值，其后除2000财年外基本呈下降态势。

不断向公路运输转移的货运结构是能源消费增加的主要原因。1965财年铁路、公路、海运、航空几种运输方式的能源消耗比例为：19%、63%、18%和0.2%，2008财年这一

＊ 本文转载自《综合运输》2010年第9期。

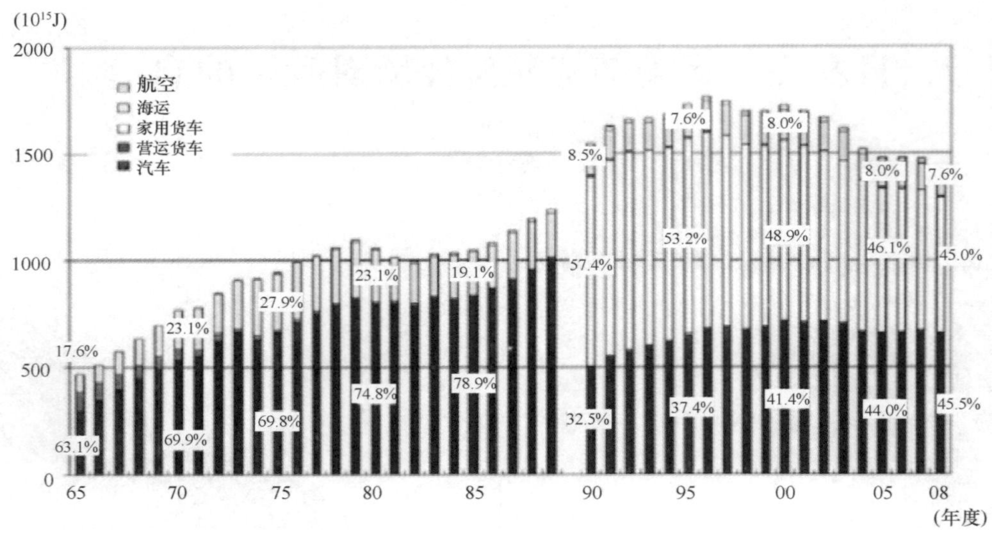

图4 1965～2008 财年各种运输方式货运能源消耗

比例发展为：0.4%、90.4%、7.6%和1.6%（图4）。日本为追求快捷、方便、门到门的物流服务，付出了能源消费不断增长的代价。

4. 汽车排放约占交通部门排放的9成

在《京都议定书》中，日本承诺到2012年二氧化碳等温室气体比1990年减排6%，2009年9月日本前首相鸠山以主要排放国共同参与国际减排框架为前提，提出到2020年使日本温室气体排放量与1990年相比削减25%（比2005年减排30%）的中期目标。2008财年日本实际排放温室气体12.82亿吨，比京都议定书基准年1990年（12.61亿吨）的排放量不降反增了1.6%，意味着日本为达到减排目标仍任重道远。

日本交通运输部门的二氧化碳排放约为总排放的2成。其中汽车排放占9成。与1990年相比，2008财年日本私家车的二氧化碳排放增长了44%。

二、交通运输部门节能减排经验

1. 通过实施绿色标识制度等，提高汽车的节能减排性能

（1）领跑者制度

日本根据《节能法》实施“领跑者”制度，是以能效最佳产品的能效值（即消耗单位燃油可行走距离，单位为公里/升）为基本设定目标值，也就是确定产品现有最高节能标准，并根据产品技术进步不断修订标准值，产品须在规定年限内达到目标，否则将受到警告、公告、命令、罚款等处罚。2007财年生产汽油车的约8成已达到2010财年能效标准值，平均能效比2005财年提高28%。为进一步节能减排，2007年日本在大部分汽车能效标准已达到2010财年目标的基础上，继续设定2015财年的新目标（表1）。

燃油效率改善率目标（与2004年度相比）表1

车　种	2004财年能效	2015财年目标值	改善率
乘用车	13.6KM/L	16.58KM/L	23.5%
小型公共汽车	8.3KM/L	8.9KM/L	7.2%
小型货车	13.5KM/L	15.2KM/L	12.6%

（2）绿色标识制度

日本政府通过“汽车能效评价公布制度”、“低排放车认证制度”和“超低PM柴油车认证制度”，对在最新限值的基础上进一步提高能效、降低NO_x或PM的汽车实施认证，且为促进民众对油耗性能的理解，对优先达到能效标准的汽车也张贴相关标志，方便消费者选择比较。

（3）以财税措施促进节能型汽车普及

为了鼓励使用小排量、节油型汽车，日本从2004财年实施汽车绿色化税制，减轻了电气、天然气、甲醇汽车的汽车税，对使用期超过11年的柴油车、超过13年的汽油车则课以重税。2007财政年度车辆绿色税制的适用对象约占新车登记台数的49%（约164万辆）。2009年4月1日至2011年3月31日，日本对于低能耗车、低公害车等（新车），引入临时减免机动车重量税及购置税的措施。对电力汽车、混合动力汽车等免税。对排放比2005年标准值减少75%且能效比2010年能效标准值提高25%的，减税75%。对排放比2005年标准值低75%且能效比2010年能效标准值提高15%的，减税50%。对符合2009年排放标准，且达到2015年能效标准值的重型车减税75%。对排放比2005年标准值低10%，且达到2015年能效标准值的重型车减税50%。同时日本政府为刺激日本低迷的汽车市场，清理使用年限较长的车辆，推出“环保车新购及以旧换新补助制度”。

2. 采用系统化方法疏通交通，促进客货运输交通流顺畅

一般汽车在低速运行时单位行驶里程的能耗及排放高于在经济运行时的30%～100%，通过完善交通运输系统的各个环节，疏通交通，提高交通流速度，可有效实现交通系统的节能减排。日本采取的主要措施包括：（1）改善交通基础设施。解决城市道路的瓶颈问题、道路交叉点的立体化、收费方法的多样化及弹性化等。（2）提高交通管理水平、推进ITS智能交通系统、强化停车管理，减少占用道路的工程、及时提供道路交通信息等。（3）对运输从业者全面普及绿色驾驶管理系统（EMS）。

3. 提供便捷的大运量交通方式，鼓励乘客利用公共交通

日本政府采取大量措施发展公共交通，首先加大对大运量交通设施的投入，建立起全国范围的新干线系统、城市轨道交通系统、按时间表定点运营的公共汽车系统，一些城市还建立了BRT，且实现了各种运输方式有效衔接，便于换乘。其次，中央及地方政府对公共交通运营商提供利息补贴、低息贷款等财政补贴，资助公共交通事业发展。三是建立了合理的公共交通运营机构，避免不合理竞争，确保公共交通能保持长期的高质量和可靠的服务水平。

4. 推进货运向节能环保型运输方式转移，实现物流效率化

2005年起，由货主企业和物流企业自主行动，与经产省、国土交通省及相关团体设立了“绿色物流伙伴会议”机制，推进物流向海运、铁路运输方式转移，推进共同配送，改善物流，经产省实行财政补助支援。目前约有2700家公司加入该机制。至2008财年末，政府共对224个减排项目实行补助，国土交通大臣还对节能减排突出的项目给予表彰。

国土交通省对使用铁路运输一定比例以上的企业及商品给予认定，给商品加上“绿色运输标签”予以宣传。目前经认定的有13种商品，其30%以上是通过铁路运输的。2008年12月底已有26类商品（31种）、47家企业贴上《绿色轨道标识》，12家货主、13家物流企业获《绿色船运标识》认证。

5. 发展下一代汽车，推进运输部门的节能技术开发

日本近期颁布了“下一代汽车发展战略”，提出把日本建成“下一代汽车研发生产基地”的目标及“系统战略”新思路，规划了车用电池、生产资源、基础设施、国际标准化等发展目标及行动路线图。并设定2020年至2030年分车种推广目标：到2020年下一代汽车推广目标为20%～50%；到2030年达到50%～70%。鉴于混合动力车从简易型到高度型燃效可比传统汽油车提高10%～200%，电动车的二氧化碳排放仅是汽油车的20%～30%，预计日本下一代汽车的发展将是日本节能减排取得成效的突破点。

日本除大力发展下一代汽车外，还在铁路领域推进混合动力机车等节能车辆及高效电力设备的技术研发，推进超级节能船舶的研发，进行船舶能耗指标的标准化研究等。日本计划2010年实现轨距可变列车的实用化评估，2012年前确立电池式节能路面电车实用化技术，2012年确立高效率船舶无空转技术（二氧化碳可减排3成），2016年前实现超导线性技术实用化。日本将低碳交通革命置于发展经济的重要位置，不仅希望低碳交通革命可成为目前日本经济发展的新增长点，还希望其在未来发展中处于战略制高点。

三、借鉴及启示

我国与日本运输业处于不同发展阶段，具有迥异的发展阶段特征，包括：日本交通基础设施系统已基本完善，我国基础设施还在快速发展阶段；日本城市化、机动化进程已经完成，私人汽车拥有量已达到峰值并进入减少期，我国城市化、机动化正在快速进行中，汽车拥有量还处于快速增长期，峰值期远未到来；日本客货运输及其能源消耗、排放等已由增长期经过拐点开始下降，我国客货运输及其能源消耗、排放等还处于上升阶段。虽然中日运输发展阶段及特征不同，但我国运输业发展与日本有着相似的发展路径，日本运输节能减排的发展历程及经验教训无疑对我国有着重要借鉴。

1. 确立综合运输节能规划

我国在“十一五”规划中确定了到2010年在2005年基础上单位GDP能耗下降20%的节能目标，又在去年进一步提出到2020年单位GDP二氧化碳排放比2005年下降40%～45%的自主行动目标。参照日本经验，我国运输部门占全部能源消费及排放的比例还将有较大增长，交通运输部门的节能减排将对我国能否实现上述节能减排目标有重大影响。建议我国在“十二五”规划中，将节能目标分解到产业、民生和运输部门，并在国家发展改革委《节能中长期专项规划》、《公路水路交通节能中长期规划》等基础上制定综合运输系统节能规划，确定综合运输业节能潜力、节能目标、节能技术及实现途径，并借鉴日本经验，通过经济、法律和必要的行政手段相结合的综合措施推进规划目标的实现。

2. 构建集约型客运交通供给结构

日本相对于欧美属于集约型交通发展模式，但其交通运输能耗和排放仍然经历了较长的上升期。我国处于工业化和城市化高速发展进程中，交通建设仍是近期发展主题。鉴于交通供给对交通需求结构具有决定性及不可逆转的影响，建议我国借鉴日本经验，在交通基础设施建设方面，从节约资源和保护环境出发，构筑集约型的城际及城市交通运输系统。即以轨道交通为主体，建设连接城市、城市圈以及城市群的城市交通支持系统，防止蔓延式城市发展模式；在经济圈内加强城际快速轨道交通系统建设；在大城市内建设城铁和地铁有机衔接的轨道交通系统，在中小城市发展以城市列车、BRT、公共汽车为主导的交通发展模式，并不断完善铁路、城市地铁、公交等的便捷衔接。

3. 促进铁路货运的高效化，促进货运向节能方式转移

与日本客货运输能耗分别为运输能耗的6成、4成左右相对，我国客货运输能耗分别占4成和6成。我国铁路货运能力的不足特别是煤炭货运能力的不足客观上使很多运输需求转移到能耗、排放均较高的公路运输上。建议我国在大力发展客运专线、高速铁路的同时，充分利用高速客运系统发展后释放出的铁路运输能力，提高货运组织、编组、解编效率，力争铁路货运更加快速，并及早去除各种运输方式间衔接的体制障碍、运输组织障碍等，推进铁路运力的更有效利用。也可借鉴日本“绿色标识”及“货主自主行动计划”的做法，促进货运向节能减排的运输方式转移。

4. 限制小汽车出行及提高交通工具的燃油效率

日本小汽车的大量增长（2008财年汽车拥有量达7880万辆），是使日本交通运输部门能耗和排放增长的主要原因。我国2009年汽车保有量已达6300万辆，百人汽车拥有量仅为5辆左右，远低于日本的61.7辆（2008财年），我国正处于快速城市化和汽车消费社会化进程中，汽车拥有量将保持持续增长趋势，有关预测表明2020年我国汽车保有量将达

1.0亿~1.8亿辆，车辆达到峰值至少要到20年之后。建议我国借鉴日本经验，一是不断严格车辆能耗、环保标准，致力提高传统燃油汽车能效；二是加强新能源汽车的研发生产、推广使用，从城市基础设施建设、电网建设等方面为下一代汽车产业发展做好准备；三是通过经济手段，如放开成品油价格、征收燃油税、牌照费、消费税、拥堵费、较高的停车费等诱导居民减少小汽车出行距离，以应对汽车消费社会化进程中的节能减排问题。

5. 开发节能运输工具，大力发展智能交通

日本通过发展VICS（车辆信息交通系统）、ITS（智能交通系统）、ETC（电子收费系统）、公共汽车优先运行系统（PTPS，即Public Transport Priority Systems，包括公共汽车接近识别系统及红绿灯控制系统）等智能交通手段促进节能减排，具有一定效果。我国与日本普及智能交通系统相比，总体水平较低且各地发展差距巨大。建议我国采取因地制宜的区别发展战略，在东部沿海等发达地区及大中城市，积极推进智能交通系统的普及，由交通部及信息部等牵头，联合组织成立相关的研究、开发、协调机构，制定完善的智能交通系统框架体系。其次，在建设智能系统的过程中走政府与民间企业相互合作的道路，加速智能交通系统的研究、开发和应用。

（作者单位：国家发改委综合运输研究所）

欧盟乘用车低碳发展政策效果分析及启示*

伍诗雨　冯相昭

一、引言

交通部门是全球温室气体第二大排放源，道路交通 CO_2 排放则是整个交通部门 CO_2 排放的绝对主体。而机动车作为道路交通系统的重要载体，其低碳化程度直接影响交通部门的碳减排进程。以欧盟为例，国际能源署最新碳排放数据显示，2010 年欧盟 27 国共排放 36.6 亿吨 CO_2，其中交通部门贡献了 9 亿吨，是该地区第二大排放部门。而同年道路交通 CO_2 排放量为 8.48 亿吨，约占整个交通部门总排放的 94%。值得注意的是，与大部分发展中国家相比，欧盟及其主要成员国较早时间就开始关注道路交通领域的乘用车低碳发展问题。除了加快低碳机动车发展和清洁燃料技术进步，欧盟各成员国均颁布了相应的政策措施来推动道路交通行业的低碳化进程。2001 ~ 2011 年间，欧盟多个成员国乘用车的单车平均碳排放水平下降，由 116.11gCO_2/km 下降到 109.41gCO_2/km，使得欧盟在整个碳减排发展上取得了很大的进步。这些政策从表现形式来看，可以分为行政控制型和经济激励型两类。其中经济手段被认为是一种有效的减排方法，通常在影响消费者购置、保有和使用乘用车的需求方面更具有效率。

就中国而言，道路交通已成为 CO_2 排放增长最快的部门之一。在 1990 ~ 2010 年期间，该领域的 CO_2 排放增长了 547.6%，远高于同期整个交通领域的增长速率（335.8%）。因此，分析欧盟乘用车低碳发展中使用的经济手段及其产生的作用，对我国当前的乘用车低碳发展状况具有很大的借鉴意义。

二、欧盟乘用车低碳发展政策

乘用车低碳化发展是指通过对道路交通行业采取经济、规划、管理、信息等多种手段来减少乘用车的碳排放量，从而加快整个社会的低碳化进程，最终促进交通与社会经济可持续发展目标的实现。

欧盟委员会于 2011 年 3 月颁布了交通运输白皮书，旨在引导未来欧盟公路、铁路、航空与水路运输的发展方向。其中提及 2050 年欧盟运输行业的 CO_2 排放量将在 1990 年的基础上减少 60%。因此欧盟各国增加了对交通运输业中低碳发展的关注，纷纷开展诸如提供清洁交通、颁布相关法案、规定税费补贴等有计划的减排努力。

根据 2012 年欧洲环境署的统计资料，欧盟 27 国新增乘用车的单车平均碳排放量由 2007 年的 158.7gCO_2/km 降低至 2011 年的 135.7gCO_2/km，年均下降 3.8%。可见多种手段的综合运用起到了良好的效果，其中经济手段发挥了很大的作用，也是对消费者行为产生影响的主要作用手段。

欧盟各国使用的经济手段主要以鼓励和促进人们进行脱碳行为为主要目的，而根据不同行为对交通量的不同影响，可以将乘用车低碳化行为分为避免（Avoid）、转移（Shift）和改善（Improve）三类。这三类都是可以减少碳排放的行为，其中，避免是指通过减少乘用车的使用程度来减少碳排放量，包括增加载客率或占用率、减少外出次数以及行程长度等行为；转移是指转向碳效率更高的交通方式——轨道交通或自行车、步行——来寻求碳排放量的降低；而改善是指通过提高汽车的碳效率来进行低碳发展，包括使用替代燃料以及碳效率更高的汽车或驾驶方式。

从决策层次来看，欧盟乘用车低碳发展政策可以划分为不同的地域层次，即欧盟层面、国家层面与地方层面。欧盟层面上多为宏观上的标准与规划目标，而国家则集中在整个国家范围内的税费收取与补贴上，地方层面则增加了具有灵活性和特殊性的其他规定，着眼于当地的低碳交通发展。从作用环节来看，低碳交通领域的不同经济政策往往作用于机动车的购置、使用或保有环节，从而促进乘用车低碳化发展。

欧盟乘用车低碳发展政策矩阵　　表 1

	购置环节		保有/使用环节	
	政策手段	案例国家/城市	政策手段	案例国家/城市
欧盟层次	汽车经济性标准	欧盟所有成员国	交通白皮书碳减排目标	欧盟所有成员国
国家层次	登记税；换购计划；激励技术创新补贴	奥地利；捷克；比利时	道路税；燃油税；通勤补贴	瑞典；爱尔兰；德国
地方层次	电动车购置优惠；重型车流通限制	伦敦；米兰等	通行税；交通拥堵费；停车费；电动车停车优惠政策	伦敦，斯德哥尔摩；米兰；波尔图等

三、各种经济手段实施效果分析

1. 登记税

欧盟国家乘用车的登记税根据乘用车的汽缸容量、价格、马力、长度、座位数等属性征收。其中英国、德国等九个成员国没有设置登记税，它们仅对新车征收增值税和一个相对较小的登记费用来支付行政开支，而剩余的国家对不同燃料类

* 本文转载自《综合运输》2013 年第 6 期。

型车辆征收的税额也有不同。如荷兰对新柴油车征收的登记税约为汽车售价的38%左右，奥地利约为8%左右。在一般情况下，柴油车的税率高于汽油车。

通过对不同燃料类型的车征收不同税率的登记税，人们在购置新车时会基于自己的购车预算考虑是否购买以及购买何种类型的乘用车，最终在需求层面上控制整个国家乘用车的数量以及不同燃料类型的汽车所占汽车总量的比例。以捷克为例，2009年1月1日起正式推行汽车登记税，其目的是优化国内乘用车结构，鼓励环境友好型新车进行登记，并减少在用车再次注册的份额。在2009～2011年期间新车注册数量首次高于新注册的二手车数量，且登记税对优化乘用车结构和改善新登记车辆平均环境性能的影响是显著的。

2. 道路税

在大多数欧盟国家，乘用车在使用交通道路时需要支付相应税款，即道路税。其征收额度是根据汽车的质量、CO_2排放量、汽缸容积、马力等特性确定的。比如英国自2001年引入CO_2排放内容的乘用车VED（Vehicle Excise Duty）制度，在2010年进行新一轮的标准更新，即针对污染较严重、排量较大的汽车征收更高税率的道路税，而对替代燃料汽车的税款征收少于等量CO_2排放的汽油或柴油汽车。

与登记税类似，道路税也是通过对不同环境特性的乘用车征收不同额度的税款，来减少人们对大排量、高污染汽车的使用，鼓励人们使用轻型汽车和替代燃料汽车。根据Borup（2007）对道路税的研究，瑞典自2006年引入道路税，对CO_2排量超过100克/公里标准的传统汽油车除征收30英镑的基本税，还需征收额外1.3英镑/克CO_2的道路税；而对替代燃料车来说，超过标准的CO_2排放只需支付0.85英镑/克CO_2的税款。在2005～2006年间，低排量汽车的份额从2.9%提高到12.8%，而到2007年4月，份额升至14.3%，而排量低于120克CO_2/公里的车辆相对于2006年而言提高了三倍。由此可见，道路税的引入对改变消费者行为作了一定贡献。通过一项英国政府的调查，当税款差额达到60欧元时，33%的被调查者愿意转为购买低排量汽车，达到180欧元时则有55%的被调查者愿意购买低排量汽车。但是当差距达到360欧元时，仍有28%的人不愿意换车，并且有可能会面临车主等社会群体的反对。

3. 燃油税

燃油税是燃料销售过程中的消费税，会对汽车的使用产生一定影响。燃油税也被作为一种生态税，用于提升生态可持续性。燃油税的征收作用在于提高人们使用汽油或柴油车的成本，使之与天然气、生物燃料或电力驱动车的成本相当，从而鼓励人们转向更清洁更轻型的汽车，从总量上减少CO_2排放。

欧盟国家的燃油税也被称为动态汽车消费税（Dynamic VED），即税款与行驶过程中消耗的柴油（汽油）量有关，部分国家还会征收增值税。而静态汽车消费税（Static VED）则包括前文所指的“道路税”（仅与汽车质量、使用时间、气缸容量等汽车固有特性相关）、购置税、乘用车保险以及车检税等。许多国家并不会同时使用道路税和燃油税两种税种。荷兰拥有占燃料总价最高百分比的燃料税率，汽油和柴油的燃料征收税率分别为68.84%和56.55%。根据Fu和Kelly（2012）对爱尔兰登记税、道路税与燃油税的综合比较研究，可以发现三种税种对碳排放与能源消耗具有不同的影响。通过建立模型进行分析，他们发现仅使用燃油税的效果要优于道路税与登记税结合起来的效果，当合理使用这三个税种时，碳减排与能源减少的效果是最好的。

4. 换购计划

换购计划是指在替换旧车的过程中给予车主一定的价格减免，从而鼓励人们将自己原有的排量较大、污染较重的乘用车替换为相对低排量的汽车。换购计划一方面可以影响CO_2排放，一方面可以支持国家汽车工业。大部分欧盟国家都拥有自己的换购计划，比如法国的环境政策表明如果用一辆使用年份超过15年的旧车置换一台拥有少于110克/公里CO_2排放量新车，可以在购买价格或租金上获得300欧元的减免。

Nemry等（2009）对欧盟的换购计划进行了研究，发现换购计划实施的可行性与很多因素有关，比如新旧车辆的碳排放量，政策的持续性等等。只有当新车的碳排量少于旧车、政策的实施具有较强的持续性时，才能减少乘用车整个生命周期产生的碳排放。

5. 通行税

通行税是指各个路段会对经过的车辆征收一定的税额，其形式可能是税款或者是“环境友好”标签。欧洲国家的通行税主要分为高速通行税、隧道桥梁通行税与“环境友好”标签，且各个国家拥有这三项税种的情况不尽相同。通行税和“环境友好”标签都是对使用基础设施收取费用，其价格随乘用车本身与环境相关的特性不同而有所区别，因此可以影响消费者行为。通行税通常适用于特定基础设施的一次性使用，而“环境友好”标签则是在一定时期内（通常为一年）对所有的高速公路都有效。

以斯德哥尔摩为例，该城市在2006年7月1日到2007年7月31日期间取消了原来的道路通行税，2007年8月以后又重新开始征收。Hultkrantz和Liu（2012）将没有道路通行税的时期和以后的阶段相比，发现在重新引入通行税后，各地段平均每日的汽车通行量有了很大的减少；而全年施行通行税制度的2008年，每个月每天的平均车流量相对于没有通行税的2006～2007年阶段减少了4%～13%。由此可见，通行税的施行对减少车辆的使用有很好的效果。

但是，不是所有收取方式的通行税对减少交通工具使用次数都十分有效，比如“环境友好”标签的所有权和基础设施使用之间并没有直接关系，购买“环境友好”标签并不能立刻激励汽车使用的减少，相反，消费者甚至可能增加其使用基础设施的次数以确保他们“最大限度地利用了他们的钱”。

6. 交通拥堵费

欧盟的部分国家会对交通拥堵时段所有的道路使用车辆征收一定费用，其主要目的是为十分拥挤的城市地区提高交通运营效率并改善空气质量。通过征收交通拥堵费，乘用车出行成本上升，一部分车主对驾驶私家车出行的意愿减少，使得出行的汽车总量减少，进而减少二氧化碳的排放。

Li 和 Hensher（2012）对伦敦、斯德哥尔摩、米兰和新加坡 2011 年进行交通拥堵收费全年交通状况的研究表明，四个城市总的交通量减少 15% ~20%，公共交通使用量增长 6.2%（米兰）~21%（新加坡）。不难发现，交通拥堵费有利于城市汽车交通量的减少以及公共交通的使用增加。

四、主要研究结论

1. 经济手段对减少乘用车 CO_2 排放效果显著

就欧盟 27 国而言，2007 ~2011 年期间欧盟的年均 CO_2 排量减少 3.8%，其中 13 个高于平均减排量的国家中有 12 个国家是得益于国内乘用车有效实施了经济激励政策措施（如税制中对于 CO_2 排量的控制等），而有 5 个欧盟成员国在其税制中未包括机动车 CO_2 减排经济手段的内容，导致这些国家的单车平均碳减排量明显低于欧盟同期平均减排量水平。分析表明乘用车 CO_2 排放减少与登记税、燃油税等经济手段使用之间存在明显的正向关系。

2. 多种经济手段综合作用，碳减排效果更佳

纵观欧盟主要成员国政策实践，不难发现在机动车购置、保有以及使用等诸环节，综合利用各种经济手段，以及执行“胡萝卜＋大棒”政策组合的碳减排效果更加明显。比如，瑞典从 2012 年 1 月起对单位公里 CO_2 排量小于 50 克的汽车予以 4300 欧元的登记税折扣；英国伦敦对单位公里 CO_2 排量小于 100 克的汽车施行交通拥堵费免除，英国的其他地方当局对电动车减免停车费；芬兰交通燃料的税收标准取决于能源种类、CO_2 排放和当地的空气质量。通过各类经济手段（税收折扣、费用减免等）的有机结合，道路交通的碳排量整体减少。

3. 重视挖掘节能和新能源汽车的减排潜力

节能和新能源汽车是未来乘用车发展的一个重要方向，包括可替代燃料汽车、各类电动汽车等等。节能和新能源汽车的推广使用既可以减少当前的燃料压力，还能减少汽车尾气的排放，从环境和能源两方面服务于社会。在电动车免税方面，各成员国对不同的车辆类型具有不同的减免标准。如奥地利对纯电动车予以 NoVA 税的减免；而比利时的佛兰德斯地区对纯电动车、插入式混合动力车、氢燃料电动车予以注册税的减免；捷克对电动车、天然气汽车、液化石油气汽车、混合动力车免收道路税；丹麦对纯电动汽车和燃料电池电动汽车免收道路税直至 2015 年；由此可见欧盟各国在税收设置方面对节能和新能源汽车减排潜力的重视。

五、对中国的启示

1. 税收杠杆使用和税率厘定应科学设计

我国大陆地区使用汽车购置税替代欧盟国家使用的登记税，其税率为固定税率 10%。使用固定税率的车辆购置税在计算上更为便利，且易于收取，难以获得激励人们购买小排量汽车的效果。除了购置税，我国从 2009 年 1 月 1 日起进行燃油税费改革，以燃油税替代公路养路费等六项收费。然而在燃油税的收取过程中，存在着油价相对较高、与燃油税征收标准不对等，燃油税标准划分不明等问题，并没有实现其最初的替代养路费、灵活协调乘用车车主对车辆使用的目的。

反观欧盟，在收取登记税时大部分欧盟国家会根据不同的车辆属性收取不同程度的税款。而在我国香港，同样有登记税的征收——根据汽车类别和价格的不同，如私家车、客货车、公司用车等，收取不等的登记税。其税收弹性较大，也能有针对性地调换对各类车辆的倾斜程度，利于政府对于消费者购买汽车的倾向引导。因此，我国在制定税收政策时应该考虑对消费者的刺激，科学使用及厘定税收杠杆与税率。

2. 税费收支管理要统筹规划

截止 2013 年初，媒体调查称我国燃油税征收税额累计近 9000 亿元，但支出去向不明。与此同时，作为取代养路费、降低刚性收费的燃油税，并没有在资金收取和使用上进行一定程度的信息公开，同时接受监督。

然而在欧盟道路交通税费收支管理中，其通过对超过排放标准的汽车收费作为国家税收收入的来源，再将收入重新投入到乘用车行业低碳发展中，其形式包括构建 R&D 工业补贴、激励技术创新补贴等等。比如法国在对乘用车行业实行 Feebate（即奖惩税）政策时，对低排量汽车予以奖励金额、对高排量汽车进行处罚。根据法国环境和能源管理机构的报告，该制度有力带动了消费者购买低 CO_2 排放的车辆，仅 2008 年这一年，整个法国车队的 CO_2 排放强度下降了 9g/km。可见明确从何方收取相关税款及费用、收取后如何投入到相应的地方对于刺激整个乘用车行业的低碳发展、达到其预先规定的单车 CO_2 排放量目标十分重要。

3. 行政控制型手段要与经济手段有效结合使用

目前我国的大部分乘用车碳排放管控手段多为行政控制型，即明确作出相应规定或对乘用车进行一定限制（如颁布燃油经济性标准、制定新型燃料汽车发展规划等等）。此类手段主要影响生产厂商的生产与销售行为，从而减少大排量乘用车的销量，而对于消费者购买、使用与保有行为的影响较小。然而乘用车的使用与保有往往是碳排放控制的主要阶段，缺少对这两个阶段的乘用车碳排放管控，会使得整个道路交通行业的碳减排进程效率较低。这也是目前我国乘用车低碳发展较缓的原因。

经济手段相对于行政控制手段，具有更大的弹性。其通过改变乘用车车主在汽车购买、使用和保有过程中的成本与收益，影响他们对乘用车的偏好，改变他们的使用、保有行为，最终达到减少碳排放的目的。我国目前的经济手段主要包括税收优惠、换购补贴、研发补贴、燃油税、车船税等等，总体而言补贴种类较多，而部分税种的税差、税额设置存在缺陷。因此，我国应该对经济手段中的不同政策进行一定评估，明确各类手段对乘用车车主的行为的影响，进而将行政控制型手段与经济手段有机结合起来，提高对我国乘用车低碳发展的管控效率。

（第一作者单位：中国人民大学环境学院）

政策法规篇
Policies and regulations article

中华人民共和国大气污染防治法

第一章　总　　则

第一条　为防治大气污染，保护和改善生活环境和生态环境，保障人体健康，促进经济和社会的可持续发展，制定本法。

第二条　国务院和地方各级人民政府，必须将大气环境保护工作纳入国民经济和社会发展计划，合理规划工业布局，加强防治大气污染的科学研究，采取防治大气污染的措施，保护和改善大气环境。

第三条　国家采取措施，有计划地控制或者逐步削减各地方主要大气污染物的排放总量。

地方各级人民政府对本辖区的大气环境质量负责，制定规划，采取措施，使本辖区的大气环境质量达到规定的标准。

第四条　县级以上人民政府环境保护行政主管部门对大气污染防治实施统一监督管理。

各级公安、交通、铁道、渔业管理部门根据各自的职责，对机动车船污染大气实施监督管理。

县级以上人民政府其他有关主管部门在各自职责范围内对大气污染防治实施监督管理。

第五条　任何单位和个人都有保护大气环境的义务，并有权对污染大气环境的单位和个人进行检举和控告。

第六条　国务院环境保护行政主管部门制定国家大气环境质量标准。省、自治区、直辖市人民政府对国家大气环境质量标准中未作规定的项目，可以制定地方标准，并报国务院环境保护行政主管部门备案。

第七条　国务院环境保护行政主管部门根据国家大气环境质量标准和国家经济、技术条件制定国家大气污染物排放标准。

省、自治区、直辖市人民政府对国家大气污染物排放标准中未作规定的项目，可以制定地方排放标准；对国家大气污染物排放标准中已作规定的项目，可以制定严于国家排放标准的地方排放标准。地方排放标准须报国务院环境保护行政主管部门备案。

省、自治区、直辖市人民政府制定机动车船大气污染物地方排放标准严于国家排放标准的，须报经国务院批准。

凡是向已有地方排放标准的区域排放大气污染物的，应当执行地方排放标准。

第八条　国家采取有利于大气污染防治以及相关的综合利用活动的经济、技术政策和措施。

在防治大气污染、保护和改善大气环境方面成绩显著的单位和个人，由各级人民政府给予奖励。

第九条　国家鼓励和支持大气污染防治的科学技术研究，推广先进适用的大气污染防治技术；鼓励和支持开发、利用太阳能、风能、水能等清洁能源。

国家鼓励和支持环境保护产业的发展。

第十条　各级人民政府应当加强植树种草、城乡绿化工作，因地制宜地采取有效措施做好防沙治沙工作，改善大气环境质量。

第二章　大气污染防治的监督管理

第十一条　新建、扩建、改建向大气排放污染物的项目，必须遵守国家有关建设项目环境保护管理的规定。

建设项目的环境影响报告书，必须对建设项目可能产生的大气污染和对生态环境的影响作出评价，规定防治措施，并按照规定的程序报环境保护行政主管部门审查批准。

建设项目投入生产或者使用之前，其大气污染防治设施必须经过环境保护行政主管部门验收，达不到国家有关建设项目环境保护管理规定的要求的建设项目，不得投入生产或者使用。

第十二条　向大气排放污染物的单位，必须按照国务院环境保护行政主管部门的规定向所在地的环境保护行政主管部门申报拥有的污染物排放设施、处理设施和在正常作业条件下排放污染物的种类、数量、浓度，并提供防治大气污染方面的有关技术资料。

前款规定的排污单位排放大气污染物的种类、数量、浓度有重大改变的，应当及时申报；其大气污染物处理设施必须保持正常使用，拆除或者闲置大气污染物处理设施的，必须事先报经所在地的县级以上地方人民政府环境保护行政主管部门批准。

第十三条　向大气排放污染物的，其污染物排放浓度不得超过国家和地方规定的排放标准。

第十四条　国家实行按照向大气排放污染物的种类和数量征收排污费的制度，根据加强大气污染防治的要求和国家的经济、技术条件合理制定排污费的征收标准。

征收排污费必须遵守国家规定的标准，具体办法和实施步骤由国务院规定。

征收的排污费一律上缴财政，按照国务院的规定用于大气污染防治，不得挪作他用，并由审计机关依法实施审计监督。

第十五条　国务院和省、自治区、直辖市人民政府对尚未达到规定的大气环境质量标准的区域和国务院批准划定的酸雨控制区、二氧化硫污染控制区，可以划定为主要大气污染物排放总量控制区。主要大气污染物排放总量控制的具体办法由国务院规定。

大气污染物总量控制区内有关地方人民政府依照国务院规定的条件和程序，按照公开、公平、公正的原则，核定企业事业单位的主要大气污染物排放总量，核发主要大气污染物排放许可证。

有大气污染物总量控制任务的企业事业单位，必须按照核定的主要大气污染物排放总量和许可证规定的排放条件排放污染物。

第十六条 在国务院和省、自治区、直辖市人民政府划定的风景名胜区、自然保护区、文物保护单位附近地区和其他需要特别保护的区域内，不得建设污染环境的工业生产设施；建设其他设施，其污染物排放不得超过规定的排放标准。在本法施行前企业事业单位已经建成的设施，其污染物排放超过规定的排放标准的，依照本法第四十八条的规定限期治理。

第十七条 国务院按照城市总体规划、环境保护规划目标和城市大气环境质量状况，划定大气污染防治重点城市。

直辖市、省会城市、沿海开放城市和重点旅游城市应当列入大气污染防治重点城市。

未达到大气环境质量标准的大气污染防治重点城市，应当按照国务院或者国务院环境保护行政主管部门规定的期限，达到大气环境质量标准。该城市人民政府应当制定限期达标规划，并可以根据国务院的授权或者规定，采取更加严格的措施，按期实现达标规划。

第十八条 国务院环境保护行政主管部门会同国务院有关部门，根据气象、地形、土壤等自然条件，可以对已经产生、可能产生酸雨的地区或者其他二氧化硫污染严重的地区，经国务院批准后，划定为酸雨控制区或者二氧化硫污染控制区。

第十九条 企业应当优先采用能源利用效率高、污染物排放量少的清洁生产工艺，减少大气污染物的产生。

国家对严重污染大气环境的落后生产工艺和严重污染大气环境的落后设备实行淘汰制度。

国务院经济综合主管部门会同国务院有关部门公布限期禁止采用的严重污染大气环境的工艺名录和限期禁止生产、禁止销售、禁止进口、禁止使用的严重污染大气环境的设备名录。

生产者、销售者、进口者或者使用者必须在国务院经济综合主管部门会同国务院有关部门规定的期限内分别停止生产、销售、进口或者使用列入前款规定的名录中的设备。生产工艺的采用者必须在国务院经济综合主管部门会同国务院有关部门规定的期限内停止采用列入前款规定的名录中的工艺。

依照前两款规定被淘汰的设备，不得转让给他人使用。

第二十条 单位因发生事故或者其他突然性事件，排放和泄漏有毒有害气体和放射性物质，造成或者可能造成大气污染事故、危害人体健康的，必须立即采取防治大气污染危害的应急措施，通报可能受到大气污染危害的单位和居民，并报告当地环境保护行政主管部门，接受调查处理。

在大气受到严重污染，危害人体健康和安全的紧急情况下，当地人民政府应当及时向当地居民公告，采取强制性应急措施，包括责令有关排污单位停止排放污染物。

第二十一条 环境保护行政主管部门和其他监督管理部门有权对管辖范围内的排污单位进行现场检查，被检查单位必须如实反映情况，提供必要的资料。检查部门有义务为被检查单位保守技术秘密和业务秘密。

第二十二条 国务院环境保护行政主管部门建立大气污染监测制度，组织监测网络，制定统一的监测方法。

第二十三条 大、中城市人民政府环境保护行政主管部门应当定期发布大气环境质量状况公报，并逐步开展大气环境质量预报工作。

大气环境质量状况公报应当包括城市大气环境污染特征、主要污染物的种类及污染危害程度等内容。

第三章 防治燃煤产生的大气污染

第二十四条 国家推行煤炭洗选加工，降低煤的硫份和灰份，限制高硫份、高灰份煤炭的开采。新建的所采煤炭属于高硫份、高灰份的煤矿，必须建设配套的煤炭洗选设施，使煤炭中的含硫份、含灰份达到规定的标准。

对已建成的所采煤炭属于高硫份、高灰份的煤矿，应当按照国务院批准的规划，限期建成配套的煤炭洗选设施。

禁止开采含放射性和砷等有毒有害物质超过规定标准的煤炭。

第二十五条 国务院有关部门和地方各级人民政府应当采取措施，改进城市能源结构，推广清洁能源的生产和使用。

大气污染防治重点城市人民政府可以在本辖区内划定禁止销售、使用国务院环境保护行政主管部门规定的高污染燃料的区域。该区域内的单位和个人应当在当地人民政府规定的期限内停止燃用高污染燃料，改用天然气、液化石油气、电或者其他清洁能源。

第二十六条 国家采取有利于煤炭清洁利用的经济、技术政策和措施，鼓励和支持使用低硫份、低灰份的优质煤炭，鼓励和支持洁净煤技术的开发和推广。

第二十七条 国务院有关主管部门应当根据国家规定的锅炉大气污染物排放标准，在锅炉产品质量标准中规定相应的要求；达不到规定要求的锅炉，不得制造、销售或者进口。

第二十八条 城市建设应当统筹规划，在燃煤供热地区，统一解决热源，发展集中供热。在集中供热管网覆盖的地区，不得新建燃煤供热锅炉。

第二十九条 大、中城市人民政府应当制定规划，对饮食服务企业限期使用天然气、液化石油气、电或者其他清洁能源。

对未划定为禁止使用高污染燃料区域的大、中城市市区内的其他民用炉灶，限期改用固硫型煤或者使用其他清洁能源。

第三十条 新建、扩建排放二氧化硫的火电厂和其他大中型企业，超过规定的污染物排放标准或者总量控制指标的，必须建设配套脱硫、除尘装置或者采取其他控制二氧化硫排放、除尘的措施。

在酸雨控制区和二氧化硫污染控制区内，属于已建企业超过规定的污染物排放标准排放大气污染物的，依照本法第四十八条的规定限期治理。

国家鼓励企业采用先进的脱硫、除尘技术。

企业应当对燃料燃烧过程中产生的氮氧化物采取控制措施。

第三十一条 在人口集中地区存放煤炭、煤矸石、煤渣、煤灰、砂石、灰土等物料，必须采取防燃、防尘措施，防止污染大气。

第四章 防治机动车船排放污染

第三十二条 机动车船向大气排放污染物不得超过规定的排放标准。

任何单位和个人不得制造、销售或者进口污染物排放超过规定排放标准的机动车船。

第三十三条 在用机动车不符合制造当时的在用机动车污染物排放标准的，不得上路行驶。

省、自治区、直辖市人民政府规定对在用机动车实行新的污染物排放标准并对其进行改造的，须报经国务院批准。

机动车维修单位，应当按照防治大气污染的要求和国家有关技术规范进行维修，使在用机动车达到规定的污染物排放标准。

第三十四条 国家鼓励生产和消费使用清洁能源的机动车船。

国家鼓励和支持生产、使用优质燃料油，采取措施减少燃料油中有害物质对大气环境的污染。单位和个人应当按照国务院规定的期限，停止生产、进口、销售含铅汽油。

第三十五条 省、自治区、直辖市人民政府环境保护行政主管部门可以委托已取得公安机关资质认定的承担机动车年检的单位，按照规范对机动车排气污染进行年度检测。

交通、渔政等有监督管理权的部门可以委托已取得有关主管部门资质认定的承担机动船舶年检的单位，按照规范对机动船舶排气污染进行年度检测。

县级以上地方人民政府环境保护行政主管部门可以在机动车停放地对在用机动车的污染物排放状况进行监督抽测。

第五章 防治废气、尘和恶臭污染

第三十六条 向大气排放粉尘的排污单位，必须采取除尘措施。

严格限制向大气排放含有毒物质的废气和粉尘；确需排放的，必须经过净化处理，不超过规定的排放标准。

第三十七条 工业生产中产生的可燃性气体应当回收利用，不具备回收利用条件而向大气排放的，应当进行防治污染处理。

向大气排放转炉气、电石气、电炉法黄磷尾气、有机烃类尾气的，须报经当地环境保护行政主管部门批准。

可燃性气体回收利用装置不能正常作业的，应当及时修复或者更新。在回收利用装置不能正常作业期间确需排放可燃性气体的，应当将排放的可燃性气体充分燃烧或者采取其他减轻大气污染的措施。

第三十八条 炼制石油、生产合成氨、煤气和燃煤焦化、有色金属冶炼过程中排放含有硫化物气体的，应当配备脱硫装置或者采取其他脱硫措施。

第三十九条 向大气排放含放射性物质的气体和气溶胶，必须符合国家有关放射性防护的规定，不得超过规定的排放标准。

第四十条 向大气排放恶臭气体的排污单位，必须采取措施防止周围居民区受到污染。

第四十一条 在人口集中地区和其他依法需要特殊保护的区域内，禁止焚烧沥青、油毡、橡胶、塑料、皮革、垃圾以及其他产生有毒有害烟尘和恶臭气体的物质。

禁止在人口集中地区、机场周围、交通干线附近以及当地人民政府划定的区域露天焚烧秸秆、落叶等产生烟尘污染的物质。

除前两款外，城市人民政府还可以根据实际情况，采取防治烟尘污染的其他措施。

第四十二条 运输、装卸、贮存能够散发有毒有害气体或者粉尘物质的，必须采取密闭措施或者其他防护措施。

第四十三条 城市人民政府应当采取绿化责任制、加强建设施工管理、扩大地面铺装面积、控制渣土堆放和清洁运输等措施，提高人均占有绿地面积，减少市区裸露地面和地面尘土，防治城市扬尘污染。

在城市市区进行建设施工或者从事其他产生扬尘污染活动的单位，必须按照当地环境保护的规定，采取防治扬尘污染的措施。

国务院有关行政主管部门应当将城市扬尘污染的控制状况作为城市环境综合整治考核的依据之一。

第四十四条 城市饮食服务业的经营者，必须采取措施，防治油烟对附近居民的居住环境造成污染。

第四十五条 国家鼓励、支持消耗臭氧层物质替代品的生产和使用，逐步减少消耗臭氧层物质的产量，直至停止消耗臭氧层物质的生产和使用。

在国家规定的期限内，生产、进口消耗臭氧层物质的单位必须按照国务院有关行政主管部门核定的配额进行生产、进口。

第六章 法律责任

第四十六条 违反本法规定，有下列行为之一的，环境保护行政主管部门或者本法第四条第二款规定的监督管理部门可以根据不同情节，责令停止违法行为，限期改正，给予警告或者处以五万元以下罚款：

（一）拒报或者谎报国务院环境保护行政主管部门规定的有关污染物排放申报事项的；

（二）拒绝环境保护行政主管部门或者其他监督管理部门现场检查或者在被检查时弄虚作假的；

（三）排污单位不正常使用大气污染物处理设施，或者未经环境保护行政主管部门批准，擅自拆除、闲置大气污染物处理设施的；

（四）未采取防燃、防尘措施，在人口集中地区存放煤炭、煤矸石、煤渣、煤灰、砂石、灰土等物料的。

第四十七条 违反本法第十一条规定，建设项目的大气污染防治设施没有建成或者没有达到国家有关建设项目环境保护管理的规定的要求，投入生产或者使用的，由审批该建设项目的环境影响报告书的环境保护行政主管部门责令停止生产或者使用，可以并处一万元以上十万元以下罚款。

第四十八条 违反本法规定，向大气排放污染物超过国家和地方规定排放标准的，应当限期治理，并由所在地县级以上地方人民政府环境保护行政主管部门处一万元以上十万元以下罚款。限期治理的决定权限和违反限期治理要求的行政处罚由国务院规定。

第四十九条 违反本法第十九条规定，生产、销售、进口或者使用禁止生产、销售、进口、使用的设备，或者采用禁止采用的工艺的，由县级以上人民政府经济综合主管部门责令改正；情节严重的，由县级以上人民政府经济综合主管部门提出意见，报请同级人民政府按照国务院规定的权限责令停业、关闭。

将淘汰的设备转让给他人使用的，由转让者所在地县级以上地方人民政府环境保护行政主管部门或者其他依法行使监督管理权的部门没收转让者的违法所得，并处违法所得两倍以下罚款。

第五十条 违反本法第二十四条第三款规定，开采含放射性和砷等有毒有害物质超过规定标准的煤炭的，由县级以上人民政府按照国务院规定的权限责令关闭。

第五十一条 违反本法第二十五条第二款或者第二十九条第一款的规定，在当地人民政府规定的期限届满后继续燃用高污染燃料的，由所在地县级以上地方人民政府环境保护行政主管部门责令拆除或者没收燃用高污染燃料的设施。

第五十二条 违反本法第二十八条规定，在城市集中供热管网覆盖地区新建燃煤供热锅炉的，由县级以上地方人民政府环境保护行政主管部门责令停止违法行为或者限期改正，可以处五万元以下罚款。

第五十三条 违反本法第三十二条规定，制造、销售或者进口超过污染物排放标准的机动车船的，由依法行使监督管理权的部门责令停止违法行为，没收违法所得，可以并处违法所得一倍以下的罚款；对无法达到规定的污染物排放标准的机动车船，没收销毁。

第五十四条 违反本法第三十四条第二款规定，未按照国务院规定的期限停止生产、进口或者销售含铅汽油的，由所在地县级以上地方人民政府环境保护行政主管部门或者其他依法行使监督管理权的部门责令停止违法行为，没收所生产、进口、销售的含铅汽油和违法所得。

第五十五条 违反本法第三十五条第一款或者第二款规定，未取得所在地省、自治区、直辖市人民政府环境保护行政主管部门或者交通、渔政等依法行使监督管理权的部门的委托进行机动车船排气污染检测的，或者在检测中弄虚作假的，由县级以上人民政府环境保护行政主管部门或者交通、渔政等依法行使监督管理权的部门责令停止违法行为，限期改正，可以处五万元以下罚款；情节严重的，由负责资质认定的部门取消承担机动车船年检的资格。

第五十六条 违反本法规定，有下列行为之一的，由县级以上地方人民政府环境保护行政主管部门或者其他依法行使监督管理权的部门责令停止违法行为，限期改正，可以处五万元以下罚款：

（一）未采取有效污染防治措施，向大气排放粉尘、恶臭气体或者其他含有有毒物质气体的；

（二）未经当地环境保护行政主管部门批准，向大气排放转炉气、电石气、电炉法黄磷尾气、有机烃类尾气的；

（三）未采取密闭措施或者其他防护措施，运输、装卸或者贮存能够散发有毒有害气体或者粉尘物质的；

（四）城市饮食服务业的经营者未采取有效污染防治措施，致使排放的油烟对附近居民的居住环境造成污染的。

第五十七条 违反本法第四十一条第一款规定，在人口集中地区和其他依法需要特殊保护的区域内，焚烧沥青、油毡、橡胶、塑料、皮革、垃圾以及其他产生有毒有害烟尘和恶臭气体的物质的，由所在地县级以上地方人民政府环境保护行政主管部门责令停止违法行为，处二万元以下罚款。

违反本法第四十一条第二款规定，在人口集中地区、机场周围、交通干线附近以及当地人民政府划定的区域内露天焚烧秸秆、落叶等产生烟尘污染的物质的，由所在地县级以上地方人民政府环境保护行政主管部门责令停止违法行为；情节严重的，可以处二百元以下罚款。

第五十八条 违反本法第四十三条第二款规定，在城市市区进行建设施工或者从事其他产生扬尘污染的活动，未采取有效扬尘防治措施，致使大气环境受到污染的，限期改正，处二万元以下罚款；对逾期仍未达到当地环境保护规定要求的，可以责令其停工整顿。

前款规定的对因建设施工造成扬尘污染的处罚，由县级以上地方人民政府建设行政主管部门决定；对其他造成扬尘污染的处罚，由县级以上地方人民政府指定的有关主管部门决定。

第五十九条 违反本法第四十五条第二款规定，在国家规定的期限内，生产或者进口消耗臭氧层物质超过国务院有关行政主管部门核定配额的，由所在地省、自治区、直辖市人民政府有关行政主管部门处二万元以上二十万元以下罚款；情节严重的，由国务院有关行政主管部门取消生产、进口配额。

第六十条 违反本法规定，有下列行为之一的，由县级以上人民政府环境保护行政主管部门责令限期建设配套设施，可以处二万元以上二十万元以下罚款：

（一）新建的所采煤炭属于高硫份、高灰份的煤矿，不按照国家有关规定建设配套的煤炭洗选设施的；

（二）排放含有硫化物气体的石油炼制、合成氨生产、煤气和燃煤焦化以及有色金属冶炼的企业，不按照国家有关规定建设配套脱硫装置或者未采取其他脱硫措施的。

第六十一条 对违反本法规定，造成大气污染事故的企业事业单位，由所在地县级以上地方人民政府环境保护行政主管部门根据所造成的危害后果处直接经济损失百分之五十以下罚款，但最高不超过五十万元；情节较重的，对直接负责的主管人员和其他直接责任人员，由所在单位或者上级主管机关依法给予行政处分或者纪律处分；造成重大大气污染事故，导致公私财产重大损失或者人身伤亡的严重后果，构成犯罪的，依法追究刑事责任。

第六十二条 造成大气污染危害的单位，有责任排除危害，并对直接遭受损失的单位或者个人赔偿损失。

赔偿责任和赔偿金额的纠纷，可以根据当事人的请求，由环境保护行政主管部门调解处理；调解不成的，当事人可以向人民法院起诉。当事人也可以直接向人民法院起诉。

第六十三条 完全由于不可抗拒的自然灾害，并经及时采取合理措施，仍然不能避免造成大气污染损失的，免于承担责任。

第六十四条 环境保护行政主管部门或者其他有关部门违反本法第十四条第三款的规定，将征收的排污费挪作他用的，由审计机关或者监察机关责令退回挪用款项或者采取其他措施予以追回，对直接负责的主管人员和其他直接责任人员依法给予行政处分。

第六十五条 环境保护监督管理人员滥用职权、玩忽职守的，给予行政处分；构成犯罪的，依法追究刑事责任。

第七章 附　　则

第六十六条 本法自2000年9月1日起施行。

中华人民共和国节约能源法

二〇〇七年十月二十八日

第一章 总 则

第一条 为了推动全社会节约能源，提高能源利用效率，保护和改善环境，促进经济社会全面协调可持续发展，制定本法。

第二条 本法所称能源，是指煤炭、石油、天然气、生物质能和电力、热力以及其他直接或者通过加工、转换而取得有用能的各种资源。

第三条 本法所称节约能源（以下简称节能），是指加强用能管理，采取技术上可行、经济上合理以及环境和社会可以承受的措施，从能源生产到消费的各个环节，降低消耗、减少损失和污染物排放、制止浪费，有效、合理地利用能源。

第四条 节约资源是我国的基本国策。国家实施节约与开发并举、把节约放在首位的能源发展战略。

第五条 国务院和县级以上地方各级人民政府应当将节能工作纳入国民经济和社会发展规划、年度计划，并组织编制和实施节能中长期专项规划、年度节能计划。

国务院和县级以上地方各级人民政府每年向本级人民代表大会或者其常务委员会报告节能工作。

第六条 国家实行节能目标责任制和节能考核评价制度，将节能目标完成情况作为对地方人民政府及其负责人考核评价的内容。

省、自治区、直辖市人民政府每年向国务院报告节能目标责任的履行情况。

第七条 国家实行有利于节能和环境保护的产业政策，限制发展高耗能、高污染行业，发展节能环保型产业。

国务院和省、自治区、直辖市人民政府应当加强节能工作，合理调整产业结构、企业结构、产品结构和能源消费结构，推动企业降低单位产值能耗和单位产品能耗，淘汰落后的生产能力，改进能源的开发、加工、转换、输送、储存和供应，提高能源利用效率。

国家鼓励、支持开发和利用新能源、可再生能源。

第八条 国家鼓励、支持节能科学技术的研究、开发、示范和推广，促进节能技术创新与进步。

国家开展节能宣传和教育，将节能知识纳入国民教育和培训体系，普及节能科学知识，增强全民的节能意识，提倡节约型的消费方式。

第九条 任何单位和个人都应当依法履行节能义务，有权检举浪费能源的行为。

新闻媒体应当宣传节能法律、法规和政策，发挥舆论监督作用。

第十条 国务院管理节能工作的部门主管全国的节能监督管理工作。国务院有关部门在各自的职责范围内负责节能监督管理工作，并接受国务院管理节能工作的部门的指导。

县级以上地方各级人民政府管理节能工作的部门负责本行政区域内的节能监督管理工作。县级以上地方各级人民政府有关部门在各自的职责范围内负责节能监督管理工作，并接受同级管理节能工作的部门的指导。

第二章 节能管理

第十一条 国务院和县级以上地方各级人民政府应当加强对节能工作的领导，部署、协调、监督、检查、推动节能工作。

第十二条 县级以上人民政府管理节能工作的部门和有关部门应当在各自的职责范围内，加强对节能法律、法规和节能标准执行情况的监督检查，依法查处违法用能行为。

履行节能监督管理职责不得向监督管理对象收取费用。

第十三条 国务院标准化主管部门和国务院有关部门依法组织制定并适时修订有关节能的国家标准、行业标准，建立健全节能标准体系。

国务院标准化主管部门会同国务院管理节能工作的部门和国务院有关部门制定强制性的用能产品、设备能源效率标准和生产过程中耗能高的产品的单位产品能耗限额标准。

国家鼓励企业制定严于国家标准、行业标准的企业节能标准。

省、自治区、直辖市制定严于强制性国家标准、行业标准的地方节能标准，由省、自治区、直辖市人民政府报经国务院批准；本法另有规定的除外。

第十四条 建筑节能的国家标准、行业标准由国务院建设主管部门组织制定，并依照法定程序发布。

省、自治区、直辖市人民政府建设主管部门可以根据本地实际情况，制定严于国家标准或者行业标准的地方建筑节能标准，并报国务院标准化主管部门和国务院建设主管部门备案。

第十五条 国家实行固定资产投资项目节能评估和审查制度。不符合强制性节能标准的项目，依法负责项目审批或者核准的机关不得批准或者核准建设；建设单位不得开工建设；已经建成的，不得投入生产、使用。具体办法由国务院管理节能工作的部门会同国务院有关部门制定。

第十六条 国家对落后的耗能过高的用能产品、设备和生产工艺实行淘汰制度。淘汰的用能产品、设备、生产工艺的目录和实施办法，由国务院管理节能工作的部门会同国务院有关部门制定并公布。

生产过程中耗能高的产品的生产单位，应当执行单位产品能耗限额标准。对超过单位产品能耗限额标准用能的生产单位，由管理节能工作的部门按照国务院规定的权限责令限期治理。

对高耗能的特种设备，按照国务院的规定实行节能审查和监管。

第十七条 禁止生产、进口、销售国家明令淘汰或者不符合强制性能源效率标准的用能产品、设备；禁止使用国家明令淘汰的用能设备、生产工艺。

第十八条 国家对家用电器等使用面广、耗能量大的用能产品，实行能源效率标识管理。实行能源效率标识管理的产品目录和实施办法，由国务院管理节能工作的部门会同国务院产品质量监督部门制定并公布。

第十九条 生产者和进口商应当对列入国家能源效率标识管理产品目录的用能产品标注能源效率标识，在产品包装物上或者说明书中予以说明，并按照规定报国务院产品质量监督部门和国务院管理节能工作的部门共同授权的机构备案。

生产者和进口商应当对其标注的能源效率标识及相关信息的准确性负责。禁止销售应当标注而未标注能源效率标识的产品。

禁止伪造、冒用能源效率标识或者利用能源效率标识进行虚假宣传。

第二十条 用能产品的生产者、销售者，可以根据自愿原则，按照国家有关节能产品认证的规定，向经国务院认证认可监督管理部门认可的从事节能产品认证的机构提出节能产品认证申请；经认证合格后，取得节能产品认证证书，可以在用能产品或者其包装物上使用节能产品认证标志。

禁止使用伪造的节能产品认证标志或者冒用节能产品认证标志。

第二十一条 县级以上各级人民政府统计部门应当会同同级有关部门，建立健全能源统计制度，完善能源统计指标体系，改进和规范能源统计方法，确保能源统计数据真实、完整。

国务院统计部门会同国务院管理节能工作的部门，定期向社会公布各省、自治区、直辖市以及主要耗能行业的能源消费和节能情况等信息。

第二十二条 国家鼓励节能服务机构的发展，支持节能服务机构开展节能咨询、设计、评估、检测、审计、认证等服务。

国家支持节能服务机构开展节能知识宣传和节能技术培训，提供节能信息、节能示范和其他公益性节能服务。

第二十三条 国家鼓励行业协会在行业节能规划、节能标准的制定和实施、节能技术推广、能源消费统计、节能宣传培训和信息咨询等方面发挥作用。

第三章 合理使用与节约能源

第一节 一般规定

第二十四条 用能单位应当按照合理用能的原则，加强节能管理，制定并实施节能计划和节能技术措施，降低能源消耗。

第二十五条 用能单位应当建立节能目标责任制，对节能工作取得成绩的集体、个人给予奖励。

第二十六条 用能单位应当定期开展节能教育和岗位节能培训。

第二十七条 用能单位应当加强能源计量管理，按照规定配备和使用经依法检定合格的能源计量器具。

用能单位应当建立能源消费统计和能源利用状况分析制度，对各类能源的消费实行分类计量和统计，并确保能源消费统计数据真实、完整。

第二十八条 能源生产经营单位不得向本单位职工无偿提供能源。任何单位不得对能源消费实行包费制。

第二节 工业节能

第二十九条 国务院和省、自治区、直辖市人民政府推进能源资源优化开发利用和合理配置，推进有利于节能的行业结构调整，优化用能结构和企业布局。

第三十条 国务院管理节能工作的部门会同国务院有关部门制定电力、钢铁、有色金属、建材、石油加工、化工、煤炭等主要耗能行业的节能技术政策，推动企业节能技术改造。

第三十一条 国家鼓励工业企业采用高效、节能的电动机、锅炉、窑炉、风机、泵类等设备，采用热电联产、余热余压利用、洁净煤以及先进的用能监测和控制等技术。

第三十二条 电网企业应当按照国务院有关部门制定的节能发电调度管理的规定，安排清洁、高效和符合规定的热电联产、利用余热余压发电的机组以及其他符合资源综合利用规定的发电机组与电网并网运行，上网电价执行国家有关规定。

第三十三条 禁止新建不符合国家规定的燃煤发电机组、燃油发电机组和燃煤热电机组。

第三节 建筑节能

第三十四条 国务院建设主管部门负责全国建筑节能的监督管理工作。

县级以上地方各级人民政府建设主管部门负责本行政区域内建筑节能的监督管理工作。

县级以上地方各级人民政府建设主管部门会同同级管理节能工作的部门编制本行政区域内的建筑节能规划。建筑节能规划应当包括既有建筑节能改造计划。

第三十五条 建筑工程的建设、设计、施工和监理单位应当遵守建筑节能标准。

不符合建筑节能标准的建筑工程，建设主管部门不得批准开工建设；已经开工建设的，应当责令停止施工、限期改正；已经建成的，不得销售或者使用。

建设主管部门应当加强对在建建筑工程执行建筑节能标准情况的监督检查。

第三十六条 房地产开发企业在销售房屋时，应当向购买人明示所售房屋的节能措施、保温工程保修期等信息，在房屋买卖合同、质量保证书和使用说明书中载明，并对其真实性、准确性负责。

第三十七条 使用空调采暖、制冷的公共建筑应当实行室内温度控制制度。具体办法由国务院建设主管部门制定。

第三十八条 国家采取措施，对实行集中供热的建筑分步骤实行供热分户计量、按照用热量收费的制度。新建建筑或者对既有建筑进行节能改造，应当按照规定安装用热计量装置、室内温度调控装置和供热系统调控装置。具体办法由国务院建设主管部门会同国务院有关部门制定。

第三十九条 县级以上地方各级人民政府有关部门应当加强城市节约用电管理，严格控制公用设施和大型建筑物装饰性景观照明的能耗。

第四十条 国家鼓励在新建建筑和既有建筑节能改造中使用新型墙体材料等节能建筑材料和节能设备，安装和使用太阳能等可再生能源利用系统。

第四节 交通运输节能

第四十一条 国务院有关交通运输主管部门按照各自的职责负责全国交通运输相关领域的节能监督管理工作。

国务院有关交通运输主管部门会同国务院管理节能工作的部门分别制定相关领域的节能规划。

第四十二条 国务院及其有关部门指导、促进各种交通运输方式协调发展和有效衔接，优化交通运输结构，建设节能型综合交通运输体系。

第四十三条 县级以上地方各级人民政府应当优先发展公共交通，加大对公共交通的投入，完善公共交通服务体系，鼓励利用公共交通工具出行；鼓励使用非机动交通工具出行。

第四十四条 国务院有关交通运输主管部门应当加强交通运输组织管理，引导道路、水路、航空运输企业提高运输组织化程度和集约化水平，提高能源利用效率。

第四十五条 国家鼓励开发、生产、使用节能环保型汽车、摩托车、铁路机车车辆、船舶和其他交通运输工具，实行老旧交通运输工具的报废、更新制度。

国家鼓励开发和推广应用交通运输工具使用的清洁燃料、石油替代燃料。

第四十六条 国务院有关部门制定交通运输营运车船的燃料消耗量限值标准；不符合标准的，不得用于营运。

国务院有关交通运输主管部门应当加强对交通运输营运车船燃料消耗检测的监督管理。

第五节 公共机构节能

第四十七条 公共机构应当厉行节约，杜绝浪费，带头使用节能产品、设备，提高能源利用效率。

本法所称公共机构，是指全部或者部分使用财政性资金的国家机关、事业单位和团体组织。

第四十八条 国务院和县级以上地方各级人民政府管理机关事务工作的机构会同同级有关部门制定和组织实施本级公共机构节能规划。公共机构节能规划应当包括公共机构既有建筑节能改造计划。

第四十九条 公共机构应当制定年度节能目标和实施方案，加强能源消费计量和监测管理，向本级人民政府管理机关事务工作的机构报送上年度的能源消费状况报告。

国务院和县级以上地方各级人民政府管理机关事务工作的机构会同同级有关部门按照管理权限，制定本级公共机构的能源消耗定额，财政部门根据该定额制定能源消耗支出标准。

第五十条 公共机构应当加强本单位用能系统管理，保证用能系统的运行符合国家相关标准。

公共机构应当按照规定进行能源审计，并根据能源审计结果采取提高能源利用效率的措施。

第五十一条 公共机构采购用能产品、设备，应当优先采购列入节能产品、设备政府采购名录中的产品、设备。禁止采购国家明令淘汰的用能产品、设备。

节能产品、设备政府采购名录由省级以上人民政府的政府采购监督管理部门会同同级有关部门制定并公布。

第六节 重点用能单位节能

第五十二条 国家加强对重点用能单位的节能管理。

下列用能单位为重点用能单位：

（一）年综合能源消费总量一万吨标准煤以上的用能单位；

（二）国务院有关部门或者省、自治区、直辖市人民政府管理节能工作的部门指定的年综合能源消费总量五千吨以上不满一万吨标准煤的用能单位。

重点用能单位节能管理办法，由国务院管理节能工作的部门会同国务院有关部门制定。

第五十三条 重点用能单位应当每年向管理节能工作的部门报送上年度的能源利用状况报告。能源利用状况包括能源消费情况、能源利用效率、节能目标完成情况和节能效益分析、节能措施等内容。

第五十四条 管理节能工作的部门应当对重点用能单位报送的能源利用状况报告进行审查。对节能管理制度不健全、节能措施不落实、能源利用效率低的重点用能单位，管理节能工作的部门应当开展现场调查，组织实施用能设备能源效率检测，责令实施能源审计，并提出书面整改要求，限期整改。

第五十五条 重点用能单位应当设立能源管理岗位，在具有节能专业知识、实际经验以及中级以上技术职称的人员中聘任能源管理负责人，并报管理节能工作的部门和有关部门备案。

能源管理负责人负责组织对本单位用能状况进行分析、评价，组织编写本单位能源利用状况报告，提出本单位节能工作的改进措施并组织实施。

能源管理负责人应当接受节能培训。

第四章 节能技术进步

第五十六条 国务院管理节能工作的部门会同国务院科

技主管部门发布节能技术政策大纲，指导节能技术研究、开发和推广应用。

第五十七条 县级以上各级人民政府应当把节能技术研究开发作为政府科技投入的重点领域，支持科研单位和企业开展节能技术应用研究，制定节能标准，开发节能共性和关键技术，促进节能技术创新与成果转化。

第五十八条 国务院管理节能工作的部门会同国务院有关部门制定并公布节能技术、节能产品的推广目录，引导用能单位和个人使用先进的节能技术、节能产品。

国务院管理节能工作的部门会同国务院有关部门组织实施重大节能科研项目、节能示范项目、重点节能工程。

第五十九条 县级以上各级人民政府应当按照因地制宜、多能互补、综合利用、讲求效益的原则，加强农业和农村节能工作，增加对农业和农村节能技术、节能产品推广应用的资金投入。

农业、科技等有关主管部门应当支持、推广在农业生产、农产品加工储运等方面应用节能技术和节能产品，鼓励更新和淘汰高耗能的农业机械和渔业船舶。

国家鼓励、支持在农村大力发展沼气，推广生物质能、太阳能和风能等可再生能源利用技术，按照科学规划、有序开发的原则发展小型水力发电，推广节能型的农村住宅和炉灶等，鼓励利用非耕地种植能源植物，大力发展薪炭林等能源林。

第五章　激励措施

第六十条 中央财政和省级地方财政安排节能专项资金，支持节能技术研究开发、节能技术和产品的示范与推广、重点节能工程的实施、节能宣传培训、信息服务和表彰奖励等。

第六十一条 国家对生产、使用列入本法第五十八条规定的推广目录的需要支持的节能技术、节能产品，实行税收优惠等扶持政策。

国家通过财政补贴支持节能照明器具等节能产品的推广和使用。

第六十二条 国家实行有利于节约能源资源的税收政策，健全能源矿产资源有偿使用制度，促进能源资源的节约及其开采利用水平的提高。

第六十三条 国家运用税收等政策，鼓励先进节能技术、设备的进口，控制在生产过程中耗能高、污染重的产品的出口。

第六十四条 政府采购监督管理部门会同有关部门制定节能产品、设备政府采购名录，应当优先列入取得节能产品认证证书的产品、设备。

第六十五条 国家引导金融机构增加对节能项目的信贷支持，为符合条件的节能技术研究开发、节能产品生产以及节能技术改造等项目提供优惠贷款。

国家推动和引导社会有关方面加大对节能的资金投入，加快节能技术改造。

第六十六条 国家实行有利于节能的价格政策，引导用能单位和个人节能。

国家运用财税、价格等政策，支持推广电力需求侧管理、合同能源管理、节能自愿协议等节能办法。

国家实行峰谷分时电价、季节性电价、可中断负荷电价制度，鼓励电力用户合理调整用电负荷；对钢铁、有色金属、建材、化工和其他主要耗能行业的企业，分淘汰、限制、允许和鼓励类实行差别电价政策。

第六十七条 各级人民政府对在节能管理、节能科学技术研究和推广应用中有显著成绩以及检举严重浪费能源行为的单位和个人，给予表彰和奖励。

第六章　法律责任

第六十八条 负责审批或者核准固定资产投资项目的机关违反本法规定，对不符合强制性节能标准的项目予以批准或者核准建设的，对直接负责的主管人员和其他直接责任人员依法给予处分。

固定资产投资项目建设单位开工建设不符合强制性节能标准的项目或者将该项目投入生产、使用的，由管理节能工作的部门责令停止建设或者停止生产、使用，限期改造；不能改造或者逾期不改造的生产性项目，由管理节能工作的部门报请本级人民政府按照国务院规定的权限责令关闭。

第六十九条 生产、进口、销售国家明令淘汰的用能产品、设备的，使用伪造的节能产品认证标志或者冒用节能产品认证标志的，依照《中华人民共和国产品质量法》的规定处罚。

第七十条 生产、进口、销售不符合强制性能源效率标准的用能产品、设备的，由产品质量监督部门责令停止生产、进口、销售，没收违法生产、进口、销售的用能产品、设备和违法所得，并处违法所得一倍以上五倍以下罚款；情节严重的，由工商行政管理部门吊销营业执照。

第七十一条 使用国家明令淘汰的用能设备或者生产工艺的，由管理节能工作的部门责令停止使用，没收国家明令淘汰的用能设备；情节严重的，可以由管理节能工作的部门提出意见，报请本级人民政府按照国务院规定的权限责令停业整顿或者关闭。

第七十二条 生产单位超过单位产品能耗限额标准用能，情节严重，经限期治理逾期不治理或者没有达到治理要求的，可以由管理节能工作的部门提出意见，报请本级人民政府按照国务院规定的权限责令停业整顿或者关闭。

第七十三条 违反本法规定，应当标注能源效率标识而未标注的，由产品质量监督部门责令改正，处三万元以上五万元以下罚款。

违反本法规定，未办理能源效率标识备案，或者使用的能源效率标识不符合规定的，由产品质量监督部门责令限期改正；逾期不改正的，处一万元以上三万元以下罚款。

伪造、冒用能源效率标识或者利用能源效率标识进行虚假宣传的，由产品质量监督部门责令改正，处五万元以上十万元以下罚款；情节严重的，由工商行政管理部门吊销营业执照。

第七十四条 用能单位未按照规定配备、使用能源计量器具的，由产品质量监督部门责令限期改正；逾期不改正的，处一万元以上五万元以下罚款。

第七十五条 瞒报、伪造、篡改能源统计资料或者编造虚假能源统计数据的，依照《中华人民共和国统计法》的规定处罚。

第七十六条 从事节能咨询、设计、评估、检测、审计、认证等服务的机构提供虚假信息的，由管理节能工作的部门责令改正，没收违法所得，并处五万元以上十万元以下罚款。

第七十七条 违反本法规定，无偿向本单位职工提供能源或者对能源消费实行包费制的，由管理节能工作的部门责令限期改正；逾期不改正的，处五万元以上二十万元以下罚款。

第七十八条 电网企业未按照本法规定安排符合规定的热电联产和利用余热余压发电的机组与电网并网运行，或者未执行国家有关上网电价规定的，由国家电力监管机构责令改正；造成发电企业经济损失的，依法承担赔偿责任。

第七十九条 建设单位违反建筑节能标准的，由建设主管部门责令改正，处二十万元以上五十万元以下罚款。

设计单位、施工单位、监理单位违反建筑节能标准的，由建设主管部门责令改正，处十万元以上五十万元以下罚款；情节严重的，由颁发资质证书的部门降低资质等级或者吊销资质证书；造成损失的，依法承担赔偿责任。

第八十条 房地产开发企业违反本法规定，在销售房屋时未向购买人明示所售房屋的节能措施、保温工程保修期等信息的，由建设主管部门责令限期改正，逾期不改正的，处三万元以上五万元以下罚款；对以上信息作虚假宣传的，由建设主管部门责令改正，处五万元以上二十万元以下罚款。

第八十一条 公共机构采购用能产品、设备，未优先采购列入节能产品、设备政府采购名录中的产品、设备，或者采购国家明令淘汰的用能产品、设备的，由政府采购监督管理部门给予警告，可以并处罚款；对直接负责的主管人员和其他直接责任人员依法给予处分，并予通报。

第八十二条 重点用能单位未按照本法规定报送能源利用状况报告或者报告内容不实的，由管理节能工作的部门责令限期改正；逾期不改正的，处一万元以上五万元以下罚款。

第八十三条 重点用能单位无正当理由拒不落实本法第五十四条规定的整改要求或者整改没有达到要求的，由管理节能工作的部门处十万元以上三十万元以下罚款。

第八十四条 重点用能单位未按照本法规定设立能源管理岗位，聘任能源管理负责人，并报管理节能工作的部门和有关部门备案的，由管理节能工作的部门责令改正；拒不改正的，处一万元以上三万元以下罚款。

第八十五条 违反本法规定，构成犯罪的，依法追究刑事责任。

第八十六条 国家工作人员在节能管理工作中滥用职权、玩忽职守、徇私舞弊，构成犯罪的，依法追究刑事责任；尚不构成犯罪的，依法给予处分。

附　　则

第八十七条 本法自 2008 年 4 月 1 日起施行。标责任制，对节能工作取得成绩的集体、个人给予奖励。

中国节能技术政策大纲（节选）

为推动节能技术进步，提高能源利用效率，促进节约能源和优化用能结构，建设资源节约型、环境友好型社会，我们组织有关单位和专家，在广泛征求社会各界意见的基础上，重新修订《中国节能技术政策大纲》（以下简称《大纲》）。

1　总论

1.1　节能工作方针和原则

节能是一项长期的战略任务，也是当前的紧迫任务。节能工作要全面贯彻科学发展观，落实节约资源基本国策，以提高能源利用效率为核心，以转变经济增长方式、调整经济结构、加快技术进步为根本，强化全社会的节能意识，建立严格的管理制度，实行有效的激励政策，逐步形成具有中国特色的节能长效机制和管理体制。

坚持开发与节约并举，节约优先的方针，通过调整产业结构、产品结构和能源消费结构，用高新技术和先进适用技术改造提升传统产业，促进产业结构优化升级，淘汰落后技术和设备，提高产业的整体技术装备水平和能源利用。

坚持节能与发展相互促进，把节能作为转变经济增长方式的主攻方向，从根本上改变高耗能、高污染的粗放型经济增长方式；坚持发挥市场机制作用与政府宏观调控相结合，努力营造有利于节能的体制环境、政策环境和市场环境；坚持源头控制与存量挖潜、依法管理与政策激励、突出重点与全面推进相结合。

1.2　制定《大纲》的目的和意义

《大纲》所称节能技术是指：提高能源开发利用效率和效益、减少对环境影响、遏制能源资源浪费的技术。应包括能源资源优化开发利用技术，单项节能改造技术与节能技术的系统集成，节能型的生产工艺、高性能用能设备、可直接或间接减少能源消耗的新材料开发应用技术，以及节约能源、提高用能效率的管理技术等。

《大纲》从实际出发，根据节能技术的成熟程度、成本和节能潜力，采用“研究、开发”，“发展、推广”，“限制、淘汰、禁止”等措施，规范节能技术政策。《大纲》以2010年前推行的节能技术为主，相应考虑中长期节能技术的研发。

《大纲》用于指导节能技术研究开发、节能项目投资重点方向，为编制能源开发利用规划和节约能源规划提供技术支持，为实现国家“十一五”节能目标奠定基础。

……

4　交通节能

建设我国节能型综合交通运输体系，充分发挥铁路、公路、水运、民航及管道运输的优势，合理配置运输资源，提高交通运输能源利用的整体效率。

4.1　铁路运输

4.1.1　大力发展电力牵引

在主要繁忙干线、运煤专线、长大坡道和隧道线路上优先采用电力牵引。

4.1.2　推广先进的电力牵引供电方式

提高电力机车的功率利用率和牵引变压器的容量利用率，降低变压器和接触网的损耗，提高功率因数。在电气化区段运行的旅客列车，取消发电车，实行接触网供电，研制和开发再生制动。

4.1.3　合理发展内燃牵引

在不同纵断面的区段运行时，内燃牵引要发展控制合理用油的节能装置，寒冷地区的内燃段应建立保温库或地面预热装置。加强对内燃机车用柴油、润滑油的质量检验，确保机车用油品标准。大力推广内燃机车低烧一号柴油和各种节能技术。

4.1.4　采用新材料、新结构提高国产机车、车辆的设计制造水平

要加快机车交流传动技术的应用，重视机车车辆或动车组的流线化设计，增加车辆载重，减少自重。报废50吨以下杂型货车，发展载重75吨以上及轴重23吨以上的大型货车。客货车辆应普遍采用滚动轴承，旧有货车改造安装液动轴承。加快淘汰车型老、能耗高的机型。合理配置车辆品种，实现标准化、系列化。

4.1.5　铁路线路要发展重轨、无缝线路和超长无缝线路

4.1.6　改善运输组织，合理调配机车

充分利用运输能力，减少欠轴，避免和减少单机开行和信号机外停车。实行长交路，节约使用机车。提高货物列车重量，扩大旅客列车编组。发展直达运输和集装箱运输。

4.2　公路运输

4.2.1　提高汽车的技术、经济性能

开发、推广汽油发动机直接喷射、多气阀电喷、稀薄燃烧、提高压缩比、发动机增压等先进技术；开发柴油发动机轿车；开发、推广混合动力汽车；研发自重轻、载重量大的运输设备。

4.2.2　发展使用节能型汽车

鼓励发展节能型轿车；加快轻型汽车的柴油化进程，发展使用柴油的汽车、专用车、厢式车和重型汽车，提高柴油车在运营车中的比重；提高专用车、厢式车和重型汽车列车在载货车中的比重。重点发展适合高速公路、干线公路的大吨位多轴重型汽车列车、短途集散用小型货运汽车和适合农村道路的客车。

4.2.3　研究、推广现代化物流技术

建设一批客货运输综合枢纽，形成布局合理，大、中、小配套的公路客、货运站体系；建立以主枢纽为货运节点的道路货运信息服务系统，为我国道路货运中小型企业提供社会化的货物配载、交易及其他的信息服务；引导道路运输扩展仓储、配送等运输功能和服务范围；引导运输企业向规模化方向发展，推广甩挂运输、拖挂运输技术。

4.2.4　完善城市交通体系，调整交通结构，优化交通流

优先发展公共交通、轨道交通和其他节能型交通运输方式。提高公共交通的运输效率。逐步确立公共交通在城市交通中的主体地位，特大城市形成以大运量和快速交通为骨干，常规公共汽（电）车为主体，出租汽车等其他公共交通方式为补充的城市交通体系。大中城市基本形成以公共汽（电）车为主体，出租车为补充的城市公共交通体系。

4.2.5　发展公交优先和交通智能管理技术

开辟城市公共交通车辆专用或优先行使通道，建立公共交通信号优先系统。建立智能交通综合调度系统，信号灯自适应系统，紧急情况处理系统等智能交通体系。

4.2.6　加快国家高速公路网的建设，增加高等级和等级公路比重

按交通量大小进行公路技术改造，逐步提高我国公路网的路面技术等级，提高路面铺装率；建立整治超载超限的长效机制，杜绝超载车辆对公路的损害。推广道路沥青路面材料再生技术和乳化沥青铺路技术。

4.2.7　统筹考虑路车关系，促进汽车运输节能

研究路网布局、路面等级、交通标志设置等与汽车行驶油耗的关系，制定公路工程节能设计及公路节能评价等规范标准，保障公路项目建设节能。完善评价标准，加强监测和评价能力建设。

4.2.8　研究、完善汽车技术状况检查方法及实施车辆检测维护（I/M）制度，推广确有效果的汽车节能新工艺、新材料、新技术、新产品。

4.2.9　推广汽车替代燃料技术

因地制宜推广汽车利用天然气、醇类燃料、合成燃料和生物柴油等替代燃料技术，开发研究电动汽车、氢气汽车等新型动力。

4.2.10　加强汽车驾驶员节能驾驶操作培训

推广汽车节能驾驶操作技术，增强驾驶员的节能意识，全面提高驾驶技术水平。

4.3　水路运输

4.3.1　开发和采用节能新船型，降低老旧船和落后机型比重和数量

推广钢制船，淘汰水泥船、挂桨机船等落后船型。加强对新建船舶和进口二手船舶能耗水平和指标的审批、监督和检查。

4.3.2　发展船舶节能新技术

鼓励采用新技术、新材料、新结构提高船舶设计制造水平；研究、推广船舶节能新产品、新技术。

4.3.3　调整海洋和内河船队运力结构

远洋船队应大力发展大型集装箱船、液化石油气（LPG）船、液化天然气（LNG）船、滚装船以及大型散货船和专用化学品船；内河船队应在主要干线和支流上，发展分节驳顶推船队；在水网地区，发展适合不同水域和不同货源的多层次机动驳系列船队；发展系列浅吃水江海直达船；促使远洋船队向大型化、专业化，内河船队向标准化、系列化方向发展。

4.3.4　发展船舶运输管理技术

引入运输智能化、电子信息化等先进技术，完善运输生产组织，合理科学用船，提高船舶营运效率，同时鼓励发展海峡、海湾和陆岛客货混装运输及商品车辆集装单元化运输等多种联运现代运输组织方式，促进发展现代综合物流。

4.3.5　推广减速航行和经济车速技术，主机与增压器优化调整技术，机桨匹配优化、最佳纵倾节能技术，船舶热能综合利用节能技术、船体防污、除污和船舶营运组织优化节能技术。

4.3.6　加大航道整治力度

提高内河航道等级，形成支干直达运输网络。

4.3.7　发展海上运输新技术

研究、推广液化天然气（LNG）和压缩天然气（CNG）海上运输技术。研发、推广船舶新型替代燃料，适度在船舶上推广应用燃料电池等清洁能源。

4.4　航空运输

4.4.1　调整空域结构、协调优化航路、航线

推广采用区域导航（RNAV）、所需导航性能（RNP）、航空器进离港排序等新技术。发挥协同决策在空中交通流量管理中的作用，增加航路可用高度层、缩小垂直间隔（RVSM），选择航路直飞，使用有利高度，灵活使用航路、航线，减少航路堵塞和地面、空中等待，降低航空器整体运行的废气排放。

4.4.2　提高航空公司运行控制水平

推广计算机飞行计划，国际航线使用二次放行，减少加载多余的备份油；鼓励建立航空公司运行控制中心（AOC），做好签派放行管理。

4.4.3　加强飞行员的技术培训

推广和采用有利于节约燃油的飞行操作方法。

4.4.4　提高技术装备水平

逐步淘汰老旧飞机，引进技术含量高、经济性能好的新飞机。结合航线特点，选择合适的机型实施航班运输。

4.5　港口、航站节能技术

4.5.1　推广照明和空调系统节能改造

推广港口、铁路站、场、机场等的照明节电改造，完善、提高地面信号的显示能力，改善空调的温度控制调节。

4.5.2　推广有利于提高装卸设备机械效率的节能技术

逐步更新港、站、场装卸装备，优化装卸工艺，提倡采用轨道式龙门吊等高能效设备；提高港区电网供电质量，鼓

励采用电能回馈装置；新建工程项目杜绝选用能耗大、效率低的装卸设备，优先选用以电能作为动力源的装卸设备。

4.5.3 优化港口布局，引导建设专业化码头

鼓励发展煤炭、进口铁矿石、进口原油等大宗散货的大型、专业化码头，重点建设集装箱干线港，相应发展支线港和喂给港。

……

8 保障措施

完善节能法律、法规、政策、措施，建立节能监管体制和执法监督体系，规范管理与依法监督，建立节能激励和约束机制，培育发展节能服务市场，推动节能技术的研发与推广应用。

8.1 加强节能法制建设

制定促进节能技术发展的法规和政策，逐步建立和完善节能政策法规体系。建立节能行政监管体制和执法监督体系，保障节能法律法规的实施。编制各项发展规划和专项规划时，把节能技术进步放在优先位置。

强化执法监督，淘汰落后的高耗能工艺和设备，禁止工艺装备落后、能耗高项目的建设。对违法用能单位，依法实施处罚。禁止销售不符合节能法规与标准的产品。

8.2 加强节能标准规范制定

制定并适时修订产品的节能标准和相关规范。完善能效标准标识和节能产品认证制度，推进能效标识应用领域。

定期编制、发布《节能产品目录》、《淘汰高耗能工艺与落后用能设备（产品）目录》和高耗能产品单位能源消耗定额标准，规范节能产品市场及应用。

8.3 加大政府对节能的支持力度

积极支持节能规划、政策的研究和节能标准、规范的制定。重大节能技术列入国家中长期科学和技术发展规划纲要及相关科学技术发展计划。

开展重大节能技术、节能产品的推广、宣传培训、信息服务和表彰奖励等工作。加大节能技术与产品、重大节能项目示范、试点和推广的支持力度。对鼓励发展的节能新产品和新技术应用给予相应的财政、税收优惠政策。

开辟多种融资渠道，鼓励企业和民间资本进行节能投资。

深化能源价格改革，建立成本约束机制，引导用户合理用能、节约用能，扩大差别电价实施范围，通过市场调节，推进节能技术与产品的发展。

8.4 建立健全节能管理制度

加强能源统计和计量管理，实施用能过程控制、监督和能效科学管理。建立节能目标责任制和评价考核制度，将节能技术研发、推广应用列为评价考核内容。建立固定资产投资项目节能评估和审查制度，使节能评估成为项目评审的重要内容。

8.5 培育发展节能技术服务市场

加强节能技术创新体系建设，建立完善节能技术重点实验室和工程中心。发展节能服务产业，促进节能技术服务机构转换机制、创新模式和拓宽领域。

组织开展技术交流、技术推广、技术咨询、信息发布、宣传培训等活动，多渠道、多形式推广节能技术与产品。

开展节能审计（诊断），推行合同能源管理、自愿协议、电力需求侧管理等节能新机制，促进节能技术进步。

积极推动节能技术国际交流与合作，引进国外先进的节能技术、产品，重视再创新，加快发展具有自主知识产权的节能技术和产品。

8.6 发挥政府机构节能表率作用

政府新建办公楼工程，应严格执行建筑节能设计标准，加强节能监督管理与强制能效测评，积极采用节能新技术、新产品（设备）和新型墙体材料，建设低能耗绿色建筑。政府既有办公建筑，应优化运行管理，有计划地实施节能改造。

严格公务车辆节能管理，鼓励采购小排量、低油耗、低排放车辆，按规定淘汰环保不达标、油耗高的车辆。

大力推动政府节能采购，严格执行《节能产品政府采购实施意见》，禁止采购能源效率低、国家明令淘汰的产品和设备。

加强政府机构节能基础工作，做好能源量化管理、消耗统计，建立长效机制。

公路水路交通节能中长期规划纲要

为深入贯彻科学发展观、全面落实节约资源和保护环境的基本国策，根据《中华人民共和国节约能源法》、《国务院关于加强节能工作的决定》、《节能中长期专项规划》、《关于加快发展现代交通业的若干意见》等政策法规，特编制本规划纲要。

本规划纲要规划范围为公路水路交通（以下简称“交通”）行业，以营业性公路、水路运输和港口生产为重点领域，以2005年为基期，2015年和2020年为目标年，确定了中长期交通节能的总体目标和主要任务，提出了近期重点工程和保障措施。

一、交通节能的形势与要求

（一）交通节能的重要意义

1. 应对全球性能源环境问题迫切要求强化交通节能减排

全球性能源紧张以及气候变化已成为国际社会普遍关注的重大问题，节能减排已经成为国际社会的共同责任。我国作为世界上最大的发展中国家，正日益成为全球关注的对象。交通运输是石油消费的重点行业，是温室气体和大气污染排放的重要来源之一，据估算，2004年我国交通运输业的二氧化碳排放量约为2.9亿吨，预计到2015年和2030年将分别达到5.22亿吨和11.08亿吨。另据统计，机动车尾气排放已成为城市大气的主要污染源，目前在我国一些大城市中机动车污染物排放占大气污染物的比重在60%左右。因此，加强交通节能减排将成为缓解我国能源环境压力的必然选择之一。

2. 建设资源节约型、环境友好型社会迫切要求加快建设节能型交通

我国经济发展与资源环境的矛盾突出，石油资源尤为紧缺，人均可采石油资源仅相当于世界平均水平的7.7%，石油消费大量依赖进口，对外依存度已接近50%的警戒线。交通运输业是全社会仅次于制造业的油品消费第二大行业，是建设资源节约型、环境友好型社会的重要领域之一。2005年交通运输的石油消费总量约占全社会石油消费总量的29.8%，其中营业性公路、水路运输在各种运输方式中的比例分别约为54%和21%。本世纪头20年，我国正处于全面建设小康社会的历史时期，经济社会快速发展，客货运输需求旺盛，交通运输能源需求快速增长。世界第一人口大国、资源禀赋相对匮乏的基本国情，决定着我国必须加快构建节能型综合交通运输体系，否则资源支撑不住，环境容纳不下，社会承受不起，交通发展将难以为继。

3. 推动交通科学发展、加快转变交通发展方式迫切要求大力提升交通行业能源利用效率。

交通发展要在不断解决基础设施总量和有效供给能力不足等突出矛盾的同时，积极应对能源短缺、环境恶化所带来的重大挑战，必须实现能源利用效率的显著提升。当前我国交通行业能源利用效率与世界先进水平相比明显偏低，其中载货汽车百吨公里油耗比国外先进水平高30%左右，内河运输船舶油耗比国外先进水平高20%以上。因此，必须加快发展现代交通业，转变交通发展方式，不断提高能源利用效率，以最小的资源消耗和环境代价提供更多更好的运输服务。

（二）交通节能工作现状

交通节能是一项复杂的系统工程，影响因素众多，总体上可以归纳为结构性因素、

技术性因素和管理性因素三类（见专栏1）。

【专栏1】交通节能影响因素分析

①公路运输节能影响因素分析

影响公路运输节能的结构性因素主要包括公路基础设施结构、车辆动力结构、运输企业结构和能源消费结构等；技术性因素主要包括车辆制造技术性能，在用车辆技术状况、车用节能技术（产品）应用、信息技术应用等；管理性因素主要包括车辆运输效率、车辆通行管理、驾驶员节能驾驶水平运输组织管理水平，以及公路运输节能相关法规标准、激励政策、体制机制等。

②水路运输节能影响因素分析

影响水路运输节能的结构性因素主要包括航道技术等级结构、船舶运力结构和能源消费结构等；技术性因素主要包括船舶设计制造技术水平、在用船舶技术状况、船用节能产品、航运信息化水平及辅助设施的技术状态等；管理性因素主要包括航速管理、船舶载重量利用率、航运物流组织化、辅助用能管理和船员素质，以及水运节能相关法规标准、激励政策、体制机制等。

③港口生产节能影响因素分析

影响港口生产节能的结构性因素主要包括港口布局、码头类型结构、码头吨位结构和能源消费结构等；技术性因素主要包括港口设计水平、生产工艺及设备水平、港口节能技术应用情况等；管理性因素主要包括港口经营管理水平、港口装卸工艺管理、辅助用能管理、港口作业操作水平、信息化管理水平以及港口企业节能管理制度等。

近年来，交通行业在结构性节能、技术性节能和管理性节能等方面成效显著，也面临着一些突出问题。

——结构性节能方面：通过加强战略规划及政策引导，加快推进交通运输结构调整，交通基础设施结构、车船运力

结构和企业组织结构明显改善，大大提升了交通系统整体节能水平。但是，交通发展中长期积累的结构性矛盾尚未根本解决、粗放型发展方式未根本转变，主要体现在：一是综合运输结构不尽合理，特别是内河航运节能环保的比较优势尚未充分发挥，综合运输枢纽建设滞后，不同运输方式之间缺乏有效衔接，综合运输整体优势和组合效率尚未充分显现；二是基础设施网络化程度还比较低，国省干线已成为突出的薄弱环节，局部路段交通拥挤，绕行等不合理运输现象时有发生；内河高等级航道偏少，部分沿海港口集疏运通道不畅、进出港航道能力不足，码头泊位大型化、专业化和现代化水平还有待提升，影响了水路运输和港口生产节能的规模化、集约化效应；三是运输装备结构不尽合理，普通货运车船运力供给过剩，大型化、专业化、系列化车船比重不高，老旧车船比重偏高，技术状况差，汽车甩挂运输发展滞后；四是交通能源消费过度依赖石油，替代能源、可再生能源比重有待提升。

——技术性节能方面：通过切实加强交通节能科技进步与创新，积极推进应用现代化运输装备，开展了推荐车型、客运车辆等级评定和内河船型标准化工作，组织了全国重点在用车船节能产品（技术）推优工作，节能技术基础有所增强；大力推进交通行业信息化和智能化建设，加快了现代信息技术和组织管理技术的集成应用，运输生产效率和行业节能水平持续提高。但是，交通节能科技支撑与服务能力亟待加强，主要体现在：一是节能科技研发投入不足，创新激励机制不够完善，节能环保型运载工具、替代燃料等一些重大共性和关键技术研究开发不够；二是缺乏鼓励节能技术、产品推广的配套激励政策和机制，节能技术、产品的推广应用进展缓慢；三是行业信息化水平还有待进一步提升，现代信息技术应用推广还比较滞后，公众出行和货物交易信息服务能力还有待增强；四是交通节能技术服务体系尚未建立，节能技术产品和服务市场还有待进一步规范。

——管理性节能方面：切实注重加强运输组织管理、节能监督管理，实现管理挖潜增效，以体制改革为保障，强化交通市场监管，促进运输市场体系的完善，不断提升交通系统运行效率和运输组织管理水平；初步形成了交通行业节能法规标准体系，初步建立了行业能源管理机构和能源利用监测服务体系，节约能源的制度环境不断改善、组织保障有所增强。但是，交通运输生产效率和节能监督管理能力还亟待提升，主要体现在：一是行业节能意识有待增强、理念有待提升，节能政策法规和标准规范体系不完善，体制机制性障碍尚未根本消除；二是运输市场发展滞后，组织方式总体还比较粗放，企业经营集约化与规模化水平低，公路运输组织化程度低，空驶率居高不下，运输效率不高；三是节能统计监测等基础性工作薄弱，节能绩效评价考核体系尚未建立；四是交通节能监管能力和水平亟待提升，相关产业政策不配套，节能长效机制尚未形成。

（三）交通节能潜力分析

通过分析，交通行业通过结构优化、技术进步和强化管理等途径实现节能的潜力巨大（见专栏2）。

【专栏2】交通节能潜力分析

节能潜力是基于节能影响因素变化而定义的节能比例，通过综合研究国内外相关学术文献、总结相关试验分析与实践经验，可大致确定公路，水路送输和港口生产领域在规则期内主要可行节能措施的量化节能效果。

公路运输节能潜力　　表1

类别	主要节能措施	节能效果参考值（%）
结构性节能	载货车辆平均吨位提高1吨	6
	开展拖挂甩挂运输	30
	采用柴油机车辆（相对汽油车）	15
	提高公路技术等级	15-41
	提高路面等极（油路相对于砂石、土路）	10-15
技术性节能	应用智能交通技术	25-50
	推广应用混合动力系统	10-50
	减轻车身自重10%	8
	发动机提高1个单位的压缩比	7
	子午线轮胎代替普通斜交胎	5-10
	高速车辆安装导流板	4-10
	安装风扇离合器	4-6
管理性节能	提高车辆里程利用率1%-5%	3-15
	缓解道路交通拥挤	7-10
	严格执行车辆维修保养制度	5-30
	提高驾驶员驾驶水平	7-25
	实施营运车辆准入退出机制	5-10

水路运输节能潜力　　表2

类别	主要节能措施	节能效果参考值（%）
结构性节能	内河船队运力结构调整	28-29
	船型结构优化	20
	海运船队运力结构调整	7
技术性节能	优化新船型及其主尺度线型	8-15
	优选低转速大直径螺旋桨	10-15
	应用节能型柴油机	12-15
	应用主机充气余热回收利用技术	5-8
	采用防污漆	6-7
	优选机舱自动化控制操作	4-6
	优化电子喷油控制装置	3-5
	采用新型燃料添加剂	3-4
	优化设计减轻船舶自重量	2-3
	采用轴带发电机	2-3
	采用节油减烟器	2-3

续上表

类别	主要节能措施	节能效果参考值（%）
管理性节能	船舶经济航速航行	20 左右
	提高船舶载重量利用率	17-20
	采用精确气象导航技术优化航线	6-8
	优选最佳船舶纵航行状态	4-7
	加强船舶维修保养	3-5

港口生产节能潜力　　表 3

类别	主要节能措施	节能效果参考值（%）
结构性节能	优化港口码头结构及码头吨位结构	客观实现节能
	通过“油改电”调整能源结构	40-60
	应用太阳能及热泵等清洁能源	节约化石能源
技术性节能	门机电控变频改造技术	14-40
	RTG 发动机降频改造	12 左右
	采用高杆节能灯	20 左右
	冷藏箱用电软启动技术	10
	采用集卡全场智能调控系统	7 左右
管理性节能	开展节能操作技术培训	10 左右
	建立定额考核体系及激励约束机制	—

说明：本专栏中所列节能效果仅仅是针对单一影响因素变化采取某一单项措施的节能效果测算参考值。实际运用中应注重采取综合节能措施、充分发挥组合效果。节能效果需综合考虑各因素之间的相互作用关系以及具体措施未来实现的经济技术可行性等因素。以上节能潜力分析成果，视实际情况可分别适用于单车单船、运输企业和交通行业层面，作为各层面针对某些节能影响因素变化或采取某些节能措施所产生的节能效果进行预估的参考依据。

二、交通节能的指导思想、原则和总体目标

（一）指导思想

全面贯彻科学发展观，以能源合理利用、提高效率为核心，提升节能理念，转变发展方式，调整交通结构，强化科技进步，完善法规标准，创新体制机制，强化监督管理，加快构建资源节约型、环境友好型的交通生产方式和消费模式，促进交通又好又快发展。

（二）基本原则

1. 坚持统筹交通节能与发展。坚持把发展作为第一要务，在发展中节能、以节能促发展。把加强节能作为转变交通发展方式、调整交通产业结构的重要内容，努力实现交通持续发展、资源高效利用和环境不断改善的协调统一。

2. 坚持节能与提升服务水平相协调。统筹交通发展的质量、效益和效率，兼顾能源节约利用和运输服务质量。在不断拓展服务领域和功能、提升服务能力和水平的同时，大力推进能源合理利用和综合利用，坚持效率优先，着力提高交通系统运行效率和能源利用效率，以尽可能小的能源代价向社会提供更多更好的运输服务。

3. 坚持政府主导与发挥市场机制基础性作用相结合。综合运用战略规划、政策激励、法律法规、标准规范、市场准入、监督管理、信息服务、宣传教育等手段，充分发挥政府对节能的主导作用；以市场为导向，充分发挥市场配置资源的基础性作用，充分调动企业作为节能主体的作用，注重发挥行业协会的积极作用。形成以政府交通部门为主导、交通企业为主体、全行业共同参与的交通节能长效机制。

4. 坚持以创新为根本动力。坚持制度创新与技术创新相结合。既注重提升理念，加强政策法规、体制机制、标准规范等软环境建设，推动管理创新，挖潜增效；又注重科技进步与创新，大力研发和推广先进高效的运输装备技术、现代信息技术以及能源节约与替代技术，以现代科学技术和管理技术提升改造交通，增强交通节能能力。

5. 坚持突出重点、分类指导、分步实施、全面推进。以营业性公路运输、水路运输和港口生产为重点领域，把握主攻方向，组织实施重点工程，抓好重点企业节能，带动全局；针对各种运输方式、不同领域和运输生产环节的特点，统筹兼顾，区别对待，源头控制与存量挖潜相结合；坚持远近结合、分步实施，注重典型示范引路，以点带面，推动交通节能工作向纵深发展。

（三）总体目标

依据国家节能总体要求，参照国际交通节能水平，立足交通行业实际，结合交通结构调整、技术进步和管理挖潜等方面发展变化趋势和初步预计的节能潜力，确定 2015 年和 2020 年交通节能总体目标。

力争到 2015 年，交通基础设施网络体系更加完善，营运车辆、船舶和港口装卸设备结构更加优化，交通能源消费结构更加合理，结构性节能取得明显进展；节能科技创新能力进一步增强，节能技术服务体系进一步完善，交通信息化水平进一步提升，技术性节能取得明显进展；运输生产效率进一步改善，基本形成与社会主义市场经济体制相适应的比较完善的交通节能战略规划体系、法规标准体系、统计监测考核体系、政策支持体系和监督管理体系，节能监管能力和支撑保障水平明显增强，交通行业能源利用效率明显提高。与 2005 年相比，营运货车单位运输周转量能耗下降 12% 左右，营运客车单位运输周转量能耗下降 3% 左右；营运船舶单位运输周转量能耗下降 15% 左右，其中海运船舶和内河船舶分别下降 16% 和 14% 左右；港口生产单位吞吐量综合能耗下降 8% 左右。

力争到 2020 年，建成具有显著规模效益的交通基础设施网络，基本形成合理的节能型运输装备体系和交通能源消费结构，结构性节能成效显著；形成完善的科技创新与推广应用机制，节能技术和产品得到广泛推广应用，交通信息化和智能化水平显著提升，技术性节能取得全面突破；运输组织管理水平和节能监管能力显著提升，形成政府有效监管、市场主体自觉节能的交通节能长效机制，交通行业能源利用效

率显著提高，可持续发展能力显著增强，基本形成资源节约型、环境友好型的交通产业结构、发展方式和消费模式。与2005年相比，营运货车单位运输周转量能耗下降16%左右，营运客车单位运输周转量能耗下降5%左右；海运和内河营运船舶单位运输周转量能耗均下降20%左右；港口生产单位吞吐量综合能耗下降10%左右。

三、交通节能的主要任务

为保障交通节能总体目标的实现，交通节能一方面要站在发展综合运输的高度，推进现代综合交通运输体系建设，促进交通运输结构优化与升级，充分发挥各种运输方式的比较优势，发挥综合运输的组合效率；推进公众客运体系建设，发展公共交通，提高客运服务品质，引导公众出行方式。另一方面要在公路水路交通内部，优化交通结构、加强科技进步与创新、提升运输组织管理水平。

本规划纲要主要立足于公路水路交通内部，围绕营业性公路运输、水路运输和港口生产三大重点领域，分别提出了各领域结构节能、技术节能和管理节能的主要任务。

（一）公路运输

1. 结构性节能

（1）优化基础设施结构

加强公路网络化建设。加快国家高速公路网、农村公路建设，强化连接线、断头路等薄弱环节，发挥公路网络效益，提高路网通行能力和效率；优化公路站场布局，建设以公路运输枢纽为龙头、一般性汽车客货运站（点）为辅助，布局合理、结构优化、与其他运输方式有效衔接的公路站场服务体系。

全面提升路网技术等级和路面等级。加快高等级公路建设，加大国省干线公路扩容升级改造力度。加快未铺装路面改造，提高路网路面铺装率，强化公路路面养护，全面改善路面状况。到2015年和2020年，力争使二级以上公路占公路总里程（不含村道）的比重分别达到20%和21%以上，路网（不含村道）路面铺装率分别达到70%和75%以上，预期可使单耗同比2005年分别下降3.0%和4.5%左右。

（2）优化车辆运力结构

加快调整、优化公路运输运力结构。加速淘汰高耗能的老旧车辆，引导营运车辆向大型化、专业化方向发展。加快发展适合高速公路、干线公路的大吨位多轴重型车辆、汽车列车，以及短途集散用的轻型低耗货车，推广厢式货车，发展集装箱等专业运输车辆，加快形成以小型车和大型车为主体、中型车为补充的车辆运力结构。到2015年和2020年，力争使大型车占总车辆运力（按载重吨计）中的比例分别提高到78%和80%左右，预期可使单耗同比2005年分别下降3.0%和3.6%左右。

（3）优化车辆能源消费结构

大力推进运输车辆的柴油化进程。鼓励和引导运输经营者购买和使用柴油汽车，提高柴油在车用燃油消耗中的比重。到2015年和2020年，力争使营运客车的柴油消费比重（折算成标准煤，下同）分别达到70%和73%左右，预期可分别使单耗下降1.4%和1.8%左右；货车柴油消费比重分别达到85%和90%左右，预期可分别使单耗下降2.0%和2.7%左右。

积极推进车用替代能源的应用。因地制宜推广汽车利用天然气、醇类燃料、煤层气、合成燃料和生物柴油等替代燃料和石油替代技术。到2015年和2020年，力争使营运客车能源消费总量中替代燃料所占比重（折算成标准煤）分别提高至4%和6%左右，预期可使单耗同比2005年分别下降0.2%和0.4%左右。

2. 技术性节能

（1）大力发展智能交通技术

大力推进公路运输的信息化和智能化进程，加快现代信息技术在公路运输领域的研发应用，逐步实现智能化、数字化管理。重点加强以高速公路客运为骨干的现代客运信息系统、客运公共信息服务平台、货运信息服务网和物流管理信息系统建设，促进客货运输市场的电子化、网络化，实现客货信息共享，提高运输效率，降低能源消耗。到2015年和2020年，力争使ETC覆盖率分别达到45%和60%以上，出行信息服务系统覆盖率分别达到70%和90%以上，预期可使单耗同比2005年分别下降1.6%和3.1%左右。

（2）强化车辆节能技术应用

推广柴油车辆、混合动力汽车、替代燃料车等节能车型，推广应用自重轻、载重量大的运输设备；开发、推广汽油发动机直接喷射、多气阀电喷、稀薄燃烧、提高压缩比、发动机增压等先进节油技术。鼓励使用子午线轮胎、安装导流板、安装风扇离合器等汽车节能技术和产品的推广应用，降低附属设备能耗。大力加强在用车辆的定期检测维修保养，改善营运车辆技术状况。

3. 管理性节能

（1）提高公路货运组织化水平

优化运输组织和管理。引导运输企业规模化发展，充分运用现代交通管理技术，加强货运组织和运力调配，有效整合社会零散运力，实现货运发展的网络化、集约化、有序化和高效化。有效利用回程运力，降低车辆空驶率，提高货运实载率，降低能耗水平。到2015年和2020年，力争使公路货运里程利用率达到66%和67%以上，预期可使单耗同比2005年分别下降5.1%和8.1%左右。

大力发展先进运输组织方式。逐步培育一批网络辐射广、企业实力强、质量信誉优的运输组织主体，加快发展提供仓储、包装、运输等全过程一体化的第三方物流，以及提供完整物流解决方案的第四方物流。大力推进拖挂和甩挂运输发展，充分发挥其车辆周转快、运输效率高和节能减排效果好的优势。到2015年和2020年，力争使拖挂甩挂运输承运的公路货物周转量比重分别达到12%和15%以上，预期可使单耗同比2005年分别下降1.2%和1.8%左右。

（2）提升公路客运组织管理水平和服务品质

加强客运运力调控，对于实载率低于70%的客运线路不得新增运力；大力推进客运班线公司化改造，提高公路客运企业集约化水平；推广滚动发班等先进客运运输组织模式，提高客运实载率。

完善公共客运服务体系，加快构建由快速客运、干线客运、农村客运、旅游客运组成的多层次客运网络服务体系，全面提升客运服务品质，积极引导私人交通转向公共交通，降低全社会的能源消耗水平。

（3）提高汽车驾驶员节能素质

强化节能驾驶培训管理。制定汽车节能驾驶技术标准规范，编制培训教材和操作指南，积极推广模拟驾驶，强化公路运输企业节能驾驶的培训力度，全面提升汽车驾驶员的节能意识与素质。到2015年和2020年，力争使节能驾驶培训普及率分别达到65%和70%以上，预期可使单耗同比2005年分别下降1.6%和2.1%左右。

（二）水路运输

1. 结构性节能

（1）提升航道技术等级

大力开发利用长江、京杭运河、淮河、珠江、黑龙江及水网地区水运资源，加快推进内河水运主通道建设，全面提高航道等级和改善航道条件，提高航道标准和通航保证率。加快形成以高等级航道为主体的干支直达、通江达海、结构合理的内河航道网，到2015年和2020年，力争使三级以上航道比重分别达到9%和10%以上。

（2）优化船舶运力结构

加快海运船舶运力结构调整。优化船队的吨位结构，推动海运船舶向大型化、专业化方向发展，重点发展大型集装箱运输船、原油运输船、散货运输船以及液化天然气船等，加快建成规模适当、结构合理、具有较强国际竞争力的海运船队。通过优化运力结构，到2015年和2020年，力争使海运船舶平均吨位分别达到10000吨和12000吨以上，预期可使单耗同比2005年分别下降3.7%和4.6%左右。

大力推进内河船舶运力结构调整。发展与航道技术标准相适应的大型化、标准化船舶，积极发展商品汽车、散装水泥等特种货物运输船舶，加快淘汰挂桨机船等技术落后、能耗高、污染大的老旧船舶与落后船型。积极引导运输企业和船户组建专业化内河运输船队，发展顶推船队，提高船舶吨位，发展规模化运输，降低燃料消耗。到2015年，长江、西江、京杭运河货运船舶基本实现标准化和系列化，全国内河货运船舶平均吨位达到500吨以上，其中长江干线达到1200吨以上；到2020年，全国内河货运船舶基本实现标准化和系列化，平均吨位达到600吨以上。通过优化内河船舶运力结构，到2015年和2020年，预期可使单耗同比2005年分别下降3.5%和5.2%左右。

营业性公路运输中长期节能目标分解 　　　　**表4**

项目			2015年		2020年	
单位能源强度指标	营运车辆综合单耗		下降10%左右		下降15%左右	
	客车		下降3%左右		下降5%左右	
	货车		下降12%左右		下降16%左右	
分解目标	类别	主要任务	具体目标	节能效果	具体目标	节能效果
	结构性节能	优化路网结构（不含村道）	二级及以上公路比重≥20% 路面铺装率≥70%	3.0%	二级及以上公路比重≥21% 路面铺装率≥75%	4.5%
		优化能源结构（折算成标准煤）	客车柴油比例≥70% 货车柴油比例≥85%	1.1% 2.4%	客车柴油比例≥73% 货车柴油比例≥90%	1.4% 3.1%
			客车替代 燃料比重≥4%	0.2%	客车替代 燃料比重≥6%	0.3%
		优化货运运力结构	普通货车平均吨位≥4.4吨， 其中大型货车≥12吨， 占总载重比重≥78%	3.0%	普通货车平均吨位≥4.5吨， 其中大型货车≥14吨， 占总载重吨比重≥80%	3.6%
	技术性节能	发展智能交通技术	ETC覆盖率≥45% 出行信息服务 系统覆盖率≥65%	1.6%	ETC覆盖率≥60% 出行信息服务系 统覆盖率≥90%	3.1%
	管理性节能	优化运输组织方式	拖挂甩挂运输 承运比重≥12%	1.2%	拖挂甩挂运输 承运比重≥15%	1.8%
		提高运输效率	货运里程 利用率≥66%	5.1%	货运里程利用率≥67%	8.1%
		推广节能驾驶	节能驾 驶比例≥65%	1.6%	节能驾 驶比例≥70%	2.1%

注：化学需氧量和氨氮排放总量包括工业、城镇生活和农业源排放总量，依据2010年污染源普查动态更新结果核定。"十二五"期间，地表水国控断面个数由759个增加到970个，其中七大水系国控断面个数由419个。"十二五"期间，空气环境质量评价范围由113个重点城市增加到333个全国地级以上城市，按照可吸入颗粒物、二氧化硫、二氧化氮的年均值测算，2010年地级以上城市空气质量达到二级标准以上的比例为72%。

（3）优化船舶能源消费结构

研发推广新型船用替代燃料，适度在船舶上推广应用太阳能、燃料电池、生物质柴油、液化天然气（LNG）、液化石油气（LPG）等清洁能源，推广使用岸电、风力驱动技术。逐步改善船用燃油质量。

2. 技术性节能

（1）研发推广节能船型

研发推广新一代节能型运输船舶。通过建立健全船舶节能设计规范、评价体系和技术标准，大力发展船舶节能新技术，积极开发和采用节能新船型和先进动力系统，鼓励采用新技术、新材料、新工艺和新结构提高船舶设计制造水平，积极优化新船型及其主尺度线型，优化设计减轻船舶自重量，优选先进推进器、低转速大直径螺旋桨，采用节能型柴油机，提高燃油效率。加大双尾船型等节能新船型推广力度，提高节能船型比重。到2015年和2020年，力争使新增船舶运力中节能船型的比重分别达到70%和80%以上，预期可使单耗同比2005年分别下降1.4%和2.0%左右。

（2）大力研发和推广船舶节能新技术、新产品

加强机桨匹配节能技术改造，优化船舶运行参数采用舵附推力鳍以提高舵效、减少船舶阻力；推广应用优化电子喷油控制装置、节油减烟器、精确导航系统设备、防污漆、新型燃油添加剂、燃油均质等先进适用节能技术（产品），降低船舶航行运营能耗水平；推广应用主机废气余热回收利用、主机排气管扩压、轴带发电机等节能技术，降低船舶辅助用能水平。到2015年和2020年，使船壳防污漆、燃油添加剂等船舶高效节能产品的推广应用率大幅提高，其中防污漆应用率分别提高到70%和90%，预期可使单耗同比2005年分别下降3.4%和4.6%；燃油添加剂应用率分别提高到50%和80%，预期可使单耗同比2005年分别下降1.6%和2.2%。

（3）研发推广航标节能新技术

研究、开发并推广应用新型节能型航标灯器，鼓励在航标中应用新技术、新材料、新光源和新能源。

3. 管理性节能

（1）提升水路运输组织管理水平

加强水路运输组织管理。引导航运企业优化结构，加快培育规模大、信誉好、国际竞争力强的海运企业和一流的全球物流经营人，大力推进内河航运的公司化改造，促进航运企业向规模化、集约化方向发展。发展大宗散货专业化运输、多式联运等现代运输组织方式，鼓励发展海峡、海湾和陆岛客货混装运输及商品车辆集装多元化运输方式，推进江海直达运输，全面提升船舶营运组织效率和节能水平。

提高船舶载重量利用率。加强货物集散地规划及建设，完善航运物流系统，优化航运发展规划与组织管理。充分运用信息化、网络化技术，合理组织货源，保持货流平衡，提高船舶载重量利用率。到2015年和2020年，力争使内河船舶载重量利用率在2005年的基础上分别提高20个和25个百分点，预期可使单耗分别下降3.6%和4.5%左右；使海运船舶载重量利用率在2005年的基础上分别提高9个和12个百分点，预期可使单耗分别下降1.7%和2.2%左右。

（2）强化船舶营运节能管理

加强船员节能教育培训，提高船员队伍节能素质。积极应用信息化、智能化等现代管理技术，综合运用船队规划、航线优化、气象导航、最佳纵倾、机舱自动化控制操作等管理技术，提升船舶营运管理节能水平。加强船舶经济航速航行管理，推广应用节油最佳航速显示器，在不影响船期的情况下推行经济航速。到2015年和2020年，使全国海运集装箱船舶的平均航速分别同比2005年分别下降6%和8%左右，预期可使单耗分别下降5.3%和7.6%左右。

实行严格的船舶维修保养管理制度。加强在用船舶的维修保养，保持良好的技术状态。到2015年和2020年，分别使在用船舶的维修保养率比2005年提高10个和15个百分点，预期可分别使单耗下降1.2%和1.6%。

（三）港口生产

1. 结构性节能

（1）推进港口结构升级

加快推进沿海港口结构调整和升级，加大港口资源整合力度，完善煤油矿箱专业化运输系统布局，完善港口集疏运设施，提升进港航道等级，提高集疏运效率。提高沿海港口码头泊位专业化、规模化水平，适当提高煤炭、矿石接卸港口泊位等级、能力和专业化水平，提高大型原油码头接卸比重。建设布局合理、功能完善、专业化和高效率的内河港口体系。全面推进港口技术改造工作，加大老码头更新改造力度，提升既有码头设施的专业化和现代化水平，提高港口通过能力和生产效率，降低港口生产能耗水平。

（2）强化港口工程节能设计

倡导节能设计理念，优化港口总平面布置、港区布局和码头设计，优化装卸工艺、设备选型和配套工程设计，改进工艺流程，使系统各环节能力匹配，提高系统节能水平。优化港区电网设计，积极采用先进技术，减少高次谐波产生的附加损耗，提高港区电网供电质量，减少电能在传输过程中的消耗。

（3）优化港口装卸设备结构

加快港口装卸机械技术升级改造，推进轮胎式集装箱门式起重机“油改电”技术改造工作，淘汰高耗能、低效率的老旧设备。加快发展轨道式龙门吊等高能效港口装卸设备和工具，引导轻型、高效、电能驱动和变频控制的港口装卸设备的发展，提高能源使用效率。

2. 技术性节能

（1）强化港口节能科技创新与推广

加强港口节能技术攻关和推广，积极研发推广港口节能新技术、新工艺、新设备和新能源。加快对集装箱码头设备和散货码头设备关键技术的研究。在大型专业化码头中推广变频调速、自动化系统控制技术。研发推广港口装卸设备“油改电”技术、货场照明控制和绿色电源技术、门机回馈制动技术。大力研发推广应用电能回馈、储能回用、岸电等绿色节能技术，以及电动水平运输车辆等新工艺新技术。推广绿色照明工程，加强照明和空调系统等辅助用能节能改造

营业性水中运输中长期节能目标分解　　**表5**

项　目			2015年		2020年	
单位能耗强度指标	营运船舶综合单耗		下降15%左右		下降20%左右	
	海洋船舶		下降16%左右		下降20%左右	
	内河船舶		下降14%左右		下降20%左右	
分解目标	类别	主要任务	具体目标	节能效果	具体目标	节能效果
	结构性节能	全国船舶吨位结构	内河船舶≥500吨 海运船舶≥10000吨	内河3.5% 海运3.7%	内河船舶≥600吨 海运船舶≥12000吨	内河5.2% 海运4.6%
		内河航道等级结构	三级以上 航道比重≥9%		三级以上 航道比重≥10%	
	技术性节能	燃油添加剂	应用率≥60%	1.6%	应用率≥80%	2.2%
		推广防污漆	应用率≥70%	3.4%	应用率≥90%	4.6%
		推广节能船型	应用率≥70%	1.4%	应用率≥用率%	2.0%
	管理性节能	船舶载重量利用率	内河船舶≥65% 海运船舶≥69%	内河3.6% 海运1.7%	内河船舶≥70% 海运船舶≥72%	内河4.5% 海运2.2%
		海运加强经济航速管理、推行减速航行	海运集装箱船平均航速下降≥6%	5.3%	海运集装箱船平均航速下降≥8%	7.6%
		全国船舶维修保养率	维修保养率≥75%	1.2%	维修保养率≥80%	1.6%

注：1. 2015年和2020年下降幅度同比2005年（基年）数据。
2. 营运船舶单耗单位：千克标准煤/千吨公里。
3. 表中仅列出了水路运输节能的主要途径及其效果，目标的确定还综合考虑了其他影响因素。
4. 以2015年和2020年海洋和内河运输周转量的预测值为权重，计算得到营运船舶综合单耗的预测值。

技术。积极开发利用太阳能、地源/海水源能、潮汐能、风能等可再生能源。

（2）加快港口信息化、智能化建设

研发推广港口能源管理信息系统、集装箱码头集卡全场智能调控系统和智能化数字港口管理技术等，充分利用港口EDI技术，整合港口生产管理信息系统，加快推进港口物流综合信息服务平台建设，促进现代港口物流发展。到2015年和2020年，力争分别使全国75%和90%以上的主要港口实现基于EDI的货运信息服务。

3. 管理性节能

（1）强化港口生产运营管理

针对重点物资及大宗货物，加强港口生产组织、协调，做好与包括铁路运输在内的其他运输方式的衔接工作，提高车船直取的比例，提高港口物流效率。充分利用GPS等定位技术，以及射频、条码等识别、跟踪和调度技术，优化运输工具和货物的组织调度，加强货场管理和港区内运输组织管理，加强设备管理和生产工艺流程管理，使机械设备合理负载，提高货物集疏运效率、装卸设备利用率和港口生产作业效率，提升港口生产运营管理水平，降低港口生产单位能耗。

（2）加强港口企业节能管理

加大港口节能操作培训。制定并实施严格的港口生产节能操作标准，加大对港口生产工作人员，特别是节能管理人员和港口机械操作人员的培训力度，提高全员节能意识和操作技能。到2015年和2020年，力争使全国港口节能操作培训普及率分别达到70%和80%以上。

四、近期重点工程

按照以企业实施与政府主导相结合、突出重点与示范带动相结合的方针，根据技术可行、经济合理、节能效果佳、近期见效快、示范效应强、具有一定工作基础的原则，提出近期重点实施的八项交通节能工程。

（一）重点企业节能示范工程

结合交通行业实际，研究部署交通行业重点用能企业节能示范活动。引导重点用能企业制定并实施节能计划，建立严格的节能管理制度和有效的激励机制，完善节能管理体系，改进用能管理，开展节能技术创新与应用。组织对重点用能企业能源利用状况的监督检查和主要耗能设备、工艺系统的检测。建立交通行业重点企业用能状况动态监测信息平台，定期公布重点企业的能源利用状况。通过强化对重点企业的节能监管，充分发挥重点企业节能的示范效应，促进交通运输企业节能管理的规范化、常态化，推动交通行业节能向纵深发展。

（二）营运车船燃料消耗准入与退出试点工程

通过在典型省份或典型水域开展营运车船燃料消耗准入与退出试点，制定并发布营运车船燃料消耗限值标准及相关

港口生产中长期节能目标分解　　表6

项　　目	2015年	2020年
全国港口生产综合单耗	降低8%左右	降低10%左右
沿海港口生产综合单耗	降低8%左右	降低11%左右
内河港口生产综合单耗	降低3%左右	降低5%左右

注：1. 2015年和2020年下降幅度同比2005年（基年）数据。
2. 港口生产综合单耗单位：吨标准煤/万吨吞吐量。
3. 以2015年和2020年沿海和内河港口吞吐量周转量的预测值为权重，计算得到港口生产综合单位能耗。

配套措施和实施方案，建立营运车船燃料消耗检测体系并加强对检测的监督管理，建立经济补偿机制，促进汽车生产厂家和船厂切实强化节能技术进步与创新，加强对高能耗营运车船进入运输市场的源头控制。

（三）节能驾驶工程

大力倡导节能驾驶，总结和推广汽车和船舶节能驾驶操作与管理经验、技术，组织编写汽车驾驶员和船员节能驾驶操作手册和培训教材，将节能意识和技能作为汽车驾驶员和船员从业资格和资质考核和认定的重要考核内容和依据。强化运输企业加大节能驾驶教育培训力度，推广车船驾驶培训采用模拟装置和技术，逐步建立一支节能意识强、驾驶技能好、业务素质高的汽车驾驶员和船员队伍。

（四）甩挂运输节能试点工程

将加快发展甩挂运输作为调整公路运输运力结构、提高货运实载率的突破口。在全国范围内筛选典型省份和典型公路运输企业在适当地区和线路上组织开展公路甩挂运输示范和试点工作。在试点的基础上，研究提出关于推进公路甩挂运输发展的指导意见、实施方案，带动和促进甩挂运输在全国范围内得到快速发展，构建甩挂运输发展长效机制，提高公路货运业运输生产效率和能源利用水平。

（五）内河船型标准化工程

加紧完善并实施内河船型标准化的经济激励政策和相关法律、行政配套措施。加大资金投入，继续加强标准船型研发、现有船型比选以及落后船型淘汰等工作，加快推进长江、京杭运河、西江等内河船型标准化工作，促进内河船舶运力结构的优化，提升内河航运竞争力，促进内河航运节能环保比较优势的充分发挥。

（六）高速公路不停车收费工程

大力推进高速公路不停车收费与服务系统建设，增加高速公路信息发布平台和手段，积极引导车流，提高行车效率。有条件的区域，积极推进相邻省区市甚至更大范围的高速公路联网不停车收费，减少收费过程中由于车辆低速、怠速行驶造成的能源浪费。

（七）交通公众出行信息服务系统建设工程

加快建立和完善覆盖不同层次客户群体需求的公路水路交通公众出行信息服务系统，将道路与航道实时信息通过多种媒介和渠道提供给广大出行者。加快推进与民航、铁路、城市交通等相关出行信息系统的联网运行，为建立全国统一的公众出行交通信息服务系统奠定基础。引导公众选择最佳出行时机和最优出行线路，减少无效运输、不合理运输和交通拥堵等带来的能源浪费。

（八）节能型港口建设工程

对全国所有沿海港口和主要内河港口全面开展节能型港口创建活动，并进行评比考核和认证工作。大力推进港口码头节能设计，优化装卸工艺、设备选型、配套工程等的设计，使系统各环节能力匹配，提高效率。加大对现有港口的技术改造力度，加快现有集装箱码头轮胎式集装箱门式起重机的“油改电”技术改造工作，逐步更新改造高耗能、低效率的老旧设备，提高装备的整体技术水平，提高作业效率，减少港口生产能耗水平。

以上交通节能重点工程采取开放式选取、滚动式实施的模式。本规划纲要印发之后，交通运输部还将视情况动态补充调整相应的节能重点工程，一旦酝酿成熟和条件具备便立即启动实施。各级地方交通运输主管部门也可以因地制宜根据地方实际情况，筛选具有地方特色的重点工程。

五、保障措施

（一）强化节能组织领导

加强组织领导和统筹协调。各级交通部门要强化对交通节能工作的组织领导，高度重视节能组织机构建设，建立健全交通行业节能管理体制，完善与有关部门协调配合的交通节能推进机制，强化对综合运输发展的指导和协调，加强部门间交通节能的信息共享与协同合作。各地区、有关部门及企事业单位要统筹规划、各司其责，做好相关领域的交通节能工作，共同推动规划实施。

建立节能目标责任制和问责制。建立健全交通节能目标责任制和绩效考核机制，将各项交通节能指标和任务逐级分解落实，由各级交通部门主要领导负总责，充分发挥绩效评估的导向作用和激励约束作用，实行严格的问责制。各级交通部门要抓紧研究建立节能问责制和奖惩制度，制定具体的评价考核实施办法，重点评价相关政策措施的制定和落实情况。

（二）提升节能监管能力

建立健全交通行业节能规划体系。各级交通部门和大型交通企业要将有关节能的内容纳入发展规划，强化节能规划的编制，并将节能规划向上级交通运输主管部门进行报备，做好交通节能规划与交通发展规划、节能环保专项规划等相关规划的衔接协调。同时，要建立健全规划定期评估考核、通报和及时制修订机制，加强对规划执行情况的督促和检查，对规划进行动态调整，充分发挥规划的指导作用。

完善交通行业固定资产投资项目节能评估和审查制度。加快完善交通行业固定资产投资节能评估和审查的具体办法，进一步规范节能评估与审查工作，将节能评估文件与节能审查意见作为交通固定资产投资项目（含新、改、扩建工程）审批、核准和开工建设的强制性前置条件，以及工程设计、施工及验收的必备依据，确保项目符合强制性节能标准。加强交通行业节能评估机构和人员资格管理，提高节能评估质量，落实节能评估责任制。

完善节能法规标准体系。以贯彻落实《节约能源法》为契机，建立健全《公路、水路交通实施〈中华人民共和国节约能源法〉办法》等行业相关配套法规规章和制度体系。新修订《港口法》、《航道法》、《道路运输条例》、《水路运输管理条例》等交通法律法规及其相关配套规章要充分体现节能要求。制定并实施营运车船、港口装卸设备、施工机械等燃料消耗量限值标准及测量方法，完善市场准入和退出制度，尽快将交通节能管理纳入法制化、规范化、标准化的轨道。

完善节能监管体系。建立健全交通行业节能监督管理体制，形成权责明确、协调顺畅、运行高效、保障有力的交通节能监督管理网络，明确专门的机构、人员和经费。严格执行国家和交通行业节能法规标准，依法加强部、省和市级交通节能监督管理，强化交通节能监管能力建设，加大交通各领域、各环节节能工作的监督检查力度。重点监督检查交通行业重点用能单位和高耗能项目用能、节能管理情况；交通固定资产投资项目节能评估和审查情况；营运车船等重点耗能设备准入退出制度执行情况。

完善节能统计体系。加快完善并组织实施交通行业能源统计与分析制度，完善公路运输、水路运输和港口生产节能统计指标体系，纳入部门统计制度，强化各项指标的统计调查、分析、预测和发布工作。各级交通部门要加强交通节能统计业务能力建设，改革统计方法，建立统计季报制度，加快建立能源统计信息系统，为分析行业用能状况和制定节能政策提供基础数据支撑。

完善节能监测考核体系。以交通行业能源利用监测机构、有关协会学会、科研机构等为依托，按照布局科学、数据准确、传输及时的要求，建立与交通行业节能统计分析、评价考核相适应、覆盖全行业的监测网络。推进各级交通节能监测站标准化建设，提高队伍专业化、装备现代化水平。建立统一、科学的季度、年度交通行业和重点交通用能企业的能源消费总量和单位能耗核算制度；制定严格的数据质量评估办法，切实保障数据质量。加紧研究交通行业节能评价和考核体系，定期开展行业能源消费状况的评估工作。

（三）完善节能激励政策

制定和实施促进节能的交通产业政策。完善交通产业政策，明确促进交通结构调整、交通发展方式转变的方向和重点，积极调整交通投资结构，鼓励节能环保型企业的发展，限制高能耗、低效率的交通运输企业发展。安排政府性引导和补偿资金，鼓励并积极引导运输从业者和消费者购买和使用节能环保型车船、装卸和施工装备设施等，加快淘汰高油耗车船及其他落后生产设施设备。

建立健全交通节能投融资机制。各级交通部门要把节能投入作为交通公共财政支出的重点，充分发挥政府资金的引导作用。建立和完善交通行业节能激励机制，逐步形成以国家和地方资金为引导、企业资金为主体的交通节能投入机制，设立各层次的节能专项资金，用于鼓励、支持节能监管体系建设、节能新技术和产品的研发与示范推广、节能宣传培训、信息服务和表彰奖励。拓宽交通节能融资渠道，充分利用金融机构信贷资金以及社会资金加大对交通节能项目的投入。扩大利用外资渠道，积极争取国外无偿援助和优惠贷款，探索清洁发展机制（CDM）等在交通领域的应用。

积极争取有关的节能财税优惠政策。深入研究分析资源税、环境税、消费税、进出口税等税制改革对交通节能的影响，并制定应对措施。加强与各级人民政府管理节能工作的部门、财税部门等沟通与协调，积极争取中央财政和省级地方财政安排的节能专项基金对交通节能的支持，争取相关税收优惠扶持和财政补贴政策。

（四）创新节能管理制度

探索以市场机制为基础的节能新机制。大力推行节能技术服务机构与交通企业合同能源管理，为企业实施节能改造提供诊断、设计、融资、改造、运行、管理等一条龙服务。建立节能投资担保机制，促进交通行业节能技术服务体系的发展。鼓励交通企业或行业协会与政府签订节能自愿协议，充分调动企业节能的主观能动性，推进交通节能的市场化运作。充分发挥行业协会、学会、节能技术服务机构和科研机构等单位在各自专业领域内节能管理、技术推广等方面的作用。

建立健全交通行业能效标识、节能产品认证及目录管理制度。建立并推广交通行业强制性能效标识管理制度，扩大能效标识在营运车辆、船舶、港口机械、施工机械等上的应用，不断提高能效标识的社会认知度。大力推动交通节能产品认证，规范认证行为，扩展认证范围。完善交通节能产品（技术）的目录管理制度，定期公布交通行业节能产品（技术）目录，引导和促进节能产品（技术）的研发和推广。

建立交通节能信息发布制度。建立交通节能政策法规、项目审批、案件处理等政务公告公示制度。搭建交通节能信息交流平台，完善交通节能信息政府网站，及时发布国内外各类交通节能产品质量、先进的节能技术及管理经验，积极引导交通运输企业选用优秀的节能装备及技术、产品。依法推进企业节能信息公开，开展重点用能企业的节能审计、绩效评估和信息公告。完善公众参与机制，充分发挥行业协会、社团组织等的作用，广泛听取公众意见，加强社会监督。

（五）加强节能科技管理

加大交通节能技术研发、示范与推广的组织力度。加大交通节能技术研究开发投入，引导和鼓励企业和科研单位大力节能投入。加快修订交通行业节能技术政策大纲，指导行业有重点地研究开发和推广应用交通节能技术。将重大交通节能技术列入交通行业中长期科技发展规划及相关科技发展计划，安排一批节能重大技术项目，攻克一批节能共性、关键和前沿技术。加强节能新技术、新产品、新工艺和新材料的研发，优先支持拥有自主知识产权的交通节能共性和关键技术示范，推动交通行业节能技术和装备升级换代。完善科技成果转化和推广机制，采取有效措施，加大协调力度，促进交通节能技术转化。

加强交通节能标准规范基础研究。加紧完善交通行业节能标准规范体系，积极引进、消化和吸收国外先进的交通节能标准，鼓励结合地区特点制定地方性交通节能标准规范，鼓励交通运输企业制定严于国家标准、行业标准的企业节能标准。建立灵活、快速、开放和及时的节能标准制修订机制，积极引导企业、社会组织参与制订交通节能标准规范、编制节能技术指南。

建立交通节能技术服务体系。加快交通节能产品和技术推广服务体系建设，发展交通节能服务产业，培育节能技术服务市场。促进交通节能技术服务机构转换机制、创新模式和拓宽领域，充分发挥其在行业节能规划、技术政策与标准规范的制定和实施，以及能源统计、节能技术推广、宣传培训和信息咨询等方面的积极作用。建立交通行业能效中心，传播先进的节能技术和管理经验，发布国内外交通运输能效信息，推进交通能效检测体系和节能先进技术创新平台建设，促进形成交通行业石油节约和替代技术研发、示范中心。

加强交通节能技术国际交流与合作。开展多层次、多领域、多种方式的交通节能技术国际交流与合作，拓展合作领域，广泛利用国际资源。积极举办国际交通节能新技术与产品博览会，推动国际合作项目的组织实施，吸收借鉴国际先进经验，加大国外交通领域先进节能技术、产品的引进、消化吸收和再创新，加快发展具有自主知识产权的交通节能技术和产品。

（六）加大宣传教育力度

注重节能宣传引导，提升节能理念。利用行业报刊、网站等各种方式，广泛、深入、持久地开展交通节能宣传教育活动，宣传国家和交通行业节能方针、政策、法律及法规等。开展节能型港口、节能型工程、节能型企业、节约型机关（单位）等创建活动。表彰交通节能先进单位，激励贡献突出的个人，充分发挥舆论引导和监督作用，增强全行业节能意识，提倡节约型的交通消费方式。

强化教育培训，提高从业人员节能素质。组织编制交通节能手册和指南，推行交通节能科普行动计划，开展经常性的节能培训教育、技术和经验交流工作，将交通节能知识纳入职业教育和培训体系，提高全行业的节能意识、业务水平和操作技能，逐步培养和造就一支高素质、稳定的节能工作队伍，全面提高全行业从业人员的节能素质。建设节约型机关，发挥政府交通部门的节能减排表率作用。各级交通部门要率先垂范，积极开展节约型机关建设，倡导崇尚节约、合理消费的机关文化，建立和完善机关节能减排规章制度，实施能耗定额和支出标准，强化能源消费计量和监测管理。推行政府节府节能采购，加大节能产品政府采购实施力度，带头使用节能产品、设备。

以上政策措施主要是为保障2015年中期目标的实现。随着规划的实施，以上保障措施的逐步落实，交通行业节能规划、政策、法规、标准、统计、监管等体系将逐步完善，节能意识大大提高，节能管理得到有效规范。2015年之后，为适应新形势、新要求，将适时调整政策措施，继续强化节能技术创新、优化交通运输结构、加强节能监督管理，以确保2020年交通节能目标的实现。

公路水路交通运输节能减排“十二五”规划

二〇一一年六月

前言

为深入贯彻落实科学发展观，全面贯彻落实资源节约和环境保护基本国策，深化资源节约型、环境友好型交通运输行业建设，提高能源利用效率，优化能源消费结构，降低二氧化碳排放强度，根据《交通运输“十二五”发展规划》、《公路水路交通节能中长期规划纲要》等，编制本规划。

本规划阐明了“十二五”时期交通运输行业节能减排工作的指导思想和基本原则，明确了总体目标和主要指标，提出了重点任务和保障措施，是交通运输“十二五”规划体系的重要组成部分，是“十二五”期交通运输行业节能减排工作的纲领性文件。本规划的制定与实施，将为进一步深化交通运输行业节能减排工作，积极发展低碳交通运输体系，加快转变交通运输发展方式发挥重要的基础性指导作用。

一、现状与评价

（一）主要工作成绩

“十一五”期间，交通运输行业坚持以科学发展观为统领，以加快转变发展方式为主线，紧紧围绕提高能源利用效率，不断提升发展理念，加快推进结构调整，大力推动技术进步，加强节能减排监管，扎实推进节能减排工作，取得了积极进展，为推进交通运输行业又好又快可持续发展、实现国家“十二五”节能减排目标作出了积极贡献。

1. 优化交通运输结构，节能减排的集约效应日益显现

一是大力推进综合运输体系建设，运输结构进一步优化，特别是内河航运、城市公共交通等节能环保的比较优势日益显现；二是着力优化交通基础设施网络布局、改善技术状况，2010年底全国二级及二级以上公路、有铺装路面和简易铺装路面公路、万吨级以上泊位和五级以上内河航道所占比重分别比“十五”末提高了1.3、20.2、2.3和1.1个百分点，为交通运输节能减排提供了良好的物质基础；三是努力改善车船运力和工程机械装备结构，交通运输装备的大型化、专业化和标准化趋势明显，2010年底营运货车平均吨位、营运船舶平均净载重量分别比“十二五”末提高了36.1%、105.9%，整体能效水平显著提高；四是加快调整交通运输企业组织结构，企业的集约化程度和用能管理水平有效提升。交通运输结构的不断优化，使节能减排的网络效应、规模效应和集约效应得到充分发挥，大大提升了交通运输系统节能减排的整体水平。

2. 加强科技创新与成果推广，节能减排技术基础明显增强

一是组织开展了资源节约型环境友好型交通发展模式、低碳交通运输体系建设等一批重大战略规划与政策研究，为行业科学决策提供了有力支撑；二是扎实推进信息化建设，大力推广应用不停车收费（ETC）、智能交通系统（ITS）、物流公共信息平台、公众出行信息服务系统、无线射频识别技术（RFID）、全球导航卫星系统（GNSS）等现代信息技术，交通运输生产效率和服务水平有效提升；三是大力推进采用先进运输装备技术，开展了货运汽车及汽车列车推荐车型、客运车辆等级评定和内河船型标准化工作，配合开展了“十城千辆”节能与新能源汽车示范推广，积极开展港口轮胎式集装箱门式起重机（RTG）“油改电”，探索应用靠港船舶使用岸电技术等；四是发布了两批共40项重点推广在用车船节能产品（技术）目录，大力推广应用燃油添加剂、节油器等先进适用技术与产品；五是在交通基础设施建设养护中积极采用新结构、新工艺和新材料，推广应用隧道节能照明、路面材料再生、温拌沥青等新技术，探索应用太阳能、风能等可再生能源。通过这些科技创新与推广应用，交通运输节能减排的技术基础和保障能力不断增强。

3. 注重提升节能减排监管能力，节能减排管理水平明显提高

一是建立健全节能减排管理机构。交通运输部成立了新的节能减排工作领导小组，并下设节能减排与应对气候变化工作办公室，各地交通运输主管部门、大型交通运输企业也普遍设立了相应的节能减排工作管理机构或岗位，为做好节能减排工作提供了有力的组织保障。二是组织开展了交通运输行业能源统计体系研究，公路运输、水路运输和港口生产能源统计指标初步纳入国家统计；着手研究构建行业节能减排监测考核体系，并在山东等地开展监测考核试点。三是积极推动实施了燃油消费税改革，实施了营运车辆燃料消耗量准入、实载率低于70%的客运线路不得新增运力等政策，强化交通运输市场监管，改进行业能源利用水平。四是积极引导企业规模化、集约化发展，组织开展甩挂运输、江海直达、多式联运等试点工作，不断提升交通运输系统运行效率。五是在交通建设领域，注重合理规划、创新设计、精心施工、严格监管，认真执行节能评估与审查、规划与建设项目环境影响评价等制度，使节能减排方针在交通建设工程实践中得到有效落实。这些工作的开展有效促进了行业节能减排管理体系的完善和监管能力的提升。

4. 健全法规标准和规划体系，节能减排制度环境持续改善

相继出台了《公路、水路交通实施〈中华人民共和国节约能源法〉办法》、《道路运输车辆燃料消耗量检测和监督管理办法》等部门规章；制定了《营运客车燃料消耗量限值及

测量方法》、《营运货车燃料消耗量限值及测量方法》、《水运工程节能设计规范》等标准规范；发布了《公路水路交通节能中长期规划纲要》以及各年度节能减排工作要点；印发了《交通行业全面贯彻落实〈国务院关于加强节能工作的决定〉的指导意见》、《资源节约型环境友好型公路水路交通发展政策》等指导性文件。与此同时，各地交通运输主管部门也根据自身实际制定了相应的规章制度、地方性标准、中长期规划和具体实施意见。法规标准与规划体系初步建立并不断完善，为交通运输节能减排工作逐步走上科学化、法制化、规范化提供了有力的制度保障。

5. 积极开展宣传培训与示范工程，节能减排理念不断提升

组织召开了全国交通运输行业节能减排工作视频会议，以及资源节约型和环境友好型港口建设、港航共建绿色水运等专题工作会议，开展了“车、船、路、港”千家企业低碳交通运输、资源节约型环境友好型交通等专项行动，统筹部署全行业共同行动；组织开展了“宇通杯”机动车驾驶员节能、机动车检测维修、港口机械等职业技能竞赛，充分调动全行业共同参与的积极性；先后推出了三批共60个部级节能减排示范项目，总结提炼经验并予以大力宣传推广，发挥了良好的示范带动作用；认真组织“节能宣传周”等活动，广泛深入开展宣传教育与交流培训；开通了“交通节能网”，及时发布国内外动态信息，推广先进技术与经验。各地交通运输管理部门和企业也相应开展了形式多样的节能减排宣传培训、示范试点与实践活动。全行业节能减排意识明显增强，资源节约、环境友好、绿色低碳的理念不断提升。

（二）存在的主要问题

尽管“十一五”期间交通运输行业节能减排工作取得了一定成绩，但与国外先进水平相比，与全面落实科学发展观、发展绿色低碳经济的更高要求相比，还存在一定的差距与不足，主要体现在：

一是交通运输结构性矛盾尚未根本解决。内河航运比较优势尚未充分发挥，综合交通枢纽建设滞后，综合运输组合效率尚未充分显现；城市公共交通服务能力和质量不高，吸引力不强；断头路、局部瓶颈等已成为影响基础设施网络效应的重要制约因素，部分沿海港口进出港航道能力不足；运输装备结构不尽合理，大型化、专业化车船比重不高，老旧车船比重偏高；道路运输规模化、集约化程度还比较低；替代能源、可再生能源比重亟待提高。

二是交通运输节能减排技术创新与服务体系仍需健全。节能减排科技研发投入不足，节能减排技术、产品推广应用进展较为缓慢；现代信息技术应用推广还比较滞后；交通运输节能减排技术服务体系尚未建立，节能减排技术产品和服务市场还有待进一步规范。

三是交通运输节能减排监管能力还有待提升。节能减排意识有待进一步增强，专职管理机构和人员缺乏，体制机制性障碍尚未根本消除；引导性资金投入明显不足，节能减排长效机制尚未形成；政策法规和标准规范体系还不完善；节能减排统计计量、检测监测与考核评价等基础性工作薄弱。

二、形势与要求

“十二五”时期，是加快转变交通运输发展方式、发展现代交通运输业的关键时期，交通运输节能减排工作进入新阶段，面临新形势、新要求。

（一）应对全球气候变化迫切要求交通运输实施绿色、低碳发展战略

气候变化问题已成为影响人类社会发展和全球政治经济格局的重大战略课题。我国作为温室气体排放的主要大国，已成为全球关注的对象，面临巨大的国际压力。为此，党中央、国务院明确提出要大力发展绿色经济，积极发展低碳经济和循环经济，将应对气候变化纳入经济社会发展规划，并向世界郑重承诺到2020年单位国内生产总值二氧化碳排放比2005年下降40%～45%的减排目标。从全球范围来看，交通运输业在世界能源消费和温室气体排放中所占比重均超过20%，且仍呈较快上升态势，节能减排责任重大，世界各国纷纷将发展绿色、低碳交通作为战略重点，我国交通运输行业作为能源资源消费和温室气体排放的重点领域之一，受到国际影响不断加大，特别是在国际航运领域可能将率先面临直接的减排压力。因此，交通运输行业必须按照发展绿色经济、低碳经济的要求，加快实施绿色、低碳发展战略。

（二）建设资源节约型、环境友好型社会，迫切要求交通运输加快转变发展方式、强化节能减排

节约资源、保护环境是我国的基本国策。当前我国经济发展与资源环境的矛盾突出，石油资源尤为紧缺，目前我国石油对外依存度已突破50%的警戒线。交通运输业是全社会石油消费的主要行业，也是建设资源节约型、环境友好型社会的重要领域。2008年交通运输业石油消费量约占全国石油终端消费总量的36%，其中公路运输、水路运输、城市客运在交通运输业中的比例分别约为44%、20%和15%。国家“十二五”规划纲要提出，到2015年，非化石能源占一次能源消费比重达到11.4%。单位国内生产总值能源消耗降低16%，单位国内生产总值二氧化碳排放降低17%。因此，“十二五”时期，交通运输发展仍将处于重要战略机遇期。面对能源资源短缺、生态环境恶化所带来的严峻挑战，交通运输发展不可能通过单纯依靠扩充能力的粗放式发展方式，而必须通过整合资源、强化管理、科技创新、深入挖潜的内涵式发展方式来解决。这就迫切要求加快转变交通运输发展方式，把节能减排摆到更加突出的位置，实现能源资源利用效率的显著提升和生态环境的持续改善。

（三）加快发展现代交通运输业、建设低碳交通运输体系，迫切要求全面推进交通运输节能减排

交通运输作为国家能源消费和温室气体排放的重点行业之一，是国家推进节能减排工作的重要领域。近年来，党中央、国务院多次强调要以工业、建筑、交通为重点，打好节能减排

攻坚战和持久战，加快建立以低碳排放为特征的工业、建筑、交通体系。为此，交通运输部明确要求全行业必须以加快转变发展方式、发展现代交通运输业为主线，将努力建设资源节约型环境友好型行业作为重要着力点，加快建立以低碳为特征的交通运输体系。加快转变发展方式、大力发展现代交通运输业，是当前和今后一个时期交通运输发展的重大战略任务。全面深入推进交通运输节能减排，是发展现代交通运输业的本质要求，是建设资源节约型、环境友好型交通运输行业的迫切需要，也是建设低碳交通运输体系的必然选择。

（四）提高交通运输企业核心竞争力和可持续发展能力迫切要求提升交通运输节能减排水平

绿色经济、低碳经济已成为引领世界经济复苏与应对环境问题的新引擎，节能减排已成为新时期交通运输企业提升核心竞争力的必然要求。随着经济全球化和我国经济的快速发展，交通运输企业竞争日趋激烈，但归根结底是企业经营成本、管理服务水平、可持续发展能力等核心实力的综合竞争。当前，能源成本约占交通运输企业生产总成本的30%～40%左右。特别是在当前应对全球金融危机、能源紧缺和油价上涨等大背景下，能源成本已成为企业经营成本和核心竞争力的重要影响因素。因此，切实强化交通运输节能减排，一方面可有效降低经营成本，提高企业核心竞争力；另一方面也有助于营造和谐、高效、绿色、低碳的交通运输环境，提升交通运输现代化水平，拓展交通运输可持续发展空间，履行社会责任和义务。

三、思路与目标

（一）指导思想

深入贯彻科学发展观，全面落实节约资源和保护环境基本国策，以提高能源利用效率、降低二氧化碳排放强度为核心，提升节能减排理念，调整优化交通运输结构，强化科技进步，完善法规标准，创新体制机制，加强监督管理，加快构建资源节约型、环境友好型的交通运输生产方式和消费模式，打造绿色、低碳交通运输体系，加快发展现代交通运输业。

（二）基本原则

坚持统筹节能减排与交通运输发展相协调，将节能减排作为加快交通运输发展方式转变的主要途径和重要抓手；坚持政府主导、市场调节、企业主体与公众参与相结合，建立交通运输节能减排长效机制；坚持科技创新与制度创新相结合，通过全面推进行业创新为交通运输节能减排提供根本动力；坚持突出重点与全面推进相结合，有力有序推动交通运输行业节能减排工作向纵深发展。

（三）总体目标

到2015年，交通运输行业能源利用效率明显提高，CO_2排放强度明显降低，绿色、低碳交通运输体系建设取得明显进展。

——结构性节能减排取得明显进展。基础设施网络体系更加完善，内河航运承运比重以及城市公共交通出行分担率明显提高，节能型综合交通运输体系初步形成；运输车辆、船舶、港口机械与施工设备的大型化、专业化和现代化水平明显提高，交通运输装备结构更加优化；替代能源和可再生能源比重有所提高，交通运输能源消费结构明显改善。

——节能减排科技创新与服务体系基本健全。节能减排科技创新体系进一步健全，成果转化与产品推广水平明显提高；节能减排技术服务体系进一步完善，培育壮大一批专业化的技术服务主体，节能减排服务产业化水平明显提高。

——节能减排监管能力显著提升。运输组织化程度和生产效率进一步提高，全行业节能减排理念与素质明显提升，基本形成与社会主义市场经济体制相适应的比较完善的交通运输节能减排战略规划体系、法规标准体系、政策支持体系、监管组织体系和统计监测考核体系。

（四）主要指标

——能源强度指标：与2005年相比，营运车辆单位运输周转量能耗下降10%，其中营运客车、营运货车分别下降6%和12%；营运船舶单位运输周转量能耗下降15%，其中海洋和内河船舶分别下降16%和14%；港口生产单位吞吐量综合能耗下降8%。

——CO_2排放强度指标：与2005年相比，营运车辆单位运输周转量CO_2排放下降11%，其中营运客车、营运货车分别下降7%和13%；营运船舶单位运输周转量CO_2排放下降16%，其中海洋和内河船舶分别下降17%和15%；港口生产单位吞吐量CO_2排放下降10%。

四、主要任务与重点工作

“十二五”期交通运输行业节能减排工作的主要任务是：立足于交通基础设施、交通运输装备和运输组织方式体系建设，进一步发挥综合性节能减排效益；完善节能减排法规标准规划体系，健全节能减排统计监测考核体系，进一步提高行业节能减排管理效能；强化节能减排科技研发能力，培养节能减排科研工作人员，促进节能减排科技成果转化，进一步增强科技创新对节能减排的支撑作用；不断深化“车、船、路、港”千家企业低碳交通运输专项行动，深入推进低碳交通运输体系建设研究工作，组织做好低碳交通运输体系建设城市试点，继续开展节能减排示范工程和节能产品（技术）评选推广活动，进一步促进企业在节能减排工作中发挥主体作用；提升交通运输领域合同能源管理服务水平，推广绿色驾驶技术和车船驾驶培训模拟教学，积极宣传节能减排成效，进一步提高节能减排工作的社会参与水平。

为保障节能减排目标的顺利实现，“十二五”期交通运输行业应重点加快构建“三大体系”，组织开展“两项专项行动”，着力推进“十大重点工程”。

（一）三大体系建设

1. 节能型交通基础设施网络体系建设

积极促进现代综合交通运输体系建设，优化交通布局，加强运输大通道和综合交通枢纽建设，实现客运的“零换乘”和货运的“无缝衔接”。进一步完善公路网络结构，着力提升国省干线公路技术等级，提高路面铺装率，强化连接线、断头路、拥挤路段等薄弱环节，加强养护管理，使路网更畅通更高效。加快形成以高等级航道网为主体的干支直达、通江达海、结构合理的内河航道网，加强航道养护管理，开展碍航闸坝、桥梁专项整治工作，充分发挥内河航运的比较优势。建设布局合理、功能完善、专业化和高效率的港口体系，加大老码头更新改造力度，提高港口码头专业化、现代化水平。实施城市交通疏堵技术改造工程，开展公交示范城市建设，加快建设轨道交通和快速公交系统（BRT），加快公共交通场站和换乘枢纽建设，促进公交优先战略的全面落实。大力加强加气、充电等配套设施的规划与建设，为节能和新能源汽车推广应用提供有力支撑。在交通基础设施建设养护过程中，大力推进节能评估与审查，强化节能设计与绿色施工管理，努力降低能源消耗和排放水平，加强生态防护、植被恢复与绿化建设，增加碳汇能力。加大公路隧道、服务区、收费站、港口、航标等交通基础设施的节能技术改造力度，强化运营管理，提升运营效率和服务水平。通过不断提升交通基础设施的专业化、网络化水平和高效服务能力，加快形成节能型交通基础设施网络体系，为交通运输工具的安全、畅通、高效的营运创造良好的交通条件，促进交通运输系统能耗与排放水平的降低。

2. 节能环保型交通运输装备体系建设

运输车辆、船舶、港口机械、交通工程机械等交通运输装备是交通运输行业的用能主体。要大力调整优化车船运力结构，大力推广应用节能环保型运输车船，积极发展汽车列车、新型顶推船队，加快淘汰高能耗、低效率的老旧车船，引导营运车船向大型化、专业化、标准化、低碳化方向发展。大力推进港口 RTG“油改电”工作，加快淘汰高耗能、低效率的老旧设备，引导轻型、高效、电能驱动和变频控制的港口装卸设备发展。加快淘汰高能耗、高排放、老旧工程机械、工程船舶等。大力加强各类交通运输装备的检测和维修保养，保持良好技术状况。加快形成高能效、低碳化、环保型的交通运输装备体系，为交通运输行业节能减排奠定坚实的技术基础，最大限度地降低能耗和排放水平。

3. 节能高效运输组织体系建设

优化货运组织管理，引导货运企业规模化发展，加快发展第三方物流，培育一流的全球物流经营人。有效整合社会零散运力，实现货运的网络化、集约化、有序化和高效化，提高货运实载率。发展甩挂运输、多式联运等现代运输组织方式，推进江海直达运输。优化航运组织管理，提高船舶载重量利用率。强化港口生产运营管理，提高货物集疏运效率、装卸设备利用率和港口生产作业效率。

加强公路客运运力调控，严格执行实载率低于 70% 的客运线路不得新增运力的政策。大力推行公交优先战略，建立以公共交通为骨干的绿色出行系统，降低出租汽车空驶率。研究实施交通拥堵收费政策和技术，提升城市交通运行效率。加强交通流管理，提高道路通行效率。通过加快构建节能高效运输组织体系，全面提升交通运输系统运行效率和能源利用效率。

（二）两项专项行动

1. 节能减排科技专项行动

全面落实国家《应对气候变化科技专项行动》、《节能减排科技全民行动》，组织开展交通运输节能减排科技专项行动。加强交通运输节能减排与低碳交通实验室、技术研发中心、技术服务中心等技术创新和服务体系建设，强化节能减排专业人才队伍建设。组织实施一批重点科研项目，积极开展节能减排与应对气候变化重大战略与政策研究；加强基于物联网的智能交通技术研发与应用；大力推进交通运输节能减排重大关键技术、先进适用技术与产品的研发与推广，积极采用新技术、新材料、新装备、新工艺。制定并公布交通运输节能减排技术、产品的推广目录，建立交通运输行业能效与低碳标识、节能低碳产品认证制度。大力推进节能减排标准化与计量检测体系建设。组织实施节能减排科技示范项目和重点工程，推广一批潜力大、应用面广的节能减排技术和产品，促进成果市场化、产业化。密切配合国家节能产品惠民工程的实施，重点开展节能与新能源汽车、半导体照明产品、节能环保船型等示范推广。大力推进替代能源和可再生能源在交通基础设施建设与运营、运输生产等领域中的应用。积极开展节能减排与低碳科普行动，实施节能减排专项教育培训、国际科技合作计划。通过节能减排科技专项行动的实施，全面提升行业节能减排科技发展水平和保障能力。

2. 重点企业节能减排专项行动

在“车、船、路、港”千家企业低碳交通运输专项行动的基础上继续扩大范围，按照能耗量确定重点企业名单，深入开展交通运输行业重点企业节能减排示范活动，充分调动道路客货运输、水路客货运输、物流、港口、城市公交、出租客运、地铁、交通建设等各类交通运输企业的积极性。积极引导重点交通运输用能企业制定并实施节能减排规划和计划，建立严格的节能减排管理制度和有效的激励机制，完善节能减排管理组织体系，改进用能管理，开展节能减排技术创新与应用。各级交通运输主管部门要依法加强加大对所辖的重点用能企业的指导、监督和考核力度。通过强化对重点用能企业的节能减排监管，充分发挥重点用能企业节能减排的示范效应，促进交通运输企业节能减排管理的规范化、常态化，推动交通运输行业节能减排向纵深发展。

（三）十大重点工程

1. 营运车船燃料消耗量准入与退出工程

营运车船燃料消耗量准入与退出。全面实施营运车辆燃料消耗量限值标准，在相关财税政策的支持配合下，试点开展老旧车辆提前退出运输市场。建立健全营运车船燃料消耗检测体系，加强检测监督管理，促进汽车生产企业和修造船厂切实强化节能减排技术进步与创新，加强对高能耗运输车船进入市场运营的源头控制。探索建立市场退出机制和配套经济补偿机制，积极争取加大国家汽车“以旧换新”补贴政策对大吨位载货汽车、公交车和农村客车的补贴力度，加快淘汰高能耗、高污染的运输车辆。

内河船型标准化。加紧完善并实施内河船型标准化的经济激励政策和相关法律、行政配套措施。加大资金投入，继续加强标准船型研发、现有船型比选以及落后船型淘汰等工作，加快推进长江、西江等船型标准化工作。进一步争取国家发展改革委、财政部等相关部委的支持，在《长江干线船型标准化补贴资金管理办法》的基础上，进一步扩大财政补贴的适用范围，由长江干线拓展到长江、西江等主要通航流域，加大补贴力度，引导内河船舶运力结构优化，提升内河航运竞争力，充分发挥内河航运节能环保的比较优势。

2. 节能与新能源车辆示范推广工程

推广使用节能与新能源车辆。进一步促进混合动力、纯电动等节能与新能源车辆的推广应用，重点针对新能源车辆在城市公共汽车和出租车示范推广过程中的安全、便捷使用和维修问题，加强相关设施建设和人员培训，减少车辆运行中安全、故障等问题，降低车辆运行费用。

推广使用天然气车辆。逐步提高城市公交、出租汽车中天然气车辆的比重，在城市物流配送、城际客货运输车辆中积极开展试点推广工作，以新购置天然气车辆代替淘汰的老旧车辆。

3. 甩挂运输节能减排推广工程

将加快发展甩挂运输作为转变道路运输发展方式、调整公路运力结构、提高货运实载率的突破口。认真落实《关于促进甩挂运输发展的通知》、《甩挂运输试点工作实施方案》精神，在全国范围内筛选典型区域和典型公路运输企业在适当地区和线路上组织开展甩挂运输节能减排试点工作。在试点的基础上，进一步完善促进甩挂运输发展的相关政策、法规和标准，带动和推进甩挂运输在全国范围内的快速发展，构建甩挂运输发展长效机制，提高公路货运业运输生产效率和能源利用效率，降低能耗和排放水平。

4. 绿色驾驶与维修工程

大力推广绿色驾驶。总结和推广汽车和船舶绿色驾驶操作与管理经验、技术，组织编写汽车驾驶员和船员绿色驾驶操作手册和培训教材，将节能减排意识和技能作为机动车驾驶培训教练员、汽车驾驶员、船员从业资格资质考核认定的重要内容和依据。开展汽车驾驶员绿色驾驶技能培训与竞赛，加强船员航行操作与管理节能减排培训，逐步建立一支节能减排意识强、驾驶技能好、业务素质高的汽车驾驶员和船员队伍。

大力推广车船驾驶培训模拟装置。出台机动车和船舶驾驶模拟器资金补助管理办法，加快建设全国驾培管理平台，实现驾培模拟器教学与IC卡计时联网。力争到“十二五”末，基本建成较完善的驾培行业节能减排体系，使全国使用模拟器教学的驾培机构覆盖面达到75%以上。

组织实施绿色维修工程。针对目前我国机动车维修业的环保状况，从机动车维修业的废物分类、管理要求、维修作业和废弃物处理等方面加强机动车维修的节能减排，重点加强对废水、废气、废机油、废旧蓄电池、废旧轮胎等废弃物的处置和污染治理。

5. 智能交通节能减排工程

以高速公路不停车收费、物流公共信息平台、公众出行信息服务系统为重点，大力推进智能交通技术、现代物流技术、现代信息技术等的开发和应用，改造和提升传统交通运输产业，提高运输组织效率，降低能耗和排放水平。

电子不停车收费技术推广。大力推进高速公路不停车收费，提高行车效率。有条件的区域，积极推进相邻省区市甚至更大范围的高速公路联网不停车收费，减少收费过程中由于车辆低速、怠速行驶造成的能源浪费和排放。

物流公共信息平台建设。重点加大对全国内河与长江干线综合物流信息平台、全国或长三角等重点区域物流公共信息平台的研发与推广，整合物流市场供需、货源、运力等信息并向社会提供，引导传统货运产业向现代物流转型，促进货运实载率和节能减排水平的提高。

内河船舶免停靠报港信息服务系统推广。进一步扩展系统功能，实现船舶在起运港和目的港的免停靠报港。加紧制定相关行业标准和管理规定，大力促进该系统的推广应用，提高管理效能。

公众出行信息服务系统建设。整合交通出行信息资源，建立统一的公众出行信息服务平台，采用多种信息发布方式向公众提供各种交通信息，从而提升行业服务水平、提高交通运营管理的效率，引导公众高效、便捷、舒适地出行，优化出行路线，引导交通参与者转变出行方式和消费观念，缩短出行人员在途距离和时间，最大限度降低能耗和排放水平。

6. 公路建设和运营节能减排技术推广工程

在公路基础设施建设和运营领域，积极组织开展先进适用节能减排技术的推广应用工作，降低能耗与排放水平。

温拌沥青铺路技术应用。选择部分省市开展温拌沥青技术的试点推广应用，研究解决关键技术难题，建立温拌沥青技术规范体系。

交通建设材料循环利用技术应用。开展交通运输循环经济示范活动，大力推进沥青和水泥混凝土路面材料再生利用；废旧轮胎胶粉改性沥青筑路应用；粉煤灰、矿渣、煤矸石等工业废料在交通建设工程中应用。

公路隧道节能减排技术改造与应用。积极开展隧道节能照明试点工作，系统总结试点工程实施经验，编制《公路隧道通风照明设计细则》，修改完善公路隧道照明相关技术规范，鼓励在新建隧道中采用技术成熟、功能可靠的公路隧道照明相关技术规范和产品。对在用隧道，根据现照明灯具的使用寿命，制定分期分批更换节能灯具方案，推行隧道绿色照明工程，推广应用寿命长、功能可靠的发光二极管（LED）等节能灯具。组织开展隧道通风照明控制技术、隧道群和毗邻隧道的智能联动控制技术和联网控制系统等的示范和推广。大力推进太阳能、风能等可再生能源应用。

高速公路服务区和公路收费站节能减排技术改造。对全国100个高速公路服务区、1600个收费站实施节能照明改造，并试点开展太阳能风光互补方式供电改造，建设低碳服务区。

7. 绿色港航建设工程

开展绿色港口创建活动。大力推进港口码头节能设计，优化装卸工艺、设备选型、配套工程等的设计，推广港口机械和车辆调度运营系统，将港口打造成为交通运输行业绿色低碳发展的窗口。

水铁联运节能减排示范。在主要港口深入开展水铁联运示范工程，从法规、政策、标准、单证和运营制度、信息化等方面入手，优化水铁联运发展环境，促进综合运输体系建设和现代物流发展。

港口装卸机械“油改电”。推广集装箱码头 RTG“油改电”，对具有改造价值的1600台RTG实施“油改电”技术改造。积极推进件杂货码头轮胎吊和汽车吊“油改电”技术改造。

推广靠港船舶使用岸电。鼓励新建码头和船舶配套建设靠港船舶使用岸电的设备设施，鼓励既有码头开展靠港船舶使用岸电技术改造，以及船舶使用岸电的技术改造。在国际邮轮码头、主要客运码头以及有条件的大型集装箱和散货码头实现靠港船舶使用岸电。

推广应用可再生能源。充分利用港口地区风能、太阳能、水能、地热能、海洋能等可再生能源丰富的优势，提高港口可再生能源使用比例。探索风能、太阳能、核能等在运输船舶中的应用。

8. 合同能源管理推广工程

加快培育专业节能服务公司，积极引导大型交通运输企业、科研咨询机构、行业协会等组建专业节能减排服务公司，为企业实施节能减排改造提供诊断、设计、融资、改造、运行、管理等一条龙服务。认定一批省级、国家级节能服务公司。研究出台交通运输领域推广合同能源管理、促进节能减排服务产业化发展的指导意见，培育节能减排技术服务市场。重点在公路隧道节能改造、城市轨道交通节能改造、港口照明与RTG“油改电”、营运车船先进成熟节能产品（技术）应用、靠港船舶使用岸电、公共机构大型建筑等领域组织启动一批合同能源管理的示范项目，带动全行业发展，使合同能源管理成为交通运输行业节能技术服务市场的重要机制。

9. 船舶能效管理体系与数据库建设工程

船舶能效管理体系建设。参照国际上在船舶能效改进方面的先进做法和经验，研究制定具有行业特点、满足国际国内相关要求的船舶能效管理体系标准和认证规范，积极推动航运企业将船舶能效纳入体系管理，建立统一的、可测量、可监控、可验证的船舶能效指标。开展重点航运企业的能效管理认证试点，为全面推广实施船舶能效管理体系做好准备工作。

船舶能效数据库建设。研究制定船舶能效数据的报告、核查制度，建立覆盖全面、数据统一、分类科学的船舶能效设计指数和营运指数数据库，为水运节能减排相关政策法规、市场机制、奖惩机制、财税优惠政策的制定与实施提供全面、可靠的基础数据支持。

10. 节能减排监管能力建设工程

制定并实施行业节能减排监管能力建设规划，围绕节能减排战略规划体系、法规标准体系、统计监测考核体系、监管组织体系等四大体系建设，着力提升行业节能减排监管能力。

完善节能减排战略规划体系。研究制定交通运输领域应对气候变化、低碳交通运输发展等重大战略。研究制定行业和企业节能减排规划编制指南，强化各类节能减排规划编制，建立分层级、分类别、分方式的规划体系。建立规划审批与报备制度，建立健全规划定期评估考核、通报和及时制修订机制。

完善节能减排法规标准体系。积极研究制定《交通运输节约能源条例》等法规，建立健全相关配套规章、标准和制度体系。重点加紧完善营运车船燃料消耗和碳排放的市场准入和退出、重点企业节能减排监管、交通固定资产投资节能评估和审查等制度；研究出台建设低碳交通运输体系的相关指导意见和具体实施方案；研究制定节能减排标准体系建设专项行动计划，抓紧制定营运船舶、港口装卸机械、交通施工机械等燃料消耗和碳排放限值标准，完善公路桥梁工程节能设计、绿色施工等技术规范，提高交通运输节能减排管理的法制化、规范化和标准化水平。

完善节能减排统计监测考核体系。加快完善并组织实施交通运输行业能源与碳排放统计分析制度，完善公路运输、水路运输、港口生产、城市客运等节能减排统计指标体系、方法体系和采集体系，纳入国家统计制度，强化各项指标的统计调查、分析、预测和发布工作，按照布局科学、数据准确、传输及时的要求，建立与交通运输行业节能减排统计分析、评价考核相适应、覆盖全行业的监测网络。加紧研究建立交通运输行业节能减排评价和考核体系，定期开展评估工作。提高统计监测考核的自动化和信息化水平。

完善节能减排监管组织体系。建立健全交通运输行业节能减排监督管理体制，明确专职管理机构与岗位，加强节能减排管理队伍建设，形成权责明确、协调顺畅、运行高效、保障有力的交通运输节能减排监管网络。

五、保障措施

（一）强化组织领导

加强组织领导与综合协调。各级交通运输主管部门要强化对交通运输节能减排工作的组织领导和宏观指导，建立健全节能减排管理体制，完善多部门协同推进机制，强化综合协调，加强与发展改革、财政、税收、统计、科技、环保等相关部门之间的信息共享与协同合作。

建立健全节能减排目标责任制和问责制。研究制定本规划的实施方案，将本规划的各项指标和重点任务逐级分解落实到年度计划，明确各有关部门的责任，由各级交通运输部门主要领导负总责，实行严格的问责制。加强对规划年度执行情况的督促和检查，并分别于2013年、2015年开展中期、终期考核评价，确保规划实施。

（二）完善激励政策

制定和实施促进节能减排的交通运输产业政策。完善交通运输产业政策，积极调整交通运输投资结构，加大对城市公共交通和内河航运的投资倾斜，探索在中央和地方财政设立城市公共交通发展专项资金，拓宽内河航运建设资金渠道。研究制定交通运输节能减排技术政策，加大对节能环保型企业和技术的支持力度，限制高能耗、高污染交通运输企业和技术发展。安排政府性引导和补偿资金，鼓励并积极引导运输从业者和消费者购买和使用节能环保型车船、装卸和施工装备等，加快淘汰高能耗车船及其他落后装备设施。

建立健全节能减排激励政策。积极争取中央和地方财政的资金支持，将节能减排资金纳入预算管理，设立不同层次的交通运输节能减排专项资金，逐步形成以国家和地方政府资金为引导、企业资金为主体的交通运输节能减排投入机制。研究探索节能减排投资担保机制。拓宽交通运输节能减排融资渠道，充分利用金融机构信贷资金以及社会资金，扩大利用外资渠道，积极争取国外无偿援助和优惠贷款，探索碳排放交易、清洁发展机制（CDM）等在交通运输领域的应用。各级交通运输主管部门要加强与各级人民政府节能减排主管部门、财税部门等沟通与协调，争取加大财政支持力度并给予相关税收优惠政策。积极推动碳税、燃油消费税等绿色财税制度改革，实施差异化的车船使用税、通行费等政策，探索拥挤收费等经济政策。

（三）深化交流合作

加强国际国内技术交流与合作。搭建交通运输节能减排信息交流平台，完善节能减排信息政府网站，扩大信息共享，加强经验交流，引导行业选择使用优秀节能减排装备及技术、产品。通过合作研究开发、培训、考察、研讨会等多种方式，进一步加强与国际组织、金融机构，以及国外政府机构、交通运输企业、研究咨询机构等的联系，开展多层次、多领域、多形式的交流与合作，广泛利用国际资源，积极吸收借鉴国际先进经验。密切跟踪研究国际交通运输业应对气候变化与低碳发展动态，加大基础研究力度，积极参与国际航运温室气体减排谈判，反映我诉求，为我国交通运输行业发展与参与国际竞争创造良好的外部条件。结合国际气候变化谈判特别是国际航运谈判的进展，提高我国技术研发能力和组织管理水平，做好我国交通运输业的应对工作。

（四）加强宣传引导

强化节能减排宣传培训。各级交通运输主管部门、企事业单位、协会学会等要将节能减排宣传纳入重大主题宣传活动，利用行业报刊、网站等媒体，广泛、深入、持久地开展形式多样的节能减排宣传，增强全行业员工特别是各级领导干部的节能减排意识。充分发挥舆论引导和监督作用，完善公众参与机制。组织开展“节能宣传周”、“低碳出行周(月)”、“公交日”等全民活动，倡导资源节约、环境友好、绿色低碳的交通运输消费方式。组织开展经常性的节能减排培训教育、技术和经验交流工作，将交通运输节能减排知识纳入职业教育和培训体系，抓好节能减排基础教育、专业教育、社会教育和岗位培训，普及交通运输节能减排科学知识，全面提升全行业人员素质。

发挥公共机构节能减排的示范带动作用。各级交通运输主管部门率先垂范，积极开展节约型机关建设，倡导崇尚节约、合理消费的机关文化，实施政府机构能耗定额和支出标准，强化能源消费和污染物排放的计量与监测管理，完善节能减排规章制度。加大节能与低碳政府采购的实施力度，带头使用节能低碳产品。交通运输系统新增公务车要带头采购和使用节能与新能源汽车，在全国率先打造绿色公务车队；在各类交通公共建筑项目中率先推行合同能源管理等新机制，发挥政府部门节能减排的表率作用。

铁路“十二五”环保规划

为深入贯彻科学发展观，落实环境保护基本国策，推进铁路科学发展，加强铁路环境保护工作，根据《国民经济和社会发展第十二个五年规划纲要》，《国家环境保护“十二五”规划》、铁道部《铁路“十二五”发展规划》，制定本规划。

一、“十一五”工作回顾

“十一五”期间，铁路环境保护工作围绕促进铁路快速发展、实施《中长期铁路网规划》战略目标，坚持以人为本，全面落实科学发展观，贯彻环境保护的基本国策，依靠技术进步和科技创新，加大环境监测和监督力度，做好生态保护与污染防治，铁路运输环境质量得到明显提高，铁路建设的环境管理工作得到显著加强，全面实现了铁路“十一五”环境保护计划的目标。

1. 铁路运输环境质量得到明显改善

“十一五”期间，通过大力发展电气化铁路，优化调整运输生产力布局，积极推进运输生产结构的优化升级，有效促进了结构减排工作；对重点排污单位开展清洁生产审计，促进生产方式的转变，加强燃煤煤质等生产要素的环保管理，推行生产全过程污染控制；加大环保技改力度，全路共安排污染治理项目1399个，投入94628万元，减少了污染物排放。2010年国家铁路（不含控股合资公司）运输企业化学需氧量排放量2169.2吨、二氧化硫排放量3.92万吨，比“十五”期末分别降低了20%和14%，实现了《铁路“十一五”环保规划》确定的“十一五”末主要污染物排放总量下降10%的目标。

“十一五”期间，通过采取控制机车鸣笛、焊接长钢轨、声屏障、隔声窗等综合降噪措施，使铁路噪声扰民问题得到有效改善。大、中城市铁路线路两侧范围内，铁路边界噪声昼夜间基本低于70dB。

绿色通道建设卓有成效。2007年印发了《关于铁路绿色通道建设实施指导意见》，明确了铁路绿色通道建设的标准和具体要求。截至2010年底，国家铁路沿线已绿化里程36326公里，实现了“十一五”末30000公里以上的目标。

加大了旅客列车污染物直排治理力度，全部动车组及部分直达列车实现了旅客列车集便，截至2010年底，全路旅客列车集便器使用量达到5680辆。

2. 环保管理工作得到加强

全面启动了评价考核机制，印发《铁路局经营业绩考核办法》，加强了对各铁路局领导班子和领导干部环保目标责任制和评价考核的力度，将COD排放量、SO_2排放量纳入铁路局经营业绩考核范围，作为铁路局领导干部经营业绩考核重要指标之一。各铁路局根据部考核指标加大了对所属单位的环保考核力度，将部下达指标落实分解到每个基层单位和重点岗位，加强了重点污染物排放单位的管理力度，设立专职人员进行管理，建立完善管理台账，及时上报统计数据，为铁路“十一五”环保目标顺利完成做好制度保障。在组织全路节能减排专项大检查的基础上，对铁路局节能减排进行了重点抽查，通过检查了解了路局节能减排工作的成效，指出了节能减排工作中存在的不足与解决方法，对全路节能环保工作起到了推动作用。各铁路局针对检查存在和发现的问题，加大了环保管理力度，以全面强化管理、严格环保考核为重点，开展了多层次、多方位的环保管理。

3. 铁路建设环境保护成绩显著

严格执行《环境影响评价法》和“三同时”管理制度。为满足铁路建设项目审批及开工建设需要，按程序做好建设项目的环境影响评价、水土保持方案编制、审查、报批等工作，“十一五”期间，环保部门和水利部门分别批复项目环评297项、水保167项。加强了建设项目环境保护全过程管理。前期工作中贯彻环保选线理念，确立了环评内审机制，使环保切实成为项目决策因素之一，确保从源头抓好铁路建设项目环保工作。充分发挥环评对设计的指导作用，下发了《关于加强铁路建设项目环境保护管理工作的通知》，进一步规范铁路建设项目的环评、设计、实施全过程环保管理要求，确保各阶段环保措施的落实。加强了施工期环境保护监督检查工作，联合环保部、水利部对京沪、武广、沪杭等重点项目开展了施工期环、水保检查，对施工期环、水保措施的落实及专项竣工验收起到了指导和推动作用。为了进一步做好项目环保专项验收工作，发布了《关于开展铁路建设项目竣工环保验收有关事项工作的通知》，共完成烟大轮渡、井冈山铁路、渝怀、遂渝、京广线信阳至陈家河改线、成都北编组站、青藏铁路格拉段、上海芦潮港集装箱中心站、宁西线合肥至南京铁路、达成铁路扩能等10个项目的环保专项验收工作。石太客专、温福铁路、甬台温、精伊霍、浙赣电化等27项开展了环境保护竣工验收调查工作。

2006年6月，青藏铁路通过了国家环保部门和水利部门的验收，7月顺利通车，青藏铁路建设环境保护在国家重点工程建设项目中处于领先水平，为我国铁路和国家重点工程建设环境保护工作提供了宝贵经验，是我国重大建设项目工程建设与环境保护协调开展的一个典范，受到了国家和社会各界较高评价和认可。2007年6月，通过了国家环保部组织的环境友好工程评选，取得了国内环境保护工程领域最高奖项——国家环境友好工程奖。

4. 铁路环境保护基础工作得到巩固

以推进铁路环保为目标，围绕铁路降噪减振、废弃物处理、废气排放控制、电磁辐射防治、铁路沿线绿化及生态保护等，安排了70余项环保科研工作，扎扎实实推进铁路环保技术进步，为铁路环境保护科研成果向工程实际进一步转化创造了条件。重点开展了铁路建设项目环境影响评价噪声振动源强取值及治理原则修订研究、高速铁路绿色生态评价及关键技术研究、青藏铁路典型生态区植被恢复关键技术集成与试验研究、铁路站段绿色生态塘污水处理技术研究、危险物品货车清洗污水处理、含油废水回收等科研课题。

为规范、完善铁路节能和环保统计工作，发布了《关于铁路节能、环保统计工作归口管理的通知》，重新修订了《铁路运输企业环境保护统计规则》，完善各项统计指标，建立了部到路局到站段的三级传输网络，保证了统计数据及时、准确、全面地汇总和上报，为铁路环保宏观管理提供决策依据。

充分利用“六·五”世界环境日的宣传条件，结合实际开展普及生态安全知识，通过“青年文明号”、“绿色列车”等形式多样的宣传，进行环境警示教育的宣传活动，组织各铁路局在全路范围内开展了限制使用塑料购物袋宣传活动，展示了铁路建设环境友好型社会的充分决心和实际行动，提高广大铁路职工的积极性。

“十一五”期间铁路环保工作在取得成绩的同时，还存在以下问题：一是与环保相关的政策措施不完善，相应的规章制度和技术标准还未形成体系；二是铁路运营期环保工作力度仍需加强，个别环保设施存在超期服役或不能正常运行使用的现象；三是基础工作薄弱，环保监测管理、数据统计、指标考核体系亟待完善；四是推进科技创新、采用新技术、高性能环保产品还需加强。五是建设项目施工期的环境管理工作还存在薄弱环节，环保措施有待加强，竣工环保验收有所滞后。

二、“十二五”铁路环保工作面临的形势与任务

“十二五”期间是我国全面建设小康社会的关键时期，是深入贯彻落实科学发展观、构建社会主义和谐社会的重要时期。国家“十二五”《规划纲要》把节能环保工作放在了更加重要的突出位置，提出“坚持把建设资源节约型、环境友好型社会作为加快转变经济发展方式的重要着力点。深入贯彻节约资源和保护环境基本国策，节约能源，降低温室气体排放强度，发展循环经济，推广低碳技术，积极应对全球气候变化，促进经济社会发展与人口资源环境相协调，走可持续发展之路”的指导思想，主要污染物排放总量化学需氧量和二氧化硫分别减少8%、氨氮和氮氧化物分别减少10%。

铁路作为国家重要基础设施和大众化交通工具，具有大能力、低成本、节能环保等技术经济比较优势，在应对全球气候变暖的挑战中，铁路运输能以较小的能源和环境代价满足经济社会的运输需求，承担起节能减排、降低成本、高效利用能源资源的重任，是符合我国国情和可持续发展要求的绿色交通工具，在综合交通体系中应发挥更为重要的作用。

1. 铁路运输需求不断增长，环境保护要求更加严格

“十二五”期间，我国经济社会发展处于重要战略机遇期，铁路旅客运输和货物运输需求将继续保持快速增长。预计2015年铁路客运量将达到40亿人次，旅客周转量将达到16000亿人公里左右；铁路货运量将达到55亿吨，货物周转量将达到41800亿吨公里左右。一方面铁路在综合运输体系中具有节能环保的比较优势，铁路客货物运输能力大幅度提高是适应社会运输增长和缓解我国社会经济发展中运输能力紧张、减少能源消耗、提高国家环境质量的有效手段；另一方面，铁路运输工作量的增加必将带来一定数量的能源资源消耗和污染物的增加。铁路环境保护工作将比“十一五”更加艰巨。

2. 铁路建设依法合规推进，建设项目环保工作任务更重

“十二五”期间是实现铁路总体适应经济社会发展需要的关键时期，到2015年铁路运营里程将由目前的9.1万公里增长到12万公里，基本建成快速铁路网，大能力区际干线和煤运通道进一步优化完善。铁路建设项目施工期和竣工验收阶段的环境保护工作任务繁重，大量新线投入运营，特别是高铁和快速铁路的投入运营，对环境保护提出了新的要求。

3. 人民生活水平不断提高、沿线环境质量要求提高

随着国民经济快速发展，人民生活水平的不断提高，“十一五”期间国家颁布制定了一系列有关环保的法规性文件和技术标准，对环境保护提出了更严格的要求。铁路环保工作为满足人民群众和国家相关法规标准的要求任务艰巨，特别是“十二五”期间将建设开通一批快速铁路，五大繁忙干线实现客货分线，使既有线的货运列车数量大大增加，沿线环境质量更加引起社会关注。

三、“十二五”铁路环保工作指导思想和主要目标

1. 指导思想

以邓小平理论和“三个代表”重要思想为指导，深入贯彻落实科学发展观，充分发挥铁路的环保比较优势，切实推动资源节约型、环境友好型铁路建设。坚持以人为本，坚持环境保护基本国策，认真贯彻执行环境保护法律、法规和标准，全面推行清洁生产及循环经济模式，加大管理力度，增加技术改造投入，夯实基础，整章建制，依靠科技进步，大力采用新技术、新材料，不断提高铁路环境污染防治水平，降低污染物排放，节约资源和保护生态环境，实现生态保护与铁路建设有序推进，建设资源节约、环境优化的绿色铁路。

2. 主要目标

（1）为客观反映国家铁路污染物排放及治理情况，控股合资公司将纳入“十二五”国家铁路污染物总量控制。到“十二五”期末，国家铁路（含控股合资公司）COD和SO_2排放量分别控制在2280吨、40298吨，力争在“十二五”期间增产不增污。

（2）严格落实项目环境影响报告书编制、报批、审批程序。建设项目环境影响评价制度执行率和“三同时”制度执行率达到100%。加强施工期环境保护工作监督检查力度，依法开展建设项目环境保护竣工验收工作。

（3）铁路噪声、振动防治，新建铁路两侧距外轨中心线30m处昼、夜间噪声级控制在国家规定标准内，振动控制在国家规定标准内。既有铁路干线城市区段列车运行噪声、振动对周围环境影响得到有效控制。

（4）重点围绕铁路建设和运营的环保重点难点问题组织技术攻关与科学研究，加快铁路环保科研成果转化。

（5）推广应用真空集便装置。加快对25K和25G型客车实施真空集便器加装改造，并同步完善车站吸污设施。

（6）继续扩大铁路沿线绿化范围，铁路沿线绿化里程达到5万公里。加强生态建设，改善铁路区域环境质量和生态质量。

四、重点工作

1. 加大既有线污染治理力度，力争实现“十二五”增产不增污

“十二五”期间，铁路站段既有的污水处理设备和锅炉消烟除尘设备凡超期服役的优先安排改造，加强对既有污染处理设备的维护管理，保证设备完好率，确保达标排放。

要因地制宜，积极推广太阳能、地热能等新能源和可再生能源用于采暖、制冷、热水、照明等，替代燃煤、燃油、燃气等传统采暖、制冷设备，减少二氧化硫的排放。继续加大中水回用力度，减少污水外排。

2. 完善环境保护规章制度标准体系

根据国家有关环境保护、推进节能减排和低碳经济要求，对铁路现行的环境保护规章制度及标准进行梳理，进一步完善政府对环保工作的监管职能，路局及建设单位作为责任主体的管理体系，进行整章建制，进一步完善环保技术标准体系、考核评价体系、并针对高速铁路的建设运营，研究制定高速铁路环保标准体系。

3. 落实铁路建设项目环境保护“三同时”制度

铁路建设要依法合规、有序推进。严格执行建设项目的环评、水保制度，强化建设期环保监管力度，重点落实建设项目的竣工验收，使“三同时”制度落到实处。对重点环境敏感区铁路建设项目推行环境监控、监理，全面推行质量、安全、工期、投资效益、环境保护、技术创新“六位一体”管理模式。

4. 噪声振动治理

对铁路新建、改建项目严格按环评批复意见开展噪声、振动治理，重点解决城市区域的铁路噪声、振动污染问题。对沿线敏感建筑物相对集中、运行噪声超标的区段进行降噪治理；逐步实施城区范围内限制机车鸣笛的技术、措施，力争重点城市噪声、振动扰民问题基本得到控制。

5. 解决旅客列车直排问题

积极推进旅客列车密闭式厕所改造，优先安排繁忙干线、环境敏感地区的空调客车直排污染的整治。对新造客车和客运机车全部采用密闭式厕所，并合理安排大型客站及客整所、机务段的地面卸污及污水处理项目。

6. 加快铁路沿线环境整治及绿化工作

加大重点城市铁路沿线和车站周边地区的环境治理。铁路部门要与地方有关单位协调配合，加大环境整治力度。铁路建设项目同步实施绿化。到“十二五”末，力争形成线点结合、层次多样、结构合理、功能完备的铁路绿色长廊，使铁路绿色长廊与周边生态环境、城乡绿化美化融为一体。

五、保障措施

1. 稳步推进铁路建设，促进国家绿色交通体系的建设

铁路发展有利于国家绿色交通体系的形成，有利于实现国家“十二五”节能减排总体目标。加强铁路与其他运输方式的衔接，强化综合运输的需求侧管理，合理引导运输消费，提高铁路在全社会运输中的份额，以充分发挥铁路在节能环保上的比较优势。

2. 加强政策引导，以激励机制促环保

建立科学的环境保护考核评价制度，形成有效合理的激励机制，制定奖惩管理办法，加大铁路环保的投资力度，确保环保设施维护和更改资金需要；依靠重点工程，鼓励技术创新，在科研立项的基础上依托工程建设设立技术创新专项费用用于环保技术创新工作，杜绝技术落后和达不到性能指标的产品投入使用。

3. 管理保障措施

（1）严格指标考核，强化责任考核力度。“十二五”主要污染物控制目标将逐年分解，结合实际情况落实到各铁路局等运营单位。路局结合各单位实际，将指标分解落实到基层单位，纳入路局对各单位的生产经营业绩考核，并对约束性指标实行最严格的环保目标考核问责制。加强建设项目环境保护监管，深入推行建设单位环境保护考核。

（2）加强规划指导，完善规章制度。各铁路局和有关单位要在《铁路环境保护“十二五”规划》指导下，结合本单位实际修改完善本单位《环保规划》，明确环保目标，提出环保工作重点和措施，发挥规划的指导作用。同时要按照规划要求，制定完善各项规章制度、管理办法，建立考核标准。

（3）加强环保队伍和能力建设。建立专兼职相结合的环保队伍，强化培训，提高素质。健全环保监察、监测和应急体系，完善环保监测体系，实行信息资源共享机制。建立铁路运输重大环境污染事故处理应急机制和重大环境突发事件预警体系。

（4）积极引进环保技术成果，促进自主科技创新，重视技术示范和成果推广，要重点支持一批提高铁路能源和资源利用效率，降低污染物排放，降低运输成本的技术开发和技术改造项目，总结推广示范项目经验，加快先进成熟技术的应用，把中小站区复合型绿色生态系统生态污水处理技术等先进适用的环保技术大力推广应用到各站、段、车间，抓好示范项目落实。开展路内外环境保护技术交流与合作；扩大国际环境合作与交流，积极引进国外资金、先进环保技术和管理经验，提高我国铁路环保的技术、装备和管理水平。

4. 科研保障措施

围绕铁路运输生产与铁路环保重点问题组织技术攻关与科学研究，引进国外先进的环保理念和污染治理技术，加快铁路环保科研成果转化。重点开展高速铁路噪声振动综合防治技术、铁路机车、车辆、大型养路机械等移动设备运行辐射噪声、振动、限值、内燃机车废气排放限值、高耗能、高污染、高噪声排放的维修工艺的清洁生产工艺、施工期环境监测与评价、大临工程污染治理技术、铁路氨氮、氮氧化物监测、统计、考核、控制等相关研究工作。

5. 宣传教育措施

全路广泛开展环保宣传。加强环境保护的法制宣传教育，弘扬环境文化，倡导生态文明，以环境补偿促进社会公平，以生态平衡推进社会和谐，以环境文化丰富精神文明。充分发挥有关专业机构的中介组织作用，加强对铁路职工的环保技术培训。开展环保监测人员的技术培训和持证上岗考核；开展污水处理操作工的技术培训和持证上岗考核。

铁路“十二五”节能规划

为实现铁路“十二五”节能约束性目标，指导铁路实施节能提高能效，增强铁路可持续发展能力，促进铁路行业节能降耗，进一步推进铁路向节能环保、绿色高效发展，根据《国民经济和社会发展第十二个五年规划纲要》、《国家中长期节能专项规划》、《节能减排规划（2011—2015)》和《铁路“十二五”发展规划》，制定本规划。

一、“十一五”回顾

“十一五”期间，铁路部门贯彻落实党中央、国务院关于节能减排的战略部署，坚定不移地推进铁路节能减排工作；以加强日常管理和完善规章标准体系为基础，以技术创新和宣传教育培训为支撑，以强化责任考核为手段，健全激励政策和工作机制，推广成熟有效的新工艺和新技术，加快电气化铁路建设及机车更新换代速度，使全路节能减排、节支降耗的各项措施落到实处，各项工作取得了较大的进展，全面完成了铁路“十一五”节能目标。

——单位运输综合能耗大幅降低。“十一五”期间，铁路单位运输综合能耗由2005年的6.48吨标准煤/百万换算吨公里下降到2010年的4.94吨标准煤/百万换算吨公里，降低了23.8%。累计节约能源471万吨标准煤。

——铁路节能减排取得显著的社会效应。铁路借助其在能效方面的比较优势，通过运量的增加和电力牵引比重的增加而达到节能和节油的目的。“十一五”期间，因铁路运输量增加而实现节能量为8775万吨标准煤；因铁路电力牵引的总重吨公里增加而实现的节油量为356.5万吨。

——节能重点工作扎实推进。在“十一五”期间，重点推广节油、代油技术，推广柴油添加剂和各种节油装备、措施；组织推广牵引供电无功补偿；开展站场高效节能照明灯具研发与应用研究，实施绿色照明工程，组织参加国家推广高效照明产品活动，推广高效光源和照明智能控制技术；推广节水器具和中水回用、分质供水、冷却水循环利用等节水技术和工艺；在铁路沿线应用新能源和可再生能源，实施地源热泵采暖制冷示范，并进行推广，在青藏铁路和南疆线上使用了太阳能光伏电池。

——节能管理体系和基础管理工作得到提升。加强铁路节能工作的组织领导，建立健全铁路节能管理组织体系，全面推行责任制，将节能减排指标纳入到铁路企业领导经营责任制考核内容；在能耗统计方面，建立了铁道部、铁路局、基层站段三级统计信息传输网络，并加强了节能统计的培训；重新组建了“铁路节能环保技术中心”，加强了铁路节能的科研和技术管理。

——节能减排能力建设进一步加强。“十一五”期间，国家铁路节能技术措施项目投资金额共14.77亿元，比“十五”期间增加4.75亿元，节约效益共4.11亿元。通过“十一五”节能技术改造，节约了资源及能源，保护了环境，降低了运输成本，提高了铁路整体效益。出台了一系列有利于节能减排的价格、财政、税收等经济措施，政策体系初步建立，节能环保理念深入人心。

“十一五”期间，铁路节能减排工作取得了显著的成绩，相关政策法规得到了有效的贯彻落实，节能技术改造及科研工作得到了广泛的重视，节能管理水平得到了进一步的提高。但仍存在一些问题，一是铁路行业节能管理体系尚未健全，现行的节能法规和标准体系亟待完善；二是部分设施装备的能耗依然偏高，节能技术改造有待加强；三是节能监察、监测等基础工作薄弱。

二、“十二五”面临的形势

“十二五”是实现全面建设小康社会目标承上启下的关键时期。我国节能减排面临的任务十分艰巨。从国内看，我国经济仍将较快增长，随着工业化、城镇化进程的加快，能源需求将继续增加，迫切需要通过加快转变发展方式、调整经济结构、推进技术进步等，不断提高能源利用效率，以缓解能源资源约束和减轻环境压力。从国际看，加快低碳转型、发展绿色经济已经成为引领未来发展的一个重要因素，对任何国家，特别是对处于经济快速增长期的我国而言，这既是严峻的挑战，也是难得的战略机遇。国际低碳化趋势和国内经济社会发展的新形势，对“十二五”时期我国的节能减排工作提出了更高要求。

交通运输是国家能源消费和温室气体排放的重点行业之一，是各国石油消费的最大领域。“十二五”是转变综合交通运输发展方式的关键时期，要在继续扩张规模、促进衔接的同时，还要把调整运输结构放在突出的战略地位，充分发挥各种运输方式的比较优势，构建布局合理、层次分明、功能完善、衔接顺畅的节能型交通运输系统。铁路属节能型的交通运输方式，在构建资源节约型、环境友好型综合交通运输体系中的作用突出，必将得到有序推进和发展。

随着我国节能减排力度加大、节能产业加快发展，铁路节能减排的外部环境趋好。铁路通过提高复线率、电气化率和货运重载化，可有效降低单位运输工作量能耗，但由于大量高速动车组投入运营，大型现代化客站增多，相应会增加铁路运营能耗，并且铁路应用市场节能机制存在障碍，在“十一五”基础上节能管理“挖潜”难度加大，铁路节能工作也将面临严峻的挑战。

三、指导思想、基本原则和主要目标

（一）指导思想

以邓小平理论和“三个代表”重要思想为指导，深入贯彻实践科学发展观，全面落实国家节能减排法律法规和方针政策，将节能减排摆在更加突出的战略地位，坚持节能与发展相结合，以构建节能型综合交通运输体系为契机，以转变发展方式为根本，以提高能源利用效率为核心，以优化运输结构、加快技术进步、提升管理能力、创新节能机制为手段，建立健全有效的激励和约束机制，强化责任、加强监管，确保实现国家下达的节能约束性指标，为降低交通运输社会成本，加快建设资源节约型、环境友好型社会作出更大的贡献。

（二）基本原则

——节能与发展相结合。适应建设绿色综合交通运输体系的需要，继续加快铁路发展，更加充分地发挥铁路在节能减排方面的比较优势。把节能作为促进铁路发展方式转变的重要抓手和突破口，坚持节能管理关口前移，加强设计建设阶段的源头控制，强化运输节能措施，优化运输结构，达到节能与发展的和谐统一。

——发挥政府作用与引入市场机制相结合。充分发挥政府在铁路节能中的主导作用，通过制定实施行业规划和法规标准等方式，加强行业指导和政策导向，培育铁路节能技术服务体系，营造有利于铁路利用市场机制节能的外部环境，鼓励铁路运输企业利用合同能源管理等方式，探索铁路节能减排的新机制。

——重点突破和协同推进相结合。以建设节能型运输体系为出发点，既要抓住影响铁路能效提高的关键环节和薄弱环节实现重点突破，又要坚持统筹兼顾、分类指导，围绕重点协同推进相关工作，举纲张目、全面提高铁路节能水平。

——强化约束与源头控制相结合。强化节能减排指标的约束性作用，提高准入标准。通过逐级分解和责任考核，严格节能评估和审查，强化能耗限额标准，合理控制能源消费总量，淘汰落后技术和设备，提高能源利用效率。

——技术节能与管理节能相结合。既要加快对落后的高耗能装备实施节能改造，积极推广应用节能新技术，提高新能源、可再生能源的利用程度；也要重视节能管理体系建设，完善节能的激励约束机制，强化全员节能意识，充分调动全路各单位、各部门、全体职工节能的积极性和主动性，努力挖掘管理节能的潜力。

（三）主要目标

落实国家《节能减排规划（2011—2015）》要求，铁路行业节能规划的目标是：

基本完善行业节能减排法规、政策和标准；建立完善行业节能监测体系；

单位运输工作量综合能耗降低5%，即从2010年的5.01吨标准煤/百万换算吨公里（国家铁路单位运输工作量综合能耗）下降到2015年的4.76吨标准煤/百万换算吨公里。

四、铁路节能减排主要任务

1. 完善铁路节能管理体系

按照铁道部、铁路局和基层站段的三级节能管理框架，健全完善节能管理组织体系，节能队伍建设，以基层站段为重点，加强节能管理机构能力建设，不断提高节能管理水平。加快修订铁路贯彻《节约能源法》实施细则、铁路节能技术政策等铁路节能管理的规章制度，推进铁路节能标准制定实施工作。加强铁路建设施工环节节能管理，提高新建项目节能设施准入门槛，严格执行固定资产投资项目节能评估和审查制度。完善新开工项目管理的部门联动机制和项目审批问责制，加强对铁路节能的行业指导和监督管理。

2. 加快构建节能型铁路运输结构

大力发展电气化铁路，推行铁路节能调度，优化牵引动力结构，不断提高电力牵引比例。积极推进货运重载化，调整运输生产力布局，优化货流径路和列车编组，均衡上下行车流，不断提高货运有效运输系数。加强对客运专线、城际铁路能耗规律的研究，探索形成高速铁路节能的新模式。

3. 加大铁路重点领域节能力度

加大铁路重点耗能领域或耗能环节的节能技术改造投资力度，加快更新或淘汰能耗较高、技术落后的设施设备，加快淘汰老旧机车机型，推广对铁路运输设备实施节能改造。推进铁路节能科学研究，建设节能示范工程。推进客站节能优化设计，加强对大型客站能耗综合管理控制、机车节油、机车向客车供电、铁路新能源和可再生能源综合利用技术等节能技术研究。鼓励企业应用先进成熟的节能技术。

4. 大力推进铁路节能机制创新

以推行合同能源管理为重点，积极改善铁路利用市场化节能机制的环境条件，加大政策的扶持力度，鼓励铁路运输企业创新节能模式，加快推进铁路节能机制转变。加强铁路节能综合服务体系建设，大力培育铁路节能技术支持、信息咨询、金融服务、教育培训等中介机构，促进铁路节能市场有序发展。

5. 加强铁路节能管理基础工作

强化铁路行业的能耗计量管理，进一步完善能耗统计体系。加快节能监测组织体系建设，提高监测的系统能力。完善能耗考核体系，建立科学合理的考核指标形成机制，不断改进能耗考核的激励约束效力。加强节能宣传、节能专业培训，提高全路的节能意识和整体节能素质；加强国际节能交流合作，利用国际先进的节能理念、技术、机制和管理方法，促进我国铁路行业节能管理水平的全面提升。

6. 加快淘汰落后产能

加快淘汰落后产能，完善落后产能退出机制，对未完成淘汰任务的单位，依法落实惩罚措施。加快淘汰落后耗能设备以及低效的变压器、空调、水泵等产品。各单位要摸清底数，制定淘汰年度计划，并将责任逐级分解。鼓励各单位制定更严格的能耗标准，提高淘汰门槛。

五、铁路“十二五”节能重点工程

1. 提高电气化铁路供电效率工程

加强既有铁路电气化改造。继续推进既有铁路的电气化改造工程，逐步扩大电气化铁路规模。

提高电气化铁路供电效率。进一步加大普速电气化铁路的节能技术改造，推广动态无功补偿技术和谐波负序治理技术，提高用电质量和用电效率。

2. 提高机车和其他耗能设备的能效工程

机车节能技术应用。加大推广经过试验的、技术先进、成熟，效果显著的机车节能技术，推广采用具有再生制动功能的交流传动电力机车，加快采用新型燃料的内燃机车相关技术研究，实施内燃机车和空调发电车节油、动态无功补偿和谐波负序治理等技术改造。

节能优化操纵技术。强化机车乘务员的节能优化操纵培训，加强计量考核；研究、制定和完善动车组的能耗计量、定额考核方法。

淘汰技术落后的高能耗设备设施。对已经到报废年限，技术落后，能效低的变压器、拖动机械、空压机、风机、水泵等按照国家的有关规定，安排投资，加快淘汰和更新。

3. 旅客列车节能减排技术推广工程

扩大机车向列车直供电技术。通过实施机车直接向旅客列车供电技术改造，逐步取消燃油发电车，减少列车燃油消耗和废气排放。

客车上水设备技术改造。选择部分铁路局，对现有客车上水设备进行节水改造。

4. 铁路建筑节能工程

车站的能耗管理技术。重点对空调、电梯、照明系统进行动态负荷分区智能控制，提高车站用能效率。

推广应用新能源和可再生能源。铁路沿线按照因地制宜、多能互补的原则，在有条件的地区积极推广太阳能、地热能等新能源和可再生能源使用。

继续推广使用绿色照明技术。推广使用LED灯等高效光源，取消使用低效白炽灯，逐步普及照明控制技术。

5. 铁路节能减排能力建设工程

加快推进节能减排能力建设。加强节能减排统计、监测和考核体系建设；推进节能标准化建设，组织修订能源审计、节能量测量验证标准以及节能监测、节能技术评价等标准；建立铁路固定资产投资节能评估和审查等制度；强化节能管理能力建设，健全节能管理、监察、服务“三位一体”的节能管理体系。

逐步建立节能监测体系。在铁路局设立节能监测单位，铁道部设立节能监测中心，建立铁路能耗监控网络系统，对全路节能工作统筹管理。

6. 铁路合同能源管理推进工程

落实国务院关于加快推进合同能源管理促进节能服务产业发展的意见，加强对铁路推进合同能源管理的行业指导。积极培育专业节能服务公司。选择部分节能项目进行试点，努力为铁路企业利用合同能源管理创造良好的基础条件。

六、保障措施

1. 强化目标责任，健全法规制度。完善节能统计、监测、考核体系，建立节能减排工作评价制度，对节能目标完成情况和工作落实情况纳入领导班子和领导干部综合考核评价体系，认真贯彻实施《节约能源法》，建立健全配套法规制度，完善标准体系，加快制定节能管理办法、能源计量监督管理办法等。加快节能标准体系建设，扩大标准覆盖面，提高准入门槛。

2. 加大投资力度，加快节能技术进步。

适当提高节能改造投资在铁路更新改造资金中的比例，保障部级节能示范工程和重点节能项目的建设资金。修订完善《铁路节能技改专项资金有偿使用管理暂行办法》及制修订相关配套办法，鼓励铁路节能技术研发、技术改造和示范推广等。

3. 积极创造条件，推行市场节能方式。适当调整现行相关的管理制度，建立铁路节能效益还贷机制。加强铁路节能的行业管理和指导，加大政策扶持力度，鼓励和引导企业探索实行合同能源管理，拓宽节能项目市场融资渠道。

4. 依靠科技支撑，加强监督管理。加大科技投入，完善节能技术创新体系。加强基础性、前沿性和共性技术研究开发，在节能关键技术领域取得突破。支持节能先进技术应用示范，加快推进先进、成熟的新技术、新设备。

5. 加强组织协调，推进节能规划实施。加强铁路节能的行业归口管理，进一步健全节能减排工作机制。各单位要根据本规划，结合自身实际制定本单位节能规划。完善节能减排责任制，加大依法依规实施节能管理的力度，建立健全节能监督机制。

建设低碳交通运输体系指导意见

二〇一一年二月二十日

为深入贯彻落实科学发展观，认真落实国家关于应对气候变化的战略部署，加快发展现代交通运输业，切实推进行业结构调整、转变发展方式，促进交通运输行业为全社会节能减排作贡献，就建设低碳交通运输体系提出如下意见：

一、建设低碳交通运输体系的必要性

（一）建设低碳交通运输体系是我国实施应对气候变化国家战略的迫切要求。全球气候变化是当前人类社会可持续发展面临的重大挑战。我国正处于全面建设小康社会的关键时期和工业化、城镇化加快发展的重要阶段，经济发展和改善民生的任务十分繁重，能源需求还将继续增长，实现碳排放控制目标压力巨大。我国已经确定了积极应对气候变化的战略部署，提出了到2020年单位国内生产总值二氧化碳排放比2005年下降40%～45%的目标。交通运输业是国家应对气候变化工作部署中确定的以低碳排放为特征的三大产业体系之一，建立低碳交通运输体系对于我国应对气候变化、实现碳减排目标具有重要作用。

（二）建设低碳交通运输体系是加快推进现代交通运输业发展的重要主题。“十二五”时期是我国加快转变发展方式的重要时期，也是交通运输业转型发展的关键时期。交通运输部确定了“一条主线、五个努力”的战略思路，即以转变发展方式、加快发展现代交通运输业为主线，切实做到“五个努力”，其中之一就是要努力建设资源节约型、环境友好型行业，加快建立以低碳为特征的交通运输体系。低碳交通运输体系建设既是“两型”行业建设的重要途径和载体，又是判断“两型”行业建设成效与质量的重要标志。在“两型”行业建设中需要统筹考虑低碳转型发展，使低碳交通运输体系的建设成为“两型”行业建设的新亮点和新突破。

（三）建设低碳交通运输体系是深化交通运输行业节能减排工作的战略任务。“十一五”期间，我国交通运输行业节能减排工作取得了很大成绩，但交通运输业能源利用效率不高、发展方式粗放的格局尚未根本转变，能源消耗和碳排放仍然持续快速增长。国家应对气候变化的行动目标和工作部署赋予了节能减排新的内涵，对节能减排工作提出了更高要求。交通运输部门作为国家中长期节能降耗和温室气体减排的战略性重点领域，必须改善能源消费结构，加大新能源使用比例，提高行业总体用能效率，使交通运输行业逐步改变对化石能源的过度依赖。加快低碳交通运输体系建设，不仅是传统节能减排工作的继续和扩展，更是新形势下进一步深化节能减排工作的新起点。

二、指导思想、基本原则与目标

（一）指导思想

深入贯彻落实科学发展观，始终坚持节约资源和保护环境的基本国策，全面落实国家应对气候变化工作部署，以增强可持续发展能力为目标，以加快构建低碳交通运输体系为战略任务，以节能增效为重点环节，不断优化交通运输用能结构，着力强化技术创新和政策引导，将应对气候变化的新任务、新要求纳入到交通运输行业节能减排工作的整体部署中统筹推进，把低碳发展作为现代交通运输业发展的重要抓手，努力提高交通运输行业低碳转型的综合能力，为实现资源节约型、环境友好型行业建设目标作出贡献。

（二）基本原则

坚持立足行业、统筹发展。正确认识交通运输业对温室气体排放的影响，统筹国内与国际、国家与行业应对气候变化的形势和要求，积极主动应对；统筹当前与长远、满足刚性需求与建设“两型”行业的关系，推进低碳转型。

坚持科技支撑、政策保障。充分发挥科技进步在低碳发展中的基础性和先导性作用，推广使用新能源、可再生能源利用技术和节能减排新技术，促进理念、政策、体制机制和技术的全面创新，为加快建设低碳交通运输体系提供科技支撑和政策保障。

坚持实事求是、循序渐进。立足于我国交通运输业发展的现实基础和阶段性特征，结合国家建设以低碳排放为特征的产业体系的战略部署，科学合理地确定交通运输低碳发展的目标和路径，积极稳妥推进低碳化进程。

坚持政府引导、社会参与。充分发挥政府在促进交通运输低碳转型中的政策引导作用，广泛调动企业低碳发展的主动性和积极性，鼓励社会中介组织的低碳交通推进行动，引导社会公众广泛参与，促进低碳型交通消费模式和出行方式。

（三）目标

到2015年，交通运输行业降低温室气体排放强度的行动成效更为明显。行业节能减排意识进一步增强，低碳交通运输理念更加深入人心，交通运输生产、运营、消费的各个环节碳排放强度逐步降低。行业应对气候变化的综合能力显著增强，低碳交通运输技术创新体系、政策法规体系建设全面有效开展，碳排放统计、监测、考核体系基本建立。交通运输低碳排放的特征初步显现，成为现代交通运输业发展的重要支撑。力争到2020年，基本建立起符合国家应对气候变化工作要求、以低碳排放为特征的交通运输体系。

公路、水路交通运输及城市客运的能耗及二氧化碳排放强度目标分别为：

公路运输

——能源强度指标：到2015年和2020年，营运车辆单位运输周转量能耗比2005年分别下降10%和16%，其中，营运客车分别下降6%和8%，营运货车分别下降12%和18%。

——CO_2排放强度指标：到2015年和2020年，营运车辆单位运输周转量CO_2排放比2005年分别下降11%和18%，其中，营运客车分别下降7%和9%，营运货车分别下降13%和20%。

水路运输

——能源强度指标：到2015年和2020年，营运船舶单位运输周转量能耗比2005年分别下降15%和20%，其中，内河船舶分别下降14%和20%，海洋船舶分别下降16%和20%。港口生产单位吞吐量综合能耗分别下降8%和10%。

——CO_2排放强度指标：到2015年和2020年，营运船舶单位运输周转量CO_2排放比2005年分别下降16%和22%，其中，内河船舶分别下降15%和23%，海洋船舶分别下降17%和21%。港口生产单位吞吐量CO_2排放比2005年分别下降10%和12%。

城市客运

——能源强度指标：到2015年和2020年，城市客运单位人次能耗比2005年分别下降18%和26%，其中，城市公交单位人次能耗分别下降14%和22%，出租汽车单位人次能耗分别下降23%和30%。

——CO_2排放强度指标：到2015年和2020年，城市客运单位人次CO_2排放比2005年分别下降20%和30%，其中，城市公交单位人次CO_2排放分别下降17%和27%，出租汽车单位人次CO_2排放分别下降26%和37%。

三、重点任务

（一）不断提高运输系统效率

加快完善综合运输网络。加强交通基础设施网络化建设，优化综合运输网络布局，加强全国性和区域性重要运输通道的统筹规划，强化资源的优化配置。加快形成主干线高速化、次干线快速化、支线加密化的路网结构，稳步提升路网技术等级和路面等级。优化公路客货运站场布局，建设衔接顺畅、高效便捷的公路站场服务体系。加强综合客运枢纽和物流集聚地区的货运站场建设，大力促进城乡客运一体化进程，促进客货运“零换乘”和“无缝衔接”。加快形成以高等级航道为主体的内河航道网。推进港口结构调整，发展大型化、专业化港口。优化城市路网功能结构，推进自行车专用道和行人步道网络建设，建立以公共交通为主体，出租汽车、私人汽车、自行车和步行等多种交通出行方式相互补充、协调运转的城市客运体系。

着力发展高效运输方式。加快发展道路甩挂运输、滚装运输、驮背运输、江海直达运输等高效运输方式。提高运输组织化程度，积极推进多式联运加快发展，加快培育规模化、网络化运作的运输企业，加快综合运输管理和公共信息服务平台建设。推广出租车差别化运营方式，加快建立以电话预约方式为主、巡弋出租和专用候车点出租为辅的出租汽车服务体系。

优化运力结构。严格执行营运车辆燃料消耗量限值标准，加快淘汰老旧车辆。加快发展适合高等级公路的大吨位多轴重型车辆、汽车列车，以及短途集散用的轻型低耗货车。鼓励发展低能耗、低排放的大中型高档客车，大力发展适合农村客运的安全、实用、经济型客车。大力发展大容量的城市公共交通工具。加快淘汰挂桨机船等能耗高、污染大的老旧船舶与落后船型；优化船队吨位结构，推动海运船舶向大型化、专业化方向发展，全面推进内河航运船型标准化，扩大顶推船队规模，发展与航道技术标准相适应的大型化、标准化船舶。

积极推进运输的信息化和智能化进程。加快现代信息技术在运输领域的研发应用，逐步实现智能化、数字化管理。加快物联网技术在道路运输领域的推广应用，推广无线射频识别（RFID）、智能标签、智能化分拣、条形码技术等，提高运输生产的智能化程度。推广高速公路不停车收费（ETC）系统、智能城市公交调度系统、出租车智能调度信息服务平台、自动化大型化码头、集装箱码头集卡全场智能调度系统、内河船舶免停靠报港信息服务系统、内河智能导航系统等，完善公众出行信息服务系统，促进客货运输市场的电子化、网络化，实现信息共享和运输效率提高。

（二）加快替代能源的推广应用

鼓励替代能源技术在营运车船中的应用。积极使用和推广混合动力、天然气动力、生物质能和电能等节能环保型城市公交车，开展新能源出租汽车试点工作。在有条件的地区鼓励道路运输企业使用天然气、混合动力等燃料类型的营运车辆，鼓励在干线公路沿线建设天然气加气站等替代燃料分配设施。推进船舶混合动力技术及太阳能、风能、天然气、热泵等船舶生活用能技术的研发和应用。

加强替代能源技术在交通基础设施建设和运营中的应用。促进太阳能、风能等新能源在公路工程配套设施中的应用，加快发展隧道、服务区、收费站等公路辅助设施太阳能照明及监控技术等新能源技术的应用。在有条件的港口逐步推广液化天然气（LNG）、电力驱动集卡应用技术及太阳能、潮汐能、风能、地源、海水源、空气源热泵等新能源利用技术。积极推广太阳能一体化航标灯。

（三）大力推广节能减排技术

强化交通基础设施节能减排技术研发和推广。推广温拌沥青、沥青冷再生等低碳铺路技术，大力改进和推广隧道通风照明控制技术，推行隧道“绿色节能通风照明工程”。推广港区电网动态无功补偿及谐波治理技术。

加快运输装卸设备节能减排技术应用。加快港口机械技术改造，大力推进轮胎式集装箱门式起重机（RTG）“油改电”工作，加快发展采用市电供电的龙门起重机等高能效港口装卸设备和工具，引导轻型、高效、电能驱动和变频控制的港口装卸设备的发展，提高能源使用效率。研发推广电能回馈、储能回用等新工艺、新技术。积极推进靠港船舶使用岸电，力争新建码头和船舶配套建设靠港船舶使用岸电的设备设施，在国际邮轮码头、主要客运码头、内河主要港口以及30%大型集装箱码头和散货码头实现靠港船舶使用岸电。加强研究船用热泵技术、低表面能涂料、余热回收技术及气膜减阻技术在内河船舶上的应用。因地制宜，稳步推进城市公交和出租车辆的“油改气”工作。

（四）促进社会低碳交通选择

推进低碳型运输服务加快发展。进一步增强水路货运能力，鼓励运输企业更多选择水路运输，推进大宗货物运输向水运转移。实施公交优先发展战略，加快建设公交专用道、城市轨道交通，优化城市轨道交通与道路交通换乘系统。大力发展城市快速公交，鼓励具备条件的特大城市适度超前发展轨道交通。

推广交通运输装备节能操作技术。宣传节能低碳的驾驶技术，在驾培机构开设培养良好驾驶习惯的课程和教育，推广使用模拟器教学。在道路运输企业加强节能驾驶培训，推广操作经验，宣传引导良好驾驶习惯。加快推广带式输送机逆向启动等港口装备的节能操作技术，推广船舶节能驾驶技术。

加强城市交通供求管理。探索实行针对城市交通堵塞易发地区行驶车辆的拥堵费措施。加强停车管理，对城市停车实施差额收费，在重要拥堵路段和密集的商业中心周围提高停车费用，在客流量较少的地区适当降低停车收费标准。

倡导公众低碳出行方式。倡导低碳出行理念，通过建立交通信息平台等方式，提供低碳车辆和燃料的专业信息，帮助公众制定出行计划和提供多样化出行方式的选择。鼓励共乘交通，扶持和鼓励提供班车、校车服务。发展慢行交通，完善公共自行车低价或免费租赁等相关制度，布局规划和建设公共自行车停放设施，加快完善异地租车还车网络。建立完善出租车电话呼叫服务系统、出租车智能调度信息平台、出租车统一停靠点等配套设施。鼓励公众购买小排量汽车和新能源车辆，倡导“少开一天车”、“绿色出行”等形式的低碳出行推广活动。鼓励加快发展物流配送服务，倡导网络购物等替代选择，减少公众机动车出行。

（五）逐步提高运输装备燃料效率

实施运输装备燃料消耗与碳排放限制。在现有营运车辆燃料消耗量限值标准基础上，制定营运车辆及公交车碳排放限值标准，建立完善准入机制，和超过限值标准车辆的退出机制、配套经济补偿机制。制定营运船舶燃料消耗量限值及排放限值标准，完善营运船舶的市场准入机制及高耗能船舶的市场退出制度。

加快节能型运输装备的推广应用。进一步推进营运车辆的柴油化进程，鼓励和引导运输经营者购买和使用柴油汽车，提高柴油在车用燃油消耗中的比重。推广应用自重轻、载重量大的运输装备。鼓励节能高效的车辆发动机技术研发及应用，引导运输企业使用节能型车辆，推广双尾船等节能环保型营运船舶。

（六）加强交通运输碳排放管理

有能耗统计制度基础上，建立和完善行业节能减排统计监测制度。探索碳排放监测的相关技术，建立行业温室气体排放核算制度及排放清单数据库。

推进行业节能减排标准规范制定。研究制定内河船舶节能标准规范，探索建立国内船的船舶能效设计指数（EEDI）、船舶能效营运指数（EEOI）指标计算数据库。探索建立营运船舶的能效管理体系认证制度及船舶绿色航行认证制度，推进认证规范和标准的制定。

完善行业节能减排管理制度建设。建立健全公路、水路、城市客运节能减排目标责任评价考核制度。强化各级交通运输主管部门和企业的节能减排责任，分解落实行业节能减排目标，形成对地方行业主管部门和重点企业的综合考核办法及相应奖惩措施。建立行业低碳评估与核算制度，完善行业固定资产投资项目节能评估及审查制度，推进公路、港口等建设项目节能评估与审查的开展，探索建立道路运输及港口企业节能减排评价审计认证制度。

探索基于市场的节能减排新机制。进一步推行合同能源管理，推进交通运输节能服务产业的发展。鼓励交通运输企业建立自愿减排协议，开展自愿执行能源效益运营指标的活动，以及相关自愿改进业务和技术的活动。研究建立营运车船能效及碳排放认证制度。积极探索建设包含交通运输企业及社会公众交通活动的碳排放交易系统，鼓励企业参与碳排放交易。在城市快速公交系统（BRT）、节能与新能源车辆、港口作业机械“油改电”、船舶靠港使用岸电等领域积极探索清洁发展机制（CDM）项目开发。

四、保障措施

（一）加强组织领导，建立协作机制

加强领导与协调，共同推动行业建设低碳交通运输体系工作的组织和落实，大力加强行业建设低碳交通运输体系的规划、管理、资金、政策引导与扶持。在部节能减排工作领导小组的指导下，在国家及地方各级交通运输“十二五”规划中体现建设低碳交通运输体系的要求及目标。与发展改革等部门加强联系，建立服务于低碳交通运输体系建设的跨部门协调机制。

（二）强化政策扶持，完善资金保障

建立完善行业应对气候变化的政策保障机制，明确低碳技术应用及推广的管理机构、管理办法和激励措施，建立行业低碳技术信息共享机制。加快形成推广低碳交通运输技术长期稳定的资金投入渠道，积极争取国家财政对交通节能减排工作的支持，按照国家有关部门规定对交通运输节能减排项目给予补助。积极争取地方各级政府节能减排专项资金对建设低碳交通运输体系工作的支持。

（三）依托科技创新，加快生产转型

依托能源生产、运输装备制造等行业在节能减排技术方面的科研成果，推动交通运输行业生产服务转型。增强交通运输行业节能减排科研基础力量及条件平台，定期发布行业推荐低碳技术清单。对处于研发初级阶段、具有较大发展潜力的重要技术，强化政府主导的科研投入。鼓励企业按照市场规则参与关键技术的研发和推广应用。加强交通节能减排科研工作人才队伍建设，提高行业应对气候变化的科研可持续发展能力。

（四）开展试点示范，引领低碳发展

建立低碳交通重大关键技术开发和示范的长效机制，以城市为主体开展低碳交通运输体系建设试点工作。从试点工程中遴选示范工程，总结示范技术和方法，加大对低碳交通科研成果的应用力度和示范技术的推广力度，及时将示范技术与方法上升为行业（推荐）实用技术与方法。鼓励实用技术的产业化、规模化发展和跨区域的应用与合作，引导鼓励企业加大相关科技推广投入。开展低碳交通消费模式的引导活动。

（五）加强技术引进，借鉴先进经验

积极开展交通节能减排领域的国际合作，密切关注和跟踪交通运输节能减排、新能源利用等领域技术发展的国际动向，加快交通运输替代能源、运输组织优化等低碳技术的引进和研发合作。学习借鉴国外低碳交通运输发展战略、政策等方面的先进经验，加强在行业应对气候变化战略、碳税、碳排放交易等方面的国际交流与合作。

建设低碳交通运输体系试点工作方案

二〇一一年二月二十一日

为深入贯彻落实我国应对气候变化的总体战略和行动目标，加快建设以低碳排放为特征的交通运输体系，根据《中国应对气候变化国家方案》、交通运输部《建设低碳交通运输体系指导意见》和深化交通运输节能减排有关工作部署，结合国家发展改革委《关于开展低碳省区和低碳城市试点工作的通知》，决定开展建设低碳交通运输体系试点工作，特制定本方案。

一、指导思想

以科学发展观为指导，以加快交通运输发展方式转变、促进行业可持续发展为目标，以建立健全低碳交通运输管理制度、加快低碳技术研发与应用、优化交通运输能源消费结构、倡导公众低碳出行等为重点，通过政府主导、企业示范、社会参与，在基础设施建设、能源利用、运输组织、交通信息化、社会出行模式、管理体制等领域开展低碳发展试点，带动试点地区交通运输节能减排和应对气候变化工作取得新成效，促进以低碳排放为特征的交通运输产业体系建设，为实现国家和行业节能减排与应对气候变化行动目标作贡献。

二、工作原则

（一）统筹规划，精心组织

低碳交通运输体系建设试点要与国家发展改革委低碳省区和低碳城市试点、有关省（区、市）低碳经济试点有机结合，统筹规划、协同推进。地方交通运输主管部门要将低碳交通运输体系建设的目标和任务作为本地区交通运输“十二五”期间的重点工作，并研究制定本地区低碳交通运输发展战略。要认真做好试点实施方案、项目遴选、过程管理和总结推广等工作，确保试点取得实际成效。

（二）政府主导，各方参与

在交通运输部和地方政府统一领导下，试点地区交通运输主管部门要积极主动协调有关部门，争取多方政策支持，吸纳各方面力量参与。充分发挥政策引导作用，在公路、水路运输、城市客运、基础设施建设与运营等方面，广泛开展低碳技术应用项目试点，通过典型企业示范、社会宣传推广、公众参与等多种方式，积极探索加快低碳交通运输体系建设的有效模式。

（三）分类指导，因地制宜

试点地区交通运输主管部门要对各类试点项目的不同情况，有针对性地采取措施，制定试点工作实施方案及相应扶持政策，加强对试点项目的指导与支持。试点地区应结合地方发展实际和相关要求，结合试点项目条件，充分发挥主观能动性，体现技术创新性，使试点工作稳步有序推进，发挥良好的试点示范效应。

三、试点范围

低碳交通运输体系建设试点以公路、水路交通运输和城市客运为主。选定天津、重庆、深圳、厦门、杭州、南昌、贵阳、保定、无锡、武汉10个城市开展首批试点，并在首批试点的基础上逐步扩大试点范围。

四、工作目标

形成低碳型交通基础设施建设理念和方法。支持一批具有示范效应的交通基础建设项目，在项目的设计、选材、施工、运营全过程中贯彻低碳理念，探索总结有关的设计理念、标准规范、建造技术、材料设备、管理方法并积极推广。支持具备条件的现有交通运输基础设施开展低碳化改造。

提高替代燃料在营运车船中的应用程度。支持地方交通运输主管部门和一批公路、水路运输企业开展营运车、船的更新改造，提高替代燃料在运输装备中的使用比例，引导相关配套设施建设，推进行业的能源结构调整。

探索建立低碳运输组织及操作模式。支持地方交通运输主管部门通过实施多种措施，提高各种运输方式的有效衔接，提高运输系统整体效率。鼓励具备条件的客货运输企业积极创新低碳运输的组织管理和经营模式，降低运输单位的碳排放强度。

推进交通运输智能化进程。支持地方交通运输主管部门及运输企业推进智能交通技术在道路运输、城市公共交通等领域的应用，提高交通运输生产、运营的智能化程度。

探索公众低碳出行引导方法。支持地方政府和交通运输主管部门为公众提供更便捷、更优质的低碳交通出行方式，通过宣传引导和信息服务提高公众低碳出行意识和理性消费观念。

提升节能减排管理能力。根据节能减排的实际需要，支持地方交通运输主管部门完善节能减排相关制度建设，形成相对健全的交通运输碳排放统计、监测、考核体系。

五、试点内容

（一）建设低碳交通基础设施

——公路基础设施：在每个试点城市选择3~5个高速公路建设项目，开展温拌沥青等低碳铺路技术、废旧路面材料再生利用技术。选择2~3个高速公路服务区，开展服务区太阳能、风能等能源自给的“低碳试点服务区”建设工程。在部分隧道施工项目中推广智能通风照明控制技术，推行隧道“绿色照明工程”。

——水运基础设施：试点城市选择重点港口建设项目，开展靠港船舶使用岸电改造试点工程，推广靠港船舶使用岸电技术。在有条件的港口实施太阳能、地源及海水源能、潮汐能、风能等新能源利用项目。

（二）推广应用低碳型交通运输装备

——营运客货车辆：在气源相对丰富的试点城市，选择大型道路客运企业和4A级及以上物流运输企业，推广天然气及混合动力营运车辆，力争在试点期末，试点城市所有二类及以上客运班线天然气及混合动力车辆使用比例达到5%以上，试点物流运输企业的天然气及混合动力车辆使用比例达到10%以上。

——城市客运车辆：在试点城市推广使用天然气动力的城市公交车，力争到试点期末，试点城市的使用天然气动力的城市公交车的比例在现有基础上提高10%以上，其他新能源公交车和出租车有实际投放。

——营运船舶：在试点城市推进内河船型标准化，对享受政府补贴的更新船舶，加装热泵、余热回收、减阻、废气处理等节能减排技术装备，同时鼓励双尾船等节能环保型营运船舶的推广。

——港口装卸设备：试点城市可选择重点港口建设项目，推进轮胎式集装箱门式起重机（RTG）“油改电”，争取在试点期末，试点港口完成60%以上RTG“油改电”。推广应用港口机械节能技术和操作方法。

（三）优化交通运输组织模式及操作方法

——物流组织模式优化工程：鼓励企业的网络化和运输组织模式优化，全面提升运输组织效率。结合国家甩挂运输试点工作，开展甩挂运输试点工程。在有条件的试点城市，以集装箱码头为依托，着手开展海—铁、水—水等集装箱多式联运试点工程，优化物流运输系统，提升整体运输效率。

——客运组织模式优化工程：结合交通运输部“百城百站”建设，在试点城市的所有二级及以上客运站建立道路客运市场信息统计上报体系，以票务统计分析信息为基础，合理优化客运线路网络，提高班线客运实载率。同时，在二级及以上客运站加快构建道路运输联网售票系统，为旅客提供网上售票、电话订票等服务。

——城市公共交通优先工程：结合城市发展实际，推进落实城市公共交通优先发展政策，研究建立规范的公交企业补贴补偿机制，优化城市公交网络和公交调度，推进智能化城市公共交通与运营管理，开展公共交通优质服务行动，提高城市公交的服务能力和服务效率。

——交通拥堵缓解工程：在试点城市选取重点拥堵区域，科学调节车流的时空分布，建立智能停车管理系统，降低动态交通和静态交通之间的相互干扰，研究有关政策，缓解交通拥堵，降低温室气体排放。

——节能驾驶（操作）培训工程：在试点城市组织道路运输、城市客运、港口生产行业节能操作技能竞赛专项活动，提升低碳驾驶（操作）的意识和技能。试点城市所有一类驾培机构将节能驾驶培训纳入教材。推广应用驾驶员培训模拟器和多媒体教学，力争试点期末，试点城市参加驾驶培训的学员中接受模拟器教学的比例在现有基础上提高20%以上。

（四）建设智能交通工程

——公路水路运输物联网应用工程：在试点城市各选取2～4家具备一定规模的公路水路运输企业，开展物联网技术应用试点，综合应用无线射频识别（RFID）、智能标签、智能化分拣、条形码技术等，提高运输生产的智能化程度。

——港口装卸设备智能化工程：在试点城市各选取2～3个集装箱码头，推广港口车辆和装卸机械智能化调度系统和无纸化作业。

——城市智能化公共交通与运营管理工程：在试点城市建立统一的城市智能化公共交通的综合信息平台，实现对城市公交的全程实时监控，合理调整公交发车频次，并向公众发布实时交通信息，建立充分的信息资源共享机制，提高城市公交运营效率和服务能力。

（五）提供低碳交通公众信息服务

在试点城市现有交通公众信息服务平台中，增加低碳交通信息服务功能，通过提供汽车和燃料的专业信息，及对各种运输方式和公共交通相关信息的汇集，帮助公众制定出行计划和提供多样化出行方式的选择，引导公众更多选择低碳出行方式。

（六）建立健全交通运输碳排放管理体系

——建立交通运输碳排放统计体系：在现有的行业能耗统计制度基础上，在试点城市交通运输主管部门建立交通运输碳排放统计体系，碳排放统计指标及相应统计、核算制度，开展交通运输碳排放现状调查，编制温室气体排放清单。

——完善交通运输节能减排及碳排放监测考核体系：结合试点城市现有的交通运输行业节能减排目标责任制，进一步完善公路、水路和城市客运领域节能减排目标责任评价、考核指标体系和考核制度，分解落实试点城市交通运输主管部门和运输企业的节能减排责任和目标，形成对各级交通运输主管部门和重点企业的综合考核办法及相应奖惩措施。建立交通运输行业低碳评估与核算制度，针对试点项目开展评估核算。

六、保障措施

（一）组织保障

建立“交通运输部——省级交通运输主管部门——试点城市交通运输主管部门——试点项目实施主体”四级低碳交通运输体系建设试点工作机制，按照“统一领导、分级负责”的原则，协调推进低碳交通运输体系建设试点工作。交通运输部负责低碳交通运输体系建设试点工作的总体领导，协调有关部委，制定相关政策，指导并督促试点工作开展。

省级交通运输主管部门按照交通运输部试点工作的有关部署，负责指导、支持和督促试点城市低碳交通运输体系建设工作的开展。

各试点城市交通运输主管部门负责本市低碳交通运输体系建设试点工作的组织、协调与推进。

各试点项目的实施主体负责具体试点项目的组织和实施。

（二）制度保障

加强试点城市交通运输行业节能减排管理制度建设，建立试点评估制度，为试点工作的推进提供有力的制度保障。

一是按照交通运输部的总体部署，将建设低碳交通运输体系的试点工作作为试点城市交通运输“十二五”期间的重要任务，尽快研究制定试点城市低碳交通运输发展战略和试点工作方案，并纳入交通运输年度重点工作计划，分解落实目标责任，建立相应的考核、评价制度，制定相应的监管措施。

二是建立健全交通运输节能减排管理制度，推进行业固定资产投资项目节能评估和审查制度的实施，探索建立营运车辆碳排放准入制度等。

三是建立试点评估制度，对试点工作的组织实施情况及减碳效果进行测评。

（三）政策保障

按照“突出重点、统筹推进”的原则，根据国家有关部门规定，对符合要求的低碳交通运输体系建设试点工程给予节能减排专项资金的奖励。各试点城市应结合地方实际，积极争取相应配套资金，重点用于试点项目。

（四）技术保障

一是组建试点技术支持团队，为试点工作提供技术指导、咨询与培训服务。委托部属科研机构具体承担试点工作的技术服务工作，指导各试点城市制定具体试点方案，遴选试点项目，协助解决重大专业技术问题，并负责试点工作的跟踪、运行分析及最终的总结评估。

二是加大对交通运输行业低碳技术研究和政策支持，增强科研基础力量和人才队伍建设。

三是鼓励企业按照市场规则参与关键技术的研发和推广应用，加强行业应对气候变化科研工作人才队伍的建设。

七、时间安排

（一）试点启动阶段（2011年2月~6月）。各试点城市制订本地试点实施方案，提出并上报试点项目。

（二）组织实施阶段（2011年7月~2013年10月）。按照批准的试点方案的要求，认真组织推进试点工作。

（三）试点评估阶段（2013年11月~12月）。在首批试点城市对试点工作成效与经验进行评估总结的基础上，交通运输部组织对试点工作进行全面评估总结。

（四）扩大试点阶段（2014年1月~2015年12月）。交通运输部在全面总结首批试点城市经验的基础上，把试点经验和实用低碳交通技术向全行业推广，并扩大试点工作的城市和地域范围。

八、工作要求

（一）各试点城市交通运输主管部门要提高思想认识，高度重视试点工作。要建立试点工作协调机制，健全相关工作制度，加强对本地区试点工作的组织领导和监督指导。要在低碳交通基础设施建设及改造、低碳运输装备购置及改造、低碳交通运输组织模式优化、低碳交通信息系统建设及相关技术改造等方面给予试点项目企业必要的政策扶持。要建立与试点项目的联系机制，及时掌握试点工作进展情况，积极协调解决试点过程中遇到的问题。遇到重大问题，及时向地方政府和交通运输部汇报，共同研究解决。

（二）科学制订试点实施方案。试点城市交通运输主管部门要认真遴选试点项目，编制具体的实施方案和项目可行性研究报告，在充分论证的基础上，确定试点项目。部组织技术支持单位及有关专家做好试点实施方案和试点项目技术方案的审查、实施监督、验收和奖励等工作。

（三）各试点城市交通运输主管部门要按照各自的实施方案与计划安排。积极争取国家和各级地方政府对试点工作的重视和支持，扎实有效推进试点工作，加强对国家及地方相关奖励补助资金的监管。各试点项目实施主体要合理安排使用奖励补助资金，并自觉接受政府有关部门的监管。

（四）各试点城市交通运输主管部门要切实加强对试点工作的指导。组织安排各试点项目实施主体认真及时进行总结，并积极协助交通运输部做好试点工作的全面总结、完善有关政策，密切关注试点过程中出现的新情况、新问题，研究解决办法。技术支持单位要切实加强对试点工作的技术指导，积极稳妥推进低碳交通运输体系建设工作。

资源节约型环境友好型公路水路交通发展政策

二〇〇九年二月二十六日

前言

节约资源、保护环境是我国的基本国策。党的十七大明确指出："必须把建设资源节约型、环境友好型社会放在工业化、现代化发展战略的突出位置"，对资源节约和环境保护提出了更高的要求。

交通运输是建设资源节约型、环境友好型社会的重要领域，节约资源、保护环境是发展现代交通运输业的重要内容。推进现代交通运输业的发展，关键是转变发展方式，走资源节约、环境友好的发展道路。为此，交通运输部组织制定《资源节约型、环境友好型公路水路交通发展政策》，明确到2020年资源节约型、环境友好型公路水路交通发展的指导思想、基本方针及主要政策，以指导公路水路交通转变发展方式，加快推进现代交通运输业发展，不断提高"三个服务"的能力和水平，为经济社会又好又快发展提供更加有力的交通运输保障。

一、资源节约型、环境友好型公路水路交通发展的使命

1. 当前我国正处于改革发展的关键时期工业化、信息化、城镇化、市场化、国际化深入发展，国民经济较快增长，人民生活水平逐步改善，综合国力显著增强，但资源短缺和环境恶化的压力不断加大，可持续发展面临严峻挑战，必须加快调整经济结构，转变发展方式，建设资源节约型和环境友好型社会，促进经济社会全面协调可持续发展。

2. 公路水路交通是国民经济和社会发展的基础性、先导性产业和服务性行业。改革开放以来，我国公路水路交通取得了历史性巨大成就。到2008年底，全国公路总里程达368.4万公里（含村道168.9万公里），高速公路达6.03万公里；全国港口生产用码头泊位3.65万个，其中万吨级及以上泊位1480个；内河通航里程12.3万公里，其中四级及以上航道里程为1.6万公里；全社会公路水路完成旅客周转量12711亿人公里、货物周转量78217亿吨公里；沿海港口完成货物吞吐量44亿吨，完成集装箱吞吐量1.28亿标准箱。公路水路交通的快速发展，有力地支撑了我国经济社会的发展。

3. 交通运输业是建设资源节约型、环境友好型社会的重要领域。公路水路交通发展过程中，在节约资源、保护环境方面取得了显著成效。"十五"以来，全国公路单位运输周转量用地面积降低了30%左右，港口单位长度生产用泊位完成的货物吞吐量提高了1倍左右，营运车船能源利用效率持续改善，船舶重大污染防控体系初步建立，节约资源、保护环境在行业战略规划、政策法规、标准规范、科技创新中得到更加充分的体现。新时期新阶段，经济社会发展对交通运输提出了新的更高要求，节约资源、保护环境是转变公路水路交通发展方式的重要内容，任务十分艰巨。

4. 为满足经济社会发展需要，必须大力推进现代交通运输业的发展。到2020年，全国公路总里程将达到300万公里以上（不含村道），其中高速公路10万公里左右；沿海港口货物吞吐能力达到65亿吨以上，其中集装箱吞吐能力达到2.4亿标准箱；内河航道里程达到13万公里，其中四级及以上等级航道1.9万公里。交通建设与发展必须正确把握规模与结构、速度与质量的关系，将资源节约、环境友好作为加快发展现代交通运输业的切入点，构建一个更安全、更通畅、更便捷、更经济、更可靠、更和谐的现代交通运输系统，使经济社会运行更加高效，交通与环境更加友好，运输服务更加优质，这是交通运输行业的共同愿景，也是资源节约型、环境友好型公路水路交通发展的使命。

二、资源节约型、环境友好型公路水路交通发展方式

5. 资源节约型、环境友好型公路水路交通发展方式就是按照科学发展观的要求，充分考虑资源环境承载力，优化产业结构、提高发展质量、集约节约利用资源、发展绿色交通、推动安全发展，实现交通运输与经济社会协调、与自然环境和谐发展。

6. 资源节约型、环境友好型公路水路交通发展的指导思想是，以科学发展观为统领，深入贯彻落实节约资源和保护环境的基本国策，树立以人为本、好中求快、协调发展、可持续发展的理念，以转变发展方式为主题，以集约节约利用资源、保护生态环境为主线，大力发展现代交通运输业，努力做好"三个服务"[1]，实现交通运输科学发展。

7. 资源节约型、环境友好型公路水路交通发展的基本方针是：

——坚持发展速度和结构质量效益相统一。把发展作为第一要务，在节约资源、保护环境的前提下，保持合理的发展规模和速度，优化交通运输结构，更加注重质量和效益，不断提高供给能力和服务水平。

——坚持将节约资源与保护环境贯穿于公路水路交通发展的全过程。在规划、设计、施工、运营、养护、管理和服务等各个环节，集约节约利用资源，促进资源循环利用，大力推进节能减排，有效保护和改善生态环境。

——坚持政府引导和市场调节相结合。强化政府规划、政策的指导，发挥市场机制的有效作用，综合运用经济、法律和必要的行政手段，规范和引导公路水路交通资源利用和环境保护。

——坚持发挥科技创新的引领作用。加强资源节约、环境保护技术的创新，加快科技成果的推广和转化，提高从业人员节约资源、保护环境的意识和能力，充分发挥科技和人才的支撑保障作用。

8. 资源节约型、环境友好型公路水路交通发展的政策目标是，指导公路水路交通加快转变发展方式，明确优化交通运输结构和提高质量效率的方向和重点，鼓励和倡导集约发展、绿色发展和安全发展，强化科技创新，完善公共服务，规范和引导行业集约节约利用资源、保护改善生态环境，提高资源利用效率和环境保护水平。

9. 按照国家建设资源节约型、环境友好型社会的总体要求，结合交通运输发展的特点，到2020年资源节约型、环境友好型公路水路交通发展的主要指标（与2005年相比）是：

——公路单位运输周转量用地面积下降25%左右，港口单位长度生产用泊位完成的货物吞吐量提高50%左右，土地和岸线资源集约利用取得显著成效。

——营运客车、营运货车单位运输周转量能耗分别下降5%和16%左右，海洋和内河营运船舶单位运输周转量能耗均下降20%左右，港口生产单位吞吐量综合能耗下降10%左右，能源利用效率显著提高。

——营运车辆主要污染物排放总量减少30%、单位运输周转量主要污染物排放量减少50%，港口粉尘综合防治率达到70%，港口污水综合处理率达到100%，内河水域、重点海域的船舶污水接收处理率和船舶垃圾接收处理率均达到100%，主要污染物排放量显著下降。

三、资源节约型、环境友好型公路水路交通发展的主要政策

（一）加快产业结构调整

10. 调整公路交通基础设施结构。加强公路网络化建设，优化网络功能结构与布局，继续推进国家高速公路网建设，加大国省干线公路升级改造和养护管理力度，加快农村公路建设，强化连接线、断头路等薄弱环节建设，充分发挥公路网络效益。优化公路运输枢纽布局，加快国家公路运输枢纽体系建设，提高枢纽站场的服务覆盖面。加快县级汽车客运站和农村客运设施建设。加快建设主要港口的疏港公路通道，完善港口特别是集装箱干线港的集疏运体系。

11. 调整水路交通基础设施结构。充分发挥水路运输运能大、占地少、能耗低、污染小的比较优势，大力发展水路运输。促进沿海港口资源整合，统筹区域港口群协调发展，拓展港口服务功能，进一步完善专业化码头设施。大力发展公用码头，加强老港区功能调整和技术改造。进一步提高港口航道等级和通航能力，以适应船舶大型化趋势。大力发展内河水运，建设以高等级航道为主体的干支直达、通江达海的内河航道体系，加快发展长江黄金水道，加快航电结合、梯级开发进程，建设布局合理、功能完善的内河港口体系。

12. 调整道路运输业结构。鼓励道路运输企业发挥自身优势，发展快件运输、冷藏运输等有特色、专业化的运输服务，拓展在供应链中的服务功能，积极发展第三方物流。强化快速客运，完善干线客运，加快农村客运，积极发展旅游客运、包车客运等客运服务形式，满足多层次、多样化的旅客运输需要。继续实施对客车实载率低于70%的线路不投放新运力的道路客运市场调控政策。鼓励按照市场规律整合资源，形成竞争力强、质量信誉好的道路运输骨干企业。推动营运车辆向大型化、专业化、清洁化方向发展，鼓励使用集装箱车、厢式货车、专用运输车和多轴大吨位货车、拖挂车等。继续推进营运客车等级评定制度和货运汽车推荐车型制度，推广应用先进成熟的节油型车辆，实施《道路运输车辆消耗量监测监督管理办法》，加大高耗油老旧运输车辆淘汰力度。

13. 调整水路运输业结构。大力发展现代海运服务业，提高海运服务贸易能力，拓展国际物流业务，增强国际竞争力。拓展水上客运服务功能，发展水上旅游客运及相关服务业。进一步引导港航企业规模化发展、集约化经营。鼓励船舶专业化和大型化，加快干散货、原油、液化天然气、集装箱等专业化大型船队的发展，明显提高海运船队技术水平。大力推进内河船型标准化，积极发展商品汽车、散装水泥、化学品和内河集装箱支线运输等特种运输船舶。加速淘汰能耗高、防污染性能差的落后、老旧船舶。

14. 促进综合运输体系建设。按照“宜水则水、宜陆则陆”的原则，优化交通运输资源配置，加强运输通道和综合交通枢纽建设，大力发展多式联运，加快形成便捷、通畅、高效、安全的综合运输体系。在规划、政策、法规和标准等方面，积极促进公路、水路、铁路、民航、邮政和城市交通等的有机衔接。加快建设中心城市综合交通枢纽以及服务于重点枢纽港口、重点物流基地（中心）、综合客运枢纽的集疏运配套设施，促进货运的无缝衔接和客运的零换乘。

（二）提高交通发展质量

15. 提升基础设施质量和效率。推行全寿命周期成本的设计理念，提高工程结构的耐久性、安全性和防灾减灾能力。建立工程质量信息统计分析制度和大型基础设施风险评估机制，加强工程建设管理，落实工程质量责任制，保证合理工期，强化质量监督。鼓励养护管理机制创新，大力推行预防性养护，加强基础设施的病害诊断与处理，保障基础设施的有效使用。加强对基础设施建设中主要产品和材料的质量监督，鼓励使用节能环保的新技术、新材料、新产品和新设备。大力推进基础设施的智能化进程，积极开展高速公路跨区域联网收费、不停车收费，加快数字航道、智能化航运建设，提高基础设施使用效率、运营效能和现代化水平。

16. 提升运输服务质量和效率。建立统一开放、公平竞争、规范有序的运输市场，提高运输效率和服务水平。进一步发挥港口、站场在物流中的结点作用，强化交通运输在供应链中的服务功能。促进农村物流配送体系建设，完善物流服务网络。规范货运代理等中介服务行为，鼓励货运代理网络化发展。完善费收等政策，积极推进甩挂运输发展。大力发展公共客运服务体系，重点改善客运服务质量，以多样化、

高品质的运输服务引导出行者选择使用公共交通方式。加强城市公共交通与农村公路客运的有效衔接，加快推进城乡客运交通一体化，加大对农村公路客运的政策支持，加强农村客运网络化建设。完善公路服务区维修网点布局，推进机动车维修救援网络建设，为道路运输优质服务提供保障。

（三）集约节约利用资源

17. 集约节约利用土地资源。严格落实耕地保护政策，按照统筹规划、合理布局、集约高效的要求，促进各种运输方式基础设施的衔接，统筹综合运输通道线位资源和运输枢纽资源的合理使用、综合利用，科学安排建设时序和时机，加强综合交通网络建设。加强与土地利用总体规划和年度用地计划的衔接，确保《全国土地利用总体规划》提出的2006—2020年新增公路用地145万公顷（其中农村公路用地30万公顷）、新增港口码头用地3万公顷目标的实现。严格项目用地审查，合理确定建设规模、技术标准，公路建设项目设计、施工和建设用地审批必须严格执行用地标准，把节约土地特别是耕地作为方案选择的重要指标。大力推广节地技术，优化工程建设方案，高效利用线位资源，鼓励利用旧路改扩建，因地制宜地采取降低路基高度、提高桥隧比例等措施，控制公路基础设施工程用地和取弃土用地，提高土地资源综合利用效率。尽量利用荒山、荒地、废弃地，减少占用耕地、林地和经济作物用地，重视对施工临时用地和取弃土场的恢复，鼓励工程建设中采取改地、造地、复垦等措施，节约利用土地资源。

18. 节约使用集约利用港口岸线资源。坚持统筹规划、远近结合、深水深用、合理开发、有效保护，保障港口岸线资源合理、有序开放利用。完善港口岸线使用的法规制度，规范行政许可和开放利用行为。鼓励通过提高等级、改进工艺、更新设备、扩大陆域、完善配套等方式，加强老港区技术改造工作，提高老港区生产能力、技术水平，发展集约化、专业化、现代化港区，提高老港区岸线资源利用效率。

19. 节约和有效利用能源。进一步完善交通运输节能法规制度，加强行业节能监督管理。完善并严格执行交通运输固定资产投资项目节能评估与审查制度，制定节能评估导则和审查指南，将节能要求作为项目立项、初步设计、施工及验收审批中的刚性指标。制定并实施营运车船的燃料消耗量限值标准，建立和完善营运车船燃料消耗准入和退出机制，限制高耗能车船进入运输市场。加强对营运车船燃料消耗的监测与管理，淘汰高耗能的设施和装备，加快高油耗营运车辆退出道路营运市场进度，力争到2013年底前使在用营运车辆全部符合营运车辆燃料消耗量限值标准。建立港口主要耗能设备的行业准入制度，对重点耗能装置建立并实施严格的监控制度。强化对交通运输重点用能单位的监督管理，做好能耗考核分析，改进用能管理和技术。健全行业能源利用监测体系，完善行业能源消耗统计报告和分析制度。

20. 发展交通运输循环经济。遵循“减量化、再利用、资源化”原则，积极探索交通运输循环经济实现方式，完善标准规范，倡导标准化设计、工厂化预制，提高再利用水平。加强港口、公路服务区等生产、生活污水综合处理能力，加大中水回用力度。大力开展路面材料、废旧材料、疏浚土等资源的再生、循环和综合利用，实现对资源的少用、用好、循环用。

（四）大力发展绿色交通

21. 加强建设工程的生态环境保护。树立“最大限度地保护生态、最小限度地破坏生态、最大限度地恢复生态，不破坏是最好的保护”等理念。严格执行建设项目环境影响评价制度和“三同时”制度，公路选线、港口选址尽可能避绕环境脆弱或敏感地区，减少对自然环境的不利影响。公路建设合理掌握平纵面指标，尽量拟合原地形，合理控制边坡高度，减少深挖高填，采取有效的水土保持措减少取弃土场、施工营地、施工便道等对生态环境的影响。港航工程建设要避免或减少对水生动植物生存环境的改变、破坏及对海岸的非正常侵蚀，严格疏浚土的处置，加强对废弃渣土、物料等建筑垃圾的收集、运输、消纳和处理。建设项目工程费用预算中应保证生态恢复所必需的费用，并确保其有效使用。大力推进基础设施建设的生态恢复，实现工程防护、景观塑造和环境保护的统一。

22. 大力减少车船污染排放。严格执行车船排放标准，控制和减少营运车辆、船舶的污染排放。强化对营运车船定期检查维修和监督检查，禁止超标排放。制定并实施船舶污染治理技术政策和治理规划，船舶强制要求安装污水处理设施和垃圾回收设施。对适用船舶的排污设备实施铅封管理，实现禁排；对非铅封船舶实行监督管理，实现限排。对船舶垃圾实施强制排岸接收处理，特别是在内河、湖泊、水库配备油污水收集船、建设垃圾回收站等配套设施，严禁船舶直接向江河湖海倾倒排放生活垃圾。

23. 提高船舶溢油防控能力。严格执行油船建造检验规范，加快淘汰不符合要求的老旧油船，降低船舶溢油事故污染风险。建立跨部门的船舶与重点水域溢油监测与应急反应体系，制定和落实溢油应急计划和预案，提高溢油事故快速反应和处置能力。加快建立船舶油污损害民事责任强制保险和油污损害赔偿基金制度，为溢油污染处置提供资金保障。鼓励社会力量积极参与防范和溢油污染事故处置。

24. 提高港口防污染处置能力。港口、码头所在地港口行政管理部门应按照规定配置足够的船舶废弃物接收设施，建设船舶油类、化学品、垃圾、生活污水回收、转运设施，配置船舶压舱水、洗舱水和生活污水接收处理设施，未纳入城市垃圾处理系统的港口应设置垃圾处理站。将港口和船舶污水、垃圾处理设施建设纳入城市污水、垃圾处理设施建设规划。港口要积极采用密封输送、抑尘、防尘等污染防治措施，有效降低有毒有害气体和粉尘的污染。

（五）实现交通安全发展

25. 提高水上交通安全和人命救助水平。加强海事监管、专业救助装备和队伍建设，以我国沿海和长江干线水域为重点，基本建立全方位覆盖、全天候运行、具备快速反应能力的现代化水上交通安全监管和救助体系。加大水上交通安全综合治理力度，形成权责明确、保障有力的综合监管机制。强化航运企业安全管理体系审核管理，加强船员、船舶和船公司的准入管理，严格执行船舶技术和船龄标准，继续实施船舶强制报废制度。加强以“四客一危”[2]、“四区一线”[3]及乡镇船舶和游艇等为重点的安全管理。重点加强港口滚装码头、危险品码头的安全管理，完善滚装码头载货汽车危险品等检测手段，加强港口危险货物运输企业和人员的准入和安全监督管理，鼓励港口企业建立健全安全健康环保管理体系。加强港口和船舶保安体系建设。

26. 提高道路运输安全水平。认真落实好“三关一监督”[4]的管理职责，推动道路运输企业提高自身安全管理水平，鼓励采用现代科技手段，加强道路运输安全管理。严格危险货物运输从业人员资格管理，危险货物运输车辆应规范标志标识、安装定位装置和行驶记录仪，推行安全卡制度。严格执行《道路车辆外廓尺寸、轴荷及质量限值》和《营运车辆综合性能要求和检验方法》等强制性国家标准，加强营运车辆技术状况管理。强化车辆超限超载治理，在运输市场准入、货物装载等环节上严格把关。加强汽车客运站安全管理和农村客运安全管理。

27. 提高交通运输设施安全水平。严格按照国家及行业有关法律法规和标准规范的要求，加强交通基础设施建设安全监督管理，安全设施必须与主体工程同时设计、同时施工、同时投产使用。继续推进公路安保工程建设，大力加强危桥改造，强化隧道建设与运营安全管理，特别是特大型桥隧工程的安全运营监控，加强桥梁的防撞设施建设。深入开展建设工程安全评价、通航环境安全评估等工作，将识别、查找危险源或安全隐患制度化，发现问题及时采取有效的预防、整改措施，避免、减少事故发生。

28. 提高交通运输应急保障能力。完善公路水路交通突发事件应急体系，加快交通运输应急队伍和应急平台建设，提高应对突发事件的能力。港口、航运、道路运输以及施工等企业，应建立突发事件应急预案体系。在全行业形成种类齐全、覆盖全面，具有较强针对性、操作性、实用性的应急预案体系。重点加强各层面、各部门应急预案的有效衔接。有针对性地开展预案演练，促进相关单位协调配合和落实责任。

（六）强化交通科技创新

29. 加强交通科技创新能力建设。政府积极引导，推进以市场为导向、以企业为主体、产学研相结合的行业科技创新体系建设。加强重点实验室建设，鼓励大型企业建立技术研发中心，引导建立专业特色明显的行业研发中心。加强交通科技信息资源共享平台建设，促进交通科技信息资源集成共享，提供数字化、智能化交通科技信息服务。加强科技人才队伍建设，加大对高水平研发人才、高技能人才和高层次管理人才的引进和培养，培育数量充足、结构合理、素质优良、勇于创新的科技人才队伍，形成比较完整的科研梯队。提高交通从业人员素质，推进职业资格制度与从业准入制度建设。开展资源节约、环境保护等方面的科普活动。

30. 大力推进行业重大关键技术研发。针对全局性、方向性、综合性的关键技术问题，大力推进交通科技自主创新，鼓励原始创新，强化集成创新和引进消化吸收再创新。在基础设施建设中实现重大工程的技术突破，在运输服务领域加大现代信息技术、管理技术等的集成应用，更加重视决策支持、智能交通、现代物流、交通安全、资源节约、环境保护、防灾减灾等方面的技术研发，强化基础性研究，攻克关键性技术，突破牵动性技术，普及应用型技术，促进高新技术在交通运输领域的应用。

31. 加强先进适用技术研发应用。大力研发应用资源节约与循环利用技术，鼓励因地制宜、就地取材，选用适宜地方特点的工程材料和结构形式，加强运输车辆、船舶节能减排技术的研发和应用，鼓励使用清洁能源。大力研发应用生态环境保护技术，积极研发应用溢油监视、鉴别、处理、生态评价技术和船舶防污染技术。积极研发应用防灾减灾、风险源辨识监控预警等交通安全新技术。

32. 加快现代信息技术研发应用。大力推进行业信息化建设，鼓励交通运输企业利用现代信息技术提升企业核心竞争力。综合开发利用行业信息资源，建立资源共享的政府公共信息服务平台和管理信息平台，完善公众出行信息服务系统，建立物流信息服务网络，为公众出行和货物运输提供及时、准确、高效的交通信息。推广高速公路不停车收费（ETC）系统，研发应用营运车辆的卫星监控和实时跟踪系统，建立全国道路运输车辆、营运驾驶员和经营业户数据库，加快交通电子口岸共享信息平台建设，研究推进内河航运综合信息服务建设，加强行业信用信息系统建设。

33. 强化科技成果推广和转化。积极采用新技术、新材料、新工艺、新装备，鼓励使用创新成果，建立和完善科技成果推广应用的有效机制，促进科技成果的产业化发展。大力实施科技成果推广示范工程，加快资源节约、环境保护、节能减排等技术的示范和推广，通过培训使从业人员掌握节约资源、保护环境的新技术、新方法。鼓励把先进、适用的科技成果及时纳入标准规范，或通过发布技术指南的方式予以应用。政府采购应优先购买我国自主创新的产品或服务。

34. 加强行业标准规范制修订。进一步完善交通技术标准规范体系，强化安全标准和运输服务标准，加强资源利用、环境保护、节能减排等标准建设。建立开放、及时的标准制修订机制，积极引进、消化和吸收国外先进标准，加快标准规范的更新。优先采用具有自主知识产权的标准，及时淘汰落后标准，支持企业、社会组织参与制订标准规范。鼓励结合地区特点制定地方标准。

（七）提升公共服务能力

35. 发挥规划和政策的指导作用。完善和健全交通运输发展战略规划政策体系，更加关注资源节约、环境保护、安全保障的要求，强化节能减排、环境保护等专项规划与相关政策，加强相关规划的衔接和协调。建立健全重大决策的专家咨询、社会公示、听证和信息公开等制度，提高决策的透明度和公众参与度，实现决策的科学化、民主化。

36. 发挥政府资金的引导作用。积极调整交通运输投资结构，加大对资源节约、环境保护、安全保障、科技创新等公益性领域的资金投入，为集约节约利用资源、保护生态环境、加强节能减排、发展循环经济以及开展相关示范工程等提供资金支持。积极推进交通预算项目绩效考评工作，不断改进项目管理和预算资金管理，提升资金的使用效率和效益。

37. 提高行政管理水平。加快建设和完善与资源节约、环境保护法律制度和标准体系。加强行政执法部门建设，把交通安全、节能减排和环境保护作为行业监管的重点，加大监督和综合执法力度。建立行业节能减排长效机制和产品认证制度。建立健全安全生产、节能减排、环境保护等的目标责任制，把资源节约、环境保护等要求纳入各级交通运输主管部门的绩效考核体系。推行政务公开，发展电子政务，强化公众信息服务，全面提升管理效能。

38. 倡导资源节约、环境友好的交通消费方式。树立绿色交通消费理念，建立资源节约、环境保护的激励机制，开展资源节约型和环境友好型行业建设，大力推动节能减排工作。加强对社会公众的引导，提倡资源节约、环境友好的出行方式，鼓励选择公共交通出行和使用节能环保型交通运输工具，加大宣传教育力度，使资源节约、环境保护成为全行业和社会公众的自觉行动。

【术语解释】

[1]“三个服务”：是指交通运输发展要服务于国民经济和社会发展全局、服务于社会主义新农村建设、服务于人民群众安全便捷出行。

[2]“四客一危”：“四客一危”船舶是指：客船、客滚船、客渡船、高速客船和危险品船舶。

[3]“四区一线”：“四区一线”水域范围是指：渤海湾水域、舟山群岛海域、琼州海峡水域和西南山区的内河水域以及长江干线水域。

[4]“三关一监督”：是指把好运输企业市场准入关、车辆技术状况关、驾驶人员从业素质关，加强客运站场的监督。

道路运输车辆燃料消耗量检测和监督管理办法

交通运输部

第一章 总 则

第一条 为加强道路运输车辆节能降耗管理，根据《中华人民共和国节约能源法》和《中华人民共和国道路运输条例》，制定本办法。

第二条 道路运输车辆燃料消耗量检测和监督管理适用本办法。

本办法所称道路运输车辆，是指拟进入道路运输市场从事道路旅客运输、货物运输经营活动，以汽油或者柴油为单一燃料的国产和进口车辆。

第三条 总质量超过3500千克的道路旅客运输车辆和货物运输车辆的燃料消耗量应当分别满足交通行业标准《营运客车燃料消耗量限值及测量方法》（JT711，以下简称JT711）和《营运货车燃料消耗量限值及测量方法》（JT719，以下简称JT719）的要求。

不符合道路运输车辆燃料消耗量限值标准的车辆，不得用于营运。

第四条 交通运输部主管全国道路运输车辆燃料消耗量检测和监督管理工作。交通运输部汽车运输节能技术服务中心（以下简称节能中心）作为交通运输部开展道路运输车辆燃料消耗量检测和监督管理工作的技术支持单位。

县级以上地方人民政府交通运输主管部门负责组织领导本行政区域内道路运输车辆燃料消耗量达标车型的监督管理工作。

县级以上道路运输管理机构按照本办法规定的职责负责具体实施本行政区域内道路运输车辆燃料消耗量达标车型的监督管理工作。

第五条 道路运输车辆燃料消耗量检测和监督管理工作应当遵循公平、公正、公开和便民的原则。

第二章 检测管理

第六条 交通运输部组织专家评审，选择符合下列条件的检测机构从事道路运输车辆燃料消耗量检测业务，并且向社会公布检测机构名单：

（一）取得相应的实验室资质认定（计量认证）和实验室认可证书，并且认可的技术能力范围涵盖本办法规定的相关技术标准；

（二）具有实施道路运输车辆燃料消耗量检测工作的检验员、试验车辆驾驶员和技术负责人等专业人员，以及仪器设备管理员、质量负责人等管理人员；

（三）具有符合道路运输车辆燃料消耗量检测规范要求的燃油流量计、速度分析仪、车辆称重设备。相关设备应当通过计量检定或者校准；

（四）具有符合道路运输车辆燃料消耗量检测规范要求的试验道路。试验道路应当为平直路，用沥青或者混凝土铺装，长度不小于2公里，宽度不小于8米，纵向坡度在0.1%以内，且路面应当清洁、平坦。租用试验道路的，还应当持有书面租赁合同和出租方使用证明，租赁期限不得少于3年；

（五）具有健全的道路运输车辆燃料消耗量检测工作管理制度，包括检测质量控制制度、文件资料管理制度、检测人员管理制度、仪器设备管理制度等。

道路运输车辆燃料消耗量检测机构专家评审组由节能中心的专家、汽车产业主管部门委派的专家、有关科研单位和高等院校的专家以及检测机构所在地省级交通运输部门的专家组成，专家评审组不得少于5人。

第七条 车辆生产企业可以自愿选择经交通运输部公布的检测机构进行车辆燃料消耗量检测。

第八条 检测机构应当严格按照规定程序和相关技术标准的要求开展车辆燃料消耗量检测工作，提供科学、公正、及时、有效的检测服务。

第九条 检测机构不得将道路运输车辆燃料消耗量检测业务委托至第三方。

第十条 检测机构应当如实记录检测结果和车辆核查结果，据实出具统一要求的道路运输车辆燃料消耗量检测报告。

第十一条 检测机构应当将道路运输车辆燃料消耗量检测过程的原始记录和检测报告存档，档案保存期不少于4年。

第十二条 检测机构应当对所出具的道路运输车辆燃料消耗量检测报告的真实性和准确性负责，并承担相应的法律责任。

第三章 车型管理

第十三条 燃料消耗量检测合格并且符合本办法第十五条规定条件的车型，方可进入道路运输市场。

第十四条 对道路运输车辆实行燃料消耗量达标车型管理制度。交通运输部对经车辆生产企业自愿申请，并且经节能中心技术审查通过的车型以《道路运输车辆燃料消耗量达标车型表》（以下简称《燃料消耗量达标车型表》）的形式向社会公布。

《燃料消耗量达标车型表》车型可与《车辆生产企业及产品公告》（以下简称《公告》）车型同时申请。

第十五条 《燃料消耗量达标车型表》所列车型应当符合下列条件：

（一）已经列入《公告》的国产车辆或者已经获得国家强制性产品认证的进口车辆；

（二）各项技术参数和主要配置与《公告》或者国家强制性产品认证的车辆一致性证书保持一致；

（三）经交通运输部公布的检测机构检测，符合道路运输车辆燃料消耗量限值标准的要求。

第十六条 拟列入《燃料消耗量达标车型表》的车型，由车辆生产企业向节能中心提交下列材料：

（一）道路运输车辆燃料消耗量达标车型申请表一式两份；

（二）《公告》技术参数表或者国家强制性产品认证的车辆一致性证书复印件一份；

（三）检测机构出具的道路运输车辆燃料消耗量检测报告原件一份。

第十七条 节能中心应当依据第十五条的规定，自收到车辆生产企业的材料之日起20个工作日内完成对相关车型的技术审查。经技术审查，不符合条件的，节能中心应当书面告知车辆生产企业，并说明理由；符合条件的，应当将车型及相关信息汇总整理后报交通运输部。

第十八条 未通过技术审查的车辆生产企业对技术审查结果有异议的，可以在收到书面告知材料的5个工作日内向交通运输部要求复核。交通运输部应当组织专家对技术审查结果进行复核。

第十九条 交通运输部应当及时对通过技术审查的车型在互联网上予以公示，公示期为5个工作日。

第二十条 对经公示后无异议的车型，交通运输部应当及时向社会公布。对公示后有异议且经查实不符合条件的车型，不予发布，并且告知车辆生产企业。

《燃料消耗量达标车型表》至少每季度发布一次。

第二十一条 已经列入《燃料消耗量达标车型表》的车型发生产品扩展、变更后，存在下列情况之一的，车辆生产企业应当按规定程序重新申请：

（一）车长、车宽或者车高超过原参数值1%的；

（二）整车整备质量超过原参数值3%的；

（三）换装发动机的；

（四）变速器最高挡或者次高挡速比，主减速器速比发生变化的；

（五）子午线轮胎变为斜交轮胎、轮胎横断面增加或者轮胎尺寸变小的。

已经列入《燃料消耗量达标车型表》的车型发生其他扩展、变更的，车辆生产企业应当将相关信息及时告知节能中心，并提交发生扩展、变更后的车辆仍能满足道路运输车辆燃料消耗量限值要求的承诺书。节能中心应当将相关车型的扩展、变更信息及时报交通运输部。

第二十二条 对于同一车辆生产企业生产的不同型号的车型，同时满足下列条件的，在申报《燃料消耗量达标车型表》时，可以只提交其中一个车型的燃料消耗量检测报告，相关车型一并审查发布：

（一）底盘相同；

（二）整车整备质量相差不超过3%；

（三）车身外形无明显差异；

（四）车长、车宽、车高相差不超过1%。

第二十三条 车辆生产企业对已经列入《燃料消耗量达标车型表》的车辆，应当在随车文件中明示其车辆燃料消耗量参数。

第二十四条 县级以上道路运输管理机构在配发《道路运输证》时，应当按照《燃料消耗量达标车型表》对车辆配置及参数进行核查。相关核查工作可委托汽车综合性能检测机构实施。

经核查，未列入《燃料消耗量达标车型表》或者与《燃料消耗量达标车型表》所列装备和指标要求不一致的，不得配发《道路运输证》。

第二十五条 交通运输部建立道路运输车辆燃料消耗量达标车型查询网络及数据库。省级道路运输管理机构应当将相关数据库纳入本行政区域道路运输信息系统。

第四章 监督管理

第二十六条 交通运输部应当加强对公布的道路运输车辆燃料消耗量检测机构从事相应检测业务的监督管理工作，建立、完善监督检查制度，不定期派员现场监督检测机构燃料消耗量的检测工作，根据技术审查需要组织专家对车辆燃料消耗量检测结果进行抽查。

第二十七条 检测机构有下列情形之一的，交通运输部应当责令其限期整改。经整改仍达不到要求的，交通运输部应当将其从公布的检测机构名单中撤除：

（一）未按照规定程序、技术标准开展检测工作；

（二）伪造检测结论或者出具虚假检测报告；

（三）未经检测就出具检测报告；

（四）违反法律、行政法规的其他行为。

第二十八条 交通运输部对列入《燃料消耗量达标车型表》的车型实施动态管理。车辆生产企业弄虚作假，骗取列入《燃料消耗量达标车型表》资格的，交通运输部应当将其从《燃料消耗量达标车型表》中删除，并向社会公布。

节能中心在交通运输部公布违规车型之日起3个月内不得受理该企业车辆列入《燃料消耗量达标车型表》的申请。

第二十九条 省级道路运输管理机构应当加强对本行政区域内道路运输车辆燃料消耗量达标车型的监督管理，督促各地道路运输管理机构严格执行道路运输车辆燃料消耗量达标车型管理的相关制度。

第三十条 已进入道路运输市场车辆的燃料消耗量指标应当符合《营运车辆综合性能要求和检验方法》（GB18565）的有关要求。

道路运输管理机构应当加强对已进入道路运输市场车辆的燃料消耗量指标的监督管理。对于达到国家规定的报废标准或者经检测不符合标准要求的车辆，不得允许其继续从事道路运输经营活动。

第三十一条 从事道路运输车辆燃料消耗量检测和监督管理工作的人员在检测和监督管理工作中有滥用职权、玩忽职守、徇私舞弊等情形的，依法给予行政处分；构成犯罪的，依法移交司法机关处理。

第五章　附　　则

第三十二条　城市公共汽车、出租车及总质量不超过3500千克的客运、货运车辆的燃料消耗量限值标准和监督管理的实施步骤另行规定。

第三十三条　本办法自2009年11月1日起施行。道路运输管理机构自2010年3月1日起，在配发《道路运输证》时，应当将燃料消耗量作为必要指标，对照《燃料消耗量达标车型表》进行核查。

交通运输节能减排专项资金管理暂行办法

第一章　总　　则

第一条　为加强交通运输节能减排专项资金管理，提高资金使用效益，促进交通运输节能减排工作的顺利开展，根据《中华人民共和国节约能源法》和国家现行财政财务法规制度，结合交通运输节能减排工作实际，制定本办法。

第二条　本办法所称交通运输节能减排专项资金（以下简称专项资金），是指中央财政从一般预算资金（含车辆购置税交通专项资金）中安排用于支持公路水路交通运输节能减排项目实施的资金。

第三条　专项资金的使用和管理应坚持以下原则：

（一）科学定位。发挥市场对资源配置的基础性作用，专项资金主要用于初期投资效益不明显，但社会效益明显、公益性较强或国家发展战略重点支持的节能减排项目。

（二）统筹安排。按照国务院统一部署和公路水路交通运输节能减排专项规划的总体要求，循序渐进，突出重点，确保实效，逐步有序推进项目的实施。

（三）合理使用。符合公开、公平、公正的办事程序，保证专款专用，资金使用情况和效果以适当形式予以公开，接受国家有关部门和社会监督。

第四条　专项资金纳入财政预算管理。

第二章　专项资金支持范围和方式

第五条　专项资金支持的对象是开展公路水路交通运输节能减排工作的企事业单位，重点是国务院文件和公路水路交通运输节能减排专项规划确定的重点项目实施单位和参加“车、船、路、港”千家企业低碳交通运输专项行动的企事业单位。

第六条　专项资金重点用于支持公路水路交通运输行业推广应用节能减排新机制、新技术、新工艺、新产品的开发和应用，确保完成国家公路水路交通运输节能减排规划安排的重点任务和重点工程。

第七条　专项资金的使用原则上采取以奖代补方式，由财政部、交通运输部根据项目性质、投资总额、实际节能减排量以及产生的社会效益等综合测算确定补助额度。

（一）对节能减排量可以量化的项目，奖励资金原则上与节能减排量挂钩，对完成节能减排量目标的项目承担单位给予一次性奖励。根据年节能量按每吨标准煤不超过600元或采用替代燃料的按被替代燃料每吨标准油不超过2000元给予奖励，对单个项目的补助原则上不超过1000万元。

节能减排量的核定采取单位报告、经第三方机构审核、交通运输部、财政部核定的方式。

（二）对于节能减排量难以量化的项目，可按投资额的一定比例核定补助额度，补助比例原则上不超过设备购置费或项目建筑安装费的20%；对单个项目的补助额度原则上不超过1000万元。

第八条　对已享受中央财政其他节能减排资金支持的项目，专项资金原则上不再安排补助。

第九条　交通运输部所需的工作经费从专项资金中安排，用于有关的项目评审、审核备案、监督检查等工作，工作经费不超过当年专项资金总额的1%，列入交通运输部部门预算。

第三章　专项资金的申请、审核与拨付

第十条　交通运输部、财政部根据国务院统一部署和公路水路交通运输节能减排专项规划确定的重点任务、重点工程以及交通运输部年度节能减排重点工作，发布年度节能减排重点支持项目申请指南。

第十一条　专项资金的申请条件：

（一）申请单位应具有独立法人资格；

（二）申请单位管理规范，具有健全的财务管理制度；

（三）申请单位能源管理机构健全，具有完善的能源计量、统计和管理体系；

（四）申请项目符合年度节能减排重点支持项目申请指南明确的支持范围；

（五）项目实施完成后，具有明显的节能减排效果或对交通运输节能减排有明显的促进作用；

（六）申请项目符合国家有关规定。

第十二条　节能减排量作为专项资金安排的重要依据，须经第三方机构进行节能减排量审核。由交通运输部根据国家有关要求制定第三方机构认定办法并依据办法规定公布机构名单，项目承担单位在公布的第三方机构名单中选择审核机构。

第十三条　符合申请条件的项目，项目承担单位按照项目指南的有关要求填报材料，连同第三方机构出具的项目节能减排量审核意见，报所在省（自治区、直辖市、计划单列市）［以下简称：省（区、市）］交通运输主管部门进行初审。各省（区、市）交通运输部门审核汇总后，会同同级财政主管部门报交通运输部、财政部。

第十四条　交通运输部对申请材料进行审核，提出专项资金支持项目建议，报财政部审核。

第十五条　财政部对专项资金项目进行审核后，将专项资金下达有关省（区、市）财政主管部门，同时抄送交通运输部。各省（区、市）财政主管部门应及时将专项资金拨付到项目承担单位，具体资金支付按照财政国库管理制度有关规定执行。

第四章　专项资金的监督管理

第十六条　各级财政、交通运输部门要切实加强对专项

资金使用的监督管理，建立健全专项资金绩效评价制度，并将绩效评价结果作为专项资金安排的重要依据。

第十七条 第三方机构对出具的节能减排量审核报告负责，对出具虚假节能减排量审核报告的第三方机构，将取消其审核资格，情节严重的将依法追究法律责任。

第十八条 对专项资金的使用情况，由财政部、交通运输部组织重点抽查，对违反规定截留、挪用、骗取资金的，将严格按照《中华人民共和国预算法》和《财政违法行为处罚处分条例》（国务院令第427号）及相关法规予以处理。

第五章 附 则

第十九条 中央直属企业单位资金申请程序参照本办法执行；交通运输部直属事业单位资金申请程序按照部门预算管理规定执行。

第二十条 本办法自发布之日起执行。

第二十一条 本办法由财政部会同交通运输部负责解释。

加快推进绿色循环低碳交通运输发展指导意见

交通运输部

交通运输是国民经济和社会发展的基础性、先导性和服务性行业，也是国家节能减排和应对气候变化的重点领域之一。为全面落实党的十八大提出全面建成小康社会的宏伟目标和“五位一体”的总体布局，加快推进绿色循环低碳交通运输发展，特提出以下指导意见：

一、总体要求

1. 指导思想

深入贯彻落实党的十八大精神，按照建设“五位一体”总体布局的要求，以科学发展观为指导，以节约资源、提高能效、控制排放、保护环境为目标，以加快推进绿色循环低碳交通基础设施建设、节能环保运输装备应用、集约高效运输组织体系建设、科技创新与信息化建设、行业监管能力提升为主要任务，以试点示范和专项行动为主要推进方式，将生态文明建设融入交通运输发展的各方面和全过程，加快建成资源节约型、环境友好型交通运输行业，实现交通运输绿色发展、循环发展、低碳发展。

2. 基本原则

——政府主导，合力推动。积极争取各级政府支持，主动加强与相关政府部门的协调，发挥政策叠加优势，突出政府主导作用。同时，充分发挥市场调节作用、企业主体作用和行业协会作用，引导社会公众广泛参与，形成政府、企业和公众共同参与的协同推进机制。

——优化结构，创新管理。在继续加强绿色循环低碳循环技术研发和推广应用的基础上，更加注重优化交通基础设施结构、运输装备结构、运输组织结构和能源消费结构，更加注重提升行业监管能力和企业组织管理水平，充分挖掘结构性和管理性绿色循环低碳发展潜力。

——法规约束，强化责任。积极推进绿色循环低碳交通运输法律法规和标准体系建设，着力改善法制环境，建立健全目标责任制和考核评价制度，加强监督检查，加大奖惩力度，增强绿色循环低碳发展的目标责任与制度约束。

——试点示范，典型引路。建立部省共同推进绿色循环低碳交通运输发展新机制，推进区域性和主题性试点，深化绿色循环低碳交通运输专项行动，树立行业典型，以点带面，推动全行业绿色循环低碳发展。

3. 发展目标

到2020年，在保障实现国务院确定的单位GDP碳排放目标的前提下，全行业绿色循环低碳发展意识明显增强，节能减排体制机制更加完善，科技创新驱动能力明显提高，监管水平明显提升，行业能源和资源利用效率明显提高，控制温室气体排放取得明显成效，适应气候变化能力明显增强，生态保护得到全面落实，环境污染得到有效控制，基本建成绿色循环低碳交通运输体系。

——基本完善交通运输行业绿色循环低碳发展的法规政策和标准。

——基本建成行业能源消耗监测考核体系。

——基本达到战略规划中确定的各种运输方式能源单耗和碳排放强度指标。

——基本实现各种运输方式的生态环境保护和污染治理的主要指标。

二、主要任务

（一）强化交通基础设施建设的绿色循环低碳要求

4. 实现交通基础设施畅通成网、无缝衔接

继续按照综合交通运输体系发展战略规划要求，补齐发展短板，发挥比较优势，实现相互衔接、畅通成网，推进各种运输方式协调发展，凸显整体优势和集约效能。加强综合交通枢纽及其集疏运配套设施建设，实现客运“零距离换乘”和货运“无缝衔接”。推动以公共交通为导向的城市发展模式，加快城市轨道交通、公交专用道、快速公交系统（BRT）等大容量公共交通基础设施建设，加强自行车专用道和行人步道等城市慢行系统建设，增强绿色出行吸引力。

5. 加强能源节约利用

树立全寿命周期成本理念，将节约能源资源要求贯彻到交通基础设施规划、设计、施工、运营、养护和管理全过程。在项目立项、初步设计、施工及验收各阶段，认真贯彻国家关于固定资产投资项目的节能要求。在交通基础设施建设和养护中，大力推广应用节能型建筑养护装备、材料及施工工艺工法。积极扩大绿色照明技术、用能设备能效提升技术及新能源、可再生能源在交通基础设施运营中的应用。

6. 加强土地和岸线资源集约利用

严格建设项目用地审查，合理确定建设规模。优化设计，因地制宜采取有效措施，减少耕地占用，避让基本农田保护区。加强综合交通枢纽用地的综合立体开发。按照“统筹规划、合理布局、集约高效”的要求，节约集约利用交通通道线位资源，提高港口岸线资源利用效率。

7. 加强资源循环利用

遵循“减量化、再利用、资源化”原则，积极探索资源回收和废弃物综合利用的有效途径。大力推广应用节水节材建设和运营工艺，实现资源的减量化。大力开展废旧材料的再生和综合利用，提高资源再利用水平。加强钢材、水泥、木材、砂石料等主要建材的循环利用，积极推进粉煤灰、煤矸石、建筑垃圾、生产生活污水等在交通基础设施建设运营

中的无害化处理和综合利用。

8. 加强生态环境保护

严格执行交通建设规划和建设项目环境影响评价、环境保护“三同时”和建设项目水土保持方案编制制度。提倡生态环保设计，严格落实环境保护、水土保持措施，加强植被保护和恢复、表土收集和利用、取弃土场和便道等临时用地生态恢复。推进绿化美化工程建设。加强施工期间环境保护工作，确保施工期间污染物排放达标。加强交通基础设施建设、养护和运营过程中的污染物处理和噪声防治。

（二）加快节能环保交通运输装备应用

9. 优化交通运输装备结构

提高交通运输装备、机械设备能效和碳排放标准，严格实施运输装备、机械设备能源消耗量准入制度。积极推广应用高能效、低排放的交通运输装备、机械设备，加快淘汰高能耗、高排放的老旧交通运输装备、机械设备，提高交通运输装备生产效率和整体能效水平。推动建立交通运输装备能效标识制度，鼓励购置能效等级高的交通运输装备。

10. 加快推广节能与清洁能源装备

推进以天然气等清洁能源为燃料的运输装备和机械设备的应用，加强加气、供电等配套设施建设。积极探索生物质能在交通运输装备中的应用。推广应用混合动力交通运输装备，推进合同能源管理在用能装备和系统中的应用，采用租赁代购模式推进电池动力的交通运输装备应用。推进模拟驾驶和施工、装卸机械设备模拟操作装置应用，积极推广应用绿色维修设备及工艺。

11. 加强交通运输装备排放控制

严格落实交通运输装备废气净化、噪声消减、污水处理、垃圾回收等装置的安装要求，有效控制排放和污染。严格执行交通运输装备排放标准和检测维护制度，加快淘汰超标排放交通运输装备。鼓励选用高品质燃料。加强交通运输污染防治和应急处置装备的统筹配置与管理使用。

（三）加快集约高效交通运输组织体系建设

12. 优化运输结构

按照“宜水则水、宜陆则陆、宜空则空”的原则，提高铁路、水路在综合运输中的承运比重，降低运输能耗强度。积极促进铁路、公路、水路、民航和城市交通等不同交通方式之间的高效组织和顺畅衔接，加快形成便捷、安全、经济、高效的综合运输体系。大力推进多式联运，积极发展集装箱运输。优先发展公共交通，大幅提高公共交通出行分担比例。

13. 优化客运组织

推进客运企业之间运输组织平台建设，引导客运企业实施规模化、集约化经营，加强运输线路、班次、舱位等资源共享，推进接驳运输、滚动发班等先进客运组织方式。推广联程售票、网络订票、电话预订等方便快捷的售票方式及信息服务，提高客运实载率。

14. 加快发展绿色货运和现代物流

充分发挥各种运输方式的比较优势，大力发展滚装运输、驮背运输等多式联运。加快发展专业化运输和第三方物流，积极引导货物运输向网络化、规模化、集约化和高效化发展，优化货运组织，提高货运实载率。加强城市物流配送体系建设，建立零担货物调配、大宗货物集散等中心，提高城市物流配送效率。依托综合交通运输体系，完善邮政和快递服务网络，提高资源整合利用效率。

15. 优化城市交通组织

优化城市公共交通线路和站点设置，科学组织调度，逐步提高站点覆盖率、车辆准点率和乘客换乘效率，改善公共交通通达性和便捷性，提升公交服务质量和满意度，增强公交吸引力。

16. 引导公众绿色出行

积极倡导公众采用公共交通、自行车和步行等绿色出行方式。合理布局公共自行车配置站点，方便公众使用，减少公众机动化出行。加强静态交通管理，推动实施差别化停车收费。综合运用法律、经济、行政等交通需求管理措施，加大城市交通拥堵治理力度。

（四）加快交通运输科技创新与信息化发展

17. 加强绿色循环低碳交通运输科研基础能力建设

加强交通运输绿色循环低碳实验室、技术研发中心、技术服务中心等技术创新和服务体系建设。强化绿色循环低碳交通人才队伍建设，打造一支数量充足、结构合理、素质优良的绿色循环低碳交通运输专业人才队伍。

18. 加强绿色循环低碳交通运输技术研发

加快推进基于物联网的智能交通关键技术研发及应用、交通运输污染事故应急反应与污染控制的关键技术研究及示范等重大科技专项攻关，实现重大技术突破。大力推进交通运输能源资源节约、生态环境保护、新能源利用等领域关键技术、先进适用技术与产品研发。

19. 加强绿色循环低碳交通运输技术和产品推广

加紧研究制定绿色循环低碳交通运输技术政策。及时发布绿色循环低碳交通运输技术、产品、工艺科技成果推广目录，积极推进科技成果市场化、产业化。大力推进循环绿色循环低碳交通运输技术、产品、工艺的标准、计量检测、认证体系建设。

20. 推进交通运输信息化和智能化建设

推动建立各种运输方式之间的信息采集、交换和共享机制，探索建立综合运输公共信息平台。积极推进客货运输票务、单证等的联程联网系统建设，推进条码、射频、全球定位系统、行包和邮件自动分拣系统等先进技术的研发及应用。逐步建立智能交通运输网络的联网联控和自动化检测系统，提高运行效率。

（五）加快绿色循环低碳交通运输管理能力建设

21. 完善绿色循环低碳交通运输战略规划

研究完善绿色循环低碳交通运输发展战略。研究出台行业和企业节能减排和应对气候变化规划编制指南，建立分层级、分类别、分方式的规划体系。建立健全规划审批、报备、评估和修订制度。

22. 完善绿色循环低碳交通运输法规标准

积极研究制定《交通运输节约能源条例》等法规及配套规定。在交通基础设施设计、施工、监理等技术规范中贯彻绿色循环低碳的要求，研究制定交通运输规划环境影响评价规范。建立健全交通运输行业重点用能装备和机械设备燃料消耗和排放限值标准及市场准入与退出机制。

23. 完善绿色循环低碳交通运输统计监测考核体系

完善交通运输能耗统计监测报表制度，稳步推进能耗在线监测机制及数据库平台建设，加强交通环境统计平台和监测网络建设。研究开展交通运输重点用能单位的能源管理体系建设和能源审计工作，逐步建立交通运输行业能源管理师职业制度。研究建立交通运输绿色循环低碳发展指标体系、考核办法和激励约束机制。

24. 推进绿色循环低碳交通运输市场机制运用

积极推广合同能源管理，加强培养节能环保第三方服务机构，加快培育节能环保技术服务市场。鼓励交通运输企业参与自愿减排、自愿循环。研究建立交通运输装备和产品能效及碳排放认证制度。积极推进交通运输企业参与实施清洁发展机制（CDM）项目。

25. 积极探索参与碳排放交易机制

引导交通运输企业参与国内碳排放交易，研究编制交通运输碳排放清单和核算细则。抓紧研究应对国际碳排放交易的对策，提出交通运输排放统计、估测、报告与核查的方法学和体系。加快研究交通基础设施生态建设的碳汇能力和潜力，探索将其纳入碳排放交易的方法和模式。

三、保障措施

26. 加强组织领导

积极推动各级政府层面设立绿色循环低碳交通运输发展领导小组，各部门、各单位应当明确相应的绿色循环低碳管理机构和专职人员。认真贯彻落实《公共机构节能条例》，做好公共机构节能。交通运输重点用能企业应有相关的责任部门和人员，负责本企业能源利用的日常管理工作。

27. 加大政策激励

推动完善加快绿色循环低碳交通运输发展的财税、金融、土地、贸易、保险、投资、价格、科技创新等激励政策，加强政策引领。积极推动争取地方财政设立交通运输节能减排专项资金，逐步扩大专项资金规模。研究实施在工程预算或概算中，加大对生态保护、生态恢复、污染防治与节能减排的投入。加大科技资金对能源资源节约、生态保护、污染防治等领域的支持力度。

28. 开展试点示范

开展部省协同推进绿色循环低碳交通运输发展行动。深入推进重点用能企业绿色循环低碳交通运输专项行动。扎实开展绿色循环低碳交通运输科技专项行动，积极打造一批绿色循环低碳交通科技示范工程。积极开展区域性和主题性试点、生态建设和修复试点、环境监测网络试点等工作，推动全行业加快绿色循环低碳发展步伐。

29. 强化考核评价

研究制定并严格落实绿色循环低碳交通运输发展考核评价办法，对工作成效突出的地区和单位给予表彰和奖励，对工作推进缓慢的地区和单位及时进行督导。研究出台将监督检查、考核评价结果与补助资金、评优评先挂钩的办法。

30. 培育绿色文化

加大宣传教育与培训力度，将绿色循环低碳发展纳入重大主题宣传内容，结合“节能宣传周”、“低碳日”等活动，开展形式多样的绿色循环低碳交通运输宣传，提升绿色循环低碳交通运输理念，培育绿色循环低碳交通运输文化，使绿色循环低碳发展成为全行业和社会公众的自觉行动。

31. 深化交流合作

积极参与应对气候变化国际谈判，维护国家整体利益和行业发展利益。结合国际谈判进展和欧盟等各国的相关政策，研究提出我国参与国际交通运输温室气体谈判和国际多边合作的对策建议。加强与国际组织、国外政府机构、企业、研究咨询机构等的交流合作，广泛利用国际资源，积极吸收借鉴国际先进经验。搭建行业绿色循环低碳发展交流平台，促进先进技术推广和经验交流。

技术案例篇
Technical case report

中国新能源汽车行动计划（摘要）

一、引言

在过去200年间，人类机动性呈现出与GDP及人口增长不成比例的增长水平。在21世纪初期，世界人口中心区尤其是发展中国家的城市化进程显著加快。

快速城市化导致城市出行需求显著增加。越来越多的人采用个人机动车满足出行需求，而可持续出行模式的比例，例如步行和骑行，却在持续下降（图1）。随着出行需求和个人机动车使用的增加，城市空气质量不断恶化，许多城市不得不面对交通拥堵与空气质量下降等问题。

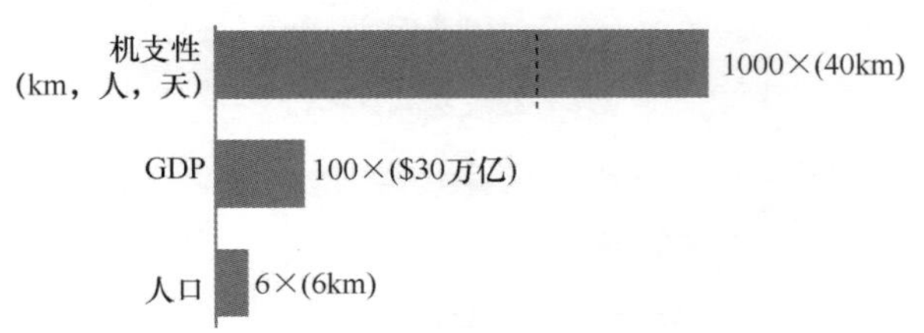

资料来源：Diaz－Bone 2005，after Nakicenovic，2004

图1　历史机动性增长因素

对于石油燃料依赖进口的国家而言，能源安全已经成为一个重要问题。石油燃料的不可再生性引起人们对石油的长期可获得性及其价格的担忧。

最近，气候变化成为具有头等重要性议题。而交通行业作为温室气体（GHG）主要排放源，城市将面临更大压力，必须寻求备选方案，替代靠内燃机驱动的公共汽车和个人汽车。

一方面，城市正在努力将出行模式向可持续方式转变，例如步行、骑行和公共交通等，同时，城市正致力于使用比传统汽车具有更低排放水平的替代驱动能源。电动汽车（EV）作为解决各种问题的首选解决方案，正在全球得到大力推广。尽管汽车驱动电动化无法完全或快速解决上述问题，但可以显著减少因汽车引起的污染，解决能源安全与温室气体担忧。中国启动了世界上最具挑战性的行动计划，旨在将公共汽车和私家汽车转变为完全依靠电力驱动的纯电动汽车和油电混合动力车。

尽管全球均在积极推广汽车电动化，但EV商业化仍面临供应、需求和政策层面等诸多挑战。（图2）

世界银行以本报告为基础，明确指出了中国EV行动计划中需要进一步加强的领域。同时，世界银行也希望本报告可以指导其他国家制定类似战略，以实现未来的可持续发展。

二、推动交通电动化的趋势

过去一百年间，机动车主导驱动形式一直是内燃机。尽管在此期间电池驱动的电动汽车曾进行多次试点，但当时的技术尚无法满足大众市场消费者与团队用车客户的需求。在过去十年中，几个互补趋势的出现推动汽车驱动向电动化方向转变。

汽车电动化的第一个推动趋势是与石油相关的经济和安全问题。预计截至2020年，石油价格将从将从2010年约每桶年约每桶75美元提高至约每桶110美元。尽管石油价格持续上涨必然会对国家经济造成影响，更大的风险在于石油价格波动所带来的重大经济影响，正如2010年石油价格急剧上对世界经济造成的影响。同时，部分政府对于50%石油消耗依赖进口对国家安全所造成的影响日益担忧。因此，各国相继推出扶持政策，支持可减少燃料消耗的新汽车技术。

汽车电动化的第二个驱动因素是减少汽车尾气排放污染的可能性。这一点所带来的主要效益在于减少城区空气污染。

<table>
<tr><td>供应端</td><td>需求端</td></tr>
<tr><td>·新的研发、工业和设施将需要大规模投资；部分来自私有部门
·配电和发电容量增加，需要“智能充电”
·孤立的传统工业部门必须形成合作关系（例如：公共事业、汽车制造商、电池制造商等）
·需要制定新标准（例如：充电、安全性、电池处理等）</td><td>·电池高成本使EV价格为汽油车辆的1.5～2.0倍。但由于电力价格低于汽油，运营成本将下降3～4倍
·需要频繁充电，大部分EV每次充电仅可行使约100英里以内
·燃油汽车几分钟即可加油完毕，而充电需要数小时
·尚不确定EV能否被客户广泛接受或保持盈利</td></tr>
<tr><td colspan="2">策政</td></tr>
<tr><td colspan="2">·需要借助政府激励措施来实现财政可行性和交易量/价格收支平衡，使用户选择EV</td></tr>
</table>

图2　EV商业化在全世界所面临的挑战

＊ 本文摘自世界银行委托PRTM咨询公司完成的《中国新能源汽车行动计划——挑战与机遇》。

汽车电动化可将本地污染从难以监控的分散移动源转变为可定位的点源，以减少人类接触，使污染更易于通过政策及技术手段进行控制。此外，电力驱动汽车不会出现与排放相关的恶化或损害。随着传统汽车使用年限增加，汽车排放量将大幅增加。加利福尼亚州为实现污染地区的空气质量效益，加利福尼亚空气资源委员会自1990年开始执行“零排放车辆”（ZEV）规定。根据该规定，自2001年起，加利福尼亚地区的主要汽车制造商必须增加电池驱动和/或燃料电池电动车数量，以加快商业化的技术开发。在欧洲，伦敦推出一系列政策，通过加快电动汽车发展，减少汽车对城区空气质量的影响。政策中包括取消对EV用户收取交通拥挤税，为EV提供专用停车点，并投资2000万英镑用于再充电基础设施建设。

第三个趋势是全球气候变化政策。《京都议定书》的实施，使世界各国均提出大幅减少机动车二氧化碳排放的目标。欧洲目标是截至2020年，新汽车平均二氧化碳排放量应低于每公里95克，比目前排放水平减少30%～40%。目前温室气体排放分析显示，电动汽车实际减排量取决于一系列因素，其中主要是未来对传统内燃机汽车温室气体性能的改善情况，以及电力碳强度，汽车效率以及电动汽车对电力结构的影响等也将影响电动汽车实际减排量。前期分析均显示，通过汽车电动化进程，尤其是改善基本发电结构的碳强度，可以大幅度减少温室气体排放。但要实现该目标，需要有慎重、持续的政策框架，并结合统一衡量与监控机制。在这方面，电动化也可以利用中国国内的推动力，包括设定目标、政策激励，以及相关投资，来减少发电行业的碳强度。电动汽车与温室气体（GHG）效益分析如下。

多年来，电动汽车一直被视为解决区域汽车污染问题的重要途径。随着气候变化在可持续发展辩论中受到越来越多的重视，电动汽车也被更多人视为交通部门气候变化减缓战略的重要途径。尽管如此，各种分析对电动化所能带来的温室气体影响估算结果存在很大差异——大部分均以美国数据和假设为基础。图3概述了美国EPRI与NRDC一项联合研究的结果。该研究发现，尽管在2010年煤炭发电依然占较大比重，但与传统汽车相比，插电式电动汽车二氧化碳排放量依然有所减少。该研究对美国重约1，600千克的标准尺寸汽车进行评估，并假设传统汽车燃油经济性为10.6公升/100公里，

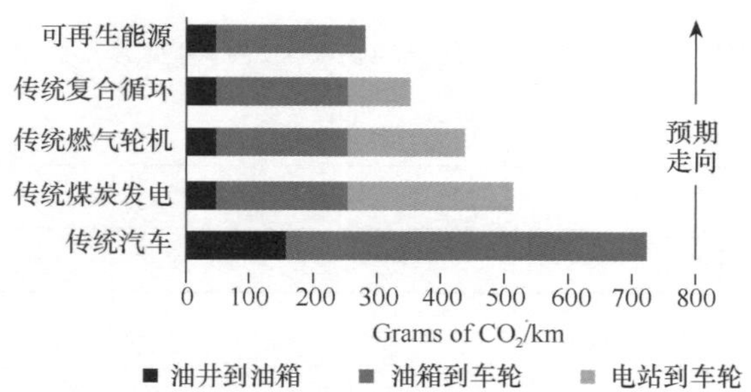

图3 2010汽车技术2010年排放情况

资料来源：EPRI，NRDC

而电力传动系统能源效率性能约为5.2公里/千瓦时。煤炭发电厂假定温室气体排放为1，041克CO_2/千瓦时。

所有情况每英里二氧化碳排放量，即“油井到车轮”，均有所改善。使用可再生电力的PHEV可减少2/3的二氧化碳排放，而煤炭密集型发电可将油井到车辆的二氧化碳排放量减少1/3。

图4概述了美国环境保护署与交通部根据近期公布的2012－2016年汽车尾气排放法所进行分析的结果。分析结果显示，2009年，美国轻型内燃机汽车平均二氧化碳尾气排放量超过260克CO_2/公里，远高于EV和PHEV。新法律中设定的2016年目标为汽车平均排放量降至155克CO_2/公里，与当前水平相比有大幅下降。

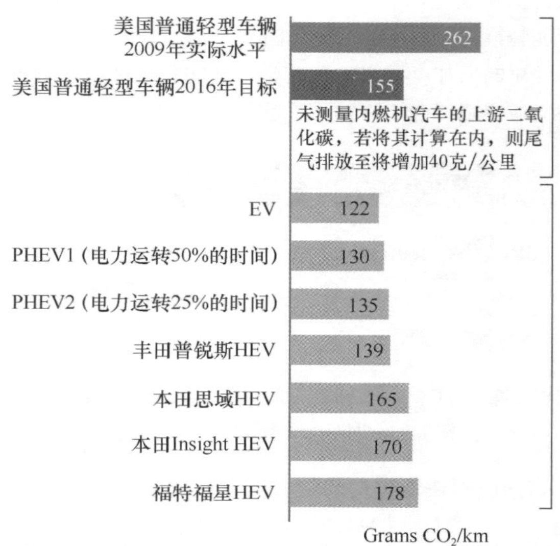

图4：美国内燃机尾气排放与xEV［上游＋尾气］排放对比

资料来源：轻型汽车技术，二氧化碳排放与燃油经济性趋势：1975－2009，EPA；

联邦公报：轻型汽车温室气体排放标准与企业平均燃油经济性标准最终规定，2010年5月7日，EPA和NHTSA；

联邦公报：机动车燃油经济性标签修订与补充，建议规定，2010年9月23日，NHTSA；

基于美国国家平均电力温室气体排放的上游CO_2水平

各种标准中均未包括内燃机车辆上游的二氧化碳排放，因此上述结果也未将其包含在内。若将其计算在内，则尾气排放值预计将增加40克/公里。

通过比较可以发现，xEV比内燃机汽车更具优势，其中EV排放量比2016年目标低约15%，而混合动力车则比平均排放量高15%。该研究假设发电的二氧化碳排放与2005年美国平均水平一致，即642克CO_2/千瓦时，而电动汽车效率为8公里/千瓦时。

对中国数据的分析显示，中国以及其他地区EV汽车温室气体效益取决于燃煤发电厂的能源效率和发电组合中煤炭所占比例。通过评估现有发电组合和发电厂的效率，研究发现，在65%至77%为煤炭发电的中国南部、中部和西北地区，与传统汽车相比，EV可以实现碳效益。随

着发厂效率（研究假定全国为32%）与发电组合中可再生能源比例的增加，汽车电动化温室气体效益将有显著提高。

该分析所用假设总体上与美国研究类似。但是，在车辆效率假设中存在差异。例如：2008年汽油汽车燃油效率约为9.2升/升/100公里，高于上述第一个美国研究项目，而电汽车能量消耗约为4.2公里/千瓦时，低于上述第一个美国研究项目。与美国研究项目相比，综合上述假设的计算低估了电动化预估温室气体效益。

能源与交通创新中心（iCET）以清华大学上述分析为基础，计算了一辆日产纯电动汽车聆风每行驶一英里，中国七个电网将产生的温室气体排放量。计算结果见表1。

表1

电网	磅 CO_2/MWh 插电时	聆风克/公里
华北	2723	261.0
东北	2712	260.0
华东	1960	188.1
华中	1810	173.5
西北	2022	193.8
华南	1863	155.3
海南	2124	178.6

资料来源：iCET分析。

根据iCET的计算结果，2009年，中国主要国内和跨国汽车制造商的汽车平均温室气体排放率约为179克/公里，若假设上游排放占总温室气体排放18%，则约为219克/公里。因此，在上述七个地区中，有五个地区日产聆风汽车温室气体排放率低于2009年中国汽车平均水平。

第四个趋势，即快速技术进步，使电池技术水平可满足电动汽车需要，并在大众市场进行推广。与20世纪90年代第一代EV使用的铅酸电池相比，锂离子电池极大提高了电磁能量密度。因此，日产聆风电池功率为24千瓦时，重218千克，与第一代EV1电池19千瓦时和595公斤相比，拥有更大容量，而重量则减轻一半以上。预计截至2020年，电池的成本将下降50%以上，使电动汽车可在总成本上与汽油汽车相竞争

上述趋势将使电动汽车在未来十年飞速发展。行业预测显示，全球插电式电动汽车销量将占新车销量的2%到25%，业界一致认为该比例将接近10%。尽管各种预测数量有所差异，但这均预示着当前几乎完全由化石燃料驱动的汽车行业将会出现重大转变（见图5）。

随着汽车电动化转变，总体价值链将发生重大变化。在交通价值链中（如图6所示），大部分价值是由价值链上游，即发电和配电部分所产生。

2020年出售的标准C级汽车使用期内从汽油销售和分配

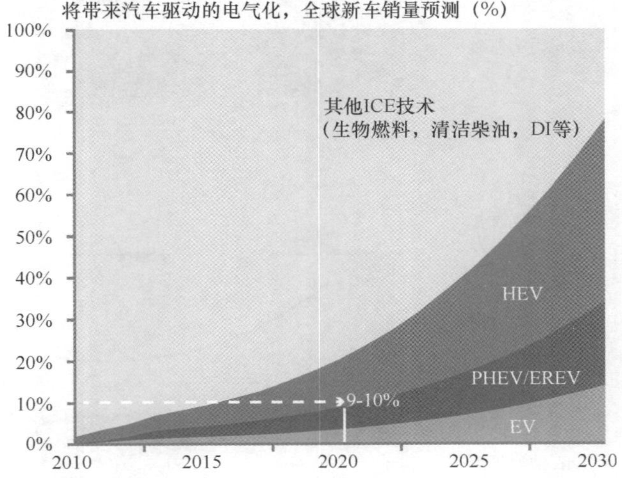

图5　2030年之前的汽车技术预测

资料来源：PRTM研究，OICA（国际汽车制造商协会），各种分析报告，访谈

中获取的价值约为13,000美元。而电动汽车使用期内，能量与配电成本将大幅下降至约3,000美元。在这种情况下，价值获取将转移到动力传动系统组件，其中每辆汽车将在电池、电动机和逆变器中花费约11,000美元。电动化对汽车设计造成的影响将超过创建新价值链的影响（见图7）。

目前70%机械和30%电子的汽车结构将可能完全颠覆成——20%机械与80%电气/电子。目前主流的钢结构将被复合材料、铝或其他轻型材料大范围替换。更多车辆将连接到网络以互相连接，智能交通系统将成为可持续交通解决方案的基础。技术和总体价值链变化将对行业结构，以及未来城市机动性模式产生重要影响。

电动汽车普及将解决城市中一系列与汽车依赖性相关的问题，例如化石燃料与能源的过度消耗、当地空气与噪声污染、碳排放以及由此持续导致的气候变化。但是，城市交通拥堵、无限制外围扩张和效率低下的土地利用等一系列问题却无法得到解决，除非从根本上彻底革新城市个人出行系统。

内燃机汽车向电动汽车技术转变，将为城市提供一个绝好的机会来重新思考城市机动性问题，并鼓励推出与目前主导的机动性模式相比，在技术和商业模式上均具有创新性的新一代机动性选择。尽管目前尚处在抽象推理阶段，但学术界和企业界已经开始研究EV驱动世界的可能性。在市区交通枢纽和其他大型目的地可设置小型电动汽车停车设施。车辆在该设施内停车时可自动充电，通过刷卡便可取车，并能停靠在任何目的地附近位置。汽车可用性信息可以通过无线网络系统共享。汽车能量主要通过利用太阳能、风能和燃料电池的智能电网提供。目前已有多种非常有吸引力的业务模式，当前社会经济环境更利于在城市中推出综合电动汽车和

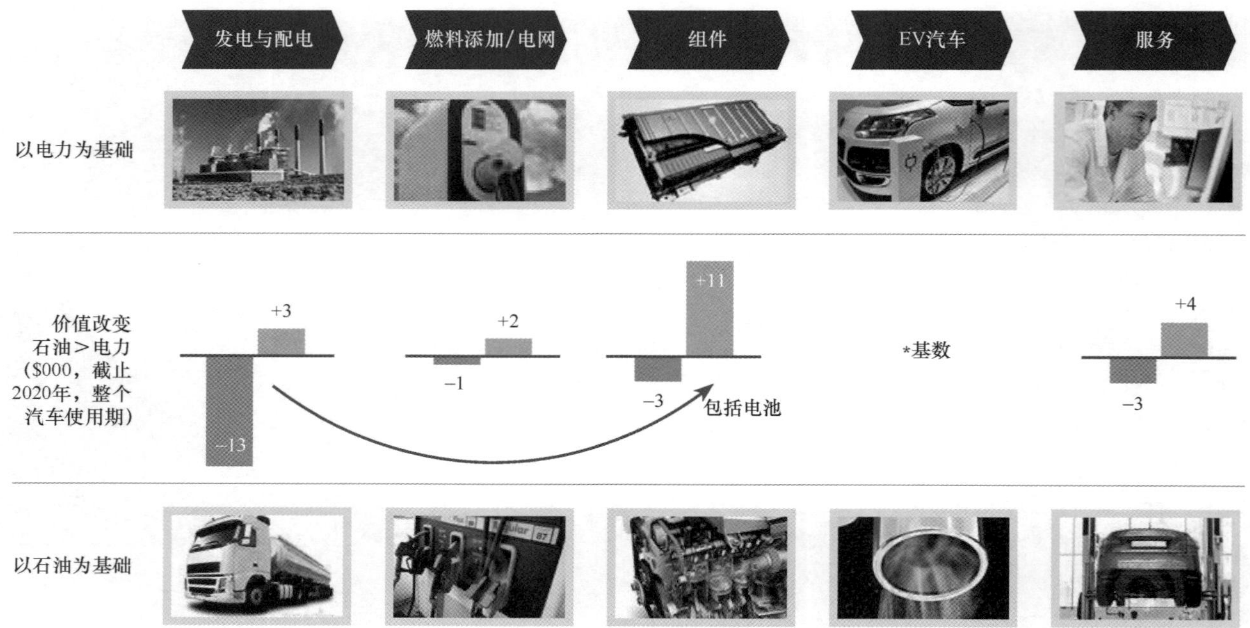

图 6　价值链由石油向电力的转移（2020 年）
资料来源：PRTM 分析

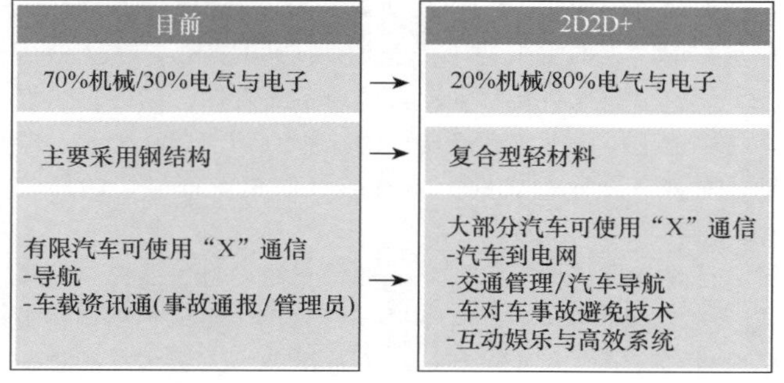

图 7　汽车电动化引起的汽车行业变化

可持续发展的移动系统。

不同的业务模式，其中包括通用汽车在 2010 年上海世博会中展出的未来小型轻量汽车实现“电动联网汽车”，其在概念上将被整合到公共交通和街区机动限制领域；另外还包括加利福尼亚大学研究人员所勾画的愿景，即在全市范围内建立独立、轻型移动系统，其中基础设施与车辆与传统重型车辆和车辆基础设施完全分离。在所有情况下，改变预期均通过技术和业务创新实现——使用微型汽车、小轮摩托车和电动自行车等体积更小、设计更巧妙、效率更高的轻型电动车辆，将其整合到公共交通系统中，构建按需移动系统，为社区提供访问关键服务和目的地的便利。

三、中国新能源汽车行动计划透视

为深入了解中国新能源汽车行动计划，2010 年 6 月，世界银行组织城市交通、电动汽车技术、以及政策与环境方面的专家团队与北京、深圳政府官及行业利益相关者进行了沟通。此次访问以一场研讨会作为结束，公共部门与私有部门多位相关者均参加了此次会议。因此，该研究报告反映了代表团对该行动计划的理解，但不能作为对中国所有与 EV 相关活动的全面总结。

1. 推动公众支持电动汽车的政策框架

至少有三个理由可以考虑通过政策和财政支持来加快和扶持电动汽车的推广：

外部“庇古”效益。用电动汽车替代燃烧柴油或汽油等化石燃料的内燃机汽车，可减少本地污染物及温室气体排放。经济理论认为汽车产生的污染应按相当于汽车造成的本地及全球污染负担征收“庇古税”。若电动汽车未形成上述成本，在这种情况下，原则上适当的、较低水平的庇古税是公众所支持的合理政策。原则上，这些支持的主要目的是促进市场发展、解决市场失效问题，并作为市场补充，而不是替代私有部门。

●对其他公共基础设施的影响。电动汽车将与受管制的基础设施相互影响，其影响方式需要认真的规划和管理。尤其是电动汽车与电网之间的相互影响，将会是机遇与挑战并存。一方面将会带来显著的效益：例如 EV 非高峰期充电可以缓解电力总体需求，进而提高电网效率。同时，也会因未对这种转变进行谨慎规划而面临重大风险。最糟糕的情况是，如果大量 EV 在高峰期充电，将给电网带来压力，使峰值状态加重，进而降低电网效率。

●对公共基础设施的转型影响。EV 还可以提供绝佳机会，转变城市机动性配置方式。EV 可以带来绝佳机会，转变城市街道与公路基础设施——针对社区、通勤区等加快专用、低影响汽车 - 街道系统建设，同时还可改善安全性、机动性和可达性等。

除上述公共效益外，政府还可以考虑其他方面，例如能源安全政策和汽车产业政策。中国既拥有规模庞大，并且快速增长的汽车需求市场，同时又具有规模较大、不断增长的汽车制造能力，因此，这些考虑因素对中国具有重要意义。

（1）战略

中国已经表示，汽车电动化在其未来发展中，对四个领域具有重要战略意义：①全球气候变化；②能源安全；③城市污染；以及④汽车行业发展。

●全球气候变化：中国将坚定不移地坚持解决气候变化的政策，并已公布降低其碳强度的目标——截至 2020 年，单位 GDP 二氧化碳排放量比 2005 年基线减少 40% ~45%（图 8）。

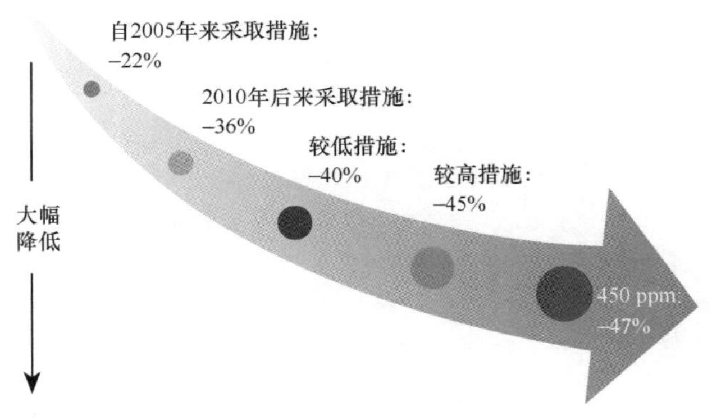

图 8：中国降低碳强度计划

资料来源：CHINA NDRC

●能源安全：中国一半的石油依赖进口。2007 年，中国石油消耗量为每天 760 万桶。截至 2020 年，预计该数量将提高至每天数量将提高至每天 1，160 万桶。在同一时期，全球石油消耗量将从每天 8，500 万桶提高到每天 9，200 万桶。

●城市污染：尽管发电在中国二氧化碳排放中占很大部分，但如北京等大城市却存在大量因交通引起的严重空气质量问题。据估算，北京约有超过 70% 的一氧化碳和碳氢化合物排放由交通部门产生。2008 年奥运年期间，北京针对该问题对机动车采取了严格限制，但随着北京汽车数量增加，这一问题还将继续恶化。

●中国汽车行业发展：2009 年中国汽车产量为 1，360 万辆，使中国成为世界上最大的汽车生产国，而且截至 2030 年，中国汽车产量预计将达到每年 3，000 万辆。尽管汽车产量出现大幅增长，但目前主要以满足国内需求为主。尽管中国汽车制造商近期收购了几家国际品牌，包括沃尔沃和罗孚，但这些品牌尚不足以使中国成为大型汽车出口国。由于成熟的全球汽车制造商在内燃机领域占有显著技术和规模优势，因此中国汽车制造商也无法有机地确立强大的国际影响力。

以内燃机为主导驱动力的全球汽车行业的高门槛将使中国汽车制造商很难在其中占据重要地位，但电力驱动将会带来价值链转变，使中国在技术和供应链层面占据更多优势。

中国将从 EV 动力传动系统价值链中获益。这主要得益于中国在电池与电动机方面的实力。例如，作为手机锂电池领域的主要参与者，中国已经具备了生产能力和价值链的定位，可以以高效率低成本的方式大规模生产锂电池。

此外，作为稀土资源主要出产国（图 9），中国在电动机方面也具有优势。永磁式电动机是电力驱动系统常用的电动机类型，而稀土资源，尤其是钕，约占该类电动机材料成本的 30%。原材料优势，以及中国相对较低的劳动力成本，使中国形成了电动机技术与生产领域的新兴扩展供应链。

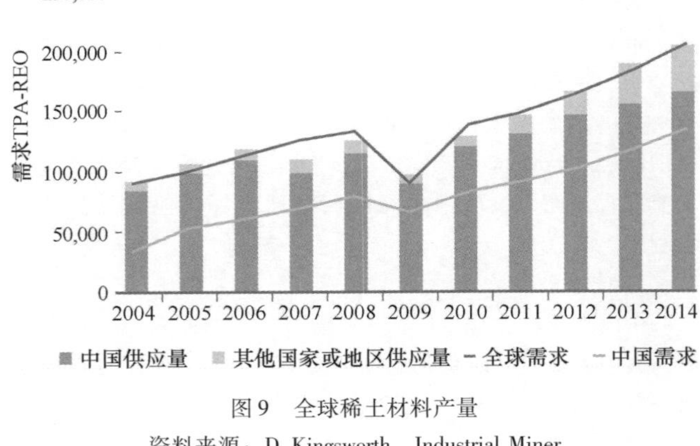

图 9　全球稀土材料产量

资料来源：D. Kingsworth，Industrial Miner

中国在电池与电动机领域的优势将使中国公司在电力传动系统组件领域占据总体优势，进而使中国汽车制造商在电动汽车行业占据全球领先地位。

（2）项目范围

2009 年，中国政府开始实施“十城千辆”项目。该项目旨在通过在十个城市进行大规模试点，推动电动汽车发展，同时确定和解决与电动汽车相关的技术与安全性问题。首批实施该项目的十个城市为：北京、深圳、上海、济南、重庆、武汉、长春、合肥、大连和杭州。根据该项目，每个城市必须开展至少一千辆汽车试点。为解决推广初期 EV 行驶里与基础设施等问题，项目初期主要以政府用车和可预测的行驶方式为重点，包括公共汽车、邮政车、环卫车和出租车。在首批十个试点城市之后，该项目进行两次扩展——第一次增加长沙、昆明和南昌，之后又将天津、海口、郑州、厦门、苏州、唐山和广州纳入试点范围。

“十城千辆”项目初期主要以政府团队用车应用领域作为电动汽车推广重点。2010 年 6 月，该项目又在上海、长春、深圳、杭州和合肥将普通消费者购车纳入试点范围。为鼓励消费者购买 EV，中国中央政府推出购车补贴，其中纯电动汽车（BEV）每辆补贴 60，000 元人民币，插电式油电混合动力车（PHEV）每辆补贴 50，000 元人民币。除中央补贴外，各试点地区还为消费者提供额外补贴。例如，深圳为 BEV 额外补贴 60，000 元人民币，PHEV 额外补贴 20，000 元人民币，使 BEV 总购车补贴达 120，000 元人民币，PHEV 总购车补贴达 70，000 元人民币。

新能源汽车项目几乎每天都在发展和进步。近期，中央和地方政府宣布将投资 1，000 亿元人民币，用于扶持该系目。这比中国此前公布的数字有大幅增加，并为世界其他国家确立了新起点。

（3）标准

制定充电基础设施、汽车充电方法、汽车/充电器接口、电池单元、充电网络通信和通电网络收费等统一国家标准并不是项目初期关注的重点。标准制定也不是十城项目主要的关注重点。在缺少国家标准的情况下，各地在进行不同试点的同时，推出了各自的方法。

家对各地所制定的方法进行评估，用于制定国家级标准，首先是汽车充电标准。在中国科技部领导下，基础设施公司、汽车组件供应商与汽车制造商正在联合制定充电方法与接口的国家标准。尽管该标准尚未最终确定，国家电网已经与行业携手开发出7针汽车/充电器接口，可进行交流和直流充电。电池单元和网络通信等其他相关标准尚未制定。

2. 技术水平

中国汽车行业与高校在EV技术开发方面取得了重大进展，其中主要以电池和充电技术为主。同时，中国也在积极研究电动机、电力电子和整车集成等技术。

（1）电池

中国在手机锂电池领域占全球领先地位，因此中国雄厚的锂电池技术基础正被用于制定解决EV牵引驱动系统锂电池应用中的关键问题。中国以及世界其他国家正在研究的首要问题是电池成本和使用寿命。

据2010年6月与行业利益相关者的讨论结果显示，2010年中国锂电池组生产成本约为每千瓦时3，400元到5，000元之间。对于配备25千瓦时电池的标准C级汽车而言，这将使新车电池成本达到84，000元到125，000元之间——相当于一辆标准汽油驱动C级汽车成本。由于先期成本将成为大部分消费者购车的主要障碍，因此研究重点是通过材料开发和运营优化来降低电池成本。通过技术研究，预计2020年中国电池制造商成本将降低约60%，达到1，300元/千瓦时至2，000/千瓦时，进而使新汽车电池成本降低到34，000元到50，000元。

由于电池的高成本，电池使用寿命也成为一个关键问题。目前车载电池使用寿命约为3到5年，即约160，000公里。由于传统汽车主要组件预期使用寿命通常在240，000公里以上，因此电池使用寿命需要提高约50%，才能满足大部分司机的需求。

（2）汽车

“十城千辆”项目结果显示，汽车技术开发主要领域一直是电动公共汽车（图10）。该类汽车目前已在北京和上海等城市投入使用，可满足公共汽车市场高能量与高负载周期要求。例如，北京使用的50辆由中通控股股份有限公司生产，载客人数为50人，标称范围为200公里，最高速度可达每小时70公里。为满足该应用需要，该公共汽车上安装有171千瓦时锂离子电池。

另外一个汽车技术开发领域是乘用车开发，用于普通消费者和出租车等团队用车应用。

以比亚迪E6为例，尽管全球开发的大部分电动汽车行驶范围约为160公里，但E6的行驶里程可达300公里。这一

图10　北京EV公共汽车
资料来源：中通控股股份有限公司

行驶里程接近标准汽油汽车480公里的行驶里程，可满足多种出租车应用需求，并能达到吸引大批消费者的预期目的。确保该行驶里程的关键因素是该汽车配有大型62千瓦时电池。尽管该电池对多部分汽车制造商来说成本过高，但比亚迪作为大型锂离子电池制造商，可利用其成本优势生产汽车，消除消费者对EV的最大担忧——里程问题（图11）。

图11　比亚迪E6
资料来源：比亚迪

（3）基础设施

由于中国早期电动汽车应用以团队用车为主，因此充电基础设施技术开发一直以满足团队用车需求为重点。由于团队汽车利用率较高，许多团队用车行驶里程将超过电池一次充电所允许的标准里程范围。例如，北京EV公共汽车在完全充电时最大行驶里程为200公里。但按照安全界限，其目前使用被限制在一次完全充电后行驶100公里。结果，由于许多公共汽车每天都会超过这一界限，因此需要在当天再充电。为确保公共汽车维持较长正常运营时间，必须对其进行快速再充电。

为实现较长正常运营时间，北京目前采取快速电池更换模式，即汽车驶入电池更换站，然后由自动电池移除系统定位和取出汽车两侧的电池组，然后由该系统定位并将电池放回到沿公共汽车两侧墙壁摆放的垂直电池充电区中的空位，再将已完全充电的电池组从充电区中取出，并放置到公共汽车上的空电池座上。从公共汽车进入更换站到恢复运行，整个电池更换过程大约需要12分钟。

为确保公共汽车返回电池更换站时，始终有完全充电的

电池可供使用，更换站中额外储备电池数量约为实际使用电池数量的60%。例如，50 辆公共汽车，更换站将需要配备80 组电池。电池更换站使用240 个 9 千瓦充电器同步为返回的电池充电。为解决充电器消耗的大量电力，以及对电网的影响，更换站采用了负载管理模块，以提高充电速度，平衡负载功率。

除快速电池更换外，另一种满足车队需求的方法是快速充电。例如，目前深圳运营中的两个充电站均配有三个功率容量达180 千瓦的充电器，可在10 到30 分钟内对一辆出租车进行再充电（图12）。中国政府宣布计划在全国推广类似充电站，将在2010 年底之前，在全国27 个城市建立75 个充电站。

除电池更换和快速充电，部分地区还推出适合通宵充电的更慢、更低功率充电基础设施。深圳全市设置了100 个带标准220V 插座的充电点（图13）。所有充电点均具有网络通信功能，可进行验证、开票和诊断。目前，该类充电点在充电站以群组形式安装。

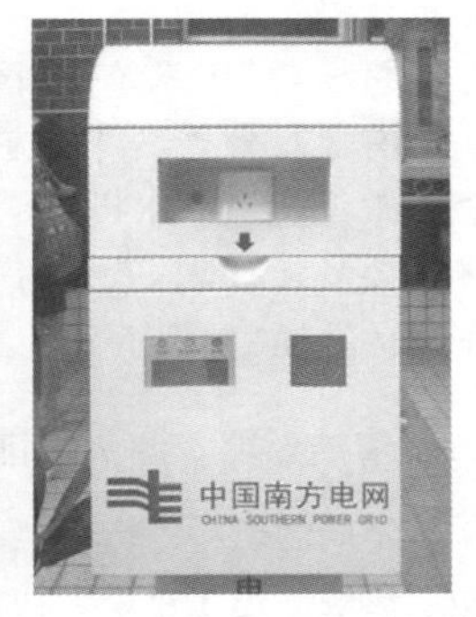

图12　深圳180kW 快速充电器　图13　深圳220V 充电器

3. 商业模式

为将电动汽车推向市场，中国形成了新汽车价值链，以解决目前中国EV 汽车价值链在技术和生产方面存在的差距（图14）。新兴价值链的一个实例是中国第五大汽车制造商——北京汽车工业控股有限公司（BAIC）。为加快电动汽车技术开发，BAIC 成立了一家独立公司——北京新能源汽车公司，并以电动汽车为该公司的唯一业务。该公司计划截至2015 年生产150，000 辆EV 和HEV。为实现该计划目标，该公司已与全球多家公司建立合作关系，并在各地建立分公司。例如，该公司从萨博汽车收购的汽车平台设计部门已经成为该公司中高档EV 的基础。北京新能源汽车公司在国内主要研究开发控制与电力驱动系统，并已经成立一家独立公司，北京普莱德新能源电池科技有限公司，主要用于电池系统开发。北京普莱德新能源电池科技有限公司负责开发集成电池系统，包括完整电池组和电池管理系统。

在开发汽车和组件价值链的同时，以汽车再充电基础设施的开发、推广和运营为基础建立的新价值链也非常重要。该价值链需要多方利益相关者参与。首先，电力公司必须保证在电网中加入新电力负载不会造成电力中断。其次，智能电网技术供应方必须参与新再充电设备和主干网络的开发与生产。此外，原始设备制造商（OEM）和电池管理系统供应商需要在基础设施与汽车电池系统中取得平衡，以优化电池充电系统。以北京公共汽车电池更换站为例，其中涉及了多个价值链利益相关者。汽车运营商——北京公共交通集团，参与确定EV 公共汽车车队的新运营模式。公共电力公司——国家电网，负责解决大型公共汽车电池充电对电网造成的影响。电池供应商——中信国安盟固利动力科技有限公司，负责评估各种充电方法对电池使用寿命的总体影响。电池管理系统设计方——北京科技大学，负责确定能够平衡本地电网负载限制与公共汽车整车运行时间运营要求的电池充电方法。最后是客车制造商——中通客车控股股份有限公司，负责确定如何在公共汽车内安装电池，使其可以被自动移出，并实现公共汽车的安全性和舒适度要求（图15）。

电力 发电 · 传输	EV智能电网 负载·EV电网 · 充电器	组件 电池 · 电子 · 电动机	EV汽车 集成 · PHEV/EV	服务 提供 · 交付	政府 国家 · 省	投资者

图14　扩展EV 价值链

图15　北京EV 公共汽车可更换电池组
来源：力柏集团

护佑蓝天：上海机场集团节能减排探索

刘武君

民用机场作为航空器、地面勤务车辆、各种陆侧交通载运工具的汇集和使用场所，作为大量电能、热能、冷能的消耗场所，作为周期性进行改建、扩建的交通基础设施，在其建设和日常运行中对大气环境有重要影响。机场对大气的污染非常复杂，涉及众多设施设备，涉及机场的新建和改扩建施工，涉及日常运行的方方面面。如何有效减少机场建设和日常运行有害气体和温室气体排放，进而保护机场及其附近的大气环境，已成为民用机场建设和管理者的重要课题。上海机场在浦东国际机场二期扩建工程和虹桥国际机场扩建工程中，对节能减排做了许多探索，取得了丰硕的成果。

一、能源集中，规模减排

大型民用机场能源消耗惊人，浦东机场二期工程结束后的燃气消耗达到 $3.962\times10^4m^3/h$，用电量达到 16.642×10^4kW。如何进行机场的能源转换和输配规划，对于大型机场是非常复杂和关键的问题。早在浦东一期工程建设时，机场建设者就根据冷热能用户空间分布、用能数量和时间分布，确定了“大集中、小分散”能源供给布局策略。其中对负荷高、区位集中的用户，采用能源集中供应方式，即所谓“大集中”。浦东机场偌大场区，目前只设置两个能源中心。对负荷低、区位分散的用户，采用分散供应方式，即所谓“小分散”。“大集中”有利于提高能源利用率和转换率，减少设施占地，发挥规模效益；“小分散”则有利于减少能源输送损失，实现按需供应，避免长距离的“大马拉小车”。

根据能源工程理论，集中大规模进行能量转换输送与分散小规模方式相比具有转换效率高和输送损耗低的优点。大集中还给能源集中管理、集中计量和集中优化创造了条件。以集中供热与分散供热为例，据粗略测算，同比可节能10%～30%，减少二氧化硫排放90%，减少烟尘排放50%。这也就意味着，在同样用能需求情况下，“大集中”模式具有明显节能优势，且规模越大优势越显著。而“节能”就意味着“减排”，包括大气污染物（二氧化硫、粉尘等）和温室气体（二氧化碳）的排放减少。以目前浦东机场的燃气消耗量，如果能源利用率降低10%，则要多消耗燃气 $3962m^3/h$，折合排放二氧化碳为 $3962\times1.96=7766kg/h$，即每小时要多向空中排放7766kg二氧化碳，由此可见大型能源中心对机场节能减排的作用。

二、系统创新，技术减排

采用不同的能源供应系统，对机场整体能源利用效率和供能可靠性、经济性和便利性都有重要影响。上海浦东机场经过科学论证、大胆创新，在国内首次集成了燃气轮机、余热锅炉、蒸汽锅炉、吸收式制冷机和离心式制冷机，形成了冷热电三联供 CCHP（Combined Cooling, Heating and Power）系统，开创了我国机场 CCHP 能源系统的先河。作为世界第二代能源技术发展重要方向，CCHP 系统克服了热电联产的缺点，不仅能集中产生冷能、热能和电能，而且将普通热电系统效率从40%提高到70%～90%。浦东机场 CCHP 系统综合能源利用率达到78%，远高于常规系统。CCHP 系统在能源利用效率上的优势，也同样会转化为减少污染物和温室气体排放的优势。

浦东机场 CCHP 系统采用余热锅炉，最终排烟温度大大降低，可有效减少“热岛效应”。机场能源中心制冷设备采用蒸汽双效溴化锂冷水机组，与电力离心式冷水机组相比，由于不需要氟利昂等卤代烃物质作为制冷剂，故不存在对大气臭氧层的消耗和破坏作用。

三、清洁燃料，源头减排

采用不同的燃料进行冷热电三联供，对浦东机场大气品质有重要影响。还在建设之初，机场建设者就坚持清洁发展道路，做出了以天然气为机场主用燃料的决策，迄今也没有发生变化。

与柴油、燃煤相比，工业锅炉以天然气作为燃料时，其污染物排放量最低，灰分可以忽略不计。

表1为工业锅炉以燃煤、柴油和天然气作燃料时的污染物排放量。根据燃烧化学反应和计算可知，每产生10000kJ热量所需消耗的天然气、柴油和烟煤以及燃烧后所产生的 CO_2、SO_2 见表3。根据表3，在产生相等热值情况下，天然气、柴油和烟煤所产生的 CO_2 质量比为1∶1.33∶2.34，天然气燃烧后没有 SO_2 生成。因此，浦东机场采用天然气作为主用燃料，与全用柴油相比 CO_2 减排25%，与全用烟煤相比 CO_2 减排38%。从这个意义上讲，天然气不仅是清洁燃料，还是低碳排放燃料。

工业锅炉以燃煤、柴油和天然气作燃料时的污染物排放量　　表1

污染物 / 燃料	煤（g/kg）（链条炉）	柴油（g/L）	天然气（g/m^3）
颗粒物	$1W_A$	1.8	0.080～0.240
SO_2（以 SO_2 计）	$19W_S$	$17.2W_S$	$0.209W_S$
CO	0.5	0.5	0.272
CH（以 CH_4 计）	0.15	0.35	0.048
NO_2（以 NO_2 计）	27.5	9.6	1.920～3.680

燃煤、柴油和天然气的灰分和硫分百分数（%） 表2

成　分	煤	#0轻柴油	天然气
灰分	5～35	<0.01	
硫分	0.7～5.5	<0.5	<0.1

产生10000kJ热量所需消耗燃料和CO_2、SO_2产量 表3

燃料种类	燃料消耗	CO_2产生	SO_2产生
天然气	0.280m^2	0.554kg	0kg
柴油	0.233kg	0.736kg	0.000 11kg
烟煤	0.416kg	1.295kg	0.002 08kg

四、跑滑优化，飞机减排

航空器是机场大气污染的主要“贡献者”。航空器在机场起飞、着陆、滑行和开车等待时，飞机发动机（在站坪时还包括辅助动力装置APU）会产生一定量的污染排放。航空器排放气体中，主要是碳氢化合物（HC）、一氧化碳（CO）、氮氧化合物（NO_x）、二氧化硫（SO_2）和微颗粒（PM）等有害成分和二氧化碳（CO_2）等温室气体。其中，NOx在各种有害气体中占有的份额较大。

根据国际民航组织调查统计，飞机在一个起降循环中，各运行状态的统计平均时间和各状态下的发动机推力如表4所示。由表可见，在一个起降循环中，航空器处于滑行/怠速的时间约占80%。此时，飞机发动机处于低转速或怠速状态，很容易发生不完全燃烧，产生较多的CO和HC气体。因此，凡有助于提高机场运行效率的举措（如提高跑道容量、减少滑行距离等），都有助于机场航空器的节能减排。

航空器起降循环中格状态的平均时间 表4

运行状态	起飞	爬升	下降	进近	滑行/怠速
持续时间（min）	1.2	2	1.2	2.3	26
时间比例（%）	3.7	6.1	3.7	7.0	79.5
发动机推力设置（%）	100	85		30	7

机场运行效率与多种因素有关，但在很大程度上取决于飞行区规划设计。多年来，上海机场在总体规划研究、编制和修编方面倾注了大量心血，通过专题立项研究、委托国内外专业公司进行咨询服务，在飞行区规划设计方面获得了丰硕成果，显著提高了机场运行效率。下面就从机场飞行区规划设计角度，对虹桥机场西区扩建中采用的有利于航空器节能减排的措施进行分析。

（1）占地较小，功能集约。虹桥机场在以单位占地面积来衡量的年旅客吞吐量、年货邮吞吐量、年起降架次、机位数（远机位和近机位）等参数方面，与世界上大型繁忙机场相比名列前茅。实际上，能以较小占地面积承担较大的航空业务量，就意味着飞行区具有较合理的规划布局，如适应的跑道、滑行道、机坪和机位容量，较高的运行效率，飞机的平均滑行距离也较短。

（2）与航空器起降需求相适应并有一定冗余的跑道容量。在浦东、虹桥机场终端规划设计中，跑道容量始终是一个核心和首要问题。采用近距跑道构形，也是在对近距跑道能够满足高峰小时起降60架次以上的充分论证以后作出的决定。

（3）与远距相比，近距平行跑道构形使外侧着陆飞机向航站区的滑行距离明显缩短。

（4）优化设置的航空器滑行道网络。平行滑行道、快速出口滑行道、垂直联络道、绕行滑行道、机坪滑行道和机位滑行通道等，为飞机在地面织成了一张四通八达、紧密衔接的滑行道网，能确保飞机选择安全、快捷的滑行路线。

（5）快滑出口位置优化。为有效减少着陆飞机的跑道占用时间，设计中采用跑道出口设计交互式模型对跑道快滑位置进行优化，使着陆飞机跑道占用时间平均控制在50秒左右，增加了跑道容量。

（6）设置绕行滑行道。绕滑的设置，可减少机场D类及以下机型穿越跑道，从而有助于提高跑道容量。

（7）跑道入口内移。在跑道长度够用情况下，入口内移后可大大减小绕滑长度，进而减少滑行距离。

（8）合理的跑道运行方式。相对于西区航站楼，虹桥机场采用“内侧跑道起飞、外侧跑道着陆”运行方式。优点是：起飞重量大的航空器用内侧跑道，滑行距离较短，有利于减少油耗。根据管制规则，航空器起飞间隔小于着陆间隔，因而起飞跑道容量一般大于着陆跑道，但内侧跑道由于航空器穿越而容量有所降低，“一增一减”有助于两条跑道容量平衡。外侧跑道没有穿越干扰，有利于飞机随时着陆、符合“着陆优先”管制原则，有利于增加着陆容量。

（9）允许适当穿越跑道有助于减少大型着陆航空器滑行距离。虹桥机场规划了4处跑道穿越点，同时建议尽量使用距跑道入口较近的穿越点，以便运行更加快捷和安全。

（10）航站楼空侧与机坪、机位的科学布局。航站楼空侧边的大幅延展，为集中布置尽可能多的近机位创造了条件；机坪采用双机位滑行通道，有利于飞机便利、快捷地进出机位；采用组合机位，增加了机位对机型的适应性；站坪紧邻多条平行滑行道，极大地便利了众多航空器的地面滑行调度。

通过以上10个措施，虹桥机场航空器的空中和地面运行效率提高，取得了显著的节能、减排成效。

五、桥载设备，地服减排

飞机的辅助动力装置APU（Auxiliary Power Units）是飞机上的一台小型涡轮发动机，靠燃烧燃油工作。APU能独立向飞机提供气源和电源，少量APU还能给飞机提供附加推力。通过APU供电、供气，即可启动飞机发动机，使之开始工作。发动机空中停车时，也要依靠APU重新启动。当飞机在机场地面滑行和停靠机位时，可只借助APU实现飞机机载设备和机舱空调、照明供电。如果飞机在机场时APU不工作，则飞机发动机启动和机载设备、机舱空调、照明的供电，必须借助电源车、气源车和空调车等地面勤务车辆才能实现。

航空器APU工作也会对机场大气环境造成污染。表5为远程、短程飞机APU污染物排放的统计平均值。同样，地面勤务车辆，如电源车、气源车和空调车等，工作时也会对大气环境造成负面影响。显然，如果飞机在机坪上关闭APU，也不用电源车、气源车和空调车，而是代之以没有大气污染的设备，则对保护机场大气环境颇有益处。图1为浦东机场的桥载电源和桥载空调。

航空器APU污染物排放量　　表5

机型	短程飞机	远程飞机
APU工作时间（min）	45	75
燃油消耗（kg）	80	300
NO_x排放（g）	700	2400
HC排放（g）	30	160
CO排放（g）	310	210
PM_{10}排放（g）	25	40

来源：ICAO Doc9889 Airport Air Quality Guidance Manual. P42

图1　浦东机场桥载电源和桥载空调

桥载电源和桥载空调的优势：一是减少排放。利用桥载电源、桥载空调而不使用APU向飞机供电、供空调时，由于APU完全关闭，其大气污染完全消失。二是节能、经济。对航空公司而言，不用APU或电源车、气源车而代之以桥载设备，具有节约航油、延长APU寿命、减少维修成本、减少地面供电/空调费用支出等优势。表6为B737—300飞机采用不同供电方式的费用比较，由此采用静变电源组的经济优势可见一斑。三是降低噪声。桥载电源、桥载空调工作时也有噪声，但与APU噪声相比则是“小巫见大巫”。因此利用桥载设备，有利于站坪区域降噪，对改善航站楼附近声环境，改善勤务和机务人员劳动环境、减少事故都十分有利。四是提高机坪安全水平。使用桥载电源和桥载空调，而不是用电源车、气源车，减少了机坪保障车辆，有助于降低航空器、车辆、人员碰撞事故，改善机坪安全。

B737—300采用不同供电方式的费用比较 表6

设备类型	使用能源	能耗率	CO_2排放（kg/h）	排放比	能源单价（元/升）	小时费用（元）	费用比
APU	航空燃油	160升/时	387	1	4.5	720	1
90kVA电源车	柴油	30升/时	79	0.20	3	90	0.13
90kVA静变电源组	工业用电	72度/时	72	0.19	0.76	54.72	0.08

鉴于桥载电源、桥载空调的诸多优势，上海机场在国内率先大规模开展了桥载设备应用探索。浦东机场自2000年起，通过组建项目组、召开推广介绍会、调整收费标准、延伸产品附加服务等一系列营销手段积极推广桥载电源、桥载空调。浦东机场1号航站楼空侧共有28个桥位，每个桥位均配置了400Hz电源和桥载飞机空调，2000年投入使用。2008年，浦东机场二号航站楼登机桥400Hz电源和桥载空调各44台投入使用。截至2009年，已有36家国内外航空公司利用浦东机场提供的桥载电源和桥载空调，对减少机坪有害气体和温室气体排放发挥了显著作用。

六、交通枢纽，陆侧减排

陆侧交通对机场大气环境也有重大影响。对于大型民用机场，大量的旅客及其迎送者、机场员工、航空公司和各种地面服务、客货代理机构工作人员，通过各种陆侧交通工具进出机场，在机场区域汇集了大量的人流、物流和车流，向机场空中排放大量的有害气体和温室气体。如何有效减少机场来自陆侧交通工具的大气污染，已成为机场大气环境保护的重要课题。

在陆侧交通规划中，浦东机场通过“一体化交通中心”和“虹桥综合交通枢纽”这些富于远见和成效的探索，为机场陆侧交通大气污染防控奠定了良好基础。其中，特别值得推崇的就是“公交优先”理念的践行。“公交优先”使浦东和虹桥机场最大限度地减少了陆侧交通工具的污染排放。

浦东机场规划建设了由相对独立的客运交通系统、人车分离的旅客换乘步行系统和多车道边的人车转换系统构成的“一体化交通中心”（图2）。进出机场的人群，不论采用何种交通方式，都能享有通达、快捷和舒适的交通品质，从而最大限度地避免了机场外、机场内和航站楼前的交通拥堵。

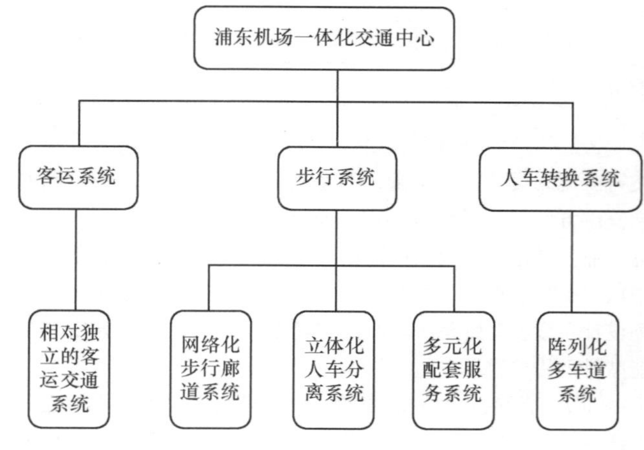

图2　浦东机场一体化交通中心

机场在陆侧交通规划中，坚持“既适应、又引导”的策略。所谓适应，就是根据目前的交通状况采用合适交通方案，保证机场陆侧交通的有效、通畅；所谓引导，就是密切结合上海国际大都市未来交通发展趋势、发展规划以及浦东机场的终端容量，因势利导，牢固确立“公交优先、公交主体”的交通方式架构，统一规划、分期实施。

根据预测，2015 年浦东机场日均旅客量将达 14 万人，2020 年日均旅客量达 27 万人。机场远期的交通方式结构见表 7。机场终端规划年客运能力 8000 万人，对陆侧交通的有效性、可靠性要求之高可想而知。我们欣喜地看到，浦东机场陆侧交通正一步步朝既定方向迈进。目前，磁悬浮、地铁（R2 线和 R3 线）、机场专线公交、长途公共汽车、旅游巴士等公共交通方式已在机场中发挥着重要交通支撑作用。没有“一体化交通中心”，没有“公交优先、公交主体”的交通架构，机场的现实和未来运行都难以想像，遑论陆侧交通的节能减排。

远期浦东机场的交通方式结构（单位:%）表 7

序号	交通方式		出发%	到达
1	公共交通	轨道交通（磁浮、地铁等）	40	40
2		机场专线公交	15	15
3		长途公共汽车	5	5
4		旅游巴士	8	8
5	社会车辆		18	16
6	出租汽车		14	16

虹桥综合交通枢纽由机场航站楼、铁路车站、磁浮车站和东西两个换乘中心（公交换乘）、车库、停车场等组成，按日处理旅客 110 万人次进行规划设计。铁路车站设 30 股道，10 股为城际铁路使用，20 股为高速铁路使用；磁浮设 10 股道，供城际线和机场快线使用；轨道交通 5 条线，在枢纽两侧设东、西两站，东站主要为机场和磁浮服务，西站主要为铁路和地区开发服务。

虹桥综合交通枢纽，已将机场陆侧交通“公交优先”和“节能减排”推向了极致。其节能减排的意义，也大大超越了航空运输范畴，成为国际领先的综合交通集约建设和节能减排典范。

七、废物收集，无害处理

机场在运行中，要产生相当数量的固体和液体垃圾。固体废弃物主要包括航空器垃圾、航站楼垃圾和地面垃圾。液体垃圾则主要包括航空器污水和航站楼污水。机场垃圾如果处理不当，会对生活、大气、水环境以及土壤等造成污染。特别是来自外航飞机的垃圾，如不进行严格的焚烧和消毒处理，还可能造成病菌、病毒传播，疫情扩散，危及人体健康和环境卫生。

浦东机场从一期工程开始，就非常重视机场废弃物处理。分别针对固体和液体废弃物，建立了严格的处理标准，建设了处理设施。

为处理航空垃圾，浦东机场一期工程建设了处理能力30t/d 的垃圾焚烧系统。系统采用性能稳定、工艺简单、运行方便的回转窑焚烧处理工艺，能够实现航空垃圾、废油及垃圾渗沥水等不同类型废弃物的混合焚烧。燃烧烟气净化除尘采用了国内外较成熟的石灰乳脱酸和布袋除尘，运行费用低，处理后烟气污染物排放浓度完全符合控制标准。进料系统采用水平给料机同双道液压控制闸门协同工作，有效解决了垃圾堆积架桥问题，确保了垃圾进料系统无故障运行。自控系统可根据炉内烟气温度、含氧量、烟气成分控制一次燃油、一次风机与二次燃油、二次风机工作，实现了焚烧系统全过程自动控制。燃烧残渣用密闭专用车辆运至垃圾填埋场进行处理，燃烧烟气经二次燃烧后，通过布袋除尘器后排放。

八、优化运行，精细管理

浦东、虹桥两大机场扩建工程投入运营之后，又先后实施了一批节能技术改造项目。譬如，浦东机场 T1 航站楼照明灯具改造后，每年可节约 212t 标准煤；浦东机场 P1 停车库液压梯改造后，每年可节约 103t 标准煤；虹桥机场西区能源中心加装太阳能系统项目后，每年减少 CO_2 排放量 137t。其中，有 3 个项目获得中国民航局节能减排项目的专项补贴。此外，浦东机场对航站楼、停车库、能源中心和场区道路等区域的照明、空调系统实施节能改造。其中，P1 廊道更换灯具约 1600 套，使该区域总电功率预计下降约 100kW；对南围场河路、东远航路等 9 条道路上 1007 盏路灯及控制设备进行改造，预计年电能节约量约 33 万 kWh；T2 航站楼桥载空调固定风管改造，确保制冷效果。

机场的运行管理方案，对能源的使用消耗量也会产生很大的影响。优化运行方案是实现节能减排最为有效的途径之一。譬如，虹桥机场以航站楼和能源中心的空调系统为重点，充分利用 2011 年空调调试的成果，优化了空调系统的运行方案，采用分层分区域控制模式，结合航班运行情况对空调系统实施更为精细的控制。2012 年三季度在航班量和供冷时间增长的情况下，供冷量同比下降 0.51%，供冷系统用电量下降 3.89%。又如，虹桥机场能源中心成功实现科研成果转化应用，使能源中心的供冷运行单耗从 0.98kWh/RT 降低到 0.95kWh/RT，每月减少用电 12 万 kWh。此外，浦东机场通过不断优化 T2 航站楼空调运行方案，使 2 号能源中心的水蓄冷利用率提高到了 56.26%。

准确的能源计量对于分析掌握能源使用情况，精确把握能源管理的关键环节至关重要。上海机场在建立健全能源计量监控网络方面也进行了一些探索。譬如，浦东机场对用能单位建立远程抄表和分析系统展开了可行性分析，确保了数据采集的可靠性、促使用能统计和分析更高效，同时节约了人力，提高了工作效率。此时，还加强了对重点区域的网格化管理，及时监控数据的变化，发现异常及时预警。虹桥机场加强了抄表、统计和用户能耗数据分析工作，加强了对航站区重要系统（如供冷系统）、办公区域、新增设施设备等的用能情况的检查工作，并形成了固定的工作机制。此外，对虹桥机场东区供电网络开展了细化梳理和用户排查工作。针对东区管网年久失修、漏损爆管事件频发的情况，按区域划分安装 11 个区域总水表，通过对每月区域总水表与其隶属区域分水表的数据进行比对，及时找出管网漏点，并予以修复

上海机场还特别加强了节能减排工作的前瞻性研究，加大了科技创新力度，在系统性地提高科学管理水平方面作出了一些努力。特别是分别从综合管理层面和生产运行层面等两个层面上，组织开展了一系列软硬课题的科学研究。

上海机场通过上述一系列工程技术手段和运营管理手段的应用，在节能减排工作方面取得了较好的成效。从近两年上海机场完成的节能减排指标的情况来看，综合能耗、单位吞吐量能耗、能耗净增量等几个主要指标均得到了较好的控制。2011 年比 2010 年综合能耗量下降 5163t 标准煤、下降 3.65%。2012 年综合能耗量又下降 5960t 标准煤，下降 4.37%。接下来，还将进一步健全能源管理体系，加强节能减排方面的科技创新，学习借鉴其他行业、企业的先进经验，进一步提升运营管理水平。

（作者单位：上海机场集团）

推进节能减排打造绿色机场

北京首都国际机场股份有限公司

一、战略指引机制保障

首都机场以“联动多方力量，打造绿色国门”的发展理念为指引，致力于实现绿色低碳的可持续发展。目前已初步形成一套涵盖战略、制度、标准、考核的绿色机场建设体系。

2004 年，首都机场成为内地首家通过 ISO 14000 环境管理体系认证的机场，并于 2010 年先后出台了《能源管理规定》、《环境管理规定》，从制度上统一规范了公司各项节能减排和环境保护工作，搭建起公司节能环保工作体系，制定了全面的工作标准，确保首都机场的节能环保工作系统化推进。

2009 年，首都机场成立了专门的工作组，负责在机场范围内全面开展节能降耗工作，建立起有效的组织机制保障。2011 年启动能源审计，为制定长、短期节能方案及能源指标考核体系提供了依据。通过引入“合同能源管理”这一新兴的节能减排机制，积极参与国家能源管理体系认证，推进节能型机场建设。2011 年，公司能源消耗量同比降低 11.6%，能源成本同比下降 12%。

二、节能环保成效显著

通过前瞻性的战略规划和有效的制度保障，首都机场绿色机场建设有序推进，在噪声控制、节能减排、生态优化、新技术应用等方面取得了一系列积极的进展。

1. 噪声控制

通过建立噪声与运行监测系统，在机场周边规划设置 23 个监测点，24 小时监测分析飞机噪声对机场周围敏感区域的影响，使首都机场成为国内首家实时监测航空器噪声的机场。每日 23：30 至次日 5：30 东跑道南端实行禁飞，对人口密集区起到了保护作用。

2. 节能减排

一是实施全面碳盘查。首都机场借鉴国外先进经验，以碳中和为最终目标，全面开展了机场地区的碳盘查，成为国内第一家按照国际标准开展碳盘查及推进碳减排举措的机场。以 2009 年为例，首都机场碳排放总量约为 35 万 t，主要为第二类温室气体，占总排放量的 77%。

二是航站楼节能。首都机场在 3 号航站楼引入了能源管理系统，通过自动采集与能耗相关的信息，实时分析数据，调整控制参数，减少了建筑设施的能源浪费。2012 年 1 ~ 10 月，单位旅客能耗比 2011 年同期减少 6.5%。

三是发展低碳交通。未来将在 3 号航站楼西南侧建设一座电动汽车换电站，占地 4000m^2，每日可为 400 车次提供充电服务。一期将供首都机场 17 辆陆侧摆渡车充换电使用，预计全年节省燃油可达 70 万 L，二氧化碳排放量降低约 2000t。

这些工作已经取得了一定的成果，单位旅客能耗从 2009 年的 24.2t 标准煤/万人次下降到 2011 年的 18.9t 标准煤/万人次，降幅达到 22%，首都机场因此于 2012 年荣获“节能中国十大贡献单位”的称号。未来，在保证业务量持续增长的前提下，争取在 2020 年实现机场碳排放总量降低 20% 的战略目标。

3. 生态环境优化

近年来，首都机场在环保建设方面的投资持续加大，仅 3 号航站楼的环保建设投资就达到 4.86 亿元，重点加强了绿化建设以及水资源管理，优化了生态环境。

一是绿化建设。首都机场力求构建一个环境优美的现代化机场，目前机场地区绿地总面积为 130 万 m^2，植物种类涵盖乔木、灌木、色带、花卉、草坪五大类 60 多个品种。通过加强楼前花坛、绿化带、轻轨入口、GTC 屋顶、专机楼等处的地栽花卉的布置美化，营造出四季常青，姹紫嫣红的公园式景观环境。

二是污水处理。为使污染物达标排放，首都机场建设了东、西两座污水处理厂，均设有污水在线监测系统。以西污水处理厂为例，日均处理量达到 2.3 万 t，目前已超过设计能力，但机场通过优化工艺、提升处理效率等手段仍然实现了处理污水 100% 达到国家标准。

三是对除冰废液实现全部回收。航空器除冰液是另外一个重要的水污染源，更容易对环境造成污染。首都机场在航空器定点除冰区域建造废液回收渠，通过现场收集转运，利用提纯技术使其循环利用，目前除冰液已经做到 100% 的回收。

4. 新技术应用

在建设期，3 号航站楼楼体设计采用全玻璃幕墙。玻璃幕墙与垂线成 15°夹角，减少外墙吸收非控太阳能，保证室内温度，仅此一项细节上的改动，就能够降低夏季航站楼内的温度 2℃ ~ 3℃。屋顶则采用天窗式设计，白天采光良好，在正常营运时间内最大限度地利用阳光。

在运营期，首都机场在 3 号航站楼全面使用了桥载设备替代机载动力辅助装置（APU），为飞机停靠时提供电力和空调。目前已与 36 家航空公司签订使用协议，每年可以为航空公司节省航油约 1 万 t，减少二氧化碳排放约 3 万 t，同时也可以使飞机噪声降低 15 ~ 25dB。2012 年又设立专项资金，在 1 号航站楼、2 号航站楼逐步安装桥载设备，争取在机场范围内实现全面覆盖。

三、绿色宣传强化意识

1. 绿色办公，轻松低碳

在日常的工作中，首都机场面向全体员工积极推广“绿色办公、轻松低碳”的环保理念，减少办公室的用电、供热、通风、供冷、照明、用纸、用水等，切实推动办公室节能理念的深入人心。

2. 3月27日地球一小时

结合3月27日“地球一小时”节能减排公益活动，首都机场在机场范围内开展了多项宣传活动，包括网上发布活动倡议，在航站楼通过广告屏及电视媒体滚动播放宣传短片等。活动当天，在确保生产运行正常的情况下，减少整体照明，比平日减少用电量约20%。

3. 6月5日世界环境日

结合2011年6月5日世界环境日，联手联合国环境规划署在3号航站楼开展“倡导节能减排，建设绿色机场”的系列宣传活动，积极“推广节能减排，倡导低碳生活、绿色出行”的理念，吸引了众多旅客关注和参与，提升了大家的环保意识。

4. 发布《首都机场旅客绿色公约》

首都机场正式向社会发布《首都机场旅客绿色公约》，包括企业承诺、绿色出行、低碳生活、节约能源、节约用水五方面内容，与旅客共同承诺提升环保意识、落实环保行动。

绿色低碳港口在我国的实践及案例分析

李庆祥

本文在阐述港口节能减排形势、任务和绿色低碳港口内涵的基础上，提出港口绿色低碳建设需要从意识和理念、技术、管理、政策标准、激励机制等方面全方位地开展工作，并以连云港为例进行低碳创建案例分析，提出了绿色低碳港口发展愿景。

一、港口节能减排形势及任务

港口是交通运输行业的重要组成部分，是货物中转枢纽。在外贸运输总量中，水路交通承担了90%以上的货物，港口接卸了95%的进口原油和99%的进口矿石，同时完成了所有的煤炭外贸运输。2012 年，我国港口生产性泊位有 3 万多个，万吨级以上泊位近 2 千个，完成货物吞吐量 107.76 亿 t，其中，沿海港口完成 68.80 亿 t，内河港口完成 38.96 亿 t。货物吞吐量超过亿吨的港口由 2011 年的 26 个增加到 29 个。港口的良性发展为国家的社会经济快速发展和人民生活水平的提高提供了有力保障。

伴随着港口的迅猛发展，港口的碳排放总量也在不断增加。据测算，2011 年我国港口生产碳排放总量比 2000 年增长 240%，比 2005 年增长 90%，排放总量达到 600 万 t，数量可观。2000 ~ 2011 年港口生产碳排放总量变化曲线见图 1。

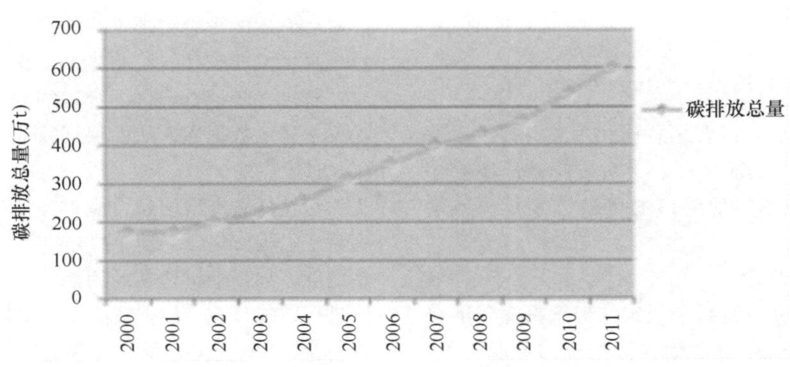

图 1　2000 ~ 2011 年港口生产碳排放总量变化曲线

港口能源消耗相对公路运输和船舶运输而言较低，但作为对外开放的重要窗口和水路交通运输体系的重要节点，仍需进一步提高其能源利用效率，促进能源消费结构优化升级，降低二氧化碳排放强度和污染物排放强度，在建设绿色低碳交通运输体系中发挥应有的作用。

为了大力推进绿色低碳交通运输体系的建设，2012 年 2 月交通运输部下发了《关于组织开展交通运输节能减排专项资金区域性和主题性管理试点的通知》，在天津港、青岛港、连云港和深圳港蛇口作业区开展了“绿色低碳港口建设”主题性试点工作，旨在探索途径、积累经验，以点带面、以面带片，推动全国绿色低碳港口建设。

二、绿色低碳港口内涵和发展理念

绿色低碳港口是构建绿色低碳交通运输体系的一项重要内容，是绿色低碳交通运输的有机组成部分，是以低能耗、低污染、低排放和高效能、高效率、高效益为特征的全新港口产业发展模式。绿色低碳港口秉承可持续发展理论，与港口节能减排、生态港口、资源节约、环境友好港口、绿色港口一脉相承。相比之下，绿色低碳港口不仅突出强调了减少温室气体排放这一全球性和关乎人类社会发展的关键问题，同时兼顾了环境保护和资源节约的发展要求。环保、节能是实现绿色低碳的有效途径，绿色港口除了具有节约能源的内涵外，主要侧重于环境保护的内容。而生态港口除兼具节约能源、环境保护的内涵，更深层次的体现了节约用地、保护生物等内容。

建设绿色低碳港口应从优化调整港口布局和功能、提升绿色低碳意识和理念、应用绿色低碳港口装备及设施、优化生产模式及操作方法、依靠科技进步、完善管理体制机制等方面入手，在港口规划以及生产运营活动中充分贯彻绿色低碳的意识和发展理念，将节能减排、环保新技术、新工艺、新产品和先进的管理模式应用于港口生产的各个环节，全方位、全过程地开展构建工作，全面促进港口企业转型升级，提高港口综合竞争力。建设绿色低碳港口是促进港口企业转型升级的有效载体和平台，是未来港口的发展方向。建设绿色低碳港口意味着未来港口的战略规划、设计、运营都将发生深刻变化，标志着港口的发展进入到了一个新的阶段。

三、绿色低碳港口在国内建设进展

2012 年年初，交通运输部为进一步推进低碳交通运输体系的建设，提高交通运输节能减排专项资金的使用效益，决定开展交通运输节能减排专项资金区域性、主题性管理试点，启动了“一城一港”试点工作，其中“一港”是连云港。

为使连云港绿色低碳港口建设做实、做好，摸索出建设经验，相关单位编制了“连云港建设低碳港口实施方案”，并于当年正式启动了绿色低碳港口主题性试点建设工作。之后，交通运输部又组织相关科研单位开展了“绿色低碳港口评价指标体系”建设项目研究工作，以便对今后绿色低碳港口主题性试点工作成效进行考评。

2013 年 4 月，天津港、青岛港和深圳港蛇口作业区三个港口的建设绿色低碳港口实施方案通过了专家评审，相继正式启动了主题性试点工作，并指定相关科研单位作为技术支持单位，全程跟踪绿色低碳港口建设进程，利用自身科研优势，全力做好技术服务工作。

由于绿色低碳港口建设能够促进港口转型升级，提高港口竞争力和知名度，港口开展绿色低碳港口建设的积极性明显提高，国内各大港口纷纷自觉开展相关研究工作，逐步启动了绿色低碳港口建设工作。可以预见，在今后几年，国内绿色低碳港口数量将会倍增，从而大幅度提高我国港口整体节能减排水平。

四、绿色低碳港口发展思路

推进港口绿色低碳发展，需要从意识和理念、技术、管理、政策标准、激励机制等方面入手，充分发挥政府主导作用，强化企业的主体地位，实现港口的可持续发展、科学发展。

1. 树立绿色低碳发展理念

绿色低碳港口的发展需要将绿色低碳的理念贯穿于港口生产的全过程。树立绿色低碳理念的核心是推动节能技术、低碳技术、环保技术的研发和推广，促进先进生产和管理模式的应用，进而推动港口经济的转型发展。树立港口绿色低碳发展理念首先要从战略上重视，进行科学的规划，明确港口绿色低碳发展的方向，分析港口绿色低碳发展的重点，研究港口绿色低碳发展的手段和方法，并将绿色低碳规划与港口的总体发展规划、城市发展规划相结合。此外，要依据国家节能、低碳、环保相关法规和政策要求，制定切实可行的近期和中远期目标，并将目标层层分解。其次，通过在港口开展多样的知识宣传和教育、培训交流工作，提高认识，使绿色低碳理念深入人心，逐步形成企业文化。最终要将绿色低碳港口建设作为提升企业形象、履行社会责任的最佳途径。

2. 强化港口技术创新

技术创新是推进港口绿色低碳发展的原动力，应贯穿于港口生产的各个环节。港口生产作业分为装卸生产和辅助生产生活两个方面，其中装卸生产是港口的主要用能环节和碳排放源。强化绿色低碳技术创新就是要从主要能源消耗、碳排放源入手，调整用能设备的能源结构，如实施“油改电”、“油改气”，增加可再生能源和清洁能源的比例，提高用能设备的能效水平。

自 2008 年开展节能减排示范项目以来，交通运输部已经推出了 100 个节能减排示范项目，其中与港口相关的有 20 多个，像轮胎式集装箱门式起重机“油改电”技术、靠港船舶使用岸电技术、港区电网动态无功补偿及谐波治理技术、集装箱码头集卡全场智能调度系统、地源热泵技术为代表的一批成熟的节能减排技术目前已经在港口应用，且产生了明显效益。但由于受到港口规模、技术人员水平以及资金投入等因素的制约，大多数节能减排技术的应用尚未大范围推广应用，许多港口的生产工艺、设备仍处于高能耗，低能效的水平。未来除了要加强新型港口节能减排技术的研发之外，还要加大成熟技术的推广力度，提高其应用比例。

3. 加强港口能耗、排放全过程管理

加强港口能耗、排放管理基础工作就是要加强港口能耗、环境统计、监测工作。目前交通行业已经出台了港口能耗监测制度，但由于港口企业下放，能耗的统计口径不一致以及港口本身作业方式的差异等原因，导致行业主管部门无法获取准确的、及时的，能够反映港口总体能耗和碳排放水平的数据，进而影响到对港口绿色低碳发展的宏观指导和考核。此外，在环境统计、监测方面，由于管理体制及分工不够明确，造成港口环境管理各项工作缺乏全面性、系统性，尤其是对运营后的污染物排放的监管比较薄弱。应进一步完善港口能耗、排放统计、监测体系，建立与国际接轨，符合港口生产特点、统计方法科学合理的分类型码头能耗、碳排放和污染物排放数据库，从而保证行业数据的真实性、可靠性和可比性。

绿色低碳港口的建设应贯穿港口的规划、设计、建设和运营全过程。建设初期应严格执行固定资产投资项目节能评估制度，加强港口建设的用能管理，港口工程试运行完成后要进行节能验收，检查节能评估中提出的技术和管理措施是否落实，形成港口工程建设项目节能方面的闭环管理。

4. 完善低碳港口政策、标准体系

随着节能、环保以及应对气候变化压力的加大，还有许多的基础性工作有待完善，最为典型的是港口码头的能耗限额，港口主要用能设备能源利用效率检测相关标准等。目前，国家发改委、国家标准化管理委员会启动实施的“百项能效标准推进工程”，其中涉及港口的能效标准有《集装箱码头单位产品能源消耗限额》和《干散货码头单位产品能源消耗限额》（均为国家强制性标准）。标准一旦发布实施，将会要求所有运营中及新建的集装箱码头和干散货码头的能源消耗值必须满足能源消耗限额值的规定。

五、连云港建设绿色低碳港口案例分析

连云港是首批唯一被交通运输部确定的绿色低碳港口建设主题性试点港口，计划在 2012 ~ 2015 年实施 13 项低碳重点工程，总投资额将达到 5 亿元左右。

试点一年多来，连云港整体面貌有了很大的改观，港口的布局更加合理，绿色低碳意识和理念深入人心，能源消费结构有所调整，科技创新和信息化水平得到提升，节能减排管理体制机制进一步完善，“绿色低碳港口建设”主题性试点取得了明显的成效。

1. 深入调研、编制方案是基础

建设绿色低碳港口必须要摸清港口结构状况，了解港口

发展趋势，查找环保、节能薄弱环节，围绕“三低三高”的目标，结合港口自身实际，确定绿色、低碳发展目标，编制出具有自身特色的实施方案。

连云港是地处我国沿海中部的港口，1933 年开港，是我国 25 个沿海港口之一、中西部地区及至中亚诸国最便捷经济的进出海口岸，素有欧亚大陆桥东桥头堡之称。经过长期以来的建设，连云港已形成为运输组织管理、中转换装、装卸储存、多式联运、通信信息及生产、生活服务等功能齐全的大型综合性港口。

实施方案确定的依托项目分为低碳技术设施、交通运输装备、智能信息系统、清洁能源应用等 4 大类，船用岸电、绿色照明、皮带机节能技术、“油改电”、“油改气”、门座起重机变频及能量回馈改造、能源自动化管理系统、铁水联运信息服务平台、港口智能化调度系统、太阳能供热系统、空气源热泵系统等 13 个主要项目是下一阶段实施的投资重点。此外，为保障依托项目得以落实，实施方案还设计了保障系统，把低碳创建与生产发展、能力建设、企业文化、组织理念、内部管理等方面有机结合起来，在组织宣传、制度标准、项目实施、技术创新、生产组织、港口发展、功能布局、信息化、铁水联运、内河运输等 10 个方面提出具体要求，形成具有自身特色的低碳建设保障体系。

2. 组织宣传、深入发动是根本

思想决定行动，态度决定高度。连云港自被确立为全国首个低碳试点港以来，从观念上、管理上、行动上逐渐实现了与交通运输部建设绿色低碳港口的思路对接和融合。

一是提高认识、统一思想。通过专题研讨、党政联席研究等举措，认清认同低碳创建的核心是“三低三高”，并将其视为港口转型发展的最佳途径，锁定为当期最高目标。

二是层层发动、步步为营。通过相继召开创建动员会、工作部署会、项目推进会、总结表彰会等会议，以及利用各种媒介进行广泛宣贯，使企业职工感受到低碳创建的重要性、紧迫性和长期性，让节能减排深入人心。

三是借助外力、汇集智慧、开阔视野。邀请行业内外节能减排专家来港宣讲授课，在遵循发展规律、加快转型升级、落实以人为本等各个方面强化认识。

一年来，连云港绿色低碳港口建设取得了初步成效，得益于思想理念的持续提升，低碳创建氛围始终浓厚。

3. 依据科技，创新是动力

连云港绿色低碳港口建设主要有 4 大类 13 个项目，目前已全面铺开实施，部分项目已取得阶段性成果。较为典型的有：

一是船用岸电系统。船用岸电技术是指船舶靠港期间，停止使用船舶上的发电机，而改用陆地电源供电，港口提供岸电的功率应能满足船舶停泊后全部电力设施用电需求，包括生产设备（舱口盖驱动装置、压载水泵等）以及生活设施、安全设备和其他设备。该项技术的应用将会减少靠港船舶燃油的消耗，降低二氧化碳和空气污染物的排放。连云港与相关科研院所合作攻关，攻克了岸电便捷上船、船岸电力自动切换等一系列难题，研制并应用了相关产品，并且共同制定出台了码头岸电设施建设规范、岸基供电技术条件、岸基供电操作技术规程等行业标准。目前，连云港已有 9 个码头泊位和 10 条船使用了船用岸电技术。

二是海铁联运业务。目前，连云港通过努力，已形成阿拉山口、霍尔果斯、喀什 3 条过境通道，布设 9 个物流站场，开行 13 列集装箱班列，初步建成集铁货运商务平台和公共性多式联运服务平台于一体的多式联运公共信息平台。集装箱铁水联运量、过境量年度规模分别达到 30 万 TEU 和 10 万 TEU，增幅明显。

三是能耗监管平台。对港口大型用电设备、流动装卸运输机械、内燃机车、港作拖船实施用能在线统计、监测、考核，节能减排工作实现了由传统方式转向网络化、数字化、智能化管理。

四是“油改气”应用。与徐工集团合作研发 LNG（液态天然气）装载机，实现了世界首台大吨位和 4 台 6 吨 LNG 装载机在港内使用。实施“油改气”工程，有助于调整港口用能结构，降低污染物排放。

为充分发挥科技支撑作用，连云港与相关科研院所和科技型企业合作，建立绿色智能工程技术研究中心，重点进行靠港船舶使用岸电、清洁能源设备研发、港口节能产品开发、物联港等领域相关技术攻关和集成应用。

4. 完善机制，资金投入是保障

建设绿色低碳港口是一项时间跨度较长的工作，需要建立常态化、制度化的工作机制加以保障，形成长效机制。另外，建设绿色低碳港口要靠项目支撑，才能完成实施方案确定的节能减排目标，需要资金投入加以保障。

随着绿色低碳港口创建进程的开展，连云港持续滚动地建立了 7 个常态化、制度化的工作机制，包括：成立两级领导小组及办公室，强化领导作用；建立工作例会制度，具体部署即期工作进程；制定目标管理评价考核办法，纳入绩效考核范畴；制定实施计划，明确投资额、投资主体、实施单位和项目责任人；建立激励机制，对先进单位、集体及个人、示范工程等进行集中表彰奖励；开展创先争优选树品牌活动；定期编制低碳创建简报等。依托可行的实施方案、有力的保障系统和良好的运行机制，确保了低碳创建工作得以扎实推进。

在资金筹措方面，主要渠道来自于三个方面：一是企业自筹，二是地方政府拨款，三是交通运输部节能减排专项资金补助。此外，企业还将积极利用金融机构对交通运输节能减排技术研究开发、节能产品生产以及节能减排技术改造等项目所提供的优惠贷款，努力争取银行对交通运输节能基础设施建设项目和企业节能技改项目给予的贷款支持，并积极引进社会资金，采取合同能源管理等新型节能减排项目管理模式，推进节能技术改造，加快港口基础设施建设。

六、绿色低碳港口发展愿景

目前，港口正处于转型发展的关键时期，降低成本、节约资源是港口发展的必然趋势；大型化、科技化、信息化、网络化是今后港口的显著特征；为客户提供供应链整体优化、满足市场精细化、敏捷化、柔性化需求是港口发展的必然要求；将“绿色、循环、低碳、智慧”理念融入港口转型发展进程是港口的必然选择。未来港口应该是适应国际港口发展需要，满足客户需求，提供优质高效服务，实现绿色循环低碳的物流结点。

我国港口数量众多，根据2012年统计资料，亿吨大港就有29个，目前纳入到“绿色低碳港口”主题性试点的单位仅有4个，未来将有更多的港口加入到主题性管理试点工作中来。通过主题性管理试点，可以借助交通运输部和地方政府的节能减排专项资金支持，统筹规划，分步实施，将各类适用的节能减排项目应用于港口当中，全面提升港口节能减排能力，确保实现《公路水路交通运输节能减排“十二五”规划》确定的港口节能减排目标。

通过建设绿色低碳港口，可以优化港口布局和结构，促使节能减排技术在企业的应用，加速港口装卸运输装备的更新换代，提升港口营运组织和信息化、智能化水平，从而有效推进港口转型升级和发展方式的转变，以实现港口又好又快可持续发展。

（作者单位：交通运输部水运科学研究院）

城市轨道交通低碳发展建设思路

刘光武　李文球　罗燕萍

一、节能低碳已成为轨道交通发展的迫切需求

尽管“十一五”时期节能减排和生态建设取得了积极成效，但我国的能源消耗仍然偏高，2010 年我国单位国内生产总值能耗是世界平均水平的 2.2 倍，比美国、欧盟、日本分别高 2.3 倍、4.5 倍、8 倍。根据国家能源“十二五”规划要求，到 2015 年单位 GDP 能耗下降 16%，且为约束性目标。而 2011 年、2012 年能耗强度合计下降 5.6%，要完成 2015 年目标，后三年能耗仍需下降 10.4%。

地铁是城市大运量绿色公共交通系统，人均运输消耗能源量最低，但随着发展规模扩大后，也是城市的用电大户。电能主要用于列车牵引、车站环控设备和照明等乘客服务设施。轨道交通的节能低碳建设既迫在眉睫又任重道远。

二、从规划和设计入手贯彻节能低碳的需求

广州地铁在规划和设计时，就将节能低碳纳入到设计标准之中。节能设计主要考虑平面设计是否尽可能优化曲线半径，以减少车辆行驶过程中因曲线阻力大而增加电耗。实施过程中尽量采用直线或者大半径曲线，减少列车运行过程中的能耗。

在线路纵断面的设计中引入节能坡设计，是节省牵引耗电、延长地铁车辆加减速系统的使用寿命、节约车辆维修费用的重要环节。线路设计中凡有条件的区间，都设计成节能坡，遵循“高站位、低区间”的设计原则。

车站节能以满足轨道交通功能需求为主，合理确定与车站功能相匹配的空间规模，尽量避免设置不必要的地下空间，控制车站主体和附属设施的总面积，以减少车站动力及照明用电。车站深埋于地下，与外部的冷热交换相对较弱，在设计中应尽可能合理利用空间，减少车站规模和埋深，降低车站建设成本和运行费用。建筑平面布置应紧凑，人员常停留的房间宜集中设置，联系密切的设备房间集中布置。

通过优化车站规模，控制车站主体和附属设施的总面积，使得与之相匹配的机电设备专业的设计容量和设备数量相应减少，从总体上控制地下车站照明、空调和通风的能源消耗总量。

车站公共区的照明、通风、空调的平均设计标准要高于内部用房区，因此应合理分配公共区和内部用房区的面积比例，在满足功能要求和使用舒适度的前提下，控制公共区面积规模。

地下车站降压变电所位置应接近车站负荷中心设置，以减少管线铺设及传输距离，节省能耗。出入口结合采光、通风与照明，在为地下区域带来光照与空气流通的同时，结合出入口的朝向，在全线统一风格的前提下，采取合理的遮阳设施，降低夏季太阳光对地下空间的过分热辐射带来的内部空气处理负荷增大的负面影响。

三、重点落实系统节能技术措施

轨道交通作为一项系统性工程，涉及众多的机电系统，其中主要的能源消耗在于供电系统与通风空调系统，因此系统节能也应从以上方面着手。

1. 供电系统

采用高供电电压减少电网线路损耗。35kV 中压网络输电半径和容量大、电能损失小，在国内轨道交通供电系统中已有非常成熟的应用。

采用全寿命周期成本法选择变压器，避免在采购变压器时因注重初投资而对变压器使用寿命期内空载损耗、负载损耗等因素有所忽视，进而带来运营成本的增加。

采用逆变回馈型吸收装置，将车辆制动时的直流电逆变成工频交流电与电网并网，反馈到地铁交流供电系统进行二次分配，不仅节省电能，减少行车隧道的发热量，优化列车运行环境，而且还能维持牵引网电压的稳定。

2. 通风空调

根据运营需要与区间长度，对区间隧道通风系统的早晚通风模式进行组合，在满足换气要求的前提下，减少参与模式的设备数量。结合行车变化对车站隧道排风系统的正常运行模式进行风量调节，在保证隧道环境标准的前提下，减少排风量，降低运行能耗。

对车站通风空调系统实现变流量控制，结合室外条件变化、室内客流变化等情况，采用的变频、旁通、设备台数切换等有效措施，在保证车站环境标准的前提下，提高能量输送密度，减少流量，降低能耗。

3. 自动扶梯综合节能技术

采用高效电机，保证自动扶梯在轻载或空载的运行状态下，电机仍能保持较高的效率，从而有效降低自动扶梯的能耗。采用高传动效率的减速箱，提高扶梯机械传动效率。同时通过变频、变压技术，在空载时改变扶梯的运行模式，大幅度降低自动扶梯的能耗。

四、优先采用高效节能的地铁设备

1. 优先采用高效节能的交流电机车辆

广州地铁选用的交流电机车辆，具有使用效率高、故障率低的特点，同时采用 VVVF 调速系统，该系统为变频调速，利用再生制动，可使列车在进站制动时电动机的工作状况变为发电机，将列车制动时的动能转变成电能，返送回供电网，

作为供给其他列车利用的电能。车辆车体采用整体承载薄壳结构，材料采用铝合金材料。通过减轻车重，节省牵引动力，达到节能效果。

车辆空调压缩机按高温、中温、低温三种工况分别匹配电动机，提高实际使用工况的针对性，从而提高压缩机的运行效率，达到节能效果。车辆在制造上尽量采用标准部件及加工性好的结构，使用磨耗少、难以老化的材料，以及免维修的零部件，降低费用，达到节能目的。

2. 列车自动控制节能

广州地铁正线信号系统采用基于准移动闭塞的列车自动控制系统，能自动控制列车的启动、加速、减速和停驶，并与列车牵引供电系统耗能直接关联。列车按照 ATC 系统提供优化的速度—距离曲线运行可以减少牵引能耗，即通过列车运行方式控制节能。

信号系统在列车控制中充分利用节能坡条件，设置可行的 ATO 节能运行模式。同时，将列车运行调整功能与节省牵引能耗的 ATO 驾驶模式结合，以达到每一条列车牵引曲线能耗是所确定的运行时分下的最低能耗。

信号设备长期处于 24 小时不间断运用状态，信号系统设备通过采用微电子设备及其他新技术设备，实现低能耗运行。

3. 选用高效低耗的电气和机电设备

采用高供电电压减少电网线路损耗。广州地铁工程采用 110/33kV 两级电压制式，全线每个车站变电所的高压电源主要为 33kV，与采用 10kV 供电相比，线路和变压器损耗均可以减少。直流牵引网采用 1500V 供电制式，与 750V 制式相比，由于电压等级比较高，使得牵引变电所数量减少，牵引网的电流也较小，所以可以大量地降低变压器和接触网的电能损耗，节约运营成本。

广州地铁已在线网全部地下车站安装了屏蔽门系统。屏蔽门系统与开闭式系统的通风空调系统相比不但具有明显的节能效果，还可以提高服务水平，保障乘客安全。

广州地铁选用的各类机电设备都以节能高效为原则，确保设备工作于高效率区。

4. 采用高效节能的 LED 光源

广州地铁车站经 LED 示范工程验证，车站公共区照明、导向标志灯箱、疏散指示标志、广告灯箱以及车辆照明等采用 LED 光源，节能效果显著，达 40% 以上。LED 光源将在新建线路推广应用。

五、积极探索各种技术手段开展节能低碳工作

1. 优化列车运行模式

在行车组织方面，根据既有的列车运行图，分析基于列车运行时间参数和在 ATO 控制模式下牵引/制动工况因素下列车牵引能耗关系，通过调整列车运行时间参数和 ATO 模式下列车牵引/制动等参数，分析出影响列车牵引能耗的因素，调整优化列车牵引和制动的时机，减少制动电阻热耗，达到节能目的。

2. 自动扶梯、通风空调系统变频控制

通过感应装置，在有人乘坐自动扶梯时，扶梯以正常速度运行。当无人乘坐时，通过变频调速，降低自动扶梯运行速度，从而达到节能的目的。

广州地处华南亚热带地区，属南亚热带典型的季风海洋气候，气候湿热多雨，年平均气温约为 21.5℃，空调季较长。通风空调水系统、风系统、车站隧道通风系统采用变频调节后，可以减少整个环控系统的电耗，既满足运营要求，还带来明显的节能效果。

3. 应用智能照明控制系统

广州地铁车站设备区、公共区的照明，按照设计规范的照度标准配备照明设施，通过智能照明控制系统实现节能运行模式，既满足不同时段、不同区域的照明要求，又达到节能的目的。

六、开展能源审计和节能评估，推动节能低碳措施的落实

为了贯彻落实国家节能政策，广州地铁委托有资质的能源评估机构，根据国家有关节能法规和标准，对新建线路进行节能评估工作。委托第三方能源审计单位对建成线路的能源管理状况进行调查，及时分析、评价和掌握能源管理水平和用能状况，了解主要能耗设备的运行水平，查找管理上的薄弱环节，降低能源消耗，减少、制止能源浪费，有效、合理地利用能源，推动节能技术措施和管理措施的落实，进一步提升建成线路的节能低碳水平。

（作者单位：广州市地下铁道总公司）

论低碳机场的规划设计问题

施岱珞（David Stavros）

一、绿色航空业和低碳机场建设方针

绿色和低碳航空业目标的实现是一项宏观战略行为，从航运业战略布局到航线系统化、空中交通规程化，从航油品种低能耗到低碳排放，乃至再生利用的新研发，从全面低碳意识的机场运营管理到人员培训……总之以全方位的高效能为战略目标。

机场实体的建筑也迎来“绿色低碳”的新方针，包括：发展新型临空经济区、枢纽空港新模式、低碳式改扩建和维护运营、增加非航空性经济来源、全方位智能化信息化、绿色化后勤供应和再循环的废弃物处理等。总之，以机场设施的低投入和高收益为目标。

二、可持续的规划设计新理念

1. 机场总体规划

（1）应以规划多元的产业和生活配套的临空经济园区新概念取代单一隔离于都市以外的空港模式，实现都市空间合理延伸、生产生活便捷低能耗。

（2）应提供航空为中心的综合性城际（省际）和通向城市中心区的铁路、轻轨、公路、水运等效能运输枢纽的新型建筑类型设计。

（3）应以构成最清晰、简捷的空侧和陆侧的出入港、供应和废弃等人流、物流路线实现最高效的机场低碳运营，作为总体设计之根本脉络。

（4）应全面分析新建、改建、扩建的辨证分布关系，建立能源综合消耗评估，废弃、拆除、扩建和改造已建设施决策的新价值观念。

（5）应最大化实现绿色覆盖机场用地，更广阔涵义的绿色停机坪，以实现最小化的负面环境影响。

2. 航站楼建筑设计

（1）不应再以巨大的航站楼作为创造城市门户标志艺术形象为唯一追求和手法，而应以平面空间布局的高效利用，以最低的能耗实现最高性能的运营管理为目标。

（2）航站楼的基本构成体系（柱网、结构选型、空间尺度、层高等要素）要实现航站楼实用性和灵活适应性的最佳平衡，即综合评估建设和运营全寿命期的能耗和可持续性。

（3）应尽可能组织自然采光和通风，创造绿色环境。

（4）应熟悉了解可实际运用的绿色低碳建材。

（5）应领衔组织各专业工程师们应用各项节能新技术，如太阳能发电、LED 照明、水蓄冷空调、节水洁具、废弃物处理及回收、屋面及场地雨水收集、绿色机坪和绿色屋顶、噪声控制等，并从中创造艺术和技术完美结合的建筑艺术形象。

三、可持续规划设计机场项目实践

1. 成功实现总体布局的低碳改建、扩建——多伦多皮尔逊国际机场

多伦多皮尔逊机场为应对航运客流快速扩增的需求，自1964 年始建 1 号航站楼起，历经扩建（1973 年建 2 号航站楼、1991 年建 3 号航站楼），2004 年起又两次改、拆、重建，通过全面整合利用土地建筑物设施、道路，使所有方面资源发挥出巨大的潜力。在 2008 年成功原地重建全新的 1 号航站楼，为长期增长（2008～2030 年）的更高起点的机场经济圈建设计划提供发展空间，为大都会城市的机场建设在原地高效的可持续发展模式提供成功经验。

2. 持续不懈致力于机场绿色环境——温哥华国际机场

温哥华国际机场候机楼在建造过程中十分重视采用绿色低碳的建筑材料，如木秸草秆板、低挥发有机涂料，并做到建材在现场周转使用、乃至混凝土和沥青的高比例回收，从而大大减少施工废弃物的量，免除对空气和水体的污染。

此外，从运营管理方面，对材料更替、供应采购等各个细节严格控制，降低污染度和实现良性循环，包括正规渠道的品牌咖啡、可燃的食品器皿、黄豆基饮品、高回收的地毯和可回收的洗手间用纸等。机场管理部门自 2007 年起以可持续为核心专题呈上年度报告，全面查核、陈述机场健康运营机制，其中包括：通过管理使噪声最小化的测定值；除大众轻轨已直达市中心区外，还增建桥梁、非机动自行车路、顺畅主干道等，改善基础设施，提供多种人货运输工具；强化空气洁净、减少碳排放意识等，鼓励步行，提供非机动车、公交、拼车的补贴，发放绿色社区计划，使年碳排放量降低。还有包括出租车以电动车代替燃汽车的二年计划，减少大型车辆比例，代之节油轻型车，增设地勤动力供应、空气预处理、优化空调体系、太阳能热水供应、二氧化碳感应测试装置、按航班动态实时对应的信息化室内照明控制等各种节能措施应有尽有。

3. 用天然木材建造木构现代候机厅两例——科瑞布洛克加拿大山脉国际机场和普林斯乔治机场

始建于 1970 年的科瑞布洛克加拿大山脉国际机场，采用砖承钢木屋盖。由于开发大山森林旅游资源的需要，2008 年扩建段则以钢承柱和成功运用轻型胶合叠层全组合木构屋盖而著称，新研制开发的工程技术结构体系跨度柱距层高完全可以满足候机楼内出发、到达、安检、行李传输等多样功能要求。

始建于 1970 年的普林斯乔治机场为体现其紧邻自然体森

林的特有识别价值，新建段运用原木组合大梁，并独有匠心地将新老段联廊设计成左侧为新原木饰、右侧为钢构饰的隐喻新老交替感受效果，闪亮粗放的紧固件、喷砂铸铁饰面的纤巧钢件共同组合，受力合理的升浮形象都极具艺术感染力。

4. 自然采光和自然通风——厦门高崎国际机场和海口美兰国际机场

早在绿色可持续潮流尚未全面理性化的 20 世纪 90 年代早期，B + H 作为从加拿大到中国的外来建筑师，在崇尚本土特色的潜在意识驱动下，为航站楼探索追求其应有的“自然”内在本质。“采光”和“通风”的自然组织是我们设计师笔下创造形象元素的灵感。

5. 更明确的节能低碳目标理念新追求——新纪元的鄂尔多斯机场

新世纪建成的内蒙古鄂尔多斯机场除独有的草原游牧蒙古包帐篷隐喻形象涵意外，为节省能源的自然采光和通风的天窗也是可持续建筑理念的重要体现。

（作者单位：加拿大 B + H 建筑师事务所）

节能减排新技术、新材料在北京高速公路中的应用

张　闽

在全面完成高速公路建设任务、实现运营、养护高水平服务的同时，北京市首都公路发展集团有限公司积极响应国家科学发展、节能减排号召，大力开展节能减排相关新技术、新材料的应用研究，并在高速公路建设、养护工程项目中全面推广应用，为实现首都低碳绿色交通起到了良好的示范作用。

一、高速公路建设与养护应用

1. 温拌沥青技术

2009 年引进了表面活性剂温拌沥青技术，当年在试验室验证其路用性能满足标准要求后，在八达岭高速公路路面大修过程中进行了单向 1km 试验段的铺筑，以检验其施工工法和相关质量标准。之后根据其特点，在京包高速公路德胜口隧道和京承高速公路沙厂 2 号隧道路面工程施工中正式应用。通过工程应用，进一步验证了其具有良好的路用性和广泛的适用性及节能减排效果。随即集团公司在京开、京密、京包高速公路路面工程及路面罩面大修工程中均采用了温拌沥青技术。

采用温拌沥青技术后，与常规热拌技术相比，沥青混合料拌和温度降低约 30°，每吨混合料可节省燃油 1. 8kg、减少 CO_2 排放量约 2. 5kg，同时极大地改善了施工人员的作业环境。在集团公司负责建设、养护的工程中，截至目前已累计应用温拌沥青混合料 47. 7 万 t，共计节省燃油 858. 6t。

2. LED 灯应用

高速公路照明是耗能大项，尤其是隧道和收费站大棚照明用电量惊人。2009 年在建设京承高速公路（密云后沙峪至市界段）和京包高速公路（六环路至德胜口段）时，以 LED 光源取代传统的高压钠灯光源，在两条高速公路隧道及其互通立交高杆、收费广场、收费大棚等部位照明共应用 LED 光源 980kW。之后，京开高速（辛立村至市界段）公路、京密高速（京承立交至开放路环岛段）公路、京包高速（五环路至北清路段）公路工程及京港澳高速公路（五环路至赵辛店段）改建工程的路侧照明全部采用 LED 光源，共计 1368 套、359. 5kW。2011 年，又将原有高速公路收费广场、大棚及隧道照明进行了 LED 改造，共计 4197 套、376. 6kW。

目前，在首发集团公司负责运营管理的高速公路中，总计使用 LED 光源 1716kW，若按 LED 比高压钠灯节电 30%、年路侧和广场照明及收费大棚照明（约 766kW）时间 4000 小时、隧道照明（约 950kW × 0. 7）时间 8760 小时计，每年节电约 266. 7 万 kWh，折合标准煤约 888. 1t（标准煤 kg/节电量 kWh = 0. 333）。

3. 橡胶沥青材料应用

2007 年首发集团公司开展了橡胶沥青混合料应用技术研究，并在八达岭高速公路辅路罩面工程中成功应用。2008 年在机场南线高速公路路面工程中，表面层用橡胶沥青混合料替代了传统的 SMA 混合料，使其成为当时国内规模最大的橡胶沥青应用项目。之后不断在新建和大修项目中应用，还开展了温拌橡胶沥青和低温橡胶沥青技术应用研究。应用证明，橡胶沥青混合料不但有良好的路用性能，还有很好的抗车辙、抗裂缝能力，以及降噪能力，可提高路面正常使用年限和行车舒适性。在积极进行路面应用的同时，针对桥梁防水卷材施工质量控制难度大、桥梁渗水、桥面推移问题较为普遍，而且人工作业量大、速度慢的问题，应用热熔橡胶沥青防水材料，全机械化作业，速度快、计量准确、质量稳定，很好地解决了使用防水卷材带来的相关质量问题。

几年来，在新建和大修工程中，累计使用橡胶沥青混合料 29. 35 万 t，热熔橡胶沥青防水材料 0. 09 万 t。以橡胶沥青中废旧轮胎橡胶粉的掺量（即替代沥青量）为 20%、其混合料中油石比为 6% 计算，共计节约沥青 3700t，折合标准煤 4758t（标准煤/沥青 = 1. 286）。

4. 其他技术

在路面新建及大修工程中，还大量应用了现场热再生技术、路面铣刨料回收利用技术等；在排水和绿化工程中，应用了雨水收集、综合利用技术；在管理中心、服务区等附属房建工程中，应用了地源热泵技术、污水收集处理技术、中水回用技术、太阳能利用技术等。这些材料、技术的应用，均在节能减排、废物利用等方面取得了显著成效。

二、智能交通应用

首发集团公司在交通运输部正式出台电子不停车收费国家标准后，立即启动了国内第一个基于国标的电子收费系统的建设，并于 2009 年 5 月正式运行。目前北京市高速路 ETC 系统已建成完毕，并全面实现与天津、河北的联网，京津冀区域内的 ETC 客户均可享受便捷的跨省市不停车收费服务。首发集团公司负责运营管理的高速公路累计建设 ETC 车道 392 条、人工刷卡车道 1072 条，实现了 ETC 车道站点覆盖率 100%。ETC 客户发展到 90 万，成为全国区域最广、数量最多、交易量最大、效益最好的 ETC 应用网络系统。

作为高速公路收费运营管理的重要技术创新和系统创新，电子不停车收费系统（ETC）能够明显提高收费站区的车辆通行效率。经过统计分析，在人工收费模式下，完成一次用户交易时间平均为 10 秒，而在 ETC 模式下，车辆以 20km/h 速度通过，一次交易时间仅为 0. 2 秒，车辆通行效率大幅提高。对社会而言，缴费车辆不用在排队状态下多次起步、停车、等候，降低了车辆因制动、起步、等候而增加的燃油消

耗，减少相应的尾气排放量；对企业而言，减少收费车道数量，节省收费站用地，降低高速公路建设和运营管理成本。此外，以ETC系统为依托，有利于后续开展的智能交通疏导、数据挖掘分析等服务，实现“人文高速、科技高速、绿色高速”的发展目标。

根据《北京市高速公路电子收费系统后评价研究报告》的结论，每一万次ETC交易，将节约314L燃油消耗，并减少55.96kg各类污染物排放。根据集团公司高速公路收费数据统计，截至目前，ETC总交易量已达21620万次，累计节约燃油消耗约678.87万L，减少各类污染物排放1210t。

电子不停车收费技术已向市内大型停车场推广应用。目前，已在首都国际机场T3航站楼停车场成功应用，每日交易数达4000次以上。

三、信息服务应用

极端天气、交通事故、占路施工等是造成高速公路交通拥堵的主要因素。建设信息化智能交通体系，将高速公路交通状况信息告知社会广大交通参与者，使其提前避开交通拥堵路段、合理选择出行路线或出行方式，提高交通出行效率，是首发集团公司为进一步节能减排、提高服务水平而实施的重要举措。

2010年以来，首发集团公司新建高速公路均已满足运营管理全程监控要求为标准进行机电工程设计。同时，除正常路段外，进口收费广场前均设置可变电子情报板，以保证驾驶员能在驶入高速公路前，尽量多、尽量早地了解高速公路交通信息。原有旧路也逐步开始机电系统改造升级，满足信息服务功能要求。

2011年初建成投入使用的六里桥高速公路指挥中心，既是高速公路网络运行管理的总中心，又是为社会公众提供高速公路交通信息服务的综合平台，以及高速公路应急交通管理的指挥中心。指挥中心总建筑面积约2400m^2，其中指挥大厅面积840m^2，各类设备机房面积约1300m^2。指挥大厅设控制坐席72个，呼叫中心设客户服务坐席16个。

六里桥高速公路指挥中心通过呼叫中心系统、交通地理信息（GIS）系统、对外服务管理系统、视频监控系统、交通监控系统、大屏幕投影系统、中心网络平台系统、光纤数字传输系统、数字程控交换设备系统、电源系统等各子系统，以及相关数据库管理、快捷和方便的高速公路通行服务和高水平的运营管理提供先进的技术手段，为北京市交通提供有力支持，为公众出行提供优质服务。

为方便高速公路出行者，提高服务质量，呼叫中心平台开通了首发集团服务热线“96011”，利用短号码资源拨打方便快捷的优势，采取人工服务与自动声讯相结合的方式，通过电话、传真、短信平台、电子邮件等形式，为客户提供24小时专业化、全方位的服务。受理社会公众通行高速公路过程中的实时路况、行驶路线、收费标准、电子不停车收费业务、道路气象资料等综合信息的查询，各类求助、投诉，以及社会公众对高速公路的建设、经营管理提出的合理化建议等。

（作者单位：北京市首都公路发展集团有限公司）

倡导低碳飞行　实现航空业可持续发展

巴西航空工业公司

一、秉承环保理念，服务世界航空运输业

成立于1969年的巴西航空工业公司（以下简称“巴航工业”）在过去40年里坚持秉承巴西高度重视环境保护的传统。作为全球最大的120座级以下商用喷气飞机制造商，同时也是全球唯一一家提供从超轻型到超大型公务机全系列产品的制造商，巴航工业从产品研发、到生产工艺、再到用户售后服务，坚持将其环保理念落实到每一个环节，成为航空业界率先通过ISO 14001环境认证的飞机制造商。在商用航空领域，巴航工业致力于航空生物燃料的研发，并于2012年成功实现生物燃油的试飞；在公务航空领域，公司旗下每一款机型的环境性能均优于其他同级别机型。2005年，公司成功推出了全球第一款商用的以生物燃料为驱动的飞机——伊帕内玛。该项目被《科学美国人》杂志评为2005年全球最重要的50项重大发明之一。巴航工业成立环境保护办公室，积极参与、协助国际上由政府和社会组织开展的环境保护工作，实施的一系列环保计划和项目已卓有成效。

二、商用航空致力于航空生物燃料研发

根据联合国政府间气候变化专门委员会（IPCC）统计，航空业占人类活动产生的CO_2排放量的2%。对于航空业界而言，采用生物燃料是降低燃油成本、实现环境保护要求的重要途径之一。

巴航工业致力于航空生物燃料的研发，积极投资巴西生物燃料行业，促进航空业的可持续发展。2008年，公司成立替代燃料研发团队，并着手进行E-喷气飞机利用蔗糖生物燃料进行示范飞行的可行性研究。2011年10月，巴航工业与波音及巴西圣保罗研究基金会签署了一项合作协议，启动了巴西可持续航空生物燃料项目。该项目旨在呼吁相关利益方共同推动可持续生物燃料的生产，并将其应用于巴西的航空产业。项目通过对原材料可用性、生产技术、公共政策、物流和可持续发展等方面的研究，进一步巩固巴西在生物燃料研发领域的成绩。2012年初，巴航工业携手业界同行在瑞士日内瓦签署了《航空与环境峰会宣言》，重申其致力于开发替代能源实现可持续发展的承诺。

2012年6月19日，在全球聚焦联合国可持续发展大会时，由巴航工业生产的一架EMBRAER 195（E195）喷气飞机顺利完成了可再生生物燃料的示范飞行。该生物燃料提取自巴西最重要的生物物质——甘蔗。

E195飞机可再生生物燃料的成功试飞是巴航工业、通用电气商用航空服务公司、蔚蓝航空公司与阿米瑞斯生物技术公司根据其于2011年签署的技术合作协议，携手努力的成果。从技术层面而言，公司确定阿米瑞斯生物燃料可以作为“随加随用”的燃料使用，即无须改装飞机或更改燃料分配及机场泵吸系统即可与传统化石航油相互混合。这与汽车行业的“柔性”系统存在质的区别，后者需要改装发动机才能以乙醇为燃料。而对于飞机制造业而言，改装飞机不切实际。阿米瑞斯生物燃料能够为适应飞机进行调整，而无需对飞机进行改装。其次，项目明确了生物燃料的可持续性发展。巴航工业携手泛美开发银行、阿米瑞斯和波音公司进行了深度调研，包括生物燃料在巴西的需求及其对环境的影响，如扩大甘蔗种植可能导致的环境影响等。根据测验结果，甘蔗是唯一能够进行大规模生产的、可提取生物煤油的生物物质。

生物燃料项目彰显了巴航工业的创新精神。利用转基因酵母进行甘蔗汁的发酵，由此生产优于化石煤油中乙醇之外的其他化学成分，这对于航空业至关重要。

三、公务航空中倡导“绿色公务飞行”

公务航空占整个航空业气体排放量的1%，同时也是整个人类活动CO_2排放量的0.02%。巴航工业利用几十年来积累的丰富的航空制造经验，以先进技术为硬件，以完善的客户服务为软件，开启了绿色公务航空时代。

以巴航工业莱格赛650喷气公务机为例，采用两台在罗尔斯-罗伊斯公司生产的AE3007A1E型发动机基础上改良后的AE3007A2发动机。该发动机选用了先进的宽弦风扇叶片、性能优良的核心机以及全新的全权数字式发动机调节装置。该装置降低了油耗，工作效率大为提高。与同机型老款产品相比平均可减少29%的CO_2排放量，而比现有的同类型产品最多可减少22%的CO_2排放量。而公司最新研发的莱格赛450中轻型和莱格赛500中型喷气公务机都使用霍尼韦尔公司生产的先进的HTF7500E涡扇发动机，显著改善了燃油消耗率，便于维护，降低了运营成本，减少了噪声和污染排放，进而减轻了飞机对环境的影响。

四、伊帕内玛飞机——低碳飞行的榜样

伊帕内玛是巴航工业已经连续生产了近40年的一款成熟的通用飞机产品。2005年，公司成功地将这款飞机改进成为全乙醇燃料驱动并投入批量生产，成为航空业内使用乙醇驱动飞机的先驱。伊帕内玛飞机是全球第一款出厂时就带有生物燃料飞行认证的系列化生产的飞机。2005年3月15日，公司向客户交付了第一架以乙醇为燃料的“伊帕内玛”飞机。同时这架飞机也是该系列中的第1000架飞机。

由于具有清洁、可靠的特点，乙醇在活塞式发动机的部分应用已经有26年的历史。1989年，曾有人驾驶采用乙醇

燃料的单发飞机成功飞越大西洋。乙醇燃料所产生的残留物比航油显著减少，且不含铅成分，在使用周期内碳排放具有中性平衡作用，这一点使得伊帕内玛对于生态环境非常有益。与此同时，同样可以作为汽车所用的乙醇价格较航油低 30% ~ 40%。而且与采用航油相比，乙醇燃料的使用可降低发动机震动，使发动机的大修间隔时间延长一倍，增加了飞机的盈利潜能。

伊帕内玛农业喷洒机目前是巴西农用航空市场的领导者，占有大约 75% 市场份额。目前向世界各地用户交付数量已经超过了 1200 架。

五、做负责任的企业公民

巴航工业持续加强其在环保方面的行动力度。

为完善、推广公司的环境政策并在更高层次上实现可持续发展，2007 年 10 月公司成立环境战略和技术办公室，负责制定、完善并推广公司的环境保护政策，并为各个业务部门、供应商和客户们在制定环保政策方面给予支援，帮助他们在产品的制造环节和生产工艺流程中降低对环境的影响。

在 2008 年 4 月于瑞士日内瓦召开的第三届航空与环境峰会上，巴航工业与航空业界的主要企业共同签署了一份有关改善气候变化的声明。该项声明概述了航空业界对于“碳中和增长”理念的认识，即通过投资新技术、提高运营效率、改进空中交通和机场基础设施、以及采取相应经济措施这四项基本措施，应对气候变化并改善气候条件。2008 年 6 月巴航工业正式加入联合国全球契约，表明了公司对可持续发展的承诺，将采用预防性办法应对环境挑战，并积极研发环保技术。

2010 年 5 月巴航工业加入巴西航空生物燃油联盟，利用其在生物燃油的丰富经验，为开发航空可持续生物燃油贡献一己之力。

公司在环境保护方面的努力也得到了社会的认可。2002 年，公司获得环境体系 ISO 14001 认证，证明公司在环境保护方面正确积极的态度，以及控制和污染环境预防能力。2006 年公司的能源使用项目获得巴西圣保罗州工业联合会颁发的能源保存和合理使用奖，这是有史以来第一次一个公司在同一年获得该联合会颁发的两个大奖。

浅谈可持续发展与 SMaRT 认证

徐 屏 王宏倍

一、可持续发展概述

可持续发展是一种注重长远发展的经济增长模式，指既满足当代人的需求、又不损害后代人满足其需求的能力，是科学发展观的基本要求之一。可持续发展（Sustainable Development）是20世纪80年代提出的一个新概念。1987年世界环境与发展委员会在《我们共同的未来》报告中第一次阐述了可持续发展的概念，得到了国际社会的广泛共识。可持续发展是指经济、社会、资源和环境保护协调发展，既要达到发展经济的目的，又要保护好人类赖以生存的大气、淡水、海洋、土地和森林等自然资源和环境，使子孙后代能够永续发展和安居乐业。

二、SMaRT 是什么

SMaRT 是英文“可持续材料评价技术”（Sustainable Materials Rating Technology）的首字母缩写。该评价技术是一个全面的产品可持续性评估标准，适用于全球大部分产品。它用于评估产品在整个生命周期及供应链中的可持续性表现。SMaRT 认证过程公开透明，亦可反复验证。拥有 SMaRT 认证产品的公司皆致力于可持续发展。SMaRT 由总部位于美国华盛顿哥伦比亚特区的非盈利性公益慈善机构——MTS（Market Transformation to Sustainability，市场可持续发展转型）机构负责管理。

三、为何需要进行可持续性认证

可持续产品的需求日益旺盛，根据联邦贸易委员会（FTC）开展的消费者调查结果显示，如果质量与传统产品相同，并能满足价格需求，90%以上的公众会购买获得认证的可持续产品。根据天然产品营销协会（Natural Marketing Association）2008年的调查结果显示，消费者愿意出更高的价格购买获得认证的可持续产品。在过去5年时间里，绿色建筑使用获得认证的可持续产品以70%的速度增长。在过去15年时间里，获得认证的有机产品以20%的速度增长。而在过去两年时间里，获得森林管理委员会（FSC）认证的木制品正以20%的速度增长。

可持续产品经证明具有光环效应，通过强化企业社会责任提升品牌价值，有助于提升公司的品牌形象和价值。利平科特·默克公司（Lippincott Mercer）认为40%的品牌价值是无形的，其中增长最快的部分就是可持续性。

绿色建筑联盟（Green Building Alliance）认可的可持续产品认证标准超过23个。优化可持续产品认证需要满足五个关键要求：①全球统一标准；②内容全；③简化流程；④节约资金；⑤供应链模式。SMaRT 是唯一一个同时满足上述五个要求的可持续产品标准。

获得 SMaRT 认证的产品具有以下优势：

（1）有效降低污染物的整体水平，其中包括气候污染、有毒污染物、酸雨、臭氧消耗、水/空气污染，以及固体/危险废物；

（2）减少传统能源消耗；

（3）对产品进行回收利用，减少垃圾填埋场和焚化炉的废物；

（4）提升生产商/经销商的盈利能力、品牌形象和竞争优势；

（5）联邦贸易委员会及多家环境调研公司开展的消费者调查结果显示，获得 SMaRT 认证的产品备受青睐。

四、SMaRT 认证要求是什么

SMaRT 认证有几个等级，即普通级（28～40分）、银级（41～60分）、金级（61～89分）、白金级（90～162分）。评估内容涵盖公共健康与环境安全，节能与可再生能源，公司/工厂的整体可持续发展要求（其中包括社会公平），节能、回收和再利用项目的落实情况，生产环节的创新。

无论是认证项目，还是生命周期评价（LCA），都为评估产品的环境绩效提供了有效方法。不过，如果双管齐下，不仅有助于评估工作的深入开展，同时还能提高评估结果的可信度。SMaRT 是唯一一种兼具两者优势的认证标准，一方面立足于整个产品生命周期，另一方面注重多种属性的分析，而且认证过程完全公开透明。

五、如何获得 SMaRT 可持续产品认证

生产商想要获得 SMaRT 认证必须做到以下几点：

（1）完成整个申请流程；

（2）签订一份具有法律约束力的合同，在合同中确认所提交数据的准确性和不具误导性，并证实所使用的专业人员具有相应资质；

（3）公布认证情况；

（4）通过第三方审核；

（5）每隔两年进行续证和验证，以确保其与当前的环境趋势保持同步。

飞利浦（Phillips）、伊顿（EATON）、诺尔（Knoll）、福尔波（Forbo）、阿克苏诺贝尔（Akzo Nobel）、可持续建筑环境联盟（Alliance for Sustainable Build Environments）、美利肯（Milliken Contract）等企业已获得 SMaRT 认证。

六、对于企业供应商/客户而言有何意义

由于企业一贯推行可持续供应商/客户政策，因此

SMaRT 同样适用于供应商/客户。企业制定各项标准，并鼓励供应商/客户实现上述标准

（1）确保企业供应商/客户以一种经过认证的方式经营；

（2）鼓励企业供应商/客户采取类似举措/措施；

（3）精心选择供应商/客户，有助于提高企业可持续性表现；

（4）减少碳足迹；

（5）减少有毒材料的用量。

可持续发展是一个持续不断的过程，企业应该与所有利益相关者密切合作，携手迈向可持续发展的未来。企业也不断从供应商处获取更具可持续性的可再生原材料和能源。此外，企业还应该致力于加大研发力度，减少各环节的生态足迹，共同经营可持续发展事业。

（作者单位：阿克苏诺贝尔（中国）投资有限公司）

粉末涂料在地铁等车辆中案例研究

王宏倍　戴莺莺

一、粉末涂料与低碳经济

粉末涂料是一种不含溶剂100%固体粉末状涂料，具有不用溶剂、无污染、节省能源和资源、减轻劳动强度和涂膜机械强度高等特点。涂料由特制树脂、颜填料、固化剂及其他助剂，以一定的比例混合，再通过热挤塑和粉碎过筛等工艺制备而成。它们在常温下，贮存稳定，经静电喷涂、摩擦喷涂（热固方法）或流化床浸涂（热塑方法），再加热烘烤熔融固化，能形成平整光亮的永久性涂膜，达到装饰和防腐蚀的目的。

粉末涂料涂装技术，与低碳经济发展有很多契合点。低碳经济概括来讲是以低能耗、低污染、低排放为基础的经济模式。粉末涂料之所以宣称“Every Color Is Green”，是因为其中不含挥发性有机化合物（VOC），喷涂面积可高达99%，大大减少了废物产生，在使用和固化过程中所消耗的能量更少。

二、粉末涂料与汽车行业

在公共交通车辆制造领域，粉末涂料作为一种先进而且有效防护技术已得到日益广泛的应用。粉末涂料在汽车零部件上的应用，始于20世纪70年代中期。如用于悬挂物部件、发动机坯体、油滤清器、空气净化器和刹车管等部件，其首选品种是环氧粉末涂料；用于门窗组件、雨刷、行李架、保险杠等外用金属构件的粉末涂料，则以聚酯或丙烯酸类为优选体系。

环氧粉末涂料赋予涂层以优良的附着力、力学性能、抗石击性、耐化学品性和耐腐蚀性，这些特性可在160℃15min固化后实现。用于机罩下机件的涂装，可满足极端环境下的使用要求。经喷砂除锈的铸铁发动机机体直接用环氧粉末涂装，用红外快速固化（160℃ 8min），接着对汽缸头表面等关键部位进行机加工，达到微米级容差度，并获得适用于密封垫定位的表面，能承受高速机械加工，不出现碎落、卷层或周边翅片等缺陷。几乎所有外用金属构件均可用粉末涂装，车顶围栏、门窗组件是典型的外装饰件，颜色通常为黑平光或深灰色，要求耐紫外线老化性和美观性优异。

三、粉末涂料与轨道交通行业

轨道交通车辆一般分为承担城市内通勤的地铁、轻轨和承担城市之间运输的铁路客车。在欧洲，法国、英国、德国等西欧国家城市轨道交通建设开展较早，目前还在不断加快建设步伐，以满足更加高效的城市与城市之间交通和往来，缓解交通拥堵压力。粉末涂料在地铁车辆和铁路客车内装等零部件中的应用，在欧洲等轨道交通发达的国家已经成熟实施。

据有关文献记载，中国内地在20世纪80年代末期已经将粉末涂料应用在国际联运列车、国内旅游车辆以及25型车中，以期望取代油漆和电镀等防护工艺，获得更高防护性能，并且保证工艺清洁环保。迄今为止，对于粉末涂料涂装在轨道交通车辆中的应用，相关研究文献不多，基本处于探索和借鉴阶段，尚未如汽车行业那样系统化和细分化。在此试总结相关技术经验，供车辆设计方、车辆购买方根据不同要求，选择合适粉末涂料体系。

1. 粉末涂料体系与轨道车辆零件概述

绝大部分产品的外观色彩都是由涂装工序完成的，目的是使产品表面达到防腐、美观以及能满足特殊要求。

地铁车辆和铁路客车从车头到车体内部零部件种类众多，一般以乘客接触度因素进行归类。根据是否为暴露的可见面和是否在内部可分类如下：

可见部位，例如侧墙板、天花板、座椅，电子柜、设备柜门、拉环、扶杆、楼梯扶手、行李架；不可见（一般使用环境）部位，例如窗框、通风栅、贮气罐、窗罩（内部）、配电箱等；不可见（特殊使用环境）部位，比如潮湿环境、高温环境，车下部件、驾驶室等。

根据使用的金属材质，简单分为铁、铝和其他金属材质。不同金属基材或可选用同样的粉末涂料体系，但是前处理工艺和评价性能的方法略有区别。工艺方面，粉末涂料需要满足耐候性能、外观装饰效果以及可修护或者维护性。在粉末涂装之前需要选择合适表面前处理，比如除油、锌或者铁系磷化、铬化、喷砂等。

常规前处理后放置时间不能超过12小时。喷砂处理不能超过6小时。在粉末涂装之后需要选择合适返工方案、修补方案。修补方案需要考虑颜色、外观、机械性能和耐候性能。

选择涂装体系时，应遵循下面的5个原则：

（1）根据涂装的目的选择；

（2）根据被涂物所处的工作环境要求选择；

（3）根据施工条件，依据所具有的施工设备及烘干设备选用合适的体系；

（4）根据被涂物的材料性质选择涂料品种，并注意所选涂料的配套性；

（5）根据具体情况，从节约的原则出发，把当前利益和长远利益，直接利益和间接利益结合起来考虑，寻求技术与经济的最佳结合点，使产品涂装后的性价比最优。

2. 粉末涂料产品体系

聚氨酯粉末涂料，或称PU体系，是一类高档粉末涂料。兼有优良的装饰性和卓越的耐候性，有较全面的耐化学药品性，特别是不易黄变。在地铁和铁路客车内装中，常用的

"易清洁"或者"抗涂鸦"是其中最具有代表性的产品，西欧各国拥有与自身情况相符的相关标准，比如法国国家铁路、意大利国家铁路、英国地铁、德国联邦铁路等标准。相较于其他类型粉末涂料，聚氨酯的机械性能指标略低，主要表现在抗冲击性能和弯曲性能较差。

耐候纯聚酯粉末涂料（Durable Polyester）包括一系列高性能粉末涂料，具有出色的耐候性、表面效果。普通产品可以满足设计方对于性能和成本的追求。高端产品 Interpon D 系列具有严苛的佛罗里达暴晒实验数据，可以为合格（Approved Job Coater）使用者提供 10 年或者 15 年的涂膜质保。该涂料适于单涂层及双涂层技术，可以依据客户要求进行调整。色彩选择范围宽泛，可依据 RAL 色彩、NCS 色彩、金属效果以及定制色彩。

对室内（Indoor use）等不严苛条件，可以依据不同的要求选用一般性混合型粉末涂料或者纯环氧粉末涂料等，性价比更高。特殊纯环氧粉末涂料适合作为重防腐方案使用。

3. 粉末涂料性能相关探讨

（1）涂膜膜厚控制（见表 1）

涂膜膜厚控制指数　　表 1

体系	组　合	膜厚要求	最小平均膜厚 × aμm	最大平均膜厚 × bμm
单涂层	面粉	70	60	100
双涂层	底粉	70	60	100
	低粉 + 面粉	140	120	200
三涂层	底粉	70	60	100
	底粉 + 隔离层	140	120	200
	底粉 + 隔离层 + 面粉	210	180	300

注：测量膜厚取点方法，面积或者直线长度小于 1 米，测量点 3 ~ 10，面积或者直线长度在 1 米和 10 米之间，测量点 10 ~ 20。

（2）粉末涂料一般特性

粉末涂料没有开封，包装完好，在避光通风的环境中储存 12 个月内都可以使用。特殊粉末需要低温运输，冷藏储存。超过有效期建议报废处理。粉末涂料可以设计多种光泽度，比如低光泽 < 30°，亚光 30°，平光 70°，高光泽 > 85°；各种表面质感，比如砂纹、触感效果等。对于 Easy Clean 产品，建议使用平面光滑效果，以达到更易清洁效果。易清洁 Easy Clean 粉末涂料产品，表面更加致密，聚氨酯交联密度高，可以获得更高的硬度（2H 甚至 3H），但抗冲击性能和折弯性能较低。

（3）粉末涂料耐候性能

耐候性评价主要有两个方面，即紫外线和腐蚀环境。

紫外线能破坏涂层中的树脂结构，使涂层粉化，表面出现粉末状物质腐蚀，风或灰尘、沙粒等在涂层表面引起摩擦会加速这个过程。紫外线会破坏涂层中的颜料，使涂层变色或者褪色，影响美观。

腐蚀环境，比如潮湿、热量、化学接触等，可造成涂层剥落、锈蚀。例如卫生间、散热罩、空调出风口都处于强烈的腐蚀环境中。在沿海地区，特别是沿着海岸线铺设的轻轨，所有的零部件都需要考虑恶劣的腐蚀环境要求。

对于出口项目，零配件在到达组装地点之前有较长的海运路程，还应该考虑海运中的腐蚀环境要求。

（4）粉末涂料的功能性

粉末涂料除具有防护、装饰作用外，还可以具备特殊的功能，以满足不同的需求。如在特殊情况下要求涂料具有电绝缘、导电、防静电、防沾污、防霉、抗菌、耐热、耐磨、保温、反射光、吸收和反射红外线、屏蔽射线、防静电等功能。可依据不同要求，参考或者建立相关的规范。

四、总结

从全球轨道交通车辆发展来看，轻量化、安全等级提高、抗涂鸦/易清洁、设计自由度等已成为发展趋势，并对轨道车辆表面防护提出更多的要求。选择合适粉末解决方案不但可以增加外观的装饰效果，还可以优化设计成本。

秉承可持续发展的宗旨，应尽可能做到减少工艺步骤、降低损耗、提高效率、环保、无污染、无排放。粉末涂料涂装技术能为"低碳经济"的可持续发展添砖加瓦。

粉末涂料一般特性表　　表 2

			可 见 部 位	不可见（一般使用环境）	不可见（特殊使用环境）	易清洁/抗涂鸦粉末涂料
	项目	标准				
粉末涂料特性	密度	ASTM D5965	1.2 ~ 1.7	1.2 ~ 1.7	1.2 ~ 1.7	1.2 ~ 1.7
	储存期	ASTM D5965	6 to 12	6 to 12	6 to 12	6 to 12
粉末涂膜特性	光泽	ISO 2813（60°）	5 - 95（60°）	5 - 95（60°）	5 - 95（60°）	Smooth 50 +（60°） texture not recommended
		ISO 2409 - 2007	0（没有剥落）或者 1（少于 5% 剥落）	0（没有剥落）或者 1（少于 5% 剥落）	0（没有剥落）或者 1（少于 5% 剥落）	0（没有剥落）或者 1（少于 5% 剥落）

续上表

			可 见 部 位	不可见 （一般使用环境）	不可见 （特殊使用环境）	易清洁/抗涂鸦 粉末涂料
	项目	标准				
		ASTM	H-2H	H-2H	H-2H	H-3H
		D 3363				
		ISO 1519	直径 3mm，无开裂	直径 3mm，无开裂	咨询 AkzoNobel 技术人员	直径 10mm 无剥落， 允许轻微开裂
		GB/T 1732－93	正冲 50kg. cm， 无开裂，无剥落	正冲 50kg. cm， 无开裂，无剥落	咨询 Akzo Nobel 技术人员	正冲 1kg. cm， 无剥落， 允许轻微开裂
		ASTM D4060	1000cycles weight loss≤80mg	1000cycles weight loss≤80mg	1000cycles weight loss≤80mg	1000cycles weight loss≤80mg

粉末涂料耐候性能表 表 3

			可 见 部 位	不可见（一般使用环境）	不可见（特殊使用环境）	易清洁/抗涂鸦粉末涂料
粉末涂层耐候性能	中性盐雾 NSS*	ISO 9227	500h，表面状况：2（S3）（少量气泡，气泡≤0.5mm）；表面无锈，锈蚀宽度≤3mm	500h，表面状况：2（S3）（少量气泡，气泡≤0.5mm）；表面无锈，锈蚀宽度≤3mm	750h，表面状况：2（S3）（少量气泡，气泡≤0.5mm）；表面无锈，锈蚀宽度≤3mm	750h，表面状况：2（S3）（少量气泡，气泡≤0.5mm）；表面无锈，锈蚀宽度≤3mm
	酸性盐雾 ASS**	ISO 9227	500h，表面状况：2（S3）（少量气泡，气泡≤0.5mm）；表面无锈，锈蚀宽度≤3mm	500h，表面状况：2（S3）（少量气泡，气泡≤0.5mm）；表面无锈，锈蚀宽度≤3mm	500h，表面状况：2（S3）（少量气泡，气泡≤0.5mm）；表面无锈，锈蚀宽度≤3mm	500h，表面状况：2（S3）（少量气泡，气泡≤0.5mm）；表面无锈，锈蚀宽度≤3mm
	耐潮湿	ISO 6270-1	1000h，无开裂，无粉化，附着力 0 或者 1	1000h，无开裂，无粉化，附着力 0 或者 1	1000h，无开裂，无粉化，附着力 0 或者 1	1000h，无开裂，无粉化，附着力 0 或者 1
	Florida 暴晒	ASTM D 1014 (south; 45°); ASTM D 523; ASTM D 2244	***	—	—	—
	Q-sun 加速老化	ISO 11341-04 cycle A	***	—	—	—
	QUV A 加速老化	ASTM G 154-06	***	—	—	500h 光泽保持率≥50%，无开裂，无粉化

注：* 上述结果基于厚度 0.6mm 铁板 Q-panel 规格 Zn-phosphate 磷化处理；** 上述结果基于厚度 0.6mm 铝板 Q-panel 规格 Cr6 + chromate 铬化处理；*** 请联系 AkzoNobel 或者作者了解详情

（作者单位：阿克苏·诺贝尔（中国）投资有限公司）

利用日光照明设计低碳绿色建筑

张　鹏

一、引言

低碳、绿色建筑的一个重要部分是高效利用自然光，所使用的基本方法是把更多的自然光引入建筑之内，以改进结构的视觉环境。引入的自然光越多，用户对人工照明的依赖就越少。为实现这个目标，必须尽可能巧妙而均匀地把日光分布于整个室内空间。对于日光，引进的同时必须进行光学的控制管理，使得阳光不直射入，以免引起眩光，导致眼睛不适。另外，自然光必须与电气照明系统结合在一起，以保持照明连续和统一。

二、日光照明系统的结构及特性

管道式日光照明系统（Tubular Daylighting Device，TDD），就是高效利用自然光的采光系统，是目前应用最广同时也是最古老的光导采光系统（图1）。其概念的提出可追溯到古埃及，而第一套商业化的系统于1850年由Paul Emile Chappuis首先在伦敦设计并市场化。管道式日光照明系统主要由采光罩、导光管和漫射器三部分组成。采光罩位于屋顶或是外墙，采用防水透光材料制成，主要起到将日光收集进导光管的作用；导光管连着采光罩，可用各种镜面反射材料制成，主要起到将由采光罩收集的日光重新引导到需要照明地点的作用；漫射器位于系统的终端，采用漫射材料制成，主要起到将日光均匀分散的作用。光学传输效率是日光照明最主要的指标，而对这个指标起决定作用的是导光管的传输效率，即导光管反射材料的镜面反射率。从1850年伦敦第一套商业化系统以来的近一个半世纪，管道日光照明未能大规模地市场化，其中一个最关键的原因是其中反射材料的昂贵与反射率低。

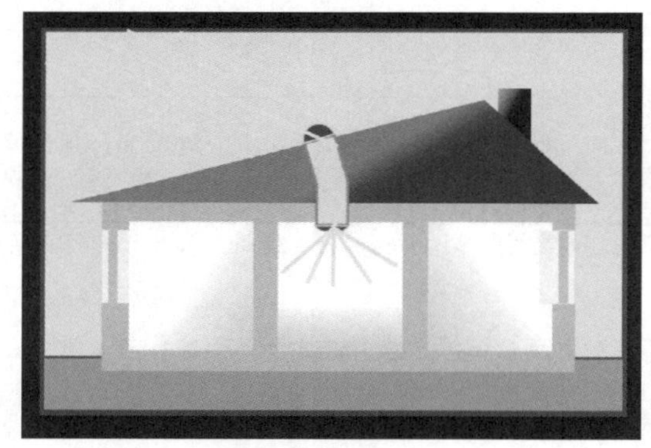

图1　管道式日光照明系统示意图

2000年，以创新闻名的3M公司成功研发并商业化光学多层膜镜面反射材料（3M超高效镜面反射片，市场上也有将其称为“七彩无极限反射片”）。该材料在可见光区域的镜面反射率高达99.7%。如此高的反射率为众多的节能产品的性能提高和大规模商业化提供了最为有利的装备，其中便包括了管道式日光照明系统。3M的光学多层膜由PET薄膜制成，其在66μm的厚度上集成了近千层的光学薄膜。

在管道式日光照明系统中，光学传输效率是最为关键的指标，而影响这一效率最为重要的是导光管反射材料的镜面反射率。反射率哪怕是小小的提高，也会带来日光照明系统的大提升。那怕只增加2%，也会使日光传得更远同时光损失更小。对比镀银材料，3M超高效镜面反射材料能将同样光的传输距离提升250%。同时，对于同样长度的传输距离，3M的镜面反射材料在理论上可以将光输出提升107%。

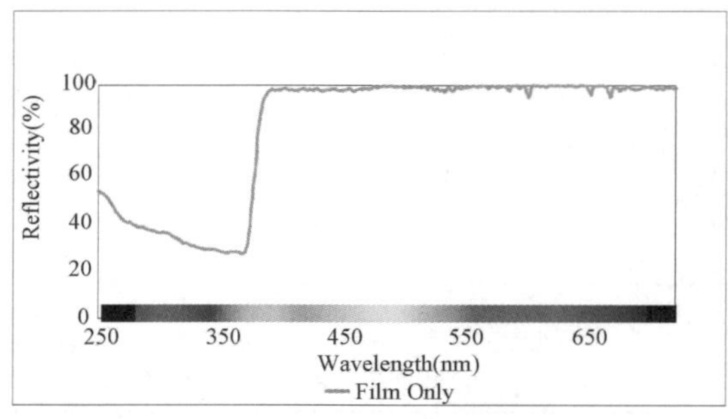

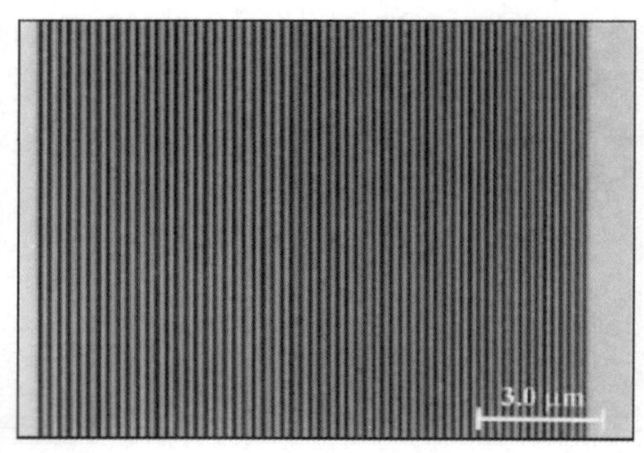

图2　3M超高效镜面反射片的反射率曲线（上）、AFM电镜图（下）

注：引自Science 287，2451（2000）

除在导光管镜面反射材料的反射率，漫射器的匀光效果及光学透过率对于日光照明系统也是非常关键的，因为其直接关系到用户使用体验及光学传输效率。3M利用其创新的技术平台——微复制及光学管理，研发出高效的菲涅尔棱镜漫射器。其在0.56mm厚的光学级PC膜片上雕刻出0.2mm深的不同角度的棱纹，使得太阳光能够大角度地散射，在很好的匀光同时又保留了光学级的透过率。

基于在管道式日光照明系统核心关键技术上的领先地位，3M为绿色节能建筑的设计和优化提供了独特的解决方案。

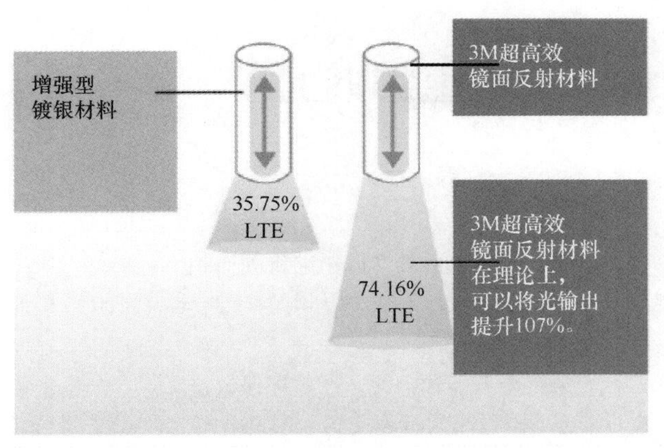

图3　3M超高效镜面反射材料与镀银材料的对比
（＊基于 $\phi25\times300$cm 的光传输管在太阳入射角为25°时的数据）

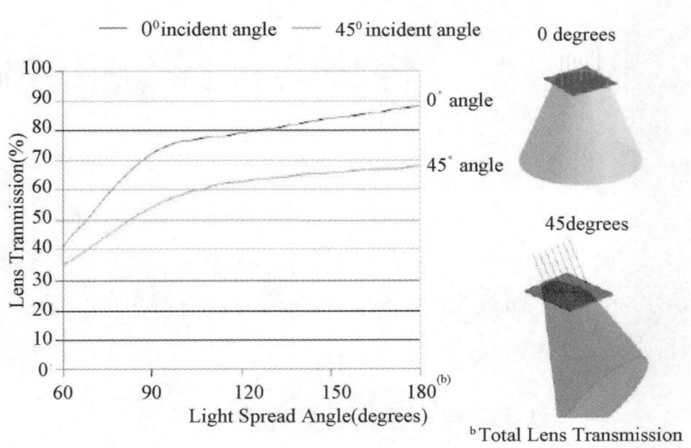

图4　3M菲涅尔棱镜在不同太阳入射角时的光学扩散角及光学透过率

3M在其研发中心安装了14套 ϕ35cm、平均长度为6m的管道式日光照明系统。该系统即使是在阴雨天，也能达到在150lux（工作面）的照明水平，完全可以满足日常会议的需要。利用该系统，在白天基本上可以不再用其他的电气照明，这就是低碳节能建筑设计的最好例证。

三、总结及展望

本文从管道式日光照明系统的结构出发，分析了日光照明系统的核心技术及解决方案，并通过实例说明日光照明系统对低碳节能建筑设计的贡献及应用。应该说，日光照明系统在不断创新的技术支撑下，在现今愈来愈受重视的绿色节能建筑设计中，必将能够快速大面积的推广开来，成为未来建筑的主流自然光采光形式之一。

（作者单位：3M装饰及照明产品部）

将公共自行车服务做成永久民生实事工程

陈　闪

本文以上海永久公司公共自行车服务在中国多个城市的成功实践，简要而概括性地阐述如何将公共自行车项目做成、做好、做得长久。

一、统一认识，深刻理解项目价值

创建公共自行车项目，首先需要城市管理者、决策者与监督机构及公众达成高度统一，这是将好事做实的基础。

以下是几种典型的发展公共自行车项目的疑虑：

1. 私人自行车的保有量比较高，用得着公共自行车吗？

解析：发展公共自行车的终极目标之一就是降低私人自行车保有量。实践证明，一旦公共自行车服务形成规模，凭其低成本使用、便利借还的优势将引导市民选择公共自行车出行，而放弃购买和使用私人自行车。降低私人自行车保有量的好处非常多，如解决乱停乱放影响市容、失窃管理、减少停放点占地、降低市民购车投入和维修保养费用等各种问题。

2. 用公共自行车替代私人自行车，投放量一定很巨大吧？

解析：公共自行车推广之初，示范效应大于实际使用效益，不需要很大投放量。这个项目首先是表明政府的一种态度、一种引导，所以出现"一车难求"、"借车难"的情形实属正常。就长久而言，公共自行车项目不能做成"免费午餐"。通过一定时间的引导，当人们形成了使用公共自行车出行的习惯了，可以将"基本免费"模式改变成"低廉收费"模式，在得到收益后根据实际需求适当扩大投放规模就不会有困难了。

3. 按目前市场行情，一辆公共自行车的年均费用在1700～2400元，就算一年能被使用1700～2400人次，也相当于每次一元，是不是太贵了？

解析：

（1）公共自行车项目基建投资最为低廉

根据公开的行情资料显示，以投放10000辆公共自行车为例，一次性投入（设备采购、站点基建）约为5000万元。按每车平均每天使用8人次计算，直接服务人群达8万人次/天。这一客流量如果采用公交巴士车运送，则需要约150辆公交车，仅公交车辆购置费用就将达到1.35亿元。如果使用出租车运送，需要约2000辆出租车，仅车辆购置费就至少2亿元。

（2）可以释放较多的停车占地

自行车的平均占用停车面积约为1.5m^2，一个城市投放10000辆公共自行车为例，则至少可以替代60000辆私人自行车，减少停车占地面积为90000m^2。若果能达到替代一定数量的公交车和小汽车购买，则释放的停车占地面积更大。

（3）可以释放较多的道路行驶面积

行驶中的自行车人均占用的道路面积为摩托车的1/5、小汽车的1/8。

（4）降低能源消耗，产生环保效益

公共自行车与其他交通工具相比较，在节省燃油消耗与减少碳排的效果如表1所示。

公共自行车与其他交通工具节能降耗对比表　　**表1**

出行工具	测算方法（8万人次出行，每次出行2.5km）	年度总碳排放量（t）
公共自行车	零排放	0
公交巴士车	按照40人次合乘一辆公交车计算，相当于2000辆公交车 车行驶2.5km，亦相当于一辆公交车行驶5000km 公交车每公里的碳排放为：0.160kg	292
私家小汽车	按照4人次合乘一辆私家车计算，相当于2万辆私家车 行驶2.5km，即相当于一辆车行驶5万km，私家车耗油按100km、11.29L计算，则需要耗油5645L。 每升汽油的碳排放为：2.5kg	5151

注：以上数据按照法国里昂的官方数据计算。

（5）公共自行车能直接降低市民出行成本

如投入10000辆公共自行车，按每车每天使用8次、每次可节省成本0.5元计算，日均节约市民出行成本4万元，全年可节约支出1460万元。

二、把脉真实需求，精准项目定位

建议开展公共自行车服务的城市或地区应该具备以下几个基本条件：

（1）能够在政策制定、资金投入、建设协调、运管监督、舆论宣传等几方面做好充分准备，以保证公共自行车系统的可持续发展。

（2）该地区非机动车基础设施较为完善，特别是非机动车道路网络、安全设施、停车设施等能够满足规范要求，可以提供较好的自行车通行环境。

（3）该地区人口密度相对较高，居民生活、购物等出行习惯、出行距离符合自行车出行特点。

（4）该地区常规公共交通覆盖不足，服务仍有盲点，需要短驳交通方式与之衔接。

（5）该地区具有特色较为鲜明、分布较为集中的旅游景点、绿化地、公园、绿道或休闲娱乐设施，周边道路条件和环境较好，适合自行车游览骑行。

公共自行车项目的发展是否能精准定位应特别考虑以下三点：

（1）应满足居民短距离生活出行需求，替代不必要的机动化出行，优化城市出行方式结构。

（2）公共自行车发展应与公共交通发展紧密结合，弥补已有轨道交通和地面公交线网覆盖的不足，提升公共交通服务水平和对公众的吸引力。公共自行车应当作为城市主导公交的有效延伸和补充，因为它能提供出发地→公交站点或公交站点→目的地“最后一段路”的个性化便利交通服务。

公共自行车应与长距离公共交通方式紧密衔接，与短距离公交方式优势互补，争取在一定程度上替代助动车、私人小汽车出行。

（3）公共自行车应逐渐渗透到城市健康生活的方方面面，潜移默化的转变城市居民出行习惯，改善城市生活环境。

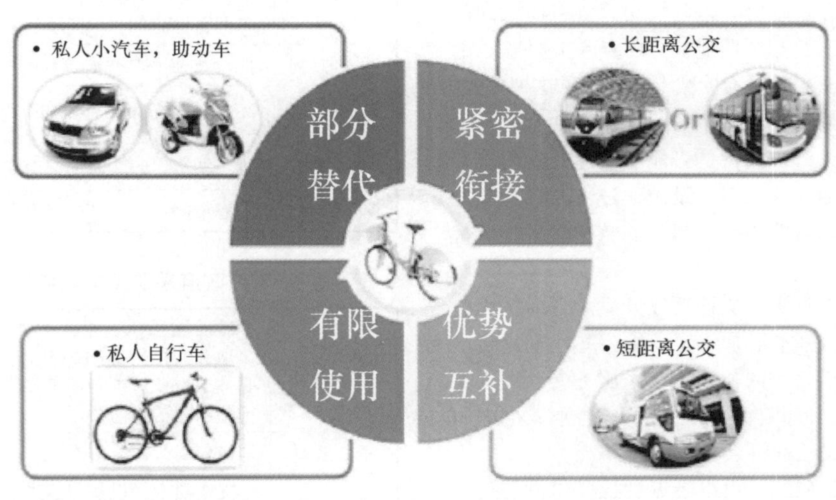

图1　公共自行车与其他交通工具关系图

三、整体科学规划，分阶段实施

公共自行车站点的设置不仅要结合功能定位，考虑市容市貌的建设，同时还应对社区、机关单位、办事点、商业圈、学校等站点的布局进行统筹规划，系统性管理。以下整体规划与站点布局建设的原则应当被遵循：

（1）与城市交通发展目标相一致，构建“便捷、有效、安全、高效率、运行出色”和“具有普遍的吸引力，可持续发展及维护良好的环境”的公共自行车系统。

（2）与城市公共交通功能布局相一致，形成轨道交通、地面公交、出租汽车、自行车、公共自行车等多种交通方式高效衔接、运行可靠的服务网络。

（3）站点布局以轨道交通站点或公交枢纽为中心，延伸公交服务，通过较高的站点覆盖率和灵活的服务方式提高公交吸引力。

（4）科学预测、合理布局，提高公共资源的使用效率，结合公共自行车使用需求和周边设置条件，合理布设各类站点，提高车辆使用率，保证系统的持续运行。

（5）分阶段、分区域、有计划、有步骤地推进。公共自行车网点一般呈网状分布，带有一定的区域闭环特性，因此可以先进行试点，不断总结和改进运营管理经验，逐步推广。切忌一开始就贪大、全面铺开，更不可星星点点，收不到实效。

四、审慎选择适合的运营管理模式

运营模式与投资主体、设备选型、服务形式等密切相关。以下对建设和运营公共自行车项目的几个关键要素进行简要分析比较：

1. 政府投资 VS 社会投资

公共自行车项目要被纳入城市公共交通系统，唯有政府作为投资主体才能奏效。

理由如下：

（1）项目投资规模较大，依靠租金收费、商业广告经营不足以长效发展；

（2）政府才可以对项目的整体进行科学、合理、全面的规划；

（3）政府出面，才可以协调各个职能部门对项目建设和运维管理的有效支持与合理配置；

（4）政府倡导并大力宣传推广，才可以使民众转变交通出行观念。

时至今日，无论国外还是国内的公共自行车项目实践都证明，政府作为投资主体是该项目成功的基础。

2. 自助设备 VS 人工管理

目前比较流行的采用物联网技术（RFID + 联网）的自助公共自行车设备，其主要优势有三：①全天候 24 小时服务；②运营效率高，尤其可以满足交通高峰期的单点多处并发业务处理；③车辆使用记录通过联网随时汇总，后台系统支持交通“潮汐”时段的车辆调度。

不愿采用自助设备的一个很大误解是：投入大、成本高。采用自助设备一次性投入，加上运维管理成本需在 30 万元。而实际上，人工管理的设备经营成本远超自助设备成本。

3. 收费模式 VS 免费模式

根据我们实际的运营数据统计，收费模式和免费模式在办卡数量和单车每日骑行次数方面都有非常大的差距，后者统计数据好过前者的10倍以上。

4. 购买设备VS购买服务

政府作为投资主体，还存在政府单纯购买系统技术设备还是一并购买服务的区别。

政府购买服务的好处在于通过专业公司的挖潜增能，降低运营成本，提供更好的运营质量和运营效率，减少技术研发、建设、运营、维护等在政府、运营公司、供应商之间的扯皮现象，服务更专业、效益更明显。“政府购买服务”的模式为永久公司首创，现在国内不少城市都采用了这种模式。

5. 广告补贴VS全额补贴

这一问题的关键在于广告经营是否能够对运营费用进行全额补贴？根据国内外的经验来看，设想通过公共自行车站点的广告经营全额补贴运营费用或者项目的整体设备投资都是行不通的。

公共自行车站点的广告资源应该适度开发。目前国内尝试的开发方向过于简单，基本上是纯粹模仿公共汽车站台的形式而忽略了公共自行车站点的独特性以及服务受众的人群特点和需求。我们认为，公共自行车站点的广告形式应突出其服务性、便利性和惠民性的特点。

根据以上的分析，我们总结出以下五种投资建设与运营管理模式（见表2～表6）。

政府投建组织运营模式　　表2

要点说明	政府主导，项目所涉及的研发、规划、建设、宣传、运管、考核等工作初期全部由政府相关部门（或成立专门公司）承担。对相关设备、设施、软件设计等进行公开招投标采购
资金来源	政府财政补贴
投入方式	研发与建设一次性投入，运维管理逐年投入
企业盈利	行业标准
优点分析	1. 适合于大规模推广，推行速度快、效率高，实施效果好
	2. 政府部门出面做相关协调工作，执行力度强
	3. 通过制度考核等方式可以保证和提升整体服务质量
存在问题	1. 前期投入资金巨大
	2. 一旦成形，以后的技术研发与服务改进将较难实施
	3. 政府承受的舆论和市民投诉压力可能比较大

政府购买整体服务模式　　表3

要点说明	政府主导，主要负责项目立项、全面规划、建设协调与宣传推广，提出建设要求与项目建成目标与考核标准。采取公开招投标或单一来源采购整体服务。具体建设与运维管理工作全部由企业实施。政府对企业的实施效果进行监督、评估与考核
资金来源	政府财政补贴
投入方式	无需研发，建设与运维管理费用按合同期分年度支付，合同一般为5年期
企业盈利	微利

续上表

优点分析	1. 适合于各类城市推广，推行速度快、效率高，实施效果好
	2. 项目初期政府财政无大资金压力
	3. 有助于项目管理的专业化发展
	4. 根据项目实施的不同新需求，政府可以对企业不断提出新的要求，而后由企业进行技术、产品及服务改进，再由政府进行评估与考核，由此可以形成不断完善的良性循环，保证项目的健康性与永续发展
存在问题	1. 企业资源与政府资源的整合有待加强
	2. 政府所选用的企业如果没有实力和规模效应、技术、产品服务等革新困难，又或者都注重短期利益，恐难长期运作，政府部门面临问责
典型案例	上海市闵行区、江苏张家港、昆山、四川都江堰

政府采购设备组织运营模式　　表4

要点说明	政府主导，立项、规划，制定实施目标与要求。采取公开招投标购买符合要求的设备及软件系统。具体建设及运维管理工作交由城建或城管、公交等部门组建的专门公司实施
资金来源	政府财政
投入方式	无需研发，设备与建设一次性投入，运维管理费用逐年给予费用补贴
企业盈利	行业标准
优点分析	1. 适合于中小规模推广，推行速度快、效率高，实施效果好
	2. 项目初期政府财政无大资金压力
	3. 政府部门直接或委托其下属企业进行建设运维管理工作，资源整合，执行力度强
存在问题	1. 单纯领先政府补贴，长期而言对政府财政有压力
	2. 项目管理专业化略嫌不足
	3. 政府所选用的设备如果不够好或者供应商被市场淘汰，项目将需要重建，财务风险大，主管部门也将面临问责
典型案例	浙江台州、山东青州

政企共建委托运营模式　　表5

存在问题	1. 企业资源与政府相关资源的整合有待加强
	2. 政府所选用的企业如果没有实力和规模效应，技术、产品、服务等革新困难，又或者注重短期利益，恐难长期运作，政府主导部门面临问责
典型案例	上海市闵行区、江苏张家港、昆山、四川都江堰等
要点说明	政府主导，立项、规划、制定实施目标与要求。采取少量财政补贴、政策支持、广告运作或资源置换的方式，投资建设与运维管理工作全部由企业承担
资金来源	企业自筹+政府财政补贴
投入方式	无需研发，设备与建设补贴性投入，运维管理费用逐年进行费用补贴或政策支持或资源置换
企业盈利	难以预测

续上表

优点分析	1. 适合于中小规模推广，推行速度快、效率高
	2. 项目初期政府财政无大力资金压力
	3. 企业考虑到商业利益，会努力经营
存在问题	1. 政府所选的合作企业如果太注重商业利益，公共自行车服务极有可能沦为形象工程，很难有质量保证
	2. 企业在补贴或收益达不到盈利预期时会选择退出服务，民意舆论给政府压力
	3. 合作企业如果不具实力和发展规模，技术、产品、服务都会很难达到要求，也会退出服务
典型案例	武汉

企业投建自行车运用模式　　表6

要点说明	政府支持，参与规划，设备投入、项目建设与运维管理等工作全部由企业实施。由企业依托本项目服务获取租金、广告费进行补贴
资金来源	企业自筹
投入方式	政府财政不投入；前期都是由企业投入；企业通过运营获得收益再投入
企业盈利	难以预测
优点分析	1. 适合于中小规模推广
	2. 政府财政没有压力
	3. 企业考虑到商业利益，会努力经营
存在问题	1. 因为政府没有支出，自然不会对公共自行车服务提出相应要求，企业提供的技术产品和服务质量很可能难以保证
	2. 企业在承诺免费的基础上推出项目服务之后利用民声民意甚至媒体舆论要求政府给予财政补贴
	3. 企业在既无补贴又无盈利时会选择退出，民意舆论给政府压力

五、选用高性价比的设备与系统

什么样的设备与系统才是高性价比的呢？我们不妨以永久公共自行车的设备与系统为例做些简单说明。

1. 永久公共自行车“非标件”特色设计

永久推出的公共自行车采用非标件设计，对全车十余个部件进行了专门设计，已获得14项国家级专利。所谓“非标件”，就是公共自行车的部件及零配件与普通自行车不通用，没有专配的工具也很难拆卸，就算拆卸下来也无法与普通自行车配用。此外，永久公共自行车还专门研发了智能密码锁方便用户临时停车。针对公共自行车高负荷、大用量的特点，专门配制了高弹性的防爆防刺轮胎。永久公共自行车在全国各地还几乎没有出现被拆卸轮胎、零配件的现象，也没有因为经常要补胎、打气而使用大量的人工。就自行车性价比，永久公共自行车推出之初，市场反应价格是略微偏高（大约高出低端公共自行车每辆150～200元），但是按五年仔细一算，成本反而要低出200～300元，同时省却了很多管理和维修方面的麻烦，保证了合格用车比例。

2. 永久公共自行车网点停车柱高度智能化

永久首创旋转式锁头，开关灵活、阻力小，不存在外力作用下自锁的现象，保护内部的机械及电器结构长时间工作不被破坏。同时，整体锁具能抵抗250kg以上外力的破坏。锁具从内到外全部采用防锈材料，能长期工作在潮湿环境，因此运行可靠、故障率低（平均故障<3%）。这样的设计与质量保证，大大降低了维护与维修的成本。

永久网点坚持采用分散式停车柱管理模式，虽然因此被批评造价略高，但是效率与效益在使用中得到了体现。永久每个停车柱都内置有独立的读卡器，这样使用者可以在任意一个停车柱借车和还车，克服了在网点中控柱排队借还车的情况，非常有利于早晚高峰期间大量借还车业务的处理。其效率是巴黎的集中式网点管理系统的几十倍。

3. 永久公共自行车系统组网灵活、扩展性强

采用GPS+VPN技术，网点建设时仅需增加HUB及网络连接即可实现租赁网点的组网；网点的容量可以自由设定，单个网点可以设置1～254个停车柱；网点扩容过程中不影响现有网点停车柱的正常工作。永久首创了世界上第一个闸机管理系统，可满足数量巨大的存车、还车和调度功能，大大降低了大型网点的投建成本。

4. 永久公共自行车设备与系统集成度高，建设成本省，功耗低

因为系统采用独立研发、高集成度的单片机和芯片级产品，网点系统的正常使用功耗仅相当于日常灯泡的功率。由此带来工程建设方面的优势明显，施工简易、快捷，不破土、不破坏绿化。网点系统仅需要220V市电即可，在风景区等无供电电源地方甚至可以采用太阳能供电，做到真正的零耗能、零污染。在运营方面，网点仅需支付电费及GPRS网费，20个停车柱的标准网点按现在电费标准每月总计为100元左右，即每个停车柱的月度费用仅为5元。

六、专业规范管理，确保服务质量

公共自行车项目后期的运维管理质量讲求整体化设计、流程化规范、责任化管理。从规划、建设、运营、维保、监督、考核等各方面都要有通盘考虑，并且有细化实施方案，做到责任明确。

以下是公共自行车项目运营管理的整体流程（见图2）。

其中，资金保障、职能部门配合、用地保障、路权保障、用户优惠政策、宣传保障等均是公共自行车系统建设的重要保障。

七、政策配套到位，促进良性循环

在项目推进过程中，政府应尽可能地为公共自行车发展提供良好政策环境。

（1）不断完善公共自行车的管理模式，明确公共自行车为公共交通方式之一，纳入行业管理，规范化发展；

（2）出台公共自行车站点设置规范，逐步规范公共自行车站点设置标准、运营模式和计价方式等；

（3）在重要公共交通设施建设认证时，充分考虑公共自

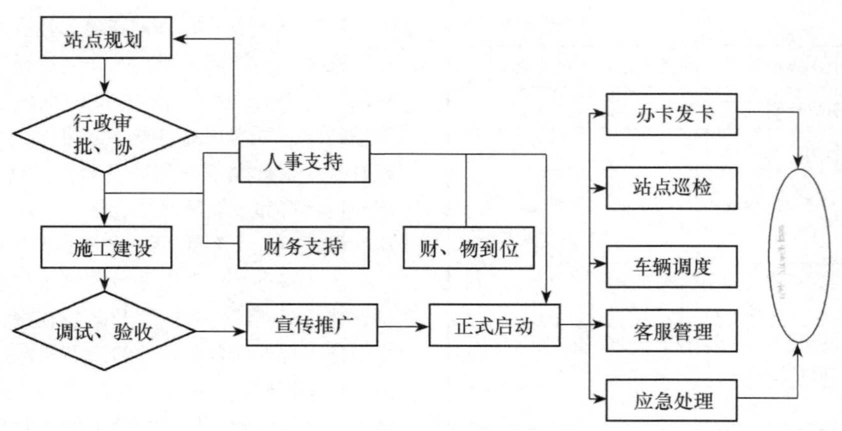

图2　公共自行车项目运营管理流程

行车站点设施建设需求；

（4）在站点建设、运维补贴等方面参照其他公共交通方式予以优先保证和适当补贴。

（5）适度开放公共自行车网点广告屏、棚、车身和锁柱等广告业务。

（6）根据公共自行车服务的便利性、信息化特点，允许适量的商业运作。

（7）在人员再就业的岗位安排上，争取一线管理人员均吸纳采用40～50岁的人员，解决辖区居民的再就业需求，纳入再就业的财政补贴范围，免费培训。

八、全社会呵护，“诚信”换“骑行”

公众意识的引导也是影响项目运营的关键环节。通过鼓励市民“用诚信、换骑行”的理念，带动全民乐于骑车、爱车、护车，享受绿色出行、低碳生活。

（作者单位：上海永久自行车有限公司）

低碳环保的公益性城市绿色慢行公共交通综合服务网络
——“广州公共单车”项目简介

李梓旭

广州公共单车服务网络是指以绿色、环保、健康为主旨，在广州地铁现有的近500个站出入口、99个绿道驿站、主要公交枢纽、居民社区、旅游景点和重要商业中心等市民、游客主要出行目的地点区域构建站点的智能化单车接驳综合经营服务连锁网络（图1）。

图1　广州公共单车站点实景

一、项目的核心环保理念和技术应用

1. 绿色低碳出行

绿色低碳的全市性公共单车服务网络创建以来，累计为近2000多万人次的市民和游客提供绿色出行服务体验。

按全市建成300个站点投放15000辆单车计算（2013年末实施计划），保守估计每辆单车每天使用6人次计算，则每天直接服务人群达9万人次。如这部分人次以普通公交车每辆60人的运载能力换算，每月节油达180万L，可间接促使公交车减少二氧化碳排放2000t。这正是推广公共单车服务所带来的“间接”的节能减碳。

2. 绿色能源利用

广州公共单车网络部分服务站亭配有30W多晶硅太阳能光伏电池组件装置，为全站提供12小时以上的夜间照明清洁能源。按2013年全市建成300个站点计算，每年共省电31536kWh，减少二氧化碳排放28508kg，既减排又降低了项目能耗，也为太阳能光伏绿色新能源的应用和普及提供了示范样板。

3. 绿色环保回收

固废回收是广州市政府的重要行政措施之一，广州公共单车网络利用幅盖全市的公共单车服务站点进行废旧电池等的长期性奖励回收处理。自启动以来，已回收各类废旧可充电电池30多kg，并交由专门回收公司处理利用。

图2　广州公共单车单人单车、双人单车样式

二、项目发展背景

为了响应国家建设低碳省的号召，2010年11月10日广东省正式启动实施“广东省国家级低碳省”试点，广州市成为低碳城市建设示范市，积极推进低碳经济发展和低碳城市建设步伐。

2012年9月，国家住建部、发改委和财政部联合印发《关于加强城市步行和自行车交通系统的指导意见》，明确了未来城市步行和自行车出行的发展目标；重点解决城市中短距离出行和与公共交通的接驳换乘；要将自行车作为主要公共交通方式予以重点发展。2015年以前市区人口在1000万以上的城市，市民依靠步行和自行车出行的公共交通分担率要达到45%以上；而中小城市的市民依靠步行和自行车出行的公共交通分担率不低于50%～70%。

三、项目的亮点

1. 绿色环保、节能减碳

通过提供租用和临停单车服务，倡导市民和游客多骑单车出行而少用轿车、公交车，从而减少机动车的二氧化碳排放，实现直接节能减碳。

图3　广州公共单车服务亭太阳能光伏电池

2. 公共单车节省城市空间

目前广州市私人单车持有量约有80万辆。公共单车的投入使用看似增加了城市单车的总数，但它不是一人一车，而是每辆车服务上百人，6000辆公共单车的投入使用就足以替代60万辆次的效果，还节省了私人单车存放和道路通行的空间。随着项目的规模运作、网点的增多，许多市民将逐步放弃一人一车而更多使用公共单车，公共单车和私人单车最终将达到一个良性合理的比例，从而大大降低了城市道路的通行压力和节省了人的生活和发展的空间，减少拥堵，为城市的再发展赢得宝贵的空间资源。

3. 公共交通的补充延伸、无缝对接，降低出行成本

实现城市地铁、BRT、公交系统半径一公里无缝接驳的全方位覆盖。提高利用公交系统出行的客流总量，缓解公交系统的客流输送压力，方便市民的短途出行，降低市民出行的总成本。

4. 打造绿色交通的城市名片

公共单车项目的推广实施，使城市的绿色公共交通发展步入良性发展的轨道，提升了城市的美誉度，为华南地区及其他城市的发展建设提供有价值的经验和示范，成就城市绿色宜居的新名片。

5. 创造更多的就业岗位

到2014年项目新增就业岗位2800个以上，采取服务站点就近就业、优先录用安排40～50岁人员、岗位工资加服务奖励等方式，有效践行公司作为企业公民应尽之社会责任与义务。

五、项目的设施、技术和服务

广州的公共单车项目在建成后，其优化的运营管理系统技术、人性化服务和亮丽的设施形象超越国内其他城市现有模式，具体体现在以下几方面：

（1）车辆：选用知名品牌的26英寸单人优质城市车和捷安特铝质双人车，名师设计的优雅车架造形、荧光黄色主调的车体既是国际公共交通工具的标准色，也增强了在道路骑行的安全警示作用。

（2）管理：全网络站点采用电子智能化加人工操作相结合的运作方式，以先进的单车RFID无线射频识别技术和智能IC卡组合运作，外加手持式PDA一体化操作，并通过3G无线数字网络实时把数据上传运控中心进行车辆备量监控和结算管理，大大提高了公司运营和顾客办理出行和结算的效率。在人流不太集中情况下，一分钟内可办理租出或返还的手续。3G无线数字网络还通过两个视频监控摄像头向总部传送各站的实时运营和安保现场录影。

（3）运控：项目运控中心根据上传的各站单车备量数据通过运转车辆GPS定位系统管理技术灵活调配，保证了市内所有单车在各站点间“60分钟”单车调济调配的严格要求，尽可能保障市民随时有车可租，便利出行，保障了项目运作的效率和效益。

（4）服务：结合国情实际，部分站点实行专人24小时值守，高峰期保持两人当班的一线客服。从出行安全和出行便利的角度考虑，项目还提供头盔、站点地图、问路、报警协助、留言板、骑行交通规则、单车骑行常识手册、触摸屏互动城市热门信息发布和饮料、BB座椅等便利配套服务。

（5）保障：为所有办会员卡的出行客人提供5000元的单车出行伤害险和2万元的单车出行意外死亡险。

六、项目的发展所获得的社会荣誉

2011年4月26日，经过专家组评选和网络近两个月的广泛投票，广东公共单车服务网络直营商、广东旭日公共单车租赁管理有限公司被中国社科院经济学部企业社会责任研究中心、广州日报、大洋网授予“最佳低碳企业”的称号。

2011年6月5日世界环境日，经过公众公开提名和环保部门评审，广东旭日公共单车租赁管理有限公司被广东省和广州市环保局授予“广州市环境友好企业”的光荣称号。

2012年11月，广东旭日公共单车租赁管理有限公司的广州公共单车服务网站被广州市发改委确定为“广州市绿色出行推荐示范项目”。

2013年1月11日，经过近半年的公众公开提名和专家评审，广东旭日公共单车租赁管理有限公司被广东省中小企业局和广东省中小企业发展促进会授予2012年首届广东省“岭南杰出企业公民”奖的光荣称号。

（作者单位：广东旭日公共单车租赁管理有限公司）

城市公共自行车系统建设探讨

湖南斯迈尔特智能科技有限公司

从2008年到现在，我国公共自行车得到了迅猛发展，从车辆设计、生产，到系统的开发、建设、维护，再到后期的运营管理，整个产业链已经相对完整。

以湖南株洲公共自行车系统为例，自2011年5月6日正式启动运行后一年内，共建成公共自行车租赁点1005个，投入自行车2万辆，使用量超过3000万人次，日均使用量在15万人次以上，单日最高突破20万人次，市民办卡已接近20万张，借还车人次达4800万，总骑行里程达6000万km，节省汽车用油600万L。节省4350万元，减少碳排放20400t。自行车道路系统在现状路网上做调整，通过重新标线、对现有非机动车道提质改造、人行道上增设自行车道等方法优化自行车道路网，使株洲市公共自行车的骑行畅通无阻。株洲公共自行车网点设置规范且密集，市民可随时就近取还车，骑行公共自行车已成为许多株洲市民日常生活中不可或少的组成部分。市民乐意使用公共自行车，为株洲公共自行车维持长久的生命力打下了坚实的基础。

一、公共自行车系统建设成败的决定因素

1. 必须有科学的网点布局规划

要确保所建设的公共自行车系统能够满足想用车的人能够用到车，就必须有一个科学的公共自行车网点的布局规划。一个城市的公共自行车网点布局规划与公共自行车建设和运营管理中政府的主导作用是密切相关的。如果单纯考虑将公共自行车网点布局在最有商业价值的位置而不是最适合市民使用自行车的位置，就会造成许多想使用公共自行车的市民找不到网点，而有些网点又无人问津而闲置。公共自行车系统本身就是一个城市生活和城市建设的组成部分，而不仅仅是一个项目工程，城市公共自行车系统的建设必须由政府完全主导。

在进行公共自行车网点的布局规划时，建议采用以点辐射片，以片辐射到区，再连接点、片、区的三阶段建设方式，形成整个城市公共自行车系统循环网点布局。

所谓点就是选择市民流动集中的核心位置（比如地铁、公交站、商务写字楼中心、学校、商场等）作为建设的核心点。再以这种核心点按一定距离（比如1～2km）辐射到片（连接小区、机关单位）作为一个相对独立的公共自行车网点布局片区域。再把多个片区域有机的融合形成功能完备的大区域。大区域的公共自行车网点布点到位。整个城市的公共自行车系统网点的主体布局就基本上呈现出来了。这时只需要对网点进行微调，整个城市功能齐全的公共自行车系统就可以建设成功。

2. 确保选用好用的车

自行车必须是专门设计出来的而不是简单地使用普通自行车改装，因为不是所有自行车都适合作为公共自行车使用。公共自行车是符合公共使用的专业自行车，最基本的要求是安全性高，结实耐用，外观靓丽整洁，能适应男女老少、高矮胖瘦各种人群、多种路况的需求。

一个城市公共自行车系统建设的成败，与选择什么样的自行车有非常密切的关系。随着传动轴自行车的崛起，取代链条自行车成为真正的城市公共自行车已经势在必行。传动轴自行车是真正能够满足城市公共自行车对安全性、维护性、可靠性、坚固性、防盗性、美观性要求的城市公共自行车车型，也将是目前和今后一段时期唯一真正可以确保市民想用、好用的公共自行车。

3. 建设自行车专用路网

要确保城市公共自行车的便利骑行，在配套城市公共自行车系统建设中，政府有可能需要在现有的基础上，对城市自行车车道进行改造建设，让自行车专用道成网成系统，让公共自行车的骑行畅通无阻。相对于公共自行车系统建设来说，建设确保公共自行车畅行的自行车“高速道路”和“快车道”涉及政府的更多部门，其决策层次更高、建设思路更广、规划更复杂，但一旦实施成功，那么一个城市的整体交通体系和城市形象与档次就能够得到提升。

二、公共自行车系统的运营管理模式

目前我国城市公共自行车系统投资建设与运营管理所采用的方式大致可分成政府投资组织运营、政府购买整体服务、政府采购设备组织运营、政企共建委托运营和企业投资建设自行运营五种模式。

公共自行车项目是公益性项目，应纳入城市公共交通系统，唯有政府作为投资主体才能奏效。理由如下；

（1）项目投资规模较大，依靠租金收费、商业广告经营不足以长期发展；

（2）政府才可以对项目的整体进行科学、合理、全面的规划；

（3）政府主导，能有效协调各职能部门对项目建设和运维管理的支持与合理配置；

（4）政府倡导并大力宣传推广，才可以使民众转变交通出行观念。

目前，多数建有公共自行车系统的城市都采用收取押金、提供一定时限（如株洲3小时，大部分城市1小时）免费、超时收费的运管模式。从实际运行情况来看，采用1小时免费、超时收费效果最佳。

综上所述，从国内公共自行车系统成功运营的经验看，一个地区公共自行车系统建设与运营管理采用如下模式是比

较合适的选择。

（1）政府指派或者与一家本地具有实力的公司合作组建本地公共自行车运营公司。

（2）与具有研发生产能力、建设运营经验的公共自行车系统生产商而不是单纯的供货商建立合作关系。

（3）政府主管部门、本地公共自行车运营公司与系统生产商共同制定建设、运营和发展规划，系统生产商应该参与到本地公共自行车系统运营的整个过程中。

（4）投资方式由政府和本地公共自行车运营公司共同确定，以采购和合作运营两个阶段与系统提供商签署合作协议。

三、公共自行车系统设备的选择

公共自行车系统主要由自行车、停车锁柱、网点管理箱、服务中心系统、手持服务设备等5个部分组成。公共自行车是一个城市文化与生活、城市档次与形象的重要组成部分，是城市展现在公众面前的一张名片。在选择公共自行车时，高性价比是其唯一决策依据。什么样的自行车与系统才是高性价比的呢？我们不妨以斯迈尔特的公共自行车与系统为例做些简单说明。

1. 先进的设计理念和全套的产品

斯迈尔特公共自行车系统是由湖南斯迈尔特智能科技发展有限公司自主研发的城市公共自行车系统，采用以物联网技术为核心的智慧城市综合信息平台设计思路，开放式设计，在城市公共服务物联网大框架下构建。斯迈尔特公共自行车系统包括所需要的全套产品，完全能够满足城市、风景区、校园、工业园、小区等各种区域的公共自行车系统建设的要求。

斯迈尔特公共自行车系统具备对实名卡挂失/解挂功能，以减少市民丢卡后的损失。全市各自行车网点能够实现24小时通借通还。为方便市民使用，市民还车时刷卡和不刷卡都能正常使用，不影响后续借还车及计费功能，且无需管理人员手工处理，自动生成还车记录；系统具有租借情况统计分析功能、各种数据图形显示功能、营业报表查询打印功能、凭证打印功能；系统具有各公共自行车网点车辆上限或下限报警、停车锁柱故障报警等各种重要参数报警功能；系统配套建设门户网站，在门户网站上可实时动态显示各个网点的可借和可还公共自行车的信息；系统具备智能调度管理功能，能够在本市电子地图上集成所有网点信息，根据各网点实时的可借可还车数据自动发出调度信息；系统具有超时未还车短信提醒功能；系统具备通过网络远程异地进行数据库备份的功能；系统配套有移动数字终端设备，能够移动处理借车还车业务等功能。

2. 真正专业的城市公共自行车

斯迈尔特SMIT-JAANJYI型传动轴自行车是由湖南斯迈尔特智能科技发展有限公司自主研发的一款高水平、高科技含量的真正意义上的城市公共自行车，是株洲传动轴公共自行车的第二代升级产品。它的核心传动系统采用了由湖南斯迈尔特智能科技发展有限公司与台湾展吉工业有限公司和美国斯迈尔特股份公司合作研发的、具有多项专利的SMIT-JAANJYI自行车传动轴，并设计了配套的单速花鼓、五通和车架。

SMIT-JAANJYI自行车传动轴在日本、俄罗斯、西欧具有极好的声誉，并且在俄罗斯和日本北海道经过了－30℃严寒的考验，质量完全过关。SMIT-JAANJYI型传动轴自行车完全解决了自行车传动轴使用过程中的轴向力对固定螺丝、封盖的冲击问题，同时安装和拆卸也非常方便简单，为公共自行车的维护带来极大的便利。

斯迈尔特SMIT-JAANJYI型传动轴自行车的车架采用$\phi 60 \times 2.5$铝合金压制并进行T4、T6热处理。全车采用非标件设计，必须使用特制工具才能拆卸，具有良好的防盗性。

整车拥有超高的强度、长久的耐用性、良好的防破坏性和亮丽的外表。自行车外观独特、结构合理，骑行操纵极为方便。

针对公共自行车高负荷、大用量的特点，斯迈尔特SMIT-JAANJYI型传动轴自行车专门配制了高弹性的带反光、带超宽防爆防刺免充气轮胎，无需补胎、打气。

斯迈尔特传动轴自行车还包括有电子标签、不锈钢专用锁头、不锈钢车筐、定制的前后挡泥板、内置式转铃、前轮涨刹、后轮抱刹、不锈钢车轮钢圈和辐条、不锈钢龙头、防水防盗可升降座凳、全不锈钢机械按键式密码锁、外观定制贴花等。

3. 设备具有坚固的外形和可靠的智能处理能力

停车锁柱采用双支撑钢板底座连接结构，可抗500kg以上的外力冲击，可以在任何地面上安装，基本上不需要做土建挖沟及基础水泥浇筑工程。停车锁柱内外采用汽车烤漆处理技术，防水防锈；管理箱采用全不锈钢材料，停车锁柱和管理箱的所有连接件都处于内部，防盗防破坏

可靠的智能和人性化处理能力，使用IC卡刷卡租车还车，每个停车锁柱带有语音提示功能，方便市民使用。管理箱可选择配置后备电池。当市电断电后，后备电源能支持停车锁柱至少24小时的持续供电。管理箱可选择配置远程电压监测功能，可远程监测管理箱供电电压。在网点持续断电且后备电池电压较低时自动预警，提前通知人工更换电瓶。管理箱与后台中心服务器之间可以是有线和无线混合通信。支持以太网专线、GPRS、CDMA1X、CDMA2000和WCDMA等常用有线/无线通信模式。管理箱可选择配置温度监测功能，当温度过高时，系统会自动报警，以防火灾发生。

市民可以在任何一台管理箱上查询上次借还车的时间、车辆号码和当前卡的余额的情况；可查询卡内最近交易记录。在任何一台管理箱上可以查询周围网点的可借、还车的实时信息。系统通信信号中断时，网点仍可以借车还车。通信恢复后记录自动上传，且不影响计费。管理箱可选择配置一键停止功能，遇灾害天气时具有只还车不借车功能。

斯迈尔特公共自行车系统优势对比表 **表1**

	部分公共自行车系统存在的问题	斯迈尔特公共自行车系统的突出优势
运营成本	系统维护不方便，导致系统运营费用高	系统维护便捷，比类似系统可降低人力成本30%以上，运营成本较低
安装建设	安装建设复杂、周期长	系统管理箱与停车锁柱基本上不需要做土建挖沟及基础水泥浇筑工程；采用内置连接机构，有效防范非法拆卸破坏，维修简单。与类似系统相比，安装进度可以提高20%～30%，维修进度可以提高30%左右
系统通信	系统通信延迟、中断、丢失问题严重	停车锁住、管理箱具有完整的离线工作能力，无论与后台系统通信是否顺畅或者中断，租赁服务不受影响。网络恢复后，中断通信期间的相关数据会反馈到后端服务平台。避免了系统通信延迟或者信息丢失的问题
停车锁住	停车锁住和管理箱耗电	停车锁住电路低功耗设计，比类似系统
与管理箱	大，防水、散热效果差，易造成设备电路板毁坏	降低功耗10%～20%；电路板专业防水设计，拆装便捷
自行车	链条自行车平均使用寿命两年左右，易损坏，维护成本高	专利技术的SMIT-JAANJYI传动轴自行车平均使用寿命5年以上，维护成本低
	部分城市采用的第一代传动轴自行车，出现轴向力对固定螺丝、封盖的冲击问题，以致螺丝掉落、封盖开裂造成齿轮磨损；且装卸工序繁琐	SMIT-JAANJYI自行车传动轴和配套花鼓，解决了自行车轴运动的轴向力对固定螺丝、封盖的冲击问题，经历了零下30°严寒的考验，质量过关；装拆便捷

停车锁柱和管理箱安装方便、维修简单。与类似系统相比，安装进度可以提高20%～30%，维修进度可以提高30%左右。

斯迈尔特公共自行车系统停车锁柱电路的低功耗设计，使其不需要考虑散热问题，并且比类似系统降低功耗10%～20%，可在停电频率较高网点除市电外可另选配UPS供电或者太阳能供电。

系统所有电路板都封装在防水盒中，既保证了其防水性能，又保证了电路板安装的快捷简单。

斯迈尔特公共自行车系统在技术上的一系列突破，尤其是其传动轴公共自行车的配套，带来了良好的经济效益和对系统长久生命力的保障，具有最好的性价比。特别体现在能够大幅度缩短系统建设周期、提高自行车的使用寿命、降低运营和维护成本，从而能够保证斯迈尔特公共自行车系统能够长期以低成本正常运营。

创新技术RTC系统在轨道交通车辆基地的应用

于 乐 张宇明 梁广海

天津地铁及北京地铁15号线车辆基地，把工信部推广的燃气辐射加热技术更有效地应用到轨道交通（Rail Transit）的低碳发展实践中，形成成套完整的创新技术系统（简称为RTC系统）。本文就试对RTC系统的设计与应用的效果和前景进行系统论述。

燃气辐射采暖系统工作原理是通过燃气燃烧加热热能辐射组件（辐射管、板），然后释放出具有非色散性、能量集中、热效应显著的红外线，当红外线穿越空气层时热量不会被吸收，且直接作用于受热物体并转化为热能，同时房间围护结构内表面和房间内物体表面因受热产生的二次辐射和对流换热也是二次热能利用。燃气辐射采暖系统较传统对流采暖无论是在解决水平温度场的分布不均，还是在竖向上的热分层都有其明显的技术优势。

一、天津地铁对创新技术RTC系统的应用实例

以天津地铁某车辆段为例，其总建筑面积近8万m^2，内含综合楼、信号楼、运用库、联合检修库、内燃机车库等十多个单体建筑，其中属于6m以上高大空间各种车库总建筑面积6万多m^2。初步设计阶段（2002年）选用的是燃气锅炉+散热器的传统对流采暖系统。初期锅炉房容量为3台6t锅炉（估算建筑热指标为140W/m^2）。由于日益紧张的燃气供应及工业用气的不断涨价，同时经过多种采暖方式的技术、经济比较，考虑车辆段内主要采暖用气消耗在车库部分，所以最终选择了燃气辐射采暖为大库的主要采暖形式（低于4m层高的附属房间仍沿用原方案）。由此，锅炉房容量减少到2台4t锅炉。

以其中的联合检修库为例，针对两种主要的采暖方式，我们给出了如下的经济比较（以10000m^2为单位）：

两种采暖方式经济比较　　表1

供热方式	燃气锅炉	燃气辐射	备　注
供热面积（m^2）	10000	10000	净高空间8m
燃烧种类	天然气	天然气	
单位面积耗热量（kcal/m^2·h）	125	100	以天津地区所在纬度估算
所需锅炉容量（t）	1.8		
综合采暖热效率（%）	70	90	含热力管网损失及散热器热效率等因素
燃气耗量（Nm^3/h）	212	107	燃气热值8400kcal/ Nm^3
燃料单价（元/Nm^2）	1.2	1.2	天然气出厂全国基准价

续上表

供 热 方 式	燃气锅炉	燃气辐射	备注
小时燃料费用（元）	254.4	128.4	
年工作时间（h）	2160	1080	
年燃料费用（万元）	54.95	13.86	
年维护费用（万元）	2	1	估算
年总运行费用（万元）	56.95	14.86	

注：由于燃气辐射采暖系统可以通过自控设备实现分时、分区供暖，并且系统无防冻要求，所以在实际使用中系统运行时间一般为概算值的1/2～1/3，一个采暖季按180天计算。

综上比较，一条地铁线两端设置车辆基地，其高大空间车库一般在6万m^2左右规模，按地铁一次性建成，使用年限100年计算，一条地铁线在使用年限内可节省费用在2.5亿元左右，这是一笔相当可观的能源费用。同时由于其燃烧的更加充分，还会减少有害物质的排放，所以地铁领域此项技术应用前景是非常广阔的。

二、北京地铁创新技术RTC系统应用的社会效益

北京地铁15号线车辆基地采用RTC系统的环境中PM2.5为35～54，提前10年达到了北京未来空气质量改善规划指标。

三、创新技术RTC系统应用的企业效益

北京地铁15号线和14号线的马泉营车辆基地的联合检修库，是采用RTC技术较早的一项工程。实践证明，车辆维护保养采暖温度保障安全性大大提高，节能减排效果显著。北京地铁运营单位实际使用的情况是："由希尔韦（RTC）公司提供的设备运行稳定，操作使用方便，采暖效果良好，节能减排明显……"

北京地铁15号线全线的车辆基地（马泉营车辆基地、俸伯车辆基地）的停留库、运用库、检修库、洗车库、特种车辆库，全部采用了RTC辐射技术进行供热采暖。

四、RTC技术与轨道交通发展创新

北京地铁应用的RTC技术创新点包括：

（1）基础理论应用上的创新，由原来的经典热力学原理，转变为量子热力学原理。

（2）热能传递方式上的创新，由传统锅炉对流传热的"1次方"线性传递关系，转变为电磁波热辐射的"4次方"非线性关系。

（3）节能方式上的创新，由只注重在计量和管理方面的节能挖潜，转变为着重借助技术变革从根本上实现节能。

（4）应用场所上的创新，由原来车辆基地大小空间场所采用一样采暖方式，转变为分别建筑物特点采用不同的采暖方式，只对占车辆段耗能70%以上的大库场所采用辐射技术采暖方式，办公生活的场所保留传统对流采暖方式。

（5）减排基础上的创新，由原来主要通过节能“减食”实现减排，转变为主要通过能源利用效率提高实现减排。

（作者：于乐，北京东直门集成快速轨道有限公司总工程师；张宇明，北京城建设计研究总院高级工程师；梁广海，美国学者、博士）

太阳能光电技术在济南机场中的应用

宋兆涛　王振杰　刘昌盛

太阳能作为一种取之不尽、用之不竭的新能源越来越受到关注，它具有独特的优势和巨大的开发利用潜力。充分利用太阳能资源不仅有利于保持人与自然的和谐发展，而且更有利于不可再生能源与自然环境的协调发展。本文根据济南机场气候条件及供电需求，分析太阳能路灯在机场中应用的可行性及效益。

一、济南机场能源现状

济南机场电力主要来源于市中心电网供电。济南电网是位于山东电网枢纽位置的区域性电网，重要的负荷中心，电网覆盖面积约 8000km^2，包括黄台电厂、章丘电厂、500kV 济南变电站和长清变电站 4 个电源点，共拥有 35kV 及以上变电站 159 座，变电容量 1180 万 kVA，输电线路 3584. 1km。其中，直供变电站 56 座，容量 854. 1 万 kVA，输电线路 1650km，并形成了 220kV 双环网。直供配电线路 2894. 15km，架空线路 1823. 93km，其中电缆 1070. 22km，城区配网实现了“手拉手”供电。

济南机场平面图布局及节能规划见图 1 所示。

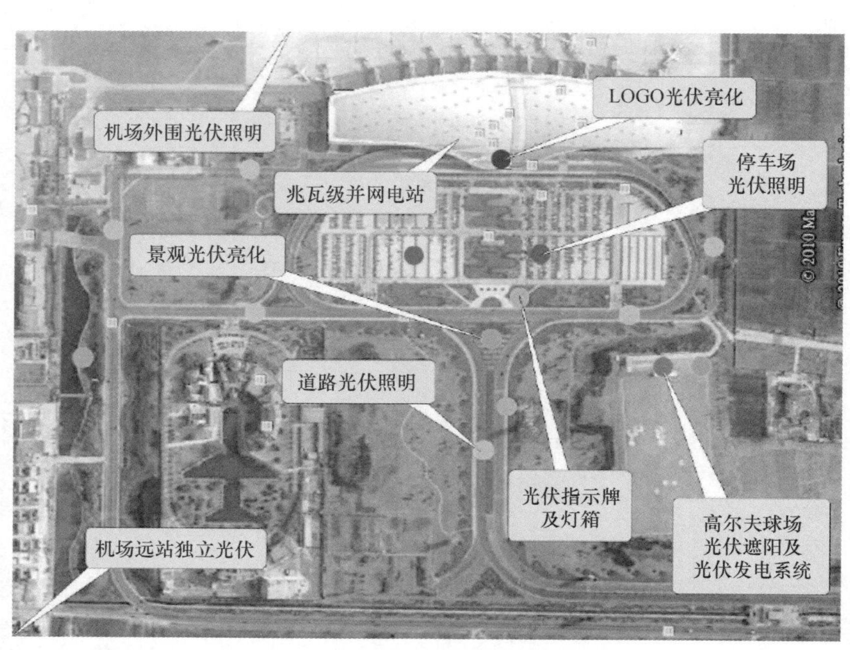

图 1　济南机场平面图及节能规划

济南市夏季最高负荷约 330 万 kW，用电量大，电力紧张。受煤炭供应紧张等因素影响，最大用电负荷缺口将达 100 多万 kW。为缓解电力紧张的局面，济南市部分地区已开始了有序拉闸限电。降低电网供电压力势在必行。

济南机场能源综合解决方案原理见图 2。

二、济南机场自然环境

济南国际机场位于济南市东北遥墙镇，距济南市中心 30km，占地 200ha（公顷）。该场址地势平坦，净空条件好，交通方便。机场全境属暖温带半湿润地区的大陆性季风气候，四季分明，日照充分，年日照时数 2597. 3 小时。

三、光电亮化设计

综合济南机场气候特征、机场道路照明标准和太阳能路灯技术参数以及高海拔的特点，按冬半年均衡用电原则进行设计，太阳能电源每日提供电力时间最大在 12 ~ 14 小时间，路灯高度约 8m，使用 23W 的 LED 灯。在太阳能路灯主要部件的选择上慎之又慎，确定选用峰值为 60WP 太阳能电池组件，使用寿命在 30 年以上；蓄电池选用胶体免维护铅酸电池，电解液为胶凝状，温度适用范围宽，在 -35℃仍可正常工作，且放电曲线平直，拐点高，放电深度可达 90% 以上，寿命也比普通铅酸电池长 1 倍左右；为了增加济南机场路灯系统的可靠性、节约性、实用性，机场路灯系统控制器采用了光时、时控智能控制器，按每天照明 14 小时分为两路时段（可调）工作，前 6 小时为满负荷工作状态，后 8 小时利用控制器中的计时开关将光源的功率降至 50% 继续工作。

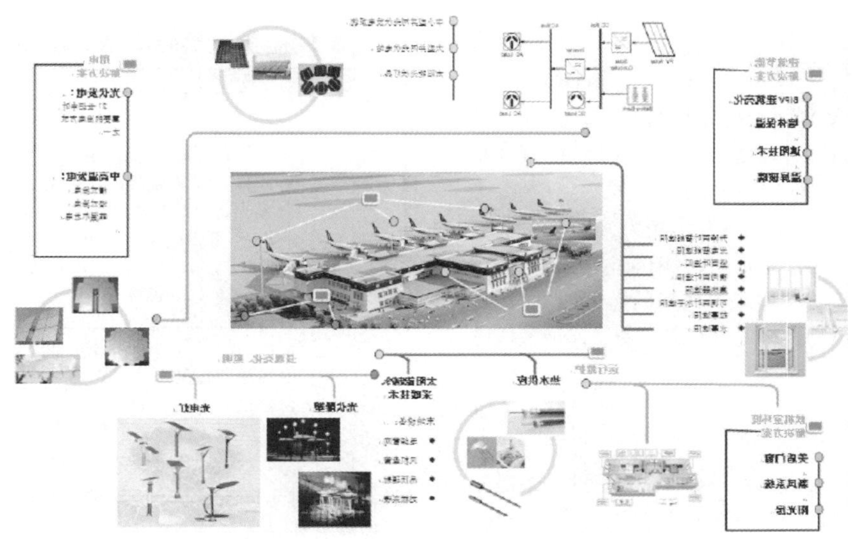

图2　济南机场能源综合解决方案原理图

济南气象资料信息表　　**表1**

月份	1	2	3	4	5	6	7	8	9	10	11	12
平均室外气温（℃）	−1.4	1.1	7.6	15.2	21.8	26.3	27.4	26.2	21.7	15.8	7.9	1.1
水平面平均辐照量	8.376	10.930	14.423	16.679	20.770	21.055	16.766	15.663	14.844	12.093	9.089	7.657
倾斜面平均辐照量	13.630	15.225	16.634	16.523	18.716	18.212	14.812	14.979	16.498	16.003	14.162	13.854
月日照小时数（h）	175	177.3	217.7	248.8	280.3	263.1	216.9	224.3	224.4	216.4	181.2	171.9

注：辐照量为当地月平均日值，单位是 MJ/M^2 · 天。

图3　广场光电亮化

图4　道路光电亮化

图5　机场跑道亮化

图6　停车场光电亮化

四、太阳能光电效益分析

济南机场用电负荷大多为一级，并参照太阳能供电的持续性，对太阳能电力路灯和普通电力路灯一次性投资费用及5年周期运行费用进行了测算（见表2）。

计算结果表明，普通电力路灯5年电费为36500元，太阳能电力路灯5年运行费用为13000元，太阳能电力路灯5年可节省23500元。太阳能路灯不但减少机场的运行成本，而且减轻了当地电网的运行压力，同时节约了能源，保护了环境，取得了良好的示范效益。

表2　普通电力路灯和太阳能路灯运行费用对照表

路灯类型	普通电力路灯（5年电费）	太阳能光电路灯
费用比较	按每盏路灯每日运行8小时计算，济南机场共安装路灯10盏，每盏路灯功率250W，5年电费：250（W）×10（盏）×8(h)×365(日)×5(年)×1000(元/度)=36500元	每盏路灯用蓄电池容量为130Ah，费用计算如下：130Ah/盏＊10盏＊10元/Ah=13000元

备注：①太阳能路灯运行成本主要在蓄电池组，蓄电池组最低运行寿命按5年计；太阳能电池组按10元/Ah计。②综合考虑电力损耗和运行费用，按每度1元计。

五、结论

太阳能路灯就其负荷本身而言只是济南机场的一小部分，但在世界能源问题和环境问题备受困扰和关注的今天，其应用意义重大。

新能源应用不但缓解了电力能源的紧张，而且减少了污染，促进了机场环境的改善，具有良好的社会效益及经济效益，同时对于促进经济社会可持续发展和构建全国能源的安全战略有着长远的意义。

（作者单位：皇明太阳能股份有限公司）

城市智能公共自行车发展路径研究

谢文誉　黄春梅

一、公共自行车项目实施路径分析

1. 政策资源扶持

通过对杭州公共自行车的发展进行分析，我们可以将其成功归结为两大核心要素，即政府的指导、扶持与企业具体合理的运营管理制度。

科学合理的规划是系统成功的保证。发展自行车交通的前提条件是将自行车交通纳入交通体系，统筹规划，进行基础设施的建设，让自行车交通融入人们的生活。政府的支持是系统成功的关键因素，对保证公共自行车系统的连续性和服务水平尤为关键。公共自行车系统服务质量的高低以及系统服务的公益性将取决于政府的支持力度。

2. 技术更新支撑

稳定可靠、具备更新与升级能力的技术支撑是系统成功的必要条件。从公共自行车系统实施的各个环节出发，涉及公共自行车系统运营管理的技术包括公共自行车车辆的制造和装配技术、车辆的租赁系统、网络化的运营和调度系统、车辆通信技术、车辆定位系统等。

目前，国内公共自行车正在推广的先进技术包括：基于太阳能供电与信息传感技术开发的可以途中锁车的智能管理系统和无桩位站点锁控技术；基于开放性设计理念研发的对他方系统及车辆的管理兼容与信息共享技术等。只有对系统现有的技术不断进行更新升级，才能符合城市发展规律，实现系统的可持续发展。尤其公共自行车涉及物联网及云计算等前沿学科，可谓拥有强劲的发展势头。

3. 公众意识引导

公众对“低碳交通、绿色出行”的内化意识及城市居民相当的精神文明水平是系统成功的外在要求。随着机关、国企等已经开始实施的车改、车补，加上适当呼吁和要求民众使用公共自行车，在媒体的良性导向下，让公众认识到公共自行车项目的应用不仅有效提升城市形象，更是与自身息息相关，可以让日常生活更便捷、更环保、更健康。公共自行车是方便、免费的民心项目，是需要全社会共同参与的一个公益项目。

另一方面，受国内某些城市政府买单的公共自行车服务影响，许多社会大众都先入为主地认为公共自行车必须是提供免费的服务。然而有不少城市的公共自行车项目采用的是企业投资、企业化经营管理，政府只在规划、建设、审批等重要环节阶段性参与支持，企业为维持项目运转的支出是相当高的。因此，为了实现公共自行车的可持续发展，除了部分广告收益，适当收取费用是合理的。

4. 运营模式创新

运营模式的创新和与时俱进可以为系统的成功与发展起到保驾护航的重要作用。目前国内公共自行车的投资模式大同小异，大体分为两种：政府投资、企业主营；企业投资、政府补贴。从实践效果看来，第一种模式能获得更大的成功。这是因为公共自行车项目是一个民生项目，也是城市大交通的补充，其从建设、安装到运营等横跨政府多个部门，没有政府的大力扶持是寸步难行的。而且其初期硬件投入成本较大，后期利润回收高低取决于当地政府政策扶持力度及公共自行车网点规模，从投资收益角度看，企业是没法长期承担的。

除了以上两种模式，现在不少城市也在探索各种奏效的新型模式，如通过技术的改进降低投资成本，拓展延伸性产业链，开发广告及附加产品价值体系等，从而走良性循环的市场化道路。

二、对策与建议

国内公共自行车交通在政策、规划、管理上都未得到足够的重视，有必要就如何发展、如何规划管理做系统研究。

1. 强调规划与调控

公共自行车的详细规划要与城市综合交通体系规划和公共交通规划相衔接，科学布局线网，优化节点设置，促进公共自行车交通便利衔接和城市公共交通一体化发展。公共自行车规划应包含：公共自行车市场规划、公共自行车租赁站规划、公共自行车路网规划、公共自行车调度与管理、平面交叉口公共自行车交通组织优化等内容。公共自行车交通的市场规划应明确公共自行车交通的公共属性，将其纳入城市公共交通行列；租赁站规划应考虑长距离出行比例、人口结构比例、换乘吸引范围、站点运量比例、接驳点车速和发车频率、高峰小时存取车量等因素。

2. 加大政府投入

目前中国城市公共自行车发展存在的问题是公共自行车尚未列入公共交通行列，自行车“路权”未得到保障，与其他交通方式衔接不紧密，公共自行车交通认同度不高，自上而下和自下而上的信息不对称等，这些都要求政府加大投入和扶持的力度。如城市政府可将公共交通发展资金纳入公共财政体系，对城市公共自行车交通企业实行税收优惠政策，落实对企业的运营补贴政策，通过城市规划预留空间、广告资源等。

3. 注重技术创新

必须加强知识产权的保护力度，要求系统具有可随时与城市发展相匹配的生命力及可持续能力。智能化产品的一个显著特征就是高速的技术更新率，公共自行车系统作为物联网的一个典型应用案例，涉及传感器技术、通信技术、数据处理技术、网络技术、自动控制技术、信息发布技术等多学科的融合，创新的新技术不仅能大大提高公共自行车的系统安全稳定性，也可为网点扩大后的增值应用提供更广阔的发展平台。

4. 健全实施管理制度

针对城市公共自行车项目，应落实监管责任和健全运营管理制度，不断构建技术标准、产品标准和服务质量评价指标体系，完善公共自行车交通工程验收和试运营审核及第三方安全评估制度，最终促成行业规范的形成。

5. 保障安全稳定

自行车是城市公共自行车项目的一个使用最广泛的载体，其轻便性、安全性、易维护性不容忽视。从初期的普通自行车到现在已被广泛使用的免充气或防刺轮胎、高强度铝合金防锈部件、非标紧固件，在硬件设施和材质等方面需要根据实际使用情况进行科学改善和应用优化。

6. 拓宽投资途径

作为以为市民服务为宗旨的服务系统，公共自行车收取的费用是较少的，但企业必须实现收支平衡才能长久的发展该项目，而政府的资金支持毕竟不能为项目完全兜底。所以城市公共自行车项目的发展需要创新策略，拓宽投资途径，通过特许经营、战略投资、信托投资、股权融资等多种形式，吸引和鼓励社会资金参与公共交通基础设施建设和运营。

（作者单位：江苏宏溥科技有限公司）

发展我国自主知识产权的中低速磁浮交通技术

北京控股磁悬浮技术发展有限公司

北京控股磁悬浮技术发展有限公司（以下简称北控磁浮）通过对中低速磁浮交通核心技术的研究与自主创新，形成了具有自主知识产权的产业标准、专利技术和专有技术，其中，中低速磁悬浮交通系统技术已达到国内领先、世界先进水平。

一、掌握核心技术

北控磁浮中低速磁浮交通系统技术研发始于20世纪90年代后期。为建设北京“八达岭磁悬浮列车旅游示范线工程项目”，北控磁浮启动了研究与自主创新中低速磁浮交通技术、实施核心装备技术与系统集成技术的产业化。

中低速磁浮交通技术是依靠电磁力将列车悬浮，利用直线电机驱动的轨道交通技术，运行时速为100～120km，具有噪声低、环保性能好（距线路10m处不高于64dB）、线路适应性强（正线转弯半径75m，爬坡能力70‰）、乘坐舒适、运行安全可靠，建设、维护成本低、运营效益好等特点，适用于大中城市市内、近距离城市间和旅游景区的交通连接。

1. 建设研发平台与载体

北控磁浮与国防科技大学及相关领域最具实力知名企业合作，投资与组织建设磁浮交通技术的研发平台与载体。2001年在长沙建成第一条（204m）磁浮列车试验线。同年，北控磁浮自主研发的第一代磁悬浮试验车研制成功，试验线满足了试验车的各项检测与测试试验需要。2008年，北控磁浮在唐山建设了第二条（1.547km）试验线，满足了磁浮车辆及编组列车的检测与运行试验需要。依托两条线的建设和四代车的研制，北控磁浮组织系统研究试验和技术攻关，先后解决了设计与工程化实施等一系列难题，全面掌握了电磁悬浮控制和导向、列车轻量化、车载电器、运行控制、轨道轧制、道岔等磁浮列车核心技术与系统工程化实施配套技术，取得了技术创新的重大突破，完成了主要系统的检测，基本实现了系统安全性、可靠性、实用性、可维护性的目标。目前，北控磁浮工程化车和实用型列车已累计试验运行超过6万km。

2. 组建工程化合作体系

以北控磁浮与国防科技大学合作为基础，北控磁浮先后与国内20余家工程设计、勘探施工、工程装备制造、轨道车辆总装等多行业、多领域的知名企业合作，组建了我国首个以中低速磁浮交通技术工程化研发与应用为目标的合作体系，支持和推进中低速磁浮交通系统技术工程化研发与创新，形成工程化、产业化实施能力。

北控磁浮与合作单位坚持合作研发、共同投入、知识产权与未来产业化成果共享原则。在10余年来的合作中，北控磁浮与工程化体系合作单位先后投入了上亿元的技术研发与专用设备费用，在磁浮车辆集成、磁浮轨道专用“F”型钢轨、专用道岔、关键电气装备、列车运行控制以及工程施工技术等一系列关键技术、关键装备的工程研发与产业化方面取得重大突破，形成和建立了具有我国自主知识产权的中低速磁浮交通工程化应用的技术基础与工程化组织实施能力。

3. 承担并完成国家科研支撑计划

科技部将中低速磁浮交通研发列入国家“十一五”科技支撑计划重点项目。2010年3月，北控磁浮工程化体系承担的国家“十一五”科技支撑计划重大专项“中低速磁浮交通应用研究”通过了国家住建部组织的评审验收。验收结论认为：“北控磁浮工程化体系在国家‘八五’科技攻关取得成果的基础上，通过技术创新和体制创新实现自主创新，取得显著成果，掌握了中低速磁浮交通的系统技术；建立了技术工程化研究、设计、生产、建设体系，打造了工程化和实施专业化的产业链条，为实现我国中低速磁浮交通技术工程化和产业化发展奠定了基础。课题成果达到国际先进水平”。2011年，北控磁浮再次承担了国家“十二五”科技支撑计划“磁浮交通应用及深化研究”。此外，北控磁浮还承担了北京市科委“中低速磁浮交通示范线支撑关键技术研究”、“磁悬浮控制器及车辆转向架产业化”、北京市交通委“中低速磁浮交通工程应用标准研究”等课题。

4. 建立标准体系

国家建设部2006年开始组织制定中低速磁浮交通国家标准。受建设部委托，北控磁浮主导编制磁浮交通行业系列标准9项，其中《中低速磁浮交通车辆通用技术条件（CJ/T 373—2011）》、《中低速磁浮交通车辆电气系统技术条件（CJ/T 411—2012）》等4项已经颁布实施，另外5项正在编制中。北京市科委委托北控磁浮组织编制的《中低速磁浮交通车辆运用检测技术条件》、《中低速磁浮交通车辆总装备技术条件》等8项标准已完成送审稿。北京市交通委委托北控磁浮组织编制的《中低速磁浮交通工程项目建设暂行规定》、《中低速磁浮交通运行控制系统维护规程》等6项标准已完成报批稿。北控磁浮自行编制制定的《中低速磁浮车辆（Q/CYBGM 001—2008）》、《中低速磁浮交通悬浮控制器（Q/CYBGM 005—2009）》、《中低速磁浮交通设计规范（Q/CYB-GMJ 001—2008）》等12项企业标准已发布实施。目前，中低速磁浮交通系统技术标准体系已经初步建立和形成。

5. 建立知识产权保护体系

在十余年技术的研究与自主创新中，北控磁浮作为专利权人已授权和在申请的专利总数共计58项，其中发明专利35项、实用新型专利22项。北控磁浮与工程化体系合作单位共同申请专利合计96项。2012年，北控磁浮委托知识产权代理公司完成了《中低速磁浮交通知识产权（专利）分析、布局及预警研究》。在此基础上，北控磁浮编制制定了《中低速磁浮交通知识产权（专利）布局及预警战略和实施方案及办法》，有效实施知识产权（专利）布局和知识产权（专利）保护，建立了知识产权（专利）保护体系。

二、工程化能力建设

建设北京磁浮交通核心装备产业基地，快速形成以北京为核心辐射全国的高端、高效、高辐射的中低速磁浮交通装备加工制造能力和配套完整的磁浮交通技术产学研工程化体系，形成完备的具有我国自主知识产权和世界领先的磁浮交通工程化能力是北控磁浮重要的战略发展目标。

1. 产业化实施

中低速磁浮交通被列入《2010年北京市社会经济发展纲要》重点支持发展的产业，2011年，北控磁浮与国防科大联合组建的北京市中低速磁浮交通系统工程技术研究中心在京挂牌成立，北控磁浮获北京市政府采购中关村自主创新产品“首台（套）重大技术装备示范项目”资质。北控磁浮技术研发平台、核心装备制造平台、工程实施管理平台、技术服务平台以及运营服务平台的构建与完善，成为磁浮交通产业发展的基础，支撑和保证了磁浮交通技术的工程化示范应用。

2. 重大示范应用

2010年，北控磁浮中低速磁浮系统通过了由中科院等16家单位权威机构进行的110余项安全性专项测试和检测。同年，北控磁浮承担系统集成的北京市中低速磁浮交通示范线（S1线），通过了国家发改委组织的安全评估和国家环保总局委托铁道科学研究院进行的环境影响测评。北京市辐射安全技术中心、环保部门及电磁辐射检测设备专业厂家等多家单位针对公众关心的电磁辐射问题进行了系统检测，检测结果符合国家有关标准。2011年，国家发改委委托中咨公司对北京市中低速磁浮交通示范线（S1线）一期工程可行性进行了评估。评估认为：“中低速磁浮交通系统具有噪声低、振动小、无污染、线路适应性强、易于实施等一系列特点，是经济适用、环境友好的新型城市轨道交通系统。我国已基本掌握各项关键技术，拥有自主知识产权并形成工程化能力……转向架、悬浮导向、牵引系统等关键技术完成了性能试验和运行试验，达到设计安全要求”。

三、政府支持

北控磁浮中低速磁浮交通技术研究与科研创新始终得到国家有关部委和北京市政府的高度关注和支持。

近年来北控磁浮中低速磁浮交通系统技术先后在行业部门、专业媒体等组织的评选中获得荣誉。其中，“中低速磁浮列车”获“轨道交通产业榜2008十大科技创新产品”荣誉称号，“中低速磁悬浮交通系统”荣获“轨道交通企业榜自主创新2009年度杰出产品奖”；北控磁浮连续几年被评为“中国经济发展最具潜力企业”和“中国自主创新百强企业”荣誉称号。

中低速磁浮交通技术是经济适用、便于实施、环境友好的新型城市轨道交通技术，其特有的技术优势更加适宜城市轨道交通的建设和发展，对于发展绿色、节能、环保与和谐交通具有重要意义。同时，通过对中低速磁浮交通核心技术的研究与自主创新，形成了具有自主知识产权的产业标准、专利技术和专有技术，并带动重大应用示范，这对于发展我国创新型、高端技术产业，带动产业结构调整具有重要意义。

塞拉尼斯 TCX® 技术为低碳交通提供低成本、可持续的燃料乙醇

塞拉尼斯（中国）投资有限公司

一、全球能源产业正面临巨大挑战

在未来 25 年里，世界人口将增加近 20 亿，超过 40 亿人将加入中产阶级行列，其中大部分来自发展中国家，由此带来私人汽车保有量大幅增长。即使考虑到汽车能效的提升，预计到 2035 年全球对交通燃料的总体需求仍将比 2010 年增长 71%，达到每日 1400 万桶油当量。如何提供价格适度、优质且安全清洁的交通燃料以满足预期的需求增长，已成为能源产业面临的巨大挑战。

为应对这一挑战，我们需要商业化开发石油以外的替代燃料。乙醇作为全球公认的高辛烷值、无毒并且可生物降解的燃料，是替代燃料的理想之选。然而，传统的乙醇生产工艺在经济上不具备可行性，而且因与粮争地而有其局限性，因此通常需要政府强制实施或补贴。塞拉尼斯的突破性 TCX®技术以充足的本地天然气和煤炭资源为原料，无需占用耕地或政府补贴，为生产乙醇开拓出一条经济可行的低成本途径。

二、TCX®技术——乙醇解决方案的明智之选

TCX®技术是一项创新型乙醇生产工艺，是塞拉尼斯公司以其行业领先的乙酰基技术平台为基础，并融合全新的专利技术开发的一种低成本乙醇燃料生产方式。它以本地充足的碳氢化合物资源为原料，如天然气、煤等，具有原料来源灵活、耗水量少和能效高的优势。TCX®技术权衡了燃料性能、成本、能源安全和环保性能四个因素，是各国政府在选择适合本国的燃料种类时的明智之选。

1. 燃料性能

随着法规的演变，各国普遍从铅和芳香烃等低成本的调和组分和添加剂向燃烧更清洁且操作风险更低的替代品过渡。因此，炼油行业必须使用更昂贵的调和组分，从而增加了消费者的经济负担。而 TCX®乙醇具有高辛烷值和无毒的特点，是一种安全清洁的调和组分。

2. 成本

各国都在寻求低成本的燃料以促进增长和发展。纵观各种投入成本，TCX®技术生产的乙醇比其他任何替代燃料都便宜。此外，针对当前和未来预期的原油价格高位，TCX®技术能够生产出在众多经济形势下均比传统燃料更具竞争力的乙醇。

3. 能源安全

对于能源安全的关注推动各国寻求任何可行并且价格适度、多样化的、最好是本土化的能源。在很多国家，TCX®技术能够将本地原料如煤炭或天然气转化为液体燃料，从而促进能源安全。

4. 环保性能

各国都在考虑燃料选择对全球环境的影响，包括温室气体排放、水资源需求和土地使用等。TCX®技术的用水量少于生物燃料在原材料生产和转化过程中的用水量；无需占用用于粮食和饲料生产的耕地，对粮食价格不造成压力；其生产过程中的温室气体排放低于其他替代性碳氢化合物燃料技术。

三、助力中国低碳交通

随着中国整体国力的提升，预计到 2035 年中国的中产阶级人数将出现指数级增长，从而加大了对私人汽车出行的需求。政府必须在不断增长的交通燃料需求与降低排放、保护空气质量之间寻求平衡。中国政府的“十二五”规划支持扩大乙醇使用以满足燃料需求。但是，以粮食为原料的生物乙醇因粮食与土地缺乏而面临挑战。

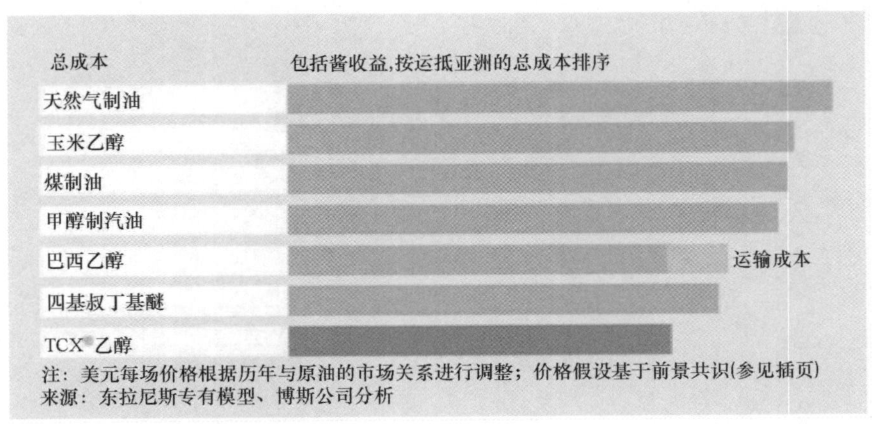

图 1　各种燃料总成本对比

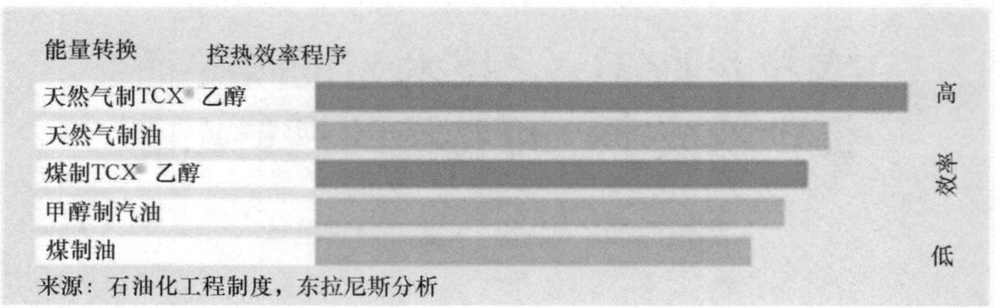

图2　各种燃料能源转换对比

耕地短缺促使中国探索替代性的非粮乙醇生产途径。而煤炭是中国最丰富的自然资源之一，通过TCX®技术能够使煤炭被用于生产乙醇。相比煤制油技术，TCX®技术的煤炭能源效率更高，成本最低。TCX®技术还能够有效降低尾气排放中的有害物质。

因此，在政府大力提倡低碳交通的今天，TCX®技术能够帮助中国满足不断壮大的中产阶级的需求，并改善空气质量，助力中国低碳交通。

四、TCX®工业乙醇生产2013年将从中国开始

塞拉尼斯TCX®工艺技术生产的乙醇既可用于燃料市场，也可用于油漆、涂料、油墨和医药等工业级应用领域。

塞拉尼斯已经获得了政府关键性批文，优化和升级其位于南京化工园区的一体化乙酰基装置用以生产工业乙醇。该装置使用塞拉尼斯TCX®技术，有望于2013年年中投产。由于南京工厂制造产品的某些关键原材料保持现有格局不变，因此新增加的乙醇生产装置将优化产品组合，从而提高工厂的整体盈利能力。

基于TCX®乙醇工艺技术的不断进步，预计可使公司在最初公布的20万t产能基础上增加30%～40%的额外产能，而装置的优化和改进并不产生更多的资金投入。升级的产能将使公司得以满足中国市场不断增长的工业乙醇需求量。

中国低碳交通发展起步——车联网成功案例

中国联通

城市交通拥堵作为一个社会问题对人们的影响越来越大。交通拥堵不仅给车主造成时间上的延误、效率的降低、经济上的损失，还给整个社会带来巨大的资源浪费，同时也是城市碳排放最主要的来源。

中国联通一直致力于汽车业和通信业的融合发展，尤其自WCDMA 3G运营以来，中国联通依托强大的高速无线通信网络，同整车厂共同打造车联网信息化时代，实现以语音通信、无线数据通信和全球定位系统为基础，以汽车为中心构建的一整套信息服务体系，为车辆、乘员与支撑服务后台提供各种信息交换服务。

2010年11月17日，华晨宝马汽车有限公司和宝马（中国）汽车贸易有限公司与中国联合网络通信有限公司在北京举行新闻发布会，宣布将在中国合作推广宝马互联驾驶（宝马Connected Drive）业务。根据双方签订的合作协议，中国联通凭借其在GSM 2G、WCDMA 3G网络、呼叫中心服务以及车载信息服务等方面的强大综合实力，将在中国（含港澳）为宝马互联驾驶业务提供基于WCDMA 3G网络的移动通信和呼叫中心服务、系统集成以及内容整合服务。宝马与中国联通的携手有力地推动了车载信息化服务向前发展。

图1　宝马和联通共推“BMW互联驾驶”

图2　3G智能网络行车系统运用于荣威350

其中，宝马互联驾驶中为3D专业导航加入了实时交通RTTI，实时交通信息每5分钟自动上传，不仅使用现有数据，还使用当地的交通数据，提取配备了GPS的车辆驾驶数据以及移动电话的匿名移动数据，在导航地图上以不同颜色显示当前道路的交通状况。除高速公路信息外，还包括城市主干道和部分辅路的信息。如果导航系统测定预先设定的行车路线会出现5分钟以上的拥堵延迟，将自动计算备选路线推荐给客户选择，以及时避开拥堵路段或事故路段。通过使用联通WCDMA高速网络，使交通路况信息的更新速度以及应用服务效率大大提高。

2010年4月，第十一届北京国际车展，搭载3G智能网络行车系统的“全时在线中级轿车”——荣威350全球首发上市。荣威350是上海汽车自主品牌全新A级车战略平台的首个车型，是国内首款信息化汽车，搭载的智能网络行车系统依托联通WCDMA 3G网络，实时路况导航、信息检索、电子路书、股票交易和社群交流等互联应用，开启了中国3G车联网时代。

2012年广州国际车展，随着新产品的不断更新，更是搭载了最新一代的ivoka 2.0，并且具备了更为先进的实时路况信息、导航服务和动态路径规划功能。其中，动态路径规划功能打破了传统导航仪固定的规划方式，推出满足不同车主需求的更加智能化、个性化的“拥堵时最快路径”、“不拥堵时最快路径”、“最短路径”等全新导航模式。并且可以在车主驾驶过程中，根据通过WCDMA 3G网络通道实时更新的道路状况及时修正路径，最大限度减少动态拥堵、突发事件、交通管制等临时性事件对之前计算结果造成的影响，保证规划结果的实时性、易用性和可用性，让车主更快捷地到达目的地。另外，还具有路况交通看板预览、前方拥堵路况主动播报等五大智能导航功能，增加被动规划为主动预测，提高车主规划的自主性和灵活性。通过与中国联通的紧密合作，交通路况信息的更新速度以及多种服务应用效率大大提高。

智能导航的成功应用和不断普及，可以不同程度减少车辆拥堵，缩短驾车时间，提高燃油经济性，从而减少碳排放，产生巨大的社会效应和经济效益。

环境友好的跨座式单轨交通

陈红念

面对国内越来越多的轨道交通建设需求，尤其是中小城市的需求，迫切需要寻求新型轨道交通方式。这种轨道交通方式应具有如下特征：安全；环保；成本较低；运能适中；建设周期短；技术先进成熟；不增加既有道路的交通压力；对地方经济社会发展带动作用大等。

一、新型轨道交通的主要类型及特征

目前，主要的新型轨道交通方式有跨座式单轨、悬挂式单轨、有轨电车、中低速磁浮、APM 等。表 1 为这些交通方式的主要技术特征。跨座式单轨交通系统具有速度快、运能适中、投资低、建设周期短、噪声振动小等突出优点，非常适合大城市的地铁延伸线或支线、中小城市的公共交通线、旅游城市/景区观光交通线、地形地貌条件复杂的城市轨道交通线。

二、跨座式单轨交通的环境友好性

跨座式单轨交通是一种低碳环保的交通形式，具有优良的环境友好性能，具体体现在以下几个方面：

新型轨道交通技术特征对比表　　表 1

交通类型比较指标	跨座式单轨	悬挂式单轨	现代有轨电车	中低事磁浮	旅客自动运输系统（APM）
投资（亿元/km）	1.2～2.5	1.0～1.5	0.6～1.8	6	5.3
数设方式	高架为主	高架	地面	高架为主	地下、高架
工程实施条件	工程量适中、拆迁少	工程量适中、拆迁少	工程量小、拆迁少	工程量大、拆迁量大	社敷设方式而定
最大坡度（‰）	60	60	60	70	60
最小曲线半径（m）	大型 100，中型 60，小型 40	50	30	50	30
建设工期（年）	2	2	1.5	3～4	2～4
最高速度（km/h）	80	50	80	120	55
旅行速度（km/h）	30～35	≥20	15～25	≥35	≥25
运能（万人/h）	0.4～3.1	0.8～1.25	0.6～1.0	1.5～3.0	1.0～3.0
能耗指标	较低	较低	较低	高	较高
环境影响	噪声低、振动小	噪声低、振动小	有一定噪声和振动	噪声低、振动小，但电磁辐射大	噪声低、振动小
对路面交通的干扰	无干扰	无干扰	干扰大	无干扰	无干扰
景观效果	景观效果好	景观效果好	景观效果差	有一定景观效果	景观效果一般
安全性	高	高，但国内无运营业绩	低	没有商业运营业绩，安全风险较高	安全，但运营业绩少

图 1　高架地铁/轻轨的桥梁结构

图 2　国信中铁单轨的桥梁结构

1. 电力牵引，没有废气污染

跨座式单轨交通采用电力牵引，没有普通公交或 BRT 的燃烧柴油/汽油的废气排放。

2. 梁宽小、梁柱窄、占地少、遮挡少、对日照影响小

单轨的轨道梁宽小、梁柱窄、占地少，可在道路中央的绿化带/隔离带上实施，其不高于 10m 标准墩身长宽为 1.4×1.5m，而高架地铁/轻轨的墩身长宽为 2.3×1.8m。单轨外形轻盈，对日照遮挡少，景观效果好，实施容易。而且由于桥梁荷载小，其生产过程中消耗的水泥、钢材也较高架地铁轻轨少。

从表 2 可见，跨座式单轨交通系统桥梁消耗的建筑材料较高架地铁低，单轨建设所耗费的混凝土、钢材分别为高架地铁的 65%、56%。即使按照相同运能折算，单轨建设所耗费的混凝土、钢材分别为高架地铁的 92%、79%。

此外，由于桥梁质量轻，其在运输和架设过程中消耗的能源也较高架地铁低。

高架地铁与单轨的主要建筑材料消耗对比表　　表 2

	高架地铁(B 型车)	跨座式单轨(大型)	差额
桥梁荷载(t)	14	11	3
标准跨度(m)	30	22	8
桥梁质量(t)	410.9	108.8	302.1
桥梁质量(t)(墩高 9.5m)	125.0	87.4	37.6
基础质量(t)	388.5	243.5	145.0
消耗混凝土(m^3)	363.0	174.2	188.8
消耗钢材(t)	63.8	26.2	37.6
单位长度消耗混凝土(m^3/m)	12.10	7.92	4.18
单位长度消耗钢材(t/m)	2.13	1.19	0.94

3. 没有架空接触网，视野景观效果好，形成城市一道风景线

跨座式单轨的接触网位于轨道梁侧面，并紧贴轨道梁，没有架空接触网，视野效果较好。

4. 噪声低、振动小，更符合环保要求

跨座式单轨采用橡胶轮胎骑跨在混凝土轨道梁上行驶，并有空气弹簧支撑整个车体，转向架外设有包络裙板，较地铁轻轨采用钢轮钢轨的刚性接触方式的噪声振动小。据在某条单轨线实测，当列车通过速度为 60km/h 时，距轨道中心线 10m、离地面高位 1.2m 处的噪声值为 74dB，而同等条件下的高架地铁为 85dB。单轨规范规定其与建筑物的最小距离为 10m，较地铁低。图 3、图 4 的实例也佐证了它的优良环保性能。

5. 爬坡能力大、转弯半径小，能有效减少征地拆迁，减少纠纷，促进社会和谐

图 3　单轨从商业建筑中穿过

图 4　单轨从屋顶上穿过

跨座式单轨交通系统对复杂地形地貌的适应能力远较地铁强，更能适应一些道路狭窄坡陡的山区城市需要。在一些路口也能采用更小的曲线半径，从而有效降低征地拆迁，减少可能引起的社会纠纷，保障社会和谐。地铁与单轨的坡度、半径适应性对比见表 3。

地形适应性对比表　　表 3

		地铁			跨座式单轨		
		A 型车	B 型车	L 型车	大型	中型	小型
最大坡度(‰)	正线	30/35	30/35	50	60	60	60
	联络线	40	40	70	60	60	60
	车场线	1.5	1.5	1.5	3	3	3
最小曲线半径(m)	正线	350/300	300/250	150	100	60	40
	联络线	250/200	200/150	100	50	50	40
	车场线	150	110/80	65	50	50	40

6. 施工周期短，运输架设方便，对既有道路交通影响小

单轨的轨道梁在制梁场内预制，在夜间利用吊车架设，白天停止作业，对道路交通影响小。桥墩、基础体量小，施工快；梁体重量轻，运输架设方便。以一条 10km、10 个车站的轨道交通线路为例，采用高架地铁，需要工期约 3 年，而单轨只需要两年。

三、跨座式单轨的典型运用案例

目前，跨座式单轨已在全球多个国家和地区得到了广泛运用，其中不乏像阿联酋迪拜棕榈岛、新加坡圣淘沙、拉斯维加斯等知名旅游城市。跨座式单轨交通被选择作为旅游观光交通线，也佐证了它的优良环境适应性。

(作者单位：中铁工程设计咨询集团有限公司)

永磁悬浮轮轨列车节能技术在高速铁路中的应用初探

大连奇想科技有限公司

一、轨道列车与电磁悬浮列车

由于轨道交通的节能优越性和安全性远高于其他交通工具，现在各个国家又把目光转移到了地铁和高铁等轨道交通上来。

轮轨列车的速度并不能无限度地提高，速度的提升受到轮轨黏着系数和空气阻力的限制。为了让列车的速度摆脱轮轨黏着系数的限制，德国工程师赫尔曼·肯佩尔1934年8月取得磁浮铁道基本专利。

轮轨列车和电磁悬浮列车究竟哪种技术更适合高速运输，不妨列表分析一下（见表1）。

轮轨列车和电磁悬浮列车的特点　　表1

轮轨列车	电磁悬浮列车
优点：	弱点：
1. 结构简单，技术成熟，性能稳定，可靠性高； 2. 成本低廉； 3. 定位稳定，高速下晃动轻微； 4. 现有铁路都是钢轨结构，联网性好； 5. 不存在电磁阻力，低速节能性好； 6. 自主生产，备件维修受控	1. 技术难度大，电器元件耐久性差，可靠性差； 2. 轨道上铺满驱动线圈，成本昂贵； 3. 控制刚度低，高速晃动较大； 4. 与轮轨轨道不兼容； 5. 悬浮耗电，电磁阻力大，能耗高； 6. 关键备件完全依赖国外，损坏维修受制于人
弱点：	优点：
1. 开放式轮轨结构会脱轨，不够安全； 2. 摩擦阻力大，机械损耗大； 3. 机械噪声较大； 4. 爬坡能力弱只能爬上3.5%坡度； 5. 受滚动摩擦阻力特性局限，经济速度限制在400km时速以内	1. 独特的抱轨结构不会脱轨，高度安全； 2. 使机械摩擦消失，机械损耗低； 3. 噪声低； 4. 爬坡能力强，能爬上10%坡度； 5. 速度快，不受轨道黏着系数影响，经济时速可达500km以上

轮轨列车技术和电磁悬浮列车技术各有千秋，同时各有局限性，自身弱点也恰好是对方的优点。然而国内学者和专家为了论证哪种技术更好，持续了十年的大讨论，诞生了两种流派——“磁浮派”和“轮轨派”，把这两种技术完全对立起来。能否找到一种技术可以把这两种技术的优势都保留下来呢？

经过几年的摸索和试验，由大连奇想科技有限公司研发的永磁悬浮轮轨列车技术使这对技术“冤家”结成了“亲家”。永磁悬浮轮轨列车技术综合了轮轨技术的简单、成熟、经济的优点，摒弃了复杂的电子控制悬浮和对环境有电磁污染的电磁悬浮列车技术，而采用了无电磁辐射的永磁悬浮技术，保留了磁悬浮列车技术的高速、噪声低、爬坡能力强、抱轨的安全结构，与轮轨轨道更好地兼容。驱动技术也做了彻底的改良，把国外的控制复杂的直线同步电机驱动技术改进成了直线永磁驱动技术，把旋转电机与螺旋形的永磁铁结合在一起，直接把圆周运动变成了直线传动，省去了轮轨列车的减速齿轮变速箱，使传动结构简化，传动效率更高。由于采用不耗电的永磁悬浮技术，克服了车辆自重的90%～98%的重量，车轮与轨道间的摩擦力减少了90%以上，比现有的轮轨列车和电磁悬浮列车显著节能。

二、真空管道高速铁路

为使列车达到更高的速度，早在20世纪60年代起人们就想到了用真空管道技术降低空气阻力，提高列车的速度。著名的有瑞士真空管道地铁，采用地下挖掘出地铁隧道，建设封闭的真空管道，抽成部分真空，设计速度为500km/h。

站车对接

站车脱离

图1　瑞士真空地铁系统

在过去几十年由于真空管道高速运输存在一些关键性的技术难题，阻碍着这项技术的发展。真空管道高速运输存在的一个最关键的问题在于：列车内部与外部之间存在的真空，必须解决上下列车时快速通过真空层的技术，即真空管道列车内旅客快速上下车，一直是长期以来悬而未决的问题。

大连奇想科技有限公司研发了一种新型真空管道对接专利技术，揭开了解决这个问题的谜底（见图2）。

奇想的方案采用了伸缩拉门对接技术，即在站台的真空管道上设有固定通道，固定走廊内部套接可以滑动的伸缩通道，在伸缩通道朝向列车的一端设有密封拉门。列车到站后，伸缩通道伸出，伸缩通道末端的密封拉门与列车门对接。密封拉门与列车门之间形成狭小的过渡空间。这个狭小的过渡空间要比伸缩走廊空间缩小千倍。首先向过渡空间内充入空

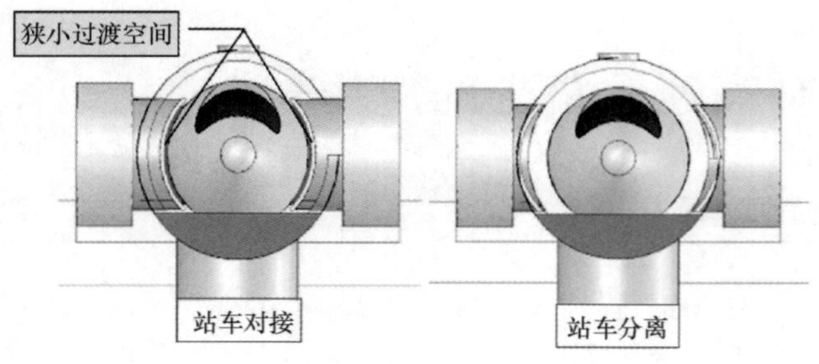

图2　新型真空管道对接

气，达到标准大气压后，列车门和密封拉门都打开。列车上下旅客后，列车门和密封拉门都关闭，抽气机在很短的时间内抽成低压真空，然后伸缩走廊缩回到真空管道附近与列车脱离，列车驶离站台。到达下一站后重复上述过程。

真空管道对接专利技术创造性地解决了长期以来真空管道列车旅客快速上下车的问题，使真空管道技术向真正实用化迈出了关键性的一步。

中国幅员辽阔，人口众多，南北长度5500多km，东西长度5200多km，13亿多人口，是全球范围内少有的适合高速铁路运输的国家。这种真空管道超高速永磁悬浮轮轨列车的速度可与飞机媲美，与其他交通工具相比主要优势表现在如下几方面：

1. 安全性高

真空管道超高速列车安全性高于飞机运输。飞机飞行于万米高空，气温低于－40℃，一旦发生泄漏通常会造成乘客的严重冻伤。真空管道在地面处于常温，不会出现冻伤。列车一旦泄漏，首先会有补气装置维持车内气压的恒定。即使严重泄漏失压，真空管道上的安全气阀也会迅速打开，使真空管道内压力恢复到常压，管道与列车的活塞效应可令空气阻力增大而快速停车，保证乘客能从安全出口处逃生。

2. 显著节能

在真空管道的隔离下，压力降低到近地稠密大气环境的十分之一至百分之一，排除了90%～99%的空气阻力。永磁悬浮技术又消除了列车的90%～98%的摩擦阻力。采用真空管道技术的永磁悬浮轮轨列车运输成本仅有高速铁路的1/10，运行能耗仅有飞机运输能耗的1/20。以上种种均使真空管道超高速列车具备显著节能优势，是解决未来能源危机的一个有效对策。

3. 全天候行驶

高速轨道外部有真空管道的屏蔽，使铁路不再受到暴风雪、冰雹、冰雨、台风、沙尘暴、大雾天气的影响，可全天候行驶，风雨无阻。

4. 无电磁辐射，无噪声

永磁材料不会像电磁悬浮发生交变磁场，因而对外无电磁辐射。轨道外部有真空管道的屏蔽，可阻隔声音的外传，做到悄无声息。

5. 同城效应引发生活方式的改变

真空管道超高速铁路，大大缩短了旅行时间，延长了人生中的有效时间。

6. 促进经济发展

低能耗低成本的交通运输，带来商品流通成本的显著下降，带动物价的下降，对减轻通货膨胀压力，促进经济社会又好又快地持续协调发展具有重要意义。列车速度的提高明显缩短了城市之间、国家与国家之间的时空距离。人们出行将会极为方便快捷，各地区之间的交往将会更加频繁快捷，物流速度明显加快，有利于缩短各地区的物价差距，减少区域经济的差距，对于快速提高全民族经济的发展具有明显的推动作用。

只要国家对真空管道高速铁路技术给予充分的重视和提供研发资金的支持，相信不远的将来，一种快速、高效、低成本的真空管道高速铁路列车将会飞驰在中华大地，跑遍中国，铺向世界。真空管道超高速铁路与地铁城市轨道交通必将交织成一个巨大的低碳轨道交通网。一幅绿色、高效、快捷、低成本的中国大高铁综合轨道交通图景将会呈现在世人眼前。

（作者单位：大连奇想科技有限公司）

路虎中国二氧化碳抵消项目简介

捷豹路虎汽车贸易（上海）有限公司

路虎的二氧化碳减排/补偿项目目前在中国境内拥有14个减排项目，它们的规模约占总投资组合的45%。路虎还100%抵消了两家负责装配所有路虎产品的英国工厂在制造装配期间排放的二氧化碳。

一、龙水水力发电

自2009年10月以来，路虎公司已补偿了在制造装配过程所产生的以及在中国售出的每辆新车首个72000km所排放的二氧化碳。这是通过投资全球各地的碳减排项目实现的，其中包括位于中国巫溪县的龙水水电站。

龙水水力发电厂作为实现可持续发展的综合方法的一部分，是路虎公司继续投资低碳未来的成功示范。

二、宁夏风电场

中国北部的宁夏回族自治区全年的风速都很高。宁夏回族自治区的银仪风电场充分利用了当地可靠的风力资源，发电容量达到49.5MW。

该项目包括66台风力涡轮机，直接为中国电网供应电力，其电力产量约相当于25000户家庭的年均用电需求。该项目每年有望提供约100000t二氧化碳减排指标，其中已有5000吨分配给路虎。

三、唐山硼风电场

风电场均匀分布在唐山的一个山顶平地上，包括7台600kW、2台250kW和29台750kW风力涡轮机。它们每年约可发电45000MWh，相当于每年可为10500户家庭提供清洁的可再生电力。

路虎对这个项目的支持和投资使得当地居民多方面受益。譬如，新修的道路使当地社区可以与外界开展贸易，同时还能吸引大量游客，有助于推动当地经济的发展。该项目有望为捷豹路虎投资组合提供100000t（当量）的减排指标。

四、三岔湾水电站

三岔湾水电站是一个32MW的河流水电站，位于中国西南部的贵州省。它每年有望为华南电网供应约152000MWh的清洁可再生电力，从而缓解供电不稳定问题。

五、木兰风电场

木兰位于黑龙江省哈尔滨市东北方向约170km处。该项目有20台涡轮机，每年发电约25GWh，它将为捷豹路虎的碳减排项目投资组合提供5万多t二氧化碳抵消指标。

六、青岛华威风电场

青岛华威风电场是一个16.1MW的发电站，位于山东沿海地区。其14台风力涡轮机生产的清洁能源将直接提供给煤电占绝对主导地位的中国电网，从而用清洁的可再生电力取代用化石燃料生产的电力。该项目有望为捷豹路虎的投资组合提供30000多t的二氧化碳抵消指标。

七、Mani水电站

Mani水电站坐落在华中银河河畔偏远的永红山村，其涡轮机安装在从河流引出的400m坡渠的底部，每年可生产60MWh的清洁电力。这个位于偏远位置并且困难重重的项目借助碳金融得以实施，碳金融增强了其现金流，并大幅度降低了投资风险。

八、河北风能

中国经济正以惊人的速度增长。中国目前的电力消耗占全球的10%，据说每5天便会有一座新的火力发电站投入运营。路虎二氧化碳减排/补偿项目为河北承德红松的82台风力涡轮机项目提供了支持。这个年发电总量为110GWh的项目不仅大幅度增加了中国的风能容量，同时还将减少该地区的化石燃料消耗。

九、河漠流域和谐项目

作为中国第二大淡水湖洞庭湖的流经地，湖南省遍布着自然界最宝贵的资源之一水资源。路虎通过其二氧化碳减排/补偿项目为在河漠流域岸边新建的炎陵深度水电站提供支援，并借此帮助增强利用这一丰富自然资源的能力。

十、北京空气净化项目

在碳金融的支持下，北京空气净化项目采用了联合循环燃气轮机技术（CCTG），使用天然气发电。CCTG是一个两阶段过程。在第一个阶段中，燃气在高温下燃烧并发电。在第二个阶段中，使用废气生产蒸汽，并将蒸汽输送到涡轮机中，以便进一步发电。这种两阶段技术可以最充分地将燃气转化为电力，非常高效。

北京3号电厂的额定产能为400MW，每年可为华北电网提供约130万MWh电力。来自这个项目的减排量为路虎碳管理计划下的二氧化碳补偿目标（即到2012年抵消300多万t二氧化碳）贡献了约47万t减排指标。

十一、禹城生物能源项目

路虎的二氧化碳减排/补偿项目在禹城投资了一个先进的

发电厂。该发电厂使用玉米和谷物加工的作物残留物为燃料。相对于传统化石燃料来说，这种燃料是一种清洁的可再生的替代燃料。该厂生产的电力被销售给华北电网，发电过程中所获得的热力则被卖给工业用户。据估计，该厂在每个生产年份将生产 1530TJ 热力和 71GWh 电力。该项目已为路虎的减排目标提供了约 6.32 万 t 的抵消指标。